普通高等教育“十二五”系列教材

计算机控制系统

秦　刚　陈中孝　陈超波　编

刘　皓　谭宝成　主审

中国电力出版社
CHINA ELECTRIC POWER PRESS

内 容 提 要

本书是编者多年教学和科研的总结，系统地论述了计算机控制系统的结构、原理、设计和应用，既有理论分析也有应用实例。本书共分 8 章，分别论述了计算机控制系统软、硬件设计技术，数字程序控制系统，常规及复杂控制技术，计算机现代控制技术，计算机控制系统可靠性及抗干扰技术，计算机控制系统的设计与实现，集散控制系统。本书章节层次分明，条理清晰，既自成体系又相互联系，具有系统性、先进性、理论性和实用性。

本书可作为高等院校自动化类、电气工程类、机械电子类、仪器仪表类等相关专业本科生或研究生的教材，也可作为从事计算机控制研究及应用相关工程技术人员的参考书。

配套课程网站 https://mooc1-1.chao xing.com/coursel 206517555.html

图书在版编目（CIP）数据

计算机控制系统 / 秦刚，陈中孝，陈超波编. —北京：中国电力出版社，2013.7（2023.1 重印）

普通高等教育“十二五”规划教材

ISBN 978-7-5123-4336-8

I. ①计… II. ①秦… ②陈… ③陈… III. ①计算机控制系统－高等学校－教材 IV. ①TP273

中国版本图书馆 CIP 数据核字（2013）第 077104 号

中国电力出版社出版、发行

（北京市东城区北京站西街 19 号 100005 http://www.cepp.sgcc.com.cn）

北京传奇佳彩数码印刷有限公司印刷

各地新华书店经售

*

2013 年 7 月第一版 2023 年 1 月北京第三次印刷

787 毫米×1092 毫米 16 开本 26 印张 639 千字

定价 **58.00** 元

前　言

随着控制类专业的飞速发展，计算机控制系统在工业控制领域得到了广泛的应用。工业控制计算机（含单片机）可靠性高、实用性好，且具有标准化、模块化、组合化的开放式结构，能适应千差万别的工业控制对象，因而成为现代工业自动化中不可或缺的工具。

本书是在编者多年来授课和从事计算机控制系统应用开发基础上，并参考大量国内外文献和教材精心编写而成。

本书共分为 8 章。首先为绪论，主要从控制理论的基本概念出发，总体阐明了计算机控制系统的组成、结构及其分类和发展趋势。第 1 章介绍了计算机控制系统硬件设计技术，包括计算机内部硬件组成形式，模拟量输入/输出通道的一般结构和设计方式，常用 A/D、D/A 接口技术，还简要介绍了通信设计技术。第 2 章主要介绍了软件的编程方法与思路，从软件编程的大方向出发，深入剖析了一般功能软件的组成和编程思路。第 3 章讨论了数字程序控制系统，从实际应用出发介绍了步进电机、交直流电机的典型控制方式。第 4 章主要介绍了计算机系统的常规及复杂控制技术，重点介绍了数字控制器的各种控制算法。第 5 章主要介绍了现代控制理论在计算机控制中的控制算法。第 6 章简述了计算机控制系统可靠性及抗干扰技术，包括硬件抗干扰技术、软件抗干扰技术等。第 7 章简述了计算机控制系统设计的基本原则、方法和步骤。第 8 章简述了集数控制系统及现场总线控制系统，包括集散控制系统的结构、工控组态软件和现场总线控制等。

本书在阐述计算机控制系统时，着重从实际应用出发，集合软件和硬件设计，帮助读者建立计算机控制系统的整体概念及学习方法。

本书由西安工业大学秦刚、陈中孝、陈超波编写，其中第 3 章由陈中孝编写，第 5 章由陈超波编写，其余由秦刚编写。西安工业大学陈凯、吴丹怡、杜超、崔德权、李韩、陆华颖、蒋军胜、王新茹、宋乐、胡铃、马燕妮、张文、刘盼盼、孙世明参与了稿件校对工作。

本书由电子科技大学刘皓教授与西安工业大学谭宝成教授担任主审。本书的编写得到西安工业大学雷志勇教授和尚宇副教授的大力支持，西安工业大学齐华教授、高嵩教授和中国兵器首席专家祁志明对于本书的编写提出了宝贵意见，在此一并表示感谢。

由于编者水平所限，书中疏漏之处在所难免，恳请读者批评指正。

编　者

2013 年 2 月于西安工业大学未央校区

qingang@xatu.edu.cn

目　　录

绪　　论

计算机控制系统是一种复杂的控制系统，其包含的内容非常繁杂，应用也越来越广泛。计算机控制系统不仅在宇宙航行、导弹制导、核技术以及火控系统等新兴学科领域中是必不可少的，而且在金属冶炼、仪器制造等工业生产过程中也具有重要意义。计算机控制系统是人和其他系统无法替代的控制系统。

在计算机控制系统的学习中，不能像盲人摸象那样，只看到事物的一部分，而应该看到事物的整体。对于盲人而言，角度不一样，大象的样子也是不一样的，但盲人认知的大象总是片面的。计算机控制系统的学习不能从单一的某一方面来认识它，而应先从总的方向把握整个系统，然后从系统的各个方面去理解。在计算机控制系统认知过程中，如果作为一个“盲人”，如何能够全面和深入地了解计算机控制系统。

本章主要介绍计算机控制系统的整体结构原理、分类、组成及发展。

0.1　控制系统的基本概念

0.1.1　系统、要素

贝特朗菲认为：系统是由元素和元素的关系组成，元素和元素的关系同等重要；系统是相互联系、相互作用着的诸元素的集或统一体；系统是开放的系统，是某个环境中的系统。

整体性是系统最突出、最基本的特征之一。系统指的是“整体”，即“有组织的统一体”，系统之所以为系统就是因为系统是作为一个有机整体而不是各部分的简单相加而存在的。是否具有整体性，即是否具有“有组织的统一性”是区分系统与非系统的判据。

要素是组成系统最小的即不需再细分的单元或成分，它是系统存在的基础。它与经典科学中机械的组成部分的重要区别，就在于要素之间具有不可忽略的确定的相互联系和相互作用。要素只是构成系统的必要条件，而不是充分条件。要素必须按一定方式相互联系、相互作用才可能构成系统。系统论认为不存在完全脱离系统的独立要素。

系统论的方法就是一个很好的认识、学习计算机控制系统的方法。

0.1.2　控制系统的基本形式

计算机控制系统是在自动控制系统中发展起来的一门学科。

被控量（输出）不影响系统控制的控制方式称为开环控制。在开环控制中，不对被控量进行任何检测，在输出端和输入端之间不存在反馈联系。

开环控制的原理结构如图 0-1 所示。这种控制方式的特点是，从给定输入端到输出端之间的信号传递是单向进行的。

图 0-1　用给定值操作的开环控制系统原理结构

开环控制方式的缺点是，当被控对象或控制装置受到干扰，或者在工作过程中元件特性发生变化而影响被控量时，系统不能进行自动补偿，控制精度难以保证。但是由于其结构比较简单，因此在控制精度要求不高或者元件工作特性比较稳定而干扰又很小的场合应用比较广泛。

开环控制系统由控制器、执行机构和被控对象三个要素组成。常用的设计方法是根据被控对象和执行机构的特点设计出控制器，要设计控制器必然要了解被控对象的特性，首先要对其精确建模，再根据不同环境中的应用要求，就可以设计出特定的控制器。利用给定值操作的开环控制系统框图，就可以看出各个要素之间的关系，任何一个要素都不是独立存在的。

输出端回馈到输入端并参与对输出端再控制的方式称为闭环控制。闭环控制系统原理结构如图 0-2 所示。闭环控制中，在给定值和被控量之间，除了有一条从给定值到被控量方向传递信号的前向通道外，还有一条从被控量到比较元件传递信号的反馈通道，故闭环控制又称反馈控制。

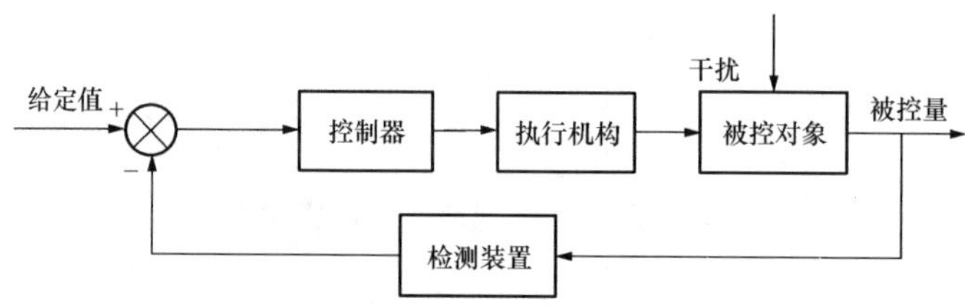

图 0-2　闭环控制系统原理结构图

在闭环控制中，被控量时时刻刻被检测，再经过信号变换，并通过反馈通道回送到比较元件和给定值进行比较。比较后得到的偏差信号经放大元件放大后送入执行元件。执行机构根据所接受的信号的大小和极性，直接对受控对象进行调节，以进一步减小偏差。可见，只要闭环控制系统出现偏差，而不论该偏差是干扰造成的，还是由于系统元件或受控对象工作特性变化所引起的，系统都能自行调节以减小偏差。故闭环控制系统又称按照偏差调节的控制系统。

与开环控制系统相比，闭环控制能够实现高精度的控制，它对控制元件的要求比开环控制低。但是，闭环控制系统设计比较复杂，结构也比较复杂，因而成本较高。闭环控制是自动控制中广泛采用的一种形式。当控制精度要求较高，干扰影响较大时，一般采用闭环控制。

闭环控制系统框图说明了系统的构成要素和结构。当然这个系统设计也必须根据特定环境进行设计，不同应用环境控制器的设计是不同的。

0.1.3　控制系统的基本要求

控制系统根据工作场合不同，对系统的性能要求就不同。控制系统的任务是将被控量按参考输入保持常值或跟随参考输入而变化。但由于执行机构、被控对象的延迟、干扰等的影响，被控量不可能随时随刻跟随参考输入，而且不是所有系统都能正常工作。系统要能正常工作，必须满足以下几个基本要求。

1. 稳定性

稳定性是指系统被控量偏离给定值而致振荡时，系统抑制振荡的能力。对于稳定的系统，随着时间的增长，被控量将趋近于期望值。可见，稳定性是保证系统正常工作的先决条件。

2. 快速性

快速性是指被控量趋于期望值的快慢程度。快速性好的系统，它的过渡过程时间短，能复现快速变化的控制信号，因而具有较高的动态精度。

3. 精确性

精确性是指过渡过程结束后，被控量与期望值接近的程度。也就是当系统过渡到新的平衡工作状态后，被控量与期望值的偏差大小。系统的这一性能指标称为稳态精度。

0.2 计算机控制系统

0.2.1 计算机控制系统的基本结构

计算机控制系统可以是开环控制系统也可以是闭环控制系统。系统框图等同于控制系统框图，区别在于控制器是由计算机系统实现，并且计算机控制系统一定是数字控制系统，而执行机构和被控对象是千变万化的，当执行机构和被控对象是连续系统时，控制器与执行机构之间需要数/模（D/A）转换，同样当检测装置输出是模拟信号时，它与控制器之间也需要模/数（A/D）转换。计算机控制系统框图如图 0-3 所示。

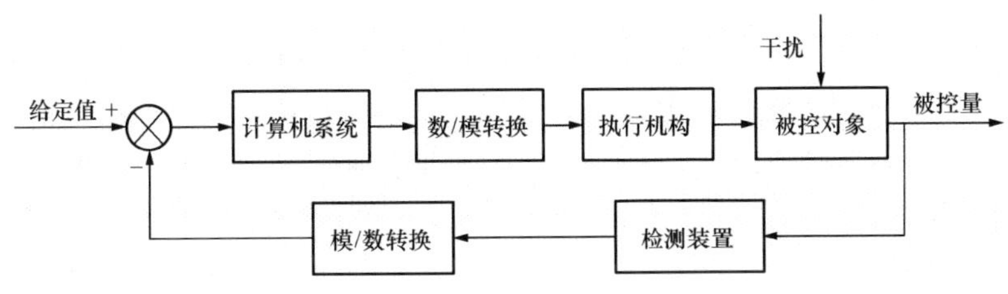

图 0-3　计算控制系统框图 1

随着计算机控制技术的发展，执行机构和检测装置也趋近于用计算机系统来实现，计算机系统控制器输出的数字信号分为开关信号、模拟信号和通信信号，信息输入也可以是开关信号、模拟信号或通信信号。图 0-3 所示计算机控制系统框图也可以描述为图 0-4 所示形式。

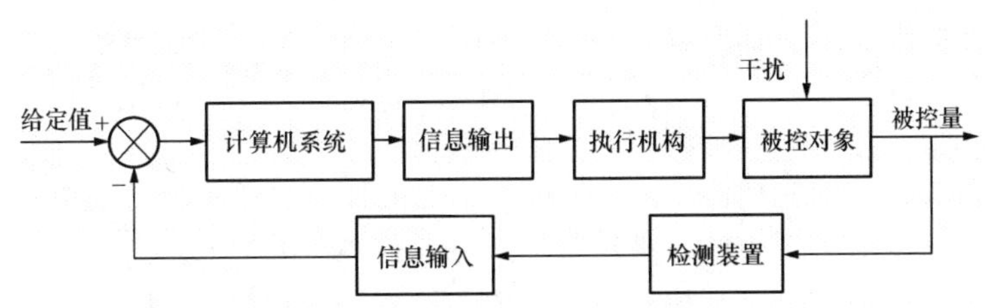

图 0-4　计算控制系统框图 2

根据计算机系统框图，通过不同角度去认识，可以分成不同的系统。在认识计算机控制系统时，既要认识要素更要认清要素之间的关系以及系统在环境中的应用。同时根据认知角度的不同可以把计算机控制系统分成不同的种类。

1. 被控对象角度分析

（1）运动控制对象：通过对电动机电压、电流、频率等输入电量的控制，来改变工作机械的转矩、速度、位移等机械量，使各种工作机械按人们期望的要求运行，以满足生产工艺及其他应用需要的系统称为运动控制系统。运动控制系统的对象称为运动控制对象。

（2）过程控制对象：以表征生产过程的参量为被控制量使之接近给定值或保持在给定范围内的自动控制系统称为过程控制系统。这里“过程”是指在生产装置或设备中进行的物质和能量的相互作用和转换过程。表征过程的主要参量有温度、压力、流量、液位、成分、浓度等。通过对过程参量的控制，可使生产过程中产品的产量增加、质量提高和能耗减少。一般的过程控制系统通常采用反馈控制的形式，这是过程控制的主要方式。过程控制系统的对象称为过程控制对象。

2. 给定值角度分析

（1）恒值系统：给定值都是恒定值的系统称为恒值系统，例如速度控制。

（2）随动系统：给定值（控制指令）是事先未知的时间函数的系统称为随动系统。在随动系统中，当指令信号变化时，工作机械便精确地复现指令信号的变化规律。

（3）程序控制系统：控制指令已预先知道的系统，称为程序控制系统。

（4）自动调节系统或镇定系统：带偏差控制作用的速度控制系统是根据偏差产生控制作用，对系统进行自动调节，使被控量保持恒定。故这类系统又常称为自动调节系统或镇定系统。

3. 应用对象角度分析

（1）操作指导控制系统。操作指导控制系统的构成如图 0-5 所示。该系统不仅具有数据采集和处理的功能，而且能够为操作人员提供生产工况的各种数据，操作人员根据计算机的输出消息，如 CRT 显示图形，或者打印机提供的数据，进行人为改变调节器的给定值或者直接操作执行结构。

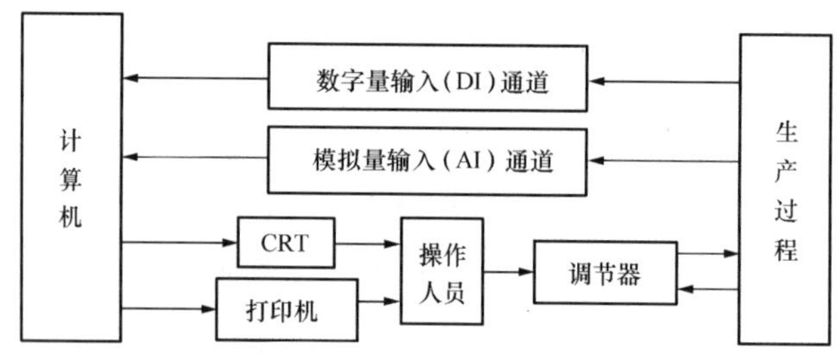

图 0-5 操作指导控制系统

该控制系统属于开环控制结构，计算机根据一定的控制算法（数学模型），依赖测量元件测得的信号数据，计算出可供操作人员选择的最优操作条件及操作方案。

操作指导控制系统的优点是结构简单，控制灵活和安全；缺点是要由人工操作，速度受到限制，不能控制多个对象。

（2）直接数字控制系统。直接数字控制（Direct Digital Control，DDC）系统的结构如图 0-6 所示。计算机首先通过模拟量输入通道（AI）和数字量输入通道（DI）实时采集数据，然后按照一定的控制规律进行计算，最后发出控制信息，并通过模拟量输出通道（AO）和数字量输出通道（DO）直接控制生产过程。DDC 系统属于计算机闭环控制系统，是计算机在工业生产过程中最普通的一种应用方式。由于 DDC 系统中的计算机直接承担控制任务，所以要求实时性好、可靠性高和适应性强。为了充分发挥计算机的利用率，一台计算机通常要控制几个或几十个回路，那就要合理地设计应用软件，使之不失时机地完成所有功能。

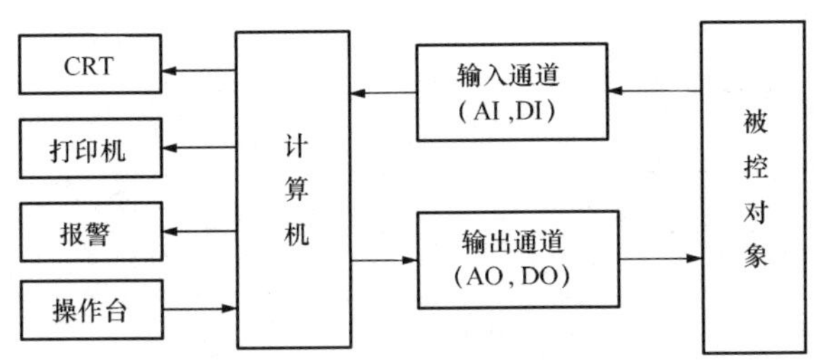

图 0-6　直接数字控制系统结构框图

（3）计算机监督系统。监督控制 SCC（Supervisory Computer Control）中，计算机根据原始工艺数据和其他参数，按照描述生产过程的数据模型或其他方法，自动地改变模拟调节器或以直接数字控制方式调节工作中的微机的给定值，从而使生产过程始终处于最优工况（如保持高质量、高效率、低功耗以及低成本等）。从这个角度上说，它的作用是改变给定值，所以又称设定值控制（Set Point Control，SPC）。监督控制系统有两种不同的结构形式，如图 0-7 所示。

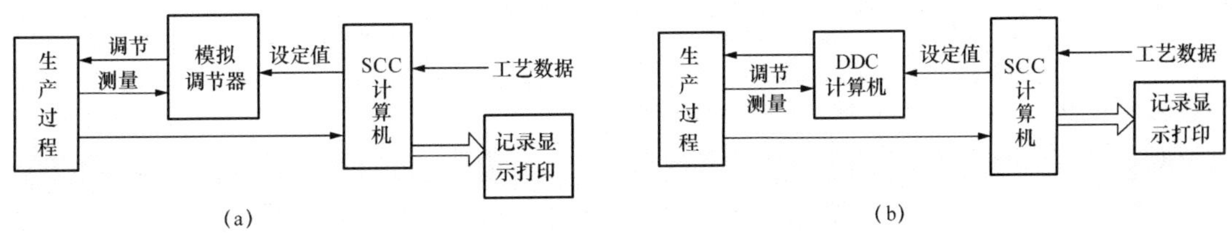

图 0-7　监督控制系统的两种结构形式

（a）SCC+模拟调节器控制系统；（b）SCC+DDC 分级控制系统

1）SCC+模拟调节器控制系统。该系统是由微型机系统对各物理量进行巡回检测，并按一定的数学模型对生产工况进行分析、计算后得出控制对象各参数最优给定值送给调节器，使工况保持在最优状态。当 SCC 微型机出现故障时，可由模拟调节器独立完成操作。

2）SCC+DDC 的分级控制系统。这实际上是一个二级控制系统，SCC 可采用高档微型机，它与 DDC 之间通过接口进行信息联系。SCC 微型机根据生产过程反馈回来的信息，通过最优化分析和计算，并给出最优给定值，送给 DDC 级执行过程控制。当 DDC 级微型机出现故障时，可由 SCC 微型机完成 DDC 的控制功能，这种系统提高了可靠性。

（4）分布式控制系统。分布式控制系统（Distributed Control System，DCS），采用分散控制、集中操作、分级管理、分而自治和综合协调的设计原则，把系统从下到上分为分散过程控制级、集中操作监控级、综合信息管理级，形成分级分布式控制，其结构如图 0-8 所示。

（5）现场总线控制系统。现场总线控制系统（Fieldbus Control System，FCS）是新一代分布式控制结构。20 世纪 80 年代发展起来的 DCS，其结构模式为：“操作站—控制站—现场仪表”三层结构，系统成本较高，而且各厂商的 DCS 有各自的标准，不能互联。FCS 与 DCS 不同，它的结构模式为：“工作站—现场总线智能仪表”两层结构，FCS 用两层结构完成了 DCS 中的三层结构功能，降低了成本，提高了可靠性，国际标准统一后，可实现真正的开放式互联系统结构。

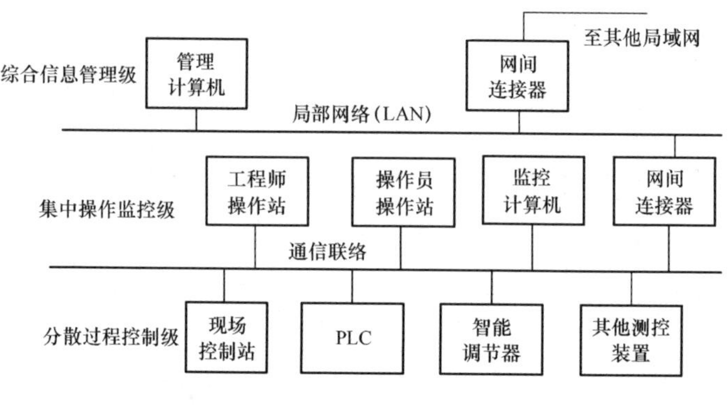

图 0-8 DCS 结构示意图

0.2.2 计算机控制系统控制器

1. 工业控制计算机

具有采集来自工业生产过程的模拟式和（或）数字式数据的能力，并能向工业过程发出模拟式和（或）数字式控制信号，以实现工业过程控制和（或）监视的数字计算机称为工业控制计算机。它对过程变量进行周期扫描，向操作人员显示全过程的信息，并通过计算为模拟量调节器设置给定值。

2. 单片机

单片机是将 CPU、存储器、并串行 I/O 口、定时计数器、A/D 转换器、脉宽调制器等功能部件集成在一块芯片上的计算机，它是一个标准的微型计算机，是计算机、自动控制和大规模集成电路技术相结合的产物。

3. 嵌入式系统

嵌入式系统（Embedded System）一般指非 PC 系统，有计算机功能但又不称之为计算机的设备或器材。它包括硬件和软件两部分，嵌入式系统的硬件部分，包括处理器/微处理器、存储器及外设器件和 I/O 端口、图形控制器等。嵌入式系统有别于一般的计算机处理系统，它不具备像硬盘那样大容量的存储介质，而大多数使用 EPROM、EEPROM 或闪存（Flash Memory）作为存储介质；嵌入式系统的软件部分包括操作系统软件（具备实时和多任务操作）和应用程序。应用程序控制着系统的运作和行为，而操作系统控制着应用程序编程与硬件的交互作用。简单地说，嵌入式系统集系统的应用软件与硬件于一体，类似于 PC 中 BIOS 的工作方式，具有软件代码少、高度自动化和响应速度快等特点，特别适合要求实时和多任务的体系。它是可独立工作的“器件”。

4. 数字信号处理器

数字信号处理器（Digital Signal Processor，DSP）是一种独特的微处理器，是以数字信号来处理大量信息的器件。其工作原理是接收模拟信号，转换为 0 或 1 的数字信号。再对数字信号进行修改、删除、强化，并在其他系统芯片中把数字数据解译回模拟数据或实际环境格式。它不仅具有可编程性，而且其实时运行速度可达每秒数以千万条复杂指令程序，远远超过通用微处理器，是数字化电子世界中日益重要的计算机芯片。它强大的数据处理能力和高运行速度，是最值得称道的两大特色。

5. 现场可编程门阵列 FPGA

FPGA（Filed Programmable Gate Array），即现场可编程门阵列，它是在 PAL、GAL、CPLD 等可编程器件的基础上进一步发展的产物。它采用 CMOS，SRAM 工艺制作，内部由许多独立的可编程逻辑单元构成，各逻辑单元之间可以灵活地相互连接，具有密度高、速度快、编程灵活及可重新配置等优点。

FPGA 产品的应用领域已经从原来的通信扩展到消费电子、汽车电子、工业控制及测试测量等广泛的领域。而应用的变化也使 FPGA 产品近几年的演进趋势越来越明显：一方面，FPGA 供应商致力于采用当前最先进的工艺来提升产品的性能，降低产品的成本；另一方面，越来越多的通用 IP（知识产权）或客户定制 IP 被引入 FPGA 中，以满足客户产品快速上市的要求。此外，FPGA 企业都在大力降低产品的功耗，满足业界越来越苛刻的低功耗需求。

6. 可编程逻辑控制器

可编程逻辑控制器（Programmable Logic Controller，PLC）是一种数字运算操作的电子系统，专为工业环境下应用而设计。它采用可编程序的存储器，用来在其内部存储执行逻辑运算、顺序控制、定时、计数和算术操作的指令，并通过数字式、模拟式的输入和输出，控制各种类型的机械或生产过程，是微型计算机技术和常规继电逻辑控制概念相结合的产物，其低端为常规继电逻辑控制的替代装置，而高端成为一种高性能的工业控制机。

0.2.3 计算机控制系统控制算法的实现

1. 连续离散设计方法

在已知对象特性 $G(s)$ 后，按连续系统设计方法确定模拟控制器 $D(s)$；再由 $D(s)$ 按相应规则设计数字控制器 $D(z)$，即将 $D(s)$ 离散化。这便是连续离散设计方法。连续离散设计方法是一种近似的设计方法。

2. 直接数字设计方法

将控制对象直接转换成数字模型，以采样理论为基础，以 Z 变换为工具，在 Z 域直接设计出控制器 $D(z)$ 的设计方法即直接数字设计方法。

3. PID 控制算法

根据偏差的比例（P）、积分（I）、微分（D）进行控制的算法称为 PID 控制算法。PID 控制算法是控制系统中应用最为广泛的一种控制算法。实际运行的经验和理论分析都表明，运用这种控制算法对许多控制过程进行控制时，都能得到满意的效果。

4. 现代控制算法

现代控制算法是基于系统内部描述的状态方程进行时域分析的状态空间法、最优控制、最优滤波、系统辨识和自适应控制等的算法。

5. 复杂控制算法

复杂控制算法主要包括纯滞后控制、串级控制、前馈—反馈控制、解耦控制、模糊控制等算法。

6. 专家控制系统

专家控制系统所研究的问题一般具有不确定性，是以模仿人类智能为基础的。工程控制论与专家系统的结合，形成了专家控制系统。专家控制系统和模糊控制系统至少有一点是共同的，即两者都要建立人类经验和人类决策行为的模型。此外，两者都有知识库和推理机，而且其中大部分至今仍为基于规则的系统。因此，模糊逻辑控制器通常又称为模糊专家控制器。

0.3 计算机控制系统发展趋势

1946 年世界上第一台电子计算机 ENIAC 正式使用以来，电子计算机在世界各国得到了极大的重视和迅速的发展。计算机控制技术是自动控制理论与计算机技术相结合的产物，它的发展同样离不开自动控制理论和计算机技术的发展。随着通信技术的发展，当今计算机控制系统以计算机技术、通信技术和自动控制技术作为理论支持。

0.3.1 计算机技术的发展

在生产过程控制中采用数字计算机的思想出现在 20 世纪 50 年代中期。最重要的工作开始于 1956 年 3 月，当时美国德克萨斯州的一个炼油厂与美国的 TRW 航空工业公司合作进行计算机控制研究，经过 3 年的努力，设计出了一个采用 RW-300 计算机控制的聚合装置的系统，该系统控制 26 个流量、72 个温度、3 个压力和 3 个成分，控制的目的是使反应器的压力最小，确定对 5 个反应器供料的最佳分配，根据催化剂活性量来控制热水的流量以及确定最优循环。

TRW 公司的这项开创性工作，为计算机控制技术的发展奠定了基础，从此，计算机控制技术获得了迅速的发展。

计算机控制技术的发展过程经历了以下几个阶段。

1. 开创期（1955 ~ 1962 年）

早期的计算机使用电子管，体积庞大，价格昂贵，可靠性差，所以它只能从事一些操作和设定值控制。过程控制向计算机提出了许多特殊的要求，需要它对各种过程命令做出迅速响应，从而导致中断技术的发明，使计算机能够对更紧迫的过程任务及时地做出反映。

2. 直接数字控制时期（1962 ~ 1967 年）

早期的计算机控制按照监督方式运行，属于操作指导或设定值控制，仍需要常规的模拟控制装置。1962 年，英国的帝国化学工业公司利用计算机完全代替了原来的模拟控制。该计算机控制 224 个变量和 129 个阀门。由于计算机直接控制过程变量，完全取代了原来的模拟控制，因而称这样的控制为直接数字控制，简称 DDC（Direct Digital Control）。

采用 DDC 系统一次投资较大，而增加一个控制回路并不需要增加很多费用。灵活性是 DDC 系统的又一个优点，改变模拟控制系统需要改变线路，而改变计算机控制系统只需要改变程序即可。DDC 是计算机控制技术发展方向上的重大变革，为以后的发展奠定了基础。

3. 小型计算机时期（1967 ~ 1972 年）

整个 20 世纪 60 年代计算机技术有了很大的发展，主要特点是它的体积更小，速度更快，工作可靠，价格便宜。到了 20 世纪 60 年代后半期，出现了各种类型的适合工业控制的小型计算机，从而使得计算机控制系统不再是大型企业的工程项目，对于较小的工程问题也能利用计算机来控制。由于小型机的出现，过程控制计算机的台数迅速增长。

4. 微型计算机时期（1972 年至今）

在 1972 年之后，由于微型计算机的出现和发展，计算机控制技术进入了崭新的阶段。20 世纪 80 年代，微电子学由于出现了超大规模集成电路技术而获得急剧发展，出现了各种类型的计算机和计算机控制系统。现在微型计算机的发展朝着网络化、智能化、集成化、标准化的方向发展。

0.3.2　计算机控制理论的发展

虽然采样系统理论目前主要用在计算机控制方面，并已取得重要成果，但仍然在发展之中，为了获得这个领域的全面知识，有必要回顾一下其发展过程。

1. 采样定理

既然所有的计算机控制系统，都只根据离散的过程变量值来工作，那么就要弄清楚在什么条件下，信号才能只根据它在离散点上的值重现出来。此关键性的问题是由奈奎斯特解决的，他证明，要把正弦信号从它的采样值复现出来，每个周期至少必须采样两次。香农（Shannon）于 1949 年在他的重要论文中完全解决了这个问题。

2. 差分方程

采样系统理论最初起源于某些特殊控制系统的分析。奥尔登伯格（Oldenburg）和萨托里厄斯（Sartourius）于 1948 年对落弓式检流计的特性做了研究，这项研究对采样系统理论做出了最早的贡献。并已证明，许多特征都可以通过分析一个线性时不变的差分方程来理解，即用差分方程代替了微分方程。例如，稳定性研究可以采用舒尔—科恩（Schur-Cohn）法，它相当于连续时间系统的劳斯—霍尔维兹判据（Routh-Hurwitz criterion）。

3. Z 变换法

由于当时的拉氏变换理论已经成功地应用于连续时间系统中，人们很自然地试图为采样系统建立一种类似的变换理论。霍尔维兹于 1947 年对序$\{f(kT)\}$引进了一个变换，变换定义为

$$\mathscr{Z}\{f(kT)\}=\sum_{k=0}^{\infty}z^{-k}f(kT) \tag{0-1}$$

后来，这种变换由拉格兹尼（Ragazzini）和扎德（Zadeh）于 1952 年定义为 Z 变换。

建立采样理论的许多工作都是由美国哥伦比亚大学的拉格兹尼领导的研究小组来完成的，即朱里（Jury）、卡尔曼（Kalman）、比特伦（Bertram）、扎德（Zadeh）、富兰克林（Franklin）、弗里德兰德（Friedland）、克兰克（Kranc）、弗里曼（Freeman）、萨拉奇克（Sarachik）和斯克兰斯凯（Sklansky）等人在拉格兹尼指导下做博士论文时完成的。

4. 状态空间理论

状态空间理论的建立，来自于许多数学家的共同努力，例如，莱夫谢兹（Lefchetz）、庞特里亚金（Pontryagin）、贝尔曼（Bellman）。卡尔曼把状态空间法应用于控制理论，享有较高的声誉，他建立了许多概念并解决了许多重要的问题。

5. 最优控制与随机控制

在 20 世纪 50 年代后期，贝尔曼（1958 年）与庞特里亚金等人（1962 年）证明了许多设计问题都可以形式化为最优化问题。20 世纪 60 年代初，随着控制理论的发展，引出所谓线性二次型高斯（LQG）理论。

6. 代数系统理论

代数系统理论对线性系统理论有了更好的理解，并应用多项式方法解决特殊问题。

7. 系统辨识与自适应控制

奥斯特隆姆（Astrom）和威顿马克（Wittenmark）等人在系统辨识与自适应控制方面做出了重要贡献。应当承认，在理论联系实际方面，奥斯特隆姆教授处于领先地位，他提出的自校正调节器便是一个突出的例子。

0.3.3 计算机通信和网络技术的发展

1. 以单计算机为中心的联机终端系统

计算机网络主要是计算机技术和信息技术相结合的产物，它从20世纪50年代起步至今已经有六十多年的发展历程，在20世纪50年代以前，因为计算机主机相当昂贵，而通信线路和通信设备相对便宜，为了共享计算机主机资源和进行信息的综合处理，形成了第一代的以单主机为中心的联机终端系统。

在第一代计算机网络中，由于所有的终端共享主机资源，因此终端到主机都单独占一条线路，所以使得线路利用率低，而且由于主机既要负责通信又要负责数据处理，因此主机的效率低，而且这种网络组织形式是集中控制形式，所以可靠性较低，如果主机出问题，所有终端都被迫停止工作。面对这样的情况，当时人们提出这样的改进方法，就是在远程终端聚集的地方设置一个终端集中器，把所有的终端聚集到终端集中器，而且终端到集中器之间是低速线路，而终端到主机是高速线路，这样使得主机只要负责数据处理而不要负责通信工作，大大提高了主机的利用率。

2. 以通信子网为中心的主机互联

随着计算机网络技术的发展，到20世纪60年代中期，计算机网络不再局限于单计算机网络，许多单计算机网络相互连接形成了有多个单主机系统相连接的计算机网络，这样连接起来的计算机网络体系有两个特点。

（1）多个终端联机系统互联，形成了多主机互联网络。

（2）网络结构体系由主机到终端变为主机到主机。

后来这样的计算机网络体系慢慢向两种形式演变，第一种就是把主机的通信任务从主机中分离出来，由专门的CCP（通信控制处理机）来完成，CCP组成了一个单独的网络体系，称之为通信子网，而在通信子网基础上连接起来的计算机主机和终端则形成了资源子网，导致两层结构体系出现。第二种就是通信子网规模逐渐扩大成为社会公用的计算机网络，原来的CCP成为了公共数据通用网。

3. 计算机网络体系结构标准化

随着计算机网络技术的飞速发展，计算机网络的逐渐普及，各种计算机网络怎么连接起来就显得相当的复杂，因此需要把计算机网络形成一个统一的标准，使之更好的连接，因此网络体系结构标准化就显得相当重要，在这样的背景下形成了体系结构标准化的计算机网络。

0.3.4 计算机控制系统的发展

根据目前计算机控制技术的发展情况，应用领域越来越广泛。要深入发展计算机控制技术，必须对生产过程知识、测量技术、计算机技术和控制理论等领域进行更广泛深入的研究。

（1）DCS和工业控制计算机技术正在相互渗透发展，并扩大各自的应用领域。原来一般流程工业的控制多选用集散型控制系统（DCS），离散型制造业的控制多采用可编程控制器（PLC）。随着DCS和PLC相互渗透发展继而扩大自己的应用领域，将出现DCS和PLC融合于一体的集成过程控制系统。

（2）控制系统的网络。随着计算机技术和网络技术的迅猛发展，各种层次的计算机网络在控制系统中的应用越来越广泛，规模也越来越大，从而使传统意义上的回路控制系统所具有的特点在系统网络化过程中发生了根本变化，并最终逐步实现了控制系统的网络化。

工业控制网络向着有线和无线相结合的方向发展。计算机网络技术、无线技术以及智能传感器技术的结合，产生了基于无线技术的网络化智能传感器。这种基于无线技术的网络化智能传感器使得工业现场的数据能够通过无线链路直接在网络上传输、发布和共享。

（3）控制系统的系统扁平化。在传统的集散和分布式计算机控制系统中，根据完成的不同功能和实际的网络结构，系统以网络为界限被分成了多个层次，各层网络之间通过计算机相连。这种复杂多层的结构会造成多种障碍，具有很多缺点。新一代计算机控制系统的结构发生了明显变化，逐步形成了两层网络的系统结构。上层负责完成高层管理功能，包括各种控制功能之间的协调、系统优化调度、信息综合管理和组织以及总体任务的规划等。底层负责完成所有具体的控制任务，如参数调节的回路控制、过程数据的采集和显示、现场控制的监视以及故障诊断和处理等等。

（4）控制系统的智能化。随着科学技术的发展，对工业过程不仅要求控制的精确性，更加注重控制的鲁棒性、实时性、容错性以及对控制参数的自适应和自学习能力。另外，被控工业过程日趋复杂，过程严重的非线性和不确定性，使许多系统无法用精确数学模型描述。这样建立在数学模型基础上的传统方法将面临空前的挑战，也给智能控制方法的发展创造了良好的机遇。传统的控制方法在很大程度上依赖于过程的数学模型，但是，至今获取过程的精确数学模型仍然是一件十分困难的工作。没有精确的数学模型作前提，传统的控制系统的性能将大打折扣。而智能控制器的设计却不依赖过程的数学模型，因而对于复杂的工业过程往往可以取得很好的控制效果。

智能控制是一类无需人的干预就能够自主地驱动智能机器实现其目标的过程，是机器模拟人类智能的一个重要领域。智能控制方法通过模拟人类思维判断的各种方法继而实现智能控制。智能控制包括学习控制系统、分级递阶智能控制系统、专家系统、模糊控制系统和神经网络控制系统等。应用智能控制技术和自动控制理论来实现的先进的计算机控制系统，将有力地推动科学技术进步，并提高工业生产系统的自动化水平。计算机技术的发展加快了智能控制方法的研究。

（5）工业控制软件的组态化。如今工业控制软件已向组态化的方向发展。工业控制软件主要包括人机界面软件、控制软件以及生产管理软件等。目前，我国已开发出一批具有自主知识产权的实时监控软件平台、先进控制软件和过程优化控制软件等成套应用软件。

习　题　0

0-1　什么是计算机控制系统？其工作原理是怎样的？

0-2　计算机控制系统由哪几部分组成？请画出计算机控制系统的组成框图。

0-3　计算机控制系统的典型形式有哪些？各有什么优缺点？

0-4　简述计算机控制系统的发展概况。

0-5　讨论计算机控制系统的发展趋势。

1　计算机控制系统硬件设计技术

计算机控制系统的控制器可以由单片机、工业控制机、可编程逻辑器件和数字信号处理器等来实现。执行器和检测装置的接口设计可以归纳为：数字量接口设计、模拟量接口设计以及通信量接口设计。

1.1　计算机硬件组成结构

1.1.1　计算机信息传递

计算机的功能是信息处理。信息处理必须实现信息的准确传递，首先要解决的问题就是信息传递的控制，其次才是信息的处理。信息处理的基本功能是逻辑运算和算术运算，基本功能组合可以完成复杂功能，复杂功能的完成还应该存储基本功能的命令和处理完的结果。

最佳的信息传递方式是模块间的直接信息传递，而不是通过第三方。如果有两个模块，信息传递一定是双向的，如果传递信息是 0 和 1 代码，就需要两根线。传递方式如图 1-1 所示。此时信息是双向传递的。

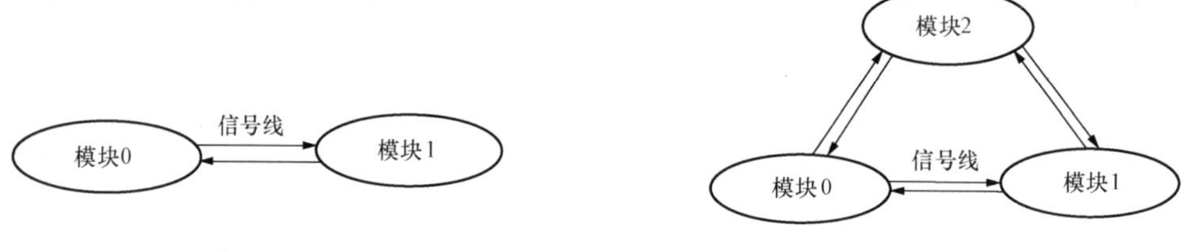

图 1-1　两个模块　　　　图 1-2　三个模块

由图 1-1 所示两个模块的信息传递，可知三个模块需要六根线，如图 1-2 所示。如果是 N 个模块就应该是 $N\times(N-1)$ 根线。如果有 100 个单元，就需要 $100\times99=9900$ 根线，按照一根线的宽度为 10mil（0.254mm），线与线之间的距离为 5mil（0.127mm），这样 100 个单元需要的线的宽度为 $9900\times0.381=3771.9(\text{mm})=3.7719\text{m}$ 。目前，单元数都是以 GB（1024MB）为单位，这样硬件的设计方法就不可能实现。这种方式有它的优点，即每个单元需要传递信息时，立即就可以传递信息，线缆虽然多，但是实现信息的传递比较简单，只需要将信息传递至线上即可，传输速度快。并且传递的信息只是在两个单元之间，信息传递私密性比较强，如果任何一个单元或者传递线出问题，不会影响整个系统运行和信息传递。

要实现以上信息传递的功能，即将一个单元的信息传递到另一个单元，或者接收另一个单元的信息，需要加一个规则：有一个单元专门负责信息的传递，其他单元不能够直接进行信息传递，如果其他单元要进行信息传递，必须先将传递信息的内容传递到此单元中，然后由这个单元将信息传递给另一个单元，以实现信息传递的目的。不过加上这一规则，会降低传输速度。其模型如图 1-3 所示。

这样 N 个单元只需要 $2\times(N-1)$ 根线，当模块与模块 0 进行信息传递的时候，也就是模块 0 工作的时候，其他模块均不能够进行信息传递。加上这个规则后，系统物理结构会变得简单。但是如果 N 很大，信号线的数量仍然很多，电路还是实现不了，为此在主从方式的基础上再规定一条规则，即希望所有的模块共用一组线，其结构如图 1-4 所示。

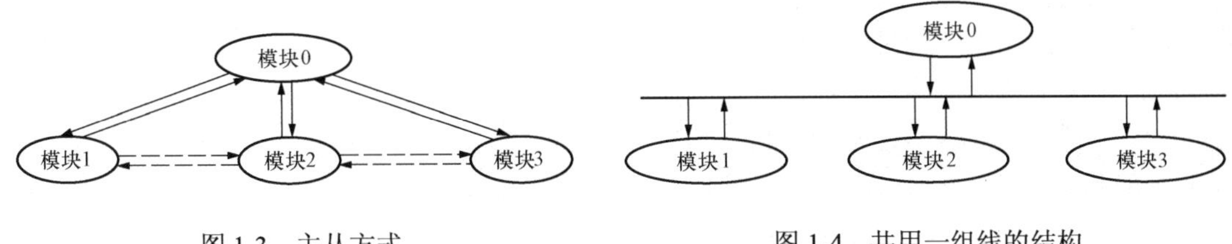

图 1-3 主从方式

图 1-4 共用一组线的结构

所有模块都共用一组线，就不可能存在两个单元同时输出信息的情况。所以，在这个工作方式下必须是主从方式。对于模块 0 和其他模块，本身都是独立单元体，它们可以随时传递信息，但不能同时输出信息，所以需在共享一组线的结构上再加规则，即加一根线，这个线为写控制线，当写控制线有效时，模块 0 将信息传递给模块。因为它们的通信是双向通信，故还得再加一根读控制线，当读控制线有效时，其他模块将信息传递给模块 0。加上读写控制的规则，数据线就可以成为双向通信线了。但这只能实现两个模块的通信，为了多个单元通信，还得加一组地址线，这组线是为了选中这个单元，只有选中这个单元后，再根据前面加的两根控制线进行工作。

给这一组线分别定义，传递信息的线称为数据线；控制接收和发送的线称为控制线，可分别称为读控制线和写控制线；选择单元的线称为地址线。其模型如图 1-5 所示。

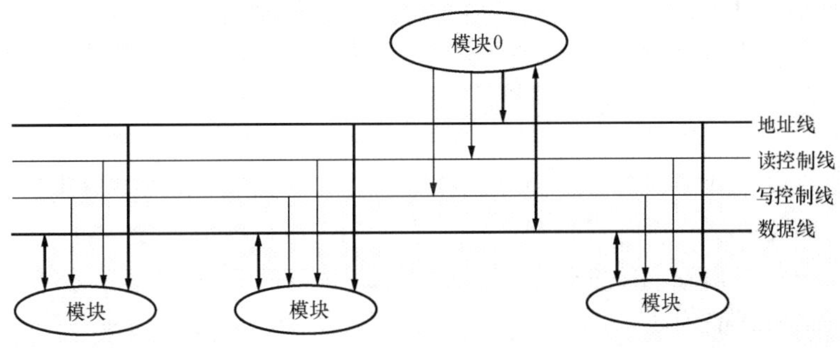

图 1-5 总线模型

规则如下。

（1）工作方式为主从方式。

（2）在某一个时刻只有模块 0 和另一个模块使用数据线。

（3）当地址线有效时，如果读信号线有效，将选中的单元中的信息传递到总线上。

（4）当地址线有效时，如果写信号线有效，将总线的信息传递到选中的单元中。

（5）未选中的单元，数据线为隔离状态。

有了以上规则，各个单元之间的信息传递变得繁琐，相比之下硬件设计会比较简单。如果有 100 个单元，地址线需要 7 根（128 单元），读控制线一根，写控制线一根，数据线一根。对于 1MB 单元，只需要 20 根地址线。如果希望提高信息量的传递，可以增加数据线的根数。

增加了此条规则限制了通信效率，如果任何线出现问题，整个系统就会崩溃。

系统在设计过程中虽然受到规则的约束，但是正因为这些规则的存在，整个系统才能有条不紊地工作。

1.1.2 计算机信息处理

1.1.1 节已经介绍了信息传递的问题，本节还要讨论算术运算和逻辑处理等问题。为了解决此类问题，控制系统就得开辟一个模块，来进行算术运算和逻辑处理。对于整个系统的运行过程，程序指令是一条一条地运行，因而还需要一个指令的解码器。当然，还得要一个存储指令的单元。由此需要设计一个具有程序的运行、指令解码功能和运算功能以及信息传递控制功能的单元，这个单元称为中央处理单元。

同时还要加入具有存储能力的单元，当然这个单元可以存储指令也可以存储数据信息，这个单元称为存储单元。

在控制系统的设计中，需要设计完成特殊功能的单元，这个单元称为 I/O 单元。一般情况下，I/O 单元的运行和 CPU 的运行是并行运行的。计算机的结构可以表述为图 1-6 所示的形式。

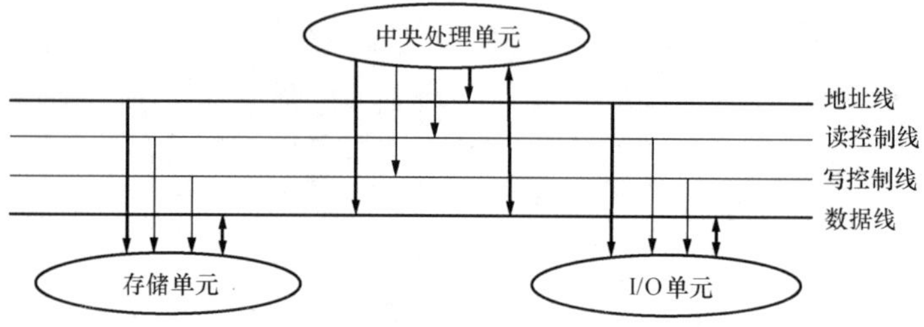

图 1-6 计算机结构的经典模型

以上就是计算机的一个经典模型，在理解计算机硬件时，如果从中央处理单元的角度出发，这样理解会越来越复杂，应该从信息传递的角度去理解。中央处理单元、存储器以及 I/O 部件三者之间因为信息传递而联系在一起，三个模块都遵守 1.1.1 节所述规则，这样每个部件就会相对独立。

从总线这个角度去理解，与计算机硬件相关的各个方面的设计就相对简单了。如果共享一组数据线，其结构模型与冯•诺依曼结构一样。加大数据线的宽度，可以提高传输速率。

在运行过程中，中央处理器独占总线的控制权。为了使中央处理器能力更强，设计了协处理器，就有了大模式的使用，如图 1-7 所示。总线的管理权可以由多个处理器使用，某个处理器使用时候可以获取总线的使用权。

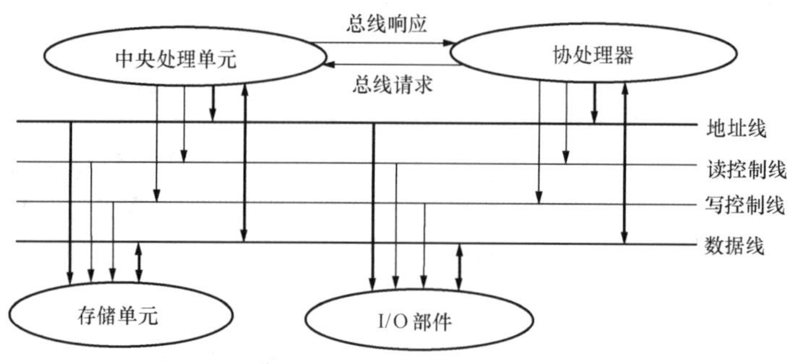

图 1-7 多处理器结构

随着图像显示技术的发展，存储器和 I/O 部件传递信息量增大，这样就设计了 DMA 控制器，如图 1-8 所示。即中央处理器让出总线的管理权，让存储器和 I/O 部件获取总线管理权，直接通信。

计算机运行是先取指令、再执行的过程，为了提高运行速度，取指令和执行可以采用流水线的方式同时进行，这样在设计时，指令存储器独立使用一组总线，其他存储器和 I/O 部件使用一组总线。这样的结构就是哈佛结构，如图 1-9 所示。总线都是由数据线、控制线和地址线组成。

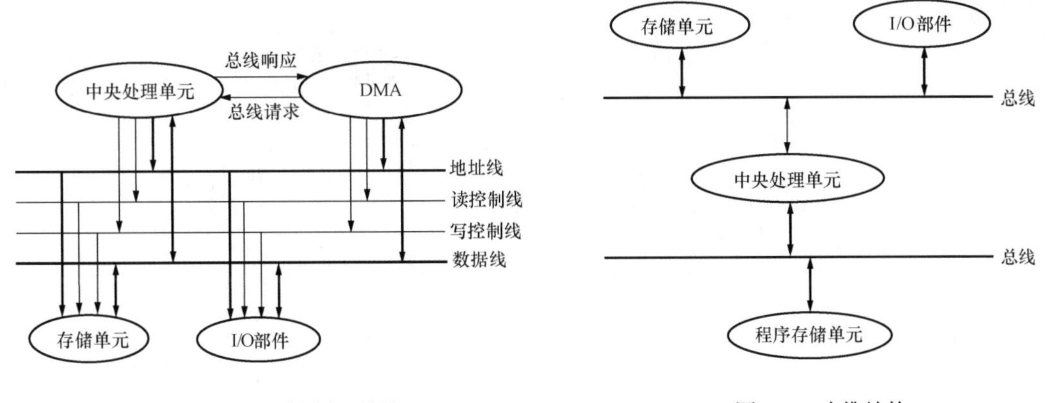

图 1-8 DMA 控制器结构

图 1-9 哈佛结构

从总线这个角度理解当前的计算机硬件，计算机的结构也就容易理解了。由此计算机主板主要结构如图 1-10 和图 1-11 所示。

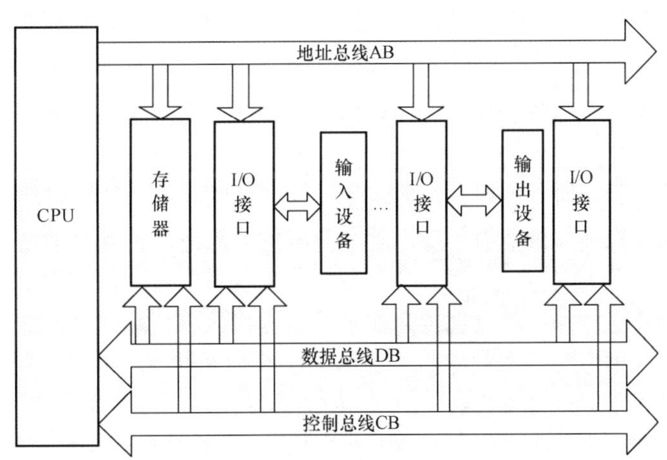

图 1-10 计算机主板主要结构

随着 EDA 技术的发展，处理器已经从原先的如何选择越来越趋近于如何设计，也就是通过 FPGA 芯片自主设计用户所需的控制器。如今，对于 SOPC 技术开发过程中可嵌入的软核主要有 ARM 核、51 核、NIOS 核等。同时在设计的过程中可以根据对象的特点修改这些核，使其能够更好地满足特定工业现场的要求，I/O 部件的设计更是如此。通过硬件直接设计自适应、自学习和自组织的控制器，其实现速度是模拟器件和计算机系统无法比拟的。对于控制人员设计的软件算法不仅仅可以用 C 语言实现，也可以用 VHDL 或 Verilog 语言实现。

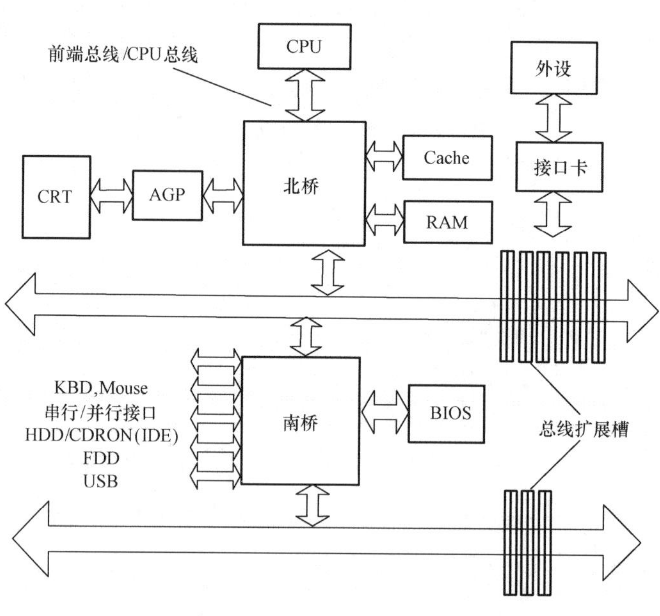

图 1-11　计算机南桥北桥结构

1.2　计算机硬件设计规范

1.2.1　计算机总线规范

1.1.2 节讲述了计算机硬件体系结构，简单的计算机由中央处理器、存储器和 I/O 部件组成，这三个模块的设计都要遵守总线协议，这样任何一个模块的实现都相对独立，也就简化了系统的设计和实现。对于一个大系统的实现，关键在于结构的划分，结构设计的目的就是使各个模块独立性强从而方便设计。如果计算机硬件或者计算机控制系统是从中央处理器这个角度去理解，将会使计算机硬件更加复杂。微机原理和单片机的讲述顺序应该是概述、中央处理器、指令、汇编语言，然后是各个接口，任何一个部分对于初学者而言，信息量都是很大的，这就好比进到原始森林，想要走出来，难度就可想而知了。如果给进入原始森林的人一张地图，那么无论这个人在任何一个地方，他不仅能够看到这个地方的美景，还不会迷失方向。

计算机总线是由数据线、控制线（读写）和地址线构成；工作方式是主从方式，其中中央处理器是主，存储器和 I/O 部件是从；控制线和地址线是单向线，数据线是双向线。

总线接口是由数字电路来实现，数字电路只能识别 0 和 1 这两个数字。控制信号线有效有四种情况，低有效、高有效、上升沿有效、下降沿有效。具体设计时就要确定到底是这四种情况下的哪一种，例如在 Intel 8088 系统中约定以低有效，其他无效。

存储器和 I/O 部件不只是一个单元，而是由很多单元组成的，读写操作过程中只能有一个单元有效，否则就会冲突，只有选中到这个单元，这个单元才能有效。数字电路是由门电路来实现的，对于门电路存在延时，中央处理器、存储器或 I/O 部件完成动作都需要时间。确定写操作的接口协议时，必须考虑到这些方面，如果只考虑自己模块实现而不管其他模块的实现，即使这个模块设计得再好，实际上都是无用的，在制定接口协议的时候要考虑到各个方面，不仅仅是让一个模块的实现简单，还要综合考虑各个模块的实现。在制定接口协议时要考虑到技术的发展，其协议是：

（1）在信息传递过程中，中央处理器和一个模块进行通信。

（2）地址线选中的单元和读信号线有效时，这个单元将数据传递到数据线上。

（3）地址线选中的单元和写信号线有效时，将数据线上的数据写入到这个单元。

（4）当没有满足要求时，各个单元处于高阻状态。

（5）中央处理器完成读操作的过程时，首先发送地址信息，再发送读信号，延时后将数据线的内容接收到中央处理器单元中，接下来使读信号无效，最后使地址无效。

（6）中央处理器完成写操作的过程时，首先发送地址信息，再发送数据信息，延时后使写信号线有效，最后使地址线无效。

这个信息传递是由中央处理器和某个单元一起完成的，地址信号线选中的单元信号线称为片选信号线（CS），其时序图如图 1-12 及图 1-13 所示。

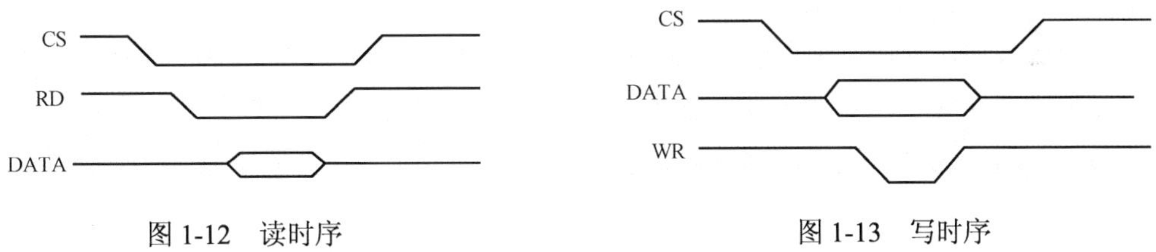

图 1-12 读时序

图 1-13 写时序

在读时序的过程中，中央处理器负责发送地址信号和读信号。不管这个单元是否存在，也就是数据线的内容是否正确，都会将数据线的内容传送到中央处理器中。其他单元模块，只要片选信号线有效和读信号线有效，并且两个同时有效时，都会把这个单元的内容输出到数据线上。这样在设计过程中，中央处理器单元的设计过程与其他单元的设计过程无关，其他单元之间的设计过程也是不相关的。

在写时序过程中，中央处理器负责发送地址信号、数据信号和写信号，它不管这个单元是否存在。其他单元模块，只要片选信号线有效和写信号有效，并且两个同时有效时，都会把数据线上的内容输入到这个单元中。这样在中央处理器的设计过程与其他单元的设计就无关，其他设计也是一样。

用这种方法，中央处理器、存储器和 I/O 部件的设计，只要符合以上规范就可以了，这个规范是计算机系统设计的基本理论。正如电路设计中根据基尔霍夫定理设计是一样的。

1.2.2 中央处理器系统的设计

总线上有地址线、数据线和读写控制线。为了使系统具有信息传递、控制、运算和指令执行的功能，设计了中央处理器系统电路；为了每一条指令的执行，以及完成写入数据、读取数据和程序执行（多条指令的执行），设计了时钟电路。信息传递的控制和指令运行需要由几个时钟脉冲组成，这就是运行的最小时间单位，程序执行是由这些步骤组成的。

为了使程序上电运行的指令是固定指令、硬件有固定状态、某些存储单元有固定值，因此设计了复位电路。

程序的运行是顺序执行或按照指定的顺序控制执行，但是，如果希望程序跳转到特定的指令运行，运行完后再执行原来的指令，就需要设计中断电路，则其中央处理器的系统框图如图 1-14 所示。

Intel 8088 中央处理器为了节省芯片的管脚（当时的工艺问题），地址线和数据线分时复用。首先作为地址线使用，接下来是作为数据线来使用。为了将这两种信号区别开来，在中央处理器上设计了 ALE 信号，使地址线有效。设计了 DEN 信号，使数据线有效，数据线的方向由 DT/$\overline{\text{R}}$ 控制。为此中央处理器的系统框图如图 1-15 所示。

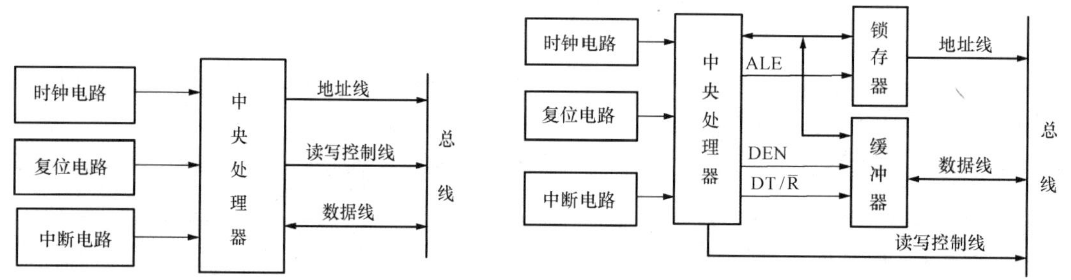

图 1-14　中央处理器的系统框图 1　　　　图 1-15　中央处理器的系统框图 2

如图 1-16 和图 1-17 所示，分别为 8088 最大模式存储器读时序和写时序。其中，数据读（Data Read）是指中央处理器在 T_3 的高电平时将数据输入到中央处理器。地址信号是在 T_1 的低电平时就有效，T_1 的下降沿 RD 信号有效。

数据线包含了正常的写信号，还提供了一个超前写的信号，这个信号和数据线同时输出，该信号一般不用。通过 Intel 提供的资料可以得出符合图 1-12 和图 1-13 的协议。

外围芯片可以利用写信号的下降沿、低电平以及上升沿完成写数据的操作。在 8088 系统中设计了一个超前写信号，这个信号是数据线和写信号同时输出。在最大模式情况时提供了正常写和超前写两种信号。在 8088 最小模式下提供的超前写信号，ISA 总线上提供的只是正常写信号，在计算机接口设计过程中应该按照总线上正常读写时序设计。

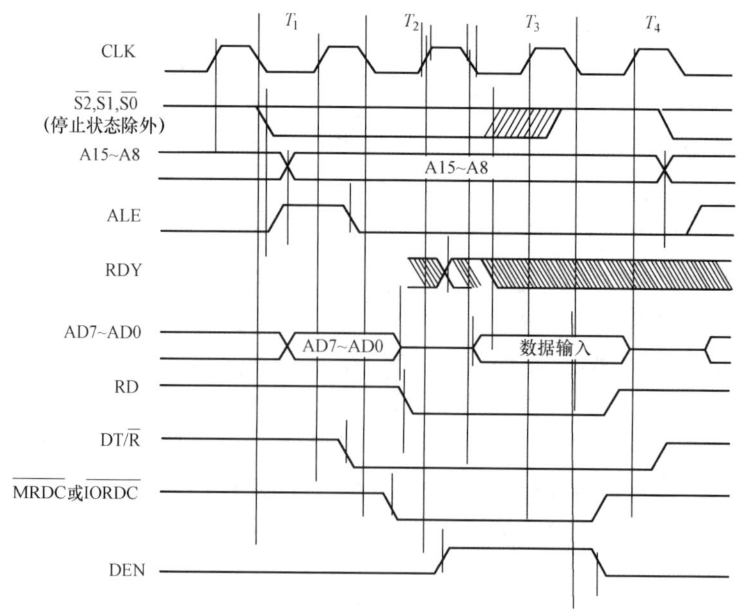

图 1-16　8088 最大模式存储器读时序

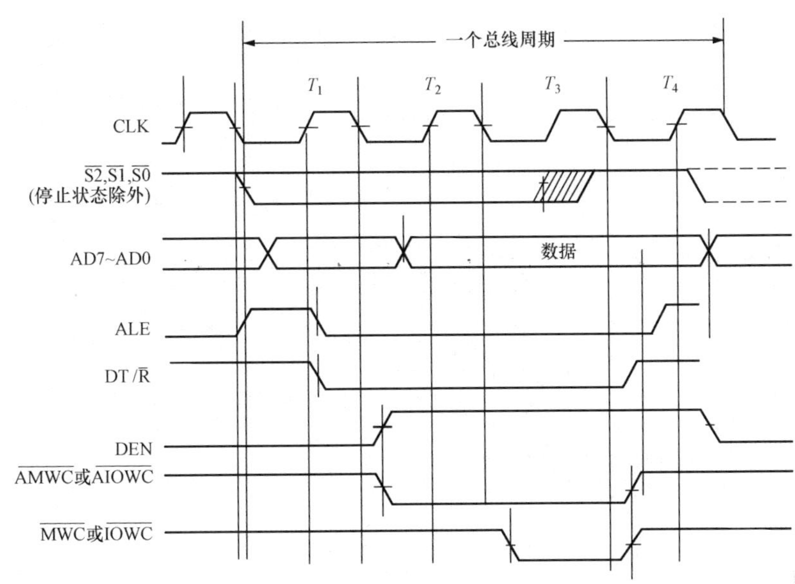

图 1-17　8088 最大模式存储器写时序

1.2.3　存储器电路部分的设计

存储芯片的设计已经符合了图 1-12 和图 1-13 的总线协议。针对各种应用环境，计算机系统设计的容量要满足要求，但存储器的芯片不一定足够大，并且有程序存储器和数据存储器，其芯片也不一定一样，程序存储器只读而数据存储器可读可写。因此必须设计多个存储器芯片，系统应有片选信号线。对于总线上有地址线、数据线和读写控制线，根据总线协议以及对象的要求，存储器的电路设计框图如图 1-18 所示。

存储电路的设计，关键在于译码电路设计，其他只需要对应相连就可以。存储器芯片设计时，当片选信号线有效且读信号线有效时，选中的这个单元就会将它的信息传递到数据线上。当片选信号线有效且写信号线有效时，数据线上的信息就会传递到选中的这个单元中。例如 27256，27256 的管脚定义如图 1-19 所示。

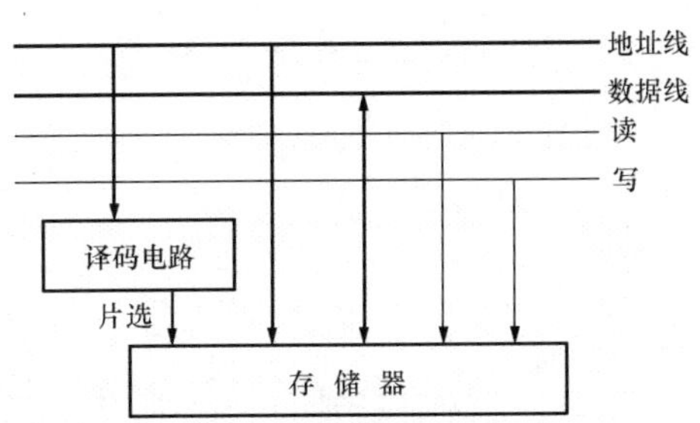

图 1-18　存储器的电路设计框图

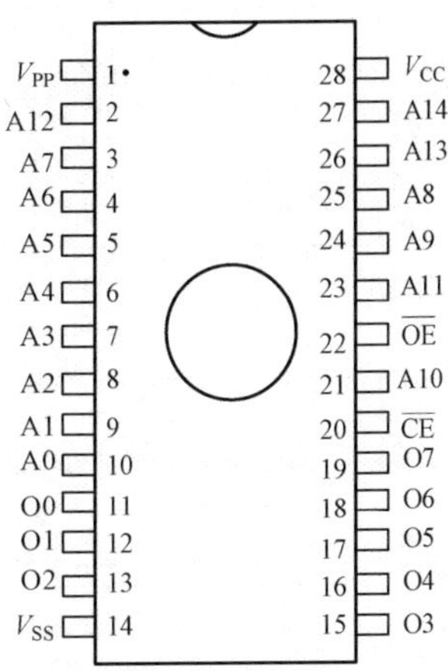

图 1-19　27256 的管脚定义

27256 芯片资料如下：

27256 是由 28 管脚组成的一个芯片，内部框图如图 1-20 所示。

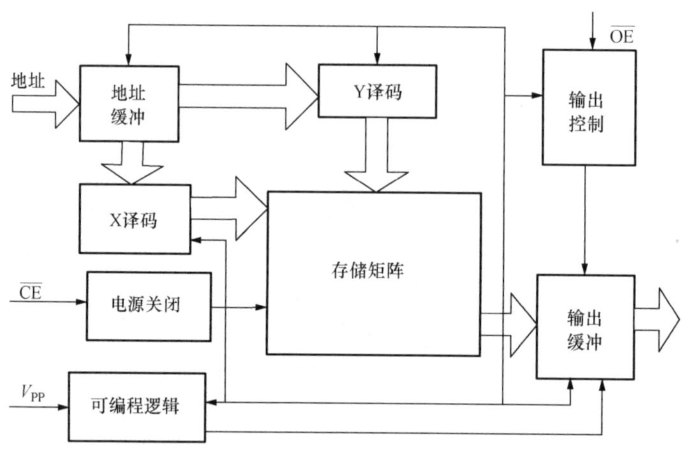

图 1-20 27256 内部框图

27256 时序图如图 1-21 所示。

27256 符合总线的规范，但是当片选信号线有效时，并不是立即将信息传递到数据线上，而是存在延时的，具体见表 1-1 所示。

这个延时时间为 70ns（27256-15 的 t_{OE}），中央处理器单元设计读时序，由 4 个时钟周期组成，它在 T_3 过程中进行读取，而在 T_2 周期发 RD 信号。也就是说在中央处理器设计时一定要考虑到芯片的延时。

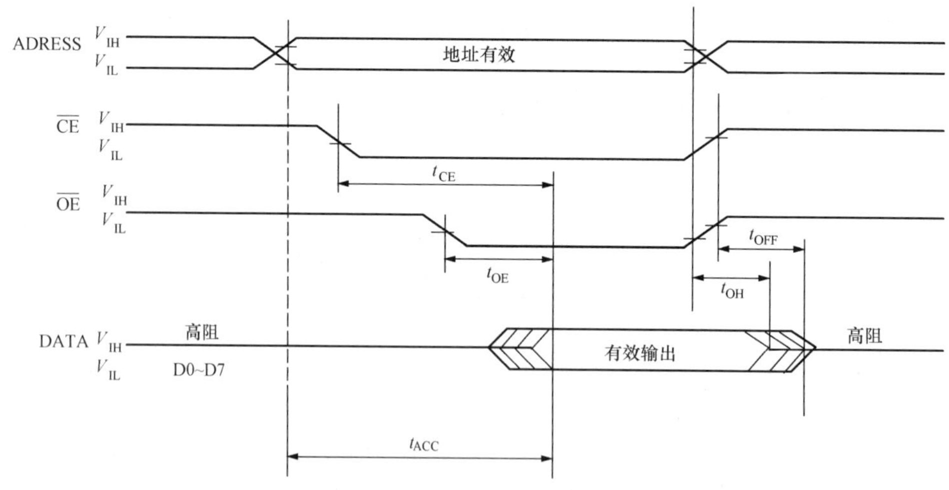

图 1-21 27256 时序图

表 1-1 **数据传递延时时间**

参数	参数说明	27256-15		27256-17		27256-20		27256-25		单位	测试条件
		最小	最大	最小	最大	最大	最大	最小	最大		
t_{ACC}	地址输出有效到数据有效的时间		150		170		200		250	ns	$\overline{CE}=\overline{OE}=V_{IL}$

续表

参数	参数说明	27256-15		27256-17		27256-20		27256-25		单位	测试条件
		最小	最大	最小	最大	最大	最大	最小	最大		
t_{CE}	$\overline{CE}$ 输出有效到数据有效的时间		150		170		200		250	ns	—
t_{OE}	$\overline{OE}$ 输出有效到数据有效的时间		70		70		75		100	ns	—
t_{OFF}	$\overline{OE}$ 输出高时数据输出高阻时间	0	50	0	50	0	55	0	60	ns	—
t_{OH}	从地址、$\overline{CE}$ 或 $\overline{OE}$ 先输出有效为准	0		0		0		0		ns	—

62256 芯片资料的读时序如图 1-22 所示，参数见表 1-2。

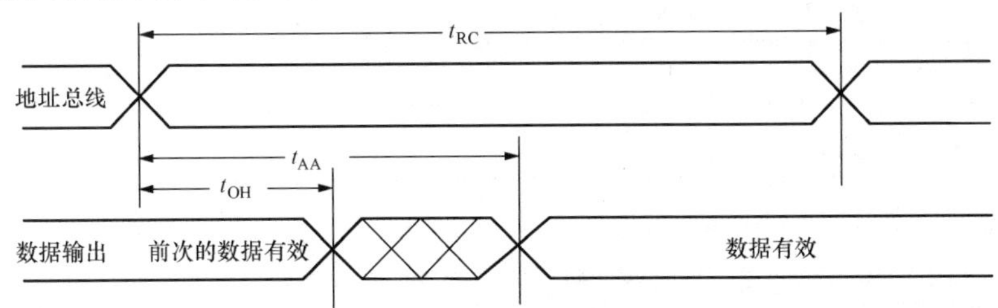

图 1-22　62256 的读时序图

表 1-2　　62256 读时序的时间参数

参数	参数说明	CY62256-55		CY62256-70		单位
		最小	最大	最小	最大	
t_{RC}	读周期	55		70		ns
t_{AA}	地址有效到数据有效		55		70	ns
t_{OH}	地址有效到前次数据有效	5		5		ns

写时序如图 1-23 所示，参数见表 1-3。

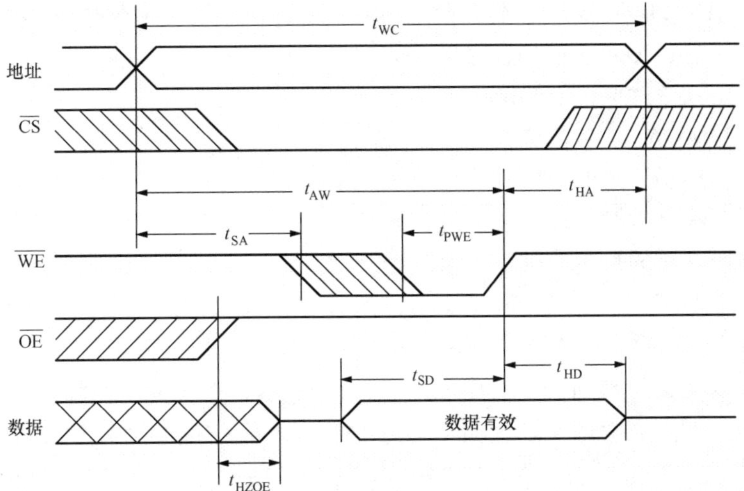

图 1-23　62256 的写时序图

表 1-3 62256 写时序的时间参数

参数	参数说明	不同速度芯片				
		55ns		70ns		单位
		最小	最大	最小	最大	
t_{WC}	写周期	55	—	70	—	ns
t_{AW}	地址有效到写周期结束	45	—	60	—	ns
t_{HA}	写周期无效到地址无效	0	—	0	—	ns
t_{SA}	地址有效到写周期开始	0	—	0	—	ns
t_{PWE}	$\overline{WE}$ 脉冲宽度	40	—	50	—	ns
t_{SD}	数据有效到写周期无效	25	—	30	—	ns
t_{HD}	写周期无效到数据无效	0	—	0	—	ns
t_{HZOE}	$\overline{OE}$ 无效到数据高阻	—	20	—	25	ns

62256 写时，$\overline{WE}$ 为上升沿的时候将数据输入到芯片单元中，在上升沿前 25ns（62256-55 的 t_{SD}）数据有效和上升沿后 25ns（62256-55 的 t_{HD}）数据有效就可以，其他时间要求见表 1-3。在中央处理器设计过程中数据线包括写信号线，上升沿的前后和下降沿的前后数据线都是有效的，并且保持一段时间，此时间满足了 62256 的时序要求。

存储器的设计相对简单，根据总线协议、存储器的时序要求连接上地址线、数据线、读写控制线和片选信号线就可以开始工作了。

1.2.4 译码电路的设计

一个存储体通常由多个存储器芯片组成，CPU 要实现对存储单元的访问，首先要选择存储器芯片，然后再从选中的芯片中依照地址码选择相应的存储单元读/写数据。通常，芯片内部存储单元的地址由 CPU 输出的 n（n 由片内存储容量 2^n 决定）条低位地址线完成选择，即 CPU 输出的低位地址码用作片内寻址，来选择片内具体的存储单元；而芯片的片选信号则是通过 CPU 的高位地址线译码得到，作片外寻址，以选择该芯片的所有存储单元在整个存储地址空间中的具体位置。由此可见，存储单元的地址由片内地址信号线和片选信号线的状态共同决定。下面介绍三种片选信号的产生方法。

1. 全地址译码方式

众所周知，存储器芯片的管脚除了地址线、数据线、写控制线、读控制线之外，还可能有一条或几条片选线。当微处理器要寻址该芯片上任一个存储单元时，该片选端应该有效。也就是说，存储器芯片的片选信号通常由微处理器的高位地址线经译码电路译码以后得到。而具体选中芯片中的哪一个单元，则是由与存储器芯片相连的那些低位地址线上的信号来确定的。例如，对于 6264 芯片来说，其芯片容量为 8KB，直接与微处理器相连的低位地址线为 A0~A12，该 13 条地址线将确定选中 6264 芯片中的哪一个单元。在 8088 微处理器中，有 A0~A19 共 20 条地址线，总的实际存储空间为 1MB。那么存储容量为 8KB 的 6264 芯片，在 1MB 内存空间中应占有哪一块空间，这是由高位地址 A13~A19 来确定的。这种存储器芯片中的每一个存储单元只对应内存空间的一个地址的地址译码方式，称之为全地址译码方式。这种译码方式的特点是，除直接与存储器芯片相连的地址线，所有剩余的高位地址线都被连接到地址译码器，参与地址译码，其译码输出就作为存储器芯片的片选信号。

2. 部分地址译码方式

部分地址译码方式也称为局部地址译码方式。在某些小型微机应用系统中，由于内存容量不大，存储器只占内存空间的一小部分。在这种情况下，为了简化地址译码电路其他附属电路，就可以采用部分地址译码方式。部分地址译码方式的特点是某些高位地址线被省略而不参与地址译码，简化了地址译码电路，但地址空间有重叠。局部译码虽然可以简化译码电路，但是也付出了代价，使可使用的存储空间缩小了。在重叠空间中，只允许连接一片芯片，以确保内存单元使用的唯一性，否则会使存储器操作发生混乱。这种译码方式在小型微型计算机应用系统中得到了广泛的应用。

3. 线选译码方式

线选法是指用存储器芯片片内寻址以外的系统的高位地址线中的某一条，作为存储器芯片的片选控制信号。采用线选法时，把作为片选信号的地址线连至各芯片（或芯片组）的片选端$\overline{\mathrm{CE}}$（或$\overline{\mathrm{CS}}$），当某个芯片的$\overline{\mathrm{CE}}$为低电平时，则该芯片被选中。需要注意的是，用于片选的地址线每次寻址时只能有一位有效，不允许同时有多位有效，这样才能保证每次只选中一个芯片或一个芯片组。线选法的优点是选择芯片不需要外加逻辑电路，译码线路简单；缺点是把地址空间分成了相互隔离的区域，且地址重叠区域多，不能充分利用系统的存储空间。因此，这种方法适用于扩展容量较小的系统。

以 8088 系统举例，对于 8088 系统，存储器的空间是 1MB。例如设计程序存储器 32KB，数据存储器 32KB。根据已学过的课程，程序存储器选用的是 27256，数据存储器选用的是 62256。

对于 32KB，需要 15 根地址线，而 8088 系统提供的地址线为 20 根。也就是总线上的 A0~A14 接到存储器芯片的 A0~A14， A15~A19 作为译码电路输入端，框图如图 1-24 所示。

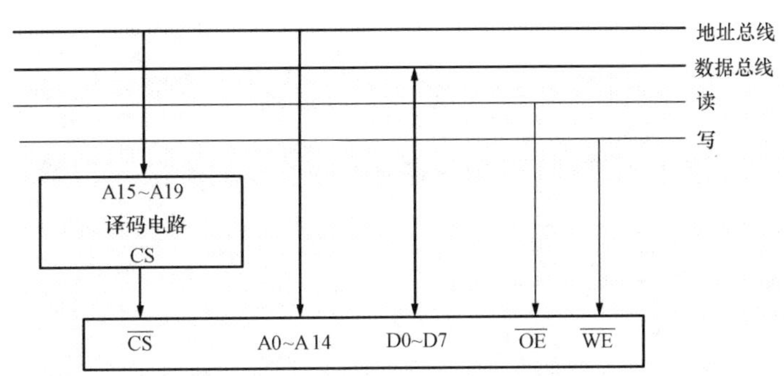

图 1-24　存储器电路框图

A15～A19 为译码电路的输入端，可选用的地址见表 1-4。

地址可以选用 32 个中的一个，对于任何一个地址只能选用一个芯片，不能一个地址选用多个芯片。对于第一个芯片 62256，这 32 个地址可以选任何一个地址，假如选用10000～17FFF 这个片选地址，那么对于第二个芯片，其他的地址都可以选择，在此，假设选用 A0000～A7FFF 片选地址。假设 27256 的片选为 CS1，62256 的片选为 CS0。

表 1-4 **全地址译码方式可选地址**

序号	可选用地址	序号	可选用地址	序号	可选用地址	序号	可选用地址
1	00000～07FFF	9	40000～47FFF	17	80000～87FFF	25	C0000～C7FFF
2	08000～0FFFF	10	48000～4FFFF	18	88000～8FFFF	26	C8000～CFFFF
3	10000～17FFF	11	50000～57FFF	19	90000～97FFF	27	D0000～D7FFF
4	18000～1FFFF	12	58000～5FFFF	20	98000～9FFFF	28	D8000～DFFFF
5	20000～07FFF	13	60000～67FFF	21	A0000～A7FFF	29	E0000～E7FFF
6	28000～2FFFF	14	68000～6FFFF	22	A8000～AFFFF	30	E8000～EFFFF
7	30000～37FFF	15	70000～77FFF	23	B0000～B7FFF	31	F0000～F7FFF
8	38000～3FFFF	16	78000～7FFFF	24	B8000～BFFFF	32	F8000～FFFFF

CS0、CS1 的真值表见表 1-5，根据真值表画出的逻辑电路如图 1-25 所示。

表 1-5 **CS0、CS1 真值表**

A19	A18	A17	A16	A15	CS0	CS1
0	0	0	0	0	1	1
0	0	0	0	1	1	1
0	0	0	1	0	0	1
0	0	0	1	1	1	1
⋮	⋮	⋮	⋮	⋮	⋮	⋮
1	0	1	0	0	1	0
⋮	⋮	⋮	⋮	⋮	⋮	⋮

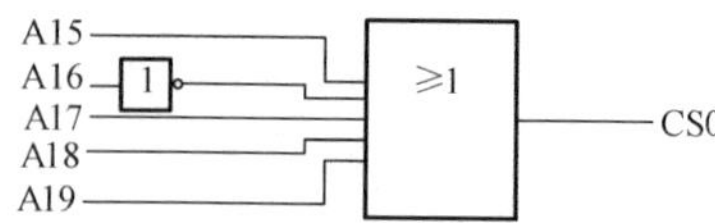

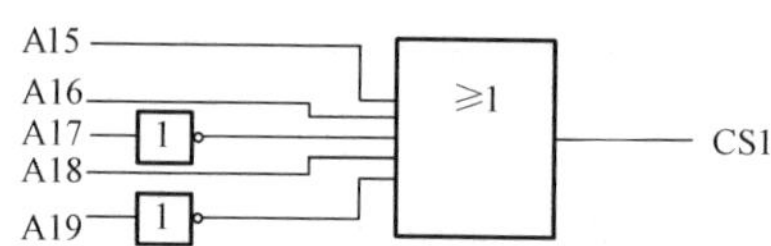

图 1-25 逻辑电路

使用的具体芯片，查 TTL 手册，可选 74LS04 和 74LS32，其芯片结构如图 1-26 所示。

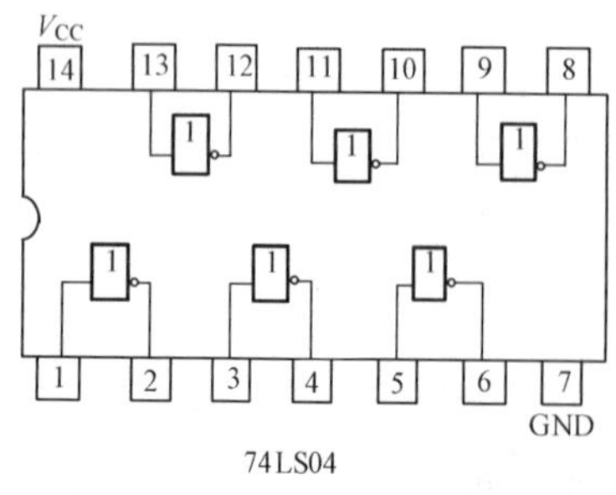

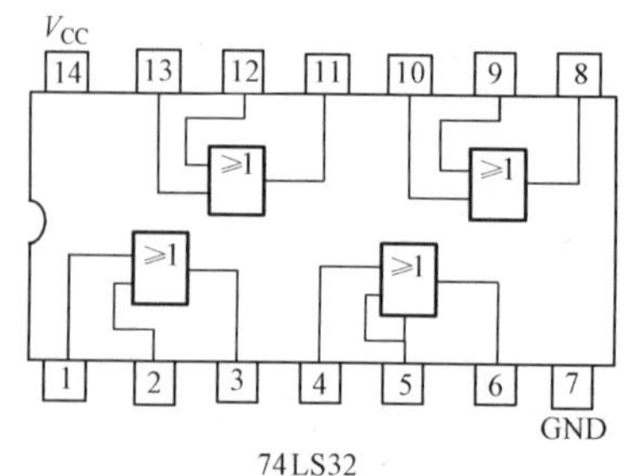

图 1-26 74LS04 和 74LS32 芯片结构

设计的原理图如图 1-27 所示。

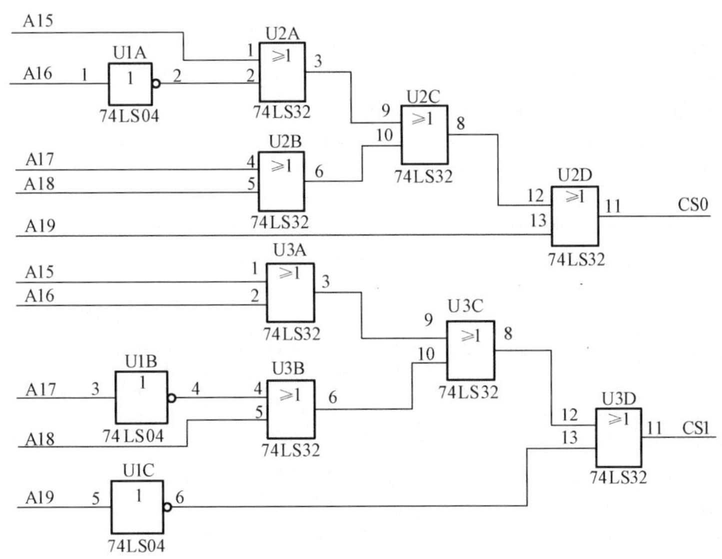

图 1-27 利用 74LS04、74LS32 设计原理图

根据原理图，可以画出线路板图。这个译码电路需要一片 74LS04 和两片 74LS32。

在地址分布设计的过程中，对于 8088 系统执行的第一条指令的物理地址为 FFFF0，而中断向量表的地址是在 00000～003FF 这个地址范围中，在这个约束条件下，27256 的地址应该选为 F8000～FFFFF 的地址，62256 的地址选为 00000～07FFF 的地址。

过去存储器容量不够大，例如存储器的容量为 2KB，如果要设计程序存储器的容量为 32KB，那么就需要 32/2=16 片存储器。这样设计电路就需要很多 74LS32 和 74LS04。为了减少译码电路所需要的芯片，生产芯片的厂家就设计了 3-8 译码器（74LS138）和 4-16 译码器（74LS154）。

对于这 16 片存储器的地址见表 1-6。

表 1-6　　74LS154 译码方式地址分布表

序号	可选用地址	序号	可选用地址	序号	可选用地址	序号	可选用地址
1	F8000～F87FF	5	F9000～F97FF	9	FA000～FA7FF	13	FB000～FB7FF
2	F8800～F8FFF	6	F9800～F9FFF	10	FA800～FAFFF	14	FB800～FBFFF
3	FC000～FC7FF	7	FD000～FD7FF	11	FE000～FE7FF	15	FF000～FF7FF
4	FC800～FCFFF	8	FD800～FDFFF	12	FE800～FEFFF	16	FF800～FFFFF

74LS154 管脚分布和逻辑见表 1-7，逻辑图如图 1-28 所示。

表 1-7　　74LS154 管脚分布和逻辑

功能表																					
输入						输出															
G1	G2	D	C	B	A	0	1	2	3	4	5	6	7	8	9	10	11	12	13	14	15
L	L	L	L	L	L	L	H	H	H	H	H	H	H	H	H	H	H	H	H	H	H
L	L	L	L	L	H	H	L	H	H	H	H	H	H	H	H	H	H	H	H	H	H
L	L	L	L	H	L	H	H	L	H	H	H	H	H	H	H	H	H	H	H	H	H

续表

功能表																					
输入						输出															
L	L	L	L	H	H	H	H	H	L	H	H	H	H	H	H	H	H	H	H	H	H
L	L	L	H	L	L	H	H	H	H	L	H	H	H	H	H	H	H	H	H	H	H
L	L	L	H	L	H	H	H	H	H	H	L	H	H	H	H	H	H	H	H	H	H
L	L	L	H	H	L	H	H	H	H	H	H	L	H	H	H	H	H	H	H	H	H
L	L	L	H	H	H	H	H	H	H	H	H	H	L	H	H	H	H	H	H	H	H
L	L	L	L	L	L	H	H	H	H	H	H	H	H	L	H	H	H	H	H	H	H
L	L	L	L	L	H	H	H	H	H	H	H	H	H	H	L	H	H	H	H	H	H
L	L	H	L	H	L	H	H	H	H	H	H	H	H	H	H	L	H	H	H	H	H
L	L	H	L	H	H	H	H	H	H	H	H	H	H	H	H	H	L	H	H	H	H
L	L	H	H	L	L	H	H	H	H	H	H	H	H	H	H	H	H	L	H	H	H
L	L	H	H	L	H	H	H	H	H	H	H	H	H	H	H	H	H	H	L	H	H
L	L	H	H	H	L	H	H	H	H	H	H	H	H	H	H	H	H	H	H	L	H
L	L	H	H	H	H	H	H	H	H	H	H	H	H	H	H	H	H	H	H	H	L
L	H	X	X	X	X	H	H	H	H	H	H	H	H	H	H	H	H	H	H	H	H
H	L	X	X	X	X	H	H	H	H	H	H	H	H	H	H	H	H	H	H	H	H
H	H	X	X	X	X	H	H	H	H	H	H	H	H	H	H	H	H	H	H	H	H

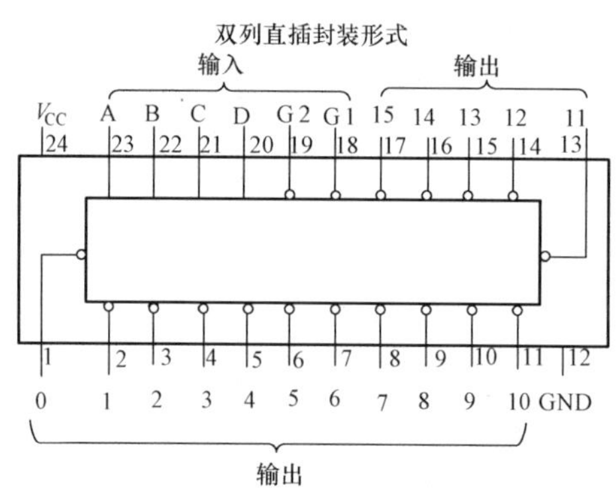

图 1-28 74LS154 的逻辑图

根据表 1-6 和表 1-7，设计出的原理图如图 1-29 所示。

设计译码电路过程中，74LS138 和 74LS154 不是译码电路，它们是设计电路时所选择芯片的一种，当今不仅可以选择门电路译码，还可选择可编程逻辑器件 FPGA、CPLD 等译码。

在设计其电路板时，如果板子设计完成后，需要增加存储容量就必须重新设计电路板。所以在设计过程中通常采用一个单元对应多个地址。例如设计的系统程序存储区和数据存储器的容量都为 32KB。在此选用的芯片还是 62256 和 27256。选表 1-3 中序号 1～16 所对应的地址作为 62256 的地址，选序号 17～32 对一个的地址作为 27256 的地址。这样只需要一根地址线就可以将它们区分，而系统提供的地址线有 5 根，即 A19，A18，A17，A16，A15。设计译码电路真值表见表 1-8。

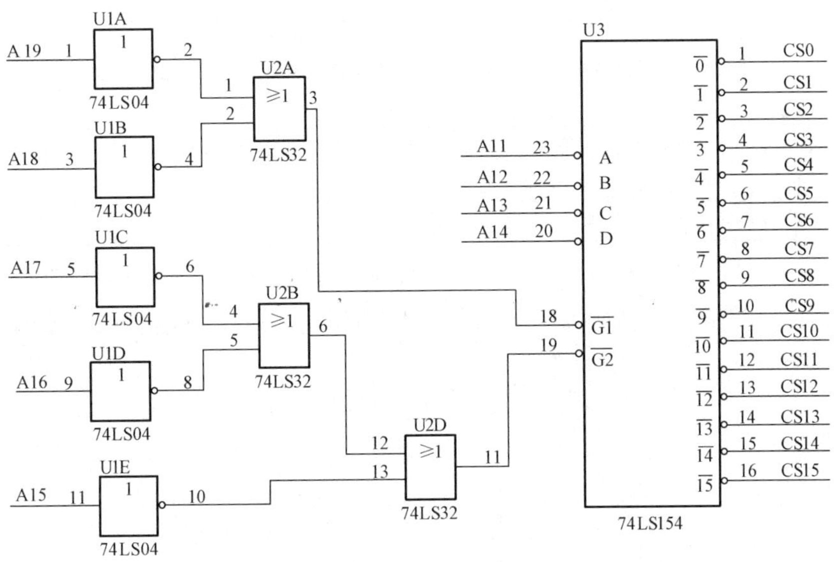

图 1-29　利用 74LS154 设计的原理图

表 1-8　　　　　**译 码 电 路 真 值 表**

A19	A18	A17	A16	A15	CS0	CS1
0	X	X	X	X	0	1
1	X	X	X	X	1	0

表 1-8 中 X 的含义为 0 或 1，即这个地址线悬空不用，这样译码电路就如图 1-30 所示。译码电路非常简单。设计译码电路的步骤如下。

（1）设计原则。一个单元对一个地址设计或一个单元对多个地址设计。

（2）地址分布设计。写出地址分布或者以表的形式表达。

（3）逻辑电路。

（4）芯片选择。逻辑芯片、译码器、可编程逻辑芯片（GAL，CPLD，FPGA）。

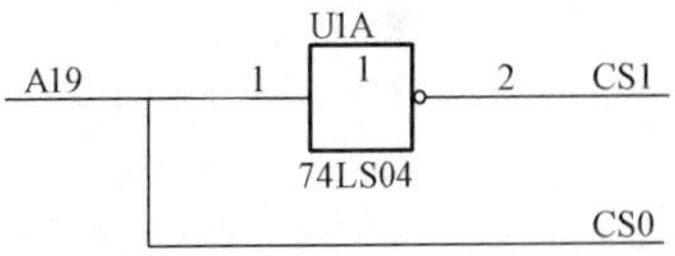

（5）画原理图。

（6）布线路板图。

图 1-30　译码电路的设计

在地址分布的设计过程中，对于 8088 系统读写控制线分成存储器读写和 I/O 部件读写，这样地址线就可以共用一个地址，同样一个地址指的不是一个单元。在当今单片机系统中存储器和 I/O 也分成不同类型，不同的类型就使用不同的读写控制线，地址相同但选择的单元不同。现在单片机系统将存储器、常用的 I/O 部件以及中央处理器都封装到一个芯片，对于这些资源访问都是通过地址访问，地址是非常重要的概念，但它的结构还得以总线这种方式理解。

1.2.5　I/O 部件的设计

I/O 部件是能够独立完成某个特殊功能的部件。例如电源管理、定时或计数器、开关量的输入/输出，模拟量输入/输出、PWM 输出、通信量输入/输出都属于 I/O 部件。

复位电路中上电复位、下电复位、看门狗；时钟电路中内部时钟、外部时钟、时钟分频或倍频、时钟源的选择；中断控制器都属于中央处理器系统电路的设计，但其设置和操作都与I/O部件相关。

设计人员对于I/O部件的使用，不需要理解其功能是如何实现的，只需要了解其接口。接口包括“数据寄存器”、“状态寄存器”和“控制寄存器”。寄存器的访问一般是通过地址（单片机使用一般采用宏定义）的方式访问。寄存器各个位与I/O部件完成的功能相关。

I/O部件运行和CPU运行是同时运行的，操作者可以通过“控制寄存器”设置其工作方式，通过“状态寄存器”监视其运行过程，通过“数据寄存器”获取运行的结果。

1.3　数字量输入/输出通道

计算机控制器用于生产过程的自动控制，除有一些模拟信号的处理，还需要处理一类最基本的输入输出信号，即数字量（开关量）信号。这些信号包括：开关的闭合与断开，指示灯的亮与灭，继电器或接触器的吸合与释放，电机的启动与停止，阀门的打开与关闭等。这些信号的共同特点是以二进制的逻辑“1”和“0”出现。

在计算机控制系统中，对应的二进制数码的每一位都可以对应生产过程的一个状态，这些状态都可以作为控制的依据。数字量输入接口就可以把控制输入（开关量）映射到计算机内部的控制状态位上，实现开关量的输入。

计算机在得到这些输入的开关量信号后，通过计算处理后，要输出相应的数字信号给驱动单元，控制被控对象，实现开关量输入/输出的控制。通常把能将生产过程中的数字信号传给计算机并且将计算机输出的数字信号转换成能对生产过程进行控制的数字驱动信号的通道，称为数字量的输入/输出通道。

1.3.1　数字量输入接口技术

1. 数字量输入接口设计

对生产过程进行控制，往往要收集生产过程的状态信息。根据状态信息，再给出控制量。对于工业现场，可以将收集的信息转换成计算机控制系统中的高低电平标准，来收集生产过程的状态信息（获取开关量信号）。如果有了这个信号，就可以利用上一节所描述的利用总线的读时序来对数字量的输入接口进行设计。

对于电路设计，首先画出原理框图。画出原理框图可以简化设计并且可以将要设计的内容考虑得更加全面，设计人员更容易沟通，对于框图的设计并不是一开始就非常的完善，通过画框图的过程可以将设计思路理清，最后得到正确的框图。图1-31所示为输入电路的原理框图。

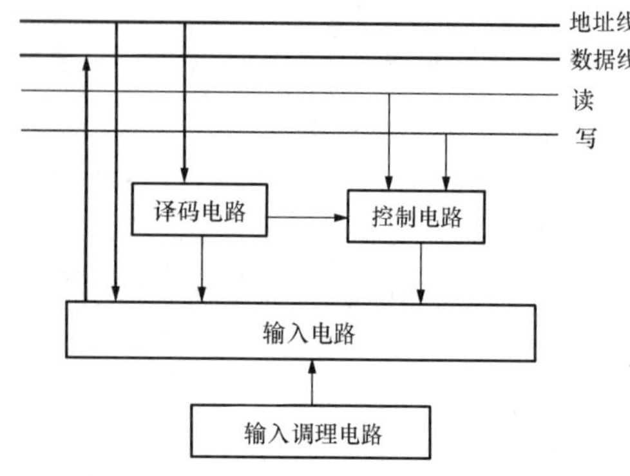

图1-31　数字量输入接口电路原理框图

数字量输入接口电路设计包括输入调理电路模块、输入电路模块、译码电路模块和控制电路模块四个部分。

2. 数字量输入接口中译码电路的设计

对于译码电路，1.2.4节已经讲述了设计方法。对于输入电路包括地址线和片选信号，输入电路

有 n 个单元则需要有可以表示 n 的二进制数的最小位数根地址线，1 个单元只需要 1 个片选信号，两个单元需要 1 根地址线和 1 根片选信号，256 个单元需要 8 根地址线和 1 根片选信号，根据单元数的二进制可以得出需要地址线的个数。输入电路并不一定符合计算机总线的读规范，即当片选信号有效和读信号有效时，并且是同时有效时，将开关量的信号输出到总线上，否则总线上的状态为高阻状态。为了符合这个规范就要设计控制电路，控制电路的设计方法就是依据输入电路的逻辑和总线的读时序规范来设计。在设计过程中外围电路是千变万化的，但是计算机读的规范是不变的，所以在此设计的时候从简单的开始学习数字量输入接口电路设计。

3. 数字量输入接口中调理电路

输入通道主要采集生产过程的状态。数字量的输入通道是用来接收外部装置或生产现场的数字信号。由于这些信号有可能引入各种干扰，如过电压、瞬态尖峰和反极性输入等。因此，外部信号要输入到计算机时，必须经过一些信号处理，如电平转换、滤波、隔离和过电压、反电压保护等。对输入信号做的这些处理，使电信号变成计算机的可用电信号，该过程称为输入信号调理，相应的电路称为输入调理电路。

现在，市场上的开关量产品也非常多，它们一般都设计了输入调理电路，实际应用时只要选择合适的产品，一般就不用自己再设计复杂的调理电路了。如开关量信号隔离器，见表 1-9。

表 1-9　　开关量信号隔离器

输入信号	输出信号	电源电路
干触点开关 接近开关	继电器	独立供电
干触点开关 接近开关	晶体管	独立供电
干触点开关	驱动电磁 阀报警器	回路供电
电平、干触点、OC 门	驱动电磁 阀报警器	独立供电

下面针对不同情况分别介绍相应的信号调理技术。

（1）直流输入信号调理电路。来自控制装置或生产过程的各种开关量，首先要进行电平转换，将其通断转换成相应的高、低电平，同时还要考虑对信号进行滤波、保护、消除触电抖动，以及进行信号隔离等问题。

图 1-32 所示的输入信号调理电路，可以用于过电压、过电流和反电压保护，还可进行 RC 抗干扰滤波。稳压管 VS 把过电压和瞬态尖峰电压钳位在安全电平上，串接二极管 VD1 防止反向电压输入。电阻 R_1 和电容 C 构成抗干扰的 RC 滤波器，电阻 R_1 是输入限流电阻，F1 可恢复熔丝。

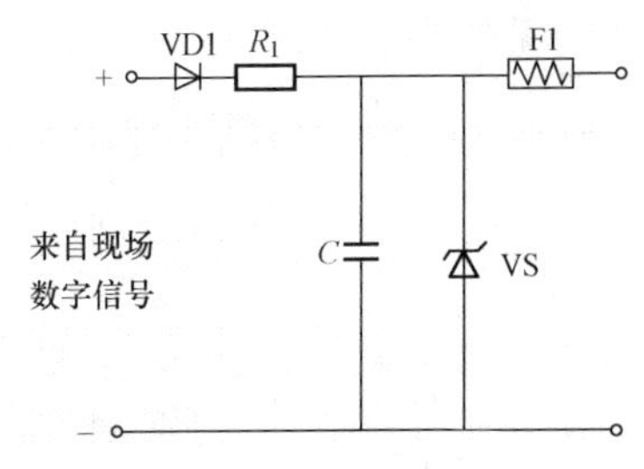

图 1-32　输入信号调理电路

图 1-33（a）、（b）都是从开关、继电器等触点输入信号的电路。它将触点的接通和断开动作转换成 TTL 电平信号与计算机相连。为了清除触点的机械抖动产生的振荡信号，图 1-33（a）是采用一种简单的 RC

积分电路滤波来消除开关抖动的方法。图 1-33（b）为 R-S 触发器消除开关两次反跳的方法。这两种电路一般都用于小功率输入电路中。

在大功率电路中，不仅仅有抖动，还有电磁干扰火花等，电平逻辑也不一样，这时需要从电磁离合等大功率器件的触点输入信号。最有效的就是光电隔离。这种情况下，为了使触点工作可靠，触点两端一般要加 24V 以上的直流电压。因为直流电平响应快，不易产生干扰，电路简单，被广泛采用。但这种电路所带的电压高，因此一般要加光耦合器进行隔离，如图 1-33（c）所示。

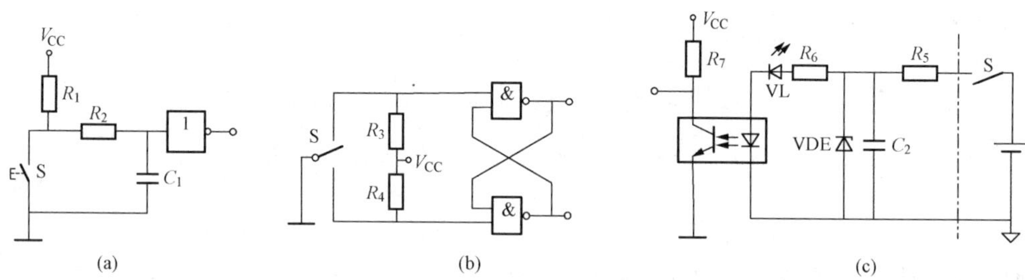

图 1-33　直流输入调理电路

（a）RC 积分电路；（b）R-S 触发器电路；（c）光耦合电路

数字量的开和关两个状态不可能是一个固定的量，所以在两个状态切换时应该去抖动。以上三个电路也都用到了去抖动。去抖动一般用硬件和软件两种方式：硬件去抖就是采用硬件电路来消除抖动信号，较常用的方法就是在电路中加入时间常数较大的 RC 积分滤波电路来消除这种抖动信号，另一种是采用双稳态的 R-S 触发电路消除抖动。软件去抖动一般是通过计算机多次判断来消除抖动。

（2）交流输入调理电路。图 1-34 所示为交流输入信号调理电路，它比直流输入信号调理电路多一个整流桥。开关 S 状态也同样经转换、滤波、保护、隔离等措施处理后送入输入缓冲器，CPU 读输入缓冲器便可读取开关 S 的状态。

（3）电平转换电路。在现场环境中，压力、温度等报警电压逻辑通常是不一定的，这时就要使用比较器，来转换输入信号的电平，如图 1-35 所示。

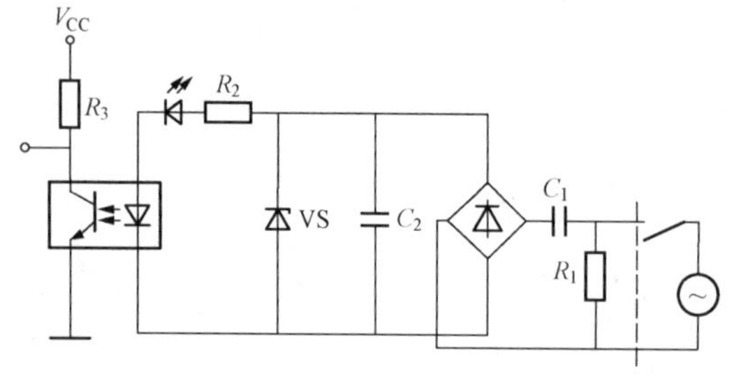

图 1-34　交流输入信号调理电路

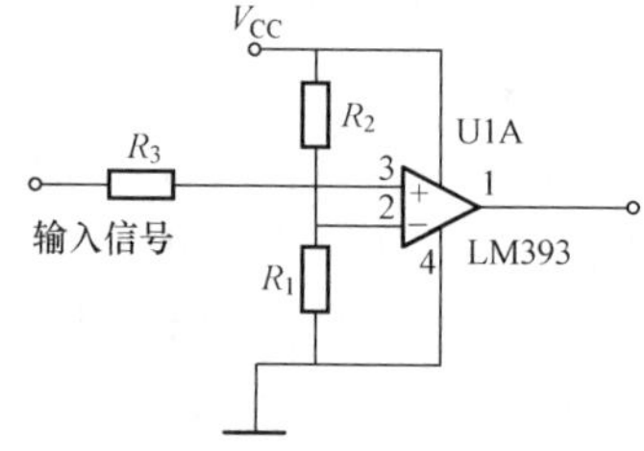

图 1-35　电平转换电路

4. 数字量输入接口中调理电路的电平设计

输入调理电路是将外部输入的信号转换成输入电路能够识别的信号。一般而言，总线上电平要求符合 TTL 和 CMOS 电平。在这里简要介绍一下这两种电平的标准及它们集成电路的使用要求。TTL 电平标准：输出高电平 V_{OH}>2.4V，输出低电平 V_{OL}<0.4V。在室温

下，一般输出高电平是V_{OH}>3.5V，输出低电平是V_{OL}<0.2V。最小输入高电平和最大输入低电平分别为V_{IH}≥2.0V，V_{IL}≤0.8V，噪声容限是0.4V。CMOS电平标准：输出电平是$V_{OH}>0.9V_{CC}$，$V_{OL}<0.1V_{CC}$，最小输入高电平和最大输入低电平分别为$V_{IH}>0.7V_{CC}$，$V_{IL}<0.3V_{CC}$。在CMOS电路未使用的输入端不能悬空，否则会造成逻辑混乱。TTL电路不使用的输入端悬空为高电平。另外，CMOS集成电路电源电压可以在较大范围内变化，因而对电源的要求不像TTL集成电路那样严格，用TTL电平连接它们就可以兼容。两者的电流驱动能力：TTL一般提供25mA的驱动能力，而CMOS一般在10mA左右。电流输入：TTL一般需要2.5mA左右，CMOS几乎不需要电流输入。当输入调理电路输出的低电平为$0.3V_{CC}$和0.8V的小值，高电平为大于$0.7V_{CC}$和2.4V的大值，就是符合TTL和CMOS标准。

当设计任何部分时，以上电平的各个方面都要深入的了解，这样才可以设计出能够使用的电路。

5. 数字量输入接口中输入电路设计

假设采用74LS74芯片实现输入接口电路，该芯片是双D触发器。它的管脚分布与逻辑图如图 1-36 所示。74LS74触发器功能表见表1-10。

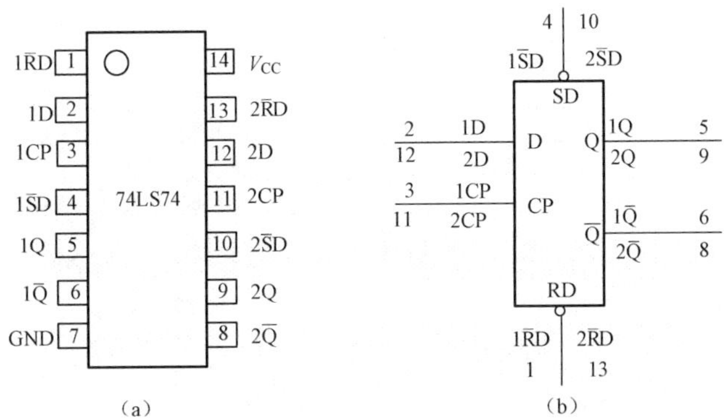

图 1-36 74LS74管脚分布和逻辑图

(a) 74LS74管脚分布图；(b) 逻辑图

表 1-10 **74LS74触发器功能表**

输入				输出	
*n*S̄D	*n*R̄D	*n*CP	*n*D	*n*Q	*n*Q̄
L	H	X	X	H	L
H	L	X	X	L	H
L	L	X	X	H	H
H	H	↑	L	L	H
H	H	↑	H	H	L

要求采集一个开关信号，这个开关信号接通时电阻为0，关断时为高阻。

首先设计输入调理电路。提供一个按键，要将其转换成TTL或CMOS电平设计如图1-37所示。

当该键未按下时，输出高电平，该键按下时，输出低电平。

接下来设计输入电路，输入电路的设计和总线的读时序和芯片逻辑相关。计算机的读时序是：

（1）地址和片选信号有效。

（2）输出读信号有效。

（3）输入信号有效。

（4）输入信号无效。

（5）输出读信号无效。

（6）地址和片选信号无效。

设计时应该在片选信号线有效的情况下进行，如图 1-38 所示为计算机的读时序图，可以利用读信号的下降沿或者上升沿。

图 1-37 输入调理电路

图 1-38 计算机读时序图

设计的一般思路为理论、推导、结论，计算机接口电路的基本理论是总线规范和芯片逻辑。总线上提供的总线信号是地址线、数据线和读写控制线。双 D 触发器的接口是 D 端、Q 端、时钟端以及置 0、置 1 端。

输入调理电路的输出端应连接到 D 端。数据线自然要接到 Q 端，D 触发器的置 0、置 1 端不用，根据 D 触发器的逻辑应接高电平。对于读时序是片选信号有效当且仅当读信号线有效时 D 触发器输出数据，这两个控制线都是低电平有效，也就是两个同时为 0 时，输出应有效，其他时刻应该为高电平，电路为“或”逻辑。双 D 触发器 CLK 要求的是一个上升沿信号，而通过或逻辑提供的是下降沿信号，所以应该加一个反向器，设计出的输入电路如图 1-39 所示。

对于总线上读时序要求当不满足条件时应该为高阻状态，所以应该选择一个三态门，如图 1-40 所示。

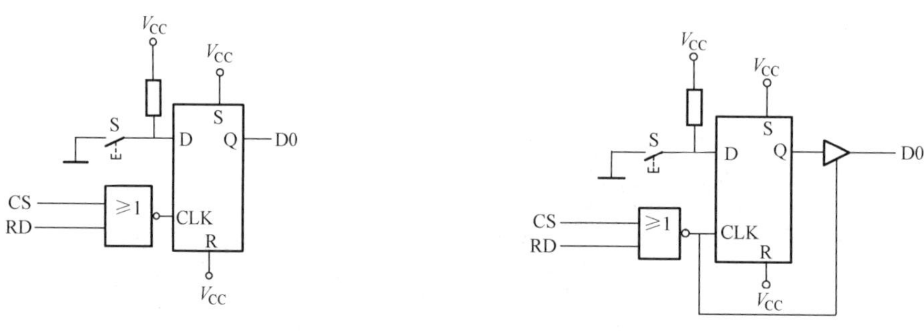

图 1-39 输入电路

图 1-40 带三态门的输入接口电路

设计时要注意 OC 门、TTL 门、三态门的区别，在设计中，外部的设计也应该深入地了解这些内容。下面给出三种门电路，如图 1-41 所示。

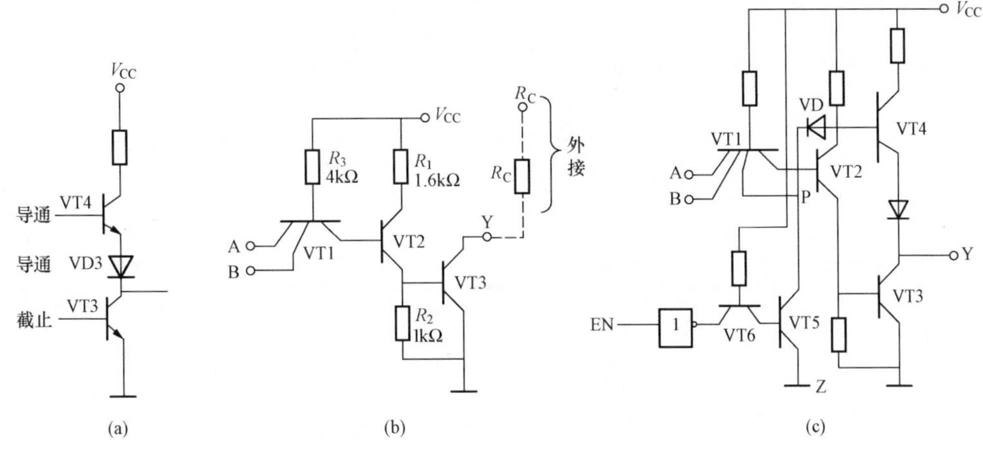

图 1-41　三种门电路

（a）TTL 与非门；（b）OC 与非门；（c）三态与非门

6. 数字量输入接口举例

【例 1-1】 采集 8 个按键的电路。

电路设计框图和设计方法与一个按键电路的设计方法是一样的。在此选用 74LS245。

对于电路设计过程中一定要查阅英文原版资料，它可以保证资料准确无误，查看时也要注意以下要点。

（1）在看英文内容时，不要只看逻辑，不看内部接口信息，否则就会和工程设计有一定的距离。查看输入和输出的等效电路对于提高外部电路设计的可靠性是有很大帮助的。

74LS245 的特点如下。

1）三态输出，直接用于总线驱动。

2）PNP 输入，总线上直流负载少。

3）总线输入延迟，噪声容限高。

4）端口传输延迟时间 8ns。

5）允许和无效时间为 17ns。

74LS245 的管脚分布如图 1-42 所示。

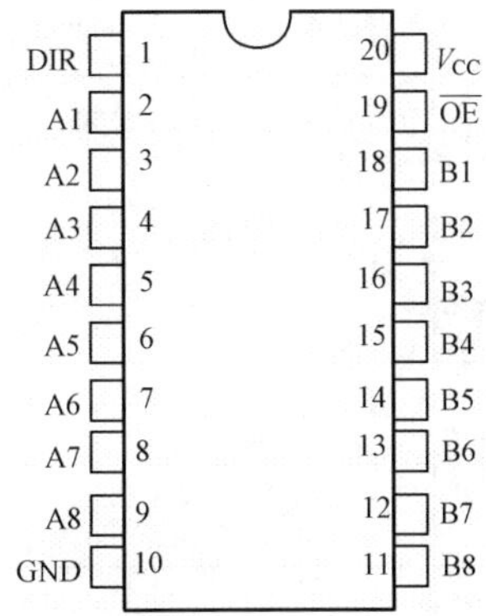

图 1-42　74LS245 的管脚分布图

功能表见表 1-11。

表 1-11　　74LS245 功能表

输入		操作条件
$\overline{OE}$	DIR	
L	L	B 数据到 A 总线
L	H	A 数据到 B 总线
H	X	隔离

74LS245 内部等效电路如图 1-43 所示。

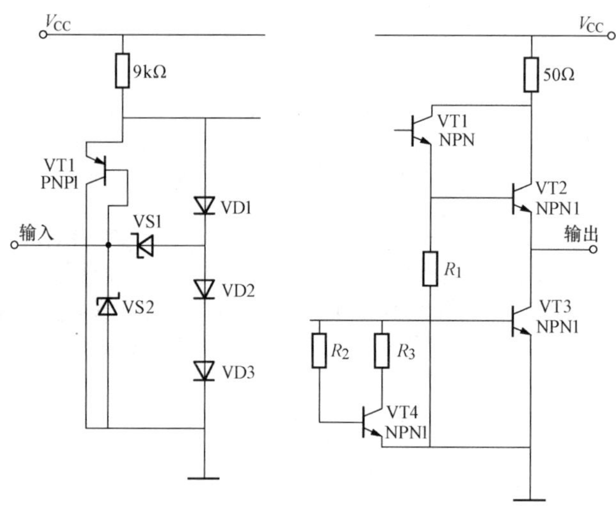

图 1-43　74LS245 内部等效电路

（2）对于使用还要看运行的参数，这里也以 74LS245 为例给出了需要注意的一些参数，如它的操作条件、动态特性、电气特性等分别见表 1-12～表 1-14。

74LS245 的动态特性时序图如图 1-44 所示。

表 1-12　　74LS245 操作条件

参数	SN54LS245			SN74LS245		
	最小	典型	最大	最小	典型	最大
电源 (V_{CC})（V）	4.5	5	5.5	4.75	5	5.25
高电平输出电流 (I_{OH})（mA）			−12			−15
低电平输出电流 (I_{OL})（mA）			12			24
环境温度 (T_A)（℃）	−55		125	0	25	70

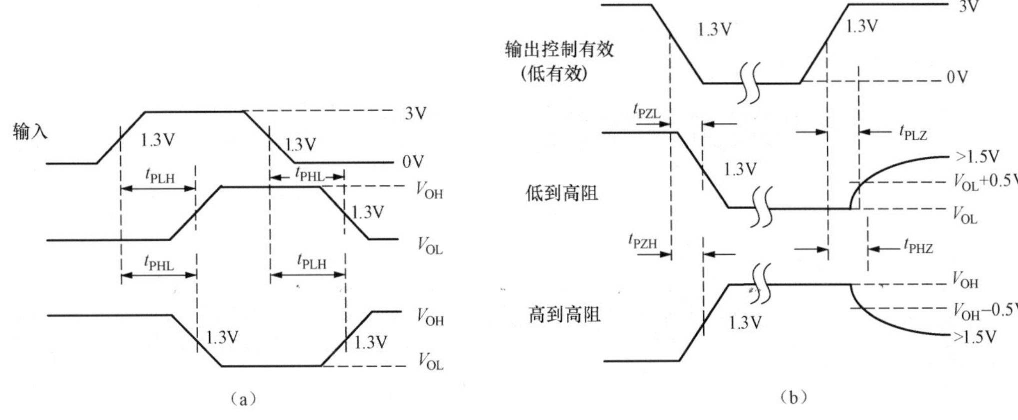

图 1-44 74LS245 的动态特性时序图

(a) 电压波形控制的延时时间；(b) 电压波形允许和禁止时间，三态输出

表 1-13　　74LS245 动态特性时间参数

条件 $V_{CC}=5V$，T_A=25℃（如图 1-44）				
参数	测试条件	最小	典型	最大
t_{PLH} 输出由低到高传输延迟时间（ns）	$C_L=45pF$ $R_L=667\Omega$		8	12
t_{PHL} 输出由高到低传输延迟时间（ns）			8	12
t_{PZL} 输出由高阻态到低允许时间（ns）	$C_L=45pF$ $R_L=667\Omega$		27	40
t_{PZH} 输出由高阻态到高允许时间（ns）			25	40
t_{PLZ} 输出由低到高阻态禁止时间（ns）	$C_L=5pF$ $R_L=667\Omega$		15	25
t_{PHZ} 输出由高到高阻态禁止时间（ns）			15	25

表 1-14　　74LS245 电 气 特 性

参数	测试条件		SN54LS245			SN74LS245		
			最小	典型	最大	最小	典型	最大
V_{IH} 高电平的输入电压（V）			2			2		
V_{IL} 低电平的输入电压（V）					0.7			0.8
V_{IK} 输入嵌位电压（V）	V_{CC}=最小，I_I=18mA				−1.5			−1.5
滞后 $(VT_+ \sim VT_-)$ A 或 B（V）	V_{CC}=最小		0.2	0.4		0.2	0.4	
V_{OH} 高电平输出电压（V）	V_{CC}=最小	$I_{OH}=3mA$	2.4	3.4		2.4	3.4	
		I_{OH}=最大	2			2		

续表

参数	测试条件		SN54LS245			SN74LS245		
			最小	典型	最大	最小	典型	最大
V_{OL} 低电平输出电压（V）	V_{CC} =最小 V_{IH} =2 $V_{IH}=V_{IH}$（最大）	I_{OH} =12mA			0.4			0.4
		I_{OH} =24mA						0.5
I_{OZH} 输出关闭，输入高电平时的电流（μA）	V_{CC} =最小	$V_{OH}=2.7V$			20			20
I_{OZL} 输出关闭，输入低电平时的电流（μA）	$\overline{OE}$ =2V	$V_{OH}=0.4V$			–200			–200
I_I 在最大输入电压下的电流（mA） A 或 B	V_{CC} =最大	$V_I=5.5V$			0.1			0.1
I_I 在最大输入电压下的电流（mA） DIR 或 OE		$V_I=7V$			0.1			0.1
I_{IH} 高电平输入时的电流（μA）	V_{CC} =最大，$V_{IH}=2.7V$				20			20
I_{IL} 低电平输入时的电流（μA）	V_{CC} =最大，$V_{IH}=0.4V$				–0.2			–0.2
I_{OS} 短路时的电流（mA）	V_{CC} =最大		–40	–225		–40	–225	
I_{CC} 供电电流（mA） 所有输出为高	V_{CC} =最大，开路输出			48	70		48	70
I_{CC} 供电电流（mA） 所有输出为低				62	90		62	90
I_{CC} 供电电流（mA） 所有输出为高阻				64	95		64	95

注 所有的典型值都是在 $V_{CC}=5V, T_A=25℃$ 条件下，常规温度和大气压情况下的电器参数。

根据准备工作，输入电路具体设计如图 1-45 所示。由于 t_{PLH}、t_{PHL}、t_{PZL}、t_{PZH} 的最长时间为 40ns（见表 1-13），当 IORD 和 CS 为低 40ns 后才能读取数据，否则不可靠。按键按下时为 0V，满足 74LS245 V_{IL} 的最大值的要求；按键未按下时为 5V，满足 74LS245 V_{IH} 的最小值的要求。由于 V_{OH} 最小值为 2.4V，数据线 D0～D7 输入高电平的 V_{IH} 最大值不能大于 2.4V；V_{OL} 最大值为 0.4V，因此数据线 D0～D7 输入高电平的 V_{IL} 最小值不能小于 0.4V。

以上所设计的电路，并不是一下就设计出来的，而需要一系列的过程，其步骤归纳如下。

第一步：设计输入调理电路，输入调理电路的输出可以接 74LS245 的 A 端和 B 端。

第二步：如果接到 A 端，A 端输入，B 端输出，这时 DIR 端应该接高电平，反之接低。

第三步：数据线接到 B 端。

第四步：控制电路的设计。

按键的读取程序如下：

假设片选的地址为 40H。

```
MOV   DX,40H
IN    AL,DX
```

按键的信息就存放在了寄存器 AL 中。其他程序就可以根据 AL 状态执行。

至此，就完成了数字量输入接口的设计。

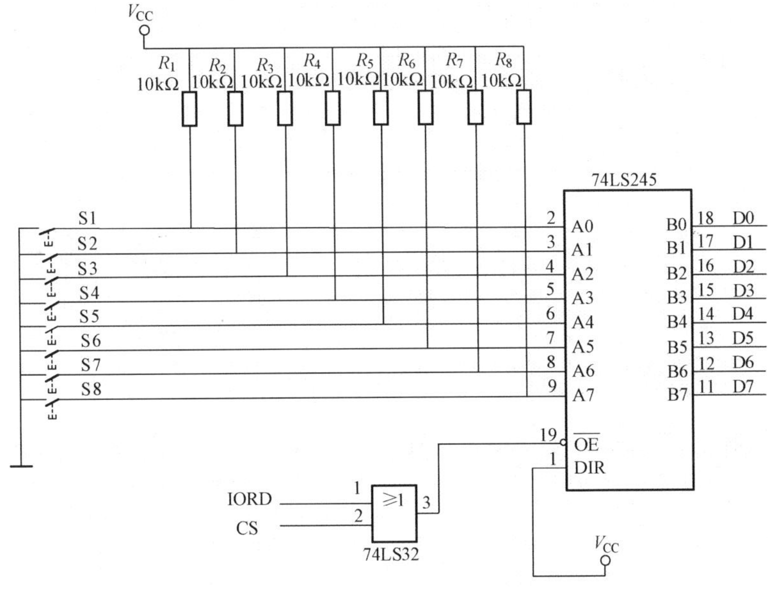

图 1-45　输入电路的具体设计

1.3.2　数字量输出接口技术

数字量（开关量）输出装置的主要任务是产生开关量信号，用以操控生产过程中具有两位状态的设备。它的主要功能如下。

（1）直接操控现场具有两位状态的设备，例如控制电动机的启动或停止、阀门的打开或关闭等。当被控制的这些设备需要较大电流或较高电压才能操作时，则可通过继电器或大功率的无触点开关来实现。

（2）实现报警及中断请求任务。若生产过程中某些设备的状态，通过开关量输入检测发现异常，或某些装置的参数通过模拟量输入，经比较或运算后发现有问题，则可通过开关量输出通道发出声、光警报或向主机发出中断请求。

在计算机控制系统中，通过对被检测现场的参数采样、计算机处理之后，一方面，将测量结果输出显示；另一方面，为了达到自动控制的目的，还需要输出控制信息，以控制现场设备的动作。例如，根据测量结果控制电动调节阀的开度，控制电磁阀的开、关，控制电动机的启、停等。电动调节阀通常有 D/A 转换器输出控制，而后两者一般采用继电器或晶闸管控制。前者属于模拟量输出控制，后者属于开关量控制。

由于这类开关量的输出控制通常需要较大的功率，而计算机控制系统输出的开关量大都为 TTL（或 CMOS）电平，输出功率较小，一般不能直接用来驱动大功率的外部设备启动或停止。另外，许多外部设备如大功率直流电动机、接触器等，在开关过程中会产生很强的电磁干扰，影响整个系统的工作。针对这些情况，在计算机控制系统中，需要对这一类开关量的输出采取一些必要的措施。

1. 输出接口光电隔离技术

在计算机控制系统中，CPU 输出的开关量大部分都是 TTL（或 CMOS）电平，输出电流较小，一般不能直接驱动发光二极管，所以通常会加驱动电路，如 7406、7407，或者加一级驱动三极管。为了保证输入与输出端在电气上是隔离的，两端的电源也必须是独立的，如图 1-46 所示。

在图 1-46 中，当开关量输出端 PA0 输出为高电平时，经反相驱动电路后变为低电平，是发光二极管有电流通过并发光，光线使光敏三极管导通，从而在集电极上产生输出电压 U_o，此电压便可以来控制外部电路。

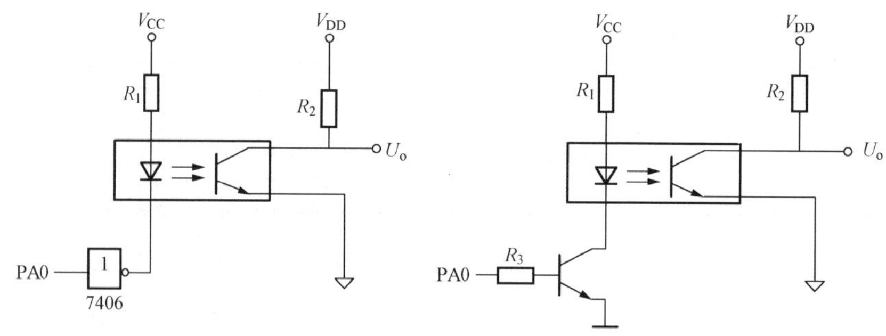

图 1-46　带光电隔离的输出接口

2. 输出驱动电路

（1）触点式继电器输出接口电路。继电器是电气控制中常用的控制器件。继电器由线圈和触点（动合或动断）构成。当线圈通电时，由于磁场的作用，使开关触点闭合（或断开）；当线圈不通电时，开关触点断开（或闭合）。继电器的线圈通常可以用直流低电压控制，如直流 9、12V 和 24V 等，而触点输出部分可以直接与市电（交流 220V）相连接。虽然继电器的控制线圈与开关触点在电路上不相连，具有一定的隔离作用，但在计算机的输出接口相连时，通常还是采用光电隔离器进行隔离，常用的接口电路如图 1-47 所示。

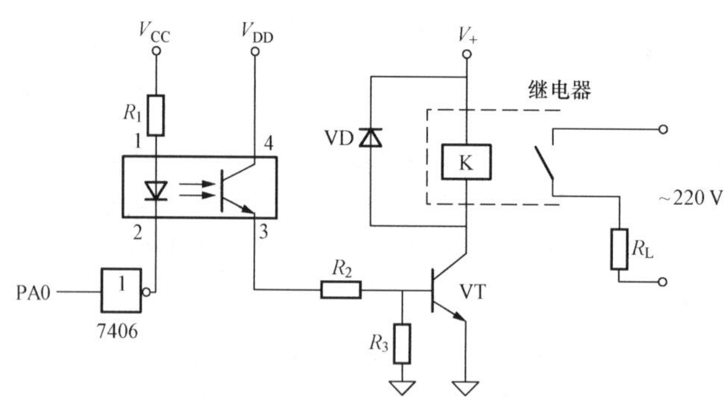

图 1-47　继电器接口电路

当开关量输出端 PA0 输出为高电平时，经反相驱动器 7406 后变为低电平，使发光二极管发光，从而使光敏三极管导通，同时晶体管 VT 导通，因而使继电器 K 的线圈通电，继电器触点闭合，使交流 220V 电源接通。反之，当开关量输出端 PA0 输出低电平时，继电器触点断开。在图 1-47 中，电阻 R_L 代表负载，二极管 VD 的作用是保护晶体管 VT。当继电器 K 吸合时，二极管 VD 截止，不影响电路的正常工作。继电器释放时，由于继电器线圈电感的存在，因此储存有电能，这时晶体管 VT 已经截止，所以会在线圈两端产生较高的感应电压。

此电压的极性为上负下正，正端加在晶体管 VT 的集电极上。当感应电压与 V_{DD} 之和大于晶体管 VT 的集电极反向电压时，晶体管 VT 就会被击穿而遭损坏。加入二极管 VD 后，继电器线圈产生的感应电流由二极管 VD 流过，钳制住了晶体管 VT 集电极电压，因而使晶体管 VT 得到保护。

继电器的种类繁多，不同的继电器，其线圈所需的驱动电流的大小，以及带动负载的能力不同，实际选用时应考虑下列因素。

1）继电器额定工作电压（或电流）。

2）触点负荷。

3）触点的数量或种类（动合或动断）。

4）继电器的体积、封装形式、工作环境、触点吸合或释放时间等。

（2）固态继电器输出接口电路。使用触点式继电器控制时，由于采用电磁吸合方式，在开关瞬间，触点容易产生电火花，从而引起干扰。在大功率、高压等场合，触点还容易氧化，因而影响整个系统的可靠性。固态继电器就能较好地克服这方面的问题。

固态继电器用晶体管或晶闸管代替常规继电器的触点开关，再把光电隔离器作为前级构成一个整体。因此，固态继电器实际上是一种带光电隔离器的无触点开关。固态继电器有直流型和交流型之分。

由于固态继电器输入控制电流小，输出无触点，所以与电磁触点式继电器相比，具有体积小、质量轻、无机械噪声、无抖动和回跳、开关速度快、工作可靠等优点，因此，在计算机控制系统中得到了广泛的应用。

如图 1-48 所示为直流型 SSR 的电路原理图。

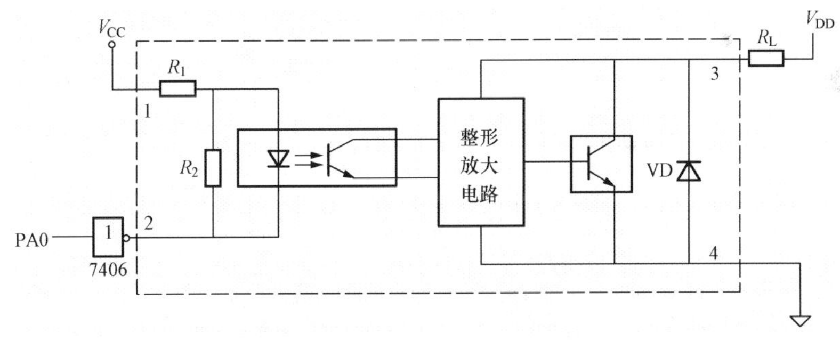

图 1-48 直流型 SSR 的电路原理图

从图 1-48 中可以看出，直流型 SSR 的输入级是一个光电隔离器，其输入驱动方法同光电隔离器一样。它的输出级为大功率晶体管，其输出工作电压可达 30～180V（5V 开始工作）。直流型 SSR 主要用于带动直流负载的场合，如直流电动机控制、直流步进电机控制和电磁阀的开启与关闭等。图 1-49 所示为采用直流型 SSR 控制三相步进电机的电路原理图。

在图 1-49 中，步进电机的 A、B、C 三相，各相由一个直流型 SSR 控制，可分别由开关量的输出端 PA0～PA2 来控制。

如图 1-50 所示为由交流固态继电器组成的大功率交流驱动电路，其输入采用光电耦合进行隔离。零交叉电路可使交流电压变化到 0V 附近时让电路导通，从而减少干扰。电路接通后，再由触发电路给出晶闸管器件（SCR）的触发信号。

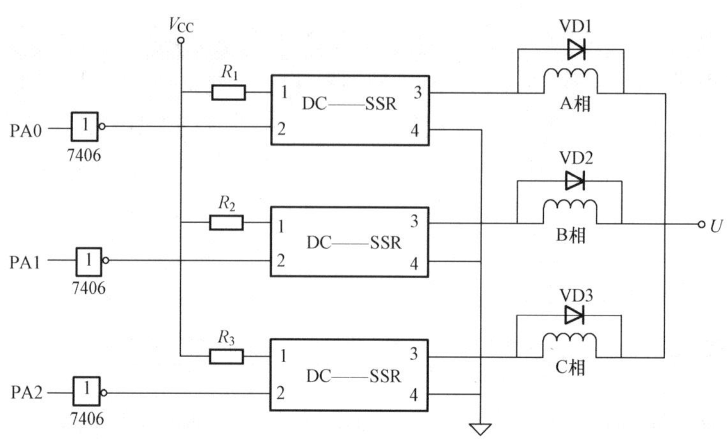

图 1-49 采用直流型 SSR 控制三相步进电机的电路原理图

（3）功率场效应管输出接口电路。功率场效应管（Power Mosfet）也叫电力场效应晶体管，是一种单极型的电压控制器件，不但有自关断能力，而且有驱动功率小、开关速度高、无二次击穿、安全工作区宽等特点。由于其易于驱动和开关频率可高达 500kHz，特别适于高频化电力电子装置，如应用于 DC/DC 变换、开关电源、便携式电子设备、航空航天以及汽车等电子电器设备中。但因为其电流、热容量小，耐压低，一般只适用于小功率电力电子装置。

功率场效应晶体管种类和结构有许多种，按导电沟道可分为 P 沟道和 N 沟道，同时又有耗尽型和增强型之分。在电力电子装置中，主要应用 N 沟道增强型，电气符号如图 1-51 所示。

功率场效应晶体管有三个端子，即漏极 D、源极 S 和栅极 G。当漏极接电源正、源极接电源负时，栅极和源极之间电压为 0，沟道不导电，晶体管处于截止。如果在栅极和源极之间加一正向电压 U_{GS}，并且使 U_{GS} 大于或等于管子的开启电压 U_T，则管子开通，在漏、源极间流过电流 I_D。U_{GS} 超过 U_T 越大，导电能力越强，漏极电流越大。

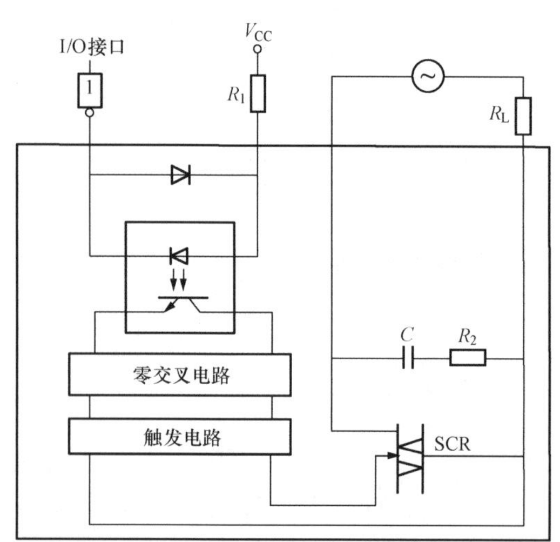

图 1-50 大功率交流驱动电路交流固态继电器

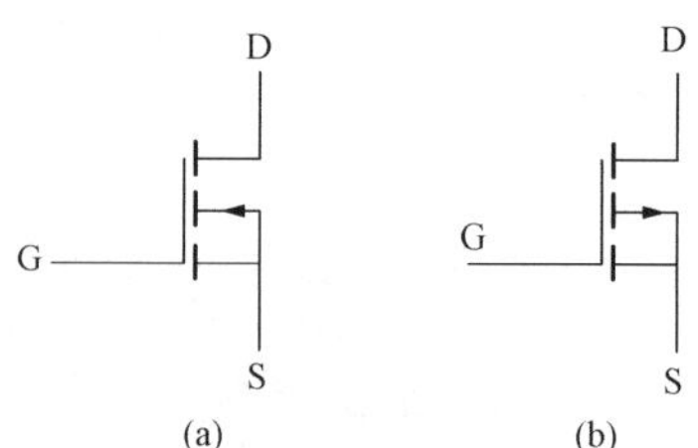

图 1-51 功率场效应管电气符号

（a）N 沟道；（b）P 沟道

功率场效应管的一种分立元件驱动电路，如图 1-52 所示。电路由输入光电隔离和信号放大两部分组成。当输入信号 U_i 为 0 时，光电耦合器截止，运算放大器 A 输出低电平，三极管 VT3 导通，驱动电路约输出 –20V 驱动电压，使功率场效应管关断。当输入信号 U_i 为正时，光耦导通，运放 A 输出高电平，三极管 VT2 导通，驱动电路约输出 +20V 电压，使功率场效应管开通。

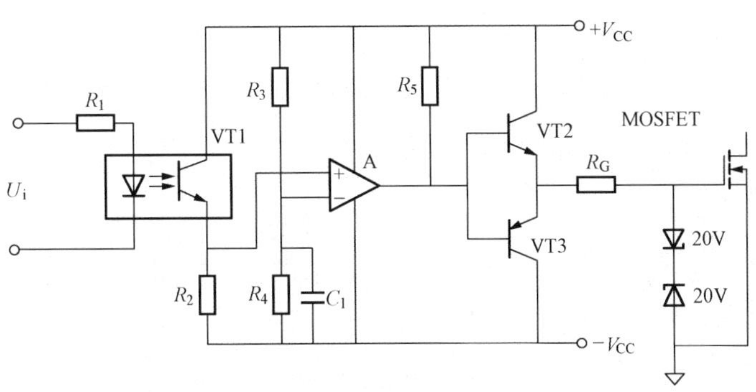

图 1-52 功率场效应管驱动电路

（4）IGBT 输出接口电路。IGBT（Insulated Gate Bipolar Transistor），绝缘栅双极型晶体管，是由 BJT（双极型三极管）和 MOS（绝缘栅型场效应管）组成的复合全控型电压驱动式功率半导体器件，兼有 MOSFET 的高输入阻抗和 GTR 的低导通压降两方面的优点。GTR 饱和压降低，载流密度大，但驱动电流较大；MOSFET 驱动功率很小，开关速度快，但导通压降大，载流密度小。IGBT 综合了以上两种器件的优点，驱动功率小而饱和压降低，非常适合应用于直流电压为 600V 及以上的变流系统如交流电机、变频器、开关电源、照明电路、牵引传动等领域。

栅极驱动电路与 IGBT 栅极直接连接称为直接驱动电路。由于 IGBT 的输入电阻高，故可采用直接驱动电路。通常此种驱动方式用于 IGBT 输出功率不太高的情况。图 1-53 为直接驱动的几种电路形式。图 1-53（a）为简单直接驱动电路。当输入驱动电压 U_i 的数值大于 IGBT 的 $U_{GE(th)}$ 时，IGBT 开通，当 U_i 的数值小于 $U_{GE(th)}$ 时，IGBT 即关断，同时输入电容通过 R_G 及 R 放电。图 1-53（b）为改进型快速开通驱动电路，该电路是在简单驱动电路的基础上增加了晶体管 VT 和二极管 VD。由于增加了晶体管从而减轻了信号源的负担，当输入信号 U_i 为高电平时，经晶体管 VT、R_G 对 IGBT 输入电容充电，由于 VT 的电流放大功能，充电电流比没有 VT 时提高了很多，致使开通速度加快；当 U_i 为低电平时，二极管 VD 导通，IGBT 的输入电容通过 R_G 及 VD 放电，保证 IGBT 可靠关断。图 1-53（c）为推挽式驱动电路，这种电路不但可提高开通速度，同时也可提高关断速度。输入信号 U_i 为高电平时，通过 VT1 对 IGBT 输入电容充电，并使 IGBT 开通；输入信号 U_i 为低电平时，IGBT 输入电容通过 VT2 放电，充放电电流都很大，且 VT1、VT2 不会出现饱和，因而信号传送无延迟，保证了快速驱动。

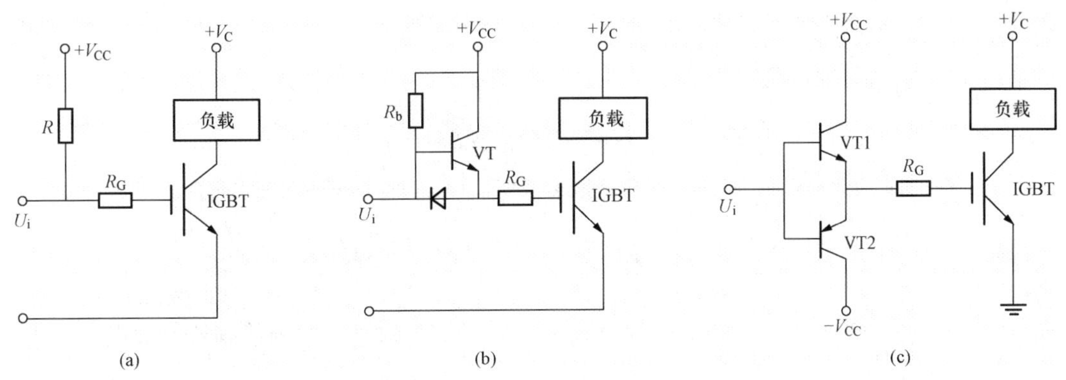

图 1-53 功率场效应管驱动电路

（a）简单直接驱动电路；（b）改进型快速开通驱动电路；（c）推挽式驱动电路

当 IGBT 构成的主电路输出较大的功率时，IGBT 的集电极电压很高，发射极不一定直接与公共地连接。控制电路与驱动电路仍为低电压供电，在此情况下驱动电路与主电路之间不应直接连接，而应通过隔离元件间接传送驱动信号。根据所用隔离元件不同，把隔离驱动电路分为电磁隔离与光电隔离。

1）电磁隔离。通常把用脉冲变压器作为隔离元件的隔离电路称为电磁隔离电路。图 1-54（a）所示为典型的电磁隔离电路。变压器一次侧与晶体管 VT 集电极相连，变压器二次侧通过 R_1、R_2 与 IGBT 栅极相连，R_1、R_2 防止 IGBT 栅极开路并提供充放电通路。变压器一次侧级所并二极管 VD1 用来避免晶体管 VT 在电感负载时可能出现的过电压；与 R_1 并联的二极管 VD2 为加速二极管，使充电电流增加，从而提高开关速度。变压器同名端应保证 VT 导通时变压器二次侧感应出的电动势使 IGBT 开通。适当选择变压器一次侧匝数比以满足驱动电压的要求。

2）光电隔离。用光电耦合器件（OC）把控制信号与驱动电路加以隔离的栅极驱动电路称为光电隔离驱动电路。图 1-54（b）所示为延迟型光电隔离驱动电路。控制电压 U_i 通过 OC 接 IGBT。当 U_i 为低电平时 OC 关断，供电电源 $+V_{CC}$ 通过 R_1、VD 对电容 C 充电，电容 C 的电压 U'_C 上升，当 U'_C 上升至 IGBT 的 $U_{GE(th)}$ 时，IGBT 开通，电容 C 充电至控制电压转为高电平 OC 导通时为止。U_i 使 OC 导通后，电容 C 转为放电，当放电至 U'_C 降至 $U_{GE(th)}$ 值以下时，IGBT 关断。这个过程表示为图 1-54（c）的波形。由于接入了电容 C，IGBT 的开通、关断转换时间较输入控制信号 U_i 延迟了一段时间 τ。实际上即使不外接电容 C，由于 OC 存在着分布电容，对控制信号也有延迟作用，因此要求响应速度特别快的场合，不适合用上述光电隔离驱动方式。目前正研制波导纤维光电耦合器代替常规光电耦合器实现光电隔离驱动，以便在要求响应快的场合使用。

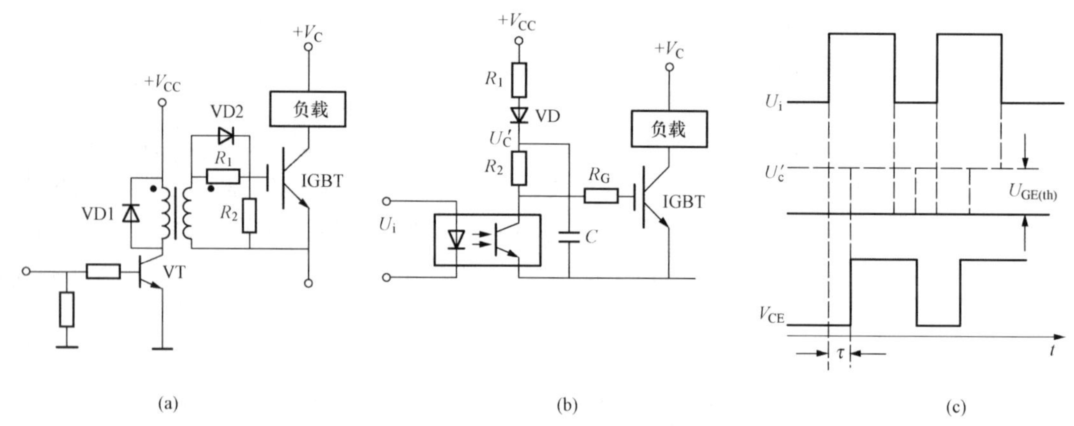

图 1-54　带隔离的功率场效应管驱动电路

（a）典型的电磁隔离电路；（b）延迟型光电隔离驱动电路；（c）光电隔离驱动电路输出波形

（5）晶闸管输出接口电路。除场效应管在大功率输出中可作为开关元件使用外，晶闸管也常作为大功率输出中的开关元件使用，它具有体积小、效率高、寿命长等优点。在交直流电动机调速系统、调功系统及随动系统中被广泛应用。晶闸管有单向晶闸管和双向晶闸管两种，如图 1-55 所示为两种形式晶闸管的图形符号。晶闸管常用于高电压大电流的负载，不适宜与 CPU 直接相连，在实际使用时要采用隔离措施。

图 1-56 为经光耦隔离的双向晶闸管输出驱动电路，当 CPU 数据线 D*i* 输出数字“1”时，经 7406 反相变为低电平，光耦二极管导通，使光敏晶闸管导通，导通电流再触发双向晶闸管导通，从而驱动大型交流负荷设备 R_L。

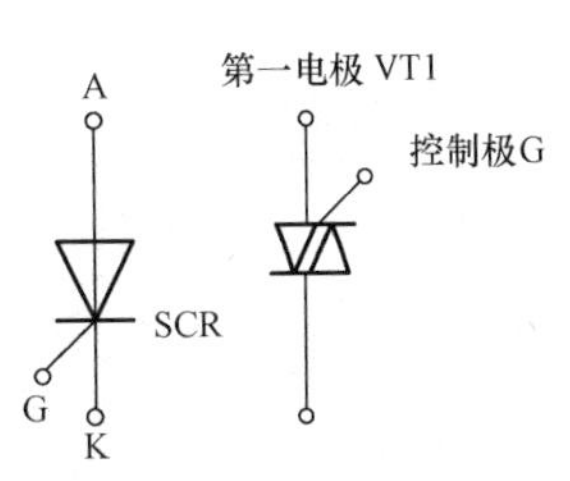

图 1-55 两种形式晶闸管的图形符号

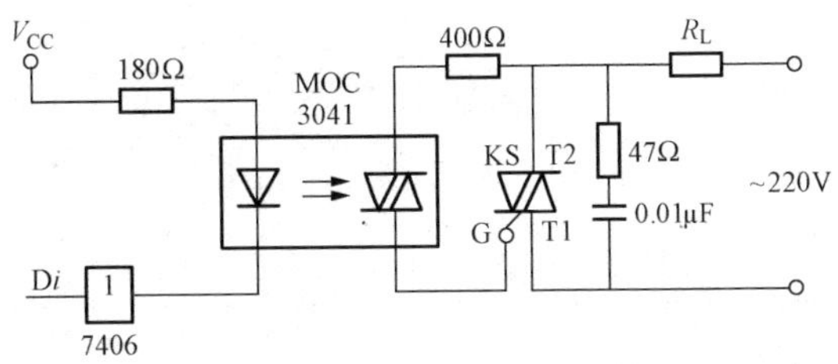

图 1-56 晶闸管输出驱动电路

3. 数字量输出接口设计

计算机控制系统中，当要对生产过程进行控制时，一般计算机输出的控制信号应当保持，直到计算机给出输出刷新为止，一般用输出接口对输出的数字信号进行锁存。再由输出驱动电路对被控对象进行控制。

与输入电路的设计一样，首先画出设计的框图，如图 1-57 所示。

首先设计一个一位发光亮/灭的例子。

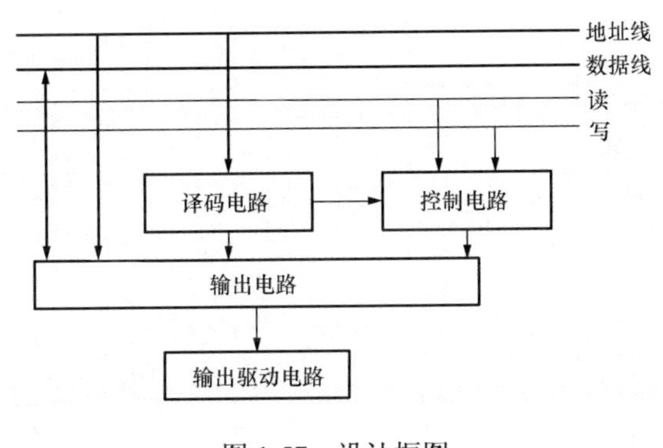

图 1-57 设计框图

同样选用 74LS74 构成输出接口电路。设计输出驱动电路，输出电路提供高低电平，设计如图 1-58 所示。

图 1-58 输出驱动电路

根据 74LS74 资料，输出的高电平最小为 2.7V，低电平最大为 0.5V。74LS74 的操作条件见表 1-15 和表 1-16。

表 1-15 74LS74 的操作条件

参数	参数说明	最小	典型	最大
V_{CC}	电源电压（V）	4.75	5	5.25
V_{IH}	输入高电平电压（V）	2		
V_{IL}	输入低电平电压（V）			0.8
I_{OH}	输出高电平电流（mA）			–0.4

续表

参数	参数说明		最小	典型	最大
I_{OL}	输出低电平电流（mA）				8
f_{CLK}	时钟频率（$C_L=15\text{pF}$，$R_L=2k\Omega$，$T_A=25℃$，$V_{CC}=5\text{V}$）（MHz）		0		25
t_W	脉冲宽度（$C_L=15\text{pF}$，$R_L=2k\Omega$，$T_A=25℃$，$V_{CC}=5\text{V}$）（ns）	CLOCK HIGH	18		
		PRESET LOW	15		
		CLEAR LOW	15		

表 1-16（a） 直流操作条件

参数	参数说明	条件		最小	典型（V_{CC}=5V，T_A=25℃）	最大
V_I	输入电压（V）	V_{CC}=最小，I_I=17mA				−1.5
V_{OH}	输出高电平电压（V）	V_{CC}=最小，I_{OH}=最大 V_{IL}=最大，V_{IH}=最小		2.7	3.4	
V_{OL}	输出低电平电压（V）	V_{CC}=最小，I_{OL}=最大 V_{IL}=最大，V_{IH}=最小			0.35	0.5
		V_{IL}=4mA，V_{CC}=最小			0.25	0.4
I_I	输入电流（mA）	V_{CC}=最大 V_I=7V	数据			0.1
			时钟			0.1
			预置			0.2
			清零			0.2
I_{IH}	输入高电平电流（μA）	V_{CC}=最大 V_I=2.7V	数据			20
			时钟			20
			预置			40
			清零			40
I_{IL}	输入低电平电流（mA）	V_{CC}=最大 V_I=0.4V	数据			−0.4
			时钟			−0.4
			预置			−0.8
			清零			−0.8

表 1-16（b） 交流操作条件

$V_{CC}=5\text{V},T_A=25℃$

参数	参数说明	从输入到输出	$R_L=2\text{k}\Omega$			
			$C_L=15\text{pF}$		$C_L=50\text{pF}$	
			最小	最大	最小	最大
t_{MAX}	最大时钟频率（MHz）		25		20	
t_{PLH}	输出由低到高传输延迟时间（ns）	CLOCK 到 Q 或 $\overline{\text{Q}}$		25		35
t_{PHL}	输出由高到低传输延迟时间（ns）	CLOCK 到 Q 或 $\overline{\text{Q}}$		30		35

LED 极限参数的意义如下。

（1）允许功耗 P_m 加于 LED 两端正向直流电压与流过它的电流之积的最大值。超过此值，LED 会发热、损坏。

（2）最大正向直流电流 I_{Fm}：允许加的最大的正向直流电流。超过此值可损坏二极管。

（3）最大反向电压 U_{Rm}：所允许加的最大反向电压。超过此值，发光二极管可能被击穿损坏。

（4）工作环境 t_{opm}：发光二极管可正常工作的环境温度范围。低于或高于此温度范围，发光二极管将不能正常工作，效率大大降低。

所以，应该加限流电阻，如图 1-59 所示。

接下来，设计时要按照计算机的写时序来进行设计。计算机的写时序是：

（1）地址和片选信号有效。

（2）输出数据。

（3）输出写信号有效。

（4）输出写信号无效。

（5）输出数据无效。

（6）地址和片选信号无效。

设计的时候应该在片选信号线有效情况下设计，如图 1-60 所示为计算机的写时序图，可以利用写信号的下降沿或者上升沿。

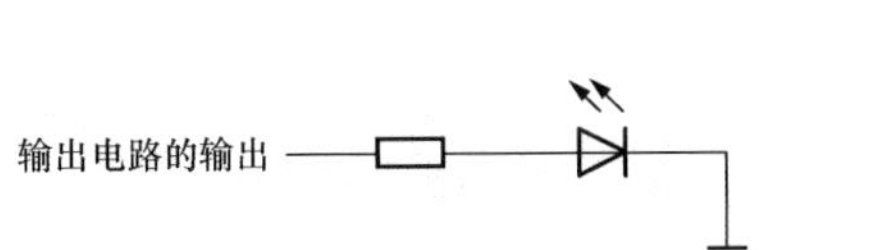

图 1-59　输出驱动电路加限流电阻

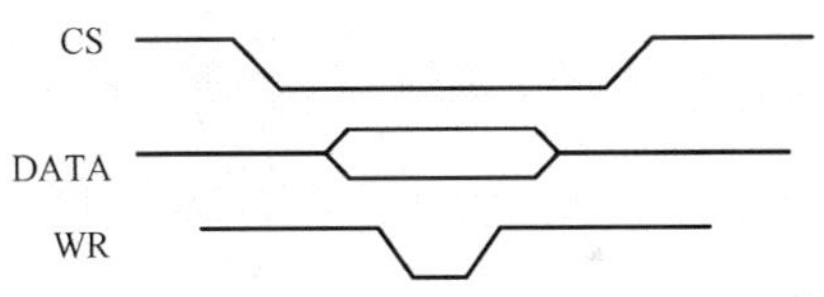

图 1-60　计算机写时序图

在片选有效的情况下，利用写信号的上升沿时刻写入数据，其电路如图 1-61 所示。

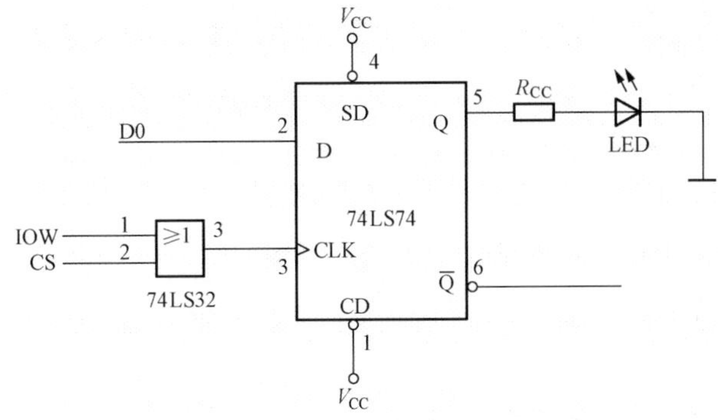

图 1-61　利用写信号的上升沿时刻写入数据电路图

在片选有效的情况下，利用写信号的下降沿时刻写入数据，其电路如图 1-62 所示。

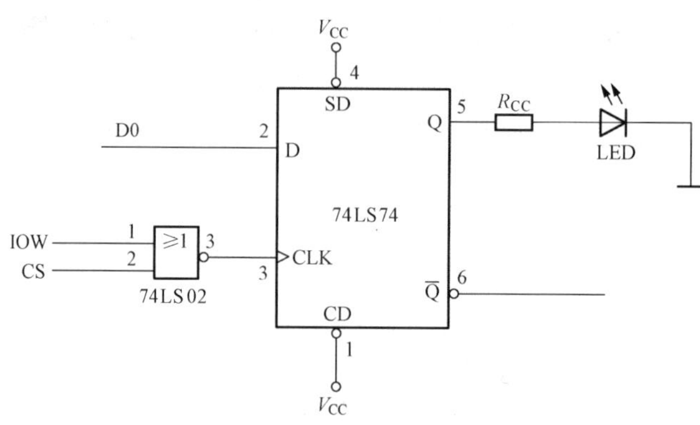

图 1-62 利用写信号的下降沿时刻写入数据电路图

如果这个发光管是一个报警显示灯，那么在上电的时候，有可能亮，也可能灭，这样的显示就不合适。希望在上电的时候为灭，这时就应该加入复位电路。对于计算机系统提供的复位信号为高复位。电路如图 1-63 所示。

由以上电路的设计，可以总结如下设计步骤。

第一步：设计输出驱动电路，输出驱动电路的输入可以接 74LS74 输出管脚。

第二步：数据线接到 B 端。

第三步：控制电路的设计。

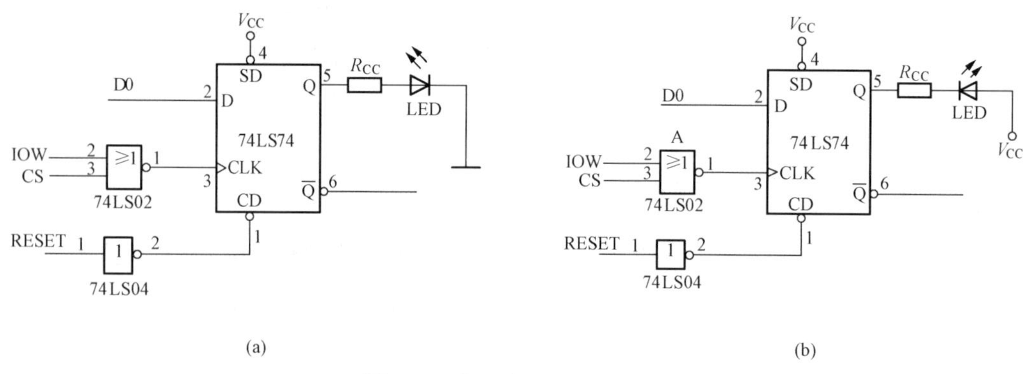

图 1-63 加入复位电路的情况

（a）高电平点亮发光二极管复位电路；（b）改进后的复位电路

发光二极管的压降一般为 1.5～2.0V，其工作电流一般取 5～20mA。图 1-63（a）利用高电平点亮发光二极管。V_{OH} 典型值为 3.5V，I_{OH} 最大输出电流为 0.4mA，驱动能力无法满足发光二极管的要求，故将图 1-63（b）改为图 1-63（b）的形式。V_{OL} 典型值为 0.35V，I_{OL} 最大输入电流为 8mA，因此 $R_{CC}=\dfrac{V_{CC}-1.5}{0.008}=437.5\Omega$，取 R_{CC} 为 470Ω。

在电路设计中要满足表 1-15 和表 1-16 中 V_{OH}、I_{OH}、V_{OL}、I_{OL}、V_{IH}、I_{IH}、V_{IL}、I_{IL} 的电平电流要求，如果无法满足要求就必须设计接口转换电路使其满足要求。其时间也要满足 t_{PLH}、t_{PHL}、t_{W} 的时间要求。

【例 1-2】 设计 8 个发光管亮灭。选用芯片为 74LS273。74LS273 逻辑如图 1-64 所示。

真值表

输入			输出
CLR	CLK	D*n*	Q*n*
L	×	×	L
H	↑	H	H
H	↑	L	L

L－低电平；
H－高电平l；
×－任意状态。

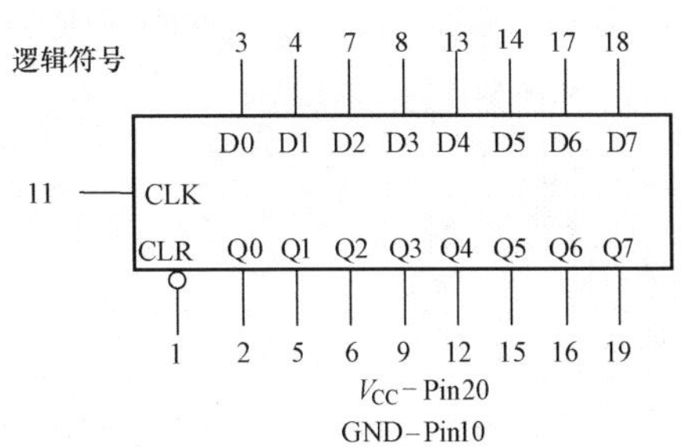

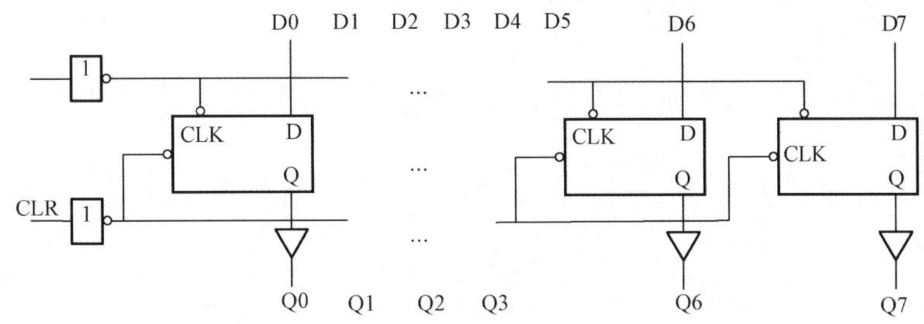

图 1-64　74LS273 逻辑图

与一个 D 触发器的电路相同，电路设计如图 1-65 所示。

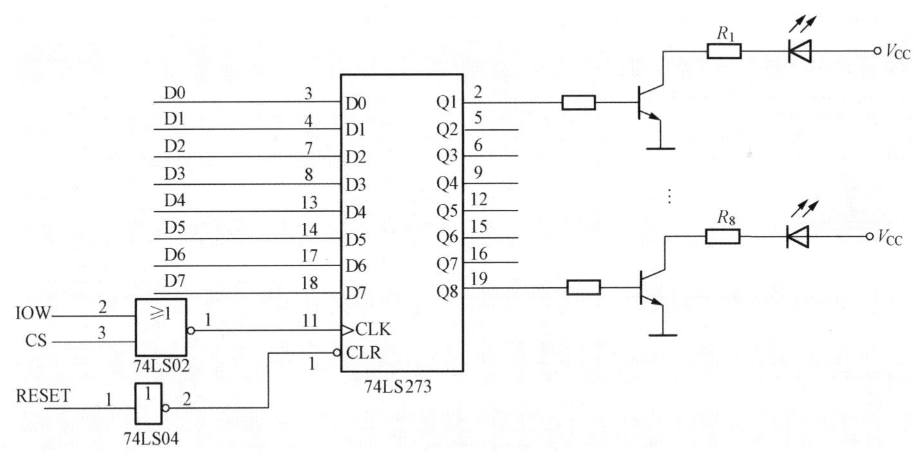

图 1-65　74LS273 电路设计

1.4　人 机 接 口 技 术

在计算机控制系统中，为了实现人机对话或某种操作，需要一个人机接口[HMI（Human Machine Interface）或 MMI（Man Machine Interface）]，通过设计一个过程运行操作台（或操作面板）来实现。由于生产各异，要求管理和控制的内容也不尽相同，所以操作台（面板）一般由用户根据工艺要求自行设计。操作台（面板）的主要功能如下。

（1）输入和修改源程序。

（2）显示和打印中间结果及采集参数。

（3）对某些参数进行声光报警。

（4）启动和停止系统的运行。

（5）选择工作方式，如自动/手动（A/M）切换。

（6）各种功能键的操作。

（7）显示工艺流程。

为了完成上述功能，操作台一般由数字键、功能键、开关、显示器和各种输入、输出设备组成。

键盘是计算机控制系统中不可缺少的输入设备，它是人机对话的纽带，它能实现向计算机输入数据、传送命令。

1.4.1 键盘技术

1. 键盘的特点

键盘实际上是一组按键开关的组合。通常，按键所用开关为机械弹性开关，均利用了机械点的合、断作用。一个按键开关通过机械触点的断开、闭合过程，其波形如图 1-66 所示。由于机械触点的弹性作用，一个按键开关在闭合时不会马上稳定地接通，在断开时也不会一下子断开。因而在闭合和断开的瞬间均伴随着有一连串的抖动，抖动时间的长短由按键的机械特性决定，一般为 5～10ms。按键的稳定性闭合期长短则是由操作人员的按键动作决定的，一般为零点几秒到几秒的时间。

2. 按键的确认

一个按键的电路如图 1-67 所示。

当按键按下时，$U_A=0$，为低电平；表示按键未按下时，$U_A=1$ 为高电平。反之，当 $U_A=0$ 时，表示按键按下；当 $U_A=1$ 时，表示按键未按下。

键的闭合与否反应在电压上就是呈现出高电平或低电平，如果高电平表示断开的话，那么低电平则表示闭合，所以对通过电平的高低状态的检测，便可确认按键按下与否。

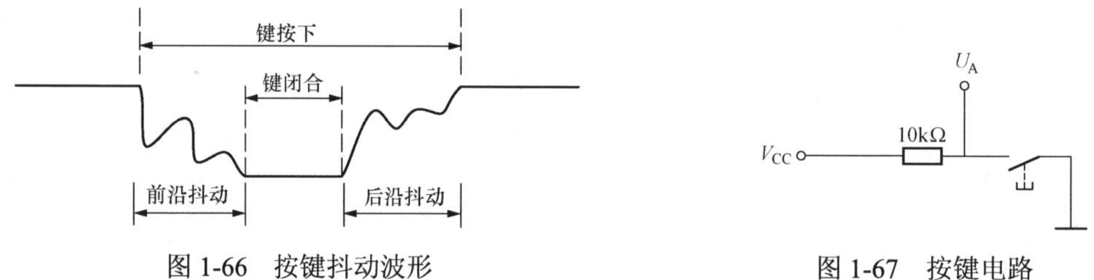

图 1-66 按键抖动波形

图 1-67 按键电路

3. 消除按键的抖动

消除按键抖动的方法有两种即硬件方法和软件方法。

（1）硬件方法。采用 RS 双稳态消抖电路或 RC 滤波消抖电路。RS 双稳态消抖电路和 RC 滤波消抖电路如图 1-68 所示。

（2）软件方法。如果按键较多，硬件消抖将无法胜任。因此，常采用软件的方法进行消抖。第一次检测到有按键按下时，执行一段延时 10ms 的模块后，再确认该键电平是否仍保持闭合状态电平。如果保持闭合状态电平则确认为真正有键按下，从而消除了抖动的影响，但此种方法占用 CPU 时间。

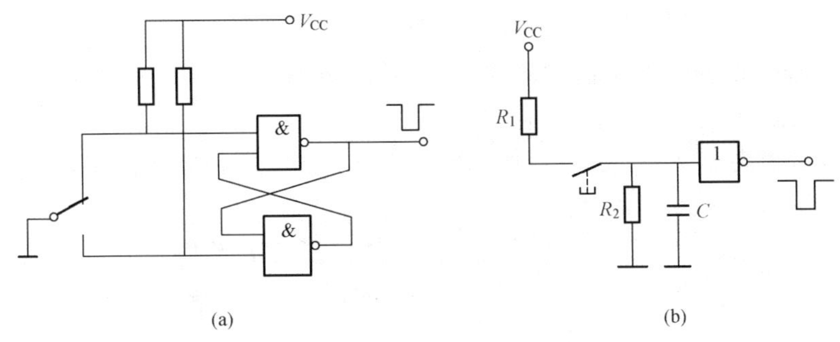

图 1-68 消抖电路

（a）双稳态消抖电路；（b）滤波消抖电路

1.4.2 显示技术

电子显示器可分为主动发光型和非主动发光型两大类。前者是利用信息来调制各像素的发光亮度和颜色，进行直接显示；后者本身不发光，而是利用信息调制外光源而使其达到显示的目的。显示器件的分类有各种方式，按显示内容、形状可分为数码、字符、轨迹、图表、图形和图像显示器；按所用显示材料可分为固体（晶体和非晶体）、液体、气体、等离子体和液晶体显示器。但是最常见的是按显示原理分类，其主要类型有以下几种。

（1）发光二极管显示（LED）。

（2）液晶显示（LCD）。

（3）阴极射线管显示（CRT）。

（4）等离子显示板显示（PDP）。

（5）电致发光显示（ELD）。

（6）有机发光二极管显示（OLED）。

（7）真空荧光管显示（VFD）。

（8）场发射显示（FED）。

只有 LCD 是非主动发光显示，其他皆为主动发光显示。

显示器件的主要参数如下。

（1）亮度。亮度（L）的单位是 cd/m^2（坎德拉每平方米）。对画面亮度的要求与环境光强度有关，例如，在电影院中，电影亮度有 30~45cd/m^2 就可以了；在室内看电视，要求显示器画面亮度应大于 70cd/m^2；在室外观看则要求画面亮度达到 300cd/m^2。所以对高质量显示器亮度的要求应为 300cd/m^2 左右。

（2）对比度和灰度。对比度（c）是指画面上最大亮度（L_{max}）和最小亮度（L_{min}）之比，即

$$c=\frac{L_{max}}{L_{min}}$$

好的图像显示器要求显示器的对比度至少要求大于 30，这是在普通观察环境光下的数据。灰度是指图像的黑白亮度层次，人眼所能分辨的亮度层次为

$$n\approx\frac{2.3}{\delta}\log c$$

式中：δ 为人眼对亮度差的分辨率，一般取 0.02～0.05；c 为对比度。

若取 δ=0.05，当 $c=50$ 时，$n=78$。

（3）分辨力。分辨力是指能够分辨出电视图像的最小细节的能力，是人眼观察图像清晰程度的标志，通常用屏面上能够分辨出的明暗交替线条的总数来表示，而对于用矩阵显示的平板显示器常用电极线数目表示其分辨力。

只有兼备高分辨力、高亮度和高对比度的图像才可能是高清晰的图像，所以上述三个指标是获得高质量图像显示必不可少的。

（4）响应时间和余辉时间。响应时间是指从施加电压到出现图像显示的时间，又称上升时间。从切断电源到图像显示消失的时间称为下降时间，又称余辉时间。

（5）显示色。发光型显示器件发光的颜色和非发光型显示器件透射或反射光的颜色称为显示色。显示色分为黑白、单色、多色和全色四大类。

（6）发光效率。发光效率是发光型显示器件所发出的光通量与器件所消耗功率之比，单位为 lm/W（流明每瓦）。

（7）工作电压与消耗电流。驱动显示器件所施加的电压为工作电压（V），流过的电流称为消耗电流（A）。工作电压与消耗电流的乘积就是显示器件的消耗功率。外加电压有交流电压与直流电压之分，如 LCD 必须用交流供电，而 OLED、LED 等则用直流供电。

在计算机控制系统中，常用的显示器有发光二极管（LED）显示器、液晶显示器（LCD），阴极射线管（CRT）显示器。根据不同的应用场合及需要，选择不同的显示器。

各种电子显示器件的特性比较见表 1-17。

表 1-17　各种电子显示器件的显示特性

显示特性	非主动发光型		主动发光型							
	LCD		PDP		FED	LED	OLED	VFD	ELD	CRT
	PM 型	AM 型	AC 型	DC 型						
工作电压（V）	AC 2～5		AC 90～150	DC 180～250	DC 500～1×10^4	DC 2～5	DC 3～15	DC 10～40	AC 100～200	DC（2-3）×10^4
单位面积消耗电流 I/cm^2	数微安		数毫安	数十微安	数十毫安	数十毫安	十几毫安	数毫安	数毫安	约 1μA
对比度	10～25	50～80	20～50		约 100	约 40	约 40	约 50	约 40	约 100
响应时间	30～200ms	20～60ms	2～20μs		约 1μs	约 1μs	2～3μs	约 10μs	5～50μs	约 1μs
亮度 Lm/（cd/m²）	0		250～400		300	170～1600	10^2～10^3	180～1500	70～200	140～500
显示色	黑白、多色～全色		红橙、多色～全色		黑白全色	红、橙、绿、蓝	红、绿、蓝全色	蓝绿、红、橙、绿	黄橙、绿、红、（蓝）	黑白多色～全色

1.4.3　触摸屏技术

随着计算机技术的普及，在 20 世纪 90 年代初，出现了一种新的人机交互作用技术——触摸屏技术。利用触摸屏技术，用户只需要用手指轻轻触碰计算机显示屏上的图符或文字就能实现对主机的操作，摆脱了键盘和鼠标操作，使人机交互更为直截了当。

触摸屏作为一种较新的计算机输入设备，是目前最简单、方便、自然的人机交互方式。

它赋予了多媒体以崭新的面貌，是极富吸引力的全新多媒体交互设备。触摸屏在我国的应用范围较为广泛，主要应用于公共信息的查询，如电信局、税务局、银行、电力等部门的业务查询，城市街头的信息查询，办公、军事指挥、电子游戏、点歌点菜、多媒体教学、房地产预售等。触摸屏在工业控制领域也得到了广泛的应用。

按照触摸屏的工作原理和传输信息的介质，触摸屏可以分为四类，即电阻式、电容感应式、红外线式和表面声波式。

为操作方便，采用触摸屏代替鼠标或键盘。工作时，首先用手指或其他物体触摸触摸屏，然后系统根据手指触摸的图标或菜单位置来定位选择信息输入。触摸屏由触摸检测部件和触摸屏控制器组成。触摸检测部件安装在显示器屏幕前面，用于检测用户触摸位置，接收后送至触摸屏控制器。而触摸屏控制器的主要作用就是从触摸点检测装置上接收触摸信息，并将它转换成触点坐标，再送给 CPU，它同时能接收 CPU 发来的命令并加以执行。

触摸屏的基本原理是用手指或其他物体触摸安装在显示器前端的触摸屏，所触摸的位置（以坐标形式）由触摸屏控制器检测，并通过接口（如 RS-232 串行口）送到 CPU，从而确定输入的信息。

电阻式触摸屏的工作原理是利用压力感应进行控制。电阻触摸屏的主要部分是一块与显示器表面非常配合的电阻薄膜屏，这是一种多层复合薄膜，它以一层玻璃或硬塑料平板作为基层，表面涂有一层透明氧化金属（透明的导电电阻）导电层，在它们之间有许多细小的（小于千分之一英寸）透明隔离点把两层导电层隔开绝缘。当手指触摸屏幕时，两层导电层在触摸点位置就有了接触，电阻发生变化，在 X 和 Y 两个方向上产生信号，然后将这两个信号送至触摸屏控制器。控制器侦测到这一接触并计算出（X，Y）的位置，然后根据模拟鼠标的方式进行操作。

1.4.4 举例

【例 1-3】 已知 8088 系统，三大总线，要求利用 74LS245 和 74LS273 实现功能：一个键按下，单色数码管值加 1，加到 99 就停止；另一个键按下，数码管值减 1，减到 0 就停止。设计硬件电路，编写软件。

分析：

（1）由前面所讲述的内容，设计的硬件结构图如图 1-69 所示。

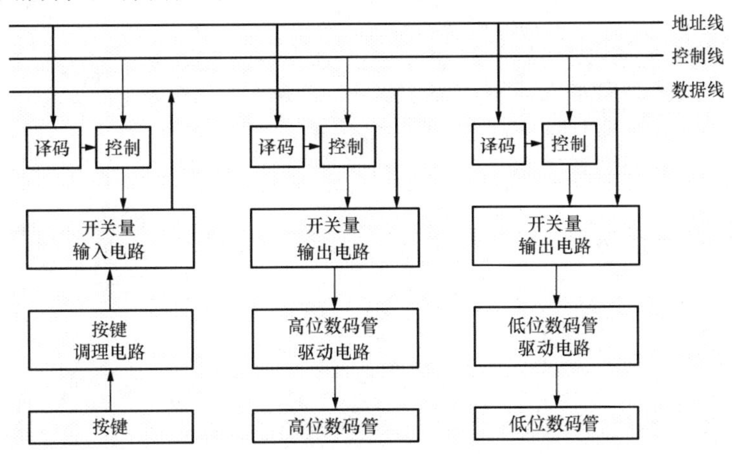

图 1-69 硬件结构图

采用“一个单元对应多个地址”的设计原则，使用 A1，A0 作为片选地址。

（2）常用单色数码管（八段共阴极）的结构如图 1-70 所示。

数码管按段数分为七段数码管和八段数码管，八段数码管比七段数码管多一个发光二极管单元（多一个小数点显示）；按能显示多少个“8”可分为 1 位、2 位、4 位等数码管；按发光二极管单元连接方式分为共阳极数码管和共阴极数码管。共阳数码管是指将所有发光二极管的阳极接到一起形成公共阳极（COM）的数码管，共阳数码管在应用时应将公共极 COM 接到+5V，当某一字段发光二极管的阴极为低电平时，相应字段就点亮，当某一字段的阴极为高电平时，相应字段就不亮。共阴数码管是指将所有发光二极管的阴极接到一起形成公共阴极（COM）的数码管，共阴数码管在应用时应将公共极 COM 接到地线 GND 上，当某一字段发光二极管的阳极为高电平时，相应字段就点亮，当某一字段的阳极为低电平时，相应字段就不亮。

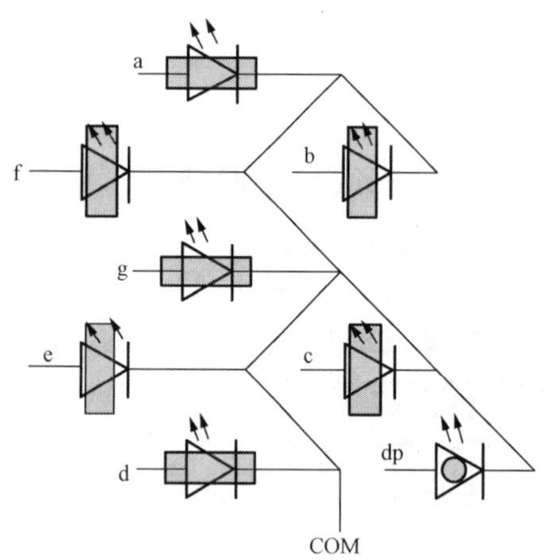

图 1-70　单色数码管（八段共阴极）结构

数字对应数码管显示控制转换字节（共阴编码）见表 1-18。

表 1-18　共阴编码

显示	dp	g	f	e	d	c	b	a	编码
0	0	0	1	1	1	1	1	1	0x3f
1	0	0	0	0	0	1	1	0	0x06
2	0	1	0	1	1	0	1	1	0x5b
3	0	1	0	0	1	1	1	1	0x4f
4	0	1	1	0	0	1	1	0	0x66
5	0	1	1	0	1	1	0	1	0x6d
6	0	1	1	1	1	1	0	1	0x7d
7	0	0	0	0	0	1	1	1	0x07
8	0	1	1	1	1	1	1	1	0x7f
9	0	1	1	0	1	1	1	1	0x6f
A	0	1	1	1	0	1	1	1	0x77
b	0	1	1	1	1	1	0	0	0x7c
C	0	0	1	1	1	0	0	1	0x39
d	0	1	0	1	1	1	1	0	0x5e
E	0	1	1	1	1	0	0	1	0x79
F	0	1	1	1	0	0	0	1	0x71

将共阴编码取反码即可得到共阳编码。

（3）软件设计有两种方案。

第一种方案为利用最简单最直观的顺序结构将整个按键显示系统构建出来。而在顺序编程中，有过程化和模块化的编程思想。

面向过程是一种以事件为中心的编程思想。分析出解决问题所需要的步骤，然后用函数把这些步骤一步一步实现，使用时依次调用即可。面向过程其实是最为实际的一种思考方式，它考虑的是实际的实现，一般的面向过程是从上往下步步求精。

而模块化思想，是将一个大的程序按照功能分割成一些小模块。它的特点是各模块相对独立、功能单一、结构清晰、接口简单；控制了程序设计的复杂性；提高了元件的可靠性；缩短了开发周期；避免程序开发的重复劳动；易于维护和功能扩充。

过程化、模块化的编程思想是最基础、最原始的编程思想。它还体现出一种优势，因为当程序的流程很清楚，按着模块与函数的方法就可以很好的组织。比如拿学生早上起来的事情来说说这种面向过程，粗略地可以将过程拟为：起床、穿衣、洗脸刷牙、去学校。而这四步就是一步一步地完成，它的顺序很重要，只需一个一个地实现即可。再进一步分析，刷牙又是有一个过程的，肯定得先挤牙膏，后刷牙，顺序不能反。以这个例子可以得到过程化、模块化的开发方法：自上向下，逐步分解，分而治之。

另一种方案是将整个按键系统分为三个互不相干的子系统，即按键子系统、数据处理子系统、显示子系统，利用消息触发将它们组合成为一个完整的系统。其中每一个子系统都可以看作如图 1-71 所示的一个结构框图，即每一个子系统都由输入参数、过程和输出参数构成。根据不同的输入参数，经过系统处理之后输出相应的输出参数。注意，输入参数和输出参数可以为“空”，但“空”不代表“没有”。

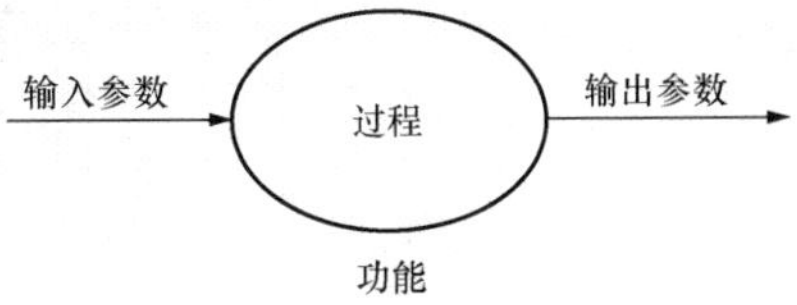

图 1-71　子系统结构框图

本题中，定义如下：

按键子系统的输入参数为“空”，输出参数为“key_data”；

数据处理子系统的输入参数为“key_data”，输出参数为“disp_data”；

显示子系统的输入参数为“disp_data”，输出参数为“空”。

解　（1）硬件设计。

地址分布：（原则）一个单元对应多个地址，即只使用 A1，A0，见表 1-19。

表 1-19　　**地　址　分　布**

A15	A14	A13	…	A2	A1	A0	CS0	CS1	CS2
X	X	X	…	X	0	0	0	1	1
X	X	X	…	X	0	1	1	0	1
X	X	X	…	X	1	0	1	1	0

输入电路如图 1-72 所示。

输出（显示）电路如图 1-73 和图 1-74 所示。

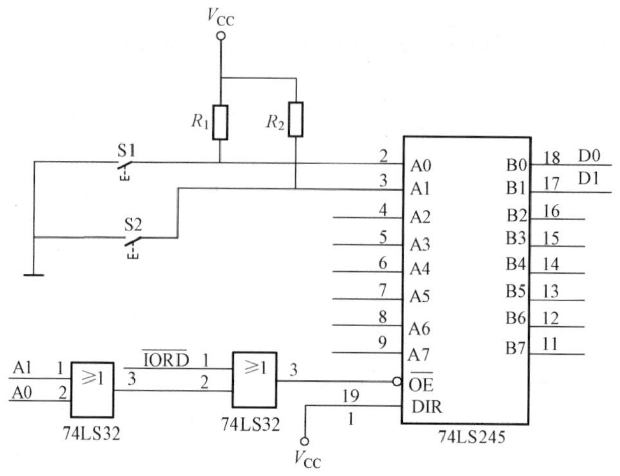

图 1-72 输入电路

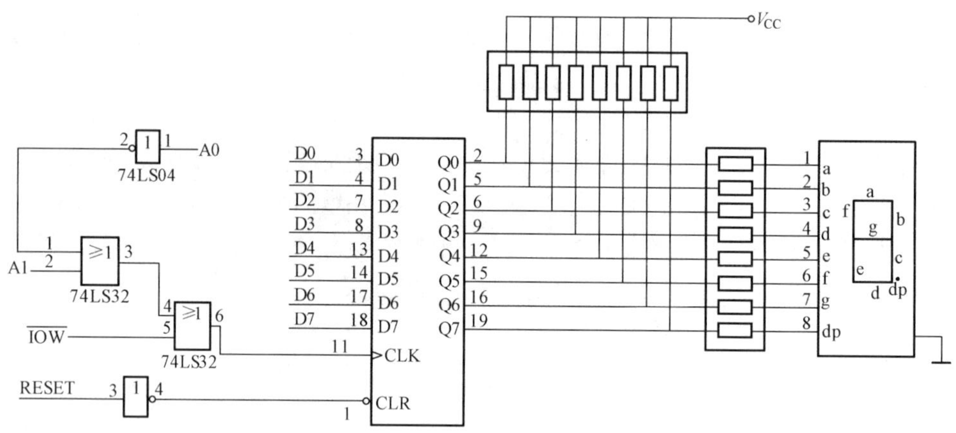

图 1-73 输出显示（个位）电路

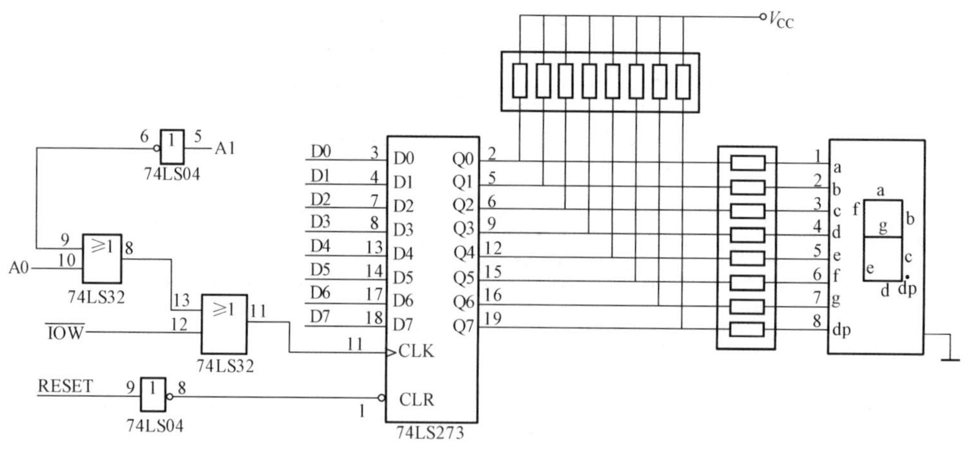

图 1-74 输出显示（十位）电路

（2）软件设计。

1）软件编程由需求分析、算法、框图、编写代码、调试五个步骤组成。图 1-75 所示为该程序的流程图。初始化中由于硬件电路比较简单，内部没有寄存器，故没有对其进行硬件的操作，只对所有变量进行清零。

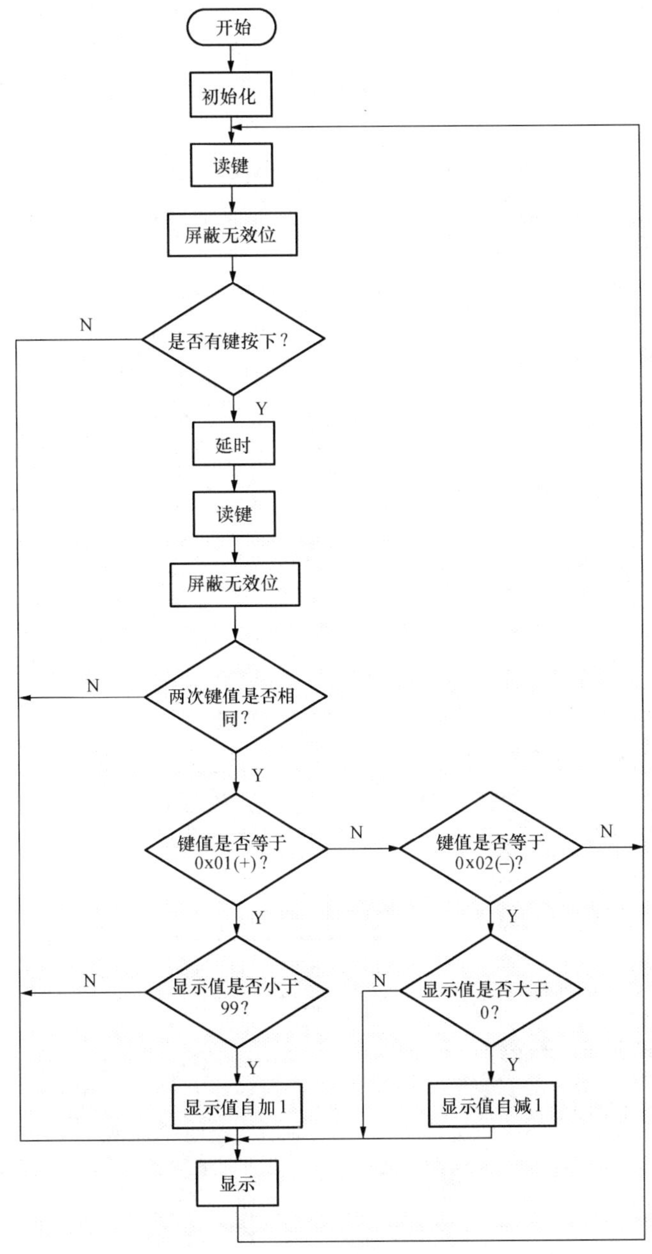

图 1-75 流程图

2）编写代码注意事项。编写代码既可以使用汇编语言编写，也可以用 C 语言来编写，C 语言为中级语言，它具有低级语言和高级语言的特性，利用 C 语言编写代码有两种方式，一种是加操作系统，另外一种是不加操作系统（操作系统的功能是内存管理，进程管理，设备管理，文件管理）。在单片机系统中这些功能都由开发者自己来做，所以变量的理解是关键。

a）变量注意事项。变量的理解第一是作用域（全局变量和局部变量）；第二是生存期（静态和动态变量）；第三是存储的位置（对于 8088 系统寄存器是数据区、堆栈区。其他还有更多的区域），这些都必须在程序中说明；第四是变量的特点、字节数、具有地址的属性、描述方法、存放形式等，不管是多少位机都是一个字节对应一个地址。16 位机，两个字节。低位字节存放在低位地址，高位字节存放在高位地址，一般以低位字节的地址代表所有单元的地址。如 int 型数据描述方法，最高位为符号位，正数是以原码形式存放，负数是以补码形式存放。

例如 int iii，对于 iii 是个地址，是个常量。在使用时降维，降维的含义是取地址单元的数据。如果取不到数据的话，返回这个单元的地址。如果取到数据，返回数据。

例如：int S[2][3][4]，如图 1-76 所示。

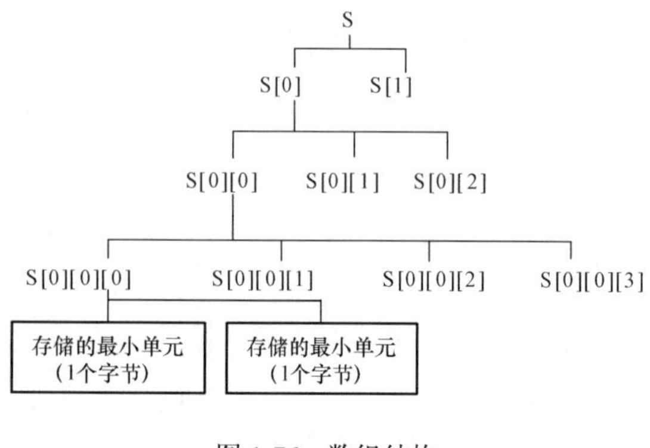

图 1-76 数组结构

S+1，*S+1，**S+1，***S+1 的理解，* 的意思也是降维。

S 由两个元素组成，S[0]由三个元素组成，S[0][0]由四个元素组成，对于 16 位机的 int S[0][0][0]由两个字节组成。

b）语句注意事项。图 1-75 流程图中所描述都是完整的一句话。如何实现，都是通过语句、指令或函数实现，计算机的语言实现就是去理解这些语句、指令或函数，实际上与自然语言的理解是一样。例如汉语的语法结构，如图 1-77 所示，目前计算机还达不到理解“自然语言”的能力，目前只能理解图 1-78 这种简单汉语骨架结构。图 1-79 为汉语和软件语言的语法结构的对比，由此可见，图 1-80 汇编语言指令结构和图 1-78 汉语骨架结构是类似的。图 1-81 和图 1-82 列出了汇编语言的指令结构（汇编语句语法结构）。

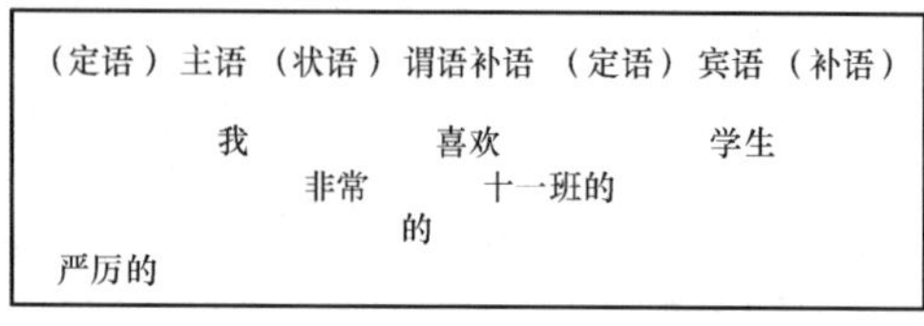

图 1-77 汉语的语法结构

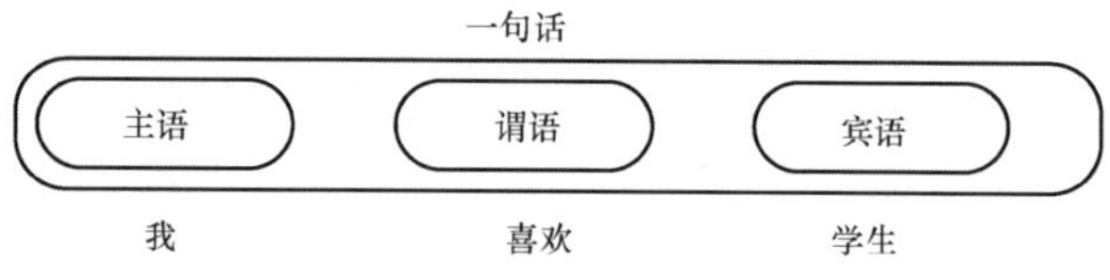

图 1-78 汉语骨架结构

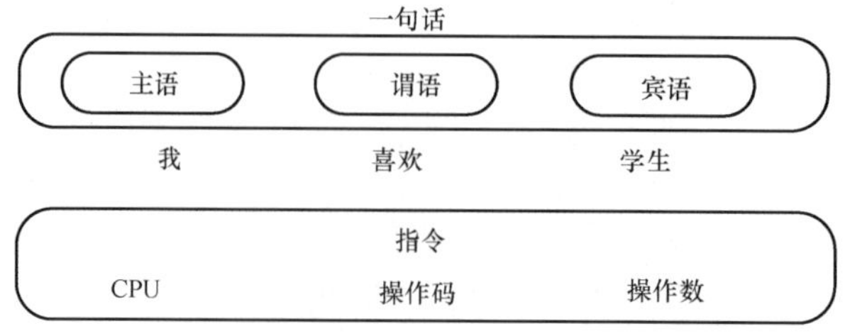

图 1-79 汉语和软件语言的语法结构

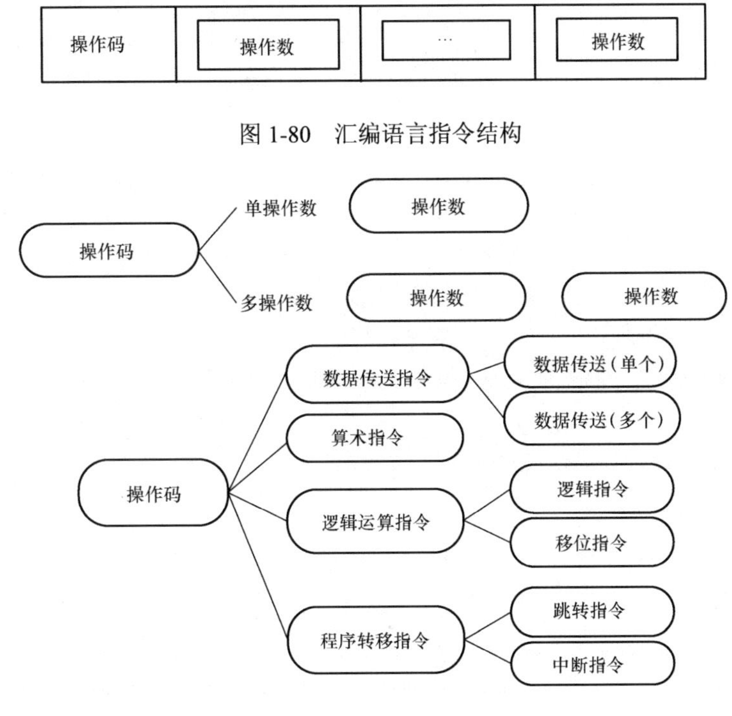

图 1-80 汇编语言指令结构

图 1-81 汇编指令操作码的组成

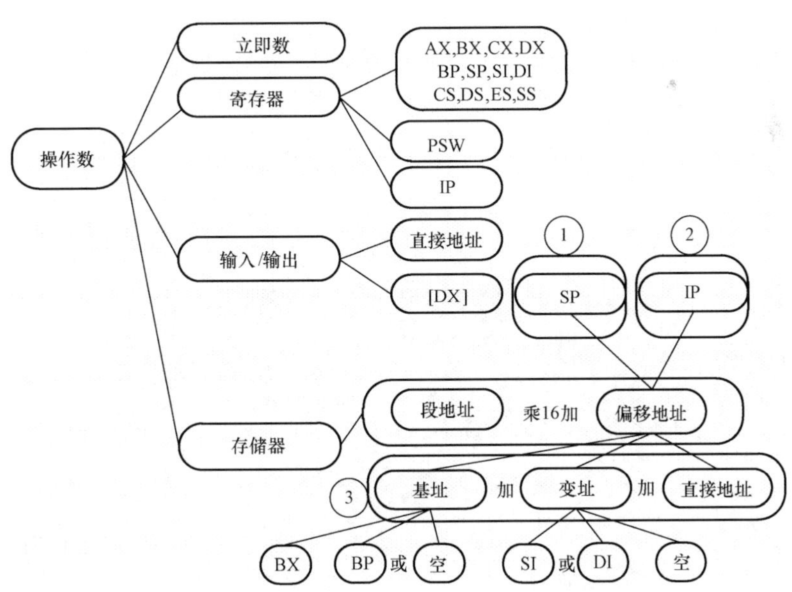

图 1-82 汇编指令操作数的组成

相对于汉语语言来说，在编程语言中，指令、语句和函数是简单的动词，它是对变量的操作。变量理解在软件实现中相当于汉语语言的名词，它具有一定的概念和内涵。汇编语言理解的方法如图 1-83 所示。

每个程序都有自己的框架，对C程序来说，它的框架是由库函数和主函数构建出来的。

编程语言和汉语一样，有自己的书写规范，在编程语言中，一般情况下，常量和变量用名词，函数用动词，书写语言用大写字母和小写字母来表示。一般动词的第一个字母大写。

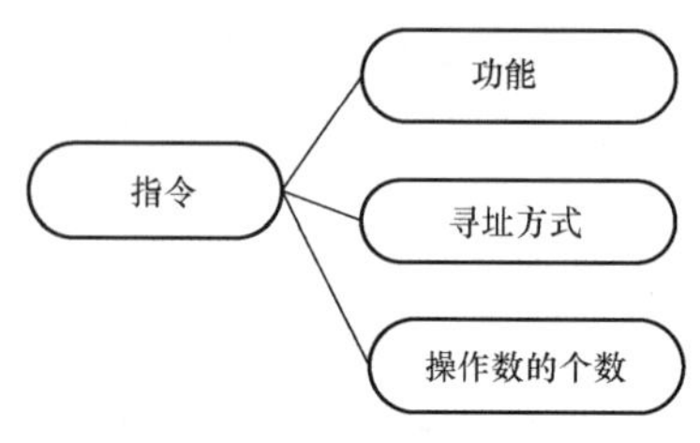

图1-83 汇编语言的理解方法

程序的编写和汉语文章的书写方法是类似的，只不过程序的编写要更加严谨、严格和全面，每个方面都要说清楚，而且要有严格的时间顺序，因为目前的程序解码没有模糊处理的能力，而文章却不一样，理解的人具有智能模糊处理的能力。随着科学技术的迅猛发展，具有自然语言理解的软件已经有了初步的模型，各种各样的智能体模型已经开始越来越多地应用在了不同的领域，这也是计算机控制发展的方向，即具有思维能力的软件。

定义S1按下为“+”键，S2按下为“–”键。

根据流程图1-75采用过程化编程程序代码如下。

```
#include "stdio.h"
unsigned char disp_ddd;
unsigned char dips_table[10]={0x3f,0x06,0x5b,0x4f,0x66,0x6d,0x7d,0x07,0x7f,
0x6f};//共阴极编码
//unsigned  char  disp_table[10]={0xc0,0xf9,0xa4,0xb0,0x99,0x92,0x82,0xf8,
0x80,0x90}; 共阳极编码
void delay(int);
void init(void);
void main(void)
    {
    unsigned char ccc, ccc1;
    init();
    while(1)
        {
        ccc=inportb(0x00);
        ccc=ccc&0x03;
        ccc1=ccc;
        delay(1000);    //需要根据具体时钟周期计算延时时间
        ccc=inportb(0x00);
        ccc=ccc&0x03;
        if(ccc==ccc1)
            {
            if(ccc==0x02)
                {
                if(disp_ddd>0)
                    {
                    disp_ddd--;
                    }
                }
            }
        else if(ccc==0x01)
            {
            if(disp_ddd<99)
```

```
                {
                disp_ddd++;
                }
            }
        }
        ccc=disp_ddd/10;
        outportb(0x02, disp_table[ccc]);
        ccc=disp_ddd%10;
        outportb(0x01, disp_table[ccc]);
        }
    }
void init(void)
    {
    disp_data=0;
    }
void delay(int count)
    {
    int i;
    for(i=0;i<count;i++);
    }
```

采用消息触发机制。程序中的各个系统，对于时间无任何关系，既可以顺序运行，也可以并行运行，无先后的概念。子系统的运行是通过事件触发的，事件触发的变量称为消息。程序结构安排中关键在于时间无关性。

本系统分为按键子系统、数据处理子系统及显示子系统。各个子系统相互独立。主程序流程图中，按键模块、数据处理模块和显示模块必须和时间先后顺序无关，主程序流程图必须满足图 1-84 所示要求。联系它们在一起的消息变量定义为 key_ctrl 和 data_ctrl。

注意，在这种方式下程序分成了两个层次，即主模块层和子模块层。主模块分成初始模块和管理模块。初始模块负责各个模块的初始化，管理模块负责事件的调度，在这个层面描述为拓扑结构图。主程序架构如图 1-85 所示。

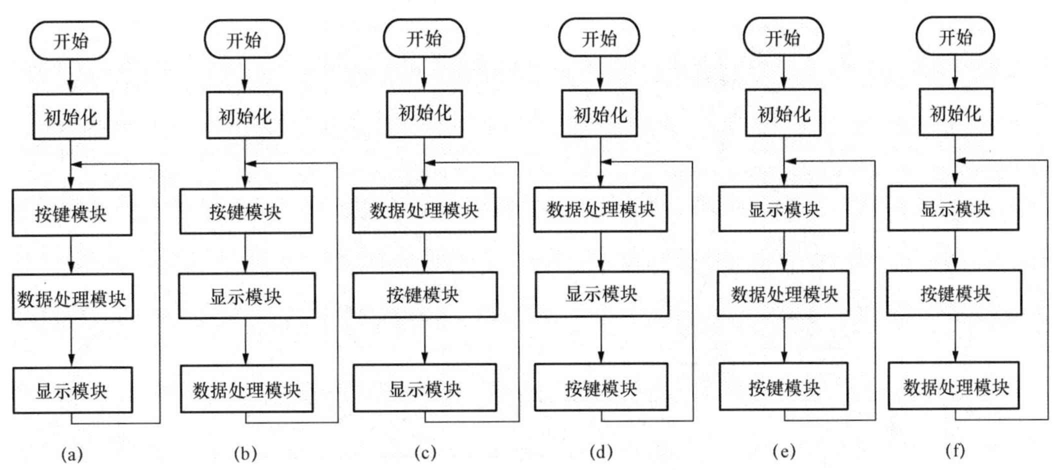

图 1-84　主程序流程图

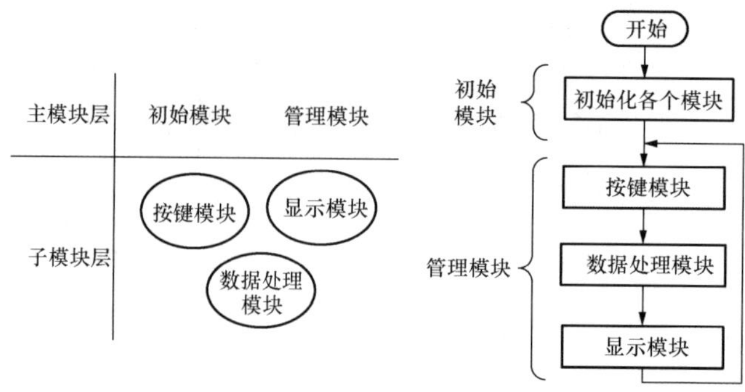

图 1-85 主程序架构

按键模块流程图如图 1-86 所示。

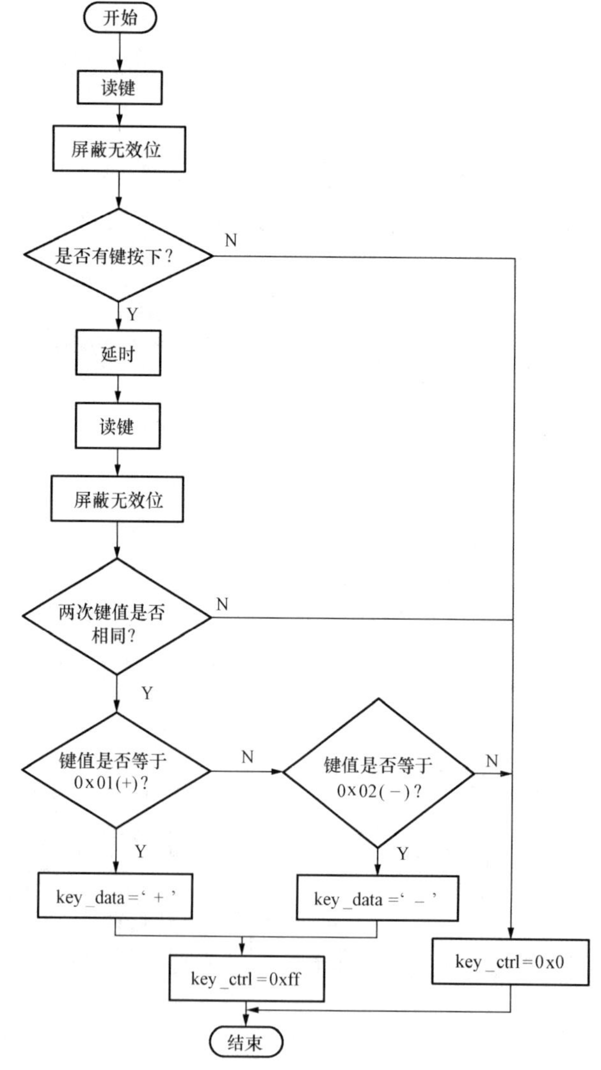

图 1-86 按键模块流程图

数据处理模块流程图如图 1-87 所示。

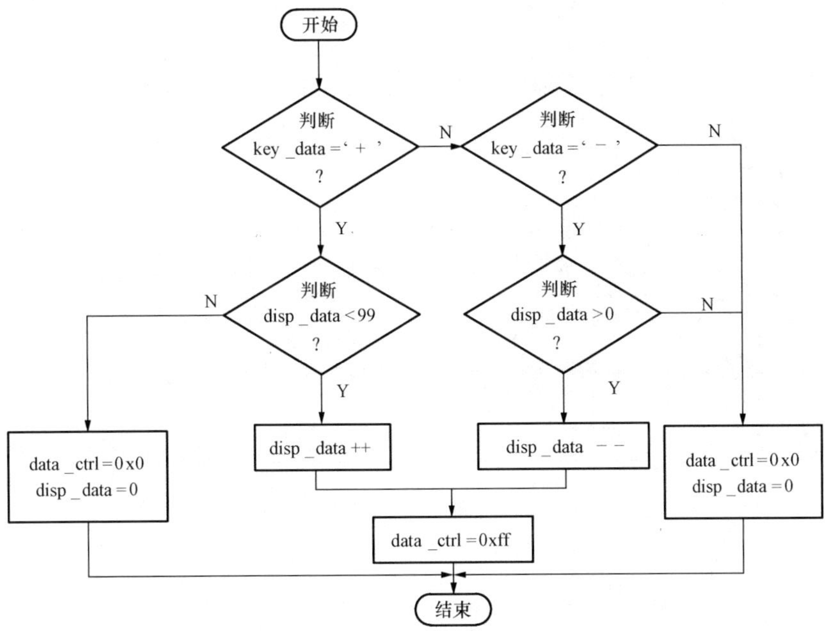

图 1-87 数据处理模块流程图

显示模块流程图如图 1-88 所示。

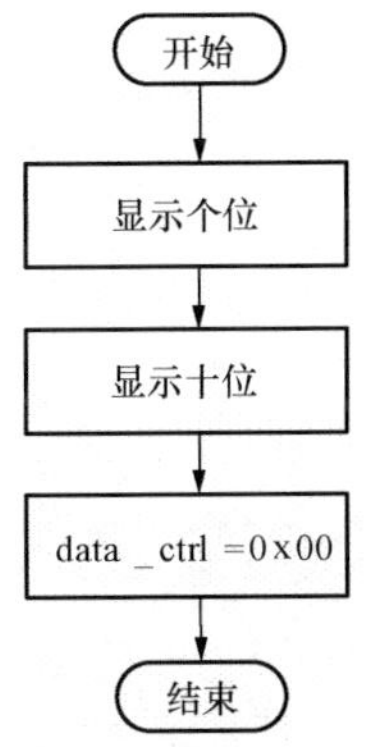

图 1-88 显示模块流程图

3）程序代码如下：

```
#include "stdio.h"
#define cs0_245 0xfffc     //假设 cs0=0xfffc         读键
#define cs1_273 0xfffd     //假设 cs1=0xfffd         个位输出
#define cs2_273 0xfffe     //假设 cs2=0xfffe         十位输出
unsigned char disp_table[10]={0x3f,0x06,0x5b,0x4f,0x66,0x6d,0x7d,0x07,0x7f,
0x6f};  //共阴极
//unsigned  char  disp_table[10]={0xc0,0xf9,0xa4,0xB0,0x99,0x92,0x82,0xF8,
0x80,0x90};共阳极
unsigned char key_data,key_ctrl,data_ctrl;
```

```
int disp_data;
void init_data(void);
void delay(int count);
void read_key(void);
void proc_data(void);
void display_data(void);
void main(void)
    {
    init_data();
    while(1)
        {
        if(key_ctrl==0x0)                        //键盘消息
            read_key();
        if(key_ctrl==0xff)                       //键盘消息
          proc_data();
        if(data_ctrl==0xff)                      //数据消息
            display_data();
        }
    }
void init_data(void)
    {
    key_ctrl=0;                                  //初始化键盘标志位
    key_data=0x0;                                //初始化键盘数据
    data_ctrl=0;                                 //初始化数据标志位
    disp_data=0x0;                               //初始化显示数据
    }
void delay(int count)
    {
    int i,q;
    for(i=0; i<count; i++)
        {
        q=0;q=0;q=0;
        }
    }
/**************************************************
功能：分辨"+"键和"-"键
输入参数:key_ctrl
输出参数:key_data，key_ctrl
**************************************************/
void read_key(void)
    {
    unsigned char ccc, ccc1;
    ccc=inportb(245_cs0);
    ccc=ccc&0x03;
    if(ccc==0x01||ccc==0x02)
        {
        delay(1000);
        ccc1=inport(245_cs0);
        if(ccc==ccc1)
            {
            if(ccc==0x01)
```

```
          {
          key_data='+';
          key_ctrl=0xff;                //置键盘消息
          }
       else if
          {
          key_data='-';
          key_ctrl=0xff;                //置键盘消息
          }
       else
       key_ctrl=0x0;                    //清除键盘消息
       }
    else
       key_ctrl=0x0;                    //清除键盘消息
    }
 else
    key_ctrl=0x0;                       //清除键盘消息
 }
/*************************************************
功能：处理键值
输入参数：key_ctrl,key_data,disp_data
输出参数：data_ctrl,disp_data
*************************************************/
void proc_data(void)
 {
 key_ctrl=0;                            //清除键盘消息
 if(key_data=='+')
    {
    if(disp_data<99)
       {
       data_ctrl=0xff;                  //置数据消息
       disp_data++;
       }
    else
       {
       data_ctrl=0x0;                   //置数据消息
       disp_data=0;
       }
    }
 else
    {
    if(key_data=='-')
       {
       if(disp_data>0)
          {
          data_ctrl=0xff;               //置数据消息
          disp_data--;
          }
       else
          {
          data_ctrl=0x0;                //清除数据消息
```

```
                disp_data=0;
                }
            }
        }
    }
/*************************************************
功能：显示
输入参数：data_ctrl，disp_data
输出参数：key_data
*************************************************/
void disp_data(void)
    {
    unsigned char ccc;
    data_ctrl=0x0;                                  //清除数据消息
    ccc=disp_data/10;
    outportb(273 _cs2，disp_table[ccc]);           //十位输出
    ccc=disp_data%10;
    outportb(273 _cs1,disp_table[ccc]);            //个位输出
    }
```

以上程序将三个子模块通过消息连接起来，当键盘子模块按键后产生键盘消息，键盘消息触发处理子模块，执行完成后清除键盘消息，并产生更新显示消息。

同理当处理子模块执行完成后，产生的处理消息，用于触发显示子模块，显示子模块执行完成后需要清除处理子模块的消息。这个系统的执行过程没有严格的时间流程，完全是由产生的消息来触发的。

然而这种利用自身模块去管理消息的发布和触发的方法，对于一个模块可能触发多个模块时就存在一定的问题，所以最好的架构就是编写一个独立程序去管理这些消息和模块，使得底层（被触发模块）可以订阅和取消订阅消息，并且可以发布一个消息到上层（触发模块），上层引发底层订阅的事件。

1.5 模拟量输入/输出接口与过程通道

1.5.1 模拟信号的采样与恢复

典型的计算机控制系统的结构如图 1-89 所示，计算机只能接收、处理数字信号，其输出也是数字量。因此，一方面从现场检测的连续信号必须经过采样、A/D 转换等量化处理变换为数字信号，才能由计算机进行控制运算或作其他处理；另一方面，计算机输出的数字量也必须经过 D/A 转换器和保持器形成连续信号，才能控制需要连续输入的被控对象。

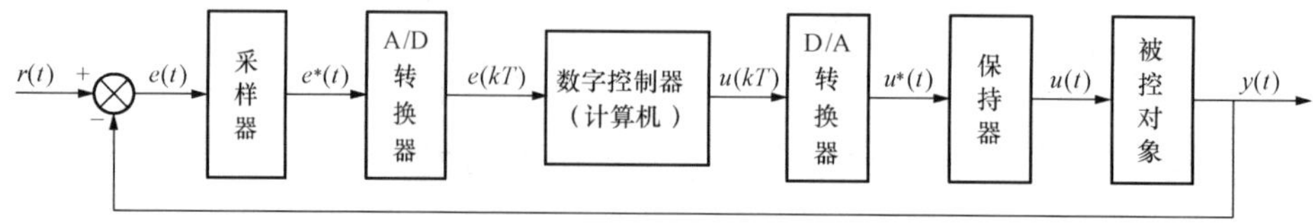

图 1-89 典型计算机控制系统结构框图

其中，$r(t)$为输入信号，$e(t)$为误差信号，$u(t)$为控制信号，$y(t)$为输出状态信号，$e^*(t)$为采

样后误差模拟信号（离散），$e(kT)$为采样后误差数字信号，$u^*(t)$为离散的控制模拟信号，$u(kT)$为控制数字信号。

采样器、保持器和数字控制器的结构形式和控制规律决定系统的动态特性，是研究的主要对象。控制系统的稳态控制精度由 A/D、D/A 转换器的分辨率决定，这说明 A/D 和 D/A 转换器只影响系统的稳态控制精度，而不影响动态指标。为了突出重点，这里只讨论影响系统动态特性的基本问题。为了便于数学上的分析和综合，在分析和设计计算机控制系统时，常常假定 A/D、D/A 转换器的精度足够高，使量化误差可以忽略，于是 A/D、D/A 只存在于物理上的意义而无数学上的意义，即数字信号与采样信号 $e(kT)$与 $e^*(t)$、$u(kT)$与 $u^*(t)$是等价的。图 1-89 可进一步简化为如图 1-90 所示。

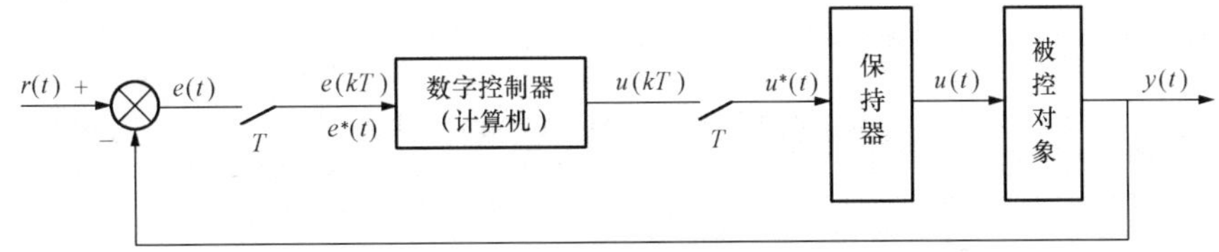

图 1-90 计算机控制系统离散过程

1. 信号的采样过程

在计算机控制系统中，信号是以脉冲序列或数字序列的方式传递的，把连续信号变成数字序列的过程称为采样过程，实现采样的装置称为采样开关。

计算机对某个随时间变化的模拟量进行采样，是利用定时器控制的开关，每隔一定时间使开关闭合而完成一次采样。开关重复闭合的时间间隔 T 为采样周期。所谓采样过程是指，将一个连续的输入信号，经开关采样后，转变为发生在采样开关闭合瞬时刻 0，T，$2T$，…，nT 的一连串脉冲输出信号。采样过程的原理如图 1-91 所示。

其中采样开关为理想的采样开关，它从闭合到断开以及从断开到闭合的时间均为零。采样开关平时处于断开状态，其输入为连续信号 $f(t)$，在采样开关的输出端得到采样信号 $f^*(t)$。

理想的采样开关并不存在，但是实际应用中的采样开关为电子开关，其动作时间极短，因此可以将实际采样开关简化为理想采样开关，这样有助于简化系统的描述与分析工作。

$f(t)$ 为被采样的连续信号，$f^*(t)$ 是经采样后的脉冲序列，采样开关的采样周期为 T。若采样开关的接通时间为无限小，则采样信号 $f^*(t)$ 就是 $f(t)$ 在开关合上瞬时的值，即脉冲序列 $f(0)$，$f(T)$，$f(2T)$，…，$f(kT)$，…

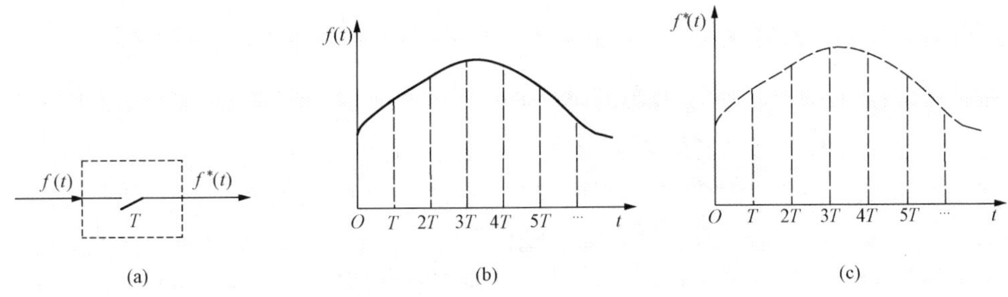

图 1-91 信号的采样过程

（a）采样开关；（b）连续信号；（c）采样信号

可用理想的脉冲 δ 函数将采样后的脉冲序列 $f^*(t)$ 表示，即

$$f^*(t)=f(0)\delta(t)+f(T)\delta(t-T)+f(2T)\delta(t-2T)+\cdots=\sum_{k=0}^{\infty}f(kT)\delta(t-kT),t=kT \quad (1\text{-}1)$$

对于实际系统，当 $t<0$ 时，$f(t)=0$，故有

$$f^*(t)=\sum_{k=-\infty}^{\infty}f(kT)\delta(t-kT),t=kT \quad (1\text{-}2)$$

根据 δ 函数的性质

$$f^*(t)=f(t)\sum_{k=-\infty}^{\infty}\delta(t-kT)=f(t)\delta_T(t),t=kT \quad (1\text{-}3)$$

其中，$\delta_T(t)=\sum_{k=-\infty}^{\infty}\delta(t-kT)$。

由此可见，采样信号 $f^*(t)$ 由理想脉冲序列组成，幅值由 $f(t)$ 在 $t=kT$ 时刻的值确定。

2. 采样定理

计算机控制系统是利用离散的信号进行控制运算，这就带来一个问题：采用离散信号能否实施有效的控制，或者连续信号所包含的信息能否由离散信号表示，或者离散信号能否一定代表原来的连续信号。例如，有两个不同的连续信号 $f_1(t)$ 和 $f_2(t)$，假定选择采样周期都为 T，如图 1-92 所示，从图中可以看出，$f_1(t)$ 和 $f_2(t)$ 具有相同的采样信号 $f^*(t)$，这说明 $f^*(t)$ 未必能完全反映或近似反映连续信号。

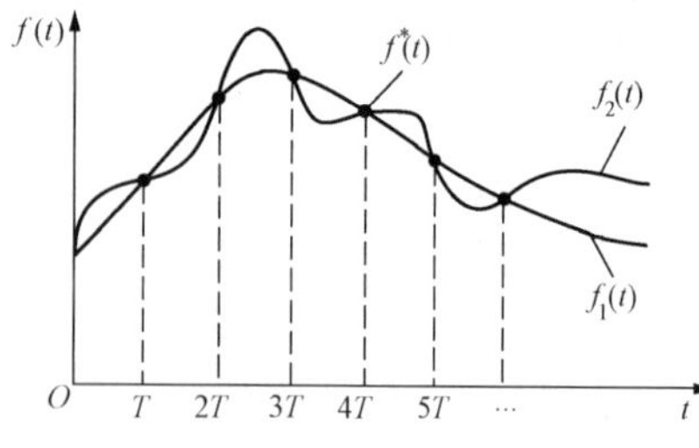

图 1-92 两个不同的连续信号的采样过程

那么 $f^*(t)$ 如何能完全反映或近似反映连续信号呢？上述问题是和采样周期密切相关的，香农（Shannon）采样定理定量地描述了在什么条件下，一个连续时间信号可由它的采样信号唯一确定。

（1）香农采样定理。一个连续时间信号 $f(t)$，设其频带宽度是有限的，其最高频率为 ω_{max}（或 f_{max}），如果在等间隔点上对该信号 $f(t)$ 进行连续采样，为了使采样后的离散信号 $f^*(t)$ 能包含原信号 $f(t)$ 的全部信息量，则采样角频率只有满足下面的关系

$$\omega_s \geqslant 2\omega_{max} \quad (1\text{-}4)$$

采样后的离散信号 $f^*(t)$ 才能够无失真地复现 $f(t)$；否则不能从 $f^*(t)$ 中恢复 $f(t)$。其中，ω_{max} 是最高角频率，ω_s 是采样角频率。它与采样频率 f_s、采样周期 T 的关系为

$$\omega_s=2\pi f_s=\frac{2\pi}{T} \quad (1\text{-}5)$$

如果 $\omega_s \geqslant 2\omega_{max}$，镜像频谱与主频谱相互分离，如图 1-93 所示。此时可以采用一个低通滤波器，将采样信号频谱中的镜像频谱滤除，来恢复原连续时间信号。

如果 $\omega_s<2\omega_{max}$，采样信号频谱中的镜像频谱就会与主频谱混叠，如图 1-94 所示。采用低通滤波器的方法恢复的信号中仍混有镜像频谱成分，不能恢复成为原来的连续信号。

（2）采样周期的选择方法。采样定理只是作为控制系统确定采样周期的理论指导原则，主要因为模拟系统 $f(t)$ 的最高角频率不好确定，所以采样定理在计算机控制系统中的应用还

不能从理论上得出确定各种类型系统采样周期的统一公式。目前应用都是根据设计者的实践与经验公式，由系统实际运行结果最后确定。

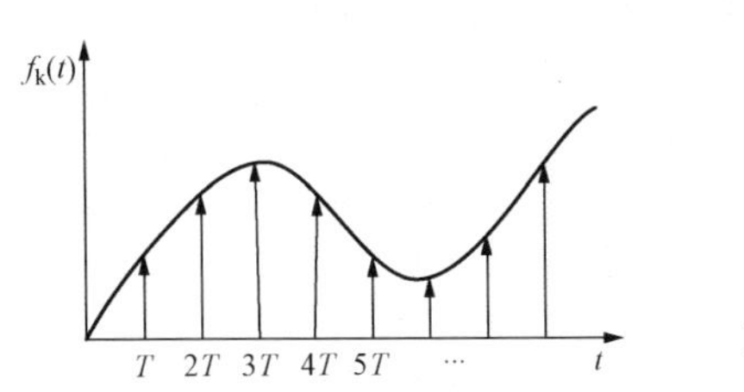

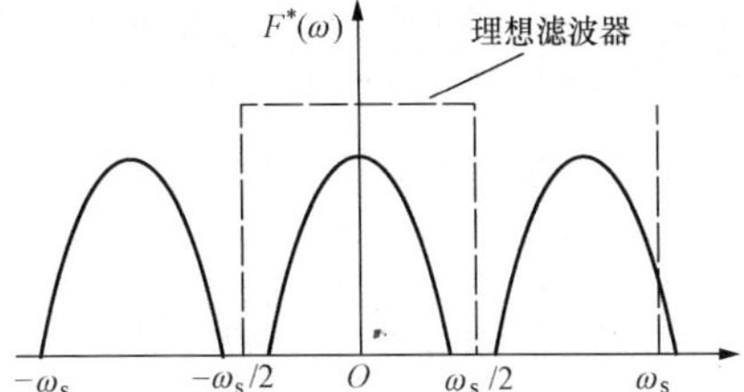

图 1-93 $\omega_s \geqslant 2\omega_{max}$ 的情形

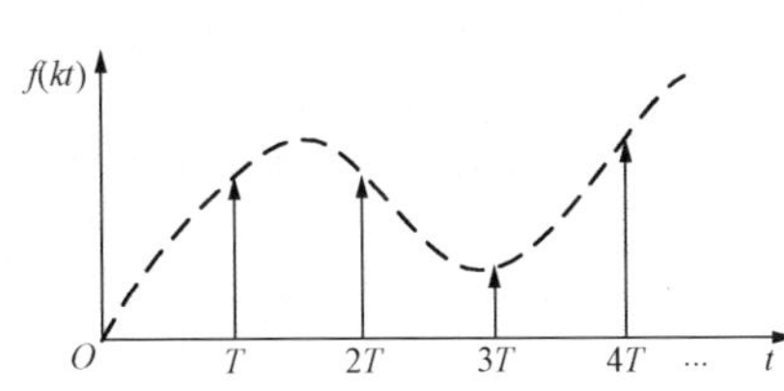

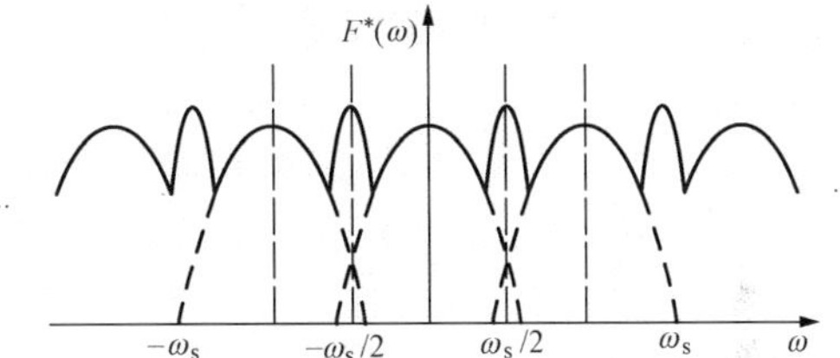

图 1-94 $\omega_s < 2\omega_{max}$ 的情形

根据理论指导原则，结合实际被控对象性质或参数，可以得出采样周期选择的实用公式。表 1-20 列出了不同被控参数物理量的采样周期选择的参考数值。

表 1-20 **常见被控对象采样周期参考**

被控物理量	采样周期 T	备 注
流量	1～5s	优先选用 2s
压力	3～10s	优先选用 8s
液面	6～8s	优先选用 7s
温度	15～20s	优先选用纯滞后时间
成分	15～20s	优先选用 18s
位置	10～50ms	优先选用 30ms

3. 信息的恢复过程和零阶保持器

在计算机控制系统中的执行机构和控制对象的输入信号一般为连续信号，这就必须将计算机输出和数字信号序列还原成连续信号，这就是信号的恢复过程。

由于采样信号在采样点时刻才有值，而在两个采样点之间无值，为了使得两个采样点之间为连续信号过渡，以前一时刻的采样值为参考基值作外推，使得两个采样点之间的值不为零，这样来近似连续信号。将数字信号序列恢复成连续信号的装置叫保持器。

已知某一采样点的采样值为 $f(kT)$，将其连续信号 $f(t)$ 在该点邻域展开成泰勒级数为

$$f(t)\big|_{t=kT} = f(kT) + f'(kT)(t-kT) + \frac{1}{2!}f''(kT)(t-kT) + \cdots \tag{1-6}$$

外推的项数称为保持器的阶数。

取等式右端第一项近似，有

$$f(t) \approx f(kT) \qquad kT \leqslant t < (k+1)T \tag{1-7}$$

称为零阶保持器，表示为 ZOH。

取等式右端两项之和近似，有

$$f(t) \approx f(kT) + f'(kT)(t-kT) \approx f(kT) + \frac{f(kT) - f[(k-1)T]}{T}(t-kT) \tag{1-8}$$

称为一阶保持器。

同样，可以取等式前 n+1 项之和近似，就构成了 n 阶保持器。

在计算机控制系统中，最广泛采用的一类保持器是零阶保持器。零阶保持器将前一个采样时刻的采样值 $f(kT)$ 恒定地保持到下一个采样时刻（k+1）T，如图 1-95 所示。

由此可知，零阶保持器所得到的信号是阶梯形信号，它只能近似地恢复连续信号。

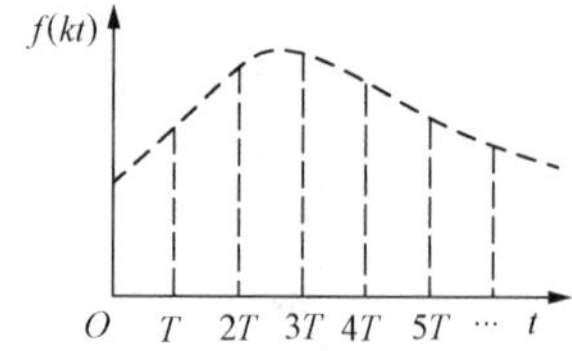

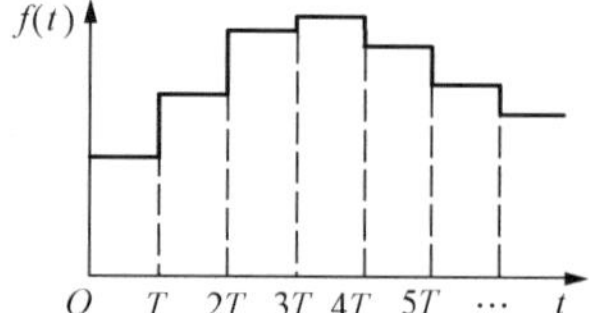

图 1-95　应用零阶保持器恢复的信号

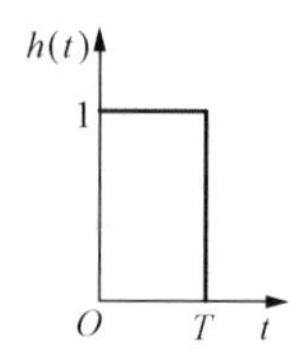

图 1-96　零阶保持器的脉冲响应

在分析和综合计算机控制系统时，要用到零阶保持器的传递函数。可以认为零阶保持器在 $\delta(t)$ 作用下的脉冲响应 $h(t)$，如图 1-96 所示。而 $h(t)$ 又可以看成单位阶跃函数 $1(t)$ 与 $1(t-T)$ 的叠加，$h(t)=1(t)-1(t-T)$。

取拉普拉斯变换，得零阶保持器的传递函数为

$$H(s) = \frac{1-\mathrm{e}^{-Ts}}{s} \tag{1-9}$$

其频率特性为

$$H(\mathrm{j}\omega) = \frac{1-\mathrm{e}^{-\mathrm{j}\omega T}}{\mathrm{j}\omega} = T\frac{\sin(\omega T/2)}{\omega T/2}\mathrm{e}^{-\mathrm{j}\omega T/2} \tag{1-10}$$

其幅频特性为

$$|H(\mathrm{j}\omega)| = T\left|\frac{\sin(\omega T/2)}{\omega T/2}\right| \tag{1-11}$$

其相频特性为

$$\angle H(\mathrm{j}\omega) = \angle T\frac{\sin(\omega T/2)}{\omega T/2}\mathrm{e}^{-\mathrm{j}\omega T/2} = \angle\sin\frac{\omega T}{2} - \frac{\omega T}{2} \tag{1-12}$$

由于

$$\frac{\omega T}{2} = \frac{\pi\omega}{\omega_s} \tag{1-13}$$

因此

$$\sin\frac{\omega T}{2}=\sin\frac{\pi\omega}{\omega_s} \tag{1-14}$$

零阶保持器幅频、相频特性如图 1-97 所示。从图中可以看出，零阶保持器是一个低通滤波器，但不是一个理想低通滤波器，高频信号通过零阶保持器不能完全滤除，同时产生相位滞后。

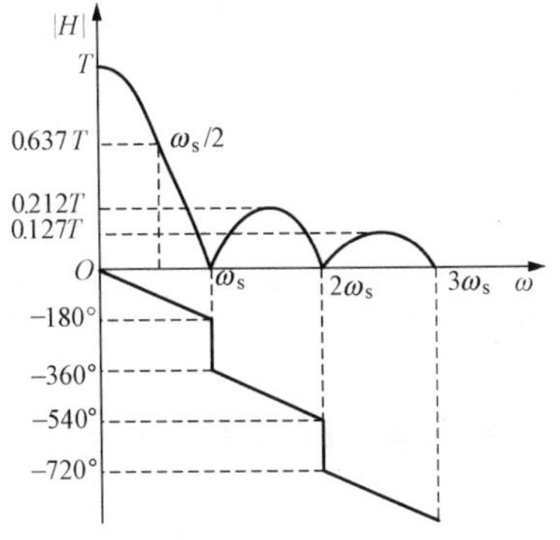

图 1-97 零阶保持器频率响应曲线

1.5.2 模拟信号的离散与量化

由模拟被控对象提供的被采样信号，通常是在特定时段内连续变化的模拟信号，即在相应的时间段内，存在无穷多个信号量值，每个信号量值又都是存在无穷多可能取值的模拟量，而计算机只能按一定的时间间隔，依次接收数字量，也就是说，模拟被控对象所提供的状态信号，不能由作为控制器的计算机直接接收。这就要求模拟量输入通道，不仅要完成信号的传送功能，还必须具备实现信号类型转换的功能，包括把连续信号转换为离散信号的离散转换功能以及把模拟量转换为数字量的量化转换功能。

1. 单位冲激函数的定义及性质

（1）定义。设

$$\delta_\varepsilon(t)=\begin{cases}0,\ t<0\\ \dfrac{1}{\varepsilon},0\leqslant t\leqslant\varepsilon\\ 0,\ t>0\end{cases} \tag{1-15}$$

是一个分段的时间函数，其中 $\varepsilon>0$。

取式（1-15）所示的分段时间函数，当 $\varepsilon\to 0$ 时的极限，为单位冲激函数，记为

$$\delta(t)=\lim_{\varepsilon\to 0}\delta_\varepsilon(t) \tag{1-16}$$

（2）性质。单位冲激函数 δ（t）是偶函数，它有两个重要性质，分别是积分性质和采样性质，都可以经过单位冲激函数的定义来加以证明。

1）积分性质。函数式为

$$\int_{-\infty}^{+\infty}\delta(t)\mathrm{d}t=1 \tag{1-17}$$

证明：把单位冲激函数的定义式即式（1-16）代入式（1-17）的左端，得

$$\int_{-\infty}^{+\infty}\delta(t)\mathrm{d}t=\int_{-\infty}^{+\infty}[\lim_{\varepsilon\to 0}\delta_\varepsilon(t)]\mathrm{d}t=\lim_{\varepsilon\to 0}\int_{-\infty}^{+\infty}\delta_\varepsilon(t)\mathrm{d}t=\lim_{\varepsilon\to 0}\int_0^\varepsilon\frac{1}{\varepsilon}\mathrm{d}t=\lim_{\varepsilon\to 0}1=1 \tag{1-18}$$

单位冲激函数 $\delta(t)$ 的积分性质，其实很容易理解，因为 $\varepsilon\to 0$ 的过程中，$\dfrac{1}{\varepsilon}$ 趋向无穷大，但它们的乘积，即 $\delta_\varepsilon(t)$ 在整个积分区间上的积分，却是恒定值 1 不变，称为冲激函数的冲激度，这也是 $\delta(t)$ 被称为冲激函数的原因。

2）采样性质。假定 $y(t)$ 是一个连续时间函数，则

$$\int_{-\infty}^{+\infty}y(t)\delta(t)\mathrm{d}t=y(0) \tag{1-19}$$

证明：把单位冲激函数的定义式即式（1-16）代入式（1-19）的左端，得

$$\int_{-\infty}^{+\infty} y(t)\delta(t)\mathrm{d}t = \lim_{\varepsilon\to 0}\int_{-\infty}^{+\infty} y(t)\delta_{\varepsilon}(t)\mathrm{d}t = \lim_{\varepsilon\to 0}\int_{-\infty}^{+\infty} y(t)\frac{1}{\varepsilon}\mathrm{d}t = \lim_{\varepsilon\to 0}\frac{1}{\varepsilon}\int_{0}^{\varepsilon} y(t)\mathrm{d}t = \lim_{\varepsilon\to 0} y(\theta\varepsilon) \quad (1\text{-}20)$$

其中 $0\leqslant\theta<1$，应用柯西积分中值定理，可以推出

$$\int_{-\infty}^{+\infty} y(t)\delta(t)\mathrm{d}t = y(0) \quad (1\text{-}21)$$

推论：

假定 $y(t)$ 是一个连续时间函数，则

$$\int_{-\infty}^{+\infty} y(t)\delta(t-t_0)\mathrm{d}t = y(t_0) \quad (1\text{-}22)$$

其中 $\delta(t-t_0)$ 称为滞后的单位冲激函数，或发生在 t_0 时刻的单位冲激函数。

单位冲激函数的采样性质，又称为筛分性质，利用其可以把任意连续函数 $y(t)$，在冲激发生时刻所对应的函数值筛选出来。因此单位冲激函数可以用来对连续函数 $y(t)$，经过采样变换的输出，进行数学描述和分析。

（3）与单位阶跃函数的关系。从与单位 $\delta(t-t_0)$ 阶跃函数相互关系的角度，进一步加深对 $\delta(t)$ 函数的理解。单位阶跃函数的定义为

$$1(t)=\begin{cases}1, t\geqslant 0\\ 0, t<0\end{cases} \quad (1\text{-}23)$$

则其对时间的导数，即为单位冲激函数，即

$$\delta(t)=\frac{\mathrm{d}1(t)}{\mathrm{d}t} \quad (1\text{-}24)$$

2. A/D 转换的实质

连续信号 $y(t)$ 经过等间隔采样之后，变成了脉冲序列信号 $y^{*}(t)$，但 $y^{*}(t)$ 只是在时间轴上离散的信号，任一时刻的采样值，即 $y(t)$ 在该采样时刻的信号量值，仍然是有无穷多种可能取值的模拟量，必须通过 A/D 转换，转化为相应的数字量，即一组定长的二进制代码，才能输入计算机进行数字化处理。

所以，A/D 转换的实质就是把实数轴上的模拟量，转化为只有有限种可能取值的数字量，实质上就是对模拟量的分组量化过程。

3. A/D 转换的性能分析与器件的选择

A/D 转换实质上是对输入模拟量的分组量化过程，A/D 转换器的性能及其指标，与转换的精度、速度直接相关，由此产生了两个方面的问题，其一，如何通过特定 A/D 转换器的性能及指标，对模拟量输入通道的性能进行分析；其二，如何根据模拟量输入通道的性能要求，来确定所需要的 A/D 器件。前者属于系统分析问题，后者属于系统设计问题。

量化信噪比与 A/D 转换器字长的关系。由模拟量输入通道的结果可知，A/D 转换器的输入模拟量，来自于它的前级，即信号检测装置。假定信号检测装置输出信号的变化范围为 $0\sim Y_{\max}$，其分辨率为 $Y_{\min}$，假定 A/D 转换器的字长为 n，则其量化单位必须满足下列形式

$$q=\frac{Y_{\max}}{2^{n}} \quad (1\text{-}25)$$

则可以得到采用截断法及舍入法处理量化误差时，A/D 的信噪比与 A/D 转换器字长 n 的相互

关系为

$$\begin{cases} SNR_{\mathrm{T}} = 6.02n \\ SNR_{\mathrm{R}} = 6.02(n+1) \end{cases} \tag{1-26}$$

由上述两式可以看出，A/D 转换器的字长每增加一位，信噪比就提高 6.02dB，在信噪比要求相同的情况下，采用舍入法处理量化误差时的 A/D 转换器的字长，可以比采用截断法时少取一位。

A/D 转换器字长的确定：A/D 转换器的字长 n，与 A/D 转换器的精度直接相关，而 A/D 转换器是模拟量输入通道的核心器件。也就是说，A/D 转换器的字长 n，与模拟量输入通道的精度直接相关。所以，A/D 转换器字长的确定，应根据模拟量输入通道的精度要求来进行，具体来说由于 A/D 转换器的前级是信号检测装置，为了实现通道的精度匹配，必须使 A/D 转换器的转换精度不低于信号检测装置的精度。

模拟量输入通道及信号检测装置的精度，常用信噪比来表示。对于 A/D 转换器来讲，要求 A/D 转换器的量化信噪比不低于其前级，即信号检测装置的信噪比，才能保证模拟量输入通道的精度不因 A/D 转换器而下降。

如果 A/D 转换器采用截断法处理量化误差，则上述原则可以用下列表达式来表示，即

$$SNR_{\mathrm{T}} \geqslant SNR_{检} \tag{1-27}$$

将式（1-26）代入式（1-27），得 $6.02n_{\mathrm{T}} \geqslant SNR_{检}$，所以

$$n_{\mathrm{T}} \geqslant \frac{SNR_{检}}{6.02} \tag{1-28}$$

如果 A/D 转换器采用舍入法处理量化误差，则按相同的处理方法，可以得到

$$n_{\mathrm{R}} \geqslant \frac{SNR_{检}}{6.02} - 1 \tag{1-29}$$

过程实际中，常采用舍入法来处理量化误差，按理说应按式（1-29）来确定 A/D 转换器的字长，但考虑到各种误差因素的影响，通常在式（1-29）的基础上，使 A/D 转换器的字长多取一位。换句话说，在系统中实际采用舍入法处理量化误差，但是进行 A/D 转换器字长选择时，却采用截断法，即按式（1-28）来确定 A/D 转换器的字长，且所对应的字长可以直接写成 n，而不是 n_{T} 或 n_{R}。

另外，模拟量输入通道及其信号检测装置的精度还可以用相对误差的形式来表示，假定信号检测的量程为 $0 \sim Y_{\max}$，分辨率为 $Y_{\min}$，实质上 $Y_{\min}$ 即为信号检测装置在零点的绝对误差，通过调整信号检测装置的零位，可以使 $Y_{\min}$ 是整个量程范围内最大的绝对误差，则信号检测装置的相对误差可以表示为 $\frac{Y_{\min}}{Y_{\max}}$。

信号检测装置的输出即为 A/D 转换器的输入，两者的量程范围应该是相同的，而 A/D 转换器的最大绝对误差可以调节为量化单位 q，其相对误差可以表示为 $\frac{q}{Y_{\max}}$。

为保证模拟量输入通道的精度，不因为 A/D 转换而下降，要求 A/D 转换器的相对误差，不应超过信号检测装置的相对误差，即

$$\frac{q}{Y_{\max}} \leqslant \frac{Y_{\min}}{Y_{\max}} \tag{1-30}$$

显然，式（1-30）可以变换为

$$q \leqslant Y_{\min} \tag{1-31}$$

把式（1-25）代入式（1-31），得

$$\frac{Y_{\max}}{2^n} \leqslant Y_{\min} \tag{1-32}$$

可以求得

$$n \geqslant \log_2 \frac{Y_{\max}}{Y_{\min}} \tag{1-33}$$

一般情况下，按上述两种方法来表示信号转换的精度，结果应该是一致的，相应确定的A/D转换器的字长也应该相等，如果不一致，则应该取其中字长 n 较大的一种结果。

作为综合结论，可以给出确定 A/D 转换器字长的表达式

$$n = \max\left[\log_2 \frac{Y_{\max}}{Y_{\min}}, \frac{SNR_{检}}{6.02}\right] \tag{1-34}$$

式中：$SNR_{检}$ 是信号检测装置的信噪比；$Y_{\max}$ 是信号检测装置量程的上限；$Y_{\min}$ 是信号检测装置的分辨率。

4. 孔径误差与采样保持

（1）孔径时间。设 τ 为模拟量输入通道中，采样保持器的采样时间，即采样脉冲的宽度，T_c 为 A/D 转换的时间，并假定 $\tau \geqslant T_c$。由于只在 T_c 时间内信号观察到输入信号 $y(t)$ 的变化，而时间窗口的宽度 T_c，称为 A/D 转换器的孔径时间，而孔径时间决定了每一个采样时刻的最大转换误差，即孔径误差。

（2）孔径误差的形成原因。如图 1-98 所示，如果被转换的模拟量 y 不是一个恒定的常量，而是随时间变化形成了连续时间函数 $y(t)$，则在有一定孔径时间 T_c 的情况下，A/D 转换器将产生孔径误差。

设 t_1 为转换起始时刻，$y(t_1)$ 为预计的采样值，由于 $T_c > 0$，使得 A/D 转换期间被转换的模拟量值具有不确定性，最终被 A/D 转换的采用值为

$$y(t_2) = y(t_1) + \Delta y \tag{1-35}$$

其中 $t_2 = t_1 + T_c$，Δy 即为孔径误差，A/D 转换所造成的孔径误差可以表示为

$\Delta y = y(t_2) - y(t_1)$ 可近似写成

$$\Delta y = T_c \frac{\mathrm{d}y(t)}{\mathrm{d}t} \tag{1-36}$$

由式(1-36)可见，孔径误差 Δy 与 A/D 转换器的孔径时间 T_c，及被采样信号的变化率 $\frac{\mathrm{d}y(t)}{\mathrm{d}t}$ 成正比，由于 $y(t)$ 的变化率是随机的，T_c 为常数，孔径误差 Δy 是随机变量。

根据上述分析可以知道，为保证孔径误差不至于引起 A/D 转换器额外转换输出，输入模拟信号的变化频率及 A/D 转换器的转换时间 T_c 必须满足一定的约束。如果被转换信号的频率 f 很高，则要求 A/D 转换器的转换时间 T_c 很短，而 T_c 越短，A/D 转换器的成本就越高，这在实际过程中是不希望的。

那么如何来解决这个矛盾，在实际应用中当 A/D 转换器所需转换的模拟信号频率 f 很高时，可采用保持器结构，其基本的出发点是：把采样和量化分开，即让被转换信号先经过保持器，再进入 A/D 转换器，这样孔径误差就与 A/D 转换器的转换时间 T_c 无关。当然，如果被转换信号的变化频率 f 不是太高时，也可不必采用保持器结构。

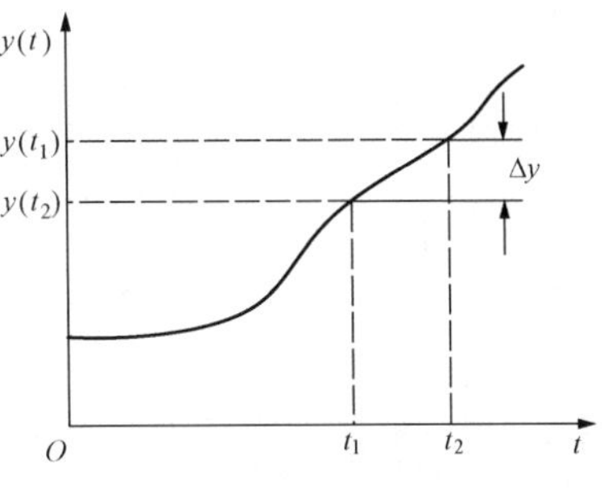

图 1-98　孔径误差

1.5.3　模拟量输入通道

1. 模拟量输入通道的组成

图 1-99 所示为模拟量输入通道的组成与结构框图，可以看出模拟量输入通道常由信号变换器、前置滤波器、多路模拟开关、前置放大器、采样保持器、A/D 转换器、接口和控制电路等部分组成。

考虑到信号在传送及类型转换的过程中，可能会受到干扰的影响，因此，在模拟量输入通道中，需要时可能会加入一些用于抗干扰的隔离电路。

由于 A/D 转换器是模拟量输入通道中的核心器件，也是必不可少的部件，所以模拟量输入通道有时又被称为 A/D 通道。

2. 模拟量输入通道各组成部分的功能和作用

如图 1-99 所示，模拟量输入通道各组成部分的功能和作用分述如下。

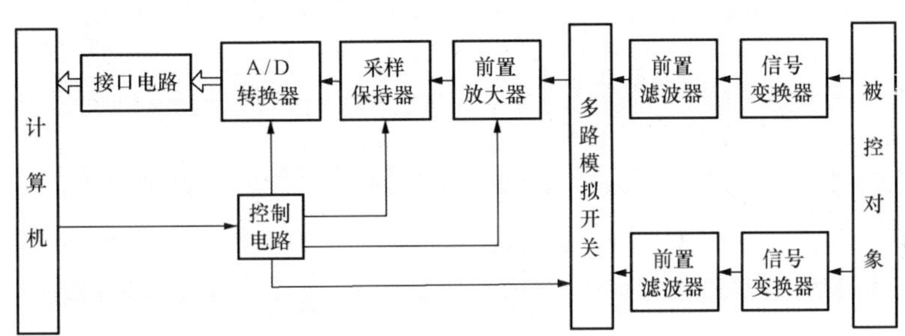

图 1-99　模拟量输入通道组成与结构框图

（1）信号变换器。信号变换器的功能，是把各种非电模拟信号变换为 A/D 转换器能够接收的电信号，如电流信号、电压信号等，还可以根据需要对这些输出信号值的变化范围进行规范化，以便 A/D 转换器处理。例如，电流信号幅度的标准变化范围可以是 0～10mA、4～20mA 等；电压信号幅度的标准变化范围可以是 0～5V 、−5～5V 、−10～10V 等。

（2）前置滤波器。考虑到通道输入信号本身可能含有噪声，或者在传输过程中受到了干扰的影响，可在模拟量输入通道采样及 A/D 转换前加前置硬件滤波电路，以滤除输入模拟信号中可能混有的高频干扰。

由图 1-99 可以看出，信号变换器及前置滤波器两个环节，可以根据每一路模拟信号的实际情况灵活设置。

（3）多路模拟开关。构成多回路控制系统，是计算机控制系统相较于模拟控制系统的独特优点。在计算机控制系统中，往往是十几路或几十路模拟信号共用一个 A/D 转换器，可以降低通道及系统的成本，提高 A/D 转换器的利用率，这种情况下，必须利用多路模拟开关轮流切换各路被测控的模拟信号。

常用的多路模拟开关 CD4051，是一种集成电路芯片，该芯片最多可以进行 8 路模拟信号的分时切换。

（4）采样保持器。模拟量输入通道的核心功能，就是对输入的模拟量进行 A/D 转换。在输入模拟量值确定的情况下，A/D 转换器输出的数字量也是确定的，但当 A/D 转换器接收的模拟量随时间变化，称为模拟输入信号，且当其变化很快时，会引起孔径误差，为了减小孔径误差，可在 A/D 转换之前，利用采样保持电路构成采样保持器对输入模拟信号进行采样、保持操作。

采样保持器通常由保持电容、采样开关及输入、输出缓冲放大器组成，保持电容 C_h 上的电压，即为采样保持器的输出电压。输入、输出缓冲放大器的共同特点是，输入电阻很大而输出电阻很小。例如，LF398 是常用的单片采样保持器集成电路芯片，其原理如图 1-100 所示。

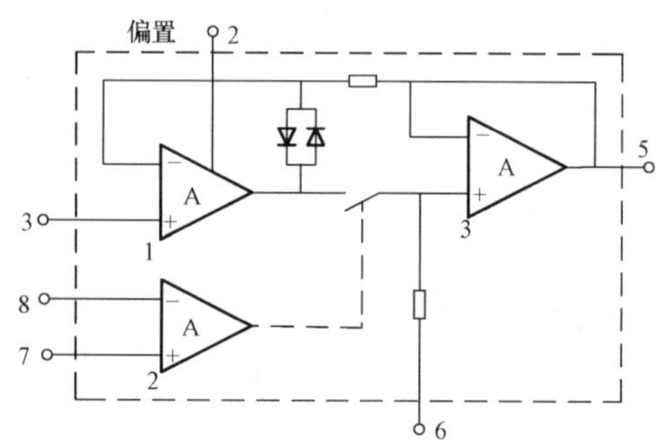

图 1-100 LF398 单片采样保持器示意图

LF398 的保持电容是外接的；待转换的输入模拟信号由输入缓冲放大器的同相端（3）引入，模拟量值的变化范围为 5～18V 和 –18～15V；芯片的输出由输出缓冲放大器的输出端（5）引出；另外，LF398 采样保持器芯片还有两个控制端，逻辑输入 I_{n-}（8）与逻辑参考 I_{n+}（7），是采样开关驱动放大器的两个差动输入端。当 I_{n+} 与 I_{n-} 均为“0”状态时，采样开关断开，LF398 处于保持状态，当 I_{n+} 从“0”变为“1”时，采样开关闭合，LF398 转入采样操作。

采样保持器所要完成的功能，可以分为两个方面，即采样和保持。如图 1-101 所示，是采样保持器的等效电路图，其中 R_i 是输出缓冲放大器的输入电阻，R_0 是输入缓冲放大器的输出电阻，C_h 是外接保持电容。

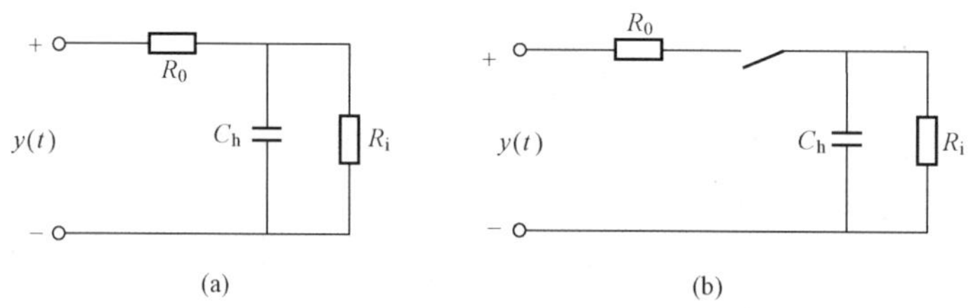

图 1-101 采样保持器的等效电路

采样开关弹开后，采样保持器处于保持状态，在此期间，输出缓冲放大器的输入电阻 R_i 与外接电容 C_h 构成放电回路，其等效电路如图 1-101（b）所示。由于输出缓冲放大器的输入电阻 R_i 非常大，由其与外电容 C_h 构成的放大回路，放电时间常数 R_iC_h 非常大，外接电容 C_h 上的电压衰减很慢，几乎不变，结果在采样开关断开后的很长时间内，采样保持器输出信号的幅度，仍然保持了采样瞬间输入信号的幅度值，这就是保持功能。

根据相关的电路理论得出，从采样的角度来看，外接保持电容 C_h 越小越好；但从保持的角度来看，保持电容 C_h 却越大越好。

另外，由于采样保持器中采样开关的前后，各有一个缓冲放大器，它们的输入电阻很大而输出电阻很小，因此整个采样保持器的输入电阻很大，而输出电阻却很小，所以采样保持器还具有阻抗变换功能。

（5）A/D 转换器。A/D 转换器是模拟量输入通道的核心部件，也是必不可少的部件，有关 A/D 转换的原理及转换器芯片，将在下面的内容中作进一步介绍。

（6）接口和控制电路。接口和控制电路是计算机与模拟量输入通道之间的连接电路，其功能和作用可以归结为启动 A/D 转换，并将转换结果送计算机。

接口电路的构成既取决于 A/D 转换器本身的特点，又取决于计算机采用何种方式读取 A/D 转换的结果。在微机原理和接口技术课程中，已经介绍了微机系统与外部输入/输出接口间，进行数据传送的控制方式，包括定时方式、查询方式和中断方式。

另外，控制电路必须具有控制多路模拟开关的切换，改变前置放大器的增益，控制采样保持器模拟开关的闭合和弹开等功能。

（7）A/D 通道的隔离电路。由于 A/D 通道的输入直接与被控对象相连，很容易通过公共信号传输线引入干扰，为了排除干扰对输入信号的影响，通常采用光电耦合器件，使得两部分电路之间只存在光信号的耦合关系，如图 1-102 所示。

图 1-102 中，多路模拟开关为 CD4051，其中采用了两项隔离措施，一项是对多路模拟开关的输入控制信号 $\overline{EN}$ 和通道地址信号 A、B、C 的光电隔离；另一项是在多路模拟开关的公共输出端，采用光电隔离放大器。

另一种光电隔离的方法是对图 1-102 中 A/D 转换器的输出端进行数字信号的光电隔离。优点是：由于光电隔离器在 A/D 转换之后，A/D 转换的精度及线性度不受光电隔离器件性能影响，且电路调试方便；缺点是：所需要的光电耦合器件较多，成本较高。

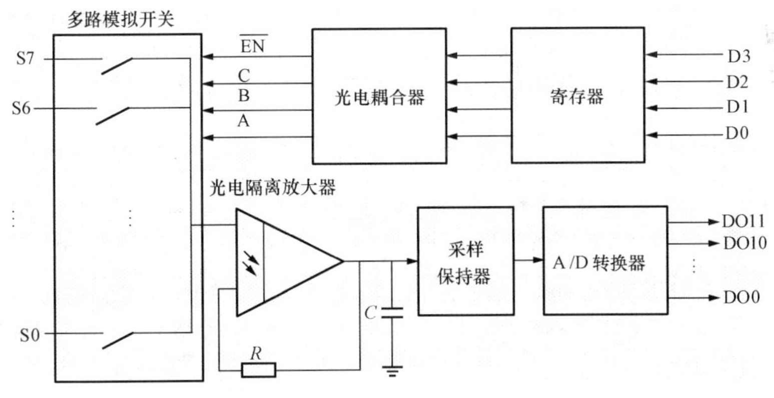

图 1-102 A/D 通道的光电隔离示意图

3. AD 转换器分类

A/D 转换器是将连续的量转换成数字量的接口，它是计算机控制系统的重要组成部分，是模拟系统和计算机之间的接口。检测技术和过程通道两门课程都是将非电量转换成电压或电流的课程，当然电流很容易转换成电压量，A/D 转换器就是将模拟的电压量转换成数字量。

（1）A/D 转换器的常用方法。A/D 转换的常用方法有计数式 A/D 转换、逐次逼近型 A/D 转换、双积分式 A/D 转换、V/F 变换型 A/D 转换。

在这些转换方法中，计数式 A/D 转换线路比较简单，速度较慢；双积分式 A/D 转换精度高，多用于数据采集及精度要求比较高的场合，其转换速度更慢；V/F 变换型 A/D 转换可以实现远距离串行传送；逐次逼近型 A/D 转换既照顾了转换速度，又具有一定的精度，所以是目前应用最多的一种 A/D 转换器，这里仅介绍逐次逼近型 A/D 转换器的原理。

（2）A/D 转换的分类。

1）按工作原理分。下面简要介绍常用的几种类型的基本原理及特点：积分型、逐次逼近型、并行比较型/串并行比较型、Σ-Δ 调制型、电容阵列逐次比较型及压频变换型。

a）积分型（如 TLC7135）。

V-T 转换式：斜坡式、双斜积分式、三斜积分式、多斜积分式。

V-F 转换式：电荷平衡式、复零式、交替积分式。

积分型 A/D 工作原理是将输入电压转换成时间（脉冲宽度信号）或频率（脉冲频率），然后由定时器/计数器获得数字值。其优点是用简单电路就能获得高分辨率，但缺点是由于转换精度依赖于积分时间，因此转换速率极低。初期的单片 A/D 转换器大多采用积分型，现在逐次比较型已逐步成为主流。

b）逐次比较型（如 TLC0831）。

反馈比较式：逐次比较式、计数比较式、眼隙比较式。

无反馈比较式：并联比较式、串联比较式、串并联比较式。

逐次比较型 A/D 由一个比较器和 D/A 转换器通过逐次比较逻辑构成，从 MSB 开始，顺序地对每一位将输入电压与内置 D/A 转换器输出进行比较，经 n 次比较而输出数字值。其电路规模属于中等。其优点是速度较高、功耗低，在低分辨率（<12 位）时价格便宜，但高精度（>12 位）时价格很高。

c）并行比较型/串并行比较型（如 TLC5510）。并行比较型 A/D 采用多个比较器，仅作一次比较而实行转换，又称 Flash（快速）型。由于转换速率极高，n 位的转换需要 $2n-1$ 个比较器，因此电路规模也极大，价格也高，只适用于视频 AD 转换器等速度特别高的领域。

串并行比较型 A/D 结构上介于并行型和逐次比较型之间，最典型的是由两个 $\frac{n}{2}$ 位的并行型 A/D 转换器配合 D/A 转换器组成，用两次比较实行转换，所以称为 Half flash（半快速）型。还有分成三步或多步实现 A/D 转换的称为分级（Multistep/Subrangling）型 A/D，而从转换时序角度又可称为流水线（Pipelined）型 A/D，现代的分级型 A/D 中还加入了对多次转换结果作数字运算而修正特性等功能。这类 A/D 速度比逐次比较型高，电路规模比并行型小。

d）Σ-Δ（Sigma-FONT>delta）调制型（如 AD7705）。Σ-Δ 型 A/D 由积分器、比较器、1 位 D/A 转换器和数字滤波器等组成。原理上近似于积分型，将输入电压转换成时间（脉冲宽度）信号，用数字滤波器处理后得到数字值。电路的数字部分基本上容易单片化，因此容易做到高分辨率，主要用于音频和测量。

e）电容阵列逐次比较型。电容阵列逐次比较型 A/D 在内置 D/A 转换器中采用电容矩阵方式，也可称为电荷再分配型。一般的电阻阵列 D/A 转换器中多数电阻的值必须一致，在单芯片上生成高精度的电阻并不容易。如果用电容阵列取代电阻阵列，可以用低廉成本制成高精度单片 A/D 转换器。最近的逐次比较型 A/D 转换器大多为电容阵列式的。

f）压频变换型（如 AD650）。压频变换型（Voltage-Frequency Converter）是通过间接转

换方式实现模数转换的。其原理是首先将输入的模拟信号转换成频率，然后用计数器将频率转换成数字量。从理论上讲这种 A/D 的分辨率几乎可以无限增加，只要采样的时间能够满足输出频率分辨率要求的累积脉冲个数的宽度。其优点是分辨率高、功耗低、价格低，但是需要外部计数电路共同完成 A/D 转换。

2）按 ADC 转换时间（按速度）分。

a）高速型：并行比较型的结构。

b）中速型：逐次比较式。

c）低速型：积分式。

4. A/D 工作原理

（1）双积分型 A/D 转换器的工作原理。双积分型 A/D 转换器属于间接型 A/D 转换器，它是把待转换的输入模拟电压先转换为一个中间变量，例如时间；然后再对中间变量量化编码，得出转换结果，这种 A/D 转换器多称为电压—时间变换型（简称 VT 型）。图 1-103 给出的是 VT 型双积分式 A/D 转换器的原理图。

转换开始前，先将计数器清零，并接通 S0 使电容 C 完全放电。转换开始，断开 S0 整个转换过程分两阶段进行。第一阶段，令开关 S1 置于输入信号 U_i 一侧。积分器对 U_i 进行固定时间 T_1 的积分。积分结束时积分器的输出电压为

$$U_{o1}=\frac{1}{C}\int_0^{T_1}\left(-\frac{U_i}{R}\right)dt=-\frac{T_1}{RC}U_i \tag{1-37}$$

可见积分器的输出 U_{o1} 与 U_i 成正比。这一过程称为转换电路对输入模拟电压的采样过程。在采样开始时，逻辑控制电路将计数门打开，计数器计数。当计数器达到满量程 N 时，计数器由全“1”复“0”，这个时间正好等于固定的积分时间 T_1。计数器复“0”时，同时给出一个溢出脉冲（即进位脉冲）使控制逻辑电路发出信号，令开关 S1 转换至参考电压 $-V_{REF}$ 一侧，采样阶段结束。

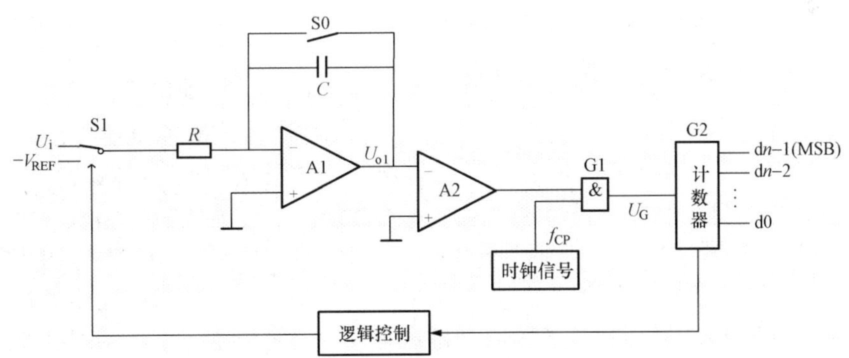

图 1-103 VT 型双积分式 A/D 转换器的原理图

第二阶段称为定速率积分过程，将 U_{o1} 转换为成比例的时间间隔。采样阶段结束时，一方面因参考电压 $-V_{REF}$ 的极性与 U_i 相反，积分器向相反方向积分。计数器 G2 由 0 开始计数，经过 T_2 时间，积分器输出电压回升为零，过零比较器输出低电平，关闭计数门，计数器停止计数，同时通过逻辑控制电路使开关 S1 与 U_i 相接，重复第一步。如图 1-103 所示。因此得到

$$\frac{T_2}{RC}V_{\text{REF}}=\frac{T_1}{RC}U_{\text{i}} \tag{1-38}$$

即

$$T_2=\frac{T_1}{V_{\text{REF}}}U_{\text{i}} \tag{1-39}$$

式（1-39）表明，反向积分时间 T_2 与输入模拟电压成正比。

在 T_2 期间计数门 G1 打开，标准频率为 f_{CP} 的时钟通过 G1，计数器 G2 对 U_{G} 计数，计数结果为 D，由于

$$\begin{aligned}T_1&=N_1T_{\text{CP}}\\T_2&=DT_{\text{CP}}\end{aligned} \tag{1-40}$$

则计数的脉冲数为

$$D=\frac{T_1}{T_{\text{CP}}V_{\text{REF}}}U_{\text{i}}=\frac{N_1}{V_{\text{REF}}}U_{\text{i}} \tag{1-41}$$

计数器中的数值就是 A/D 转换器转换后数字量，至此即完成了 VT 转换。若输入电压 $U_{\text{i1}}<U_{\text{i}}$，$U'_{\text{o1}}<U_{\text{o1}}$，则 $T'_2<T_2$，它们之间也都满足固定的比例关系，如图 1-104 所示。

双积分型 A/D 转换器若与逐次逼近型 A/D 转换器相比较，因有积分器的存在，积分器的输出只对输入信号的平均值有所响应，所以，它的突出优点是工作性能比较稳定且抗干扰能力强；由以上分析可以看出，只要两次积分过程中积分器的时间常数相等，计数器的计数结果与 RC 无关，所以，该电路对 RC 精度的要求不高，而且电路的结构也比较简单。双积分型 A/D 转换器属于低速型 A/D 转换器，一次转换时间在 1～2ms，而逐次比较型 A/D 转换器可达到 1ms。不过在工业控制系统中的许多场合，毫秒级的转换时间已经绰绰有余，双积分型 A/D 转换器的优点正好有了用武之地。

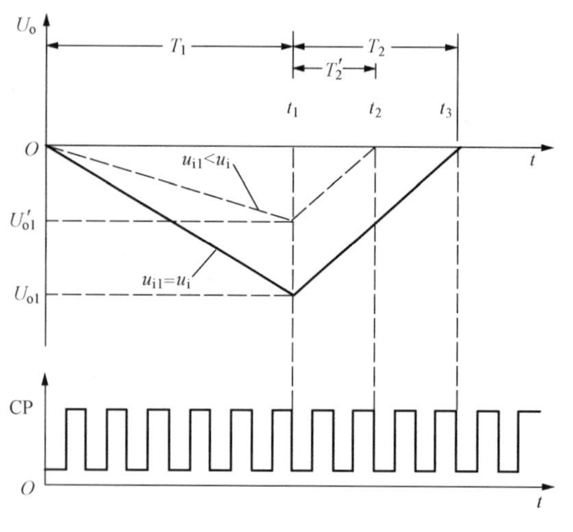

图 1-104 比例关系

（2）逐次逼近型 A/D 的工作原理。下面结合图 1-105 的结构图具体说明逐次比较的过程。这是一个输出 3 位二进制数码的逐次逼近型 A/D 转换器。图中的 C 为电压比较器，当 $U_{\text{i}}\geqslant U_{\text{A}}$ 时，计数器计数；当 $U_{\text{i}}<U_{\text{A}}$ 时，计数器停止计数。FA、FB 和 FC 三个触发器组成了 3 位数码寄存器，触发器 F1～F5 构成环形分配器和门 G1～G9 一起组成控制逻辑电路。

转换开始前先将FA、FB和FC置零，同时将F1～F5组成的环型移位寄存器置成[Q1 Q2 Q3 Q4 Q5] =10000 状态。

转换控制信号 U_{L} 变成高电平以后，转换开始。第一个 CP 脉冲到达后，FA 被置成“1”，而 FB 和 FC 被置成“0”。这时寄存器的状态[QA QB QC]=100 加到 DA 转换器的输入端上，并在 DA 转换器的输出端得到相应的模拟电压 U_{A}（800mV）。U_{A} 和 U_{i} 比较，其结果不外乎两种：若 $U_{\text{i}}\geqslant U_{\text{A}}$，则 $U_{\text{B}}=0$；若 $U_{\text{i}}<U_{\text{A}}$，则 $U_{\text{B}}=1$。同时，移位寄存器右移一位，使 [Q1 Q2 Q3 Q4 Q5]=01000。

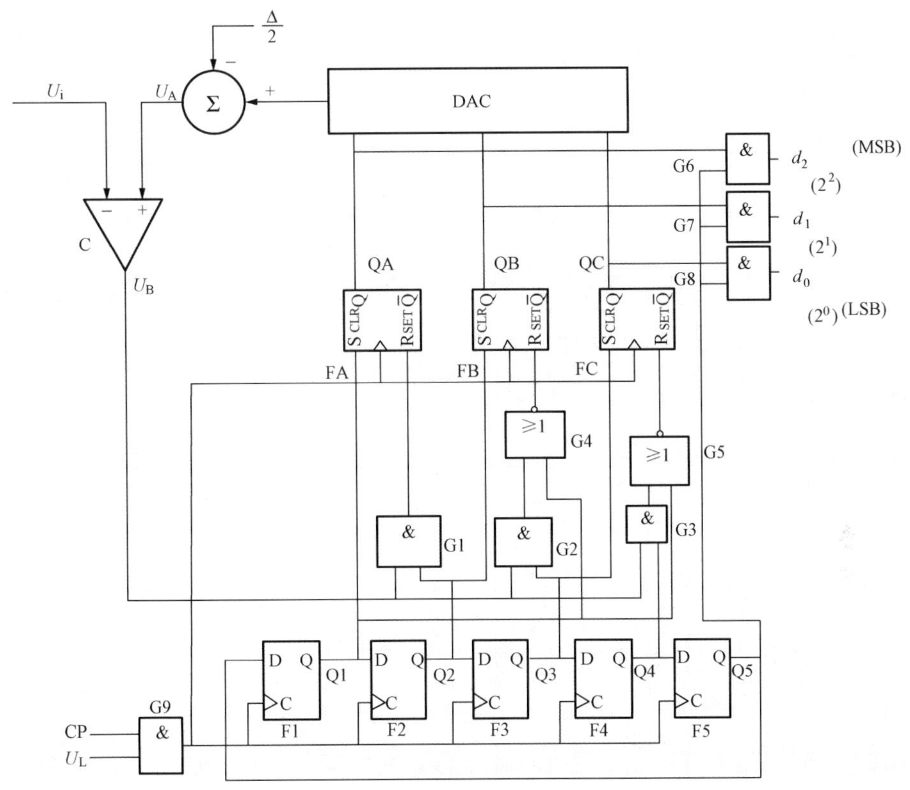

图 1-105 逐次逼近型 A/D 的结构图

第二个 CP 脉冲到达时 FB 被置成 1。若原来的$U_B=1$（$U_i<U_A$），则 FA 被置成“0”，此时电压砝码为 400mV；若原来的$U_B=0$（$U_i \geqslant U_A$），则 FA 的“1”状态保留，此时的电压砝码为 400mV 加上原来的电压砝码值。同时移位寄存器右移一位，变为 00100 状态。

第三个 CP 脉冲到达时 FC 被置成 1。若原来的$U_B=1$，则 FB 被置成“0”；若原来的$U_B=0$，则 FB 的“1”状态保留，此时的电压砝码为 200mV 加上原来保留的电压砝码值。同时移位寄存器右移一位，变成 00010 状态。

第四个 CP 脉冲到达时，同时根据这时U_B的状态决定 FC 的“1”是否应当保留。这时 FA、FB 和 FC 的状态就是所要的转换结果。同时，移位寄存器右移一位，变为 00001 状态。由于 Q5=1，于是 FA、和 FC 的状态便通过门 G6、G7 和 G8 送到了输出端。

第五个 CP 脉冲到达后，移位寄存器右移一位，使得[Q1 Q2 Q3 Q4 Q5]=10000，返回初始状态。同时，由于 Q5=0，门 G6、G7 和 G8 被封锁，转换输出信号随之消失。

所以对于图 1-105 所示的 A/D 转换器完成一次转换的时间为$(n+2)T_{CP}$。同时为了减小量化误差，令 D/A 转换器的输出产生$\frac{-\Delta}{2}$的偏移量。另外，图中量化单位Δ的大小依U_i的变化范围和 A/D 转换器的位数而定，一般取$\Delta=\frac{V_{REF}}{2^n}$。显然，在一定的限度内，位数越多，量化误差越小，精度越高。

（3）并行比较型 A/D 转换器工作原理。3 位并行比较型 A/D 转换器原理电路如图 1-106 所示。它由电阻分压器、寄存器及编码器组成。图中的 8 个电阻将参考电压分成 8 个等级，其中 7 个等级的电压分别作为 7 个比较器的参考电压，其数值分别为 $\frac{1}{15}V_{REF}$、$\frac{3}{15}V_{REF}$、…、$\frac{13}{15}V_{REF}$。输入电压 U_i，它的大小决定各比较器的输出状态，例如，$U_i<\frac{1}{15}V_{REF}$ 时，C7-C1 的输出状态都为 0；当 $\frac{3}{15}V_{REF}<U_i<\frac{5}{15}V_{REF}$ 时，比较器 C6 和 C7 的输出状态 C06=C07=1，其余各比较器的状态均为 0。根据各比较器的参考电压值，可以确定输入模拟电压值与各比较器的输出状态的关系。比较器的输出状态由 D 触发器存储，经优先编码器编码，得到数字量输出。优先编码器优先级别最高是 I7，最低是 I1。

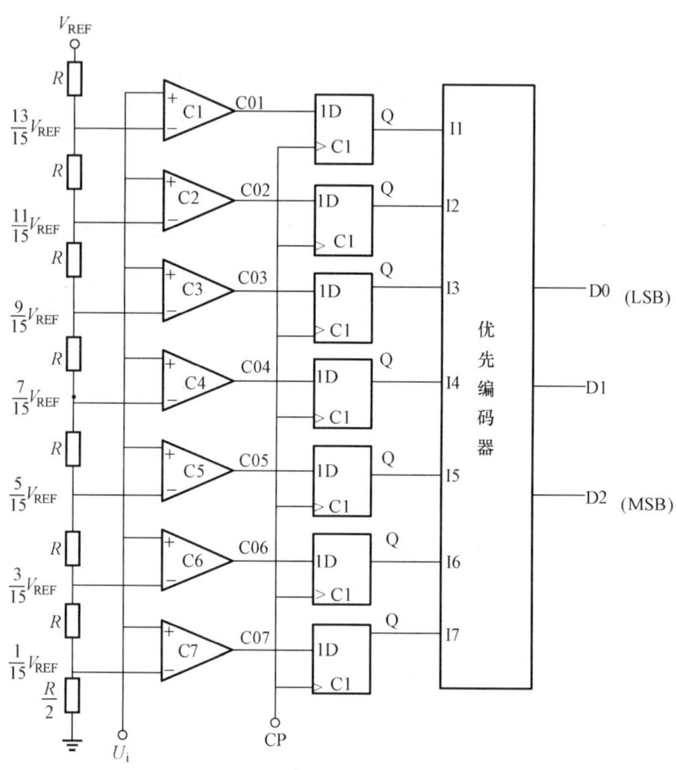

图 1-106　3 位并行比较型 A/D 转换器电路结构及原理

设 U_i 变化范围是 0～U_i，输出 3 位数字量为 D2D1D0。3 位并行比较型 A/D 转换器的输入/输出关系见表 1-21。

在并行 A/D 转换器中，输入电压同时加到所有比较器的输入端，以加入到 3 位数字量稳定输出所经历的时间为比较器、D 触发器和编码器延迟时间之和。如不考虑上述器件的延迟，可认为 3 位数字量是与输入时刻同时获得的，所以它具有最短的转换时间。

表 1-21　3 位并行比较型 A/D 转换器的输入/输出关系表

模拟输入	比较器输出状态							数字输出		
	C1	C2	C3	C4	C5	C6	C7	D2	D1	D0
$0 \leqslant U_i < \frac{1}{15}V_{REF}$	0	0	0	0	0	0	0	0	0	0
$\frac{1}{15}V_{REF} \leqslant U_i < \frac{3}{15}V_{REF}$	0	0	0	0	0	0	1	0	0	0
$\frac{3}{15}V_{REF} \leqslant U_i < \frac{5}{15}V_{REF}$	0	0	0	0	0	1	1	0	1	1
$\frac{5}{15}V_{REF} \leqslant U_i < \frac{7}{15}V_{REF}$	0	0	0	0	1	1	1	0	1	1
$\frac{7}{15}V_{REF} \leqslant U_i < \frac{9}{15}V_{REF}$	0	0	0	1	1	1	1	1	0	0
$\frac{9}{15}V_{REF} \leqslant U_i < \frac{11}{15}V_{REF}$	0	0	1	1	1	1	1	1	0	1
$\frac{11}{15}V_{REF} \leqslant U_i < \frac{13}{15}V_{REF}$	0	1	1	1	1	1	1	1	1	0
$\frac{13}{15}V_{REF} \leqslant U_i < V_{REF}$	1	1	1	1	1	1	1	1	1	1

并行比较型 A/D 转换器的特点如下。

1）转换速度最快。因为转换是并行的，其转换时间只受比较器、触发器和编码器电路延迟时间的限制。

2）制成分辨率较高的集成并行 A/D 转换器是比较困难的。因为随着分辨率的提高，元件数目要按几何级数增加。一个 n 位转换器，所用比较器的个数位，位数越多，电路越复杂。如 8 位的并行 A/D 转换器就需要 255 个比较器。

3）为了解决提高分辨率和增加元件数的矛盾，可以采用分级并行转换的方法。10 位分级并行 A/D 转换器原理图如图 1-107 所示。

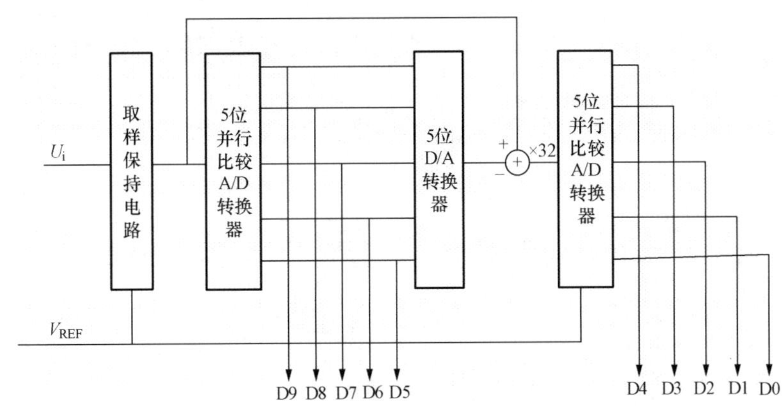

图 1-107　10 位分级并行 A/D 转换器原理图

图 1-107 中输入模拟信号，经取样保持电路分为两路，一路先经第一级 5 位并行 A/D 转换进行粗转换得到输出数字量的高 5 位，另一路送至减法器，与高 5 位 D/A 转换得到的模拟电压相减。由于相减所得到差值电压小于 1 V_{LSB}，为保证第二级 A/D 转换器的转换精度，将差值放大 32 倍，送第二级 5 位并行比较 A/D 转换器，得到低 5 位输出。这种方式虽然在速度上做了牺牲，却使元件数大为减少，在需要兼顾分辨率和速度的情况下常被采用。

（4）Σ-Δ ADC（sigma delta pipelined ADC）工作原理。越来越多的应用，例如过程控制、称重等，都需要高分辨率、高集成度和低价格的 ADC。新型 Σ-Δ 转换技术恰好可以满足这些要求。然而，很多设计者对于这种转换技术并不十分了解，因而更愿意选用传统的逐次比较 ADC。Σ-Δ 转换器中的模拟部分非常简单（类似于一个 1bit ADC），而数字部分要复杂得多，按照功能可划分为数字滤波和抽取单元。由于更接近于一个数字器件，Σ-Δ ADC 的制造成本非常低廉。

要理解 Σ-Δ ADC 的工作原理，首先应对以下概念有所了解：过采样、噪声成形、数字滤波和抽取。

1）过采样。首先，考虑一个传统 ADC 的频域传输特性。输入一个正弦信号，然后以频率 f_s 采样-按照 Nyquist 定理，采样频率至少两倍于输入信号。从 FFT 分析结果可以看到，一个单音和一系列频率分布于 DC 到 $\frac{f_s}{2}$ 间的随机噪声。这就是所谓的量化噪声，主要是由于有限的 ADC 分辨率而造成的。单音信号的幅度和所有频率噪声的 RMS 幅度之和的比值就是信号噪声比（SNR）。对于一个 1bit ADC，SNR 可由公式：SNR=6.02N+1.76dB 得到。为了改善 SNR 和更为精确地再现输入信号，对于传统 ADC 来讲，必须增加位数。

如果将采样频率提高一个过采样系数 k，即采样频率为 kf_s，再来讨论同样的问题。FFT 分析显示噪声基线降低了，SNR 值未变，但噪声能量分散到一个更宽的频率范围。Σ-Δ 转换器正是利用了这一原理，具体方法是紧接着 1bit ADC 之后进行数字滤波。大部分噪声被数字滤波器滤掉，这样，RMS 噪声就降低了，从而一个低分辨率 Σ-ΔADC 转换器也可获得宽动态范围。

那么，简单的过采样和滤波是如何改善 SNR 的呢？一个 1bit ADC 的 SNR 为 7.78dB（6.02+1.76），每 4 倍过采样将使 SNR 增加 6dB，SNR 每增加 6dB 等效于分辨率增加 1bit。这样，采用 1bit ADC 进行 64 倍过采样就能获得 4bit 分辨率；而要获得 16bit 分辨率就必须进行 415 倍过采样，这是不切实际的。Σ-Δ 转换器采用噪声成形技术消除了这种局限，每 4 倍过采样系数可增加高于 6dB 的信噪比。

2）噪声成形。通过图 1-108 所示的一阶 Σ-Δ 调制器的工作原理，可以理解噪声成形的工作机制。

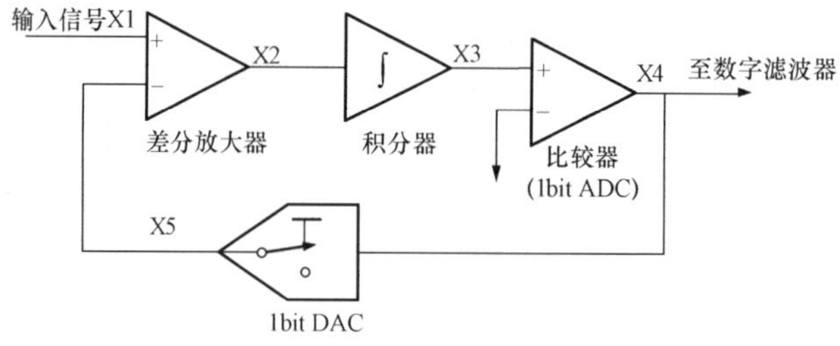

图 1-108　Σ-Δ 调制器

Σ-Δ 调制器包含 1 个差分放大器、1 个积分器、1 个比较器以及 1 个（由 1bit DAC，1 个简单的开关，可以将差分放大器的反相输入接到正或负参考电压构成的）反馈环。反馈 DAC 的作用是使积分器的平均输出电压接近于比较器的参考电平。调制器输出中“1”的密度将正比于输入信号，如果输入电压上升，比较器必须产生更多数量的“1”，反之亦然。积分器用来对误差电压求和，对于输入信号表现为一个低通滤波器，而对于量化噪声则表现为高通滤波。这样，大部分量化噪声就被推向更高的频段。和前面的简单过采样相比，总的噪声功率没有改变，但噪声的分布发生了变化。

现在，如果对噪声成形后的 Σ-Δ 调制器输出进行数字滤波，将有可能移走比简单过采样中更多的噪声。这种调制器（一阶）在每两倍的过采样率下可提供 9dB 的 SNR 改善。

在 Σ-Δ 调制器中采用更多的积分与求和环节，可以提供更高阶数的量化噪声成形。例如，一个二阶 Σ-Δ 调制器在每两倍的过采样率下可改善 SNR 15dB。图 1-109 显示了 Σ-Δ 调制器的阶数、过采样率和能够获得的 SNR 三者之间的关系。

3）数字滤波和抽取。Σ-Δ 调制器以采样速率输出 1bit 数据流，频率可高达 MHz 量级。数字滤波和抽取的目的是从该数据流中提取出有用的信息，并将数据速率降低到可用的水平。

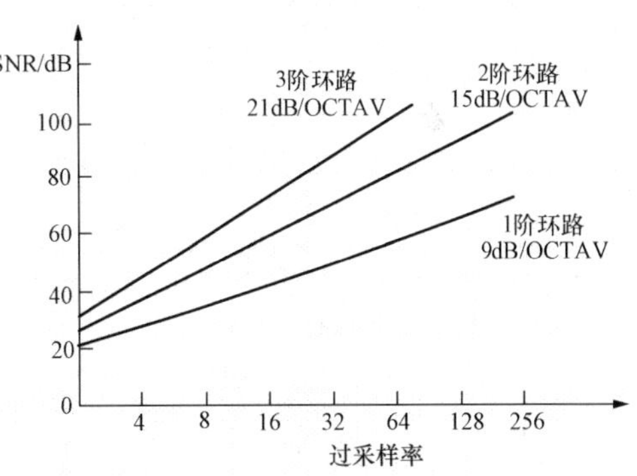

图 1-109 SNR 与过采样率的关系

Σ-Δ ADC 中的数字滤波器对 1bit 数据流求平均，移去带外量化噪声并改善 ADC 的分辨率。数字滤波器决定了信号带宽、建立时间和阻带抑制。

Σ-Δ 转换器中广泛采用的滤波器拓扑是 SINC3，一种具有低通特性的滤波器。这种滤波器的一个主要优点是具有陷波特性，可以将陷波点设在和电力线相同的频率，抑制其干扰。陷波点直接相关于输出数据速率（转换时间的倒数）。SINC3 滤波器的建立时间三倍于转换时间。例如，陷波点设在 60Hz 时（60Hz 数据速率），建立时间为 $\frac{3}{60}$Hz=50ms。有些应用要求更快的建立时间，而对分辨率的要求较低。对于这些应用，新型 ADC 诸如 MAX1400 系列允许用户选择滤波器类型 SINC1 或 SINC3。SINC1 滤波器的建立时间只有一个数据周期，对于前面的举例则为 $\frac{1}{60}$Hz=16.7ms。由于带宽被输出数字滤波器降低，输出数据速率可低于原始采样速率，但仍满足 Nyquist 定律。这可通过保留某些采样而丢弃其余采样来实现，这个过程就是所谓的按 M 因子“抽取”。M 因子为抽取比例，可以是任何整数值。在选择抽取因子时应该使输出数据速率高于两倍的信号带宽。这样，如果以 f_s 的频率对输入信号采样，滤波后的输出数据速率可降低至 $\frac{f_s}{M}$，而不会丢失任何信息。

5. AD 转换器的性能指标

（1）分辨率（Resolution）：数字量变化一个最小量时模拟信号的变化量，定义为满刻度与 2^n 的比值。分辨率又称精度，通常以数字信号的位数来表示。

（2）转换速率（Conversion Rate）：是完成一次从模拟转换到数字的 A/D 转换所需的时间

的倒数。积分型 A/D 的转换时间是毫秒级属低速 A/D，逐次比较型 A/D 是微秒级属中速 A/D，全并行/串并行型 A/D 可达到纳秒级，属高速 A/D。采样时间则是另外一个概念，是指两次转换的间隔。为了保证转换的正确完成，采样速率（Sample Rate）必须小于或等于转换速率。因此有人习惯上将转换速率在数值上等同于采样速率也是可以接受的。常用单位是 kS/s 和 MS/s，表示每秒采样千/百万次（kilo/Million Samples/Second）。

（3）量化误差（Quantizing Error）：由于 A/D 的有限分辨率而引起的误差，即有限分辨率 AD 的阶梯状转移特性曲线与无限分辨率 A/D（理想 A/D）的转移特性曲线（直线）之间的最大偏差。通常是 1 个或半个最小数字量的模拟变化量，表示为 1LSB、$\frac{1}{2}$LSB。

（4）偏移误差（Offset Error）：输入信号为零时输出信号不为零的值，可外接电位器调至最小。

（5）满刻度误差（Full Scale Error）：满刻度输出时对应的输入信号与理想输入信号值之差。

（6）线性度（Linearity）：实际转换器的转移函数与理想直线的最大偏移，不包括以上三种误差。

其他指标还有绝对精度（Absolute Accuracy），相对精度（Relative Accuracy），微分非线性，单调性和无错码，总谐波失真（Total Harmonic Distortion，THD）和积分非线性。

6. ADC0809 转换器应用举例

（1）8 位 A/D 转换器 ADC0809 介绍。

1）技术指标。

工作方式：逐次逼近式。

转换时间：100μs。

线性误差：$\pm\frac{1}{2}$LSB。

封装形式：28 脚双列直插式。

2）电气指标。

电源电压：5V。

除输入端的任意端电压：$-0.3\sim V_{CC}+0.3V$。

控制输入端电压：$-0.3\sim+15V$。

工作温度：–40～85°C（民用品）；–55～125°C（军用品）。

储存温度：$-65\sim150°C$。

以上的技术指标，在使用时一定要注意。

3）简要说明。CMOS 工艺，逐次比较式 ADC，内含 8 通道多路开关，锁存逻辑控制器，具有三态输出缓冲器，能与微机兼容，输出电平与 TTL 或 CMOS 兼容。

4）管脚说明。ADC0809 管脚图如图 1-110 所示。

ADC0809 各管脚功能如下。

IN0~IN7 :8 路模拟量输入脚，可以从这 8 个脚输入 0～+5V 的待转换的模拟电压。

ADDA，ADDB，ADDC（A，B，C）：通道地址输入端。当 CBA=000 时，模拟量 IN0 输入至 ADC0809，IN0～IN7 输入到 ADC0809 内。

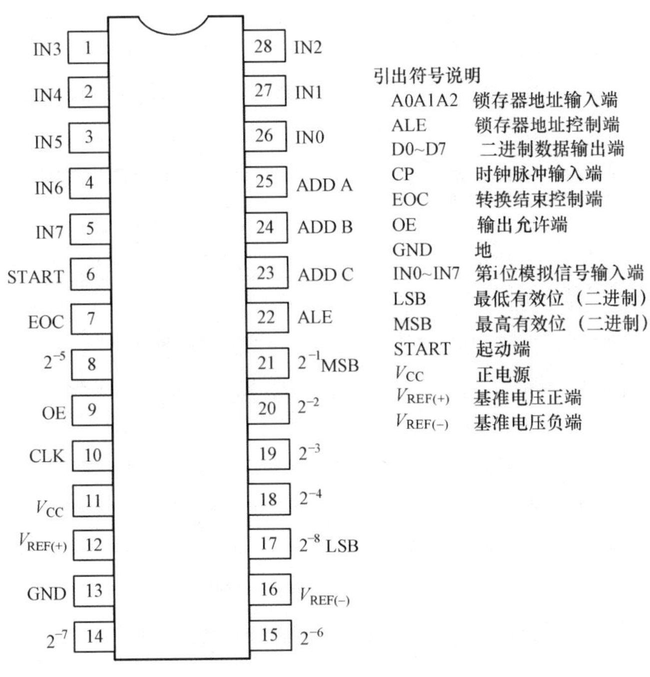

图 1-110 ADC0809 管脚图

CLK：时钟输入端。ADC0809 只有在时钟脉冲信号的同步下才能进行 A/D 转换。时钟频率越高转换的越快。时钟频率的上限是 1280kHz。

ALE：锁存器地址控制端。当 ALE=1（高电平）时，把 C、B、A 的值锁存起来，保证在 ALE=0 时所接通的通道不变。

START：启动脉冲输入端。在此端应加一个完整的正脉冲信号，脉冲的上升沿清除逐次逼近寄存器 SAR，下跳沿启动 ADC 开始转换。在时钟脉冲频率为 640kHz 时，START 脉冲宽度应不小于100～200ns 。

V_{CC}：电源输入端，+5V。

GND：地。

$V_{REF\ (+)}$和$V_{REF\ (-)}$：分别为基准电压的高电平端和低电平端。必须满足下述关系

$$V_{cc} \geqslant V_{REF\ (+)} \geqslant V_{REF\ (-)} \geqslant 0 \tag{1-42}$$

$$V_{REF\ (-)} + V_{REF\ (+)} = V_{cc} \tag{1-43}$$

EOC：转换结束信号端。在 A/D 转换期间，EOC=0（低电平），表示转换正在进行，输出数据不可信。转换完毕后立即使 EOC=1，表示转换已经完成，输出数据可信。

D7～D0(2^{-1}～2^{-8})管脚：转换所得八位输出数据，D7 是最高位，D0 是最低位。

OE（Output Enable）：允许输出端。OE 端控制输出锁存器的三态门。当 OE=1 时，转换所得数据出现在 D7~D0 脚。当 OE=0 时，D7～D0 脚对外是高阻。

ADC0809 是一种带有 8 通道模拟开关的 8 位逐次逼近式 A/D 转换器，转换时间为 100μs 左右，线性误差为$\pm\frac{1}{2}$LSB，其结构如图 1-111 所示。由图可见，ADC0809 由 8 通道模拟开

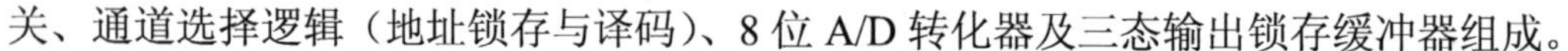

关、通道选择逻辑（地址锁存与译码）、8 位 A/D 转化器及三态输出锁存缓冲器组成。

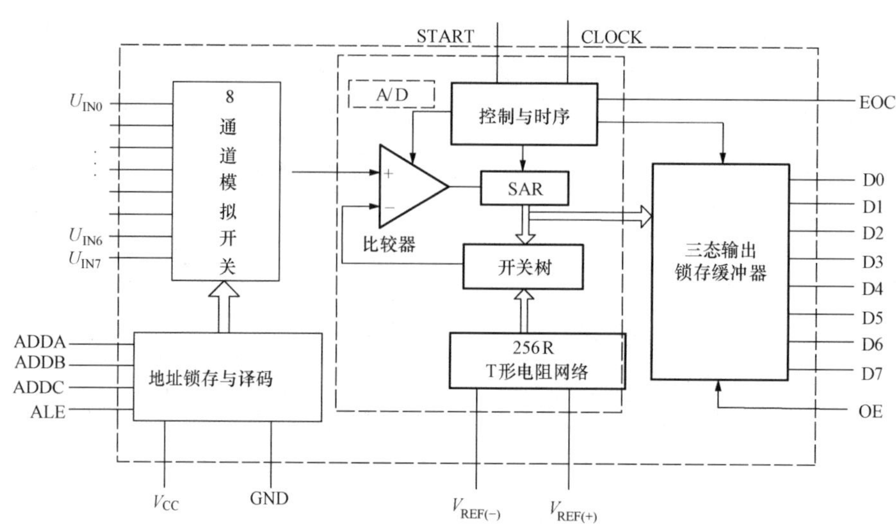

图 1-111　ADC0809 结构框图

a）8 通道模拟开关及通道选择逻辑。该部分的功能是实现 8 选 1 操作，通道选择信号 C、B、A 与各通道之间的地址锁存允许信号（ALE 正脉冲）完成通道选择信号 C、B、A 的锁存。加至 C、B、A 上的通道选择信号在 ALE 的作用下送入通道选择逻辑后，通过 i（U_{INi}，i=0，1，…，7）上的模拟输入被送至 A/D 转化器。

b）8 位 A/D 转换器。8 位 A/D 转化器对输入端的信号 U_i 进行转换，转换结果 D（$D=2^8-1$）存入三态锁存缓冲器。当 START 上收到一个启动转换命令（正脉冲）后，A/D 转化器开始转换，100μs（相应的时钟频率为 640kHz）左右后转换结束。当转换结束时，转换结束信号（EOC）由低电平变为高电平，通知 CPU 读结果。启动后，CPU 可用查询方式（将 EOC 接至一条 I/O 线上时）或中断方式（EOC 作为中断请求信号引入中断逻辑）了解 A/D 转换过程是否结束。

c）三态输出锁存缓冲器。用于存放转换结果 D。当输出允许信号（OE）为高电平时，D 由 D7～D0 上输出；当 OE 为低电平输入时，数据输出线 D7～D0 为高阻状态。

ADC0809 的量化单位 $q=\dfrac{V_{REF(+)}-V_{REF(-)}}{2^8}$。通常基准电压 $V_{REF(+)}$=5.12V，$V_{REF(-)}$=0 时，q=20mV，转换结果 $D=\dfrac{U_{IN}(\text{mV})}{q(\text{mV})}$，如 U_{IN}=2.5V 时，D=125。

V_{CC}（+5V）、GND（0V）分别为 ADC0809 的工作电源和电源地。

d）ADC0809 接口框图与时序分别如图 1-112 和 1-113 所示。

每一部分的电路是独立的，完成 A/D 转换首先进行地址选择，其次启动，等待，最后是读数，在完成 A/D 转换时是相关的，但接口电路的设计是独立的。

ⅰ）地址锁存的时序：输出稳定的地址如图 1-114 所示。

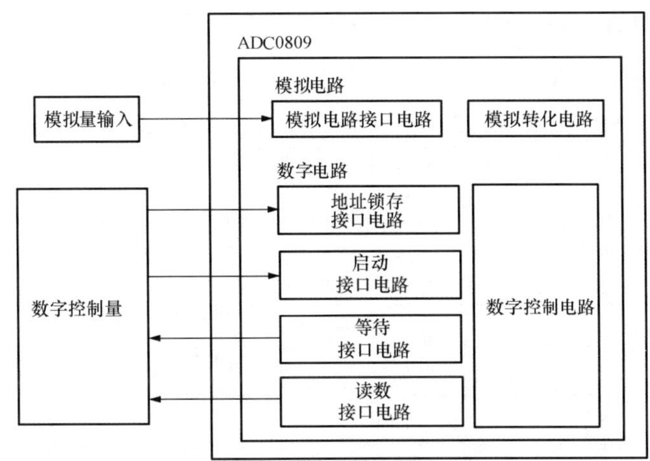

图 1-112　ADC0809 接口框图

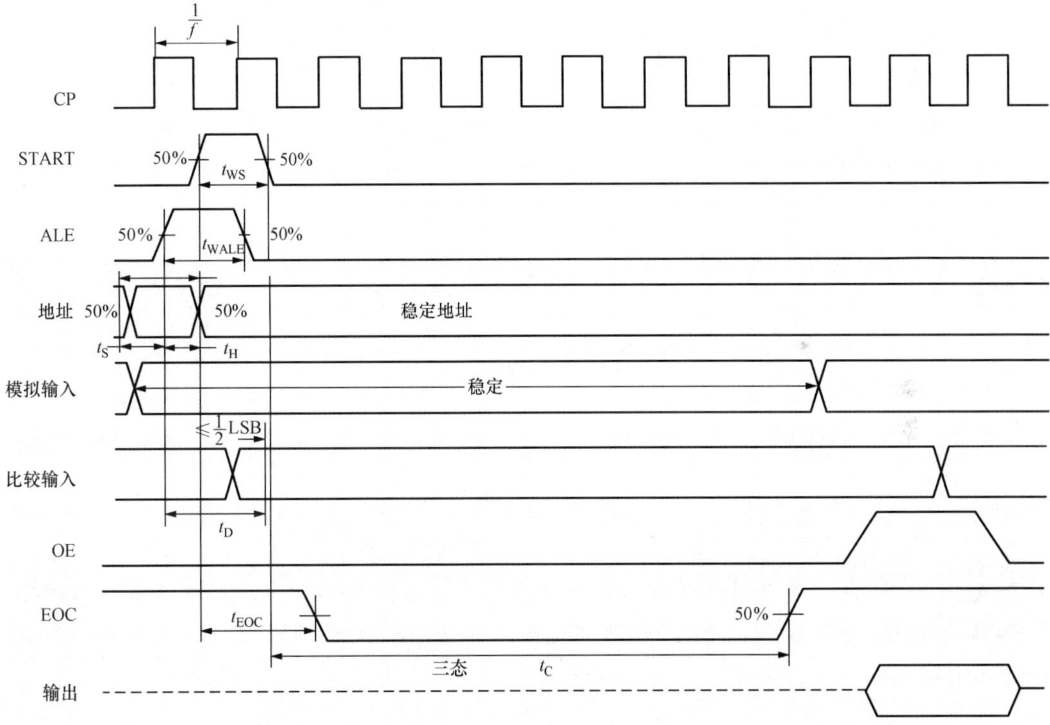

图 1-113　ADC0809 时序图

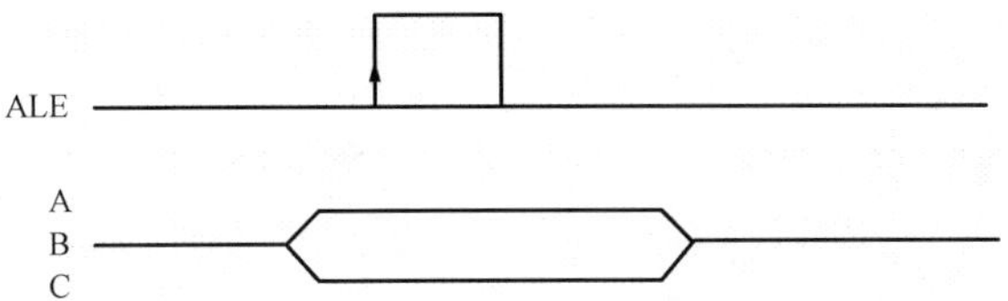

图 1-114　ADC0809 地址锁存时序

ii）启动：模拟量稳定如图 1-115 所示。

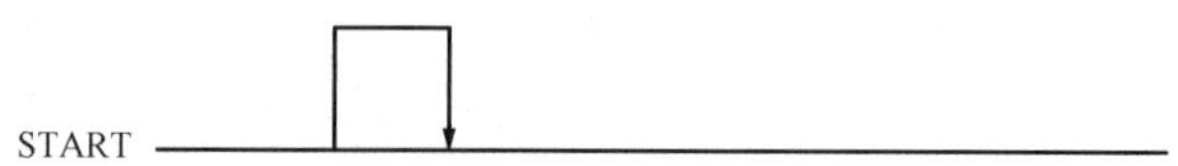

图 1-115　启动时序

iii）等待：检测 EOC 是否转换结束如图 1-116 所示。

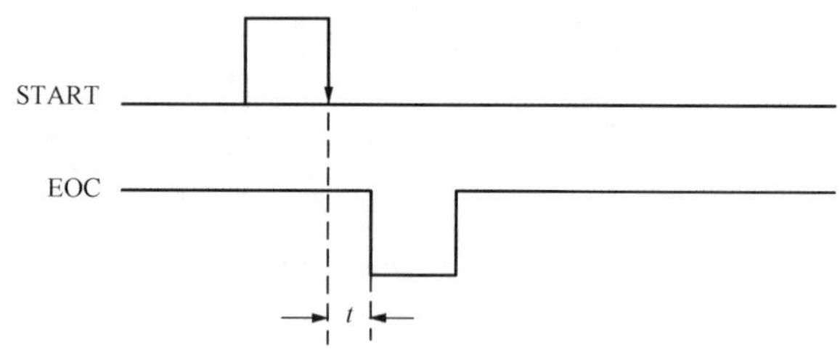

图 1-116　AD 运行状态接口

iv）读数：如图 1-117 所示。

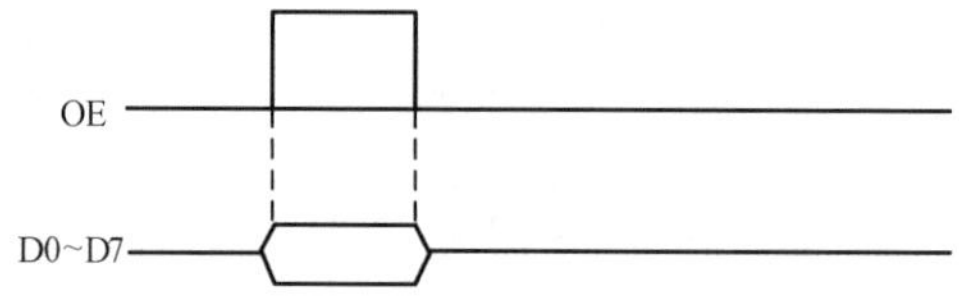

图 1-117　数据输出接口时序

5）ADC0809 的设计。

设计此电路有两种方法，一种是利用 I/O 端口设计，另一种利用总线时序设计。

【例 1-4】 利用 I/O 口设计 ADC0809 接口电路。

解　在 8088 中不提供 I/O 口，利用 74LS273 和 74LS245 扩展 I/O 端口。ALE，A0，A1，A2，START，OE 要求 CPU 系统电路提供输出端口，EOC，D0～D7 要求 CPU 系统电路提供输入端口。所以需要 1 片 74LS273 和两片 74LS245，如图 1-118 所示。

译码电路，采用一对多设计，如下所示。

A15	A14	A13	A12	…	A0	CS0	CS1	CS2
0	0	X	X	…	X	0	1	1
0	1	X	X	…	X	1	0	1
1	0	X	X	…	X	1	1	0

CS0 的地址为 0000～3FFFH。CS1 的地址为 4000～7FFFH。CS2 的地址为 8000～BFFFH。

系统流程图设计，根据 ADC0809 的芯片特性，得到 A/D 采集的程序流程图，如图 1-119 所示。各步骤详细流程图如图 1-120～图 1-123 所示。

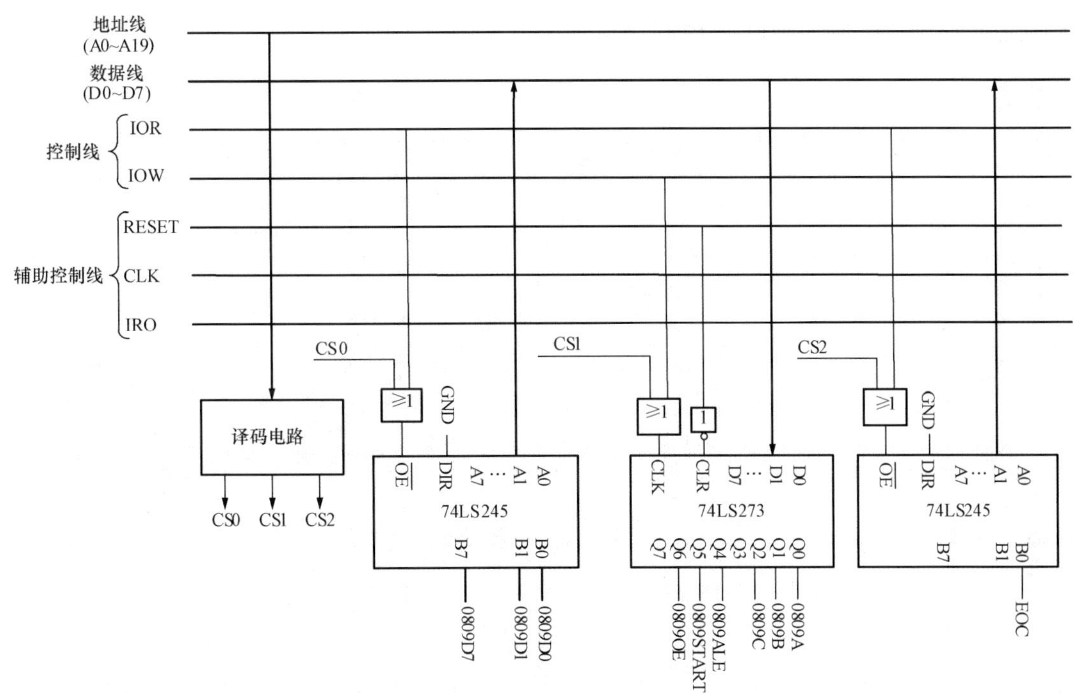

图 1-118 基于 I/O 端口的方式

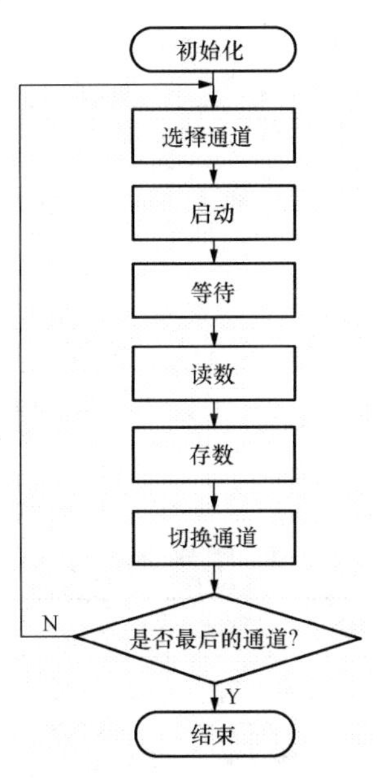

图 1-119 流程图

初始化：硬件和变量为固定状态，硬件 ALE 为低，SATRT 为高，OE 为低，通道地址为第一个通道，存储数据的数组清零。

选择通道：选择相应的通道，设置 A、B、C 然后置 ALE 为高，根据芯片的时序，接着置 ALE 为低。

启动：置 START 为低，根据芯片的时序，置 START 为高。

等待：根据芯片的延迟时间，可以延迟。或者选择中断。

读数：置 OE 为高，然后读数据，然后置 OE 为低。

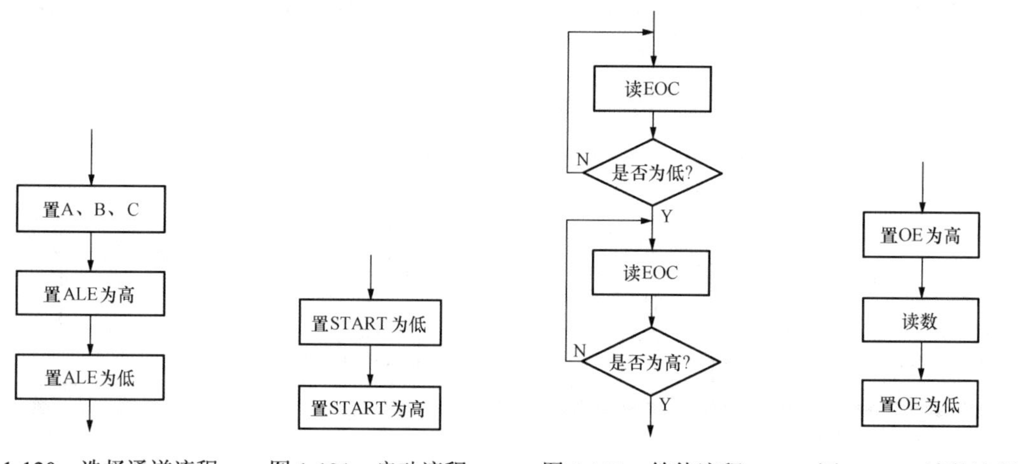

图 1-120　选择通道流程　　图 1-121　启动流程　　图 1-122　等待流程　　图 1-123　读数流程

电平和时间延时注意事项如下。

例如，ALE 的时序要求如图 1-124 所示，并见表 1-22。

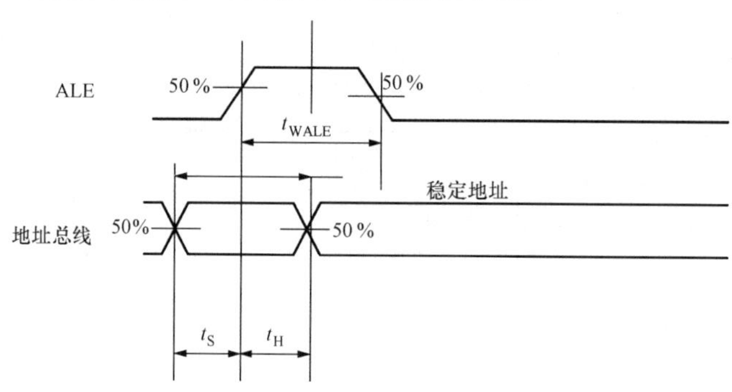

图 1-124　ALE 时序要求

测试时序的电器环境 $V_{CC}=V_{REF(+)}$=5V，$V_{REF(-)}$=GND，$t_r=t_f$=20ns 和 T_A=25℃，其中 t_r 为上升沿时间，t_f 为下降沿时间。

表 1-22　　ALE 时序要求

标号	参数	最小	典型	最大
t_{WALE}	ALE 的最小脉冲宽度（Minimum ALE Pulse Width）(ns)		100	200
t_S	最小地址建立时间（Minimum Address Set-Up Time）(ns)		25	50
t_H	最小地址保持时间（Minimum Address Hold Time）(ns)		25	50

在此，理解英文原版是相当重要的，如按照以上的翻译，ALE 最大宽度设计不超过 200ns。实际上大多数芯片的脉冲宽度是 100ns，个别芯片延时最大要求不超过 200ns，所以设计软件 ALE 的最小宽度应该是 200ns。在过去计算机控制系统速度较慢，外围芯片这个速度不存在问题。目前计算机控制系统主频有较大提高，如主频为 50MHz，时钟周期为 20ns，那么它的设计就不能忽略不计，在设计时考虑的是它最大的要求。

控制输出电平也是有要求的，表 1-23 中给出了 ALE 的电平要求。

表 1-23　　ALE 电 平 要 求

符号	参数	条件	最小	典型	最大
控制输入					
$V_{IN(1)}$	逻辑 1 输入电压（V）		$V_{CC}-1.5V$		
$V_{IN(0)}$	逻辑 0 输入电压（V）				1.5
$I_{IN(1)}$	逻辑 1 输入电流（μA）	$V_{IN}=15V$			1.0
$I_{IN(0)}$	逻辑 0 输入电流（μA）	$V_{IN}=0$	−1.0		
I_{CC}	供电电流（mA）	$f_{clk}=640kHz$		0.3	3.0

过去计算机控制系统一般是 TTL 或 CMOS 逻辑，并且是相互兼容的，对于电平设计中不需要考虑这些问题。但是目前选择的任何一个计算机控制系统都有各种电平逻辑，电平的要求在当前设计中就相当重要。

【例 1-5】 利用总线设计 ADC0809 接口电路。

解 以上论述了 ADC0809 的接口电路分成通道选择、启动、等待、读数四个独立部分。利用总线设计的方法和以前讲述的方法是一样的，即利用计算机的读时序或者写时序和芯片的逻辑设计控制电路。对于 ADC0809 的接口电路的设计和其他接口电路的设计方法是一样的。因为需要 4 个单元，就需要设计 4 个片选信号，假设设计的片选信号为 CS0（40H～43H），CS1（80H～83H），CS2（A0H～A3H），CS3（B0H～B3H）。

整体设计如图 1-125 所示。

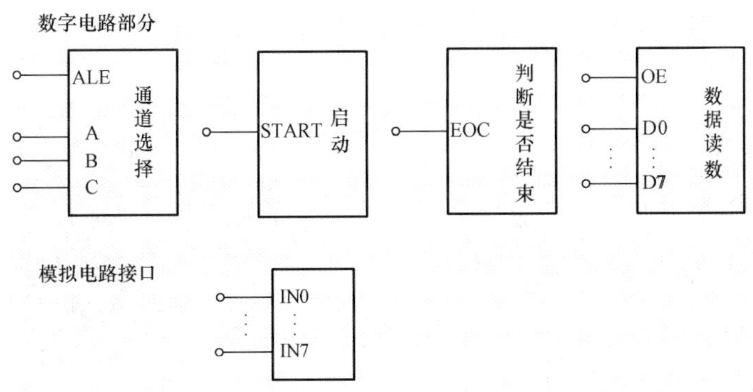

图 1-125　硬件设计整体设计框图

（1）通道选择设计。通道选择是将总线上的信息输出到 ADC0809。那么利用的就是计算机的写时序，如图 1-126 所示。

ADC0809 的通道选择时序如图 1-127 所示。

写和片选是当且仅当低有效，所以片选信号和写信号是或非的关系，设计如图 1-128 所示。

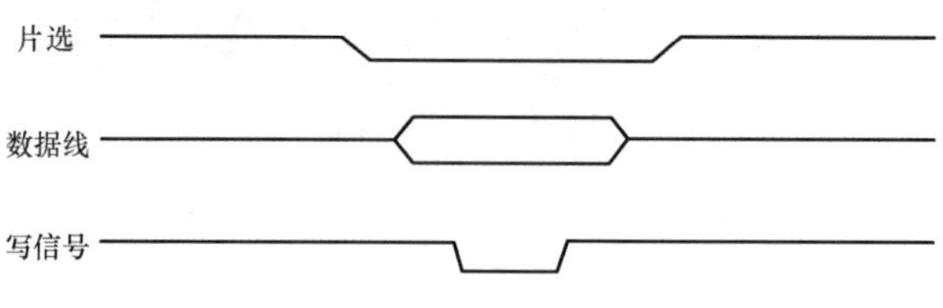

图 1-126 计算机的写时序

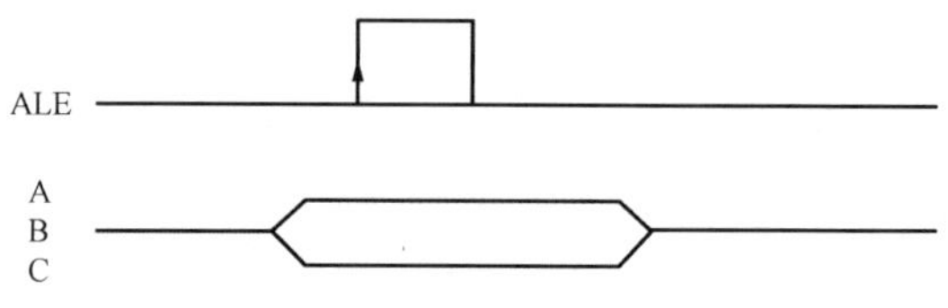

图 1-127 通道选择时序图

通道选择汇编程序：

```
MOV DX,40H
MOV  AL,0（通道号）
OUT DX,AL
```

通道选择 C 语言程序：

```
unsigned char adr,data_x;
adr=0x40;
data_x=0;(通道号)
outportb(adr, data_x);
```

如果片选 CS0 包括 8 个地址（A0，A1，A2 不参与译码），A，B，C 也可以接地址线，如图 1-129 所示。

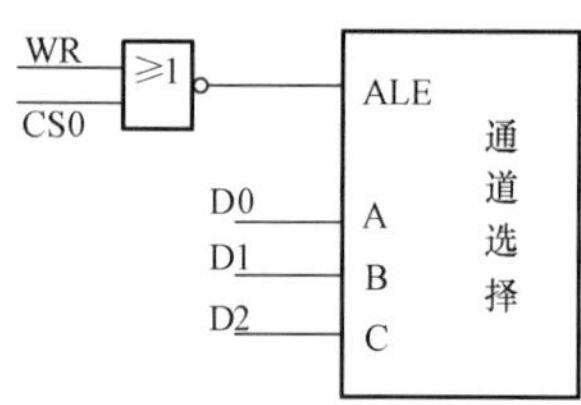

图 1-128 通道选择硬件设计连接图 1

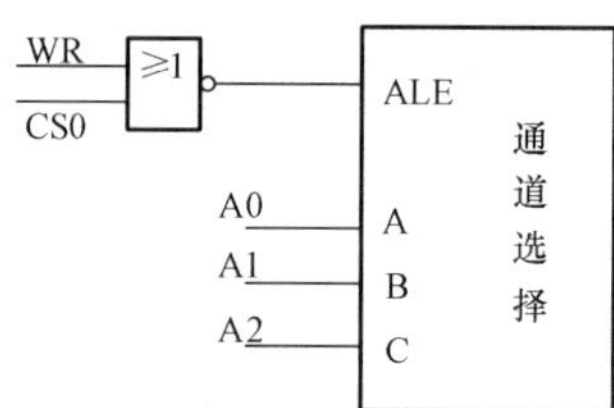

图 1-129 通道选择硬件设计连接图 2

通道选择（汇编程序）：

```
MOV DX,40H  //第一个通道
OUT DX,AL
```

通道选择（C 语言程序）：

```
unsigned char adr,data_x;
adr=0x40;
outportb (adr,data_x);
```

（2）启动设计：只要一个下降沿即可如图 1-130 所示。启动硬件图如图 1-131 所示。

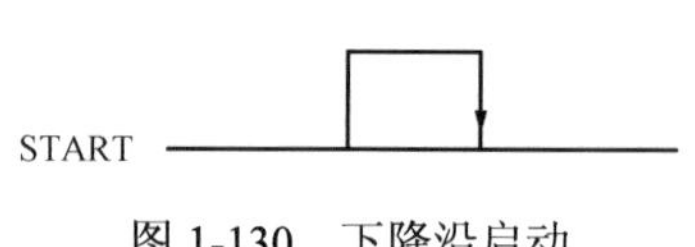

图 1-130 下降沿启动

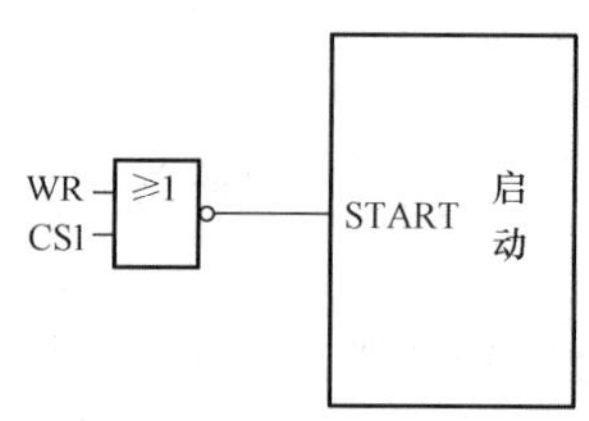

图 1-131 启动硬件图

（3）等待：可以通过 I/O 口方式查询高低电平，如图 1-132 所示。

由于 ADC0809 在一定频率下等待时间是不定的，为了减少芯片管脚设计，因此一般利用延时的方法来等待。如果程序可以做其他事情就可以接到中断上。

（4）读数。计算机的读时序如图 1-133 所示。

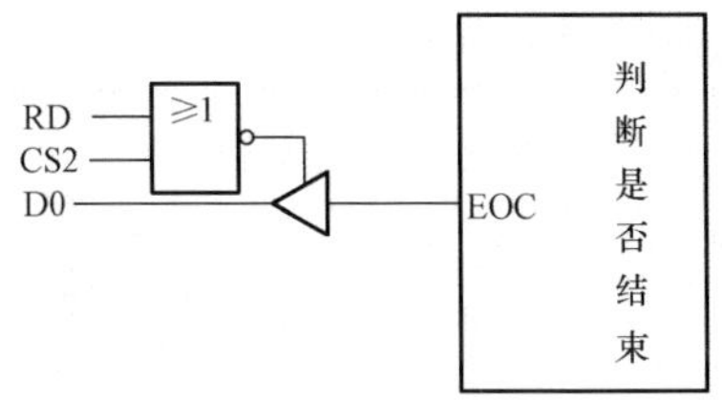

图 1-132 查询高低电平

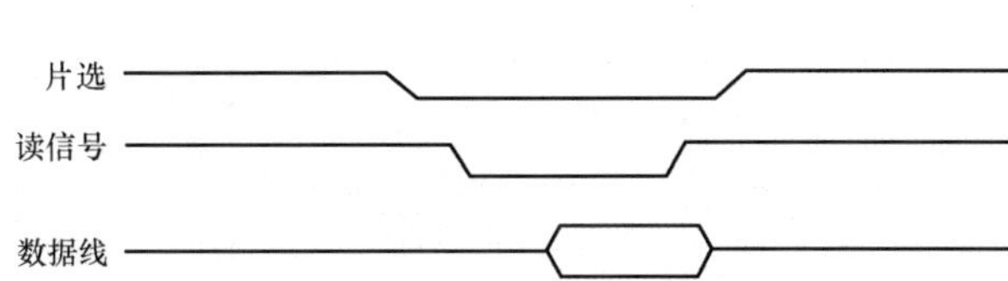

图 1-133 计算机读时序

ADC0809 数据接口与时序如图 1-134 所示。

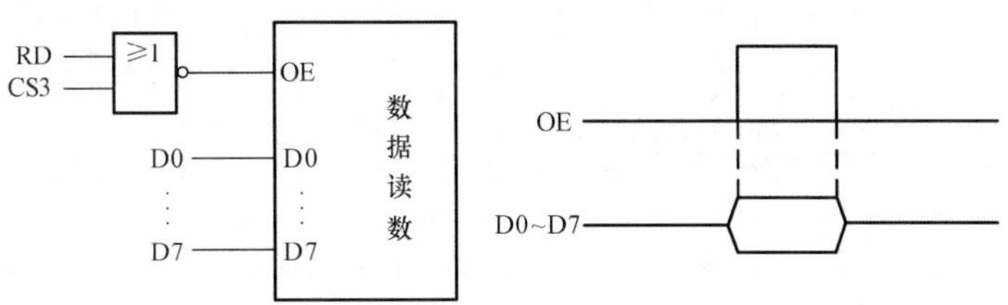

图 1-134 ADC0809 数据接口与时序

汇编程序：

```
MOV DX, 0B0H
IN  AL, DX
```

C 程序：

```
unsigned char adr, data_x;
adr=0xB0;
data_x=intportb (adr);
```

（5）简化设计。ALE 利用的是上升沿，START 启动利用的是下降沿，那么可以用一个片选地址，如图 1-135 所示。

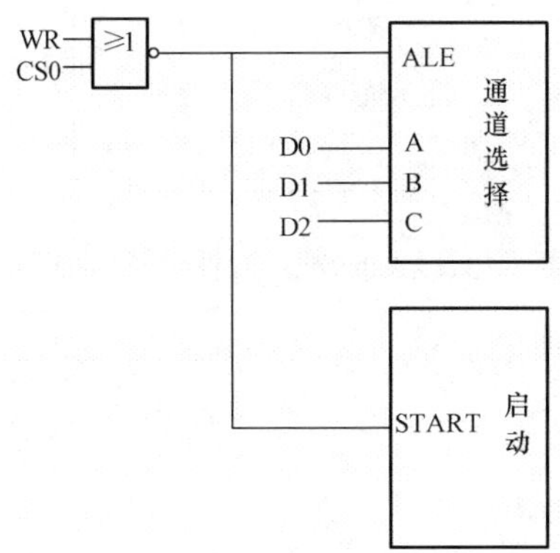

图 1-135 利用一个地址设计硬件

这两个操作，只写不读，读数据时也可以利用这个片选地址，如图 1-136 所示。

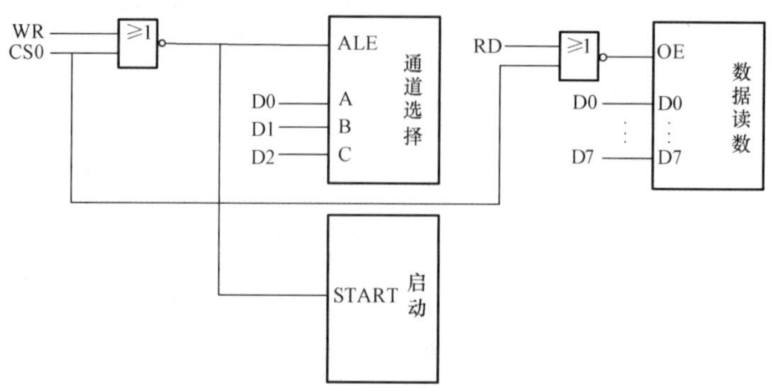

图 1-136 读数和启动共用一个片选地址设计硬件

那么就有芯片资料的参考设计如图 1-137 所示。

目前的单片机不提供总线方式，因此这种方法用得比较少。但是如果利用工业计算机，它提供的却是总线，这种总线方式比较多，例如 PCI、PCIE、AGP。设计的方法都是一样的，都是利用总线的时序要求和芯片的逻辑设计出控制电路。

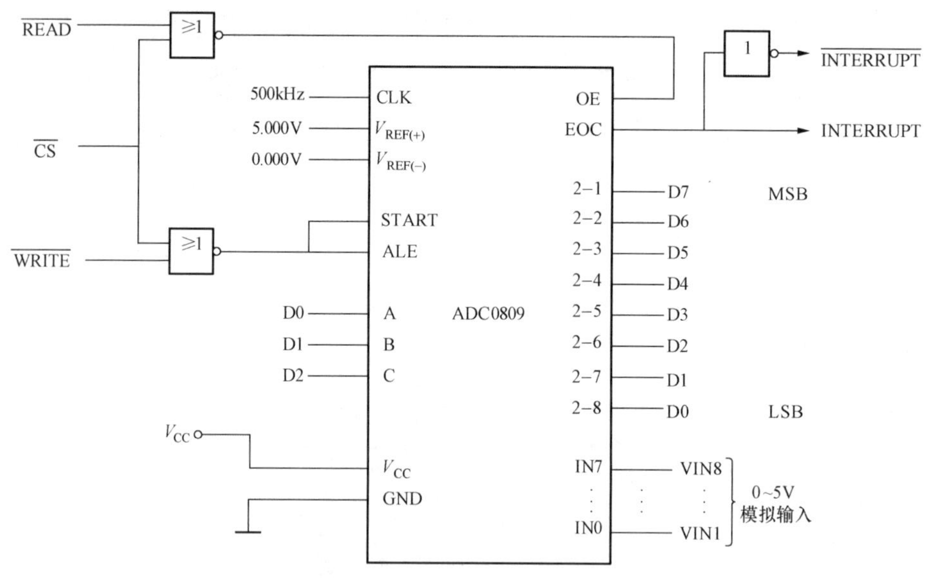

图 1-137 ADC0809 硬件设计连接图

7. 12 位 A/D 转换器 AD574A 及其接口电路设计

AD574A 是一种高性能的 12 位逐次逼近式 A/D 转换器，转换时间约为 35μs，线性误差为 $\pm\frac{1}{2}$ LSB，内部有时钟脉冲源和基准电压源。

（1）电气指标。

电源电压：15V 或 12V。

除输入端的任意端电压：–0.5～ V_{CC}+0.5V 。

工作温度：0～70℃（民用品）；–55～125℃（军用品）。

储存温度：–65～150℃。

（2）AD574A 的原理结构。AD574A 的原理结构如图 1-138 所示。

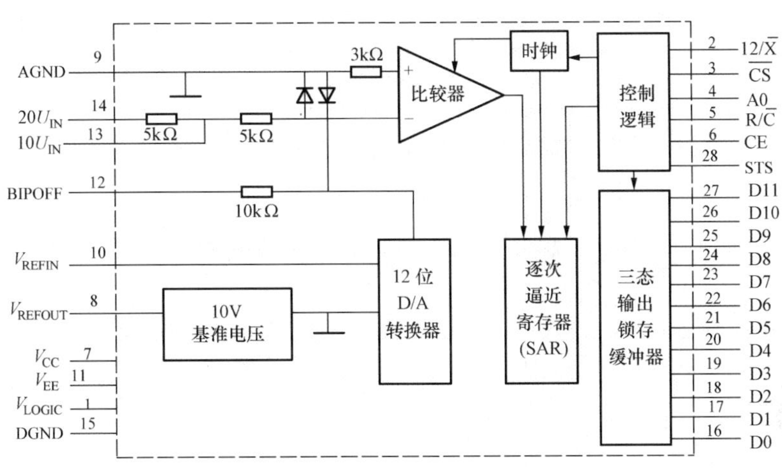

图 1-138 AD574A 的原理结构图

AD574A 由 12 位 A/D 转换器、控制逻辑、三态输出锁存缓冲器、10V 基准电压源四部分构成。AD574A 系列的各型号均为 28 脚 DIP 封装，各管脚功能请读者参阅芯片资料，这里不做介绍了。

（3）AD574A 系列控制逻辑。控制逻辑的任务包含启动转换、控制转换过程和控制转换结果的输出。有关控制信号的作用见表 1-24。CE、$\overline{CS}$ 均为片选信号，R/$\overline{C}$ 为读/启动控制信号。启动与读时序如图 1-139 所示。表 1-24 中 Pin1 为+5V 电源，Pin15 为数字地。

表 1-24 控制信号功能表

CE	$\overline{CS}$	R/$\overline{C}$	12/$\overline{8}$	A0	操作功能
1	0	0	X	0	启动 12 位 A/D 转换
1	0	0	X	1	启动 8 位 A/D 转换
1	0	1	Pin1	X	并行输出 12 位数字
1	0	1	Pin15	0	输出高 8 位数字
1	0	1	Pin15	1	输出低 4 位数字
0	X	X	X	X	无操作
X	1	X	X	X	无操作

STS 为 AD574A 的状态输出信号。启动后，STS 为高电平表示正在转换；25μs 后转换结束，STS 为低电平。CPU 可用查询或中断方式了解转换过程是否结束。

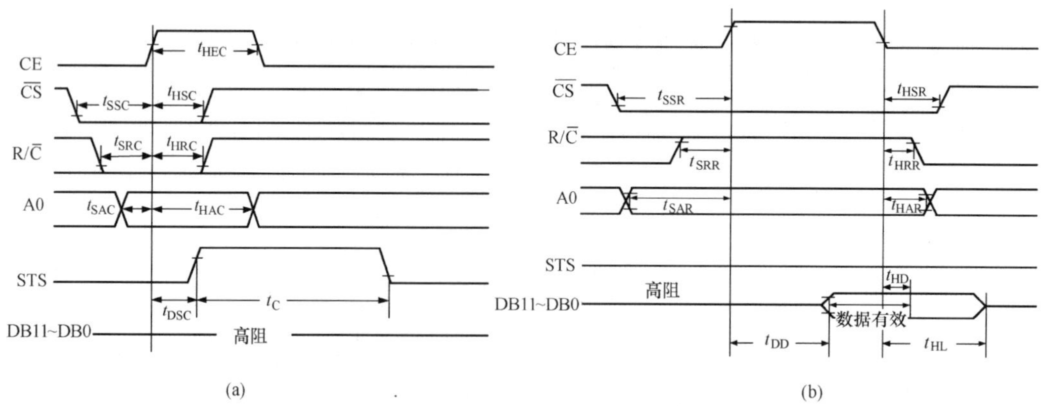

图 1-139 AD574A 启动与读时序

（a）转换开始时序；（b）读时序

（4）AD574A 系列模拟量输入电路外部电路。AD574A 系列各个型号，通过外部适当连线可以实现单极性输入，也可实现双极性输入，如图 1-140 所示。输入信号均以模拟地 AGND 为基准。模拟输入信号的一端必须与 AGND 相连，并且接点应尽量靠近 AGND 管脚，接线应尽量短。模拟地和数字地虚短，即电压相等但之间无电流。

1）模拟量单极性输入电路。图 1-140（a）是 AD574A 系列的模拟量单极性输入电路。当输入电压为 U_{IN}=0V～+10V 时，应从管脚"$10U_{IN}$"输入，当 U_{IN}=0V～+20V，应从"$20U_{IN}$"管脚输入。输出数字量 D 为无符号二进制码，计算公式为

$$U_{IN} = \frac{DU_{FS}}{4096} \tag{1-44}$$

式中：U_{IN} 为输入模拟量（V）；U_{FS} 为满量程。

图 1-140（a）中电位器 R_{P1} 用于调零，即保证在 U_{IN}=0 时，输出数字量 D 全为 0。

2）模拟量双极性输入电路。电路图如图 1-140（b）所示。图中 R_{P2} 用于调整增益，R_{P1} 用于调整双极性输入电路的零点。

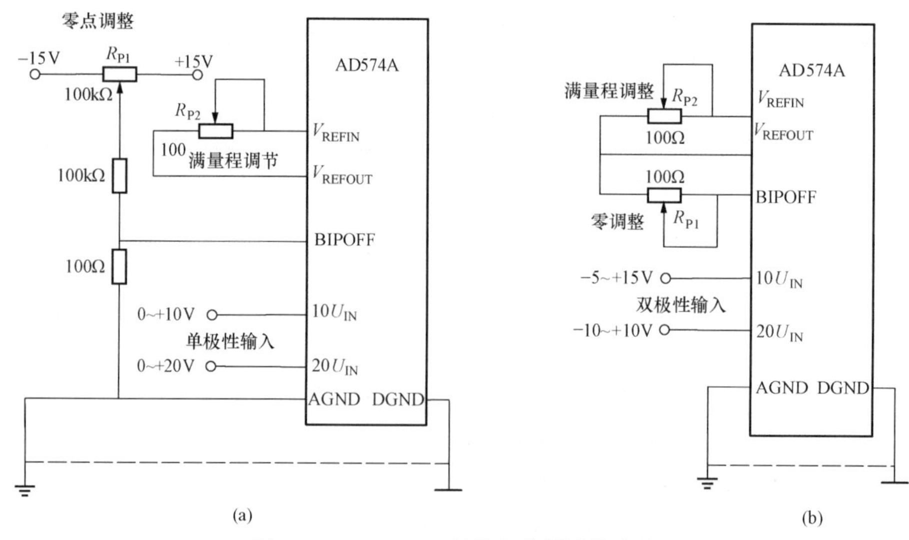

图 1-140 AD574A 的输入信号连接方法

（a）单极性；（b）双极性

双极性输入时输出数字量 D 与输入模拟电压 U_{IN} 之间的关系如下

$$U_{IN} = \frac{(D/2048-1)U_{FS}}{2} \tag{1-45}$$

式中 U_{FS} 的定义与单极性输入情况下对 U_{FS} 的定义相同。

由式（1-45）求出的数字量 D 是 12 位偏移二进制码。把 D 的最高位求反便得到补码。补码对应模拟输入的符号和大小。同样，从 AD574A 读到的或应代到式（1-45）中的数字量 D 也是偏移二进制码。例如，当模拟信号从 $10U_{IN}$ 管脚输入，则 U_{FS}=10V，现设读得 D 为 111111111111B=FFFH=4095，代入式（1-45）得+4.9976V。

3）分辨率。如果信号从 $20U_{IN}$ 管脚输入，那么信号从+19.9951V 变到 0.0000（对单极性输入）或从+9.9951V 变到−10.0000V（对双极性输入），也就是说信号变化 19.9951V。输出数字量变化 4095，因此分辨率为 $\frac{19.9951}{4096}\text{V} = 4.88\text{mV}$。同样，如果信号从 $10U_{IN}$ 管脚输入，分辨率为 $\frac{9.9976}{4095}\text{V} = 2.5\text{mV}$，分辨率提高了一倍。

4）零点增益调整。

a）零点调整。在单极性输入时，当传输模拟量 U_{IN} 为“0”时，输出数字量为“0”。当 U_{IN}=1LSB 时，D 为 001H。可以设想，当 $U_{IN}=\frac{1}{2}$LSB 时，那么 D 应在 0 与 001H 之间。同理，对于双极性输入，当 $U_{IN} = \frac{U_{FS}}{2} + \frac{1}{2}\text{LSB}$，那么 D 应在 0 与 001H 之间。于是得到零点调整方法如下。

在单极性输入情况下：令 $U_{IN}=\frac{1}{2}$LSB（从 $10U_{IN}$ 脚输入时为+0.0012V；从 $20U_{IN}$ 脚输入时为+0.0024V）调整图 1-140（a）中的 R_{P1}，使 D 在 0 与 001H 之间跳动。

在双极性输入情况下：令 U_{IN} 为 $\frac{-U_{FS}+1\text{LSB}}{2}$（从 $10U_{IN}$ 脚输入为−4.9988V；从管脚 $20U_{IN}$，输入为−9.9976V），调整图 1-140（b）中的 R_{P1}，使输出 D 在 0 与 001H 之间跳动。

b）增益调整。增益调整在输入为最大的附近调整。

在单极性输入时，当 $U_{IN} = +U_{FS} - 1\text{LSB}$ 时，D=FFFH；当 $U_{IN} = +U_{FS} - 2\text{LSB}$，则 D 应在 FFFH 与 FFEH 之间。同理，在双极性输入情况下，当 $U_{IN} = \frac{+U_{FS}}{2} - 1.5\text{LSB}$ $U_{IN} = \frac{+U_{FS}}{2} - 1.5\text{LSB}$，则 D 应在 FFFH 与 FFEH 之间。则单极性输入增益调整步骤为：令 $U_{IN} = \frac{+U_{FS}}{2} - 1.5\text{LSB}$（从 $10U_{IN}$ 管脚输入时为 4.9963V，从 $20U_{IN}$ 管脚输入时为 9.9927V），调整图 1-140（b）中的 R_{P2} 使 D 在 FFFH 与 FFEH 之间跳动。

c）中点校验。调零和调增益互相影响，应反复多次才能调整好。调好之后最后校验中点：对于单极性输入，应取 $U_{IN} = \frac{+U_{FS}}{2}$，此时 D 应为 800H；对于双极性输入，取 U_{FS}=0，此时 D 应为“0”。

【例 1-6】 利用 I/O 口设计 AD574A 的接口电路。

解 要使系统能够得到 AD574A 的采样值，需要使 CPU 的工作时序按照 AD574A 的工作原理来工作。CS、CE、A0、R/C 要求 CPU 输出相应的高低电平，使 AD574A 工作，STS、DB0～DB11 是 AD574A 的输出管脚，要求 CPU 通过地址选择，得到相应的数据状态。由于 8088 的数据线只有 8 位，而 AD574A 转换的数据有 12 位，所以需要 AD574A 的$12/\overline{8}$管脚接地，通过 A0 管脚的高低电平来使数据分时输出。根据原理，可以得到如图 1-141 所示的电路图。

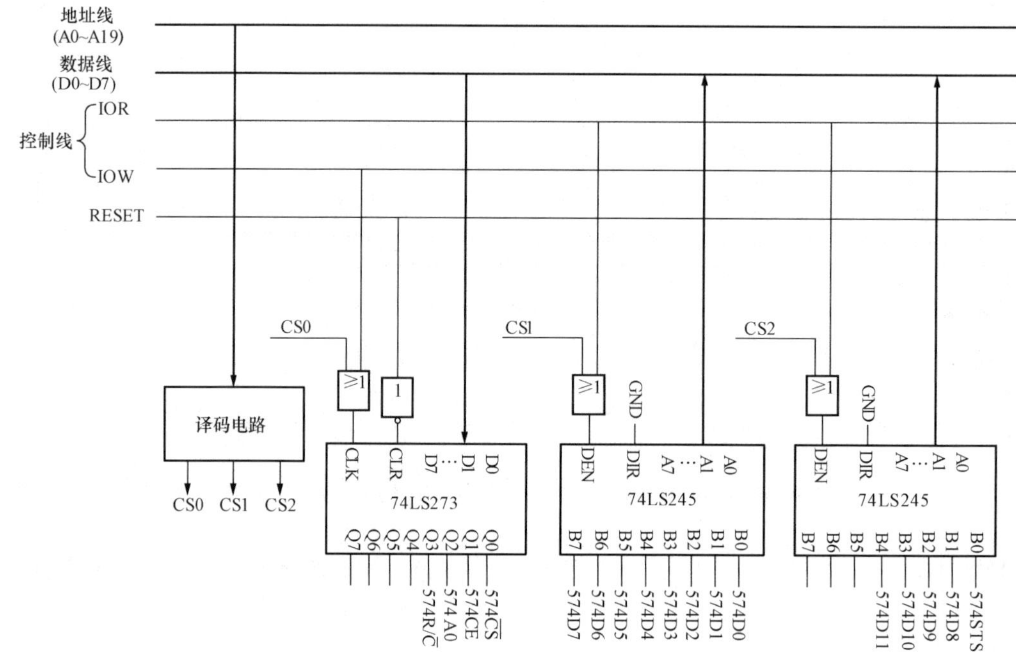

图 1-141 AD574A 的 I/O 口设计硬件

在实际的工程实践当中，常用的有四种电平，即高电平（High-Level，常用 H 表示）、低电平（Low-Level，常用 L 表示）、任意（常用 X 表示）、高阻态（High-Impedance，常用 Z 表示）。

在实际的工程应用中，时序图不可能持续保持某种状态，有状态的转换。已知常用电平有四种状态，则电平转换会有十六种情况，见表 1-25。

表 1-25 **电平转换的十六种情况**

H→L	H→H	H→X	H→Z
L→H	L→L	L→X	L→Z
Z→L	Z→H	Z→X	Z→Z
X→L	X→H	X→X	X→Z

H→L 的含义是开始必须是 H，结束必须是 L，其他与其类似，并且在具体的芯片资料中

详细说明了“开始”和“结束”要求保持的时长。以 AD574A 的读时序为例，来说明如何看芯片的时序，进行软件的编程。

根据 AD574A 的读时序图，可将其分为 10 个状态，如图 1-142 所示。其分别为：

1）初始态。在初始状态时 CE 置低电平（无效），$\overline{CS}$ 置高电平（无效），R/$\overline{C}$ 为任意状态。

2）片选信号线 $\overline{CS}$ 开始低电平（有效），CE 和 R/$\overline{C}$ 保持不变，$\overline{CS}$ 在状态 1 与 2 之间时，CE 置高之前应至少保持 $t_{SSR}=150ns$ 的时长。

3）地址位 A0 开始有效，在 CE 置为高电平之前应至少保持 $t_{SAR}=150ns$ 的时长。

4）在 CE 置为高电平之前，R/$\overline{C}$ 置高电平（有效）。

5）片选信号线 CE 开始置高电平（有效），在到达状态 6）数据位有效前保持有效时长 t_{DD} 最大为 200ns。

6）此时，数据位有效，开始进行 AD574A 的数据读。

7）片选信号 CE 置低电平（无效），停止读数。在 CE 置高电平后，R/$\overline{C}$ 应置为低电平，数据位则至少保持时长 t_{HD}，$t_{HD}=25ns$。

8）R/$\overline{C}$ 置低电平（无效）。

9）片选信号 $\overline{CS}$ 高电平（无效）。从 7）状态 CE 置低电平到此状态，$\overline{CS}$ 保持低电平（有效）为 $t_{HSR}=50ns$。

10）在状态 7）片选信号 CE 无效之后到此状态的时长为数据位的输出延时。

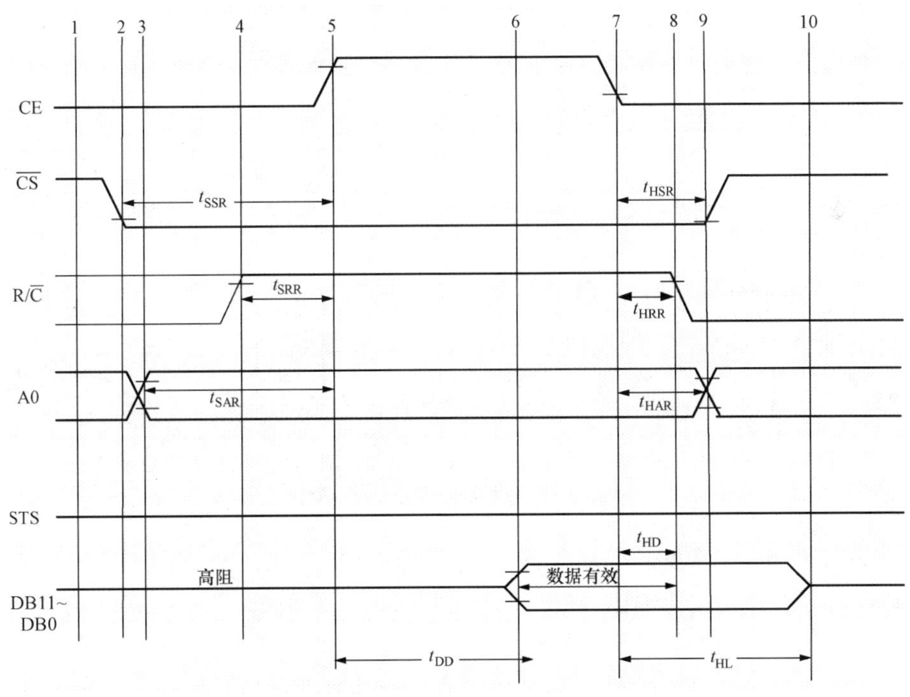

图 1-142 AD574A 的读时序详细分析图

【例 1-7】 利用总线设计 AD574A 的接口电路。

解 设计的硬件连接图如图 1-143 所示。程序略。

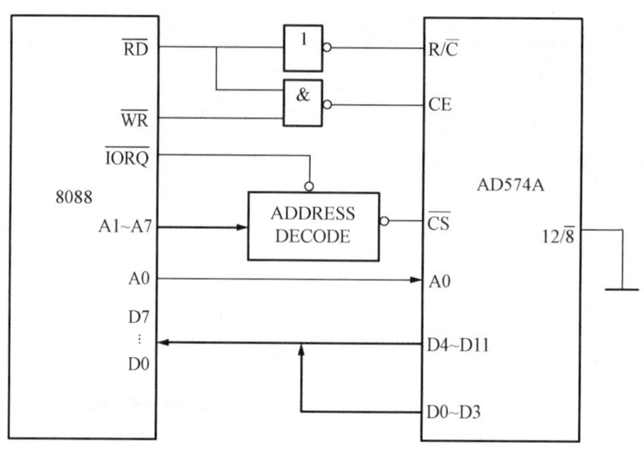

图 1-143 8088 与 AD574A 的硬件连接

1.5.4 模拟量输出通道

1. 模拟量输出通道的结构形式

计算机控制系统中，模拟量输出通道所要完成的功能是：把计算机输出的数字控制信号，转换为模拟电压或电流信号，作用在相应的模拟执行机构上，从而实现对被控对象的控制。

模拟量输出通道常由接口控制电路、D/A 转换器、零阶保持器、后置滤波器等部分组成。其中 D/A 转换器是其核心环节，也是必不可少的环节，故模拟量输出通道有时又被称为 D/A 通道。

模拟量输出通道有两种结构形式，其一，是每个通道配置一个 D/A 转换器，如图 1-144（a）所示；其二，是通过多路模拟开关共用一个 D/A 转换器，如图 1-144（b）所示。

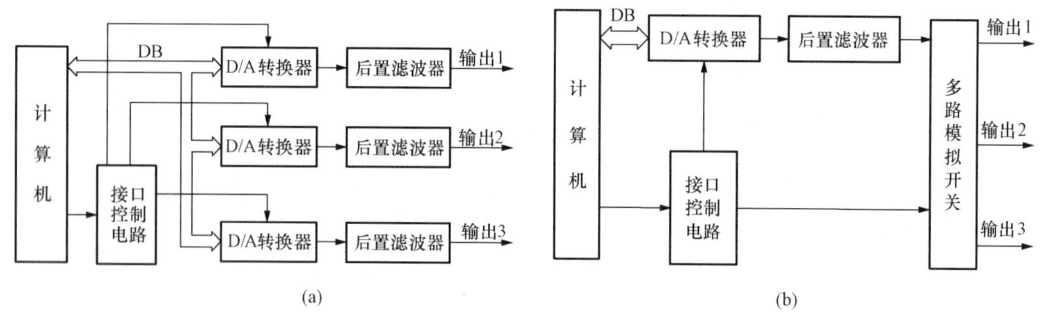

图 1-144 模拟量输出通道的结构

模拟量输出通道各组成部分的功能和作用分述如下。

（1）D/A 转换器是模拟量输出通道中的核心部件，也是必不可少的部件。有关 D/A 转换的原理及转换器芯片，将在下面做以介绍。

D/A 转换器的分辨率是表示 D/A 转换精度的性能参数，与 D/A 转换器的字长直接相关，它表示 D/A 转换器芯片接收的最小数字量（1LSB），所对应的输出模拟量。如何根据模拟量输出通道的精度及整个系统的精度要求，来确定 D/A 转换器的字长，将在下面进行讨论。

（2）零阶保持器。D/A 转换器是按照采样周期 T 对控制器输出的数字量进行 D/A 转换的，但由于 D/A 转换器具有数据输入锁存功能，它能够在接收下一组数字量之前，一直保持前一组数字量不变，因而 D/A 转换器的输出模拟量，能够在一个采样周期内保持不变，也就是说，D/A 转换器本身就具有零阶保持器的功能。

（3）后置滤波器。D/A 转换经零阶保持器输出的信号，是时间轴上的连续信号，但信号的幅度值与数字信号量值对应，只能有有限个可能的取值，不符合模拟信号的特征。因此，在模拟量输出通道中，应设置后置滤波器，对 D/A 转换及零阶保持环节输出的信号，进行滤波平滑处理，以得到真正的模拟信号。同样，后置滤波也是由数字控制信号重构模拟控制信号的重要步骤。

（4）多路模拟开关。模拟量输出通道中，多路模拟开关的作用与模拟量输入通道中多路模拟开关的作用刚好相反，即根据程序的控制，把 D/A 转换输出的模拟量，按照要求送到特定回路的模拟执行机构中，完成对相应被控对象的控制。

由于 CD4051 芯片是可以双向工作的，所以它也可以用在模拟量输出通道中。

（5）接口控制电路。模拟量输出通道中，接口控制电路具有控制数字信号的输出、D/A 转换启停、多路模拟开关的切换等功能。有关模拟量输出通道接口控制电路的原理、组成等内容，将在后面介绍。

（6）D/A 通道的隔离电路。由于 D/A 通道的输出直接与被控对象连接，很容易引入干扰，必须采取相应的措施，来抑制干扰对输出信号的影响。通常可采用光电耦合器件，使得模拟电路的两部分之间只存在光信号的耦合，如图 1-145 所示。

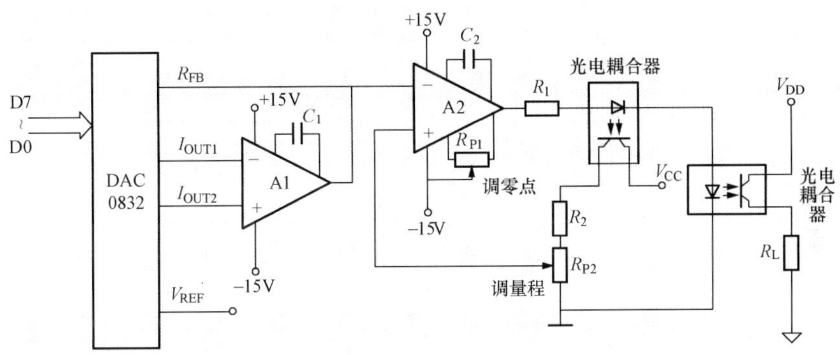

图 1-145 D/A 通道的光电隔离示意图

由图 1-145 可见，D/A 转换器的输出电流信号，经两级光电耦合器转换为输出电流，这样，既可以满足 D/A 转换的隔离要求，又实现了电压/电流信号类型的变换。在实际应用中，应选择线性性能好，且参数相同的两只光电耦合器，并始终让它们工作在线性区域，以保证 D/A 转换具有良好的转换精度和线性度。

2. D/A 转换器的工作原理

数字计算机对模拟设备（要求输入模拟量的设备）进行控制，用模拟量显示设备（如指针式仪表）对参数进行显示，D/A 转换器（把数字量转换为模拟量的器件）是不可缺少的。D/A 转换器简写作 DAC。D/A 转换器的种类很多。就输入至 D/A 转换器的数字量的位数分，有 8 位、10 位、12 位、16 位等。就输送至 D/A 转换器的数码形成分，有二进制码和 BCD 码输入等 D/A 转换器。就传输数字量的方式分，有并行的和串行的 D/A 转换器两类。就转换器速度而言，可分为权电阻型（电流输出型）和 R-2R 电阻网络型（电压输出型）。从 DAC 与单片机的接口的角度出发，DAC 又可分为有输入锁存器和没有锁存器两类。

R-2R 电阻网络型 DAC 也称为 T 型电阻 DAC。这是一种电压输出型 DAC。图 1-146 是这种四位 DAC 的电路原理图。

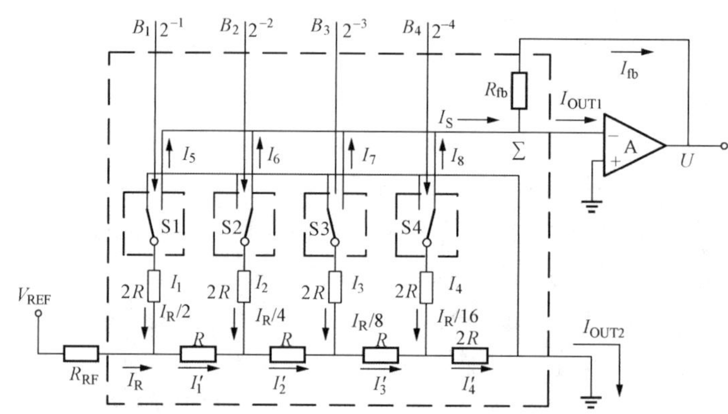

图 1-146　R-2R 型（T 型电阻网络）DAC 原理图

在图 1-146 中，运算放大器 A 和基准电源（电压为 $V_{\rm REF}$）是外接的。设运放 A 为理想运放（开环增益为无限大，输入阻抗无限大），那么可以认为“∑”点与地同电位，即“∑”点是虚地。因此可以认为无论开关拨到左边还是拨到右边，开关 S1、S2、S3 和 S4 始终接地（虚地或真正地），所以 I_1~I_4 和 I_1' ~ I_4' 始终不变。由简单分析可知，$I_1 = I_1' = 2^{-1}I_R$，$I_2 = I_2' = 2^{-2}I_{\rm R}$，$I_3 = I_3' = 2^{-1}I_2 = 2^{-3}I_{\rm R}$，$I_4 = I_4' = 2^{-1}I_3 = 2^{-4}I_{\rm R}$。开关 S1~S2 分别由二进制数 B_1～B_4 中的一位控制。例如，当 B_1=0 时，S1 倒向左边，此时 I_5 为 0，当 B_1=1 时，$I_5 = I_1 = 2^{-1}I_{\rm R}$。总之，$I_5 = B_1 2^{-1} I_{\rm R}$，同样，$I_6 = B_2 2^{-2} I_{\rm R}$，等等。

所以

$$I_S = I_5 + I_6 + I_7 + I_8 = \left(B_1 2^{-1} + B_2 2^{-2} + B_3 2^{-3} + B_4 2^{-4}\right) I_{\rm R} \tag{1-46}$$

如果认为运放 A 为理想运放，可以忽略其输入电流，则 $I_{\rm OUT1} = 0$，又因为 $U = I_{\rm fb} R_{\rm fb}$，所以

$$U = I_{\rm fb} R_{\rm fb} = -I_{\rm S} R_{\rm fb} = -R_{\rm fb} I_{\rm R} (B_1 2^{-1} + B_2 2^{-2} + B_3 2^{-3} + B_4 2^{-4}) \tag{1-47}$$

因为

$$I_{\rm R} = \frac{V_{\rm REF}}{(R_{\rm RF} + R)} \tag{1-48}$$

所以

$$U = -V_{\rm REF} \frac{R_{\rm fb}}{R_{\rm RF} + R} (B_1 2^{-1} + B_2 2^{-2} + B_3 2^{-3} + B_4 2^{-4}) \tag{1-49}$$

对 n 位 D/A 转换器有

$$U = -V_{\rm REF} \frac{R_{\rm fb}}{R_{\rm RF} + R} \sum_{i=1}^{n} B_i 2^{-i} = -U_{\rm FS} B = -\frac{U_{\rm FS} D}{2^n} \tag{1-50}$$

式中：$U_{\rm FS}$ 称为满量程或满刻度。

$$U_{\rm FS} = \frac{R_{\rm fb}}{R_{\rm RF} + R} V_{\rm REF} = I_{\rm R} R_{\rm fb} \tag{1-51}$$

$$B = B_1 2^{-1} + B_2 2^{-2} + \cdots + B_n 2^{-n} = \sum_{i=1}^{n} B_i 2^{-i} \tag{1-52}$$

$$D = B_1 2^{n-1} + B_2 2^{n-2} + \cdots + B_n = \sum_{i=1}^{n} B_i 2^{n-i} \tag{1-53}$$

D 就是送给 DAC 的二进制数字量，其最高位（MSB）为 B_1，最低位（记为 LSB）为 B_n 。$B_1, B_2, \cdots, B_n$ 取 0 或 1。

当 V_{REF} 改变符号（极性）时，U 也改变极性。若 $R_{RF}=0$，$R_{fb}=R$（对 DAC0832 和 AD7524），R=10kΩ，则

$$U = -\frac{V_{REF} D}{2^n} = -V_{REF} B \tag{1-54}$$

S1，S2，…，Sn 导通电阻是阻值很小的欧姆电阻（符合欧姆定律），而断开时电阻很大。V_{REF} 和 I_R 直接影响 DAC 的精度。对于 DAC 的基准电压 V_{REF} 要求波纹小于 1%，在靠近 DAC 的基准电源管脚处有高频滤波电容对 V_{REF} 滤波，电容值一般为 0.01μF 左右。

3. DA 转换器的性能指标

（1）满量程。如果是电流输出，满量程用 I_{FS} 表示，如果是电压输出，用 U_{FS} 表示。满量程是输入数字量全为 1 加 1 时的模拟量输出。它是个理论值，可以趋近，但永远达不到。

（2）分辨率。分辨率是 DAC 输入数字量的最低位变化 1，DAC 输出模拟量的变化量。分辨率等于满量程的 $\frac{1}{2^n}$，有时也用 DAC 的位数表示分辨率。

（3）非线性（线性度）。非线性也称为线性度或非线性误差，用它来说明 D/A 转换器的直线性的好坏。它是在 D/A 转换器的零点调整好（使 D=00H 时，模拟量输出为零）和增益调整好后，实际的模拟量输出 U 与理论值之差。非线性可以用百分数或位表示。例如，±1%是指实际输出值与理论值之偏差在满刻度的±1%以内。也可以用位数表示。例如，非线性为 10 位，即表示偏差在 $\pm\frac{\text{满刻度}}{2^{10}} = \pm 0.1\%$以内。

（4）相对精度。相对精度是指在满刻度已校准的情况下，在整个刻度范围内，对应于任一输入数码的模拟量输出与它的理论值之差。有两种表示相对精度的方法，一种用数字量的最低有效值 LSB 表示，另一种是用该偏差相对满刻度的百分比表示。

（5）绝对精度（简称精度）。绝对精度是指对应于满刻度的数字量，DAC 的实际输出与理论值之间的误差。绝对精度是由 DAC 的增益误差、零点误差（数字量输入为全 0 时 DAC 的输出）、非线性误差和噪声引起的。绝对精度应小于 2^{-n}，即 LSB（LSB 最低有效位）。

（6）建立时间。建立时间是指输入的数字量从发生满刻度变化（例如从 00H 变到 FFH+01H）时起，直到输出达到终值的±1LSB 所需的时间。建立时间即 D/A 转换时间。电流输出型 DAC 建立时间短。电压输出型 DAC 的建立时间主要决定于运算放大器的过渡过程。

（7）转换时间。D/A 转换器的转换时间，指从接收一组数字量，到完成转换输出模拟量这一过程所需要的时间。由于 D/A 转换器并行接收数字量输入，每位代码是同时转换为模拟量的，所以这种转换的速度很快，一般为微秒级，有的可短到几十纳秒。

（8）温度系数。是指在规定的温度范围内，温度每变化 1℃时 DAC 的增益、线性度、零点等参数的变化量。它们分别称为增益温度系数、线性度温度系数等。

4. 8 位 DAC0832 及其接口电路设计

（1）电气指标。

电源电压：单电源供电 5～15V。

控制输入端电压：－0.3～+15V 。

工作温度：－40～85℃（民用品）；–55～125℃（军用品）。

储存温度：－65～150℃。

（2）D/A 转换器 DAC0832 的结构特点。DAC0832 是一种 8 位的 D/A 转换器芯片，有两路差动电流信号输出，其数字量输入端具有双重缓冲功能，可由用户按双缓冲、单缓冲及直通方式进行线路连接，实现数字量的输入控制，特别是用于要求几个模拟量同时输出的场合，与微处理器的接口非常方便。

DAC0832 的规格与参数：分辨率为 8 位，转换时间约 1μs，输入电平符合 TTL 电平标准，功耗为 20mW。

图 1-147 是集成 D/A 转换芯片 DAC0832（及 DAC0830 和 DAC0831）的内部结构图。其内部包括一个 8 位输入寄存器、一个 8 位 DAC 寄存器、一个 8 位 D/A 变换器和有关控制逻辑电路组成。其中的 8 位 D/A 变换器是如图 1-147 所示的 R-2R T 型电阻网络式的。这种 D/A 变换器在改变基准电压 V_{REF} 的极性后输出极性也改变。所有输入均与 TTL 电平兼容。

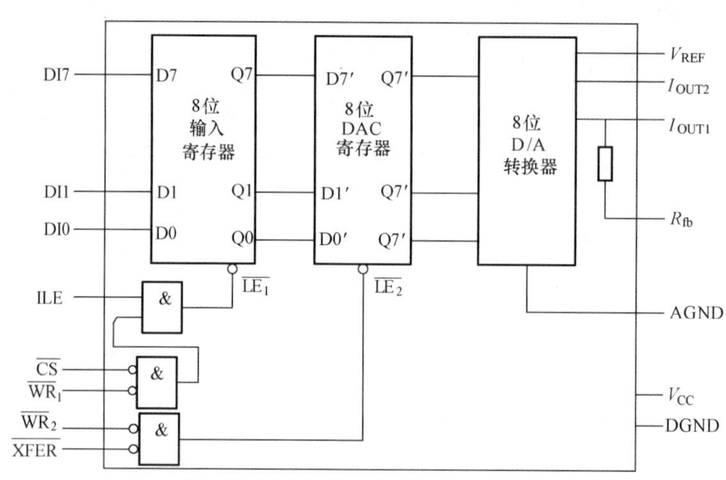

图 1-147 DAC0832 内部结构框图

图 1-147 中，D0~D7 是数据量输入脚，D7 是最高位（MSB），D0 是最低位（LSB）。V_{REF} 是基准电压接线脚。V_{REF} 可为正（例+5V）也可为负（–5V）。V_{CC} 接供电电压。I_{OUT1} 和 I_{OUT2} 是电流输出脚 $\overline{LE_1}$ 和 $\overline{LE_2}$ 分别为两个寄存器的锁存端。当 $\overline{LE_1}$ =1 时，8 位 DAC 寄存器数据输入，当 $\overline{LE_2}$ =0 时，数据锁存。

当 ILE=1，$\overline{CS}=\overline{WR_1}$ =0 时，$\overline{LE_1}$ =1，8 位输入寄存器的数据输入；当 ILE=0 或 $\overline{CS}$ 和 $\overline{WR_1}$ 之一为 1（或两者均为 1）时，$\overline{LE_1}$ =0，数据锁存。

当 $\overline{WR_2}=\overline{XFER}$ =0 时，8 位 DAC 寄存器数据输入，当 $\overline{WR_2}$ 与 $\overline{XFER}$ 中有一个或两者均为 1 时，$\overline{LE_2}$ =0，数据锁存。

8 位 D/A 变换器不断地进行 D/A 转换，其输出一直对应于 8 位 D/A 寄存器输出的当时值，当 8 位 DAC 寄存器的输出改变时，8 位 D/A 变换器的输出也随之改变。因此，为了保证 8 位 D/A 变换器的输出对应于某一定时刻的 D0~D7 。在 8 位 D/A 变换器之前必须有寄存器，这就是图中的 8 位 DAC 寄存器。在这里，寄存器起了零阶保持器的作用。另外，寄存器也起了缓冲作用。

在使用时，可以采用双缓冲方式（利用两个寄存器），也可以采用单缓冲方式（只用一级锁存，另一级直通），还可以采用直通方式。

DAC0832 只需要一组供电电源，其值可以在+5～+10V 范围内。

DAC0832 的基准电压 $V_{REF}=-10\sim+10\text{V}$，因而可以通过改变 V_{REF} 的符号来改变输出极性。但 AD1408 等模拟输出电压只能是一个方向，因为其基准电压极性不允许改变。

（3）DAC0832 的工作方式。DAC0832 有以下三种工作方式。

1）直通方式。如果 DAC0832 的两个 8 位寄存器都处于直通状态（输出跟随输入变化），即为直通方式。这时由 DI0～DI7 输入的数据可以直接进入 DAC 寄存器进行 D/A 转换。

因此，$\overline{LE_1}$ 和 $\overline{LE_2}$ 应当同时为 1，即 ILE=1，而 $\overline{CS}$、$\overline{WR_1}$、$\overline{WR_2}$ 和 $\overline{XFER}$ 均为 0。

2）单缓冲方式。当两个寄存器中的一个始终处于直通状态，另一个处于受 CPU 控制的状态，即为单缓冲方式。例如，若 $\overline{LE_2}$=1，使 DAC 寄存器处于直通状态，CPU 则可以通过 ILE、$\overline{CS}$、$\overline{WR_1}$ 控制输入寄存器，使 DAC0832 工作于单缓冲寄存器的工作方式。

3）双缓冲方式。如果两个 8 位寄存器都处于受控方式，即为双缓存方式。在这种方式下 CPU 分别控制两个缓冲寄存器的工作状态，数据输出要通过两步操作才能完成。例如，当 DAC0832 工作于双缓冲工作方式，它在 DAC 寄存器输出前一个数据的同时，可将下一个数据送入输入寄存器，能有效地提高转换速度。此外，两级缓冲方式还能够在多个转换器分时进行 D/A 转换时，同时输出模拟电压，达到同步输出的目的。这种方式多用于两路以上的模拟输出，其中每一路都有独立的 D/A 转换装置，并且要求同步输出转换结果的电路。

（4）DAC0832 的单极性输出。DAC0832 以单缓冲方式与 8088CPU 相连接的电路如图 1-148 所示。

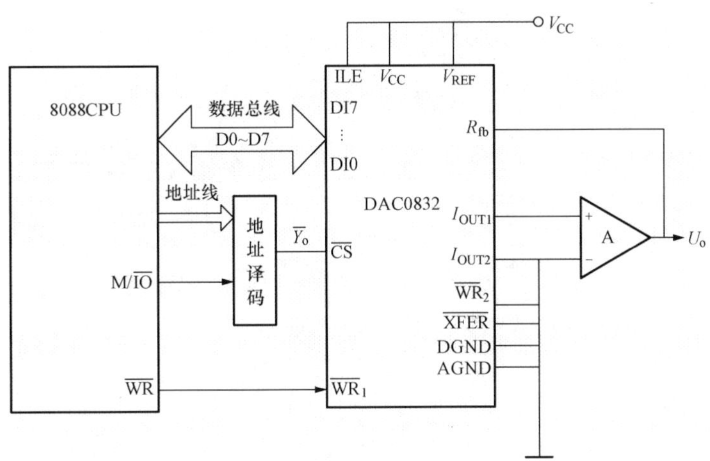

图 1-148　DAC0832 与 8088 CPU 的连接电路图

由于 DAC0832 内部有 8 位数据输入寄存器，可以锁存 CPU 输出的数据，因此数据总线直接连接到 DAC0832 的 DI0～DI7 上。按单缓冲方式工作，ILE 接+5V，$\overline{WR_1}$ 接 CPU 的写信

号 $\overline{WR}$ ，$\overline{CS}$ 接地址译码器的 $\overline{Y_o}$ ，使输入寄存器处于受控方式；将 $\overline{WR_2}$ 和 $\overline{XFER}$ 直接接地，DAC 寄存器处于直通方式。通常将 AGND 和 DGND 接在一起，接到数字地上。

DAC0832 将输入的数字量转换成差动和电流输出（I_{OUT1} 和 I_{OUT2}），经运算放大器 A 形成单极性电压 U_o 输出。若 V_{REF} 为 –5V ，U_o 为 0 ~ 5V ；若 V_{REF} –10V ，U_o 为 0 ~ 10V ；若要输出负电压，V_{REF} 则应接正的基准电压。

在上述电路中，只要对 $\overline{Y_o}$ 地址执行输出指令，就可以使 $\overline{CS}$、$\overline{WR_1}$ 变为低电平，由数据线 D0～D7 输出的数据就可以进行 D/A 转换，经 U_o 输出。当 $\overline{WR_1}$ 变为高电平后，数据被锁存在输入寄存器中，因此 D/A 转换的输出保持不变。假设 DAC0832 的 $\overline{CS}$ 地址为 300H，则将 8 位二进制数 7FH 转换成模拟电压的接口程序为：

```
START:MOV  DX,300H
      MOV  AL,7FH
      OUT  DX,AL
      HLT
```

（5）DAC0832 的双极性输出。上述方法只能实现单极性输出，即 U_{OUT} 只可能或者为正，或者为负。要实现 U_{OUT} 可正可负的双极性输出，需在编码和电路方面作些更改。图 1-149 为用偏移二进制码方式实现 DAC 双极性输出的电路。

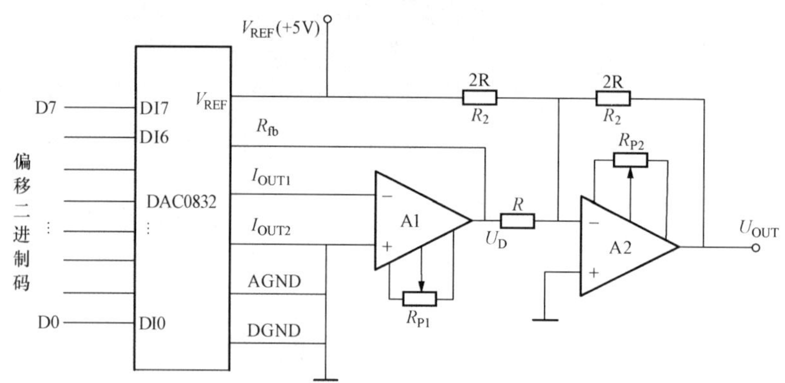

图 1-149 用偏移二进制码方式实现 DAC 双极性输出电路图

双极性输出时的分辨率比单极性输出时降低 $\frac{1}{2}$ ，这是由于对双极性输出而言，最高位为符号位，只有七位数值位。

双极性输出 D/A 转换器电路的调整也是先调零点后调增益，可按下述步骤进行。

1）零点调整。给 DAC0832 输入数字量 D=80H，调 R_{P1} 使 $U_D = \frac{V_{REF}}{2}$ ，误差在 $\pm\frac{1}{10}$LSB 之内。调 R_{P2} 使 $U_{OUT} = 0$ ，误差在 $\pm\frac{1}{10}$LSB 之内。

2）增益调整。

给 DAC0832 输入数字量 D=FFH，调整 R_{P2} ，使 $U_{OUT} = V_{REF} - 1\text{LSB}$（设 V_{REF} 为正），误差在 $\pm\frac{1}{10}$LSB 之内。

由$U_{OUT}=\frac{(D-2^{n-1})}{2^{n-1}}V_{REF}$得

$$D=\left(1+\frac{U_{OUT}}{V_{REF}}\right)2^{n-1} \tag{1-55}$$

由式（1-55）可求出单片机应写给 DAC0832 的数字量 D。例如，若 n=8，V_{REF}=5V，要求 $U_{OUT}=-2.5V$，则由式（1-55）可算得 $D=0.5\times2^7=64=40H$。双极性输出与输入关系见表 1-26。

表 1-26　　双极性输出与输入关系

十进制数	符号—数值 MXB…LSB	偏移二进制码 MCB…LBS	模拟量输出 U_{out}	
			V_{REF} 为正	V_{REF} 为负
+127	01111111	11111111	$V_{REF}-1LSB$	$-\|V_{REF}\|+1LSB$
+64	01000000	11000000	$\frac{V_{REF}}{2}$	$-\frac{\|V_{REF}\|}{2}$
+1	00000001	10000001	+1LSB	−1LSB
0	00000000	10000000	0	0
−1	10000001	01111111	−1LSB	+1LSB
−64	11000000	01000000	$-\frac{V_{REF}}{2}$	$\frac{\|V_{REF}\|}{2}$
−127	11111111	00000001	$-(V_{REF}-1LSB)$	$\|V_{REF}\|-1LSB$
−128		00000000	$-V_{REF}$	$\|V_{REF}\|$

【例 1-8】 利用 DAC0832 控制三相交流电机，硬件电路图设计如图 1-150 所示。

解　三相交流电机的 A、B、C 三相必须同时写，才能保证它们的输出为同步，因而，三相共用一条写的信号线，即图中的 CS 信号，这样就保证了三相同时写入，保证了三相同步。

1.5.5 PWM（脉宽调制）

1. 脉冲宽度调制的基本原理

脉冲宽度调制，Pulse Width Modulation（PWM），简称脉宽调制，就是对脉冲的宽度进行调制的技术，即通过对一系列脉冲的宽度进行调制，来等效地获得所需要波形（含形状和幅值）。而 PWM 利用微处理器的数字输出对模拟电路进行控制的技术，广泛用于测量、通信、功率变换等领域。PWM 控制技术以控制简单、灵活和动态响应好的优点而成为一种广泛应用的控制方式。

脉冲调制的基本原理是面积等效原理：冲量相等，而形状不同的窄脉冲加在具有惯性的环节时，其效果基本相同。冲量即指窄脉冲的面积。这里所说的效果基本相同，是指环节的输出响应波形基本相同。如果把各输出波形用傅里叶变换分析，则其低频段非常接近，仅在高频段略有差异。例如图 1-151 所示的三个窄脉冲形状不同，其中图 1-151（a）为矩形脉冲，图 1-151（b）为三角形脉冲，图 1-151（c）为正弦半波脉冲，但它们的面积都等于 1，那么，当它们分别加在具有惯性的同一个环节上时，其输出响应基本相同。当窄脉冲变为图 1-151

（d）所示的单位脉冲函数$\delta(t)$时，环节的响应即为该环节的脉冲过渡函数。

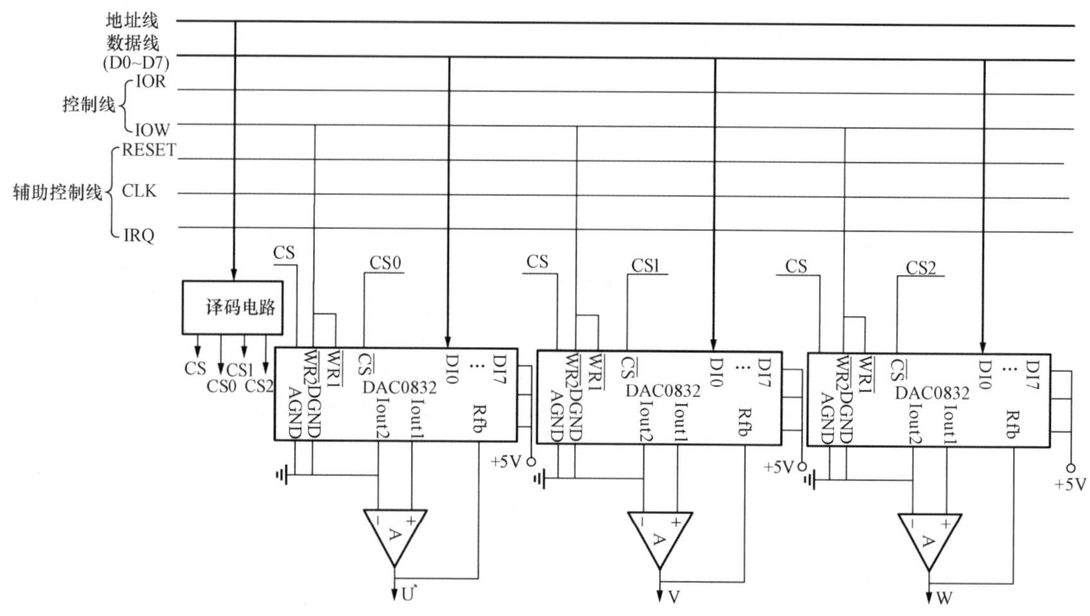

图 1-150　DAC0832 控制三相交流电机硬件电路设计图

将图 1-151 中的（a）～（d）所示的脉冲作为输入，加在图 1-152（a）所示的 RL 电路上，设其电流$i(t)$为电路的输出，图 1-152（b）给出了不同窄脉冲时$i(t)$的响应波形。从波形可以看出在$i(t)$的上升阶段，脉冲形状不同时$i(t)$的形状略有不同，但其下降段几乎相同。脉冲越窄，各$i(t)$的差异也越小。如果周期性地实施上述脉冲，则响应$i(t)$也是周期性地，用傅里叶分解将可以看出，各$i(t)$在低频段的特性将非常接近，仅在高频段有所不同。

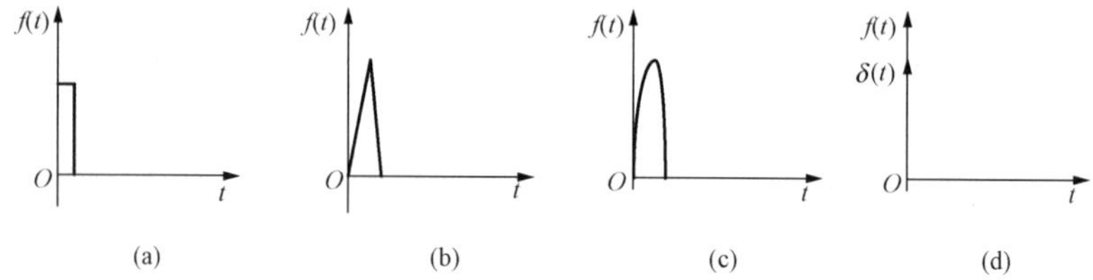

图 1-151　形状不同而冲量相同的各种窄脉冲

下面分析如何用一系列等幅不等宽的脉冲来代替一个正弦波。

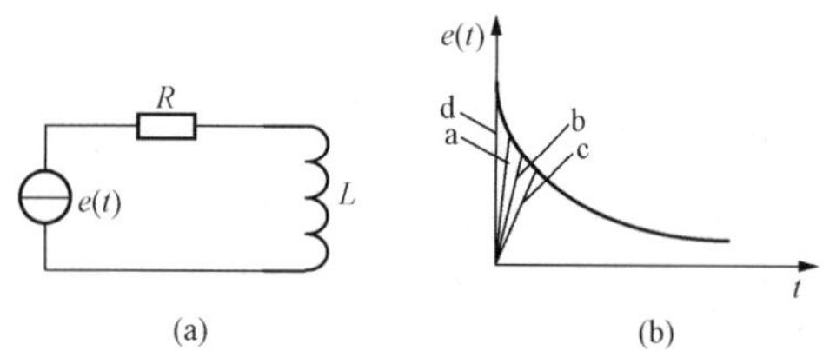

图 1-152　冲量相同的各种窄脉冲的响应波形

（a）RL 电路；（b）波形图

根据面积等效原理，可以使用微处理器的数字 I/O 口对开关型的半导体器件的导通和关断进行控制，使半导体的输出端得到幅值相等，而宽度不等的脉冲。用这些脉冲来代替正弦波或其他所需要的波形。按一定的规则对各脉冲的宽度进行调制，既可改变逆变电路输出电压的大小，也可改变输出频率。

将正弦半波看成是由 N 个彼此相连的脉冲

宽度为 π/N，但幅值顶部是曲线且大小按正弦规律变化的脉冲序列组成的。把上述脉冲序列利用相同数量的等幅而不等宽的矩形脉冲代替，使矩形脉冲的中点和相应正弦波部分的中点重合，且使矩形脉冲和相应的正弦波部分面积（冲量）相等，这就是 PWM 波形对于正弦波的负半周，也可以用同样的方法得到 PWM 波形。

上面所举的 PWM 波都是 PWM 电压波，除此之外，也还有 PWM 电流波，其原理和电压一样。除此之外，PWM 还可以等效成其他所需的波形，如等效成所需要的非正弦交流波形等，其基本原理也都基于面积等效原理，如图 1-153 所示。

2. PWM 的控制过程

脉冲宽度调制（PWM）是一种对模拟信号电平进行数字编码的方法。通过高分辨率计数器的使用，方波的占空比被调制用来对一个具体模拟信号的电平进行编码。PWM 信号仍然是数字的，因为在给定的任何时刻，满幅值的直流供电要么完全有（ON），要么完全无（OFF）。电压或电流源是以一种通（ON）或断（OFF）的重复脉冲序列被加到模拟负载上去的。通的时候即是直流供电被加到负载上的时候，断的时候即是供电被断开的时候。只要带宽足够，任何模拟值都可以使用 PWM 进行编码。

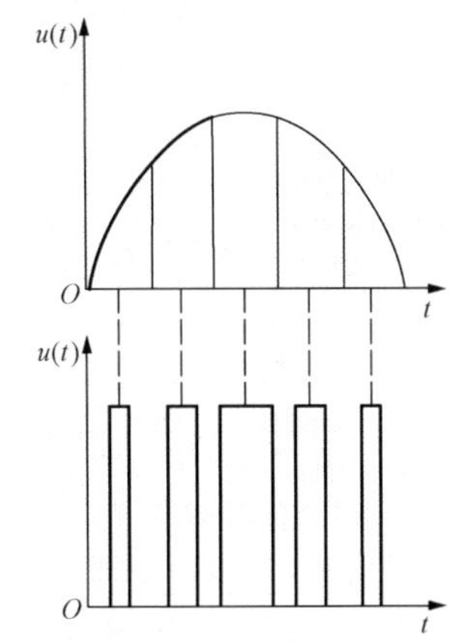

图 1-153　用 PWM 波代替正弦半波

多数负载（无论是电感性负载还是电容性负载）需要的调制频率都高于 10Hz，通常调制频率为 1kHz～200kHz 之间。

微控制器内部都包含有 PWM 控制器。例如，目前，一般的常用的 CPU 都内含两个 PWM 控制器，每一个都可以选择接通时间和周期。占空比是接通时间与周期之比；调制频率为周期的倒数。执行 PWM 操作之前，这种微处理器要求在软件中完成以下工作。

（1）设置提供调制方波的片上定时器/计数器的周期。

（2）在 PWM 控制寄存器中设置接通时间。

（3）设置 PWM 输出的方向，这个输出是一个通用 I/O 管脚。

（4）启动定时器。

（5）使能 PWM 控制器。

目前几乎所有市售的单片机都有 PWM 模块功能，若没有（如早期的 8051），也可以利用定时器及 GPIO 口来实现。更为一般的 PWM 模块控制流程为：

（1）使能相关的模块（PWM 模块以及对应管脚的 GPIO 模块）。

（2）配置 PWM 模块的功能，具体有：

1）设置 PWM 定时器周期，该参数决定 PWM 波形的频率；

2）设置 PWM 定时器比较值，该参数决定 PWM 波形的占空比；

3）设置死区（deadband），为避免桥臂的直通，需要设置死区，一般较高档的单片机都有该功能；

4）设置故障处理情况，一般为故障是封锁输出，防止过流损坏功率管，故障一般有比较器或 ADC 或 GPIO 检测；

5）设定同步功能，该功能在多桥臂，即多 PWM 模块协调工作时尤为重要。

（3）设置相应的中断，编写 ISR，一般用于电压电流采样，计算下一个周期的占空比，更改占空比，这部分也会有 PI 控制的功能。

（4）使能 PWM 波形发生。

3. 脉冲宽度调制优点

PWM 的一个优点是从处理器到被控系统信号都是数字形式的，无需进行数模转换。让信号保持为数字形式可将噪声影响降到最小。噪声只有在强到足以将逻辑 1 改变为逻辑 0 或将逻辑 0 改变为逻辑 1 时，才能对数字信号产生影响。

对噪声抵抗能力的增强是 PWM 相对于模拟控制的另外一个优点，而且这也是在某些时候将 PWM 用于通信的主要原因。从模拟信号转向 PWM 可以极大地延长通信距离。在接收端，通过适当的 RC 或 LC 网络可以滤除调制高频方波并将信号还原为模拟形式。

总之，PWM 经济、节约空间、抗噪性能强，是一项值得在许多设计中应用的技术。

1.6 通信量设计

计算机控制系统中，执行机构和检测装置都是由单片机系统组成，支持并行和串行通信方式，但在实际应用中，因并行通信方式传送数据成本高，使用较少，故本节中只讲串行通信方式。

1.6.1 串行通信的基本概念

所谓串行通信就是使数据一位一位的进行传输而实现的通信，串行通信具有传输线少，成本低的优点，适合于远距离传输，速度慢。

1. 串行通信的数据传输模式

串行通信一般在两个站（终端和微机）之间进行传送，数据传送有三种方式，即单工方式、半双工方式和全双工方式。

（1）单工方式：这种方式下，只允许数据按一个固定的方向传送[有线电视（CATV）、广播等]。传输方式如图 1-154 所示。

（2）半双工方式：这种工作方式下，如图 1-155 所示。数据既可从 A 传向 B，也可从 B 传向 A，但是只有一根线，必须分时，某一时刻只能进行发送或接收（如对讲机）。

（3）全双工方式：串行口之间分别有两根独立的传输发送和接收信号线，可以同时进行发送和接收。即在半双工方式的基础上增加一条线，使 A、B 两端均可同时工作在收发方式。传输方式如图 1-156 所示。

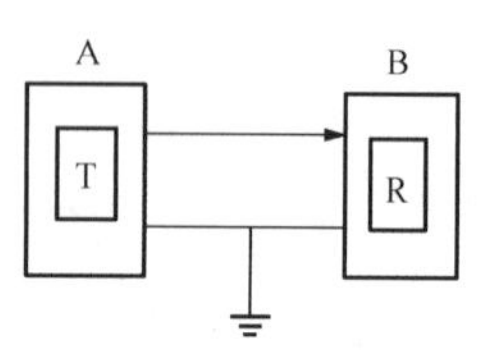

图 1-154 单工通信方式图

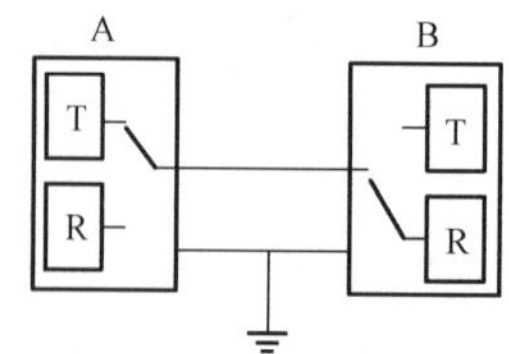

图 1-155 半双工通信方式

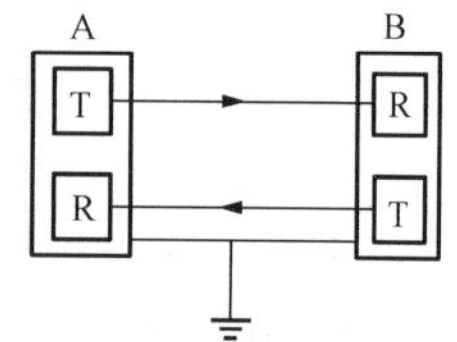

图 1-156 全双工通信方式

2. 串行通信的方式

根据串行通信中数据定时、同步的不同，串行通信的基本方式有两种：同步通信（Synchronous）和异步通信（Asynchronous）。

（1）同步通信。在接收端使数据位与时钟脉冲在频率和相位上保持一致的特性被称之为同步。同步传输是一种以报文和分组为单位进行传输的方式。由于报文可包含许多字符，因此可大大减少用于同步的信息量，提高传输速率。目前在计算机网络中大多采用此种传输方式。它要求通信双方以相同的速率进行，而且要准确协调。通过共享一个单个时钟或定时脉冲源以保证发送方和接收方准确同步。如同步通信方式如图 1-157 所示。

同步传输的特点：利用同步字（SYN）获得双方的同步信息，数据之间无间隔符（数据流），所以传输速率较高，同步传输的数据格式如图 1-158 所示。

传送数据作为被除数，发送器本身产生一固定除数，前者除以后者得到余数即为该“冗余”字符。当数据和冗余字符一起被传送到接收器时，接收器产生和发送器相同的除数，和数据位相除，得到余数进行比较。

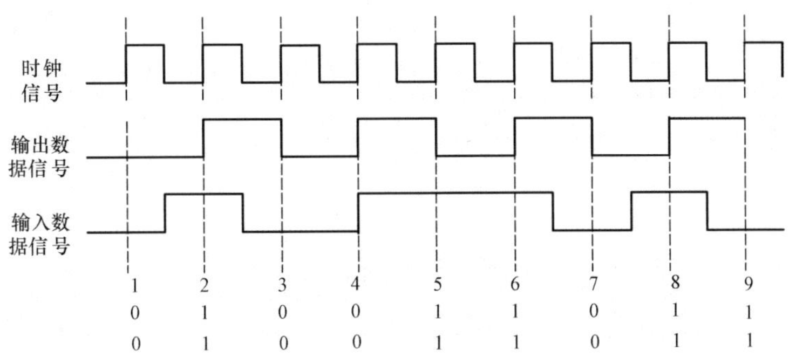

图 1-157　同步通信方式

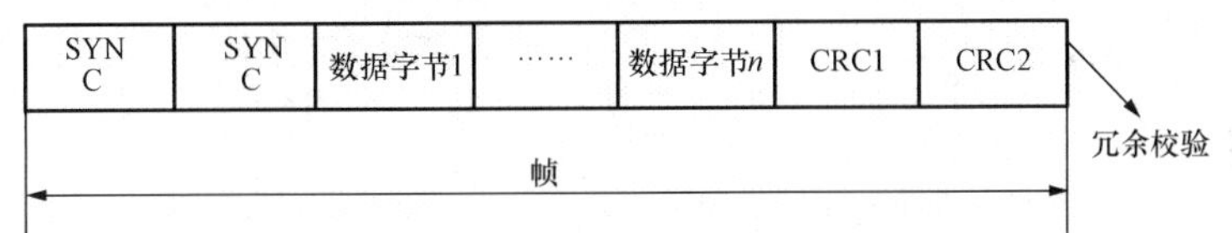

图 1-158　同步传输的数据格式

（2）异步通信。异步通信不要求通信双方同步，通信收发方可采用各自的时钟源，一致的时钟频率和通信双方都遵循的异步通信协议。异步通信以一个字符作为数据传输单位，而异步通信字符间的发送时间是异步的，也就是说，后一个字符与前一个字符的发送时间无关，字符之间的时间间隔是任意的，因此称其为异步传输方式。异步通信方式如图 1-159 所示。

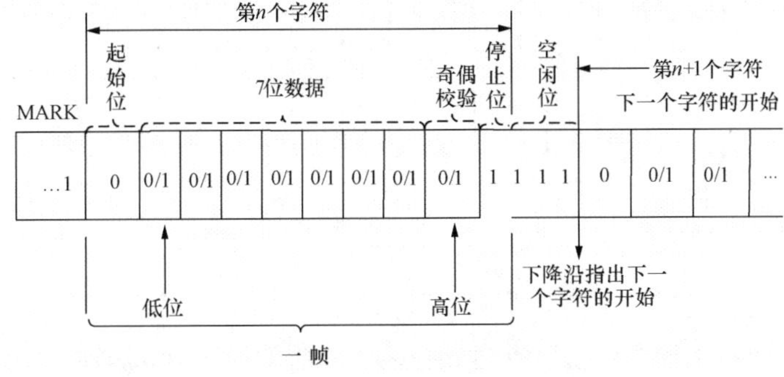

图 1-159　异步通信方式

异步通信必须遵从以下两项规定。

1）数据的格式。

每一个数据传送时，必须加一个起始位，后面加 1 或 1.5 或 2 个停止位。

异步通信时，字符/字节是一帧一帧的传送，每帧字符必须靠起始位来同步，在异步通信的数据传送中，传输线上允许空字符。

2）波特率（bit/s）。

波特率就是传送数据位的速率（用 bit/s）表示。

例如：数据传送速率为 120 字符/秒，每帧包括 10 个数据位，则波特率为 120×10=1200 位/秒=1200bit/s。常用的异步通信的波特率的值为：150、300、600、1200、2400、4800、9600、14400、28800。

3）校验位。

奇校验：字符加上校验位有奇数个 1。

偶校验：字符加上校验位有偶数个 1。

校验位产生和检查由串行通信控制器内部自动产生，停止位也是由硬件自动产生的。（偶数个错误不能检测）。

3. 串行通信的时钟

（1）发送脉冲和接收脉冲发送方要靠发送脉冲（移位脉冲）将数据移出，经 TXD 管脚发送对方；接收方要靠接收脉冲（移位脉冲）将数据接入，经 RXD 管脚接收到串口寄存器。串行通信的时钟信号示意图如图 1-160。

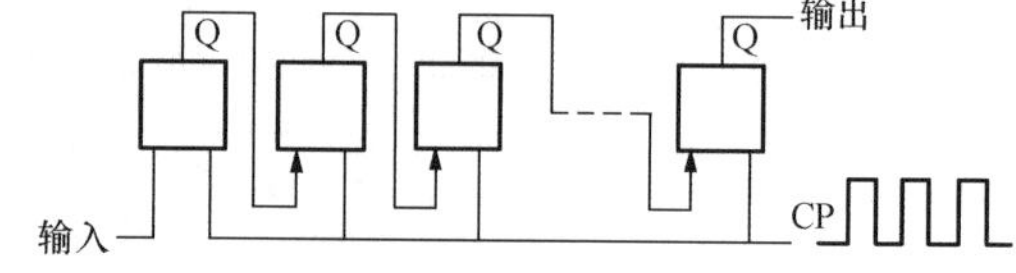

图 1-160 串行通信时钟信号示意图

在发送数据时，发送器用发送时钟的下降沿将移位寄存器的数据串行移位输出，并且对准数据位的前沿；在接收数据时，接收器用接收时钟的上升沿将数据位移入移位寄存器，对准数据位的中间位置，以保障可靠的接收数据，如图 1-161 所示为一数据发送接收脉冲示意图。

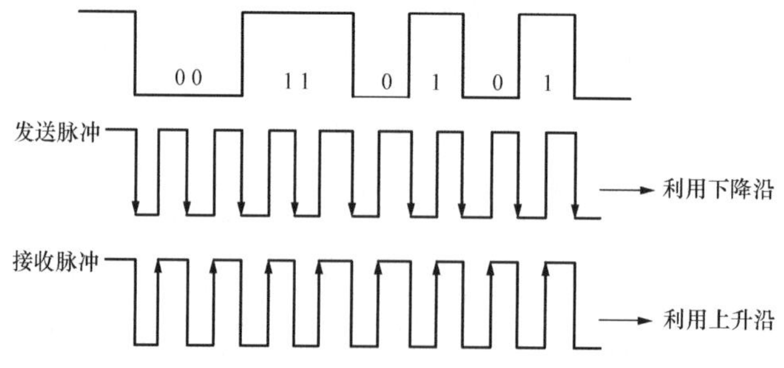

图 1-161 数据发送接收脉冲示意图

（2）检测脉冲接收方需对发送方发来的数据位进行检测，以决定是“0”还是“1”。通常检测脉冲是移位脉冲的 16 和 64 倍（常选 16）。示意图如图 1-162 所示。

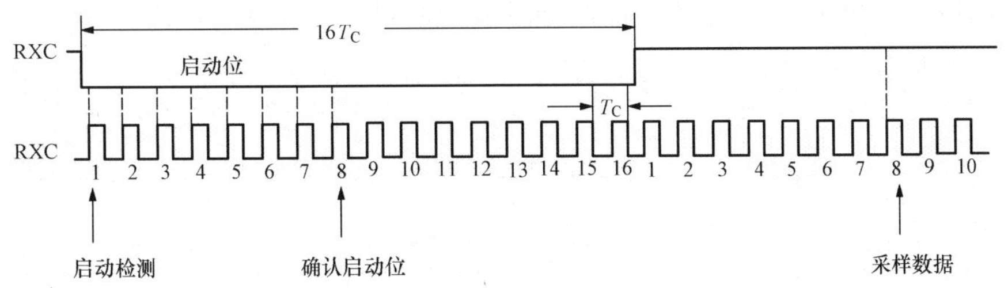

图 1-162 16 倍的移位脉冲检测脉冲示意图

检测脉冲的上升沿采样 RXC 线，在一个字符的结束或若干个空闲位之后，每当连续采样到 RXC 线上 8 个低电平（起始位之半）后，便确认对方发送的是起始位，认为下一位送来的应是数据位，此后，便每隔 16 个检测脉冲连续采样 RXC 线三次，按三中取二的原则确定采到的数据位是 0 还是 1，并把采样到的数据作为输入数据，由移位脉冲将数据移入接收移位寄存器。

4. 串行通信接口的基本结构

（1）接收移位寄存器：靠移位脉冲将数据串行传进来。

（2）接收数据缓冲寄存器：将移位寄存器中的数输入到缓冲寄存器，实现串并转换过程，向 CPU 申请中断后，等待 CPU 取走数据。

（3）接收脉冲发生器：产生接收的移位脉冲（RXC）。

（4）发送数据缓冲寄存器：接收 CPU 送来的并行数据。

（5）发送移位寄存器：接收发送缓冲寄存器的数据，完成并－串的转换，在移位脉冲的作用下，将数据移出去。

（6）发送脉冲发生器：用来产生发送移位脉冲（TXC）。

（7）状态触发器：PE、OE、CE。

PE：奇偶校验出错状态；“1”为奇偶错。

OE：溢出出错标志；接收到的数未被 CPU 取走，又接收到新数，前一个数就丢失，这种现象称为溢出错。

CE：帧格式出错标志，接收数据没有停止位。

（8）读写，中断等控制逻辑。

（9）工作时钟 CLK，经分频后产生 RXC、TXC。

5. 常用的串行通信接口

目前，有 RS-232、RS-485、RS-422 几种接口标准用于串行通信。

（1）RS-232-C 总线。RS-232 是最早的串行接口标准，在短距离（<15m）较低波特率串行通信当中得到了广泛应用。RS-232-C 标准早于 TTL 电路的产生，其高、低电平要求对称。RS-232-C 数据线 TXD、RXD 的电平使用负逻辑。DB-25/DB-9 型连接器接口如图 1-163 所示。

发送端：–5～–15V 逻辑“1”，+5～+15V 逻辑“0”；

接收端：低于–3V 逻辑“1”，高于+3V 逻辑“0”。

不能直接与 TTL 电路连接，必须经过电平转换，否则将使 TTL 电路烧坏。

MC1488 和 MC1489 是专门用于计算机与 RS-232-C 总线之间的电平转换，除此之外还有 75188、75189、75150、75154 等。低电源、低功耗 RS-232-C 的接口芯片，将接收和发送集成在一块芯片上，并且有自动关断功能（例 MAX232 等芯片），该芯片可自动监测 RS-232-C 上的电平。

信号分为两类：一类是数据终端设备（DTE）与数据通信设备（DCE）交换的信息即 TXD 和 RXD；另一类是为了正确无误地传输上述信息而设计的联络信号。

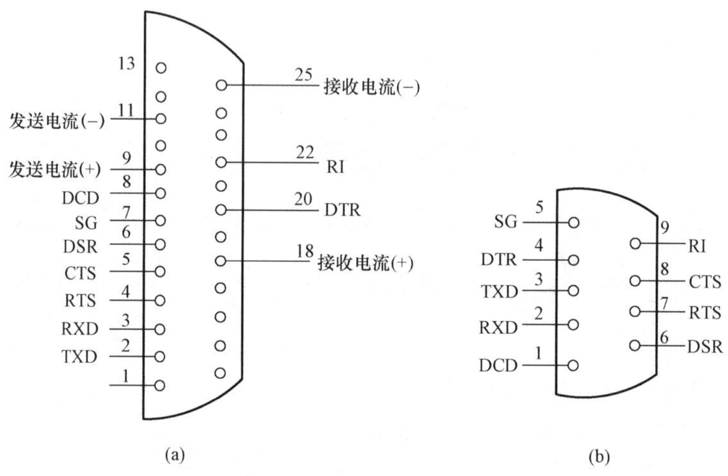

图 1-163　DB-25/DB-9 型连接器接口图

（a）DB-25 型连接器；（b）DB-9 型连接器

1）传送信息的信号。

a）发送数据 TXD（Transmitting Data）；

b）接收数据 RXD（Receiving Data）。

2）联络信号。

a）请求传送信号 RTS（Request To Send）。DTE 向 DCE 发出的联络信号，当 RTS=1 时，表示 DTE 请求向 DCE 发送数据。

b）清除发送 CTS（Clear To Send）。DCE 向 DTE 发出的联络信号。当 CTS=1 时，表示本地 DCE 响应 DTE 向 DCE 发出的 RTS 信号，且本地 DCE 准备向远程 DCE 发送数据。

c）数据准备就绪 DSR（Data Set Ready）。DCE 向 DTE 发出的联络信号，DSR 将指出本地。当 DSR=1 时，表示 DCE 没有处于测试通话状态，这时 DCE 可以与远程 DCE 建立通道。

d）数据终端就绪信号 DTR（Data Terminal Ready）。DTE 向 DCE 发送的联络信号，当 DTR=1 时，表示 DTE 处于就绪状态，本地 DCE 和远程 DCE 之间建立通信通道；而 DTR=0 时，将迫使 DCE 终止通信工作。

e）数据载波监测信号 DCD（Data Carrier Detect）。DCE 向 DTE 发出的状态信息。当 DCD=1 时，表示本地 DCE 接收到远程 DCE 发来的载波信号。

f）振铃指示信号 RI（Ring Indication）。DCE 向 DTE 发出的状态信息。RI=1 时，表示本地 DCE 接收到远程 DCE 的振铃信号，线路接通，使 DTE 处于待接收状态，通常，把 RI 信号作为中断请求用。

（2）RS-422A/423A 总线。

RS-232-C 虽然使用广泛，但在现在通信网络中已暴露出许多明显的缺点，主要表现有：

传输速率不够快；传输距离不够远；接口处各信号间容易产生串扰等，为了克服上述缺点，EIA（美国电子工业协会）于1987年推出了RS-423A总线标准和RS-422A标准。

1）RS-423A总线。该标准的主要优点是在接收端采用了差分输入。在130m用100kbit/s的波特率可靠通信。在1200m内，可用1200bit/s波特率进行通信。图1-164所示为RS-423A总线示意图。

2）RS-422A总线。RS-422A采用平衡差分输出的发送器，差分输入的接收器。双工通信，至少要有4根线，RS-422A总线示意图如图1-165所示。

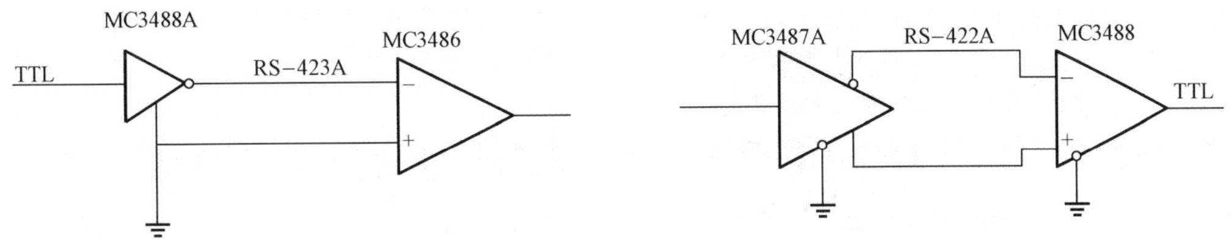

图1-164　RS-423A总线示意图　　图1-165　RS-422A总线示意图

一般情况下，RS-422A线路不使用公共地线，这使得通信双方由于地电位不同而对通信线路产生的干扰减至最小。双方地电位不同产生的信号成为共模干扰会被差分接收器滤波掉，而这种干扰却能使RS-232C的线路产生错误。当采用普通双绞线时，RS-422A可在1200m范围以38400bit/s的波特率进行通信。在短距离（200m）、RS-422A的线路可以轻易地达到200kbit/s以上的波特率，因此这种接口电路被广泛地用在计算机本地网络上。使用RS-422A接口电路进行全双工通信，需要两对线（4条线），使线路成本增加。

（3）RS-485总线。RS-485适用于收发双方共用一对线进行通信，也适用于多个点之间共用一对线路进行总线方式联网，通信只能是半双工的。

由于共用一条线路，在任何时刻，只允许有一个发送器发送数据，其他发送器必须处于关闭（高阻）状态，这是通过发送器芯片上的发送允许端控制的。例如，当该端为高电平时，发送器可以发送数据，而为低电平时，发送器的两个输出端都呈现高阻状态，好像从线路脱开一样，如图1-166所示。

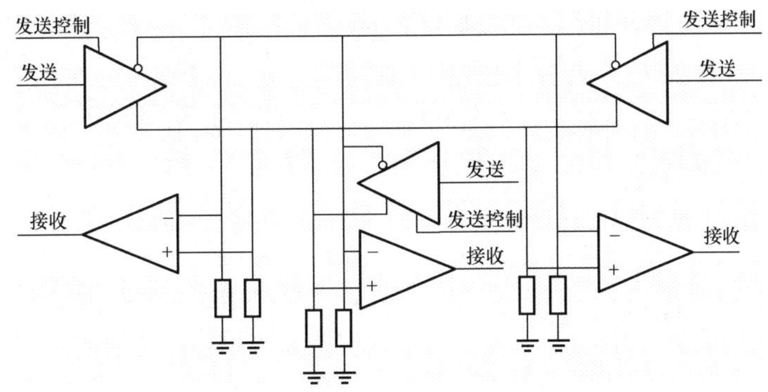

图1-166　RS-485总线电路

6. 其他串行接口

（1）现场总线CAN。控制器局域网（Controller Area Network，CAN），最早出现于20世

纪 80 年代末，是德国 Bosch 公司为简化汽车电子中信号传输方式出的。CAN 总线是一个单一的网络总线，所有的外围器件可以挂接在该总线上，其通信特点是：实时性传输，抗电磁干扰强，高效率以及高带宽等。克服 RS-485 一主多从的缺点，每个节点都可以作为主节点，最高速度可以达到 1Mbit/s。

（2）SPI 总线。串行外设接口（Serial Peripheral Interface，SPI）是 Freescale 公司推出的一种同步串行通信接口，用于微处理器和外围扩展芯片之间的串行连接，现已发展成为一种工业标准。

SPI 是一种高速的、全双工、同步的通信总线。SPI 一般使用 4 条线：串行时钟线 SCK、主机输入/从机输出数据线 MISO、主机输出/从机输入数据线 MOSI 和从机选择线 $\overline{\mathrm{SS}}$。

（3）I^2C 总线。I^2C（Inter-Integrated Circuit）总线是一种由 PHILIPS 公司开发的两线式串行总线，用于连接微控制器及其外围设备。

相比之下 I^2C 总线克服了 SPI 的不足。在硬件结构上，它采用数据（SDA）和时钟（SCL）两根线来完成数据的传输及外围器件的扩展，数据 SDA 和时钟 SCL 都是开漏的，通过一个上拉电阻接到正电源，因此在不需要的时候仍保持高电平。

7. 调制解调器（MODEM）

在做远距离传输时，需要通过 MODEM 将数字信号转换为模拟信号，可以利用电话线传输（称为调制），接收方利用 MODEM 将模拟信号转换为数字信号（称为解调），局域网不用调制解调器，用网卡即可。

调制解调器的调制方式有以下三种。

（1）振幅调制（Amplictute Shift Keying，ASK），其波形如图 1-167 所示。

（2）频率调制（Frequency Shift Keying，FSK），其波形如图 1-168 所示。

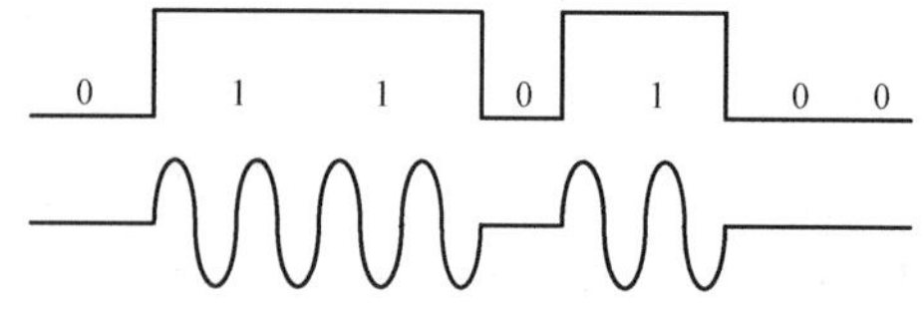

图 1-167　振幅调制波形图

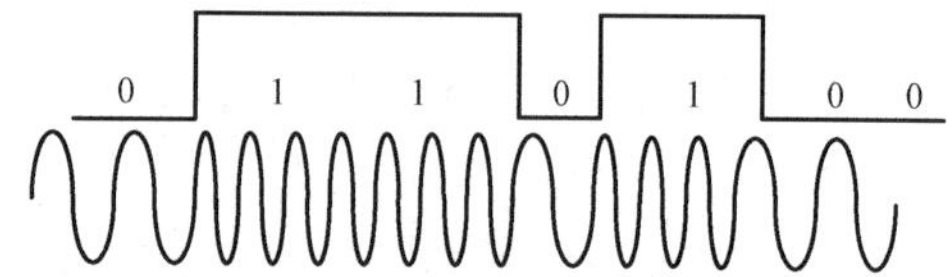

图 1-168　频率调制波形图

（3）相位调制（Phase Shift Keying，PSK）。其波形如图 1-169 所示。

1.6.2　可编程串行通信接口 INS8250 和 NS16×50

INS8250 和 NS16×50 是异步接收和发送控制器（Universal Asynchronous Receiver Transmitter，UART），全部输入输出均和 TTL 兼容。IBM PC/XT 微机串行通信接口使用的是 INS8250，Pentium 微机使用的是 NS16×50，它是 INS8250 的改进型，最高传输率可达 1.5Mbit/s。

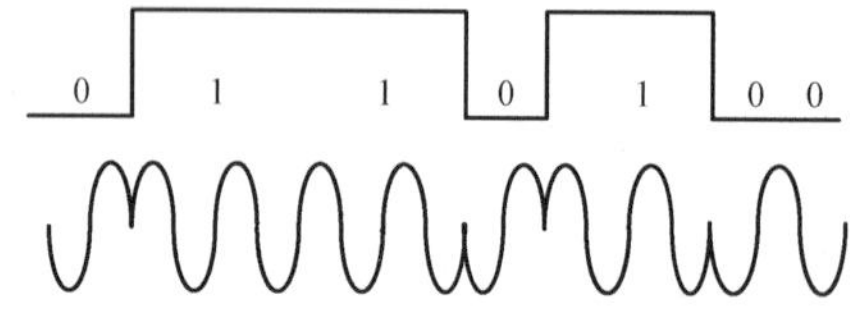

图 1-169　相位调制波形图

1. INS8250 和 NS16×50 的基本性能

（1）支持异步串行通信工作方式。

（2）异步通信时，每帧数据可通过软件编程设置（由 5～8 位组成），发送时自动在每帧数据中插入起始位、停止位（1、1.5、2 个）和奇偶校验位，接收时则自动删除这些辅助标志位。

（3）内部具有可编程时钟电路，将外部输入的时钟进行 1～65535 次分频作为通信时的收/发时钟。

（4）具有独立的中断优先级控制和自测试功能，并提供 Modem 的全部状态。

（5）INS8250 和 NS16×50 相同，内部有 10 个寄存器，NS16×50 内部有 12 个寄存器，NS16×50 完全兼容 INS8250。INS8250 最高波特率为 9600bit/s。NS16×50 最高波特率为 115～460kbit/s，而且内部增加了容量为 16～64B 的 FIFO 缓冲器。

2. INS8250 和 NS16×50 的内部结构和管脚

INS8250 和 NS16×50 由数据总线缓冲器、地址选择和控制逻辑、接收器/发送移位寄存器、Modem 控制逻辑和可编程寄存器等组成。INS8250 和 NS16×50 的内部结构和管脚图如图 1-170 所示。

（1）数据总线缓冲器。一个 8 位双向三态缓冲器，它是 INS8250 同微机系统数据总线连接的接口。CPU 通过数据总线缓冲器设置 INS8250 的工作方式，写入或读取 INS8250 发送或接收的数据，以及当前工作的状态信息。

（2）读/写控制逻辑。接收微机系统输出的控制信号，确定当前 INS8250 的工作状态。

CS0、CS1 和 $\overline{CS2}$：片选信号，输入。CS0 和 CS1 为“1”有效（+5V），$\overline{CS2}$ 为“0”有效。A2、A1 和 A0：地址信号，输入。

$\overline{ADS}$：地址选通信号，输入，低电平有效。$\overline{ADS}$ 的上升沿对 A1、A2、A0 和 CS0、CS1、$\overline{CS2}$ 信号进行锁存，由锁存的 A1、A2、A0 和 CS0、CS1、$\overline{CS2}$ 信号直接驱动内部所选择的逻辑。在 PC 系列微机的串行适配器中该信号接地。

CSOUT：片选输出信号，输出，高电平有效。当 CSOUT 为“1”时，表示 CS0、CS1 和 $\overline{CS2}$ 信号有效，此时可进行数据传输。

DISTR 和 $\overline{DISTR}$：读选通信号，输入。DISTR 为高电平有效，$\overline{DISTR}$ 为低电平有效。当 DISTR 为“1”和 $\overline{DISTR}$ 为“0”时，CPU 可读取由当前 A2、A1 和 A0 所选寄存器中的数据或状态。

DOSTR 和 $\overline{DOSTR}$：写选通信号，输入，DOSTR 为高电平有效，$\overline{DOSTR}$ 为低电平有效。当 DOSTR 为“1”和 $\overline{DOSTR}$ 为“0”时，CPU 输出的数据或命令可写入到当前所选中的寄存器中。

DDIR：驱动器禁止信号，输出，高电平有效。当 DDIR 为“0”表示 CPU 执行读 INS8250 中的数据；当 DDIR 为“1”禁止 CPU 对 INS8250 执行收发操作。

MR：复位信号，输入，高电平有效。当 MR 为“1”时，除收/发缓冲寄存器和波特率除数寄存器外，其余寄存器均被复位。

XIN（XTAL1）：外部时钟输入。外部时钟信号通过该端输入作为 INS8250 的基准时钟信号，在 PC 系列微机中输入的时钟信号频率为 1.8432MHz 或 3.072MHz。

（3）调制解调器控制逻辑电路。该电路输出信号 $\overline{DTR}$、$\overline{DSR}$、$\overline{RTS}$、$\overline{CTS}$，使 INS8250 可直接同 Modem 连接，实现微机远程通信。

$\overline{RTS}$：请求发送信号，输出，低电平有效。若该信号有效，通知 Modem，INS 8250 已做好发送数据的准备。将 Modem 控制寄存器 D0 位置“1”，$\overline{RTS}$ 输出有效。

$\overline{CTS}$：允许发送信号，输入，低电平有效。该信号是 Modem 的状态信号，可通过读 Modem 状态寄存器的 D4 位获得该信号状态。若允许 Modem 状态中断，$\overline{CTS}$ 状态的改变将产生中断。该信号有效时，表示 Modem 可接收 INS 8250 输出的数据，同时也作为 INS8250 向 Modem

输出$\overline{\text{RTS}}$信号的应答信号。

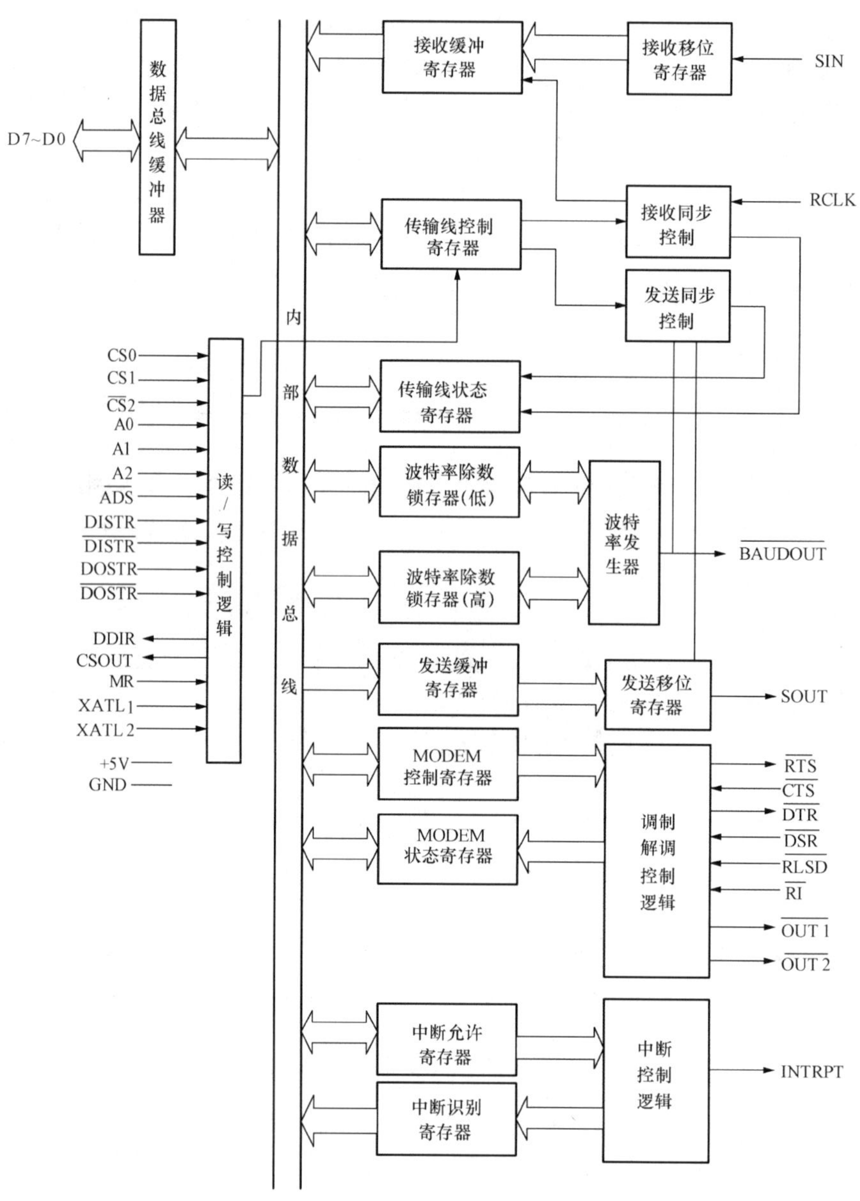

图 1-170 INS8250 和 NS16×50 的内部结构和管脚图

$\overline{\text{DTR}}$：数据终端准备好信号，输出，低电平有效。若该信号有效，通知 Modem，INS8250 已做好收/发通信准备。将 Modem 控制寄存器 D1 位置“1”，$\overline{\text{DTR}}$输出有效。

$\overline{\text{DSR}}$：数据设备准备好信号，输入，低电平有效。该信号有效表示 Modem 已准备好，同时也可作为 INS8250 向 Modem 输出信号$\overline{\text{DTR}}$的应答信号。可通过读 Modem 状态寄存器的 D5 位检查获取该信号状态。若允许 Modem 状态中断，$\overline{\text{DSR}}$状态的改变将产生中断。

$\overline{\text{OUT1}}$，$\overline{\text{OUT2}}$：用户指定输出信号，输出。 Modem 控制器 D2 位和 D3 位分别置“1”时，$\overline{\text{OUT1}}$和$\overline{\text{OUT2}}$输出低电平，由用户确定其功能。PC 系列微机中$\overline{\text{OUT2}}$用于控制中断

INTRPT 的输出，$\overline{\text{OUT1}}$ 可作为位寄存器使用。

$\overline{\text{RLSD}}$：线路信号检测信号，输入，低电平有效。该信号有效时，表示 Modem 已检测到数据载波，读 Modem 状态寄存器 D7 位可知此信号。若允许 Modem 状态中断，$\overline{\text{RLSD}}$ 状态的改变将产生中断。

$\overline{\text{RI}}$：输入，振铃信号，低电平有效。 该信号有效表示 Modem 已接收到电话振铃信号，可通过读 Modem 状态寄存器 D6 位检查获取该信号状态。若允许 Modem 状态中断，$\overline{\text{RI}}$ 状态的改变将产生中断。

（4）发送器。由发送缓冲寄存器、发送移位寄存器和发送同步控制器等组成（NS16×50 增加了发送 FIFO 缓冲器）。发送缓冲寄存器用于锁存 CPU 输出待发送的数据，发送数据通过发送缓冲寄存器自动进入发送移位寄存器，在发送时钟控制下，自动在发送的数据中插入起始位、奇/偶校验位和停止位，通过 SOUT 输出。

（5）接收器。由接收移位寄存器、接收缓冲寄存器和接收同步控制器等组成（NS16×50 增加了接收 FIFO 缓冲器），接收移位寄存器在接收时钟控制下，将从 SIN 端接收到的位数据中自动删除起始位、奇/偶校验位和停止位后，再将串行的位数据转换为并行数据通过接收缓冲寄存器存入接收缓冲寄存器中，待微机系统通过数据总线读取。

RCLK：接收时钟，输入。RCLK 输入时钟频率应是接收数据波特率 16 倍，若接收/发送数据波特率相同，该信号可同 $\overline{\text{BAUDOUT}}$ 连接。

（6）波特率发生控制电路。由波特率除数寄存器（高、低字节锁存器）和波特率发生器组成，INS8250 规定收/发时钟的频率是数据传输率的 16 倍，由于 INS8250 是由外部提供的标准时钟，用户可根据实际数据传输的波特率要求，采用不同的分频，其分频数值（称为波特率因子）可按下式计算式为

$$\text{波特率因子}=\frac{\text{外部提供的标准时钟频率}}{16\times\text{波特率}}$$

当对 INS8250 进行初始化时，首先应根据数据传输波特率的要求，将求出的波特率因子写入除数寄存器中，这时波特率发生器即可输出符合收/发要求的时钟频率。

$\overline{\text{BAUDOUT}}$：波特率，输出。$\overline{\text{BAUDOUT}}$ 输出的时钟频率由外接晶振和波特率分频因子确定，输出的时钟频率应是 INS8250 发送数据波特率的 16 倍。将 $\overline{\text{BAUDOUT}}$ 和 RCLK 连接，可作为接收时钟。

（7）中断控制电路。由中断允许寄存器、中断标识寄存器和中断控制逻辑组成，实现 INS8250 的中断请求和对中断优先级的管理。

INTRPT：中断信号，输出，高电平有效。当接收数据错（重叠错、奇偶错、帧错、间断）、接收缓冲器满、发送缓冲器空和 Modem 状态改变时，INTRPT 输出为“1”作为向 CPU 申请的中断请求信号。中断服务结束或 MR 信号有效后，INTRPT 输出为“0”。

3. INS8250 和 NS16×50 的寄存器组

INS8250 内部有十个寄存器，NS16×50 内部有 12 个寄存器，通过内部寄存器选择信号 A2、A1 和 A0 定位。

（1）线路控制寄存器（LCR）。8 位可读/写寄存器，用于设置串行通信的帧数据格式，如图 1-171 所示。

（2）线路状态寄存器（LSR）。8 位可读/写寄存器，用于表示 8250 收/发通信时的状态信

息，如图 1-172 所示。

（3）波特率除数寄存器。16 位读/写寄存器，当 INS8250 或 NS16×50 输入时钟频率和数据传输波特率确定后，可求出相应的波特率因子，并将该因子写入波特率除数寄存器中。注意，对波特率除数寄存器中的波特率因子的写入必须在 INS8250 或 NS16×50 初始化时完成。

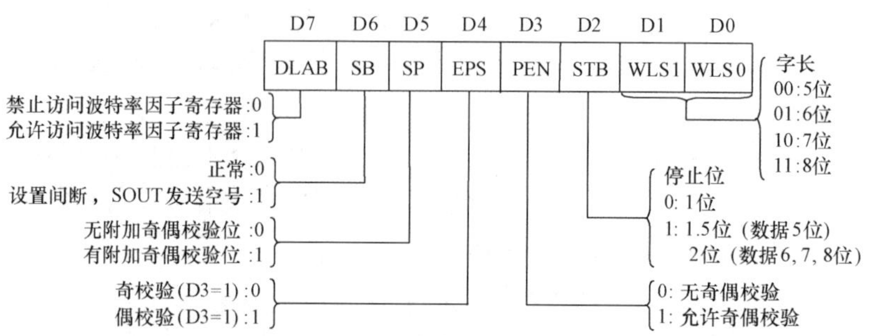

图 1-171 线路控制寄存器

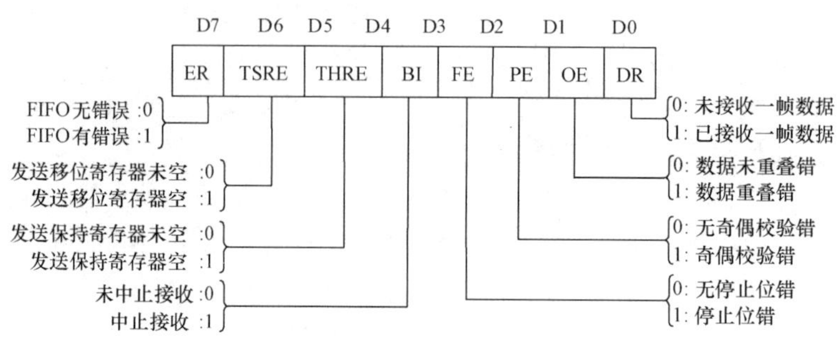

图 1-172 线路状态寄存器

（4）中断允许寄存器（IER）。8 位读/写寄存器，当线路控制寄存器的 D7 位为“0”时，可对中断允许寄存器执行写入操作。INS8250 或 NS16×50 内部中断源的中断请求是否被允许，由 D3～D0 位的状态确定，如图 1-173 所示。

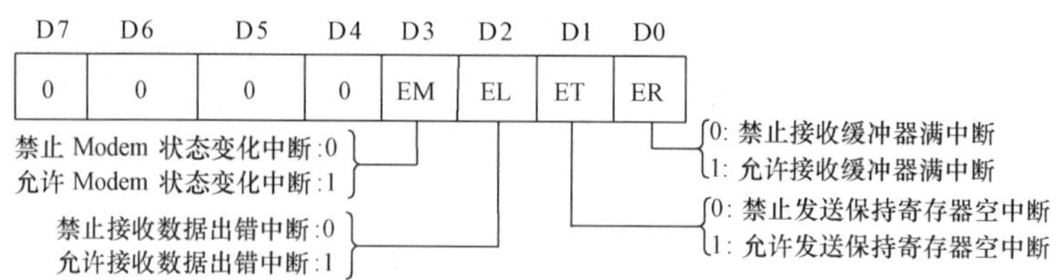

图 1-173 中断允许寄存器

（5）中断识别寄存器（IIR）。8 位只读寄存器，INS8250 或 NS16×50 只有一个中断请求输出端 INTRPT，因此要求中断服务程序必须通过查询中断识别寄存器确认当前中断源。

（6）Modem 控制寄存器（MCR）。8 位读/写寄存器，用于设置同 INS8250 或 NS16×50 连接的 Modem 工作方式，如图 1-174 所示。

（7）Modem 状态寄存器（MSR）。8 位读/写寄存器，用于检测和记录 Modem 的联络控制信号及状态变化情况，当 Modem 输入发生变化时，该寄存器的 D7～D4 随之改变，此时

D3～D0 也随之置“1”产生 Modem 状态中断。当 CPU 执行该寄存器时，D3～D0 随之自动置“0”，如图 1-175 所示。

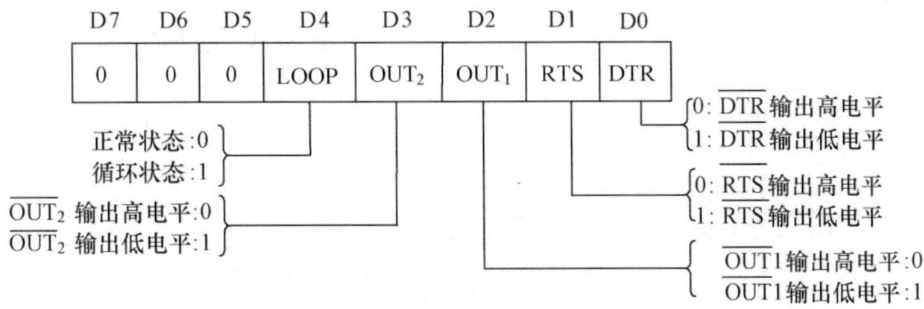

图 1-174 Modem 控制寄存器

（8）发送缓冲寄存器（THR）。8 位只写寄存器，是用于暂存待发送的帧数据。

（9）接收缓冲寄存器（RBR）。8 位只读寄存器，是用于暂存接收的帧数据。

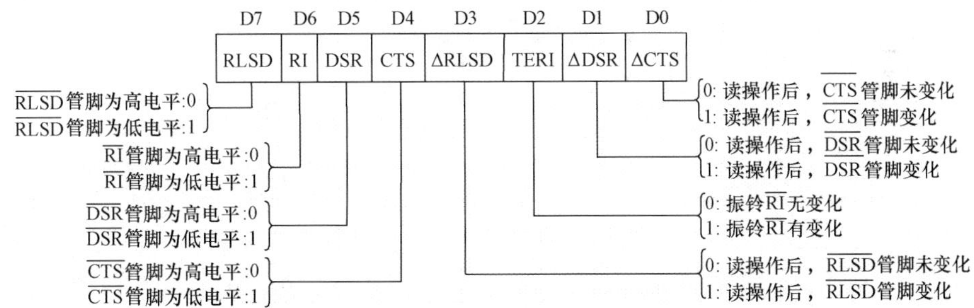

图 1-175 Modem 状态寄存器图

（10）FIFO 控制寄存器（FCR）。8 位只写寄存器，用于设置 NS16×50 收/发 FIFO 缓冲器，如图 1-176 所示。

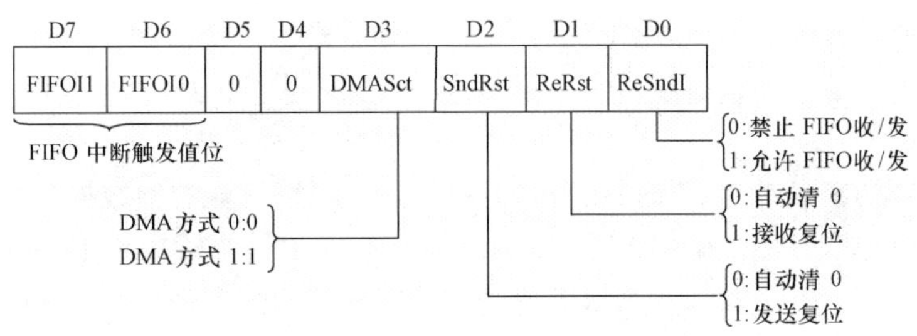

图 1-176 FIFO 控制寄存器图

4. 工作模式

（1）UART 模式。该模式全称为通用异步接收/发送模式，如图 1-177 所示。

串行发送时，待发送的帧数据先写入发送缓冲寄存器，然后再进入发送移位寄存器，在发送时钟控制下，从 SOUT 管脚输出给接收方。当发送缓冲寄存器中的数据进入发送移位寄存器后，发送缓冲寄存器即为空，此时若线路状态寄存器 D5 位为“1”，即可通过 INTRPT 输出中断请求信号，由中断服务程序将新的帧数据写入发送缓冲寄存器后，线路状态寄存器

D5 位自动为“0”，如此循环重复，直至数据发送完毕。

串行接收时，当 SIN 管脚在接收时钟的控制下，将接收到的数据通过移位寄存器转换为并行数据送入接收缓冲寄存器时，若线路状态寄存器 D0 位为“1”，即可通过 INTRPT 输出中断请求信号，由中断服务程序将接收到的帧数据存入指定存储器单元后，线路状态寄存器 D0 位自动为“0”，如此循环重复，直至数据接收完毕。

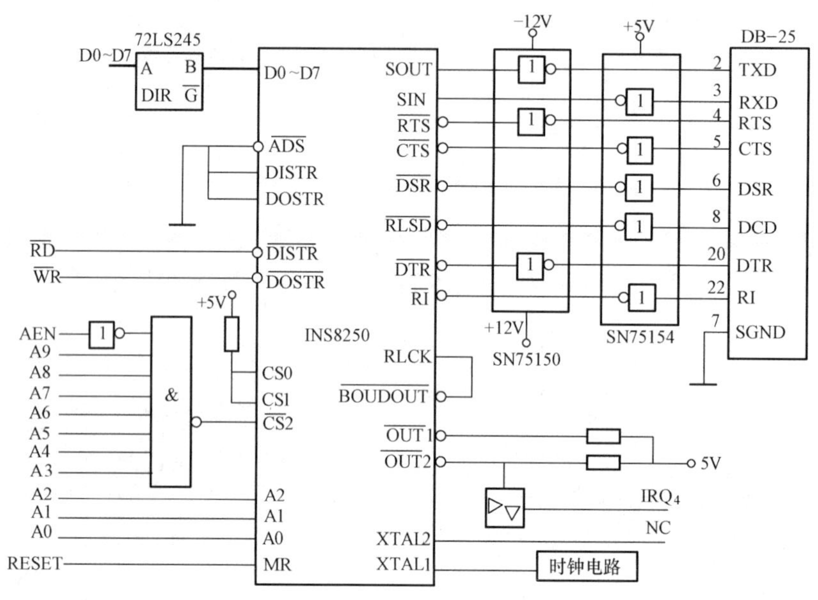

图 1-177　UART 模式图

（2）自测模式。自测模式即是 INS8250 自己发送自己接收模式。如果将 MCR 寄存器的 D4 置“1”，则 INS8250 进入自测模式，如图 1-178 所示。

（3）FIFO 模式。INS8250 在下一帧数据到达收/发缓冲寄存器前，CPU 对收/发缓冲寄存器中前一帧数据的读操作或发送操作必须结束，否则将产生重叠错误。这种方式虽然提高了传输的可靠性，但影响了传输速度。为了避免这种现象发生，NS16×50 采用 FIFO 模式，如图 1-179 所示。

当 FCR 寄存器 D0 位为“1”时，启动 FIFO 发送，将待发送的帧数据先写入到 FIFO 中，然后再进入发送移位寄存器，在发送时钟控制下，从 SOUT 管脚输出给接收方。当发送 FIFO 为空时，产生发送保持器中断，中断服务程序将需发送的帧数据块写入 FIFO 中，通过发送移位寄存器开始发送。

当 FCR 寄存器 D0 位为“1”时，启动 FIFO 接收，当 SIN 管脚在接收时钟的控制下，将接收到的数据通过移位寄存器转换为并行数据送入 FIFO 中，直至接收 FIFO 缓冲器中的字节数满足 FIFO 所设置的中端触发计数值，便输出中端请求信号。

1.6.3　计算机控制系统通信的层次体系结构

将多台位于不同地点的计算机设备通过各种通信信道和设备互连起来，使其能够协同工作，以便于计算机的用户应用进程交换和共享资源，这是一个复杂工程问题。为了解决这种问题，一般的方法是结构化的设计方法。

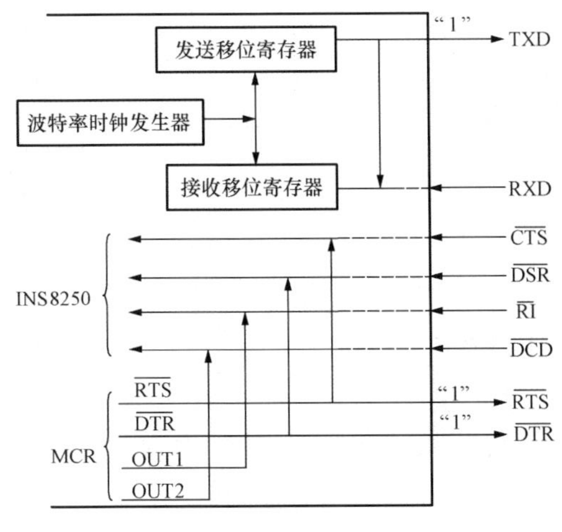

图 1-178　自测模式图

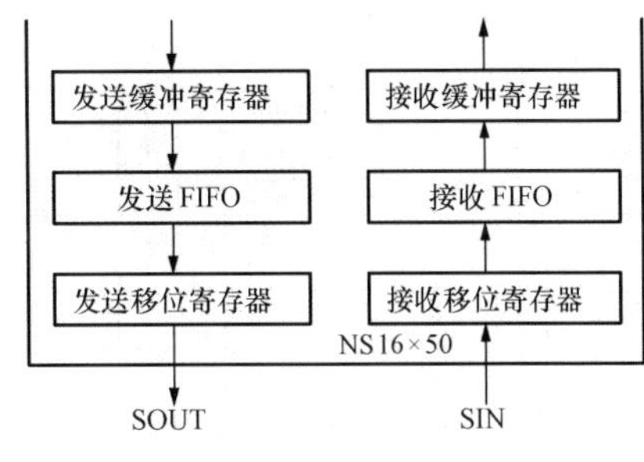

图 1-179　FIFO 模式图

1. *层次结构*

实际上单台计算机也是一种层次结构。最内层是裸机，从内向外依次为操作系统、汇编语言、高级语言、应用程序等如图 1-180 所示。

每一层都直接使用内层向它提供服务，并完成其自身确定的功能，然后向外层提供“增值”后的更高级的服务。于是，系统的功能逐层加强与完善了，如图 1-181 所示。其结构的标准结构：*N* 层是 *N*–1 层的用户，又是 *N*+1 层的服务层提供者。*N*+2 层的用户虽然直接使用了 *N*+1 层提供的服务，实际上它通过 *N*+1 层还间接使用了 *N* 层的服务，并更直接使用了 *N*-1 层以及以下所有各层的服务。

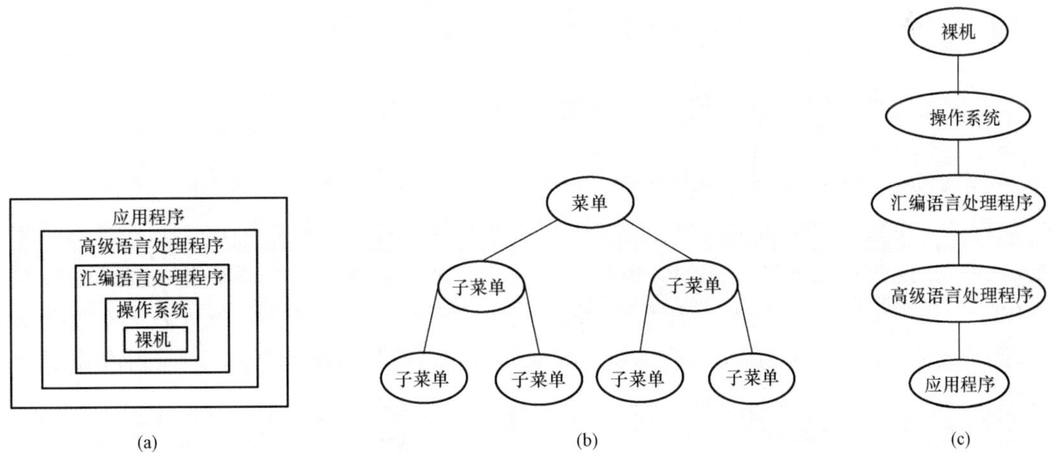

图 1-180　单台计算机层次结构示意图

（a）操作系统的层次架构；（b）菜单的层次架构；（c）程序的应用架构

层次结构的好处在于使每一层实现一种相对独立的功能。每一层不必知道下面一层是如何实现的，只要知道下一层通过层间接口提供的服务是什么以及本层应向上层提供什么样的服务，就能够独立设计。

由于系统被分配成相对独立的简单的若干层次，故容易实现和维护。此外，当由于技术的变化或其他原因某层的事项需要更新或替代时，只要它和上、下层的接口服务关系不变，则其他层次都不受到影响，具有很大的灵活性。分层结构还易于交流、易于标准化，对于计算机通信这种涉及两个不同实体间通信系统就更具有优越性。

现代计算机通信系统都采用了层次化的体系结构，如图 1-182 所示。

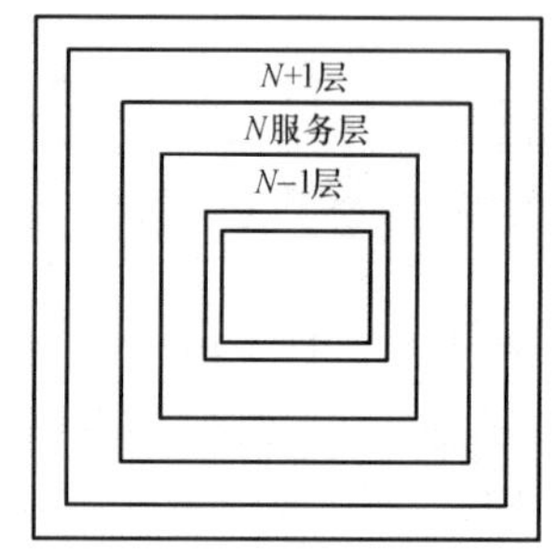

图 1-181　“增值”后标准结构图

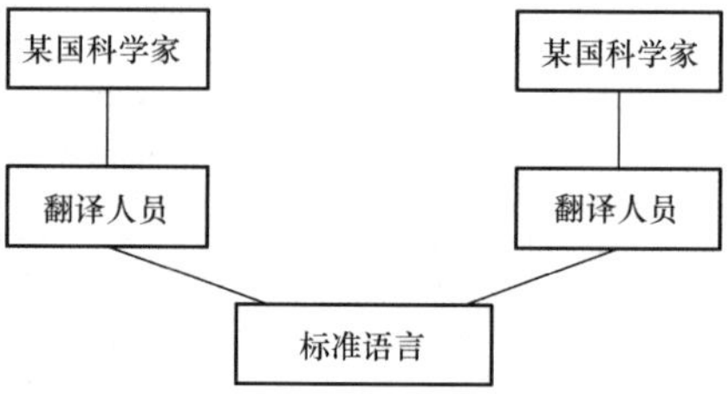

某国科学家
某国科学家
翻译人员
翻译人员
标准语言

图 1-182　现代计算机通信系统层次化的体系结构图

某国科学家和另一个国家科学家之间交流时，科学家可以认为不存在翻译人员，好像科学家之间直接在通信，这种形式的通信称为虚通信。标准语言是共同遵守的标准。

计算机控制系统的通信层次结构特点如下。

（1）除了在物理媒体上可以进行实通信外，其余各对等层之间都是进行虚通信。

（2）对等层的虚通信必须遵循该层的协议。

（3）*N* 层的虚通信通过 *N* 层与 *N*–1 层间的接口，由 *N*–1 层提供的服务以及 *N*–1 层的通信来实现。

分层遵守的主要规则如下。

（1）每层的功能应是明确的并且相对独立。当某一层具体实现方法更新时，只要保持层间的接口不变，就不会对邻层造成影响。

（2）层间接口清晰，跨越接口的信息量尽可能少。

（3）层数应适中。

2. 开放系统互联基本参考模型

现代计算机通信都采用了层次化结构，但第二代计算机通信中各种不同体系结构划分的层次不相同，层与层之间的功能划分也不一样，相互之间不兼容，不能实现开放互连。

ISO 的开放系统互联（OSI）基本模型采用了层次化结构。OSI 是在各种通信基础上制订的。OSI 分成七层结构，即物理层（Physical Layer）、数据链路层（Data Link）、网络层（Network）、运输层（Transport）、会话层（Session）、表示层（Presentation）和应用层（Application）。开放系统标准在资源子网中的主机需要七层，通信子网的 IMP 不需要七层，通常只有三层。

不同开放系统对等层之间的虚通信必须遵循相应层的协议，如有运输层协议。

（1）物理层。物理层的作用是物理媒体传送原始数据比特流。如图 1-183 所示，当一方发送二进制比特“1”时，对方应能正确地接收，并识别出来。在物理层，传输的双方应该有一致同意的约定，如：媒体信道上有多少条线，相应的插头和插座的机械形状和大小，插针的个数和排列，什么电信号（如多少伏电压）代表“1”和什么电信号代表“0”，1 比特的持续时间是多长，每个插针或每条线传输的是什么信号（如电源或数据或控制等）以及它们之间应按什么顺序升起或落下，最初的连接如何建立，传输完成后又如何终止。

机械连接方面、电气方面，主要传输是位的传送或字节。例如：RS-232 物理层，为物理媒体建立、维持和终止传输数据比特流连接提供了机械、电气、功能和过程的手段。

（2）数据链路层。由于外界噪声干扰等因素，原始的物理连接在传输比特流时可能发生差错。数据链路层的一个主要功能就是通过校验、确认和反馈重发等手段将原始的物理连接造成无差错的数据链路，如图 1-184 所示。另外，物理层传送的是比特流，并不关心其意义和结构，在数据链路层将比特组合成数据链路协议数据单元。数据链路协议数据单元是 OSI 标准中使用的术语，通常称为帧（Frame）。在一帧中可判断哪一段是地址，哪一段是控制域，哪一段是数据，哪一段是校验码。数据层还要解决发送方来的高速数据淹没慢的接收方的问题，即流量控制（Flow Control）问题。

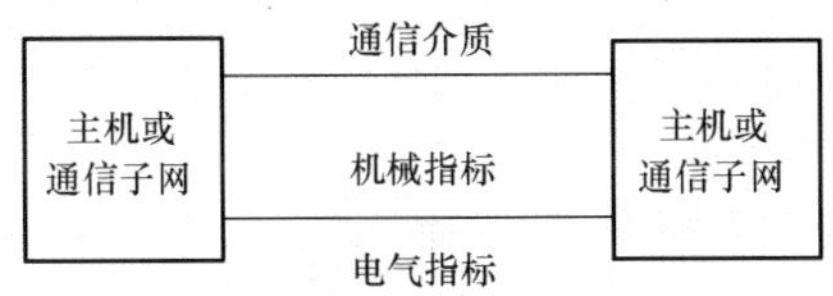

图 1-183 RS-232 物理层传送

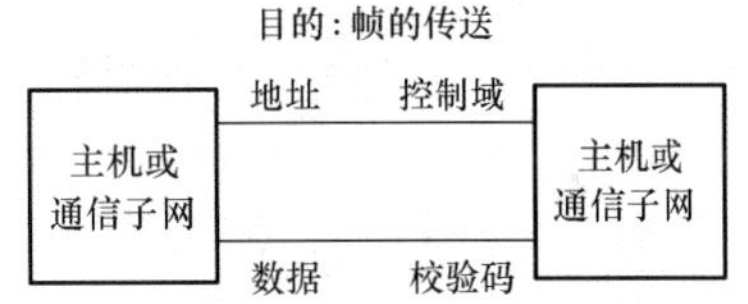

图 1-184 数据链路层传送

1）常用的简单差错控制编码。常用的简单差错控制编码有奇偶校验码、定比码、正反码、海明码和循环冗余码。

2）数据链路层的功能。数据链路层在物理层提供的服务基础上向网络层提供服务。其最基本的服务就是将源机器网络层来的数据可靠地传输到相邻节点的目标机网络层，它要完成许多特定的功能，主要有：如何组合帧（Frame）——帧是数据链路层的传送单位，按 OSI 的术语就是 DL-PDU，处理器传输中出现的差错；调节发送方的发送速率，使之慢的接收方能够承受，以及数据链路层连接的建立、维持和释放——称为链路管理。

a）帧同步。数据链路层之所以要把比特组合成以帧为单位传送，是为了出错时只重发错的帧，而不是重新发送全部数据，从而提高了效率。

通常为每个帧计算校验和（Checksum）。当一帧到达目的地时，校验和再被计算一次，若与原校验和不同，就可发现差错了。

接收方要检查校验和，就必从物理层上收到的比特流中明确区分出一帧的开始和结束，把这个过程称为帧同步。帧同步的实现方法有：字节计数法、用字符填充的首尾定界方法、使用比特填充的首尾标志法以及违例编码法。

b）差错控制。数据通信中，因信号失真造成接收端收到的二进制数位（或称为码元）和发送的二进制数位不一致，由“1”跳变到“0”，由“0”跳变到“1”，这就是差错。

由检错产生的校验和可以检查出一帧在传输中是否发生了错误，因此通常采用重发的方法来纠正错误。这要求每帧传送后接收方向发送方提供是否已正确接收的反馈信息，从而发送方可以根据此决定是否要重发。也就是说发送方必须收到已经正确接收的信息才能够认为接收完毕。

复杂的是，传输中的突发噪声使一帧整个消失，使发送方收不到反馈信息，无限等待下去。为了避免这种情况的发生，通常引入计时器来解决。发送方在发送的同时也启动了计时器，在计时器没有到指定时间前，应保证帧到达对方，被做相应的处理，并发回正确接收的信息给发送方。当时间已经超过计时器的时间间隔，就可确认数据已经丢失，重发信息。如果多次则属于线路出错。如果正常，则计数器清零。如果发送几次，就有可能接收到同一个帧，对于每一个帧应该有一个序号。

c）流量控制。流量控制是发送方的能力大于接收方的能力。

发送方在一个相对速度快或负载轻的机器上运行，而接收方却在一个相对速度慢或负载较重的机器上运行时就会出现这个问题。

若不进行流量控制，发送方只管向外发送，而接收方来不及收，最终会被不断来的帧淹没，造成丢帧而出错。因此，流量控制是限制发送方的数据流量，使其发送速率不要超过接收所能处理的程度。在这个过程中，也需要通过某种反馈机制使发送方知道接收是否能够达到的处理速度。要有一些规则使得发送方知道在什么情况下可以送下一帧，而在什么样的情况下停发，停下来后接收到某种信息后继续发送。窗口机制就是一种流量控制。

3）数据链路协议。

a）停等协议。这个协议规定发送方送一帧后就要停下来，等待对方的确认返回后，才能够继续发送下一帧。发送数据帧必须加编号以区分。接收方根据编号判断是新帧还是重发的帧。由于停等协议是发送成功才发新帧，因此编号 0，1 即可。

程序流程图如图 1-185 所示。

停等协议的特点是发送方要停下来等待 ACK 返回后在继续发送而造成信道的浪费。

b）顺序接收的管道协议。为了提高信道的有效利用率，就要允许发送方不等确认帧返回而连续发送若干帧。

送的过程像一条连续流水线，故称为管道（Pipelining）技术。

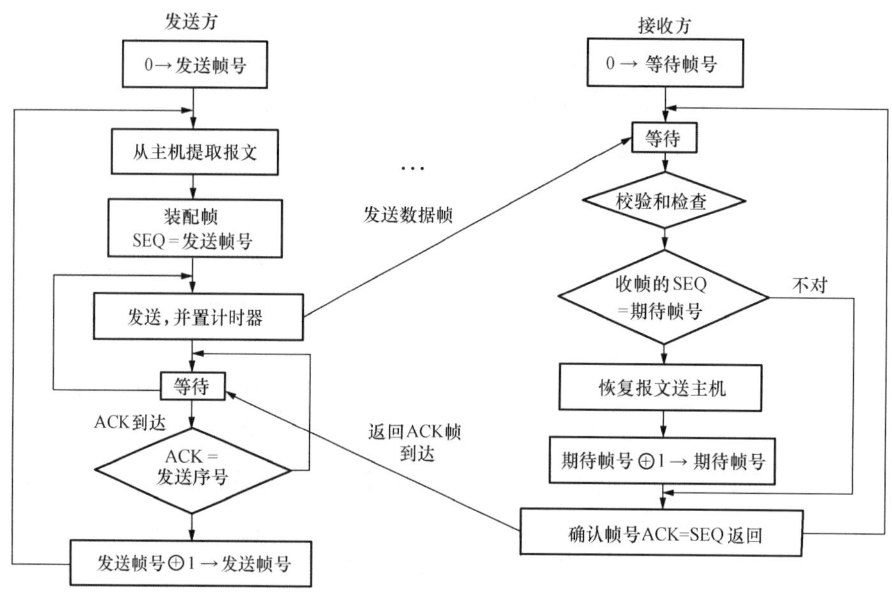

图 1-185 停等协议程序流程图

由于允许连续发出多个未被确认的帧，帧号就不能仅采用一位，而要采用多位帧号才能区分。

凡是被发送出去尚未被确认的帧，都可能出错或丢失而要求重发送许多帧的情况下，有可能发送了 n 帧后，才发现尚未收到前面帧的确认信息，这一帧很可能已出错了。接收方因这一帧出错，不能正确接收该帧并送至主机，对后面再发送来的 n 帧也可能均不接收而丢弃。即接收方只能允许顺序接收。当发送方发现未收到前面帧的确认信息，计时器已经超时后，不得不又重发后 n 帧。这种方法又称为“回退 n”。

显然，允许已发送且待确认的帧越多，可能要退回来重发的帧也越多。另外，为了控制发送方的发送速度，并考虑到收发送缓冲区大小的制约等，要求对发送方已发出但尚未经确认的数目限制，这个数目就称为发送窗口。落在这个窗口内的帧号就是等待接收方返回的确认信息的帧号。帧号位数的有限，到一定时间后就反复循环了。

c）滑动窗口协议。该协议允许发送方在停止并等待确认前可以连续发送多个分组。由于发送方不必每发一个分组就停下来等待确认，因此该协议可以加速数据的传输。

只有在接收窗口向前滑动时（与此同时也发送了确认），发送窗口才有可能向前滑动。

收发两端的窗口按照以上规律不断地向前滑动，因此这种协议又称为滑动窗口协议。

d）选择重传协议。为了进一步提高信道的利用率，可设法只重传出现差错的数据帧或者是定时器超时的数据帧。但这时必须加大接收窗口，以便先收下发送序号不连续但仍处在接收窗口中的那些数据帧。等到所缺序号的数据帧收到后再一并送交主机。这就是选择重传协议。

“回退 n”将已正确传送到目的地的帧再传一遍显然是一种浪费。另一种更好的方法是：若某一帧出错，后面送来的正确的帧虽然不能立即送至主机，但接收方仍可收下来，放在一个缓冲区中，同时要求发送方重新传送出错的那一帧，一旦收到重传的帧后，就可与原先已收到暂存在缓冲区中的其余帧一起按正确的顺序送主机，这种方法称为选择重传。其过程如图 1-186 所示。

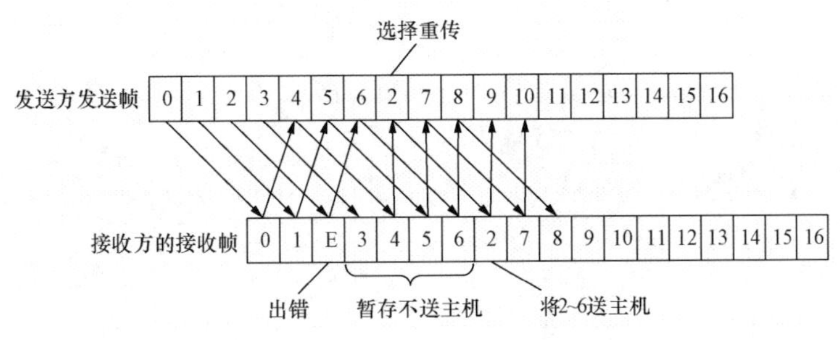

图 1-186　选择重传协议图

当发送方收到“没有收到 2 号帧”，不等到超时，就将第二号帧发送。这种方法要求接收方能够暂存数据。

（3）网络层。网络层关心的是通信子网的运行控制，主要任务是如何把网络协议数据单元（通常称为分组）从源传送到目标。这需要在通信子网中进行路由（Routing）选择。路由选择算法可以是简单的、固定的，也可以是复杂的、动态适应性的。如果同时在通信子网中出现过多的分组，则会造成阻塞（Congestion），因而要对其进行控制。当分组要跨越多个通信子网才能到达目标时，还要解决网际互联问题。

（4）运输层。运输层是第一个端到端，即主机到主机的层次，如图 1-187 所示。有了运输层后，高层用户就可以利用运输层直接进行端到端的数据传输，从而不必知道通信子网的存在。通过运输层的屏蔽，高层用户看不到通信子网的更替和技术的变化。通常，在高层用户请求建立一条运输虚通信连接时，运输层就通过网络层在通信子网中建立一条独立的网络连接。若需要较高的吞吐量，运输层也可以建立多条网络连接来支持一条运输连接，这就是分流（Splitting）。或者，为了节省费用，运输层也可以让多个运输通信合用一条网络连接，称为复用（Multiplexing）。运输层还要处理端到端的差错控制和流量控制问题。运输层为上层用户提供端到端的透明优化数据传输服务。

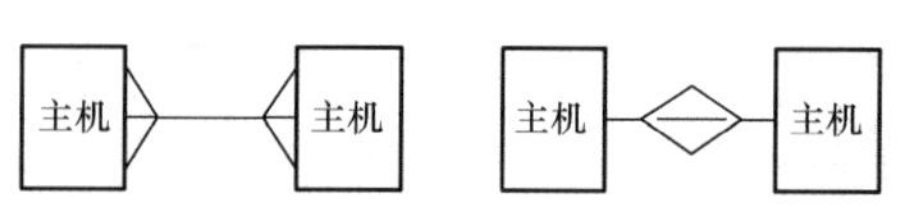

图 1-187 运输层示意图

（5）会话层。会话层允许不同主机上各进程之间进行会话。运输层主要是主机到主机的层次，而会话层是进程到进程之间的层次。会话层组织并同步进程间的对话。它可管理对话允许双向同时进行，或某一个时刻只能一个方向进行。在后一种场合下，会话层提供数据权标来控制哪一方有权发送数据。会话层还提供同步服务。若两台机器进程间需进行数小时的大型文件传输，而不得不重新传输这个文件，会话层提供了数据流中插入同步机制，在每次网络出现故障后可以仅重传最近一个同步点以后的数据，而不必从头开始。

（6）表示层。表示层为上层用户提供需要的数据或信息语法表示变换。大多数用户间并非交换随机的比特数据，而是要交换诸如人名、日期、货币数量和商业凭证之类的信息。它们是通过字符串、整型数、浮点数以及简单类型组合成的各种数据结构来表示的。不同的机器采用不同的编码方法来表示这些数据类型和数据结构。为了让采用不同编码方法的计算机能相互理解通信交换数据的值，可以采用抽象的标准方法来定义数据结构，并采用标准的编码表示形式。

管理这些抽象的数据结构，并把计算机内部的表示形式换成网络通信中采用的标准形式是由表示层来完成的。

数据压缩和解密也是表示层可提供的表示变换功能，数据压缩可减少传输的比特数，从而节省经费。数据加密可防止敌意的窃听和篡改。

（7）应用层。应用层是开放系统互连的最高层。不同的应用层为特定的类型的网络提供访问 OSI 的手段。

网络环境下不同主机间的文件传送、访问和管理 FTAM（File Transfer ，Access and Management），网络环境下传送标准电子邮件的文电处理系统 MHS（Message Handing System），方便不同类型终端和不同类型主机间通过网络交互访问的虚拟终端 VT（Virtual Terminal）协议等，都属于应用层的范畴。

3. 层间服务

OSI 模型中：在 N 层和 N+1 层的接口处，由 N 层向 N+1 层提供的服务。这里，N 层是服务的提供者，而 N+1 层则是该层的用户。实际上，N 层的服务由是通过 N–1 层向它提供的服务以及 N 层对等实体间按 n 层协议交换信息来完成的。

接口处提供服务的地址称为服务访问点（Service Access Point，SAP）。每个服务访问点都有一个唯一的表示地址。在具体实现上，一个服务访问点可以如 UNIX 操作系统中的一个套接字（Socket）、一个端口或者一个队列。

服务是通过一组服务原语来执行的。

（1）OSI 模型中，将服务原语划分为以下四类，如图 1-188 所示。

1）请求（Request）——由服务用户发往服务提供者，请求它完成某工作，如发送数据。

2）指示（Indication）——由服务提供者发往服务用户，指示发生了某些事件。比如说，接收到一个远地来的数据，这些事件往往是由服务提供者指示远地发生某种请求。

3）响应（Response）——由服务用户发往服务提供者，作为对前面发生的指示的响应。

4）证实（Confirm）——由服务提供者发往服务用户，作为对前面发生的请求的证实。

（2）连接的过程如图 1-189 所示。

1）连接请求——呼叫方服务用户请求建立连接。

2）连接指示——连接请求通过服务提供者的虚通信传到被叫方后，服务提供者向被叫方服务用户指示有建立连接的请求。

3）连接响应——若被叫方服务用户准备建立连接，则通过此原语告诉本方服务提供者。

4）连接证实——呼叫方服务提供者通过虚通信得知被叫方同意建立连接后，由此原语告知呼叫方服务用户。

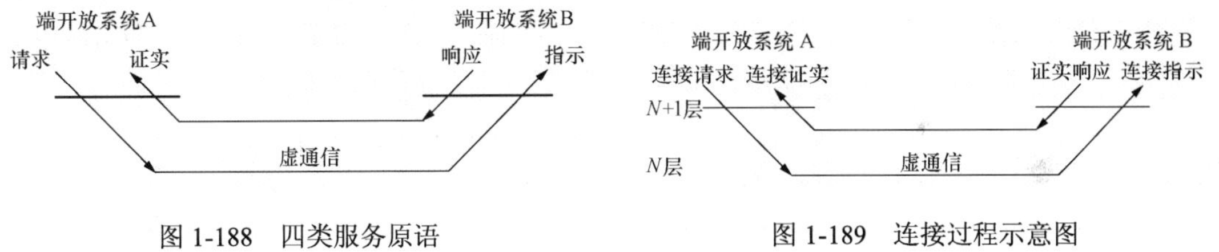

图 1-188　四类服务原语　　　图 1-189　连接过程示意图

（3）数据的传输如图 1-190 所示。

1）数据请求——叫方服务用户通过此原语请求本方服务提供者将数据送给被叫方。

2）数据指示——被叫方服务提供者收到对方送来的数据后通知服务用户。

（4）断开过程如图 1-191 所示。

1）断连请求——任何一方用户可通过此原语请求释放连接，由服务提供者传给对等方。

2）断连指示——对等方服务提供者通过此原语告诉本方服务用户释放连接。

服务原语有两种，一种是单向的，一种是双向的，即一种要证实，一种不要证实。

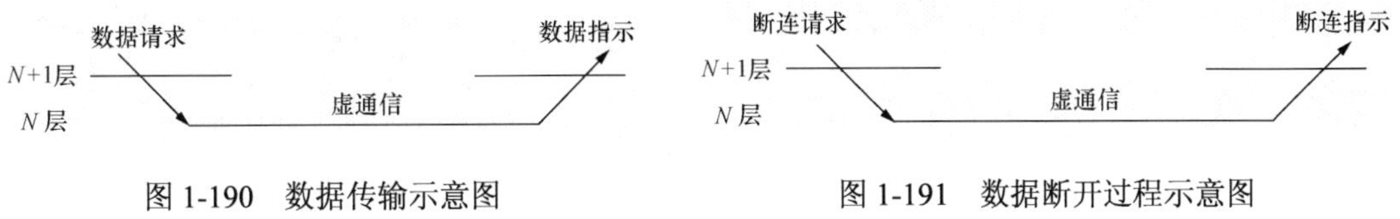

图 1-190　数据传输示意图　　　图 1-191　数据断开过程示意图

（5）接收数据过程如图 1-192 所示。

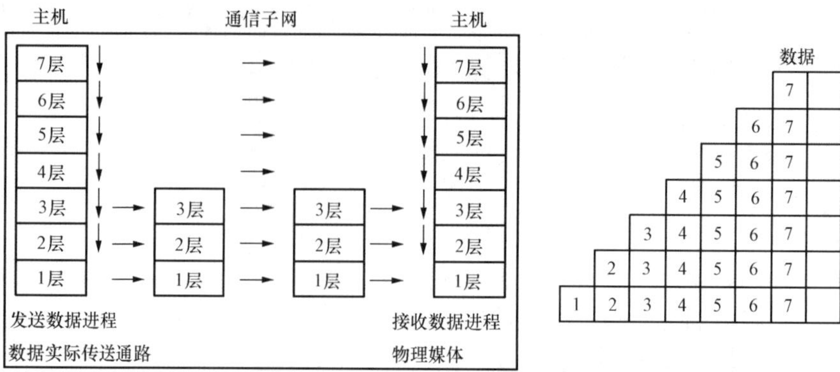

图 1-192 接收数据过程示意图

4. 通信协议举例

本节以 HART 协议为例，介绍其相关内容。

（1）HART 协议的发展。HART 是 Highway Addressable Remote Transducer 的缩写，最早由 Rosmount 公司开发并得到八十多世界著名公司的支持，1993 年成立 HART 通信基金会。

（2）HART 通信协议概述。HART 协议使用了 FSK 技术，在 4～20mA 过程测量模拟信号上叠加了一个频率信号，它成功地使模拟信号与数字双向通信能同时进行，而相互不干扰。HART 还可在一根双绞线上以全数字的方式通信，支持 15 个现场设备的多站网络，并且能对现场仪表的各项特性进行清楚的描述。HART 协议的特点是具有与现场总线类似的体系结构，它以国际标准化组织的开放性互连模型为参照，使用 OSI（Open System Interconnect Reference Model 开放式系统互联参考模型）的 1、2、7 三层，如表 1-27 所示。

表 1-27 **HART 的分层结构**

分层	OSI 层次	HART 层次
7	应用层	HART 命令
6	表示层	未使用
5	会话层	未使用
4	运输层	未使用
3	网络层	未使用
2	数据链路层	协议规范
1	物理层	Bell202

物理层规定了 HART 通信采用基于 Bell 202 通信标准的 FSK 技术，基本内容是：

波特率	逻辑 1	逻辑 0
1200 bit/s	1200Hz	2200Hz

Bell 202 的信号如图 1-193 所示。

由于正弦信号的平均值为 0，HART 通信信号不会影响 4～20mA 信号并且不存在互相干扰，这是 HART 标准的重要优点之一。智能设备要检出 HART 通信的信号，要求它有 0.25 V_{P-P}

以上的电平，因而二线制智能设备与电源之间至少要有 250Ω 以上的电阻，以免这一信号被电源的低内阻所短路。多数现有电缆都可以用于 HART 通信，但最好采用带屏蔽的直径大于 0.51mm 的电缆。限制信号传输距离的主要因素还是电阻、电感与分布电容对信号的衰减。单台设备使用距离达 3000m，而多站结构也可达 1500m，这对于大多数用户是足够的。

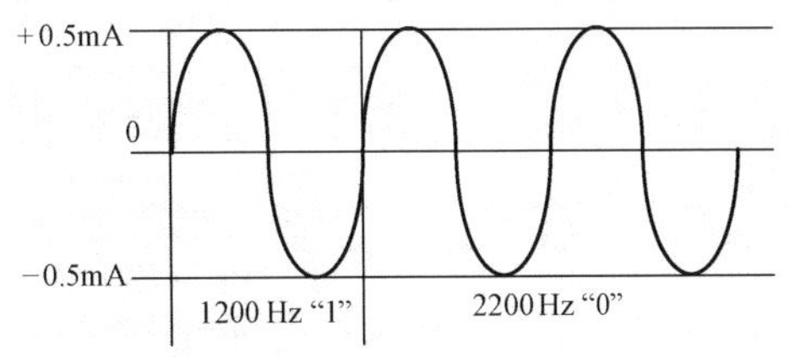

图 1-193 Bell 202 信号

数据链路层规定了通信数据的结构，每个字符由 11 位组成，其中包括：

起始位	数据	奇偶校验位	停止位
1bit	8bit	1bit	1bit

不仅每个字节有奇偶校验，一个完整的 HART 数据也用一个字节进行纵向校验。HART 数据格式如图 1-194 所示。

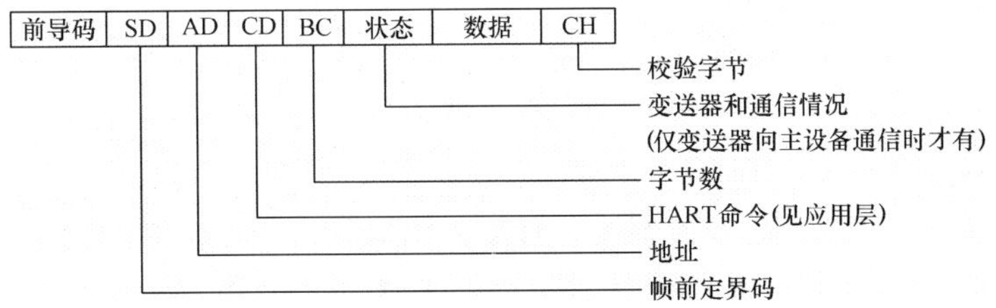

图 1-194 HART 数据格式

由于数据的有无与长短并不恒定，因此 HART 数据的长度也是不一样的，最长的可包括 25 个字节。应用层规定了 HART 命令，智能设备从这些命令中辨识对方信息的含义。这些命令分为三类：通用命令（Universal Command）、普通应用命令（Common-Practice Command）及专用命令（Device-Specific Command）。

第一类命令对所有遵从 HART 协议的智能设备、产品都适应。如读制造厂及产品型号、过程变量及单位、读电流百分比输出等。

第二类命令对大多数智能设备都适用，但不要求完全一样。它用于常用的操作，如写阻尼时间常数、标定、写过程变量单位等。

第三类命令是针对每种具体设备的特殊性而设立的，它不要求统一。

HART 通信协议允许两种通信模式：第一种是“问答式”，即主设备向从设备发出命令，从设备予以回答，每秒钟可以交换两次数据；第二种是“广播模式”，即无需主设备发出请求而从设备自动地连续发出数据，传输率每秒提高到 3.7 次，但这只适用于“点对点”的连接方式，而不适用于多站连接方式。

HART 协议被认为是事实上的工业标准，但它本身并非是严格的现场总线，只能说是现场总线的雏形，是一种过渡性协议。其不足之处是速度较慢（1200bit/s），而一台智能设备要么选用“广播”方式，要么在“主—从”方式中充当从设备回答主设备的询问，它不像一台现场设备既可作从设备，又可作主设备。由于目前使用 4～20mA 标准的现场仪表大量存在，因此，现场总线进入工业应用之后，HART 仍会延续应用。

（3）HART 通信协议的特点。

1）模拟信号带有过程控制信息，同时，数字信号允许双向通信。这样就使动态控制回路更灵活、有效和安全。

2）因 HART 协议能同时进行模拟和数字通信，因此，在与智能化现场仪表通信时，还可以使用模拟表、记录仪及控制器等。

3）既有常规模拟性能，又有数字性能，用户在开始时可将智能化仪表与现有的模拟系统一起使用。在不对现场仪表进行改进的情况下逐步实现数字化，包括数字化过程变量。

4）支持多主站数字通信：一根双绞线上可同时连接几个智能化仪表，节省了接线费用。

5）可通过租用电话线连接仪表：多点网络可以延伸到一段相当长的距离，故可降低远方的现场仪表接口设备的使用费用。

6）允许“问答方式”及“广播方式”通信。在实际应用中大多数都使用“问答方式”通信方式，对有较快数据刷新速率要求的应用可使用广播通信方式。

7）所有的 HART 仪表都使用一个公用的报文结构。如控制系统或计算机系统与 HART 兼容的现场仪表以相同的方式通信。

8）采用灵活的报文结构。允许增加具有新性能的新颖智能化仪表，同时又能与现有仪表兼容。

9）在一个报文中能处理四个过程变量。测量多个数据的仪表可在一个报文中进行一个以上的过程变量的通信。在任一现场仪表中，HART 协议支持 256 个过程变量。

HART 通信的发送程序实现较为简单。而接收解析程序，可参考 HART 通信协议的数据格式。HART 数据可以分成前导码、帧前定界码、地址、HART 命令、字节数、状态、数据、校验 8 种状态。因此，设计一个状态变量，利用 SWITCH 语句即可根据接收的数据改变状态。

习 题 1

1-1 简述计算机控制系统中的接口协议。

1-2 用 8 位 A/D 转换器 ADC0809 与 8088 总线工业控制机接口，实现 8 路模拟量采集。画出接口原理图，并设计出 8 路模拟量的数据采集程序。

1-3 什么是采样过程、量化、孔径时间？

1-4 采样保持器的作用？是否所有的模拟量输入通道中都需要采样保持器？为什么？

1-5 采用 DAC0832 和 8088 总线工业控制机接口，请画出接口电路原理图，并编写 D/A 转换程序。

1-6 串行通信根据数据传输模式可分为哪几类？举例说明常用的串行通信接口标准有哪些？

1-7 开放系统互连基本参考模型 OSI 分为哪几层？其各自有什么功能？

2 计算机控制系统软件设计技术

计算机控制系统的实现主要包括硬件电路设计和软件设计。软件是计算机控制系统的程序系统，它可分为系统软件、支持软件和应用软件三部分，本章只介绍与应用软件有关的技术问题。所谓应用软件就是面向控制系统本身的程序，它是根据系统的具体要求，由用户自己设计的。在进行计算机控制系统设计时，大量的工作就是如何根据各个生产过程的实际需要设计应用程序。

2.1 程序设计技术

一个完整的程序设计过程可以用图 2-1 来说明。首先要分析用户需求，这大约占整个程序设计工作量的 10%；然后编写程序的说明，这大约也占 10%；接着进行程序的设计与编码，这大约占 30%左右，其中设计与编码几乎各占 15%；最后进行测试和调试，这要花费整个程序设计工作量的 40%以上。

程序设计通常分为五个步骤，即问题定义、程序设计、编码、调试、改进和再设计。问题定义阶段是明确计算机完成哪些任务、执行什么程序，决定输入输出的形式，与接口硬件电路的连接配合以及出错处理方法；程序设计是利用程序对任务作出描述，使用的方法有模块程序设计法和结构化程序设计法；编码是指程序设计人员选取一种适当的高级（或汇编）语言，书写程序；调试就是利用各种测试方法检查程序的正确性；改进和再设计是根据调试中的问题对原设计作修改，并对程序进行改进设计和补充。

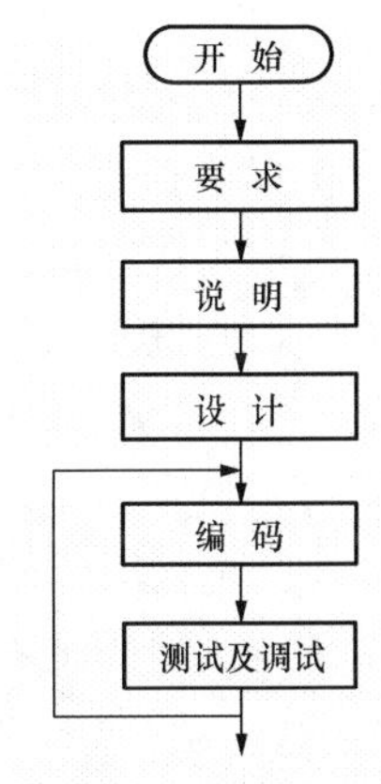

图 2-1 程序设计过程

一个控制系统要完成的任务往往是错综复杂的。程序设计的首要一步，就是要把程序承担的各项任务明确地定义出来。应用程序设计的每一步都是相互影响的。设计者往往同时在几个步骤上进行设计，如手编程序、查错、文件编制等可能同时进行。

在软件的设计过程当中，通常用到四种方法：过程化、模块化—结构化、面向对象以及面向智能体的编程方法。

2.1.1 过程化程序设计

“面向过程”编程思想是一种以事件为中心的编程思想。简言之，就是在分析出用户需求后，分析出解决问题的各个步骤，然后用函数代码把这些步骤一步一步实现，使用的时候依次调用就行。其具体流程如图 2-2 所示。

“面向过程”是最实际的一种思考方式，即使是目前比较高级的面向对象的编程方法也含有面向过程的思想。可以说，“面向过程”是一种最基础的编程思想。当程序规模不是很大时，“面向过程”的方法会体现出一种优势，因为此思想设计程序的流程很清楚，按着模块和函数的方法可以很好的组织。

然而，当面临一个规模比较大，结构复杂的程序设计时，“面向过程”编程方法能把一个相对比较复杂的程序分解为若干个小程序来处理，各个小程序之间有着紧密的关联。这样的处理在一定程度上简化了编写过程，但对于更为复杂的系统来说，各个程序之间的嵌套反而增加了系统分析的难度，有可能导致程序运行的不稳定，起到适得其反的效果。

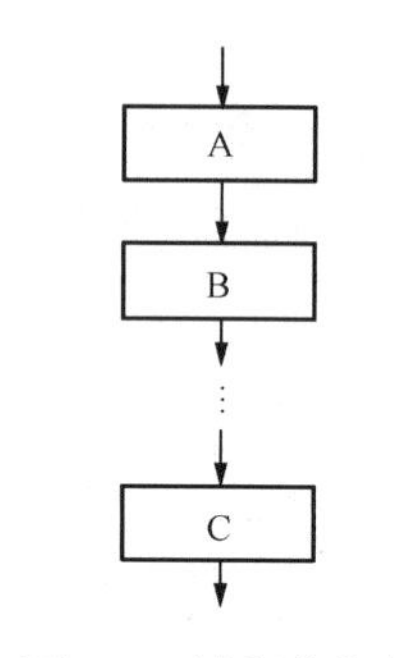

图 2-2 过程化程序设计示意图

过程化程序实现，首先用文字详细描述其过程(语句的使用可参考第 1 章的 1.4.4 节)，再画出程序的流程图。例如冒泡排序程序，拿 4 个数字，首先描述其过程：第 1 步取第一个数；第 2 步取第二个数；第 3 步比较已取出的两个数；第 4 步如果第一个数大于第二个数则交换,否则跳到第 5 步；第 5 步取第二个数；第 6 步取第三个数；第 7 步比较已取出的两个数；第 8 步如果前者大于后者则交换，依次类推，需要 40 步完成整个操作。根据过程 1、2、3、4 步可合成为一个复合语句，其过程可分为十步，观察其过程并将其化简成两层循环，根据这两层循环可画出程序流程图。对于过程化程序的实现文字和流程图是至关重要的，它是编程和调试的依据。在具体的工程实践中，根据工程要求有了文字的详细描述和程序流程图之后，再编写程序和调试的过程中只需根据其考虑的指令和语句实现即可。

2.1.2 模块化与结构化程序设计

1. 模块化程序设计

模块化程序设计的出发点是把一个复杂的系统软件，分解为若干个功能子模块，每个子模块执行单一的功能，并且具有单输入单输出结构。传统的模块化程序设计是建立在把系统功能分解为程序过程或宏指令的基础上实现的。但在很大的系统里面，这种分解导致大量的过程，这些过程虽然容易理解，但却存在复杂的内部依赖关系，因此带来一些问题，不容易解决。

（1）自底向上模块化设计。首先对最低层模块进行编码、测试和调试。这些模块正常工作后，就可以用它们来开发较高层的模块。例如，在编主程序前，先开发各个子程序，然后，用一个测试用的主程序来测试每一个程序。这种方法是汇编语言设计常用的方法。

（2）自顶向下模块化设计。首先对最高层进行编码、测试和调试。为了测试这些最高层模块，可以用“节点”来代替还未编码的较低层模块，这些“节点”的输入和输出满足程序的说明部分要求，但功能少得多。该方法一般适合用高级语言来设计程序。

上述两种方法各有优缺点。在自底向上开发中，高层模块设计中的根本错误也许要在以后学习中才能发现。在自顶向下开发中，程序大小和性能往往要在开发关键性的低层模块时才会表现出来。实际工作中，最好使用两种方法结合起来。先开发高层模块和关键性低层模块，并用“节点”来代替以后开发的不太重要的模块。

2. 结构化程序设计

“结构化”程序设计的概念最早由 Dijkstra E W 提出。1965 年，他在一次会议上指出：“可以从高级语言中取消 GO TO 语句”，“程序的质量与程序中所包含的 GO TO 语句的数量成反比。”1966 的 Bohm C 和 Jacopini G 证明了只用基本的控制结构就能实现任何单入单出的程序。这三种基本的控制结构是“顺序”、“选择”、“循环”，它们的流程图如图 2-3 所示。

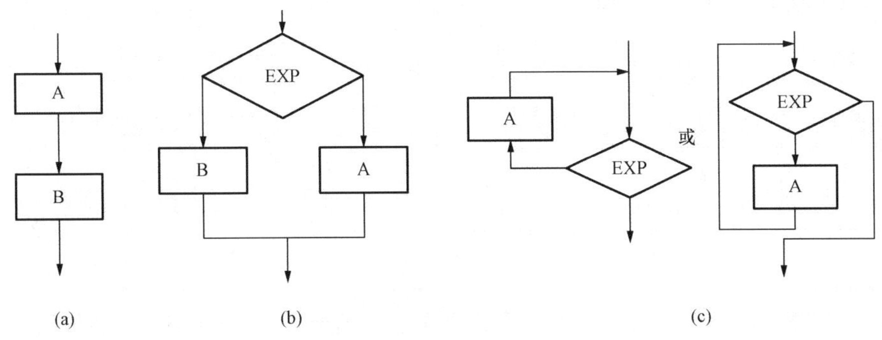

图 2-3 程序的基本控制结构流程图

（a）顺序结构；（b）选择结构；（c）循环结构

实际上用顺序结构和选择结构（又称 IF-THEN-ELSE 结构）完全可以实现循环结构（又称 DO-WHILE 结构），因此理论上最基本的控制结构只有两种。Bohm 和 Jacopini 的证明给结构化程序设计奠定了理论基础。

“结构化”程序设计是一种程序设计技术，它采用自顶向下逐步求精的设计方法和单入口单出口的控制结构。关于逐步求精方法 Niklaus Wirth 曾作过如下说明：“我们对付复杂问题的最重要的办法是抽象，因此，对一个复杂的问题不应该立即用计算机指令、数字和逻辑符号来表示，而应该用较自然的抽象语句来表示，从而得到抽象程序。抽象程序对抽象的数据进行某些特定的运算并用某些合适的记号（可能是自然语言）来表示。对抽象程序作进一步的分解，并进入下一个抽象层次，这样的精细化过程一直进行下去，直到程序能被计算机接受为止。这时的程序可能是用某种高级语言或机器指令书写的。”

“结构化”程序设计的核心思想是“模块化”，即化整为零。

在总体设计阶段采用自顶向下逐步求精的方法，可以把一个复杂问题的解法分解和细化成一个由许多模块组成的层次结构的软件系统。在详细设计或编码阶段采用自顶向下逐步求精的方法，可以把一个模块的功能逐步分解细化为一系列具体的处理步骤或某种高级语言的语句。

3. 内聚和耦合

在软件设计中应该保持模块的独立性原则。反映模块独立性有两个标准，即内聚和耦合。内聚是衡量一个模块内部各个元素彼此结合的紧密程度，耦合是衡量模块之间彼此依赖的程度。

（1）耦合。耦合是指模块间互相关联的程度，模块间的关联程度取决于下面几点。

1）一个模块对另一个模块的访问。

2）模块间传递的数据量。

3）一个模块传递给另一个模块的控制信息。

4）模块间接口的复杂程度。

根据这几点可将耦合分为 7 类，如图 2-4 所示。

内容耦合，一个模块直接引用另一个模块的内容，则这两个模块是内容耦合。

公共耦合，如果多个模块都访问同一个公共数据环境，则称它们是公共耦合。公共数据环境可以是全局数据结构、共享的通信区、内存的公共覆盖区等。由于多个模块共享同一个公共数据环境，如果其中一个模块对数据进行了修改，则会影响到所有相关模块。

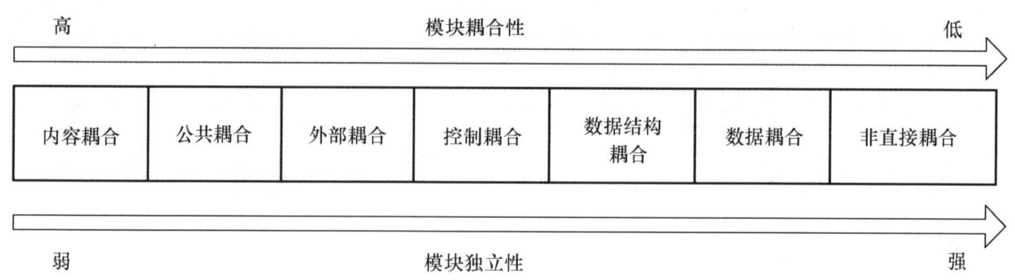

图 2-4 模块耦合

外部耦合，如果两个模块都访问同一个全局简单变量而不是同一全局数据结构，则这两个模块属于外部耦合。

控制耦合，如果模块 A 向模块 B 传递一个控制信息，则称这两个模块是控制耦合的。例如，把一个函数名作为参数传递给另一个模块时，实际上就控制了另一个模块的执行逻辑。控制耦合的主要问题是两个模块不是相互独立的，调用模块必须知道被调用模块的内部结构和逻辑，这样就不符合信息隐藏和抽象的设计原则，并且也降低了模块的可重用性。

数据结构耦合，当一个模块调用另一个模块时传递了整个数据结构，那么这两个模块之间具有数据结构耦合。

数据耦合，如果两个模块传递的是数据项，则这两个模块是数据耦合。

非直接耦合，如果两个模块之间没有直接关系，它们之间的联系完全通过主模块的控制和调用来实现，这就是非直接耦合。

上面的几种耦合中，内容耦合是模块间最紧密的耦合，非直接耦合是模块间最松散的耦合。软件设计的目标是降低模块间的耦合程度，设计时应该采取这样的设计原则：尽量使用数据耦合，少用控制耦合，限制公共耦合，坚决不用内容耦合。

（2）内聚。内聚是指一个模块内部各元素之间关系的紧密程度。内聚分为 7 种类型，如图 2-5 所示。下面分别讨论各种内聚的含义及其对软件独立性的影响。

巧合内聚，一个模块执行多个完全互不相关的动作，那么这个模块就有巧合内聚。

逻辑内聚，当一个模块执行一系列逻辑相关的动作时，称其为右逻辑内聚。例如，一个模块有 A、B、C 三个功能，当 A 功能执行成功后，执行 C 功能，否则执行 B 功能。逻辑内聚模块带来两个问题：一个是接口参数可能比较复杂，难于理解；另一个是多个功能纠缠在一起，使得模块的可维护性降低。

时间内聚，当一个模块内的多个任务与时间有关时，这个模块具有时间内聚。最常见的时间内聚模块是初始化模块，在这个模块中的动作之间，除了时间上需要在系统初启时完成之外，没有其他的关系。

过程内聚，如果一个模块内的处理元素是相关的，而且必须按特定的次序执行，这个模块属于过程内聚。例如，从录入界面读取数据，然后更新数据库记录，这是将两个相关的功能放在一个模块中实现。

通信内聚，模块中所有元素都使用同一个数据结构的区域。例如，一个模块有 A、B 两个处理，A 向某个数据结构写数据，B 从该区域读数据，实际上它们是通过共同操作相同的数据结构达到通信的目的。

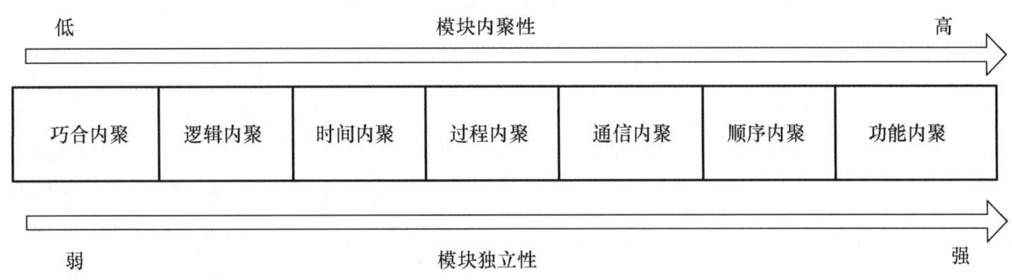

图 2-5 模块内聚

顺序内聚，如果一个模块中的所有处理元素都和同一个功能密切相关，并且这些处理元素必须是按顺序执行的，那么这个模块具有顺序内聚。

功能内聚，一个模块中各个部分都是完成某一具体功能必不可少的组成部分。这些部分相互协调工作，紧密联系，不可分割，目的是完成一个完整的功能。具有功能内聚的模块是最理想的模块，这种模块易于理解和维护，并且它的可重用性好。

上述 7 种内聚中，功能内聚模块的独立性最强，巧合内聚模块的独立性最弱。在设计时应该尽可能保证模块具有功能内聚。内聚与耦合是相互关联的，在总体设计时要尽量提高模块的内聚，减少模块间的耦合。

4. 结构化方法存在的主要问题

结构化方法存在的主要问题如下。

（1）结构化方法分析和设计阶段所应用的模型之间存在鸿沟。分析阶段的主要模型是数据流程图，设计阶段的主要模型是软件结构图，数据流程图和软件结构图之间需要进行转换。不同的人转换出的结果可能不同，有很大的随意性，这是做工程非常忌讳的，质量很难评估。

（2）在分析阶段用数据流程图将用户需求和软件的功能需求统一起来。系统分析人员逐渐理解用户需求，并且自顶向下逐步细化数据流程图。这里存在着两个问题，一个是细化程度没有标准，只能凭借分析人员的经验自己把握；另一个问题存在于需求分析的过程：分析用户需求→确定软件功能→分解复杂的功能为多个简单的功能。当需求变更时，功能分解就要重新进行，功能变化就会导致软件模块结构发生变化，造成了软件结构不稳定。

（3）结构化程序设计将数据定义与处理数据的过程相分离，不利于软件复用。

结构化方法设计的软件结构不稳定，缺乏灵活性，可维护性差。结构化方法一旦需求变更，软件的结构变化比较大，扩充功能往往意味着修改原来的结构。当软件工程的规模比较大，用户需求经常变更的情况下，不宜使用结构化方法。

2.1.3 面向对象程序设计

面向对象的程序设计（Object Oriented Programming，OOP）从静态特性和动态特性两个方面来描述系统的组成，把系统划分为彼此独立但又相互关联着的对象。

1. 面向对象程序设计的基本概念

面向对象程序设计中的概念主要包括：对象、类、封装、继承、多态、动态绑定、消息传递的方法。通过这些概念面向对象的思想得到了具体的体现。

（1）对象。对象是运行期的基本实体，它是一个封装数据和操作这些数据的代码的逻辑实体。对象是要研究的任何事物。从一本书到一家图书馆，单一整数到整数列庞大的数据库、极其复杂的自动化工厂、航天飞机都可看作对象，它不仅能表示有形的实体，也能表示无形的（抽象的）规则、计划或事件。对象由数据（描述事物的属性）和作用于数据的操作（体现事物的行为）构成一个独立整体。从程序设计者来看，对象是一个程序模块，从用户来看，对象为他们提供所希望的行为。在对内的操作通常称为方法。

（2）类。类是具有相同类型的对象的抽象。一个对象所包含的所有数据和代码可以通过类来构造。类是对象的模板。即类是对一组有相同数据和相同操作的对象的定义，一个类所包含的方法和数据描述一组对象的共同属性和行为。类是在对象之上的抽象，对象则是类的具体化，是类的实例。类可有其子类，也可有其他类，形成类层次结构。

（3）封装。封装是将数据和代码捆绑到一起，避免了外界的干扰和不确定性。对象的某些数据和代码可以是私有的，不能被外界访问，以此实现对数据和代码不同级别的访问权限。封装是一种信息隐蔽技术，它体现于类的说明，是对象的重要特性。封装使数据和加工该数据的方法（函数）封装为一个整体，以实现独立性很强的模块，使得用户只能见到对象的外特性（对象能接受哪些消息，具有哪些处理能力），而对象的内特性（保存内部状态的私有数据和实现加工能力的算法）对用户是隐蔽的。封装的目的在于把对象的设计者和对象的使用者分开，使用者不必知晓行为实现的细节，只需用设计者提供的消息来访问该对象。

（4）继承。继承是让某个类型的对象获得另一个类型的对象的特征。通过继承可以实现代码的重用：从已存在的类派生出的一个新类将自动具有原来那个类的特性，同时，它还可以拥有自己的新特性。继承性是子类自动共享父类之间数据和方法的机制。它由类的派生功能体现。一个类直接继承其他类的全部描述，同时可修改和扩充。继承具有传递性。继承分为单继承（一个子类只有一父类）和多重继承（一个子类有多个父类）。类的对象是各自封闭的，如果没继承性机制，则类对象中数据、方法就会出现大量重复。继承不仅支持系统的可重用性，而且还促进系统的可扩充性。

（5）多态。多态是指不同事物具有不同表现形式的能力。多态机制使具有不同内部结构的对象可以共享相同的外部接口，通过这种方式减少代码的复杂度。对象根据所接收的消息而做出动作。同一消息为不同的对象接收时可产生完全不同的行动，这种现象称为多态性。利用多态性用户可发送一个通用的信息，而将所有的实现细节都留给接收消息的对象自行决定，如是，同一消息即可调用不同的方法。例如，Print 消息被发送给一图或表时调用的打印方法与将同样的 Print 消息发送给一正文文件而调用的打印方法会完全不同。多态性的实现受到继承性的支持，利用类继承的层次关系，把具有通用功能的协议存放在类层次中尽可能高的地方，而将实现这一功能的不同方法置于较低层次，这样，在这些低层次上生成的对象就能给通用消息以不同的响应。在 OOPL 中可通过在派生类中重定义基类函数（定义为重载函数或虚函数）来实现多态性。

（6）动态绑定。绑定是将一个过程调用与相应代码链接起来的行为。动态绑定是指与给定的过程调用相关联的代码只有在运行期才可知的一种绑定，它是多态实现的具体形式。

（7）消息传递。对象之间需要相互沟通，沟通的途径就是对象之间收发消息。消息内容包括接收消息的对象的标识、需要调用的函数的标识，以及必要的信息。消息传递的概念使得对现实世界的描述更容易。消息是对象之间进行通信的一种规格说明。一般它由三部分组成，即接收消息的对象、消息名及实际变元。

（8）方法。方法（Method）是定义一个类可以做的，但不一定会去做的事。

2. 面向对象程序设计的方法

从20世纪80年代末至今，面向对象的开发方法已日趋成熟。目前主要流行的面向对象的开发方法有Booch方法、Coad方法、OOSE方法、OMT方法。

（1）Booch方法。Booch方法是Grady Booch自1983年开始研究，1991年后走向成熟的一种面向对象方法。Booch方法使用一组视图来分析一个系统，每个视图采用一组模型图来描述系统的一个方面。Booch方法的模型图有类图、对象图、状态转移图、时态图、模块图和进程图。

类图：描述类与类之间的关系。

对象图：描述对象之间的关系。

模块图：描述构件之间的关系。

进程图：描述进程占用处理器的情况。

时序图：按时间顺序描述对象之间的动态交互。

该方法从静态和动态两个方面来分析系统，并且支持基于增量和迭代的开发过程。Booch方法的过程概括为以下步骤。

1）在给定的抽象层次上识别类和对象，即发现对象。

2）识别对象和类的语义，即确定类的方法和属性。

3）识别类和对象之间的关系，即定义类之间的关系。

4）实现类和对象，即用面向对象的语言编写程序代码。

这四个步骤不仅是一个简单的步骤序列，而且是对系统的逻辑和物理视图不断细化的迭代开发过程。开发人员通过研究用户需求找出反映事物的类和对象，接着定义类和对象的行为，利用状态转换图描述对象的状态变化，利用时态图和对象图描述对象的行为模型。类之间通常存在着一些关系，即使用关系、继承关系、关联关系和内聚关系等。

Booch方法强调基于类和对象的系统逻辑视图与基于模块和进程的系统物理视图之间的区别，并且更偏向于系统的静态描述，对动态描述支持较少。

（2）Coad方法。Coad方法是在1989年由Peter Coad和Ed Youedon提出的面向对象方法。该方法以类图和对象图为手段在第五个层次上建立案例分析模型。

主题层：这是在一个相当高的层次描述系统的总体模型。通过划分主题，把一个复杂的系统分解成几个不同的概念范畴，以便于理解和控制。

类与对象层：通过分析问题域，发现对象，并根据对象的共性抽象出类。

结构层：分析得到的对象和类，找出类之间的关系，确定系统的结构和数据的结构。

属性层：确定类的属性。

服务层：确定类提供的服务。

这五个层次一层比一层具有更多的对象细节，与这五个层次相对应，Coad给出了面向对象分析的五个活动：识别主题、找出类和对象、识别结构、定义属性、定义服务。这五个活动没有一定的顺序关系，可以交叉进行。例如，分析员找出了一个类，想到在这个类中应该包含的一个服务，于是把这个服务添加在服务层，然后回到类和对象层继续寻找问题域的其他类。

面向对象的设计过程是分析活动的扩展，同样也包括五个层次，同时又引进了四个部分。

问题域部分：面向对象分析的结果直接放入该部分。

人机交互部分：包括对用户分类、描述人机交互的脚本、设计命令层次结构、涉及详细的交互、生成用户界面的原型、定义人机交互类等。

任务管理部分：识别任务、任务所提供的服务、任务的优先级、进程的驱动模式，任务之间的通信等。

数据管理部分：确定数据存储模式，例如使用文件系统、关系数据库管理系统等。

（3）OOSE 方法。Ivar Jacobson 于 1992 年提出了 OOSE（Object-Oriented Software Engineering）方法，它以"用例"驱动（Use Case Driven）的思想而著名，涉及整个软件生命周期，包括需求分析、设计、实现和测试等阶段。需求分析阶段的活动包括定义潜在的角色，识别问题域中的对象和关系，基于需求分析规格说明和角色的需要发现用例（Use Case）。设计阶段包括的主要活动是从分析模型中发现设计对象，描述对象的属性、行为和关联，把用例分配给对象，并且针对实现环境调整设计模型。

该方法中的一个关键概念就是用例。用例是指与行为相关的事务（Transaction）序列，该序列将由用户与系统交互时执行。当用户给定一个输入，就执行一个用例的实例并引发执行属于该用例的一个事务。Jacobson 将用例模型与其他五种系统模型相互关联。

1）领域对象模型：根据领域来构造 Use Case 模型。

2）分析模型：通过分析来构造 Use Case 模型。

3）设计模型：通过设计来具体化 Use Case 模型。

4）实现模型：依据具体化的设计来实现 Use Case 模型。

5）测试模型：用来测试具体化的 Use Case 模型。

Use Case 描述的是现实世界中的一项具体任务如何由一个软件系统来支持，利用 Use Case，系统分析人员能够将用户的要求映射到对象模型中，从而在用户、系统分析人员和程序开发人员之间建立一个沟通的桥梁。

OOSE 方法将对象区分为实体对象（领域对象）、界面对象（如用户界面窗体对象）和控制对象（处理界面对象和领域对象之间的控制）。

（4）OMT 方法。OMT（Object Modeling Technique）方法最早是由 Loomis、Shan 和 Rumbaugh 在 1987 年提出，在 1991 年正式将 OMT 应用于面向对象的分析和设计。这个方法是在实体关系模型上扩展了类、继承和行为而得到的。OMT 方法从三个视角描述系统，提供了三种模型：对象模型、动态模型和功能模型。对象模型描述对象的静态结构和它们之间的关系，主要的概念有类、属性、方法、继承、关联和聚集。动态模型描述系统内部数据值的转换，主要概念包括加工、数据存储、数据流、控制流和角色。OMT 方法将开发过程分为以下四个活动。

1）分析。基于问题和用户需求的描述，建立现实世界的模型。分析阶段的产物包括问题描述、对象模型（对象图+数据词典）、动态模型（状态图+全局事件流图）和功能模型（数据流图+约束）。

2）系统设计。结合问题与知识和目标系统的体系结构，将目标系统分解为子系统。

3）对象设计。基于分析模型和求解域中的体系结构等添加设计细节，完善系统设计。主要产物包括细化的对象模型、细化的动态模型和细化的功能模型。

4）实现。用面向对象的语言实现设计。

（5）四种方法的比较。Booch 方法的优点在于系统设计和构造阶段的表达能力很强，其迭代和增量的思想也是大型软件开发中常用的思想，这种方法比较适合于系统的设计和构造。但是，该方法偏向于系统的静态描述，对动态描述支持较少，也不能有效地找出每个对象和类的操作。

Booch 方法对 UML 建模语言的研究和发展起了重要作用，其面向对象的概念十分丰富。主要概念有类、对象、继承、消息、操作、模块、子系统、进程等。其模型主要包括：逻辑静态视图（类图、对象图）、逻辑动态视图（顺序图、状态图），物理静态视图（模块图、进程图）等。

Coad 方法认为，面向对象分析和面向对象设计既可以顺序地进行，也可以交叉地进行。因此，无论是瀑布式、螺旋式还是渐进式的开发模型，Coad 方法都能适应。这种方法概念简单、易于掌握，但是对每个对象的功能和行为的描述不很全面，对象模型的语义表达能力较弱。

OMT 方法覆盖了应用开发的全过程，是一种比较成熟的方法。它用几种不同的观念来适应不同的建模过程，在许多重要观念上受到关系数据库设计的影响，适合于数据密集型的信息系统的开发，是一种比较完善和有效的分析与设计方法。但在功能模型中使用数据流程图与其他两个模型有些脱节。

OOSE 方法的闪光点在于它提出了用例的概念，并且把这种系统视图引入到软件的整个生命周期中，分别与领域对象模型、分析模型、设计模型、实现模型和测试模型相联系，形成了系统的主导。

四种方法中 Booch 方法具有丰富的图形符号，OOSE 方法提出了以用例为基础元素的系统视图，这些都对当今面向对象方法和技术的发展起了非常重要的作用。

综上可知，在面对对象方法中，对象和传递消息分别表现事物及事物间相互联系的概念。类和继承是适应人们一般思维方式的描述范式。方法是允许作用于该类对象上的各种操作。这种对象、类、消息和方法的程序设计范式的基本点在于对象的封装性和类的继承性。通过封装能将对象的定义和对象的实现分开，通过继承能体现类与类之间的关系，以及由此带来的动态联编和实体的多态性，从而构成了面向对象的基本特征。

面向对象设计是一种把面向对象的思想应用于软件开发过程中，指导开发活动的系统方法，是建立在“对象”概念基础上的方法学。对象是由数据和容许的操作组成的封装体，与客观实体有直接对应关系，一个对象类定义了具有相似性质的一组对象。而继承性是对具有层次关系的类的属性和操作进行共享的一种方式。所谓面向对象就是基于对象概念，以对象为中心，以类和继承为构造机制，来认识、理解、刻画客观世界和设计、构建相应的软件系统。按照 Bjarne Stroustrup 的说法，面向对象的编程范式：①决定你要的类；②给每个类提供完整的一组操作；③明确地使用继承来表现共同点。

由这个定义，可以看出：面向对象设计就是“根据需求决定所需的类、类的操作以及类之间关联的过程”。然而，这种方法过于强调每个基本元素自身的实现方法，却忽略了元素之间的相互关联。

2.1.4 面向智能体程序设计

面向智能体的编程是随着人工智能的发展而形成的一种编程方法，没有统一的编程规则，它可以看作是控制器通过传感器对其自身所处的环境进行感知，并对环境中的某些事物施加作用或影响。面向智能体的编程在机器人领域得到较为广泛的应用。

2.1.5 新模型程序设计

为了使得程序的架构具有更为广泛的实用性、自学习性等特点，本书结合了前面四种编程方法的优点，总结出一套基于计算机控制系统的程序设计方法。这种方法最大的特点是软件模块和硬件模块相对应，结构简明，程序编写的难度也大大降低了。

此编程方法的核心思想是基于贝特朗菲系统论，即系统“处于一定的相互关系中并与环境发生关系的各组成部分的总体（或集）”；“要素”是组成系统最小的即不需再细分的单元或成分。“要素”是系统存在的基础，要素必须按一定方式相互联系、相互作用才可能构成系统。图 2-6 所示为整个系统中分割成的其中一个小模块模型，该模块很好地保持了系统的动态开放特性和静态开放特性，同时又具有可维护性、自适应性。模块的内部包括过程、作用、反馈、知识库四个部分，其外部联系包括输入、输出、学习、意识四个部分。

该编程方法的基本思想是，当外部输入进入到模块内部时，通过过程运行，运行的结果输出到外部，同时反馈给知识库。过程的运行受控于知识库的作用，接收来自于知识库的参数及方法。知识库收到过程的反馈后，分析判断过程运行的好与坏，并通过意识将判断结果输出。在这一过程中，知识库作用于过程的参数或方法是固定的，显示其静态开放特性。运行完成后，知识库借助于学习和反馈结果对参数和方法进行修订，提供给下一次过程运行。这种修订后的参数和方法，能够有效地提高模块的适应性，显示其动态开放特性。系统不断地运行重复这一系列过程，知识库也不断地得到更新，模块的性能不断得到改善，整个系统的智能性也就有了很大的提高。

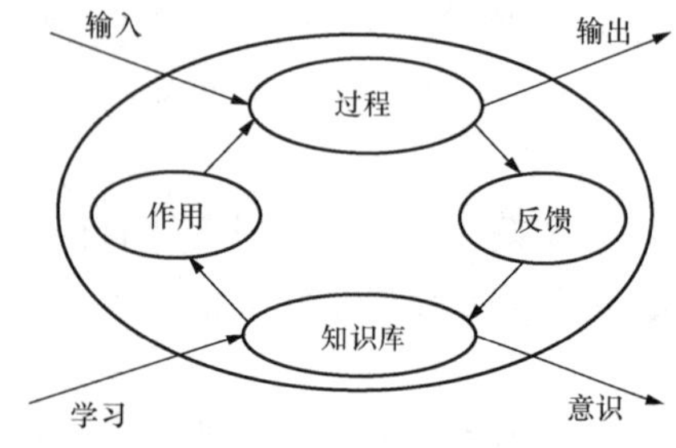

图 2-6 模块结构示意图

此编程方法，将软件划分为主模块和功能子模块，这两个部分要区别看待。主模块用于控制功能子模块的运行，并完成功能子模块之间的数据调度，即统筹管理系统软件的运行，其模块内部包含有知识库信息。功能子模块用于完成某项具体的功能。

主模块包括初始化主模块、管理主模块以及维护更新主模块三个部分。初始化主模块包括硬件的初始化、知识库的初始化和过程关系的初始化；管理主模块是当某一任务被确定执行后，将输入、输出连接起来；维护更新主模块用于提高系统的自适应性。图 2-7 所示为主模块中各个部分对应实现的功能。

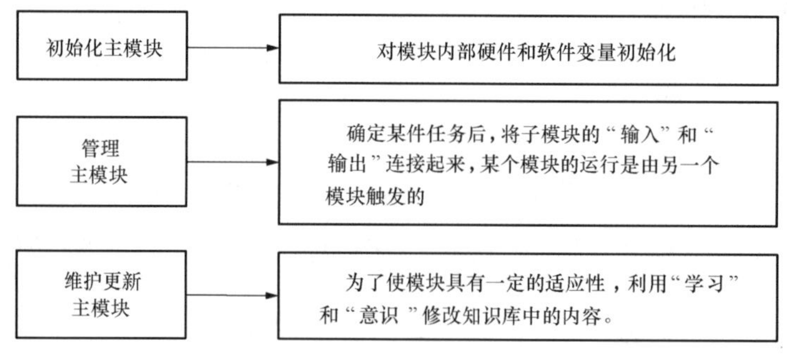

图 2-7 主模块功能

本书中提供的编程方法将程序分成了主模块和子模块两大部分，主模块和子模块程序的实现都是由变量和函数组成的，在程序书写过程中是一样的，但设计和编写时各个程序属于不同的模块。

主模块的描述方法是带向量的拓扑结构图，子模块的描述方法是框图。将社会的“阶级性”引入到程序结构中，主模块为管理层（奴隶主），子模块为实施层（奴隶）。主模块和子模块中的函数和变量具有了公有的（Public）、保护的（Protect）、私有的（Private）这几种属性。子模块和初始化主模块、管理主模块、维护更新主模块三种主模块都相关，主模块只关心的是子模块的结果和协调关系，具体如何实施是子模块完成的。

由于计算机控制系统是面向硬件底层而设计的，为了使系统简单，结构清晰，提高软件的重复利用率，将系统的底层硬件驱动与上层的操作方法进行分离，将软件部分的程序分为逻辑层与物理驱动层，为了将主模块简单化，将子模块分成逻辑子模块和物理子模块，其关系如同第 1 章的 1.6.3 节中所述的层次关系。物理子模块负责系统硬件功能的实现，而逻辑子模块的运行，采用消息触发的方式（第 1 章 1.4.4 节例子所述的框架结构），在时间顺序上逻辑子模块更加独立，因此主模块管理程序不需要了解硬件以及其运行的先后顺序。系统软件设计总框图如图 2-8 所示。

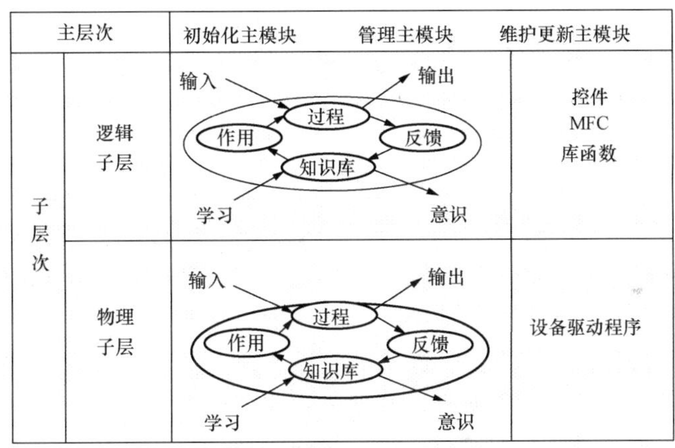

图 2-8　系统软件设计总框图

2.1.6　高级语言与汇编语言混合编程

1. 汇编语言编程

用汇编语言编写的程序，比用高级语言编写的程序执行速度要快，且要求的硬件也少。以 PC 总线工业控制机访问 I/O 端口的编程为例来说明其程序实现的方法，I/O 端口的操作主要是输入指令 IN（输入字节或字）和输出指令 OUT（输出字节或字）。

例如：
```
IN   AX,210H
MOV  DX,220H
IN   AL,DX
```

第一条指令是将地址为 210H 的端口的 16 位二进制数据输入到累加器 AX 中，第二条和第三条指令是将地址为 220H 的端口的 8 位二进制数输入到 AL 中。

又如：
```
MOV   DX,230H
MOV   AX,3435H
OUT   DX,AX
```

```
MOV   AL,26H
OUT   240H,AL
```

第一条至第三条指令是将二字节数 3435H 输出到端口 230H 的外设中，第四条和第五条指令是将单字节数 26H 输出到 240H 的外设中。

2. 高级语言编程

对于 PC 总线工业控制机，本节以 Microsoft C/C++7.0 为例来说明其访问 I/O 端口的编程。Microsoft C/C++7.0 通常有库函数，允许直接访问 I/O 端口，头文件<conio.h >中定义了 I/O 端口例程。_inp 和_outp 分别从指定端口读一个字节数据和向指定端口写一个字节数据，_inpw 和_outpw 分别从指定端口读一个字数据和向指定端口写一个字数据。

例如：
```
A1=_inpw(0x210)
A2=_inp(0x220)
```

第一条指令表示将端口 210H 的 16 位二进制数（一个字）输入给变量 A1，第二条指令表示将端口 220H 的 8 位二进制数（一个字节）输入给变量 A2。在 C 语言中，以 0x 起头的是十六进制数。

又如：
```
_outpw(0x230,0x3435)
_outp(0x240,0x26)
```

第一条指令表示将二字节数 3435H 输出到端口 230H 中，第二条指令表示将单字节数 26H 输出到端口 240H 中。详细内容请参阅 Microsoft C/C++7.0 方面的资料。

3. 高级语言与汇编语言混合编程

用汇编语言编程很不方便，例如带小数的十进制运算，带符号数的乘除法运算。当控制系统的控制规律复杂时，实时控制算法的程序用汇编语言编程是相当繁琐的。单独使用高级语言或汇编语言编程都有局限性。如何发挥汇编语言实时功能强，而高级语言运算能力强的优点，便成为计算机控制系统软件设计中一个使人们感兴趣的问题。实际使用中，常常采用高级语言与汇编语言混合编程的方法，即用高级语言编写计算、图形绘制、显示、打印程序等，用汇编语言编写时钟管理、中断管理和输入输出程序等。下面仍以 Microsoft C/C++7.0 为例，来说明高级语言与汇编语言混合编程的问题。

（1）内联的汇编环境。内联的汇编语句可以直接出现在 Microsoft C/C++程序中，因此，对这些语句来说，C 语言程序是外部环境。在正确地使用内联汇编语言之前，必须知道两件事情：第一，必须知道如何编译一个包括内联汇编语言的 C 语言程序；第二，必须知道在内联语句中，什么事能做和什么事不能做。在 C/C++源程序中，可以直接把汇编程序的语句插入特殊的代码中间写汇编语言例程，内联汇编程序是 Microsoft 汇编功能的子集。

（2）_asm 关键字。为了直接在 C 语言程序中插入内联汇编语句，要在语句的开头使用_asm 关键字。下面给出几种不同方式的_asm 语句。

```
_asm assembly statement
_asm assembly statement _ asm assembly statement

_asm
   {
   assembly statement;assembly statement
            …
   assembly statement
```

```
    …
}
```

（3）C 语言和汇编语言混合编程。当在程序中写内联汇编语句时，对存储模型和指针的空间的大小必须加倍小心。当混合使用 C 语言和汇编语言编写程序时，必须时刻考虑到程序段的安排和指针空间大小。下面给出一段程序例子，说明存储模型的依赖关系和_asm 关键字的使用。

```
#include<stdio.h>
#include<stdlib.h>
void increment(int *arg)
    {
    _asm
        {
        mov si,[bp+4]
        mov ax,[si]
        inc ax
        mov [si],ax
        }
    }
void main()
    {
    int j=3;
    printf("Initial value was %d/n",j);
    increment(&j);
    printf("New value is %d/n",j);
    }
```

函数 increment 给作为参数传递的增量加 1。因为参数 arg 是一个指针值，所以汇编代码必须把地址值装载到 si 寄存器上，并且接着把[si]指向的值装入 ax 中。当一个函数被调用时，调用例程把函数的参数压入堆栈，汇编语言调用指令，接着把返回的地址压入堆栈。

在进入一个汇编语言例程之处，BP 寄存器指向堆栈上名为 stack frame（栈结构）的域。汇编代码必须通过用 BP 寄存器的偏移字节，来访问函数，从而取得对函数参数的访问。因此，语句：

```
mov si, [bp+4]
```

的含义是把存储地址［bp+4］的值拷贝给 si。地址是在 si 中，它用来访问参数的值。这个值被增加后，接着存回到增量的地址上去。标记［bp+4］只用于一个 near 过程的编程例行程序。对于一个 far 过程，则使用［bp+6］。

编写正确的汇编语句大概是关于混合 C 语言和汇编语言最奇特的事情，严格地规定写汇编语言代码必须与使用的存储模式适当的吻合。可以在内联汇编语句中使用所有常用的 8086 和 80286 指令，包括 80287 的浮点指令，也可以使用所有 8086 指令集的扩展指令，包括特殊的字节和字的形式。通常情况下，内联汇编语句可以直接使用寄存器，C 语言函数调用的环境期望保存 BP、SP、CS、DS、SS 寄存器。如果使用或修改它们，必须保证在退出内联汇编语句之前，它们已经重新存入原始值。

2.1.7　工业控制组态软件

目前，越来越多的控制工程师已不再从芯片→电路设计→模块制作→系统组装调试→…

的传统模式来研制计算机控制系统，而是采用组态模式。计算机控制系统的组态功能可分为两个主要方面，即硬件组态和软件组态。硬件组态常以总线式（PC 总线或 STD 总线）工业控制机为主进行选择和配置。总线式工业控制机具有小型化、模块化、标准化、组合化、结构开放的特点，因此在硬件上可以根据不同的控制对象，选择相应的功能模板，组成各种不同的应用系统，使硬件工作量几乎接近于零，只需按要求对各种功能模板安装与接线即可。软件组态常以工业控制组态软件为主来实现。工业控制组态软件是标准化、规模化、商品化的通用过程控制软件。控制工程师在不必了解计算机的硬件和程序的情况下，在 CRT 屏幕上采用菜单方式，用填表的方法，对输入、输出信号用“仪表组态”方法进行软连接。这种通用树形填空语言有简单明了、使用方便等特点，十分适合控制工程师掌握应用，大大减少了重复性、低层次、低水平应用软件的开发，提高了软件的使用效率和价值，提高了控制的可靠性，缩短了应用软件的开发周期。因此，工业控制组态软件是性能优良的软件产品。

然而，以往计算机控制系统的软件功能（如实时数据库、历史数据库、数据点的生成、图形、控制回路以及报表功能的实现）是靠软件人员通过编程实现的，工作量大得惊人。这样设计出来的软件通用性极差，对于每个不同的应用对象都要重新设计或修改程序，这种方法实现的软件功能可靠性也较低。近几年来，工业控制组态软件得到了广泛的重视和迅速的发展。目前，我国已开发出很多成功的组态软件，而且技术发展很快，与国际水平相差不大，当然有些国外的组态软件已开始了汉化工作。大多数的组态功能是离线进行实现的，即在应用系统的设计开发阶段仔细地完成系统的组态和配置。

控制系统的软件组态是生成整个系统的重要技术，对每一个控制回路分别依照其控制回路图进行。组态工作是在组态软件支持下进行的，组态软件主要包括：控制组态、图形生成系统、显示组态、I/O 通道登记、单位名称登记、趋势曲线登记、报警系统登记、报表生成系统共八个方面的内容。有些系统可根据特殊要求而进行一些特殊的组态工作。控制工程师利用工程师键盘，以人—机会话方式完成组态操作，系统组态结果存入磁盘存储器中，以作为运行时使用。下面对上述八种组态功能作简单的介绍，更详细的内容可参阅有关组态软件的使用手册等资料。

1. 控制组态

在工业控制组态软件中，一般有 PID 等几十种基本算法。控制算法的组态生成在软件上可以分为两种实现方式：一种方式是采用模块宏的方式，即一个控制规律模块（如 PID 运算）对应一个宏命令（子程序），在组态生成时，每用到一个控制模块，则组态生成控制算法，产生的执行文件中就将该宏所对应的算法换入执行文件。另一种常用的方式是将各控制算法编成各个独立的可以反复调用的功能模块，对应每一模块有一个数据结构，该数据结构定义了该控制算法所需要的各个参数。因此，只要这些参数定义了，控制规律就定了。有了这些算法模块，就可以生成绝大多数的控制功能。

2. 图形生成系统

计算机控制系统的人机界面越来越多地采用图形显示技术。图形画面主要是利用监视生产过程的状况，并可通过对画面上对象的操作，实现对生产过程的控制。图形画面一般有两种即静态画面（或背景画面）和动态画面。静态画面一般用来反映监视对象的环境和相互关系，它的显示是不随时间变化的。动态画面一般用来反映被监视对象和被控对象的状态和数值等，它在显示过程中是随现场被监控对象的变化而变化的。在生成图形画面时，不但要有静态画面，而且还要有“活”的部分即动态画面。

3. 显示组态

计算机控制系统的画面显示一般分为三级即总貌画面、组貌画面、回路画面。若想构成这些画面，就要进行显示组态操作。显示组态操作包括选择模拟显示表、定义显示表及显示登记方法等操作。

（1）选择模拟显示表。由于计算机控制系统显示画面常采用各种模拟显示表来显示测量值、设定值和输出值，因此，显示组态一般可用六种模拟显示表，即调节控制表、报警显示表、阀位操作表、监视操作表、比率设定表和流量累计表。

（2）定义模拟显示表。选择了回路的模拟显示表后，尚须对显示表的每一个参数进行确定，并在画面上设定相应的值。

（3）显示登记法。显示登记法是进入系统显示登记画面。选择过程控制站站号及工作方式，登记控制组号、组名，该组员的回路号，进行分组登记操作；显示表登记（登记每一个控制回路所用的模拟显示表）；将显示登记文件存入后备文件或打印。

（4）I/O 通道登记。计算机控制系统能支持多种类型的信号输入和输出。从生产过程来看，每一输入和输出都有不同的名称和意义，因此需将输入输出定义成特定的含义，这就是 I/O 通道登记。I/O 通道主要是模拟量 I/O 和开关量 I/O 等通道。

（5）单位名称登记。对系统各种画面中需要显示的工程单位名称采用登记的方法，可使用中英文一切符号，登记生成自己特有的单位名称，主要登记编号和单位名。

（6）趋势曲线登记。趋势曲线显示在控制系统中很重要，为了完成这种功能需要对趋势曲线进行登记。系统的硬盘中保存有三种趋势曲线数据，即当天的、昨天的和历史的数据。当天的趋势曲线数据，系统以一定的周期将数据保存起来，到第二天就将当天的数据覆盖昨天的数据。当你需要某天的历史数据时，从硬盘复制到 U 盘保存起来即可。

趋势曲线的规格主要有趋势曲线幅数、趋势曲线每幅条数、每条时间、显示精度。趋势曲线登记表的内容主要有幅号、幅名、编号、曲线名称、来源、工程量上限和下限。

（7）报警系统登记。报警显示画面分成三级即报警概况画面、报警信息画面和报警画面。报警概况画面是第一级，它显示系统中所有报警点的名称和报警次数；报警信息画面是第二级，它是第一级画面的展开与细化，可调出相应报警信息画面，即可观察到报警时间、消警时间、报警点名称和报警原因等；报警画面是第三级，可调出与报警点相应的各显示画面，包括总貌画面、组画面、回路画面、趋势曲线画面等。

为了完成报警登记，须填写登记表，内容包括编号、名称、原因类型、原因参数、画面类型、画面参数。

（8）报表生成系统。报表生成系统用于系统的报表及打印输出。因而报表系统的主要功能是定义各种报表的数据来源、运算方式以及报表打印格式和时间特性。

2.2　数据结构及其应用技术

在计算机控制系统中，除了数值计算和数据的输入和输出外，还常遇到非数值运算。为了设计高质量的程序，设计者不但要掌握编程技术，还要研究程序所加工的对象，即研究数据的格式、特性、数据元素间的相互关系。本节介绍常用的数据结构基本知识，包括线性表、数组、堆栈、队列、链表和树，还介绍数据查找和数据排序方法。

2.2.1 基本术语

数据（Data）：描述客观事物的数、字符，以及所有能输入到计算机并能够被计算机程序处理的符号的集合。它是计算机程序加工的“原料”。

数据元素（Data Element）：数据的基本单位，即数据这个集合中的一个个体（客体）。有时一个数据元素可由若干个数据项（Data Item）组成，数据项是数据的最小单位。

数据对象（Data Object）：具有相同特性的数据元素的集合，是数据的一个子集。例如，整数的数据对象是集合 N={0，±1，±2…}字母字符的数据对象为集合 C={A，B，…，Z}。

数据结构（Data Structure）：简单说就是带有结构的数据元素的集合。被计算机加工的数据元素都不是孤立的，在它们之间存在着某种联系，这种相互之间的关系，通常称为结构。数据结构是一个二元组，即

$$Data-Structure=(D,R)$$

式中：D 是数据元素的集合；R 是 D 上关系的集合。例如，复数可被定义为一种数据结构

$$Complex=(D,R)\text{。}$$

其中，$D=\{x\,|\,x\text{是实数}\}$，$R=\{R_1\}$，且

$$R_1=\{<x,y>|\,x,y\in D,x\text{为实部，}y\text{为虚部}\}$$

数据结构所研究的内容是数据元素之间的逻辑关系，即所谓数据的逻辑结构。而数据元素在计算机内的存储方式，即是所谓数据的物理结构（或存储结构）。数据元素在计算机中有两种不同的存储结构，即顺序存储结构和非顺序存储结构（又称链式存储结构）。

2.2.2 数据结构类型

1. 顺序结构

顺序结构就是把数据存放在从某个存储地址开始的连续存储单元中。顺序结构包括线性表、数组、堆栈和队列，其中前两种为静态顺序结构，后两种为动态顺序结构。

（1）线性表。线性表是一组有序的数据元素，可表示为

$$(a_0，a_1，\cdots，a_n) \tag{2-1}$$

式中，$a_i(i=1,2,\ \cdots,\ n)$ 是数据元素，其下标 i 表示元素的序号，代表元素在线性表中的位置；n 是表中元素的个数，定义为表的长度，当 n=0 时，则为空表。

线性表中每个数据元素的位置是固定的，元素之间的相对位置是线性的。比如线性表（2-1）中，a_1 是第一个元素，a_n 是最后一个元素；当 $1<i<n$ 时，a_i 的前一个元素（称直接前趋）是 a_{i-1}，后一个元素（称直接后继）是 a_{i+1}。

在计算机中，用一组连续的存储单元依次存储线性表的数据元素，假设每个元素占用 L 个存储单元，则第 i 个元素 a_i 的存储地址，也称线性表首地址。线性表的这种机内表示法称为线性表的顺序映象。

对线性表可能进行的运算有以下几种。

1）确定线性表的长度 n。

2）存取线性表的第 i 个数据元素，检查或修改数据值。

3）删除第 i 个元素。

4）在第 i 个和第 i+1 个数据元素之间，插入一个新的数据元素。

5）把一个线性表拆成两个或两个以上的线性表。

6）将两个或两个以上的线性表合并成一个线性表。

7）对线性表中的数据元素按某个数据值递增（或递减）的顺序进行重新排序。

8）按某个数据值查找数据元素。

并非每个表都必须进行所有这些运算，一般情况下只需进行其中一部分运算即可。运算和运算规则是构成一个数据结构的不可缺少的部分，常用的运算是上述 3)、4）和 7)、8)，将要在下面分别讨论。

（2）数组。数组（Array）是线性表的推广，其中每个元素是由一个数值和一组下标组成。例如，一个 $m\times n$ 的矩阵式

$$A=\begin{bmatrix} a_{11} & a_{12}\cdots a_{1n} \\ a_{21} & a_{22}\cdots a_{2n} \\ a_{m1} & a_{m2}\cdots a_{mn} \end{bmatrix}=\left[a_{ij}\right] \tag{2-2}$$

可以看成一个二维数组，其中每个元素 a_{ij} 都和一个二维空间的数 $(i,\ j)$（$i=1,2,\ \cdots,\ m$，而 $j=1,2,\ \cdots,\ n$）相对应。

由此可见，数组是线性表的简单推广；反之，线性表是数组的一种特例。例如，线性表（2-1）相当于数组式（2-2）中的一行或一列元素。

对于数组，通常有以下两种运算。

1）给定一组下标，查找与其对应的数据元素。

2）给定一组下标，存取或修改与其对应的数据元素。

（3）堆栈。堆栈（Stack）是一种特殊结构的线性表，限定只能在表的一端进行插入或删除（包括存取），如图 2-9 所示。表中元素以 a_1，a_2，⋯，a_n 的顺序进栈，以相反的顺序 a_n，⋯，a_2，a_1 出栈。也就是说，后进入的元素先退出。因此，堆栈又称后进先出表（LIFO）。允许插入或删除的一端称为栈顶（Top），其相反的另一端则称为栈底（Bottom）。有人把堆栈比喻成子弹夹，进栈的过程相当于压入（Push）子弹，出栈的过程相当于弹出（Pop）子弹。

设堆栈的长度为 n，用栈顶指针 sp 来描述栈。当 sp=0 时，称之为空栈；当 sp=n 时，称之为满栈。每次进栈，sp 加 1；反之，每次退栈，sp 减 1。空栈（sp=0）时想退栈，称之为下溢；满栈（sp=n）时想进栈，称之为上溢。

堆栈在程序设计中的应用十分普遍。例如，子程序的调用及其返回处理，断点保存和恢复，数据的暂存等。

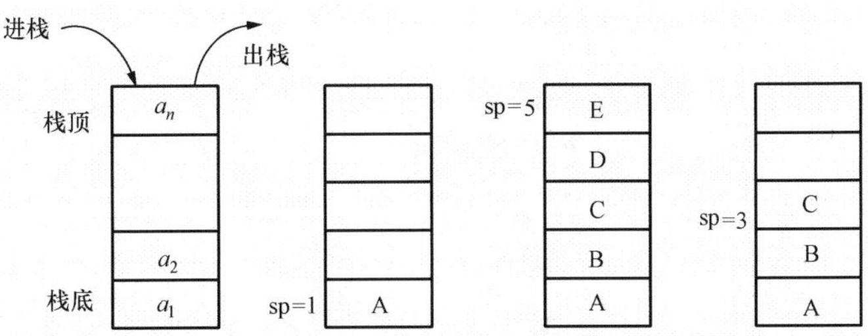

图 2-9 堆栈的示意图

对于堆栈，通常有以下三种运算。

1）在栈顶插入一个新的数据元素（sp 加 1）；

2）删去栈顶一个数据元素（sp 减 1）；

3）读栈顶一个数据元素。

（4）队列。队列（Queue）也是一种特殊的线性表，和堆栈相反，队列是先进先出表（FIFO）。表中元素以 a_1，a_2，…，a_n 的顺序进入，还以相同的顺序出去，如图 2-10 所示。

允许插入的一端称为队尾（Rear），允许删除的一端称为队头（Front）。

设队列的长度为 *n*，用头指针（Front）和尾指针（Rear）来描述队列，如图 2-11 所示的顺时针循环队。每次进队，Rear 加 1；反之，每次出队，Front 减 1。采用模 *n* 运算，图 2-11 的模为 6。为了正确地判断队列的溢出，避免出现假溢出，规定头指针 Front 总是比队列中实际的排头小一个位置，并且规定尾指针 Rear 加 1 后等于头指针 Front 作为队满（或队溢出）标志。

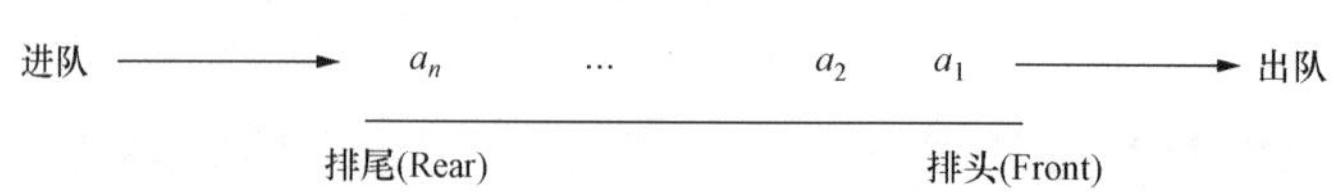

图 2-10 队的示意图

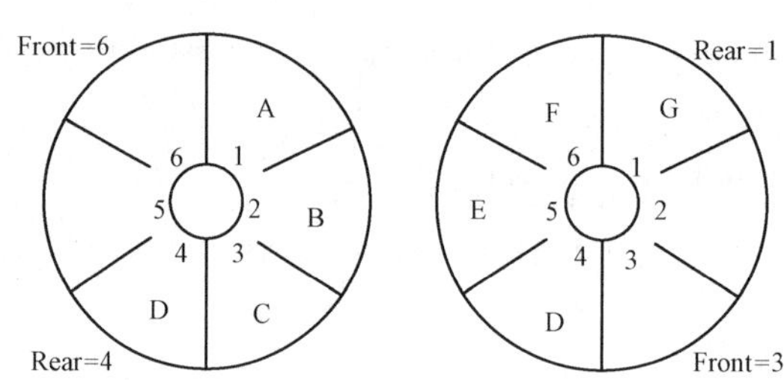

图 2-11 循环队示意图

对于队列，通常有以下两种运算。

1）在队列的队尾插入一个新的数据元素（Rear 加 1）。

2）在队列的队头删除一个数据元素（Front 减 1）。

2. 链形结构

前面介绍的线性表、数组、堆栈和队列的共同特点是要求连续的存储单元来顺序存放数据元素，从而也就带来了共同的特点，一是做插入或删除操作时，要移动大量的数据元素，并浪费时间；二是不易扩展，有时为了留有余地，将会浪费存储空间。为了克服这些缺点而采用链形结构，简称链表，如图 2-12 所示。

链表由若干个结点组成，每个结点有两个域：一个是数据域，用来存放数据元素；另一个是指针域，用来存放下一个结点的数据域首址。通过指针域把各结点按要求的顺序连接起来组成一个首尾相连的表，由于其组成像一条链条，故取名为链表。

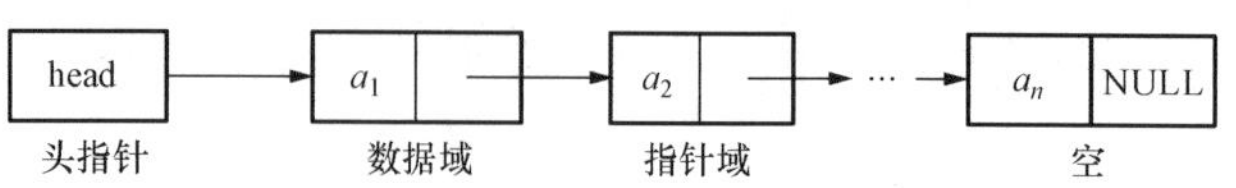

图 2-12 链表示意图

为了确定链表中第一个结点的数据域首址，设置了头指针（Head）；为了标识链表中的最后一个结点，将其指针域设置为“空”（NULL），如图 2-12 所示。

对于链表这种结构，在逻辑上是有序的，用指针域指明各结点（或数据元素）之间的关系；而在物理上则可能是无序的，各结点在存储器中的物理位置可以任意配置。在使用链表时，只着眼于它的逻辑顺序，而往往不注意它的实际存储位置。

链表的插入或删除，只需改变结点的指针域，而不必变更其物理位置。例如，图 2-13 中要在结点 a_1 和 a_2 之间插入一个新的结点 b，只需要把结点 a_1 指针域改成指向结点 b，而把新的结点 b 的指针域指向结点 a_2，a_2 以后的各结点都不必变更，至于新结点 b 的物理位置可以任意配置。又例如，图 2-14 中要删除结点 a_2，只需要把结点 a_1 的指针域改成指向结点 a_3，其余都不必变更。由此可见，链表的插入和删除非常方便，不必像上述线性表那样，插入和删除一个数据元素要变更其后所有元素的物理位置。

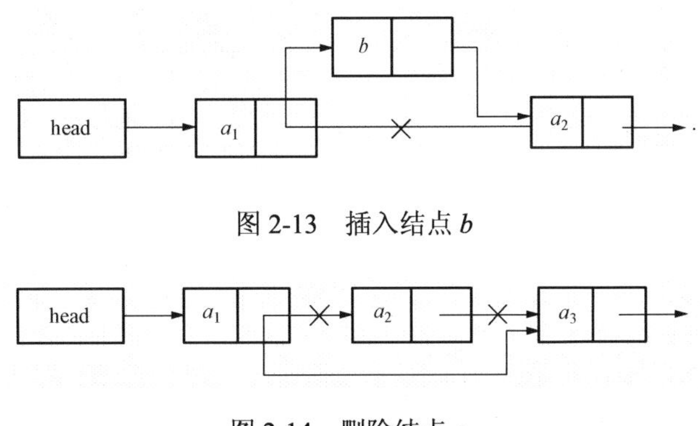

图 2-13　插入结点 b

图 2-14　删除结点 a_2

如果给出链表中某结点的存储地址，便可以从头指针（Head）开始顺序查找到该结点。

对于图 2-15（a）所示的单链表，只能从头指针开始查找，查找时间长。为了加快查找，可采用图 2-15（b）、（c）所示的循环链表或双重链表。

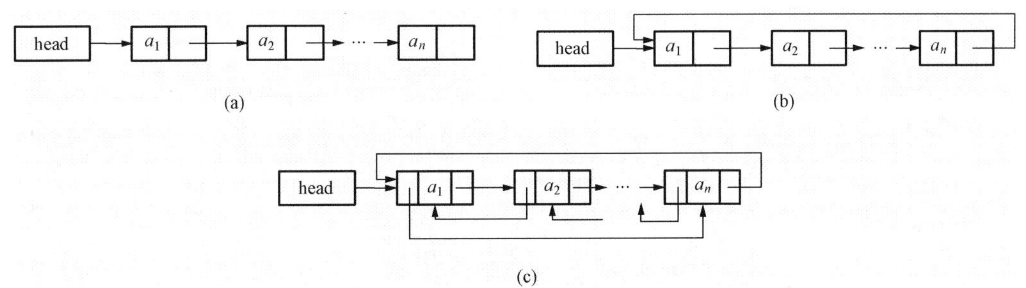

图 2-15　三种链表结构示意图

（a）单链表；（b）循环链表；（c）双重链表

如果将单链中最后一个结点的空指针域改成指向第一个结点的首地址，那就构成了循环链表。循环链表的优点是可以从任何一个结点开始查找所需结点。但是，单向链表和循环链表都只能单向查找。

为了能够双向查找，可采用双重链表。双重链表中每个结点有三个域，即左指针域、数据域和右指针域。左指针域用来链接其前趋结点，右指针域用来链接其后继结点。

链表可以用来存放大量的数据和信息。例如，计算机控制系统中众多的控制模块、运算模块、顺序逻辑模块所对应的数据区（或线性表），以及大量的操作信息、历史记录信息等，都可以以链表方式存储。

链表的运算通常有三种，即插入结点、删除结点和查找结点。

3. 树形结构

计算机所管理的数据、信息和文件有时具有层次关系或上下级关系。例如，图 2-16 所示的 7 个数据记录，每个记录有四个域：记录名，数据，左指针和右指针。如果把记录抽象为一个结点，则可得到图 2-17 所示的结构形式。其形状很像一棵倒长的树，称为树形结构，或简称树（Tree）。

为了形象地描述树中各结点之间的层次关系，在图 2-17 中，把最高结点 A 称为树“根”，结点之间的连线称为树“枝”，具有下枝的结点称为树“节”，不具有下枝的结点称为树“叶”。

为了形象地描述树中各结点之间的层次关系，也常常用家族术语来描述。例如，在图 2-17 中，结点 A 是结点 D、E、F、G 的祖父，结点 B 是结点 D、E 的父亲，结点 C 是结点 F、G 的父亲，结点 A 又是结点 B、C 的父亲；反之，还可以用儿子、孙子等术语来描述。

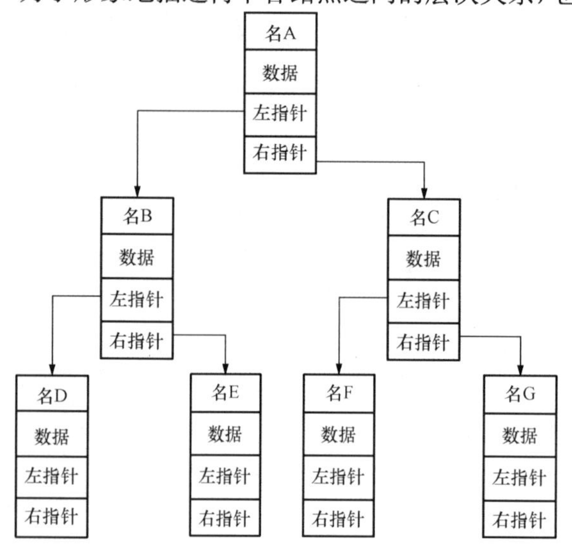

图 2-16 树形结构实例

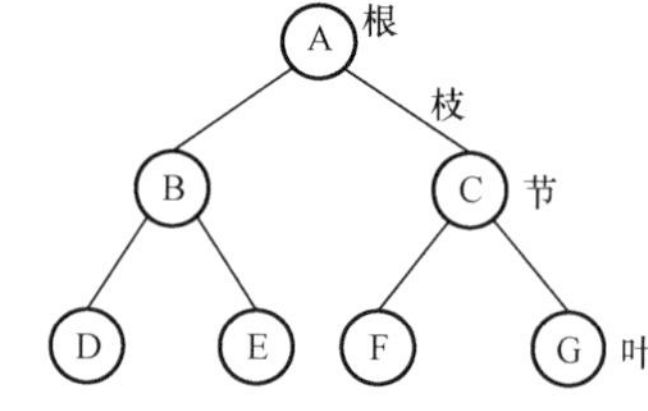

图 2-17 倒长树

2.2.3 数据查找技术

前面介绍了线性表、数组、堆栈、队列、链表和树的数据结构，利用这些数据结构解决实际问题时，还经常遇到数据查找（Search）。例如，从线性表中查找某个数据元素，就会碰到选择何种查找方法，才能节省查找时间。

在研究数据查找方法中，会用到关键字（Keyword）这个术语。关键字是唯一标识数据元素、结点和记录的数值（或名字）。比如，每个人的身份证号码，可以作为公民的关键字。因为利用身份证号码，可以查找到这个人的性别、年龄、住址、单位、职业等。

数据查找的过程就是将待查关键字与实际关键字比较的过程。下面介绍几种常用的数据查找方法。

1. 顺序查找

顺序查找是一种最简单的查找方法，对数据表的结构无任何要求。查找过程如下：从数据表头开始，依次取出每个记录的关键字，再与待查记录的关键字比较。如果两者相符，那就表明查到了记录。如果整个表查找完毕仍未找到所需记录，则查找失败。

顺序查找速度较慢。设有 n 个记录组成的表，平均查找次数为 $\frac{n+1}{2}$。因此，顺序查找只适用于数据记录个数较少的情况。

2. 折半查找

对于按关键字大小顺序排列的数据表，可以采用折半查找。设有一个按关键字从小到大顺序排列的表，若待查记录的关键字为 k_i，折半查找过程如下：首先选取表中间的一个记录的关键字与 k_i 比较，如果 k_i 大于该关键字，那就再取表的后半部中间的记录，比较其关键字；如果 k_i 小于该关键字，那就再取表的前半部中间的记录，比较其关键字。这样重复进行，直至找到所需要的记录。如果没有，则查找失败。

设 8 个关键字的排列顺序为

11 13 25 27 39 41 43 45

并设定符号 L、H 和 M 分别表示查找段首、尾和中间关键字序号。

设要查找关键字 41，查找过程如下：

第一次：　11　13　25　27　39　41　43　45

　　　　　↑　　　　　↑　　　　　　　↑

　　　　L=1　　　　M=4　　　　　H=8

第二次：　11　13　25　27　39　41　43　45

　　　　　↑　↑　　　↑

　　　　L=5　M=6　H=8

其中，$M = \text{INT}((L+H)/2)$，INT 表示取整数。经过两次比较就找到关键字 41。由此可见，折半查找速度比顺序查找速度快，但前提是事先应按关键字大小顺序排列好。

3. 分块查找

分块查找是介于顺序查找和折半查找之间的一种折中方法。这一组关键字均匀地分成若干块，块间按大小排序，块内关键字不排序，如图 2-18 所示。该图中 12 个关键字分成四块，第一块中的关键字都小于第二块中的关键字，第二块中的关键字又都小于第三块中的关键字，依此类推。另外，建立了一个各块中最大关键字表。

设待查记录的关键字为 k_i（56），分块查找分两步进行：首先用折半查找法查找最大关键字表，确定 k_i 在哪一块（第三块）；然后用顺序查找法查找 k_i 所在块（第三块），从而查到所需记录。

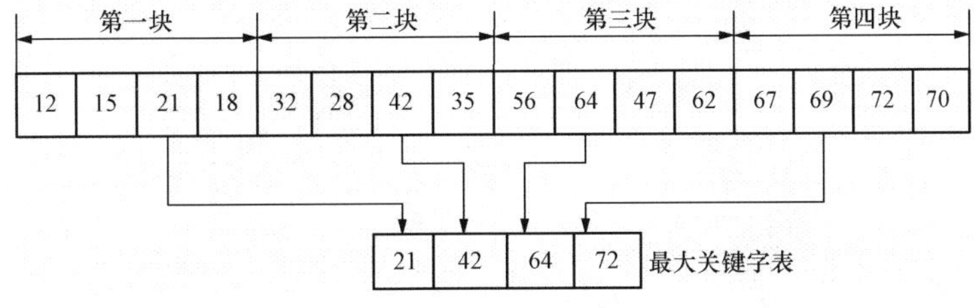

图 2-18　分块查找图

4. 直接查找

如果记录的关键字与存储地址之间符合某种函数关系，那就可以通过该函数运算直接求得关键字的所在地址，以便找到相应的记录。例如，某计算机控制系统数据采集点记录的关键字 K 与存储地址 D 之间的函数式为

$$D = K \times M + F \tag{2-3}$$

式中：M 是每个记录的字节数；F 是数据表（记录）的首地址。

采用直接查找法的数据结构应满足下列条件：一是关键字 K 与存储地址 D 之间应满足某个函数式 D（K）；二是关键字数值分散性不大。否则，一块内存区将被占用得十分零碎，浪费存储空间。

2.2.4 数据排序技术

数据排序（Sorting）和数据查找一样，也是数据结构的辅助性运算，排序还可以促进查找方法的改进，提高查找的速度。例如，前一节讨论的折半查找比顺序查找的速度快，其前提是要事先进行排序。排序的目的就是把无序的数据表按关键字值大小顺序排列，变成有序的数据表。

下面介绍几种常用的数据排序的方法，即插入排序、希尔排序、选择排序和快速排序。

1. 插入排序

插入排序的方法是每次的第 i 个关键字与前 i–1 个逐个进行比较，一旦找到合适的位置就进行插入。这个方法类似于玩纸牌时，按大小顺序整理手中的纸牌。图 2-19 给出了一个具体例子，描述插入排序的过程。

2. 希尔排序

希尔排序的过程如图 2-20 所示。首先反复比较两个相距 d_1 的关键字，按大小排序；然后取 $d_2 < d_1$，再反复比较两个相距 d_2 的关键字，按大小排序；然后取 $d_3 < d_2$，再反复比较两个相距 d_3 的关键字，按大小排序。依次类推，直到 $d_i = 1$ 为止。这时，全部记录便按关键字的次序排好了。

该方法是对插入顺序的改进，每一遍以不同的增量进行插入排序。比如在图 2-20 中，第一遍增量为 4，第二遍增量为 2，第三遍增量为 1。增量为 1 时，便是插入排序。经过前面几遍的跳跃式排序，所有记录已几乎有序了，所以最后一遍做插入排序时，数据移动量较小。由于在前面几遍的排序中不需要逐项进行比较，从而减少了数据移动，提高了排序速度。

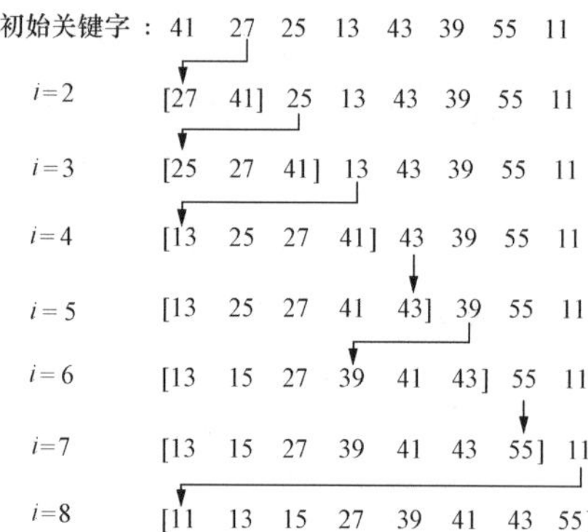

图 2-19 插入排序示例

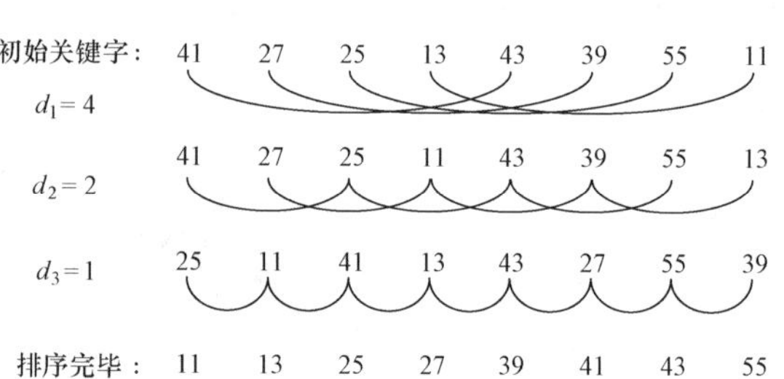

图 2-20 希尔排序示例

3. 选择排序

选择排序的过程如图 2-21 所示。设共有 N 个关键字，首先找出数据表中 N 个关键字的最小项，将其与表中第一个关键字大于它的项对换；然后再在其余 N–1 个关键字中找出最小的，将其与表中第一个关键字大于它的项对换。依次类推，从 N–1 个逐步（每个减少一个）减到一个（即最大关键字）。这样就把关键字从小到大排序完毕。

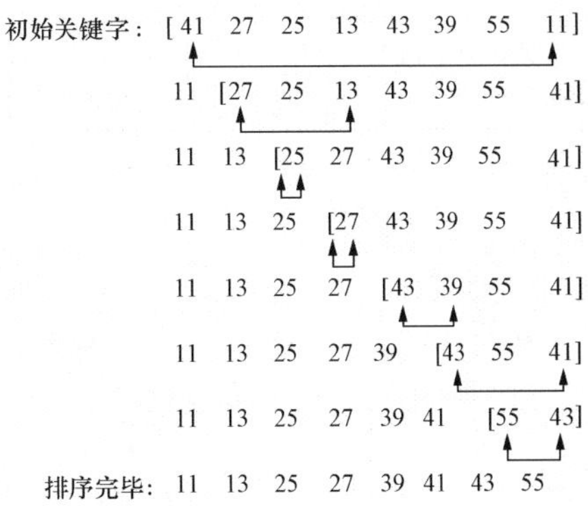

初始关键字：[41 27 25 13 43 39 55 11]
11 [27 25 13 43 39 55 41]
11 13 [25 27 43 39 55 41]
11 13 25 [27 43 39 55 41]
11 13 25 27 [43 39 55 41]
11 13 25 27 39 [43 55 41]
11 13 25 27 39 41 [55 43]
排序完毕：11 13 25 27 39 41 43 55

图 2-21 选择排序序列

4. 快速排序

快速排序法是目前内部排序（指全部要排序的记录都在内存）中速度较快的一种排序方法。它的基本原理是，首先取表中第一个关键字 K_1 作为控制关键字，从最末项 j 开始往前与 K_1 比较，找到 $K_{j-d} < K_1$ 就交换（$d \geqslant 0$）；再从第二个关键字 K_2 开始往后与 K_{i-d} 比较，找到 $K_i > K_{j-d}$ 再交换（$i \geqslant 2$）。继续此过程，直至把控制关键字 K_1 放在表中某个合适的位置 m，记成 $K_1(m)$，使得它前面的所有关键字都小于它，而它后面的所有关键字都大于它。这样，整个表以 $K_1(m)$ 为界而分成左、右两部分。这称为第一遍排序。再分别对这两部分进行排序，又把此两部分各分成更小的两部分，这样继续下去，直至每部分只剩下一项为止。

设初始关键字为

43 52 10 39 91 02 14 67
$i=1$ $j-1$ $j=n$

首先取控制关键字 $K_1 = 43$，排序过程为

43 52 10 39 91 02 14 67
$i=2$
14 43 10 39 91 02 52 67
14 02 10 39 91 43 52 67
第一遍结束→ [14 02 10 39] 43 [91 52 67]
i_1 j_1 i_2 j_2

这时把整个表以控制关键字 43 为界分成$[i_1, j_1]$与$[i_2, j_2]$两部分，再分别对这两部分继续进行排序。先对$[i_1, j_1]$进行排序，取其控制关键字 $K_1 = 14$，排序过程为

[10 02] 14 39 43 [91 52 67]
第二遍结束→ 02 10 14 39 43 [91 52 67]
i_2 j_2

再对$[i_2, j_2]$进行排序，取其控制关键字 $K_1 = 91$，排序过程为

02 10 14 39 43 [67 52] 91

排序完毕 → 02 10 14 39 43 52 67 91

2.3 数字滤波技术

在工业过程控制系统中，由于被控对象所处的环境比较恶劣，常存在干扰源，如环境温度、电场和磁场等，使采样值偏离真实值。对于各种随机出现的干扰信号，在由微型计算机组成的自动检测系统中，常通过一定的计算程序，对多次采样信号构成的数据系列进行平滑加工，以提高其有用信号在采样值中所占的比例，减少乃至消除各种干扰及噪声，以保证系统工作的可靠性。

数字滤波器与模拟 RC 滤波器相比，具有如下优点。

（1）无需增加任何硬件设备，只要在程序进入数据处理的控制算法之前，附加一段数字滤波程序即可。

（2）由于数字滤波不需增加硬件设备，所以系统可靠性高，不存在阻抗匹配问题。

（3）对于模拟滤波器，通常是单个通道专用的，而对于数字滤波器来说，则可多通道共享，从而降低了成本。

（4）可以对频率很低（如 0.01Hz）的信号进行滤波，而模拟滤波器由于受电容容量的限制，频率不可能太低。

（5）使用灵活、方便，可根据需要选择不同的滤波方法或改变滤波器的参数。

正因为数字滤波器具有上述优点，所以其在计算机控制系统中得到广泛的应用。

数字滤波的方法有很多种，可以根据不同的测量参数进行选择。下面介绍几种常用的数字滤波方法。

2.3.1 程序判断滤波

经验说明，许多物理量的变化都需要一定的时间，相邻两次采样值之间的变化有一定的限度。程序判断滤波的方法为：根据产生经验，确定出相邻两次采样信号之间可能出现的最大偏差 ΔY，若超过此偏差值，则表明该输入信号是干扰信号，应该去掉；若小于此偏差值，则可将该信号作为本次采样值。

当采样信号由于随机干扰，如大功率用电设备的启动或停止，造成电流的尖峰干扰或错误检测，以及变送器不稳定而引起的严重失真等现象时，可采用程序判断法进行滤波。

程序判断滤波根据滤波方法的不同，可分为限幅滤波和限速滤波两种。

1. 限幅滤波

限幅滤波的做法是把两次相邻的采样值相减，求出增量（以绝对值表示），然后与两次采样允许的最大差值（由被控对象的实际情况决定）ΔY 进行比较，若小于或等于 ΔY，则取本次采样值；若大于 ΔY，则仍取上次采样值作为本次采样值，即

$$|Y(k)-Y(k-1)|\leqslant\Delta Y$$

则

$$Y(k)=Y(k-1) \tag{2-4}$$

上两式中：$Y(k)$ 为第 k 次采样值；$Y(k-1)$ 为第 $k-1$ 次采样值；ΔY 为相邻两次采样值所允许的最大偏差，其大小取决于采样周期 T 及 Y 值的变化动态响应。

设计这种程序时，首先把允许的ΔY值存入LIMIT单元，前一次采样值存入DATA1单元，本次采样值存入DATA2单元，将本次采样值与前次采样值进行比较，求出两者差值的绝对值。若此绝对值大于ΔY值，则取DATA1为本次采样值，否则取DATA2为本次采样值。同时，将本次采样值存入DATA1，为下一次滤波做好准备。具体程序读者可自行设计。

这种程序滤波方法，主要用于变化比较缓慢的参数，如温度、物位等测量系统。使用时，关键问题是最大允许误差ΔY的选取。ΔY太大，各种干扰信号将"乘机而入"，使系统误差增大；ΔY太小，又会使某些有用信号被"拒之门外"，使计算机采样效率变低，因此，门限值ΔY的选取是非常重要的。通常可根据经验数据获得，必要时，也可由实验得出。

2. 限速滤波

限幅滤波用两次采样值决定采样结果，而限速滤波一般可用3次采样值来决定采样结果。其方法是：当$|Y(2)-Y(1)|>\Delta Y$时，不像限幅滤波那样，用$Y(1)$作为本次采样值，而是再采样一次，取得$Y(3)$，然后根据$|Y(3)-Y(2)|$与ΔY的大小关系来决定本次采样值。其具体判别式如下。

设顺序采样时刻t_1，t_2，t_3所采集的参数分别为$Y(1)$，$Y(2)$，$Y(3)$，那么

$$\begin{cases}当|Y(2)-Y(1)|\leqslant\Delta Y时，则取Y(2)存入RAM\\ 当|Y(2)-Y(1)|>\Delta Y时，则不采用Y(2)，但仍保留，继续采样得Y(3)\\ 当|Y(3)-Y(2)|\leqslant\Delta Y时，则取Y(3)存入RAM\\ 当|Y(3)-Y(2)|>\Delta Y时，则取\dfrac{Y(3)+Y(2)}{2}输入计算机\end{cases}\tag{2-5}$$

限速滤波是一种折中的方法，既照顾了采样的实时性，又顾及了采样值变化的连续性。但这种方法也有明显的缺点：第一，ΔY的确定不够灵活，必须根据现场的情况不断更换新值；第二，不能反映采样点数$N>3$时各采样数值受干扰的情况。因此，它的应用受到一定的限制。

在实际使用中，可用$\dfrac{|Y(1)-Y(2)|+|Y(2)-Y(3)|}{2}$取代$\Delta Y$，这样也可基本保持限速滤波的特性，虽增加一步运算，但灵活性有所提高。

限速滤波程序流程如图2-22所示。

2.3.2 算术平均值滤波

算术平均值滤波是要寻找一个$Y(k)$，使该值与各采样值间误差的平方和最小，即

$$S=\min\left[\sum_{i=1}^{N}e^2(i)\right]=\min\left[\sum_{i=1}^{N}[y(i)-x(i)]^2\right]$$

由一元函数求极值原理，得

$$\overline{Y}(k)=\frac{1}{N}\sum_{i=1}^{N}x(i)\tag{2-6}$$

式中：$\overline{Y}(k)$为第k次N个采样值的算术平均值；$x(i)$为第i次采样值；N为采样次数。

式（2-6）是算术平均值法数字滤波公式。由此可见，算术平均值法滤波的实质就是把一个采样周期内的N次采样值相加，然后再把所得的和除以采样次数N，得到该周期的采

样值。

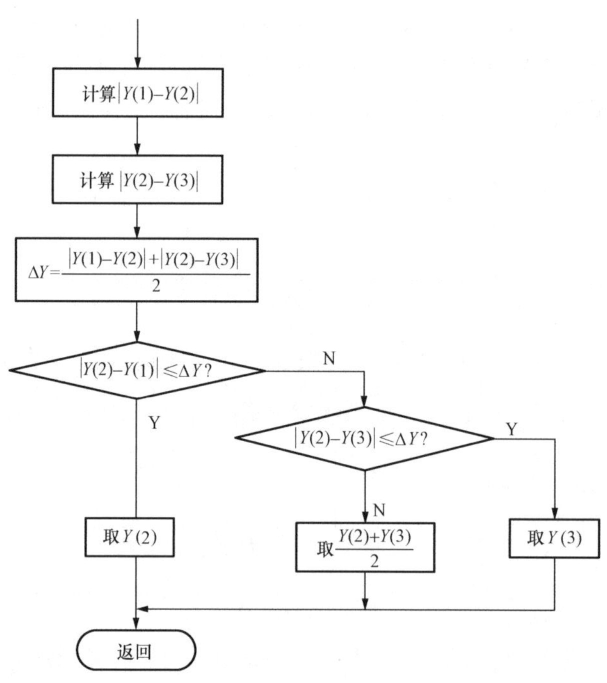

图 2-22 限速滤波程序流程图

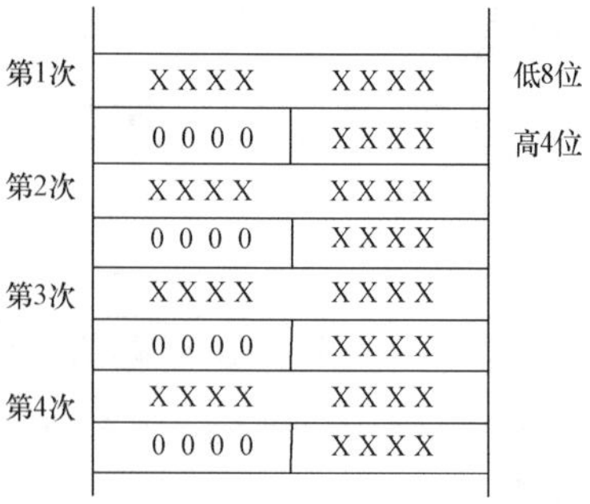

为了提高计数精度，这里采用 3 字节浮点运算。

设采样值从 12 位 A/D 转换器读入，每周期采样 4 次，各次采样值在存储器中的存放格式，如图 2-23 所示。

第1次	XXXX	XXXX	低8位
	0000	XXXX	高4位
第2次	XXXX	XXXX	
	0000	XXXX	
第3次	XXXX	XXXX	
	0000	XXXX	
第4次	XXXX	XXXX	
	0000	XXXX	

图 2-23 位采样数据存放格式

由于采样值 $x(i)$ 为双字节定点数，而按式（2-6）计算需要采用 3 字节浮点数，所以，在计算前必须把双字节定点数转换成 3 字节浮点数。

算术平均值滤波主要用于对压力、流量等周期脉动参数的采样值进行平滑加工，但对脉冲性干扰的平滑作用尚不理想。因而它不适用于脉冲性干扰比较严重的场合。采样次数 N 的选取，取决于系统对参数平滑度和灵敏度的要求。随着 N 值的增大，平滑度将提高，灵敏度则降低。通常对流量参数滤波时，N 取 12 次；对压力滤波时 N 取 4 次；至于温度，如无噪声干扰可不平均。

2.3.3 加权平均值滤波

式（2-6）所示的算术平均值，对于 N 次以内所有的采样值来说，所占的比例是相同的。即滤波结果取每次采样值的 $\frac{1}{N}$。但有时为了提高滤波效果，将各采样值取不同的比例，然后再相加，此方法称为加权平均法。一个 n 项加权平均式为

$$\overline{Y}(k)=\sum_{i=0}^{n-1}C_iX_{n-1} \tag{2-7}$$

式中：C_i 均为常数项，且应满足下列关系

$$\sum_{i=0}^{n-1} C_i = 1 \tag{2-8}$$

式中：C_i 为各次采样值的系数，它体现了各次采样值在平均值中所占的比例，可根据具体情况决定。一般采样次数越靠后，取的比例越大，这样可增加新的采样值在平均值中所占的比例。这种滤波方法可以根据需要突出信号的某一部分来抑制信号的另一部分。

2.3.4　滑动平均值滤波

不管是算术平均值滤波，还是加权平均值滤波，都需连续采样 N 个数据，然后求算术平均值或加权平均值。这种方法适合于有脉动式干扰的场合。但由于必须采样 N 次，需要时间较长，故检测速度慢。为了克服这一缺点，可采用滑动平均值滤波法。即先在 RAM 中建立一个数据缓冲区，依顺序存放 N 个采样数据，每采进一个新数据，就将最早采集的那个数据丢掉，而后求包括新数据在内的 N 个数据的算术平均值或加权平均值。这样，每进行一次采样，就可计算出一个新的平均值，从而加快了数据处理的速度。

这种滤波程序设计的关键是：每采样一次，移动一次数据块，然后求出新一组数据之和，再求平均值。滑动平均值滤波程序有两种，一种是滑动算术平均值滤波，一种是滑动加权平均值滤波。具体程序这里不再赘述，读者可根据上述滤波方法，仿照前面讲的两种程序自行设计。

2.3.5　RC 低通数字滤波

前面讲的几种滤波方法基本上属于静态滤波，主要适用于变化过程比较快的参数，如压力、流量等。对于慢速随机变量固然可采用短时间内连续采样求平均值的方法，但其滤波效果往往不够理想。

为了提高滤波效果，可以仿照模拟系统 RC 低通滤波器的方法，用数字形式实现低通滤波，如图 2-24 所示。

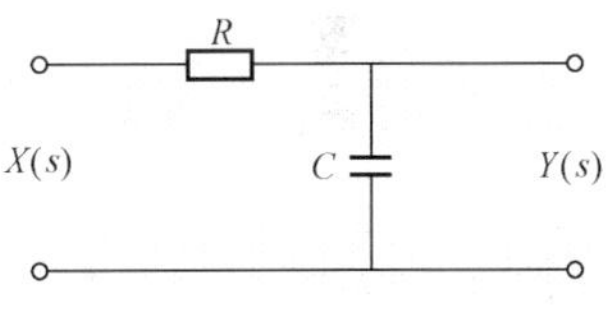

图 2-24　RC 低通滤波器

由图 2-24，导出模拟低通滤波器的传递函数，即

$$G(s) = \frac{Y(s)}{X(s)} = \frac{1}{\tau s + 1} \tag{2-9}$$

其中，τ 为 RC 滤波器的时间常数，$\tau = RC$。由式（2-9）可以看出，RC 低通滤波器实际上是一个一阶滞后滤波系统。

将式（2-9）离散后（离散方法见第 4 章 4.1.2 的 Z 变换法），可得

$$Y(k) = (1-\alpha)Y(k-1) + \frac{1}{\tau}X(k) \tag{2-10}$$

式中：$X(k)$ 为第 k 次采样值；$Y(k-1)$ 为第 $k-1$ 次滤波结果输出值；$Y(k)$ 为第 k 次滤波结果输出值；α 为滤波平滑系数，$\alpha = 1 - \mathrm{e}^{-T/\tau}$，其中 T 为采样周期。

对于一个确定的采样系统而言，T 为已知量，所以由 $\alpha = 1 - \mathrm{e}^{-T/\tau}$ 可得

$$\tau = \frac{T}{\ln(1-\alpha)^{-1}} \tag{2-11}$$

当$\alpha << 1$时，$\ln(1-\alpha)^{-1} = \alpha$，则式（2-11）可简化为

$$\tau \approx \frac{T}{\alpha} \tag{2-12}$$

从式（2-12）中可清楚地看出，采样周期T和RC滤波器的时间常数τ及相应的数字滤波器的滤波平滑系数α之间的关系。

式（2-10）即为模拟RC低通滤波器的数字滤波器，可用程序来实现。

2.3.6 复合数字滤波

为了进一步提高滤波效果，有时可以把两种或两种以上有不同滤波功能的数字滤波组合起来，组成复合数字滤波器，或称多级数字滤波器。

例如，前面讲的算术平均滤波或加权平均滤波，都只能对周期性的脉冲采样值进行平滑加工，但对于随机的脉冲干扰，如电网的波动、变送器的临时故障等，则无法消除。然而，中值滤波却可以解决这个问题。因此，可以将二者组合起来，形成多功能的复合滤波。即把采样值先按从大到小的顺序排列起来，然后将最大值和最小值去掉，再把余下的部分求和并取其平均值。

这种滤波方法的原理可由下式表示。

若$X(1) \leqslant X(2) \leqslant \cdots \leqslant X(N)$，$3 \leqslant N \leqslant 14$，则

$$Y(k) = \frac{[X(2) + X(3) + \cdots + X(N-1)]}{N-2} = \frac{1}{N-2}\sum_{i=2}^{N-1} X(i) \tag{2-13}$$

式（2-13）也称防脉冲干扰的平均值滤波，它的程序设计方法读者可根据以前的知识进行设计。

此外，也可采用双重滤波的方法，即把采样值经过低通滤波后，再经过一次高通滤波，这样，结果更接近理想值，这实际上相当于多级RC滤波器。

对于多级RC滤波，根据式（2-10）可知第一级滤波为

$$Y(k) = AY(k-1) + BX(k) \tag{2-14}$$

式中：A、B分别为与滤波环节的时间参数及采样时间有关的常数。

再进行一次滤波，则

$$Z(k) = AZ(k-1) + BY(k) \tag{2-15}$$

式中：$Z(k)$为数字滤波器的输出值；$Z(k-1)$为上次数字滤波器的输出值。

将式（2-14）代入式（2-15）得

$$Z(k) = AZ(k-1) + ABY(k-1) + B^2X(k) \tag{2-16}$$

将式（2-15）移项，并将k改为$k-1$，则

$$Z(k-1) - AZ(k-2) = BY(k-1)$$

将$BY(k-1)$代入式（2-16），得

$$Z(k) = 2AZ(k-1) - A^2Z(k-2) + B^2X(k) \tag{2-17}$$

式（2-17）即为两级数字滤波公式。据此可设计出一个采用n级数字滤波的一般原理图，如图2-25所示。

2.3.7 各种数字滤波性能比较

本书中介绍了七种数字滤波方法，读者可根据需要设计出更多的数字滤波程序。每种滤波程序都有其特点，可根据具体的测量参数进行合理的选用。

1. 滤波效果

一般来说，对于变化比较慢的参数，如温度，可选用程序判断滤波及一阶滞后滤波方法。对那些变化比较快的脉冲参数，如压力、流量等，则可选择算术平均和加权平均滤波法，优选加权平均滤波法。对于要求较高的系统，需要用复合滤波法。在算术平均值滤波和加权平均值滤波中，其滤波效果与所选择的采样次数 N 有关。N 越大，则滤波效果越好，但花费的时间也越长。高通及低通滤波程序是比较特殊的滤波程序，使用时一定要根据其特点选用。

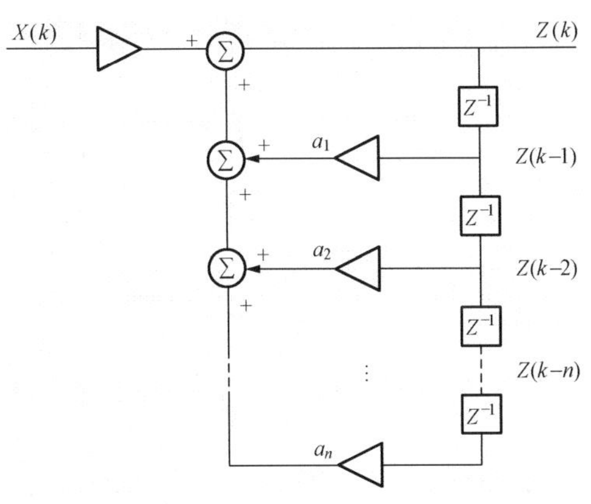

图 2-25 n 级数字滤波的一般形式

2. 滤波时间

在考虑滤波效果的前提下，应尽量采用执行时间比较短的程序，若控制系统允许，可采用效果更好的复合滤波程序。

注意，数字滤波在热工和化工过程的 DDC 系统中并非一定需要，需根据具体情况，经过分析、实验加以选用。不适当地应用数字滤波（例如，可能将待控制的偏差值滤掉），反而会降低控制效果，甚至失控，因此必须给予注意。

2.4 标 度 变 换

在微型计算机过程控制系统中，生产中的各个参数都有着不同的数值和量纲，如测温元件用热电偶或热电阻，温度单位为℃，且热电偶输出的热电动势信号也各不相同，如铂铑—铂热电偶在 1600℃时，其电势为 17.677mV，而 K 型镍铬—镍铬（镍铬—镍铝）热电偶在 1200℃时，其热电动势却为 48.87mV。又如测量压力用的弹性元件膜片、膜盒及弹簧管等，其压力范围从几帕到几十兆帕，而测量流量则用节流装置，其单位为 m^3/h 等。所有这些参数都经过变送器转换成 A/D 转换器所能接收的 0～5V 统一电压信号，又由 A/D 转换成 00～FFH（8 位）的数字量。为进一步进行显示、记录、打印及报警等操作，必须把这些数字量转换成不同的单位，以便操作人员对生产过程进行监视和管理，这就是所谓的标度变换。标度变换有许多不同类型，取决于被测参数测量传感器的类型，设计时应根据实际情况选择适当的标度变换类型。

2.4.1 线性参数标度变换

线性参数标度变换是最常用的标度变换方法，前提条件是被测参数值与 A/D 转换结果为线性关系。线性标度变换的公式为

$$A_X = (A_m - A_0)\frac{N_X - N_0}{N_m - N_0} + A_0 \tag{2-18}$$

式中：A_0为一次测量仪表的下限；A_m为一次测量仪表的上限；A_X为实际测量值（工程量）；N_0为仪表下限所对应的数字量；N_m为仪表上限所对应的数字量；N_X为测量值所对应的数字量。

式（2-18）为线性标度变换的通用公式，其中，A_m、A_0、N_m、N_0对于某一固定的被测参数来说都是常数，不同的参数有着不同的值。为了使程序设计简单，一般把一次测量仪表的下限A_0所对应的A/D转换位置为0，也即$N_0 = 0$。这样式（2-18）可写成

$$A_X = (A_m - A_0)\frac{N_X}{N_m} + A_0 \tag{2-19}$$

在很多测量系统中，仪表下限值$A_0 = 0$，此时对应的$N_0 = 0$，式（2-19）可进一步简化为

$$A_X = A_m \frac{N_X}{N_m} \tag{2-20}$$

式（2-18）～式（2-20）是在不同情况下的线性刻度仪表测量参数的标度变换公式。

【例2-1】 某压力测量仪表的量程为400～1200Pa，采用8位A/D转换器，设某采样周期计算机中经采样及数字滤波后的数字量为ABH，求此时的压力值。

解 根据题意，已知$A_0 = 400\text{Pa}$，$A_m = 1200\text{Pa}$，$N_X = \text{ABH} = 171\text{D}$，选$N_m = \text{FFH} = 255\text{D}$，$N_0 = 0$，所以采用式（2-19），则

$$A_X = (A_m - A_0)\frac{N_X}{N_m} + A_0 = (1200 - 400)\times\frac{171}{255} + 400 \approx 936(\text{Pa})$$

所谓计算机标度变换程序，就是根据上述三个公式编写的计算机程序。为此，可分别把三种情况设计成不同的子程序。设计时，可以采用定点运算，也可以采用浮点运算，根据需要进行选用。为编程方便，三个公式可分别写成如下形式

$$A_{X1} = a_1 N_X + b_1 \tag{2-21}$$

其中

$$a_1 = \frac{A_m - A_0}{N_m - N_0},\quad b_1 = A_0 - \frac{A_m - A_0}{N_m - N_0}N_0$$

$$A_{X2} = a_2 N_X + A_0 \tag{2-22}$$

其中

$$a_2 = \frac{A_m - A_0}{N_m}$$

$$A_{X3} = a_3 N_X \tag{2-23}$$

其中

$$a_3 = \frac{A_m}{N_m}$$

根据式（2-21）～式（2-23）可求出不同情况下被测参数的标度变换值。

2.4.2 非线性参数标度变换

必须指出，前面讲的标度变换公式，只适用于线性变化的参量。如果被测参量为非线性的，上述的三个公式不再适用，需重新建立标度变换公式。

一般而言，非线性参数的变化规律各不相同，故标度变换公式也需要根据各自的具体情况建立。

1. 公式变换法

例如，在流量测量中，流量与差压间的关系式为

$$Q = K\sqrt{\Delta P} \tag{2-24}$$

式中：Q 为流量；K 为刻度系数，与流体的性质及节流装置的尺寸相关；ΔP 为节流装置前后的压差。

可见，流体的流量与被测流体流过节流装置前后产生的压力差的平方根成正比，于是得到测量流量时的标度变换公式为

$$Q_X = (Q_m - Q_0)\sqrt{\frac{N_X - N_0}{N_m - N_0}} + Q_0 \tag{2-25}$$

式中：Q_X 为被测流体的流量值；Q_m 为流量仪表的上限值；Q_0 为流量仪表的下限值；N_X 为差压变送器所测得的差压值（数字量）；N_m 为差压变送器上限所对应的数字量；N_0 为差压变送器下限所对应的数字量。

对于流量仪表，一般下限皆为 0，即 $Q_0 = 0$，所以，式（2-25）可简化为

$$Q_X = Q_m\sqrt{\frac{N_X - N_0}{N_m - N_0}} \tag{2-26}$$

若取流量表下限对应的数字量 $N_0 = 0$，可进一步简化得

$$Q_X = Q_m\sqrt{\frac{N_X}{N_m}} \tag{2-27}$$

式（2-25）～式（2-27）即为不同初始条件下的流量标度变换公式。

与线性刻度变换公式一样，由于 Q_m、Q_0、N_m、N_0 都是常数，因此式（2-25）～式（2-27）可分别记作

$$Q_{X1} = K_1\sqrt{N_X - N_0} + Q_0 \tag{2-28}$$

其中

$$K_1 = \frac{Q_m - Q_0}{\sqrt{N_m - N_0}}$$

$$Q_{X2} = K_2\sqrt{N_X - N_0} \tag{2-29}$$

其中

$$K_2 = \frac{Q_m}{\sqrt{N_m - N_0}}$$

$$Q_{X3} = K_3\sqrt{N_X} \tag{2-30}$$

其中

$$K_3 = \frac{Q_m}{\sqrt{N_m}}$$

式（2-28）～式（2-30）即为各种不同条件下的流量标度变换公式，根据这些公式可以设计出各种条件下的流量标度变换程序。

2. 其他标度变换法

许多线性传感器并不像上面讲的流量传感器那样，可以写出一个简单的公式；或者虽然能够写出公式，但计算相当困难。这时可采用多项式插值法，也可以用线性插值法或查表法进行标度变换。

2.5 测量数据预处理技术

在许多控制系统及智能化仪器中，一些参量往往是非线性参量，常常不便于计算和处理，有时甚至很难找出明显的数学表达式，需要根据实际检测值或采用一些特殊的方法来确定其与自变量之间的函数关系式；在某些时候，即使有较明显的解析表达式，但计算起来也相当麻烦。而在实际测量和控制系统中都允许有一定范围的误差。因此，如何找出一种既方便，又能满足实际功能要求的数据处理方法，就是这一节所要解决的问题。

例如，在温度测量中，热电阻及热电偶与温度之间的关系，即为非线性关系，很难用一个简单的解析式来表达。在流量测量中，流量孔板的差压信号与流量之间也是非线性关系，即使能够用公式 $Q = K\sqrt{\Delta P}$ 计算，但开方运算不但复杂，而且误差也比较大。另外，在一些精度及实时性要求比较高的仪表及测量系统中，传感器的分散性、温度漂移，以及机械滞后等引起的误差在很大程度上都是不能允许的。

诸如此类的问题，在模拟仪表及测量系统中，解决起来相当麻烦，有时甚至是不可能解决的。而采用计算机后，则可以用软件补偿的办法进行校正。这样，不仅能节省大量的硬件开支，而且精度也大为提高。

2.5.1 归一化

归一化是一种简化计算的方式，即将有量纲的表达式，经过变换，化为无量纲的表达式，成为纯量。在多种计算中都经常用到这种方法。

1. 定义

归一化是一种无量纲处理手段，使物理系统数值的绝对值变成某种相对值关系，简化计算，缩小量值的有效办法。例如，滤波器中各个频率值以截止频率作归一化后，频率都是截止频率的相对值，没有了量纲。阻抗以电源内阻作归一化后，各个阻抗都成了一种相对阻抗值，“欧姆”这个量纲也没有了。等各种运算都结束后，反归一化一切都复原了。信号处理工具箱中经常使用的是 Nyquist 频率，它被定义为采样频率的一半，在滤波器的阶数选择和设计中的截止频率均使用 Nyquist 频率进行归一化处理。例如，对于一个采样频率为 1000Hz 的系统，400Hz 的归一化频率就为 $\frac{400}{500} = 0.8$。归一化频率范围在[0，1]之间。如果将归一化频率转换为角频率，则将归一化频率除以 π；如果将归一化频率转换为 Hz，则将归一化频率除以采样频率的一半。

2. 举例

比如，复数阻抗可以归一化书写：$Z = R + \mathrm{j}\omega L = R\left(1 + \frac{\mathrm{j}\omega L}{R}\right)$，注意复数部分变成了纯数量了，没有任何量纲。

另外，微波之中也就是电路分析、信号系统、电磁波传输等，有很多运算都可以如此处理，既保证了运算的便捷，又能突现出物理量的本质含义。

在统计学中，归一化的具体作用是归纳统一样本的统计分布性。归一化在 0～1 之间是统计的概率分布，归一化在–1～1 之间是统计的坐标分布。即该函数在（–∞，+∞）的积分值为 1。例如概率中的密度函数就满足归一化条件。

归一化函数举例如下。

（1）线性函数转换，表达式为

$$y=\frac{x-\mathrm{Min}(Value)}{\mathrm{Max}(Value)-\mathrm{Min}(Value)}$$

式中：x、y 分别为转换前、后的值；Max($Value$)，Min($Value$) 分别为样本的最大值和最小值。

（2）对数函数转换，表达式为

$$y=\lg x$$

说明：以 10 为底的对数函数转换。

（3）反正切函数转换，表达式为

$$y=\frac{a\tan(x)\times 2}{\pi}$$

同时，为了使得后续的数据处理更加方便，归一化也可以演变成归 100 化，归 1000 化。

2.5.2 线性插值法

用计算机处理非线性函数应用最多的方法是线性插值法。线性插值法是代数插值法中最简单的形式。假设变量 y 和自变量 x 的关系如图 2-26 所示。

已知 y 在点 x_0 和 x_1 的对应值分别为 y_0 和 y_1，现在用直线 $\overline{AB}$ 代替弧线 $\overset{\frown}{AB}$，由此可得直线方程

$$g(x)=ax+b \tag{2-31}$$

根据差值条件，应满足

$$\begin{cases} y_0=ax_0+b \\ y_1=ax_1+b \end{cases} \tag{2-32}$$

解方程组即式（2-32），可求出直线方程 $g(x)$ 的参数 a 和 b。由此可求出该直线方程的表达式为

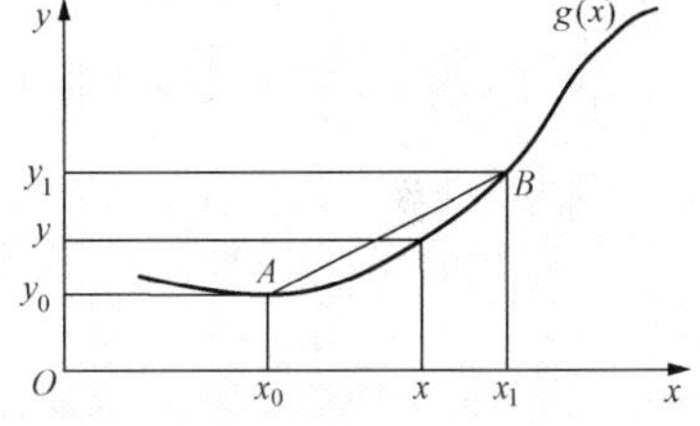

图 2-26 线性插值法示意图

$$g(x)=\frac{(y_1-y_0)}{(x_1-x_0)}(x-x_0)+y_0=k(x-x_0)+y_0 \tag{2-33}$$

式中，k 称为直线方程 $g(x)$ 的斜率，$k=\frac{y_1-y_0}{x_1-x_0}$。

或

$$g(x)=y_0\left(\frac{x_1-x}{x_1-x_0}\right)+y_1\left(\frac{x_0-x}{x_0-x_1}\right) \tag{2-34}$$

式（2-33）为点斜式直线方程，式（2-34）为两点式直线方程。

由图 2-26 可以看出，插值点 x_0 和 x_1 之间的间距越小，那么在这一区间 $g(x)$ 和 $f(x)$ 之间的误差越小。因此，在实际应用中，为了提高精度，经常采用折线来代替曲线，此方法称为分段插值法。

2.5.3 分段插值算法程序的设计方法

分段插值法的基本思想是将被逼近的函数（或测量结果）根据变化情况分成几段，为了

提高精度及缩短运算时间，各段可根据精度要求采用不同的逼近公式。最常用的是线性插值和抛物线插值。在这种情况下，分段插值分段点的选取可按实际曲线的情况灵活决定。

分段插值法程序设计步骤如下。

（1）用实验法测量出传感器的输出变化曲线，$y=f(x)$[或各插值、节点值(x_i,y_i)，i=1、2、…、n]。为使测量结果更接近实际值，要反复进行测量，以便求出一个比较精确的输入、输出曲线。

（2）将上述曲线进行分段，选取各插值基点。为了使基点的选取更合理，可根据不同的方法分段。主要有以下两种方法。

1）等距分段法。等距分段法即沿 x 轴等距离地选取插值基点。这种方法的主要优点是使 $x_{i+1}-x_i$ 为常数，从而简化计算过程。但是，当函数的曲率和斜率变化比较大时，将会产生一定的误差。要想减小误差，必须把基点分得很细，但这样势必占用更多的内存，并使计算机的开销加大。

2）非等距分段法。这种方法的特点是函数基点的分段不是等距的，而是根据函数曲线形状的变化率的大小来修正插值点间的距离。曲率变化大的部位，插值距离取小一点。也可以使常用刻度范围插值距离取小一点，而在曲线较平缓和非常用刻度区域距离取大一点，但是非等距插值点选取比较麻烦。

（3）根据各插值基点的(x_i,y_i)值，使用相应的插值公式，求出模拟 $y=f(x)$ 的近似表达式 $P_n(x)$。

（4）根据 $P_n(x)$ 编写出汇编语言应用程序。

用式（2-33）进行计算比较简单，只需进行一次减法、一次乘法和一次加法运算即可。

在用分段法进行程序设计之前，必须首先判断输入值 x_i 处于哪一段。为此，需将 x_i 与各分点值进行比较，以确定出该点所在的区间。然后，转到相应段逼近公式进行计算。

值得说明的是，分段插值法总的来讲光滑度都不太高，这对于某些应用是有缺陷的。但是，就大多数工程要求而言，也能基本满足需要。在这种局部化的方法中，要提高光滑度，就得采用更高阶的导数值，多项式的次数也需相应增高。为了只用函数值本身，并在尽可能低的次数下达到较高的精度，可以采用样条插值法。

2.5.4 插值法在流量测量中的应用

图 2-27 所示为某流量测量系统的流量与差压的实测变化曲线。

由图 2-27 可以看出，流量—差压变化曲线是非线性的。由于该曲线变化比较平滑，因此可以采用多项式插值公式，也可以选用分段线性插值法完成。下面利用分段线性插值法求解。

由于流量在低端变化较为陡直，高端变化比较平缓，因此采用不等距分段法。假设三个插值基点分别为 ΔP_1、ΔP_2 和 ΔP_3，其对应的流量值分别为 Q_1、Q_2、Q_3，如图 2-28 所示。

现在，用图 2-28 中的折线 $\overline{OA}$、$\overline{AB}$、$\overline{BC}$ 来代替弧线 $\overset{\frown}{OA}$、$\overset{\frown}{AB}$、$\overset{\frown}{BC}$。根据式（2-33），可写出图 2-28 流量测量中各段的线性插值公式为

$$Q=\begin{cases} Q_3 & ,\Delta P \geqslant \Delta P_3\text{时} \\ Q_2+k_3(\Delta P-\Delta P_2) & ,\Delta P_2 \leqslant \Delta P < \Delta P_3\text{时} \\ Q_1+k_2(\Delta P-\Delta P_1) & ,\Delta P_1 \leqslant \Delta P < \Delta P_2\text{时} \\ k_1\Delta P & ,0 \leqslant \Delta P < \Delta P_1\text{时} \end{cases} \qquad (2\text{-}35)$$

式中：k_3 为折线 $\overline{BC}$ 的斜率，$k_3=\dfrac{Q_3-Q_2}{\Delta P_3-\Delta P_2}$；$k_2$ 为折线 $\overline{AB}$ 的斜率，$k_2=\dfrac{Q_2-Q_1}{\Delta P_2-\Delta P_1}$；$k_1$ 为折线 $\overline{OA}$ 的斜率，$k_1=\dfrac{Q_1}{\Delta P_1}$。

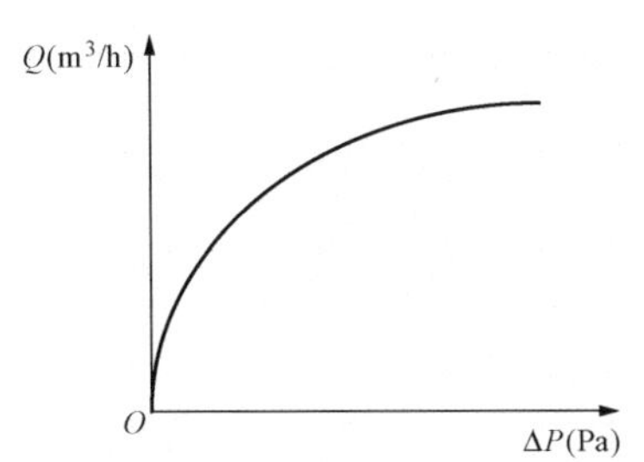

图 2-27　流量—差压变化曲线

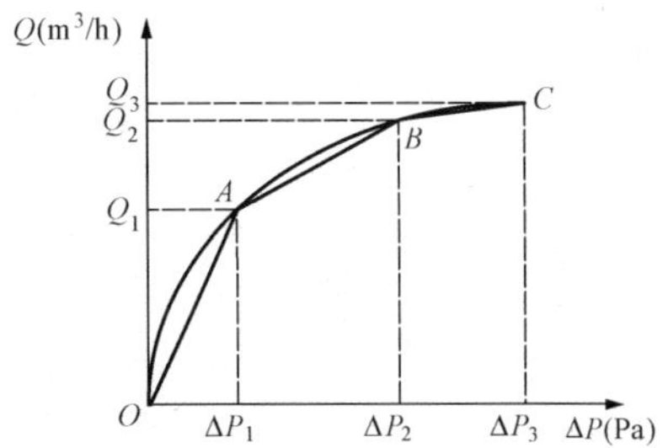

图 2-28　用分段线性插值法求解流量图

设检测值经数字滤波后存放于以 DATA 为地址的储存单元中，系数 k_1、k_2、k_3 和各插值基点 ΔP_1、ΔP_2、ΔP_3，以及各点所对应的流量值 Q_1、Q_2、Q_3，分别存放在程序存储器 ROM 中，见表 2-1。

表 2-1　各参数与存储单元对照表

存储器单元	存放的参数	存储器单元	存放的参数	存储器单元	存放的参数
1000H 1001H	k_1	1006H 1007H	ΔP_3	100CH 1001H	Q_3
1002H 1003H	k_2	1008H 1009H	ΔP_2	1002H 1003H	Q_2
1004H 1005H	k_3	100AH 100BH	ΔP_2	1004H 1005H	Q_1

根据式（2-35），可画出用插值法计算流量 Q 的流程图，如图 2-29 所示。

2.5.5　系统误差的自动校正

系统误差是指在相同条件下，经过多次测量，误差的数值（包括大小、符号）保持恒定，或按某种已知的规律变化的误差。这种误差的特点是，在一定的测量条件下，其变化规律是可以掌握的，产生误差的原因一般也是知道的。因此，原则上讲，系统误差是可以通过适当的技术途径来确定并加以校正的。在系统的测量输入通道中，一般均存在零点偏移和漂移，产生放大电路的增益误差及器件参数的不稳定等现象，它们会影响测量数据的准确性，这些误差都属于系统误差。有时必须对这些系统误差进行校准。下面介绍一种常用的自动校正方法。

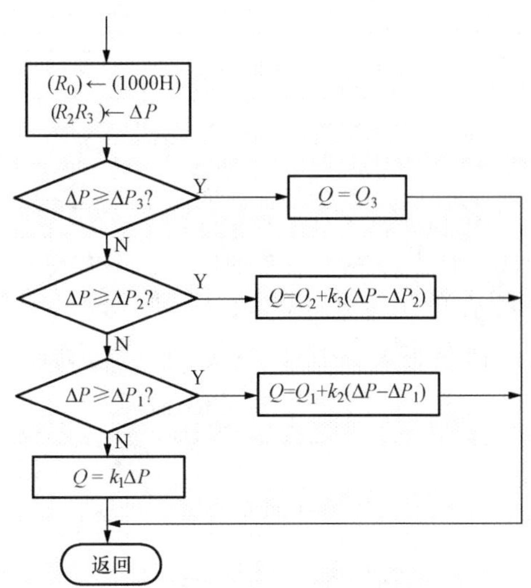

图 2-29　用插值计算法计算流量 Q 的子程序流程图

这种方法的最大特点是由系统自动完成，不需要人的介入，其电路如图 2-30 所示。该电路的输入部分加有一个多路开关，系统在刚通电时或每隔一定时间时，自动进行一次校准。这时，先把开关接地，测出这时的输入值 x_0；然后把开关接基准电压 V_{REF}，测出输入值 x_1，设测量信号 x 与 y 的关系是线性关系，即 $y=a_1x+a_0$，由此得到两个误差方程

$$\begin{cases} V_{REF}=a_1x_1+a_0 \\ 0=a_1x_0+a_0 \end{cases} \tag{2-36}$$

解此方程组，得

$$a_1=\frac{V_{REF}}{x_1-x_0}$$
$$a_0=\frac{V_{REF}x_0}{x_0-x_1} \tag{2-37}$$

从而可得校正式

$$y=\frac{V_{REF}(x-x_0)}{x_1-x_0} \tag{2-38}$$

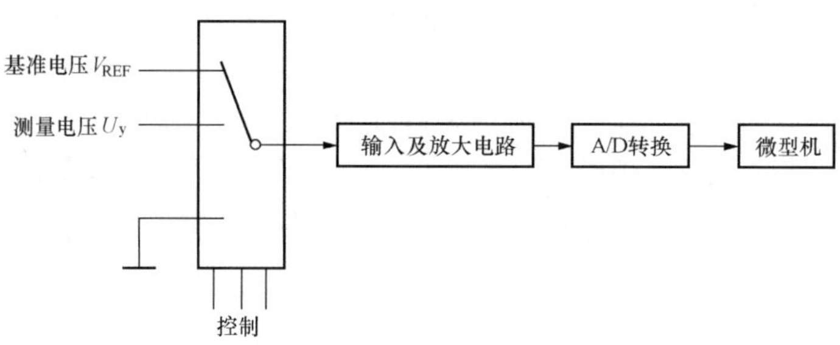

图 2-30 全自动校准电路

采用这种方法测得的 y 与放大器的漂移和增益变化无关，与 V_{REF} 的精度也无关。这样可大大提高测量精度，降低对电路器件的要求。

2.6 数字控制器的工程实现

数字控制器的算法程序可被所有的控制回路公用，只是各控制回路提供的原始数据不同。因此，必须为每个回路提供一段内存数据区（即线性表），以便存放参数。既然数字控制器是公共子程序，那就应该在设计时，考虑各种工程实际问题，并含有多种功能，以便用户选择。数字控制器算法的工程实现分为 6 部分，如图 2-31 所示。此外，为了方便数字控制器的操作显示，通常给每个数字控制器配置一个回路操作显示器，它与模拟的调节器的面板操作显示相类似。下面以数字 PID 控制器为例来说明数字控制器的工程实现。

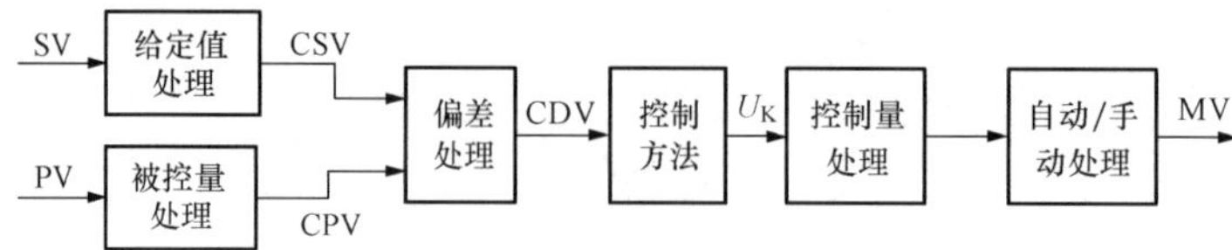

图 2-31 数字控制器（PID）的控制模块

2.6.1 给定值和被控量处理

1. 给定值处理

给定值处理包括给定值 SV 和给定值变化率限制 SR 两部分，如图 2-32 所示。通过选择软开关 CL/CR，可以构成内给定状态或外给定状态；通过选择软开关 CAS/SCC，可以构成串级控制或SCC控制。

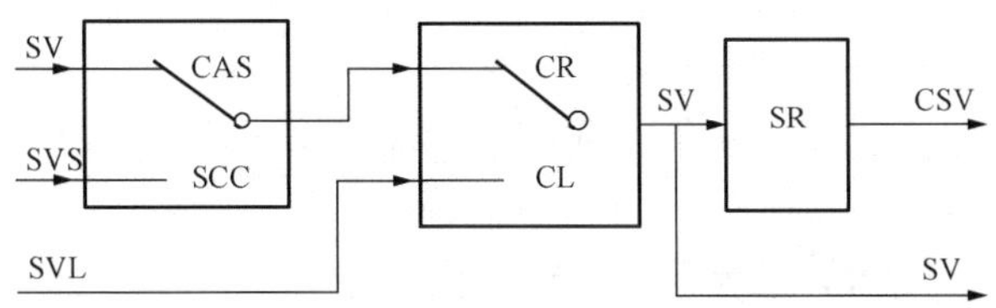

图 2-32 给定值处理

（1）内给定状态。当软开关 CL/CR 切向 CL 位置时，选择操作员设置的给定值 SVL。这时系统处于单回路控制的内给定状态，利用给定值键可以改变给定值。

（2）外给定状态。当软开关 CL/CR 切向 CR 位置时，给定值来自上位计算机、主回路或运算模块。这时系统处于给定状态。在此状态下，可以实现以下两种控制方式。

1）SCC 控制。当软开关 CAS/SCC 切向 SCC 位置时，接收来自上位计算机的给定值 SVS，以便实现二级计算机控制。

2）串级控制。当软开关 CAS/SCC 切向 CAS 位置时，给定值 SV 来自主调节模块，实现串级控制。

（3）给定值变化率限制。为了减少给定值突变对控制系统的扰动，防止比例、微分饱和，以实现平稳控制，需要对给定值的变化率 SR 加以限制。变化率的选取要适中，过小会使响应变慢，过大则达不到限制的目的。

综上所述，在给定值处理框图中，共具有三个输入量（SVL，SV，SVS），两个输出量（SV，CSV），两个开关量（CL/CR，CAS/SCC），一个变化率（SR）。为了便于 PID 控制程序调用这些量，需要给每个 PID 控制模块提供一段内存数据区，来存储以上变量。

2. 被控量处理

为了安全运行，需要对被控量 PV 进行上下限报警处理，其原理如图 2-33 所示，即当 PV>PH（上限值）时，则上限报警状态（PHA）为“1”；当 PV<PL（下限值）时，则下限报警状态（PLA）为“1”。

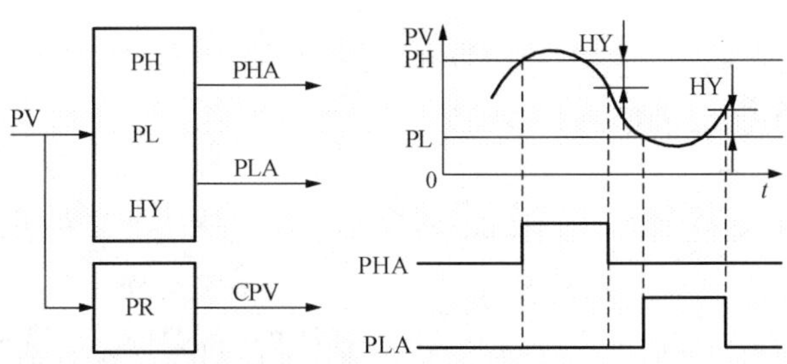

图 2-33 被控量处理

当出现上、下限报警状态（PHA，PLA）时，它们通过驱动电路发出声或光，以便提醒操作员注意。为了不使PHA/PLA的状态频繁改变，可以设置一定的报警死区（HY）。为了实现平稳控制，需要对参与控制的被控量的变化率 PR 加以限制。变化率的选取要适中，过小会使响应变慢，过大则达不到限制的目的。

被控量处理数据区存放一个输入量PV，三个输出量PHA 、PLA 和CPV，四个参数PH、PL、HY和PR。

2.6.2 偏差处理

偏差处理分为计算偏差、偏差报警、非线性特性和输入补偿等四部分，如图2-34所示。

1. 计算偏差

根据正/反作用方式（D/R）计算偏差DV，即

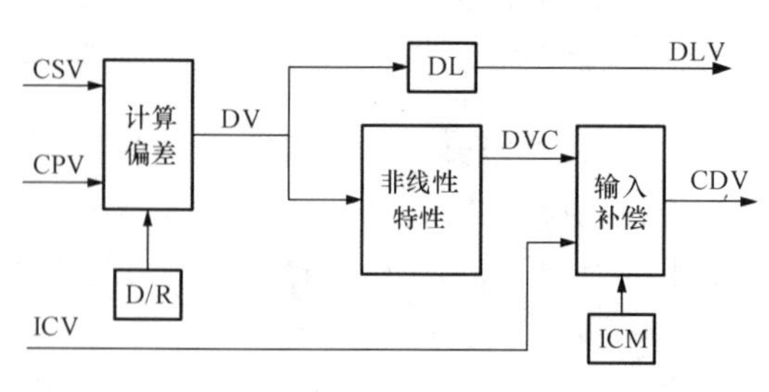

图2-34 偏差处理

当 D/R=0，代表正作用，此时偏差 DV_+=CSV+CPV；

当 D/R=1，代表负作用，此时偏差 DV_-=CSV− CPV。

2. 偏差报警

对于控制要求较高的对象，不仅要设置被控量CPV的上、下限报警，而且要设置偏差报警。当偏差绝对值$|DV|$>DL时，则偏差报警状态DLV为“1”。

3. 输入补偿

根据输入补偿方式ICM状态，决定偏差DVC与输入补偿量ICV之间的关系，即

当ICM=0，代表无补偿，此时CDV=DVC；

当ICM=1，代表加补偿，此时CDV=DVC＋ICV；

当ICM=2，代表减补偿，此时CDV=DVC－ICV；

当ICM=3，代表置换补偿，此时CDV=ICV。

利用加、减补偿，可以分别实现前馈控制和纯滞后补偿（Smith）控制。

4. 非线性特性

为了实现非线性PID控制或带死区的PID控制，设置了非线性区 $-A$ 至 $+A$ 和非线性增益 K，非线性特性如图2-35所示。

当 $K=0$ 时，则为带死区的PID控制；当 $0<K<1$ 时，则为非线性PID控制；当 $K=1$ 时，则为正常的PID控制。

偏差处理数据区共存放1个输入补偿量ICV，两个输出量DLA和CDV，两个状态量D/R和ICM，以及四个参数DL、$-A$、$+A$ 和 K。

2.6.3 控制算法的实现

在自动状态下，需要进行控制计算，即按照各种控制算法的差分方程，计算控制量 U，并进行上、下限限幅处理，如图2-36所示。以PID控制算法为例，当软开关DV/PV切向DV位置时，则选用偏差微分方式；当软开关DV/PV切向PV位置时，则选用被测量（即被控量）微分方式。

在PID计算数据区，不仅要存放PID参数（K_P，δ，T_I，T_D）和采样控制周期 T，还

要存放微分方式DV/PV、积分分离值ε，控制量上限值MH和下限值ML，以及控制量U_K。为了进行递推运算，还应保存历史数据，如$e(k-1)$、$e(k-2)$和$u(k-1)$。

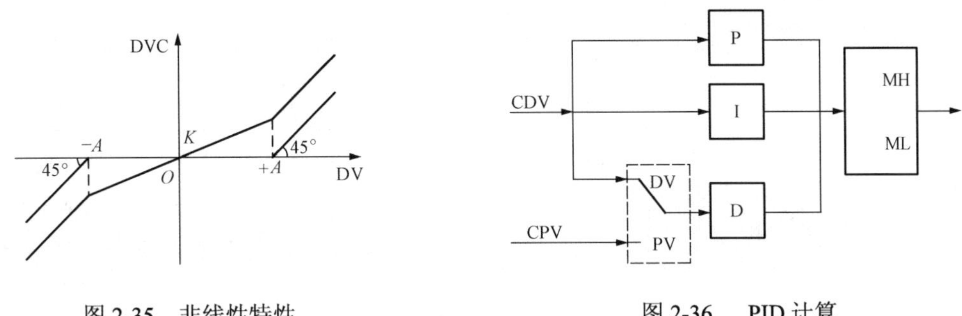

图2-35 非线性特性　　图2-36 PID计算

2.6.4 控制量处理

一般情况下，在输出控制量U_K以前，还应经过图2-37所示的各项处理和判断，以便扩展控制功能，实现安全平稳操作。

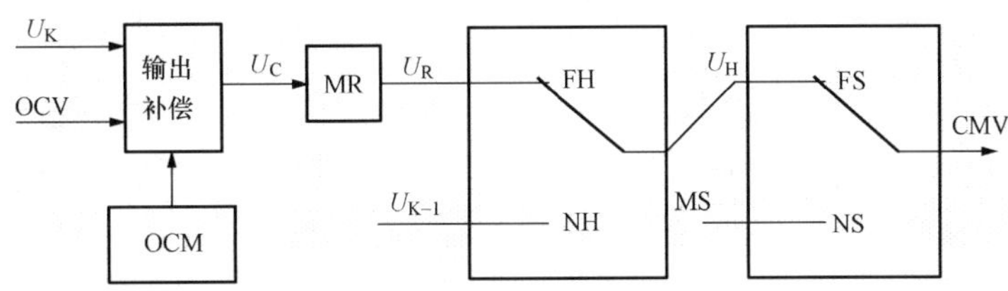

图2-37 控制量处理

1. 输出补偿

根据输出补偿方式OCM的状态，决定控制量U_K与输出补偿量OCV之间的关系，即当OCM=0，代表无补偿，此时$U_C=U_K$；当OCM=1，代表加补偿，此时$U_C=U_K+\text{OCV}$；当OCM=2，代表减补偿，此时$U_C=U_K-\text{OCV}$；当OCM=3，代表置换补偿，此时U_C=OCV。

利用输出和输入补偿，可以扩大实际应用范围，灵活组成复杂的数字控制字，以便组成复杂的自动控制系统。

2. 变化率限制

为了实现平稳操作，需要对控制量的变化率MR加以限制。变化率的选取要适中，过小会使操作缓慢，过大则达不到限制的目的。

3. 输出保持

当软开关FH/NH切向NH位置时，现时刻的控制量$u(k)$等于前一时刻的控制量$u(k-1)$，也就是说，输出控制量保持不变。当软开关FH/NH切向FH位置时，又恢复正常输出方式。软开关FH/NH状态一般来自系统安全报警开关。

4. 安全输出

当软开关FS/NS切向NS位置时，现时刻FS的控制量等于预置的安全输出量MS。当软开关FS/NS切向FS位置时，又恢复正常输出方式。软开关FS/NS状态一般来自系统安全报警开关。

控制量处理数据区需要存放输出补偿量OCV和补偿方式OCM，变化率限制值MR，软开关FH/NH和FS/NS，安全输出量MS，以及控制量CMV。

2.6.5 自动/手动切换

在正常运行时，系统处于自动状态；而在调试阶段或出现故障时，系统处于手动状态。图2-38所示为自动/手动切换处理框图。

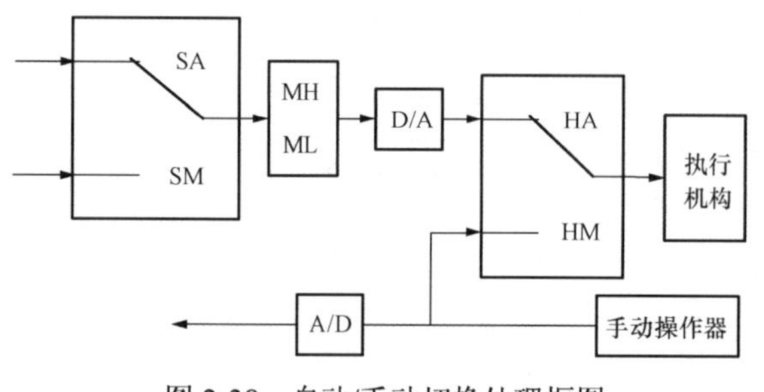

图2-38 自动/手动切换处理框图

1. 软自动/软手动

当软开关SA/SM切向SA位置时，系统处于正常的自动状态，称为软自动(SA)；反之，称为软手动(SM)。一般在调试时，采用软手动(SM)方式。

2. 控制量限幅

为了保证执行机构工作在有效范围内，需要对控制量U_K进行上、下限限幅处理，使得ML≤MV≤MH，再经过D/A转换器输出0～10mA DC或4～20mA DC。

3. 自动/手动

对于一般的计算机控制系统，可采用手动操作器作为计算机的后备操作。当切换开关处于HA位置时，控制量MV通过D/A输出，此时系统处于正常的计算机控制方式，称自动状态（HA状态）；反之，若切向HM位置，则计算机不再承担控制任务，由运行人员通过手动操作器输出0～10mA DC或4～20mA DC信号，对执行机构进行远方操作，这称为手动状态（HM状态）。

4. 无平衡无扰动切换

所谓无平衡无扰动切换，是指在进行手动到自动或自动到手动的切换之前，无需由人工进行手动输出控制信号与自动输出控制信号之间的对位平衡操作，就可以保证切换时不会对执行机构的现有位置产生扰动。为此，应采取以下措施。

为了实现从手动到自动的无平衡无扰动切换，在手动（SM或HM）状态下，尽管并不进行PID计算，但应使给定值（CSV）跟踪被控量（CPV），同时也要把历史数据，如$e(k-1)$和$e(k-2)$清0，还要使$u(k-1)$跟踪手动控制量（MV或VM）。这样，一旦切向自动而$u(k-1)$又等于切换瞬间的手动控制量，这就保证了PID控制量的连续性。当然，这一切需要有相应的硬件电路配合。

当从自动（SA与HA）切向软手动（SM）时，只要计算机应用程序工作正常，就能自动保证无扰动切换。当从自动（SA与HA）切向硬手动（HM）时，通过手动操作器电路，也能保证无扰动切换。

从输出保持状态或安全输出状态切向正常的自动工作状态时，同样需要进行无扰动切换，为此可采取类似的措施，这里不再赘述。

自动手动切换数据区需要存放软手动控制量SMV，软开关SA/SM状态、控制量上限值（MH）和下限值（ML）、控制量MV、切换开关HA/HM状态，以及手动操作器输出VM。

以上讨论了PID控制程序的各部分功能及相应的数据区。完整的PID控制模块数据区除了上述部分外，还有被控量量程上限RH和量程下限RL，工程单位代码、采样（控制）周期等。该数据区是 PID 控制模块存在的标志，可将它看作是数字 PID 控制器的实体。只有正确地填写 PID 数据区后，才能实现 PID 控制系统。

采用上述数字控制器，不仅可以组成单回路控制系统，而且可以组成串级、前馈、纯滞后补偿（Smith）等复杂控制系统，对于后面两种系统还应增加补偿器运算模块。利用该控制模块和各种功能运算模块的组合，可以组成各种控制系统来满足生产过程控制的要求。

习 题 2

2-1 面向过程与面向对象的程序设计的区别是什么？

2-2 使用 C 语言编写插入排序、希尔排序和快速排序算法。

2-3 比较不同数字滤波算法的优缺点，并指出其使用场合。

2-4 测量数据预处理技术有哪些，它的作用是什么？

2-5 某热处理炉温度变化范围为 0～1350℃，经温度变送器变换为 1～5V 电压送至 ADC0809，ADC0809 的输入范围为 0～5V。当 ADC0809 的转换结果为 6AH 时，问此时的炉内温度为多少摄氏度？

2-6 某执行机构的输入变化范围为 4～20mA，灵敏度为 0.05mA，应选 D/A 转换器的字长为多少位？

2-7 如何根据生产过程设计数字控制器？

3 数字程序控制系统

数字程序控制，又称运动控制，主要用于机床的自动控制，如用于铣床、车床、加工中心、线切割机以及焊接机、切割机等自动控制系统中。采用数字程序控制的机床称为数控机床，数控机床具有能加工形状复杂的零件、加工精度高、生产效率高、便于改变加工零件品种等许多特点，它是实现机床自动化的一个重要发展方向。此外，随着集成电路的发展，芯片的运算速度越来越快，使得同时控制多台电机成为可能，于是，机器人技术得到显著发展，并且已用于各种生产实际，如汽车生产线上的机械臂等。本章主要介绍数字程序控制基础、逐点比较插补原理以及步进电机控制技术，并且简单介绍小功率直流电机的控制技术。在本章，以一个步进电机的应用实例详细介绍步进电机的使用方法。

3.1 数字程序控制系统基础

所谓数字程序控制，就是计算机根据输入的指令和数据，控制生产机械（如各种加工机床）按规定的工作顺序、运动轨迹、运动距离和运动速度等规律自动地完成工作的自动控制。对于不同的设备，其控制系统有所不同，但基本的数字控制原理是相同的。

3.1.1 数字程序控制原理

平面曲线图形如图 3-1 所示，下面分析如何利用计算机在绘图仪或数控加工机床上重现，以此来简要说明数字程序控制的基本原理。

（1）将图 3-1 所示的曲线分割成若干段，可以是直线段，也可以是曲线段，图中分割成了三段，即 $\overline{ab}$、$\overline{bc}$ 和 $\overset{\frown}{cd}$，然后把 a、b、c、d 四点坐标记下来并送给计算机。图形分割的原则应保证线段连接的曲线（或折线）与原图形的误差在允许范围之内。由图可见，显然采用 $\overline{ab}$、$\overline{bc}$ 和 $\overset{\frown}{cd}$ 比 $\overline{ab}$、$\overline{bc}$ 和 $\overline{cd}$ 要精确得多。

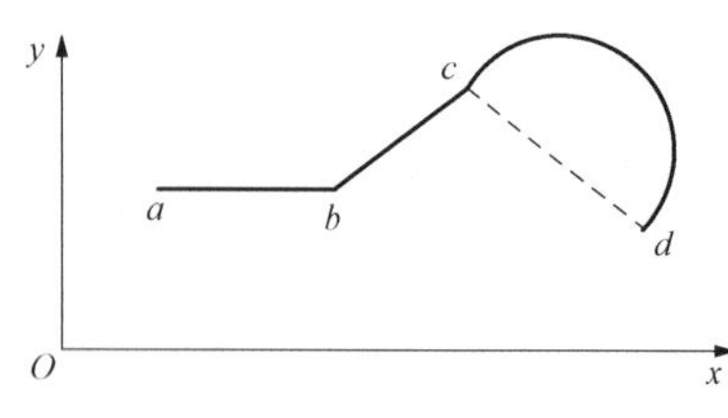

图 3-1　曲线分段

（2）当给定 a、b、c、d 各点坐标 x 和 y 值之后，如何确定各坐标值之间的中间值？求得这些中间值的数值计算方法称为插值或插补。插补计算的宗旨是通过给定的基点坐标，以一定的速度连续定出一系列中间点，而这些中间点的坐标值是以一定的精度逼近给定的线段。从理论上讲，插补的形式可用任意函数形式，但为了简化插补运算过程和加快插补速度，常用的是直线插补和二次曲线插补两种形式。所谓直线插补是指在给定的两个基点之间用一条近似直线来逼近，也就是由此来定出中间点连接起来的折线近似于一条直线，而不是真正的直线。所谓二次曲线插补是指在给定的两个基点之间用一条近似曲线来逼近，也就是实际的中间点的连线是一条近似于曲线的折线弧。常用的二次曲线有圆弧、抛物线和双曲线等。对图 3-1 所示的曲线来说，显然 ab 和 bc 段用直线插补，cd 段用圆弧插补是最合理的。

（3）把插补运算过程中定出的各中间点，以脉冲信号形式去控制 x、y 方向上的电机，带动绘图笔、刀具等，从而绘出图形或加工出所需求的轮廓来。这里的每一个脉冲信号代表绘图笔或刀具在 x 或 y 方向移动一个位置。对应于每个脉冲移动的相对位置称为脉冲当量，又称为步长，常用Δx 和Δy 来表示。

图 3-2 是一段用折线逼近直线的直线插补线段，其中(x_0,y_0)代表该线段的起点坐标值，(x_e,y_e)代表终点坐标值，则 x 方向和 y 方向应移动的总步数 N_x 和 N_y 分别为

$$N_x=\frac{x_e-x_0}{\Delta x}, \quad N_y=\frac{y_e-y_0}{\Delta y}$$

如果把Δx 和Δy 作为坐标增量值，即 x_0、 x_e、 y_0、 y_e均是以脉冲当量定义的坐标值，则

$$N_x=x_e-x_0, \quad N_y=y_e-y_0$$

所以，插补运算就是如何分配 x 和 y 方向上的脉冲数，使实际的中间点轨迹尽可能地逼近理想轨迹。实际的中间点连接线是一条由Δx 和Δy 的增量值组成的折线，只是由于实际的Δx 和Δy 的值很小，肉眼分辨不出来，看起来似乎和直线一样而已。显然，Δx 和Δy 的增量值越小，就越接近理想的直线段，图中均以“→”代表Δx 和Δy 的长度。

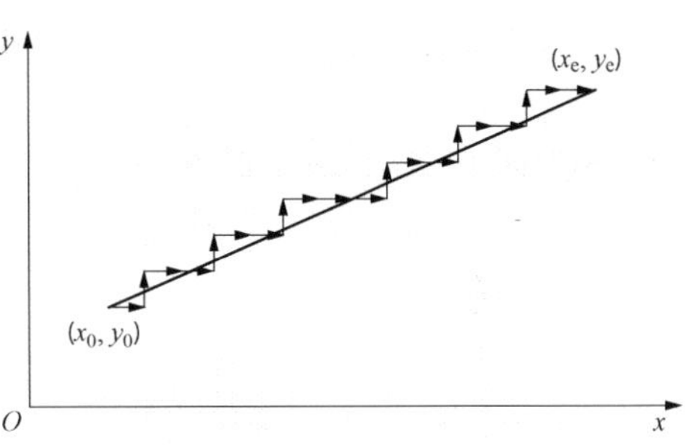

图 3-2 用折线逼近线段

3.1.2 数字程序控制系统分类

数字程序控制系统按控制方式分类，可以分为点位控制系统、直线切削控制系统和轮廓切削控制系统。这三种控制系统都属于运动的轨迹控制系统。

1. 点位控制系统

在一个点位控制系统中，只控制加工点的准确定位，对于刀具从一个加工点移到下一个加工点走什么路径、移动的速度、沿哪个方向趋近都无需规定，并且在移动过程中不做任何加工，只是在精确到达指定位置后才开始加工。这类控制系统多用于数控钻床、冲床等。

2. 直线切削控制系统

这种控制，不仅控制加工点的起始坐标，而且还要求刀具相对于工件平行于某一直角坐标轴做直线运动，且在运动过程中进行切削加工。需要这类控制系统的有铣床、车床、磨床。

3. 轮廓切削控制系统

该系统能控制加工点沿零件轮廓曲线连续运动，可加工出曲线、曲面、凸轮和锥面等复杂形状的零件。这种系统一般均具有直线和圆弧两种插补功能。少数系统还具有抛物线或其他高次曲线插补能力。这类控制系统可应用于加工中心等复杂的加工场合。

每一种数控系统各有各的特点，应用场合也不一样，但随着科技的不断进步，数控系统越来越广泛应用于各种复杂的加工环境中，尤其是对点的操作的控制。例如机械大国——德国，已经设计制造出 11 轴联动的加工中心，大大提高了机械制造业的效率，同时也节省了材料。

3.1.3 数字程序控制系统组成

如图 3-3 所示，数控系统由信息载体、数控装置、伺服系统和受控设备组成。信息载体一般采用存储器、移动盘、硬盘等，用以存放加工参数、动作顺序、行程和速度等加工信息。

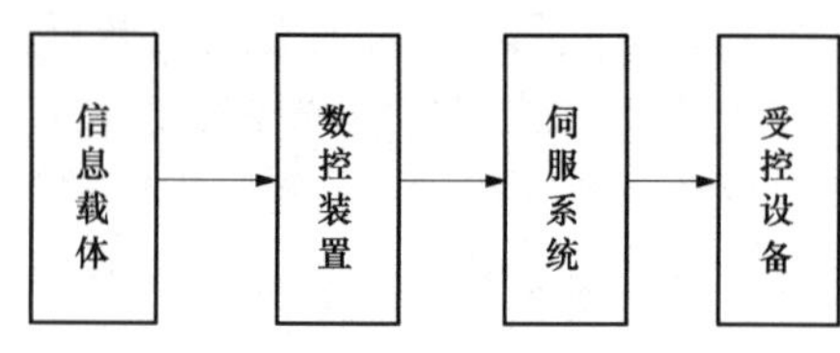

图 3-3　数字程序控制系统的组成

数控装置又称插补器，根据输入的加工信息发出脉冲序列。每一个脉冲代表一个位移增量。插补器实际上是一台功能简单的专用计算机，也可直接采用微型计算机。插补器输出的增量脉冲作用于相应的驱动机械或系统用来控制工作台或刀具的运动。如果采用步进电机作为驱动机械，则数控系统为开环控制。对于精密机床，需要采用闭环控制的方式，以伺服系统为驱动系统。

3.2　程序控制算法

3.2.1　函数计算方法

对于如图 3-4 所示的直线，假设要加工出直线段 AB，最简单的方法就是将这条线段所在直线的解析式方程求出来，然后按照所求得的方程去编写控制电机的程序。

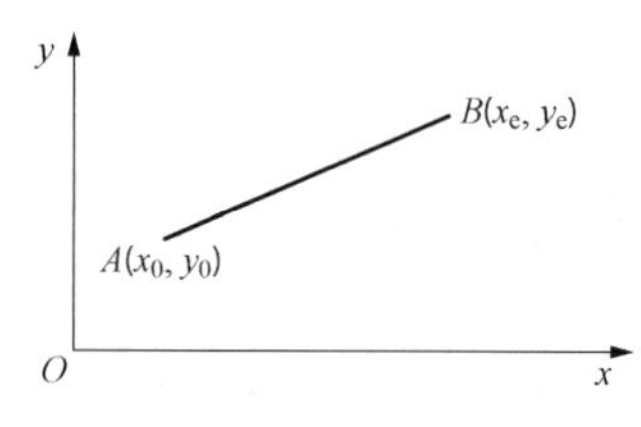

图 3-4　运动轨迹——直线

即

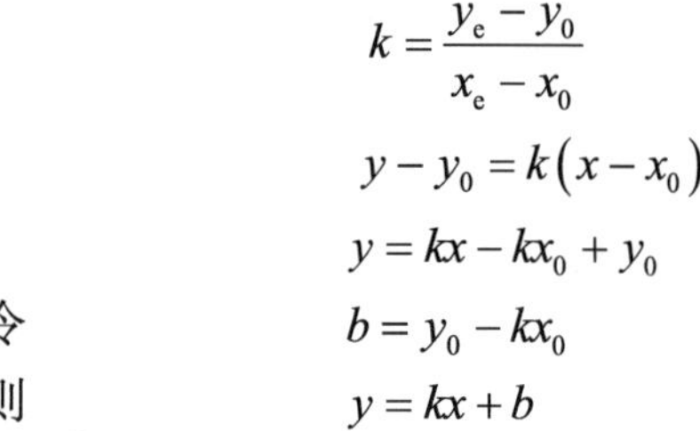

$$k=\frac{y_e-y_0}{x_e-x_0}$$

$$y-y_0=k\left(x-x_0\right)$$

$$y=kx-kx_0+y_0$$

令　$$b=y_0-kx_0$$

则　$$y=kx+b$$

假设程序中 x 方向步长为Δx，y 方向步长为Δy，起点为（0，0），终点为(x_e,y_e)，程序中Δx、Δy、x_e 和 y_e 分别为 AX、AY、xe 和 ye，程序实现如下。

```
int  i,count;
float  y0, x, y, k;
k=float(ye)/float(xe);
count=xe/AX;
x=0; y0=0; y=0;
for(i=0; i<count; i++)
    {
    out_px();                       /*x 正方向走一步*/
    x=x+AX;
    y=k*x;
    while(y>y0)
        {
        out_py() ;                  /*y 正方向走一步*/
        y0=y0+AY;
        }
    }
```

此方法简单，但是其运算为浮点运算，早期的计算机内存小，CPU 速度慢则无法满足机床的进给速度，即此算法无法满足实时的要求。目前常用的解决方案有两种，第一种是选用高速芯片，例如 FPGA、DSP 等；第二种就是选择一种更快的算法解决此问题。

3.2.2 逐点比较法插补算法

所谓逐点比较法插补，就是刀具或绘图笔每走一步都要和给定轨迹上的坐标值进行比较，看这点在给定轨迹的上方或下方，或是给定轨迹的里面或外面，从而决定下一步的进给方向。如果原来在给定轨迹的下方，下一步就向给定轨迹的上方走，如果原来在给定轨迹的里面，下一步就向给定轨迹的外面走。如此，走一步、看一看，比较一次，决定下一步走向，以便逼近给定轨迹，即形成逐点比较插补。

逐点比较法是以阶梯折线来逼近直线或圆弧等曲线的，它与规定的加工直线或圆弧之间的最大误差为一个脉冲当量，因此只要把脉冲当量（每走一步的距离即步长）取得足够小，就可达到加工精度的要求。

1. 逐点比较法直线插补

（1）第一象限内的直线插补。

1）偏差的计算公式。根据逐点比较法插补原理，必须把每一插值点（动点）的实际位置与给定轨迹的理想位置间的误差，即“偏差”计算出来，根据偏差的正、负决定下一步的走向，来逼近给定轨迹。因此偏差计算是逐点比较法关键的一步。

在第一象限加工出如图 3-5 中所示的直线段 AB，取直线段的起点为坐标原点，直线段终点坐标 (x_e, y_e) 是已知的。点 $m(x_m, y_m)$ 为加工点（动点），若点 m 在直线段 AB 上，则有

$$\frac{x_m}{y_m} = \frac{x_e}{y_e}$$

即

$$y_m x_e - x_m y_e = 0$$

现定义直线插补的偏差判别式为

$$F_m = y_m x_e - x_m y_e \tag{3-1}$$

若 $F_m = 0$，表明点 m 在 AB 直线段上；若 $F_m > 0$，表明点 m 在 AB 直线段的上方；即点 m' 处；若 $F_m < 0$，表明点 m 在 AB 直线段的下方，即点 m'' 处。

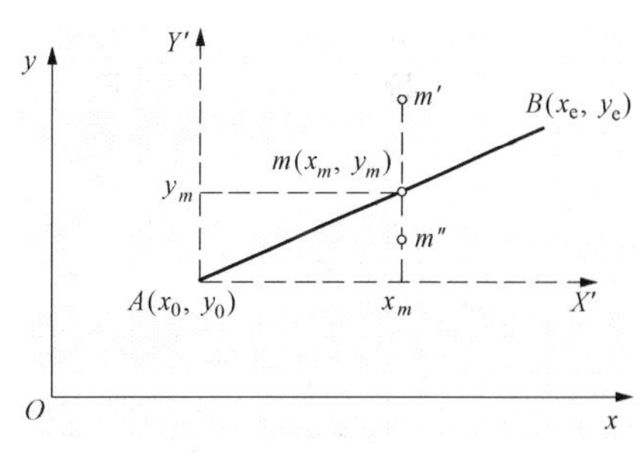

图 3-5 第一象限直线段

由此可得第一象限直线逐点比较法插补的原理是：从直线的起点（即坐标原点）出发，当 $F_m \geqslant 0$ 时，沿 $+x$ 轴方向走一步；当 $F_m < 0$ 时，沿 $+y$ 方向走一步；当两个方向所走的步数与终点坐标 (x_e, y_e) 相等时，发出终点信息，停止插补。

按式（3-1）计算偏差，要做两次乘法、一次减法，比较麻烦，因此需要进一步简化。下面推导简化的偏差计算公式。

a）设加工点正处于 m 点，当 $F_m \geqslant 0$ 时，表明 m 点在 AB 上或 AB 上方，应沿 $+x$ 方向进一步至 $(m+1)$ 点，该点的坐标值为

$$\begin{cases} x_{m+1} = x_m + 1 \\ y_{m+1} = y_m \end{cases}$$

该点的偏差为

$$F_{m+1} = y_{m+1} x_e - x_{m+1} y_e = y_m x_e - (x_m + 1) y_e = F_m - y_e \tag{3-2}$$

b）设加工点正处于 m 点，当 $F_m < 0$ 时，表明 m 点在 AB 下方，应沿 $+y$ 方向进一步至 $(m+1)$ 点，该点的坐标值为

$$\begin{cases} x_{m+1} = x_m \\ y_{m+1} = y_m + 1 \end{cases}$$

该点的偏差为

$$F_{m+1} = y_{m+1}x_e - x_{m+1}y_e = (y_m + 1)x_e - x_m y_e = F_m + x_e \tag{3-3}$$

式（3-2）和式（3-3）是简化后偏差计算公式，在公式中只有一次加法或减法运算，新的加工点的偏差 F_{m+1} 都可以由前一点偏差 F_m 和终点坐标相加或相减得到。特别要注意，加工的起点是坐标原点，起点的偏差是已知的，即 $F_0 = 0$。

2）终点判断方法。逐点比较法的终点判断有多种方法，下面介绍两种方法。

a）设置 N_x 和 N_y 两个减法计数器，在加工开始前，在 N_x 和 N_y 计数器中分别存入终点坐标值 x_e 和 y_e，在 x 坐标（或 y 坐标）进给一步时，就在 N_x 计数器（或 N_y 计数器）中减去 1，直到这两个计数器中的数都减到零时，到达终点。

b）用一个终点计数器，寄存 x 和 y 两个坐标进给的总步数 N_{xy}，x 或 y 坐标进给一步，N_{xy} 就减 1，若 $N_{xy} = 0$，则达到终点。

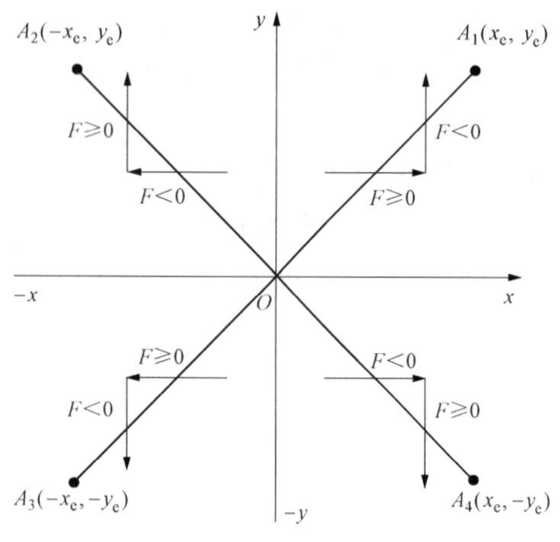

图 3-6 偏差符号与进给方向的关系

3）插补计算过程。插补计算时，每走一步，都要进行以下四个步骤的插补计算过程，即偏差判别、坐标进给、偏差计算、终点判别。

（2）四个象限的直线插补。不同象限直线插补的偏差符号及坐标进给方向如图 3-6 所示。

由图 3-6 可以推导得出，四个象限直线插补的坐标进给方向和偏差计算公式，详见表 3-1。该表中四个象限的终点坐标值取绝对值带入计算式中的 x_e 和 y_e。

表 3-1 直线插补的进给方向及偏差计算公式

所在象限	$F_m \geqslant 0$		$F_m < 0$	
	进给方向	偏差计算	进给方向	偏差计算
一	$+x$	$F_{m+1}=F_m-y_e$	$+y$	$F_{m+1}=F_m+x_e$
二	$+y$	$F_{m+1}=F_m+x_e$	$-x$	$F_{m+1}=F_m+y_e$
三	$-x$	$F_{m+1}=F_m+y_e$	$-y$	$F_{m+1}=F_m-x_e$
四	$-y$	$F_{m+1}=F_m-x_e$	$+x$	$F_{m+1}=F_m-y_e$

2. 逐点比较法圆弧插补

（1）第一象限内的圆弧插补。

1）偏差的计算公式。设要加工逆时针圆弧 $\overset{\frown}{AB}$，圆弧的圆心在坐标原点，并已知圆弧的起点为 $A(x_0, y_0)$，终点为 $B(x_e, y_e)$，圆弧半径为 R。令瞬时加工点为 $m(x_m, y_m)$，它与圆心的距离为 R_m，显然，可以比较 R_m 和 R 来反映加工偏差。而比较 R_m 和 R，实际上是比较它们的平方值。由图 3-7 所示的第一象限逆时针圆弧 $\overset{\frown}{AB}$ 可知

$$R_m^2 = x_m^2 + y_m^2$$

$$R^2 = x_0^2 + y_0^2$$

因此，可定义偏差判别式为

$$F_m = R_m^2 - R^2 = x_m^2 + y_m^2 - R^2 \tag{3-4}$$

若 $F_m = 0$，表明加工点 m 在圆弧上；$F_m > 0$，表明加工点在圆弧外；$F_m < 0$，表明加工点在圆弧内。

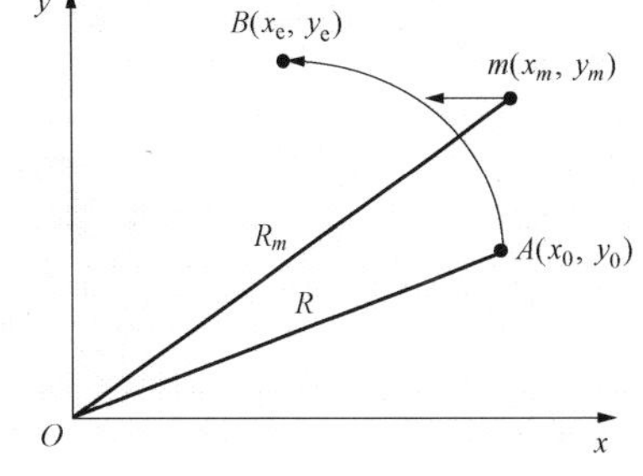

图 3-7 第一象限逆时针圆弧

由此可得第一象限逆时针圆弧逐点比较插补的原理是：从圆弧的起点出发，当 $F_m \geqslant 0$，为了逼近圆弧，下一步向$-x$ 方向进给一步，并计算新的偏差；若 $F_m < 0$，为了逼近圆弧，下一步向$+y$ 方向进给一步，并计算新的偏差。如此一步一步计算和一步一步进给，并在到达终点后停止计算，就可插补出图 3-7 所示的第一象限逆时针圆弧 $\overset{\frown}{AB}$。

为了简化偏差判别式（3-4）的计算，下面推导出简化的偏差计算的递推公式。

a）设加工点正处于 $m(x_m, y_m)$ 点，当 $F_m \geqslant 0$ 时，应沿$-x$ 方向进给一步至 $m+1$ 点，其坐标值为

$$\begin{cases} x_{m+1} = x_m - 1 \\ y_{m+1} = y_m \end{cases} \tag{3-5}$$

新的加工点的偏差为

$$F_{m+1} = x_{m+1}^2 + y_{m+1}^2 - R^2 = (x_m - 1)^2 + y_m^2 - R^2 = F_m - 2x_m + 1 \tag{3-6}$$

b）设加工点正处于 $m(x_m, y_m)$，当 $F_m < 0$ 时，应沿$+y$ 方向进给一步至点 $m+1$，其坐标值为

$$\begin{cases} x_{m+1} = x_m \\ y_{m+1} = y_m + 1 \end{cases} \tag{3-7}$$

新的加工点的偏差为

$$F_{m+1} = x_{m+1}^2 + y_{m+1}^2 - R^2 = x_m^2 + (y_m + 1)^2 - R^2 = F_m + 2y_m + 1 \tag{3-8}$$

由式（3-6）和式（3-8）可知，只要知道前一点的偏差和坐标值，就可求出新的一点的偏差。因为加工点是从圆弧的起点开始，故起点的偏差为 $F_0 = 0$。

2）终点判别方法。圆弧插补的终点判别方法和直线插补相同。可将 x 方向的行走步数 $N_x = |x_e - x_0|$ 和 y 方向的行走步数 $N_y = |y_e - y_0|$ 的总和 N_{xy} 作为一个计数器，每走一步，从 N_{xy} 中减 1，当 $N_{xy} = 0$ 时发出到达终点的概念。

3）插补计算过程。圆弧插补计算过程比直线插补计算过程多一个环节，即要计算加工点瞬时坐标（动点坐标）值，其计算公式为式（3-5）和式（3-7）。因此圆弧插补计算过程分为五个步骤，即偏差判别、坐标进给、偏差计算、坐标计算、终点判断。

（2）四个象限的圆弧插补。其他各象限中逆、顺时针圆弧都可以同第一象限比较而得出各自的偏差计算公式及进给方向。前面介绍了第一象限逆时针圆弧的插补计算，为了导出其他各象限的插补计算，下面先来推导一下第一象限顺时针圆弧的偏差计算公式。

1）第一象限顺时针圆弧的插补计算。

设要加工第一象限顺时针圆弧 $\overset{\frown}{CD}$，圆弧的圆心在坐标原点，并已知起点 $C(x_0, y_0)$，终点坐标 $D(x_e, y_e)$，如图 3-8 所示。设加工点处于 $M(x_m, y_m)$ 点，若 $F_m \geqslant 0$，则沿$-y$ 方向进给

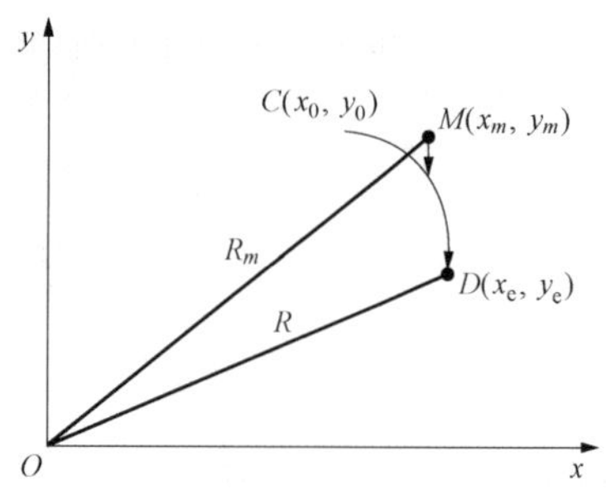

图 3-8　第一象限顺时针圆弧

一步至 $m+1$ 点，其坐标值为 (x_m, y_m-1)，可求出新的偏差为

$$F_{m+1}=F_m-2y_m+1 \tag{3-9}$$

当 $F_m<0$ 时，应沿+x 方向进给一步至 $m+1$ 点，其坐标值为 (x_m+1, y_m)，同样可以求出新的偏差为

$$F_{m+1}=F_m+2x_m+1 \tag{3-10}$$

2）四个象限的圆弧插补。

式（3-6）和式（3-8）～式（3-10）给出了第一象限逆、顺时针圆弧的插补计算公式，其他象限的圆弧插补可与第一象限的情况相比较而得出，因为其他象限的所有圆弧总是与第一象限中的逆时针圆弧或顺时针圆弧互为对称，如图 3-9 所示。在图 3-9 中，用 SR 和 NR 分别表示顺时针圆弧和逆时针圆弧，所以可以用 SR_1、SR_2、SR_3、SR_4 和 NR_1、NR_2、NR_3、NR_4 8 种圆弧分别表示第一至第四象限的顺时针圆弧和逆时针圆弧。

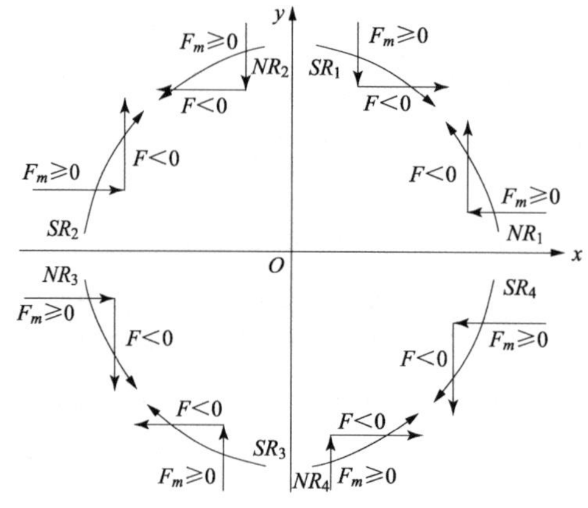

图 3-9　四个象限圆弧插补的对称关系

对于图 3-9，SR_1 与 NR_2 对称于+y 轴，SR_3 与 NR_4 对称于−y 轴，NR_1 与 SR_4 对称于+x 轴，NR_3 与 SR_2 对称与−x 轴，SR_1 与 NR_4 对称于+x 轴，SR_3 与 NR_2 对称于−x 轴，NR_1 与 SR_2 对称于+y 轴，NR_3 与 SR_4 对称于−y 轴。所有四个象限，八种圆弧插补偏差计算公式和坐标进给方向列于表 3-2。

表 3-2　圆弧插补偏差计算公式和坐标进给方向

偏差	圆弧种类	进给方向	偏差计算	坐标计算
$F_m \geqslant 0$	SR_1、NR_2	$-y$	$F_{m+1}=F_m-2y_m+1$	$x_{m+1}=x_m$ $y_{m+1}=y_m-1$
	SR_3、NR_4	$+y$	$F_{m+1}=F_m+2y_m+1$	$x_{m+1}=x_m$ $y_{m+1}=y_m+1$
	NR_1、SR_4	$-x$	$F_{m+1}=F_m-2x_m+1$	$x_{m+1}=x_m-1$ $y_{m+1}=y_m$
	NR_3、SR_2	$+x$	$F_{m+1}=F_m+2x_m+1$	$x_{m+1}=x_m+1$ $y_{m+1}=y_m$

续表

偏差	圆弧种类	进给方向	偏差计算	坐标计算
$F_m<0$	SR_1、NR_4	$+x$	$F_{m+1}=F_m+2x_m+1$	$x_{m+1}=x_m+1$ $y_{m+1}=y_m$
	SR_3、NR_2	$-x$	$F_{m+1}=F_m-2x_m+1$	$x_{m+1}=x_m-1$ $y_{m+1}=y_m$
	NR_1、SR_2	$+y$	$F_{m+1}=F_m+2y_m+1$	$x_{m+1}=x_m$ $y_{m+1}=y_m+1$
	NR_3、SR_4	$-y$	$F_{m+1}=F_m-2y_m+1$	$x_{m+1}=x_m$ $y_{m+1}=y_m-1$

以上直线插补和圆弧插补算法变成整型和移位计算，提高了运算速度，满足了系统的实时控制要求。理论设计对于计算机控制系统设计是一个非常关键的内容，好的算法极大地降低了对硬件设计的要求。

3.3 开环数字程序控制系统

随着计算机技术的发展，开环数字程序得到了广泛的应用，例如各类数控机床、线切割机、低速小型数字绘图仪等，它们都是利用开环数字程序控制原理实现控制的机械加工设备或绘图设备。此外，随着机器人技术的发展，各种机器人的动作大多数都需要用到开环数字程序控制系统。开环数字程序控制系统的结构如图 3-10 所示。

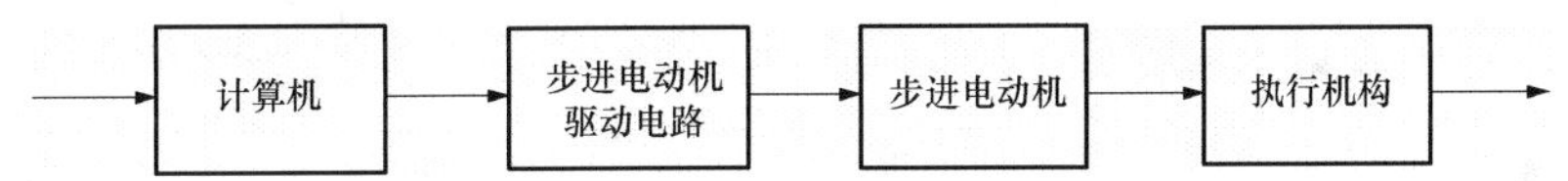

图 3-10 开环数字程序控制系统结构图

这种控制结构没有反馈检测元件，执行机构由步进电动机驱动。步进电动机接收步进电机驱动电路发来的指令脉冲作相应的旋转，驱动执行机构动作，至于执行机构有没有完成指定的动作，那是不受任何检查的，因此这种控制的可靠性和精度基本上由步进电动机和传动装置来决定。

开环数字程序控制系统控制结构简单，因此可靠性高、成本低、易于调整和维护等，应用最为广泛。由于采用了步进电动机作为驱动元件，使得系统的可控性变得更加灵活，更易于实现各种插补运算和运动轨迹控制。

3.3.1 步进电动机

步进电动机又称为脉冲电动机，主要用于开环位置控制系统。它由步进电动机驱动电源和步进电动机组成，没有反馈环节。这种系统较简单，控制较容易，维修也较方便，而且为全数字化控制。

由于开环系统精度不高，且步进电动机的功率和速度不高，因此步进电动机驱动系统仅用于小容量、加工速度低、脉冲当量和精度不太高的场合，如经济型数控机床和电加工机床、计算机的打印机、绘图仪等设备。

1. 步进电动机的种类

步进电动机可分为以下三类。

（1）反应式（Variable Reluctance，VR）。转子用软磁材料制成，其中没有绕组。结构简单、成本低，步距角可以做得很小，但动态性能较差。

（2）永磁式（Permanent Magnet，PM）。转子用永磁材料制成，本身就是个磁源。输出转矩大，动态性能好，转子的极数与定子的极数相同，一般步距角较大，需供给正负脉冲信号。

（3）混合式（Hybrid，HB）。混合式步进电动机综合了反应式和永磁式两者的优点，它的输出转矩大，动态性能好，步距角小，但结构复杂，成本较高。

2. 反应式步进电动机的结构

反应式步进电动机的性价比高，应用广泛。单段式三相反应式步进电动机的结构如图 3-11 所示。

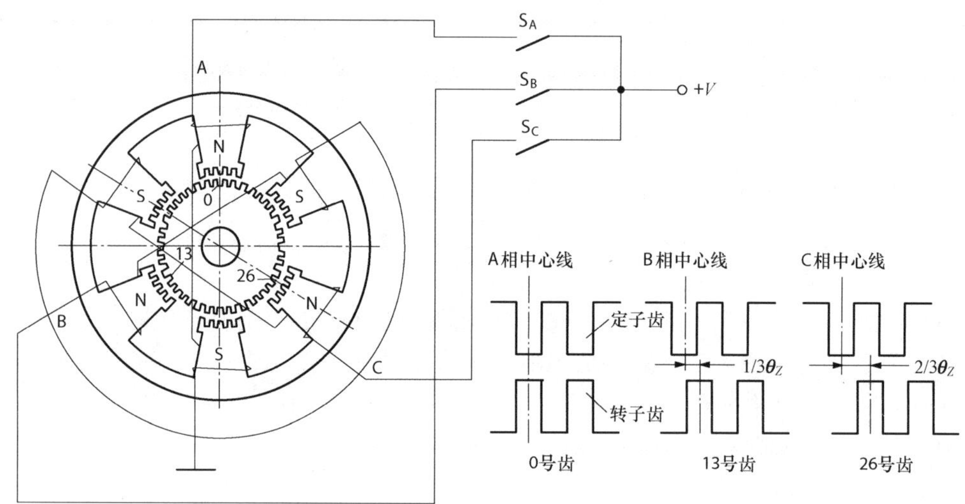

图 3-11 步进电动机的工作原理分析图

定子铁心上有六个均匀分布的磁极，沿直径相对两个极上的线圈串联，构成一相励磁绕组。极与极之间的夹角为 60°，每个定子磁极上均匀分布了五个齿，齿距和齿宽分别相等，齿距角为 9°。转子铁心上无绕组，只有均匀分布的 40 个齿，齿距和齿宽分别相等，齿距角为 $\frac{360°}{40}$=9°，反应式步进电动机对空间结构的要求是，定子绕组磁极的分度角（如三相的120°和 240°）不能被齿距角整除。定子绕组磁极的分度角被齿距角除后所得的余数，是步距角的倍数，而且倍数值与相数没有公因子。

定子磁极小齿与转子小齿对齐的状态称为对齿，定子磁极小齿与转子小齿不对齐的状态称为错齿。步进电动机的空间结构设计决定了当某一相定子磁极与转子形成对齿时，其他相都处于错齿状态。

3. 反应式步进电动机的工作原理

通常电机的转子为永磁体，当电流流过定子绕组时，定子绕组产生一矢量磁场。该磁场会带动转子旋转一角度，使得转子的一对磁场方向与定子的磁场方向一致。当定子的矢量磁场旋转一个角度，转子也随着该磁场转一个角度。每输入一个电脉冲，电动机转动一个角度前进一步。它输出的角位移与输入的脉冲数成正比、转速与脉冲频率成正比。改变绕组通电的顺序，电机就会反转。所以可用控制脉冲数量、频率及电动机各相绕组的通电顺序来控制步进电动机的转动。

如图 3-11 所示，当开关S_A合上时，A 相绕组通电，建立 A 相磁场使 A 相定子磁极与转子形成对齿；B、C 相则处于错齿状态。

若齿距角为 9°，将 A 相磁极中心线看成 0°，此处的转子齿为 0 号齿，则 120°处的 B 相磁极中心线位于转子第 13 号齿再过$\frac{1}{3}$齿距角，即 B 相错齿 3°，而 240°处的 C 相磁极中心线位于转子第 26 号齿再过$\frac{2}{3}$齿距角，即 C 相错齿 6°。

下一步将 A 相断电，同时给处于错齿状态的相通电，则转子将向磁阻最小的位置转动。结果是转子转动了$\frac{1}{3}$个齿距角，B 相对齿、C 相错齿$\frac{1}{3}$个齿距角和 A 相错齿$\frac{2}{3}$个齿距角。

这样，按 A—B—C 顺序轮流给各相绕组通电，磁场将按 A—B—C—A 方向转过 360°，转子则沿同一方向转过一个齿距角。显然，改变通电顺序也就改变了转子的转向。

绕组通电一次的操作称为一拍；按 A—B—C—A 顺序，三相反应式步进电动机磁场旋转一周需要三拍。转子每拍走一步，按 A—B—C—A 顺序，转一个齿距角需要三步。

转子走一步所转过的角度称为步距角，计算公式为

$$\theta_N = \frac{\theta_Z}{N} = \frac{2\pi}{NZ} \tag{3-11}$$

式中：N 为步进电动机工作拍数；θ_Z 为齿距角；Z 为转子上的齿数。

3.3.2 步进电动机的工作方式

步进电动机有三相、四相、五相、六相等多种，为了分析方便，本节仍以三相步进电动机为例进行分析和讨论。步进电动机可工作于单相通电方式，也可工作于双相通电方式和单相、双相交叉通电方式。选用不同的工作方式，可使步进电动机具有不同的工作性能，如减小步距，提高定位精度和工作稳定性等。对于三相步进电动机则有单相三拍（简称单三拍）方式、双相三拍（简称双三拍）方式、三相六拍工作方式。

1. 步进电动机单三拍工作方式

为了使步进电动机能正向旋转，对各相的通电顺序为 A—B—C—A—···

各相通电的电压波形为图 3-12 所示的情况。

2. 步进电动机的双三拍工作方式

双三拍工作方式各相的通电顺序为 AB—BC—CA—AB—···

各相通电的电压波形为图 3-13 所示的情况。

3. 步进电动机的三相六拍工作方式

三相六拍工作方式各相的通电顺序为 A—AB—B—BC—C—CA—A—···

各相通电的电压波形为图 3-14 所示的情况。

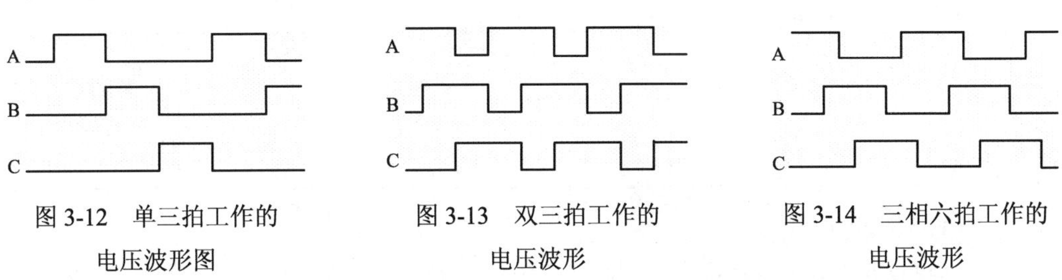

图 3-12 单三拍工作的电压波形图

图 3-13 双三拍工作的电压波形

图 3-14 三相六拍工作的电压波形

3.3.3 步进电动机控制接口及输出字表

过去常规的步进电动机控制电路主要由脉冲分配器和驱动电路组成。采用微机控制，主要取代脉冲分配器，而给步进电动机提供驱动电源的驱动电路是必不可省的，同时用微机实现对步进电动机的走步数、转向以及速度控制等。

1. 步进电动机控制接口

假定微机同时控制 x 轴和 y 轴两台三相步进电动机，控制接口如图 3-15 所示。此接口电路可选用可编程并行接口芯片 8255，8255 PA 口的 PA0、PA1、PA2 控制 x 轴三相步进电动机，8255 PB 口的 PB0、PB1、PB2 控制 y 轴三相步进电动机。只要确定了步进电动机的工作方式，就可以控制各相绕组的通电顺序，实现步进电动机正转或反转。

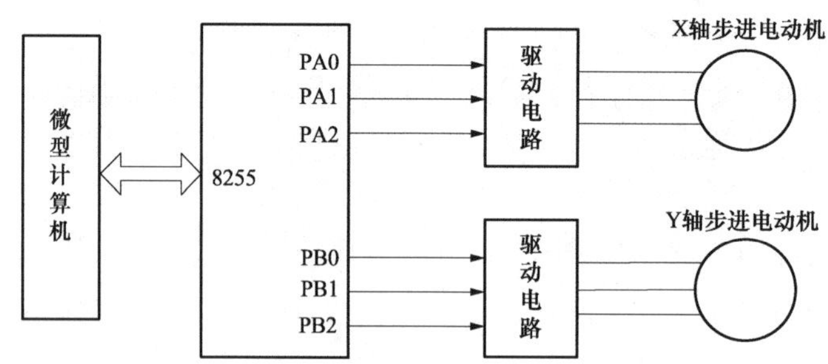

图 3-15 两台三相步进电动机控制接口示意图

2. 步进电动机控制的输出字表

在图 3-15 所示的步进电动机控制接口电路中，选定由 PA0、PA1、PA2 通过驱动电路来控制 x 轴步进电动机，由 PB0、PB1、PB2 通过驱动电路来控制 y 轴步进电动机，并假定数据输出为“1”时，相应的绕组通电；为“0”时，相应的绕组断电。下面以三相六拍控制方式为例确定步进电动机控制的输出字。

当步进电动机的相数和控制方式确定之后，PA0～PA2 和 PB0～PB2 输出数据变化的规律就确定了，这种输出数据变化规律可用输出字来描述。为了方便寻找，输出字以表的形式存放在计算机指定的存储区域。表 3-3 给出了三相六拍控制方式的输出字表。

显然，若要控制步进电动机正转，则按 ADX1→ADX2→…→ADX6 和 ADY1→ADY2→…→ADY6 顺序向 PA 口和 PB 口送输出字即可；若要控制步进电动机反转，则按相反的顺序送输出字。

表 3-3 三相六拍控制方式输出字表

x 轴步进电动机输出字表		y 轴步进电动机输出字表	
存储地址标号	PA 口输出字	存储地址标号	PB 口输出字
ADX1	00000001=01H	ADY1	00000001=01H
ADX2	00000011=03H	ADY2	00000011=03H
ADX3	00000010=02H	ADY3	00000010=02H
ADX4	00000110=06H	ADY4	00000110=06H
ADX5	00000100=04H	ADY5	00000100=04H
ADX6	00000101=05H	ADY6	00000101=05H

3.3.4 步进电动机的驱动方式

步进电动机使用脉冲电源驱动。脉冲电源中，开关管按照控制脉冲的规律“开”和“关”，使直流电源以脉冲方式向绕组供电。步进电动机的驱动方式有多种，可以根据实际需要选用。

1. 单电压驱动

单电压驱动电路最简单，工作时，只用一个电压电源对电动机绕组供电。

例如，在图 3-16 中，只有一个电源$+V$；电路中的限流电阻R_1使绕组供电电流减小，使电动机的高频性能下降；在R_1两端并联电容，可以使电流的上升波形变陡，改善高频特性，但使低频性能变差。

限流电阻要损耗一定能量，电路效率低，一般只用于小功率步进电动机的驱动。

2. 双电压驱动

提高电压可以使绕组电流的上升波形变陡，双电压驱动有双电压和高低压两种方法。

（1）双电压法。双电压法的基本思路是，在低频段使用较低的电压驱动，在高频段使用较高的电压驱动。其原理如图 3-17 所示。当电动机工作在低频时，关断 VT1，这时电动机的绕组由低电压$+V_L$供电，控制脉冲通过 VT2 使绕组得到低压脉冲电源。当电动机工作在高频时， VT1打开，则二极管 VD2 反向截止，切断低电压电源$+V_L$，电动机绕组由高电压$+V_H$供电，控制脉冲通过 VT2 使绕组得到高压脉冲电源。

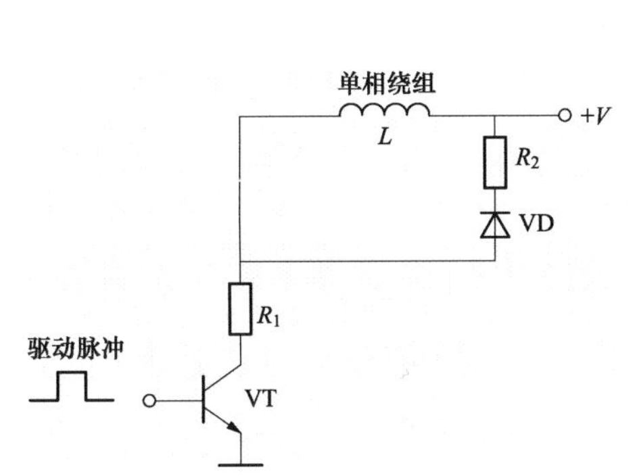

图 3-16 步进电动机的单电压驱动电路

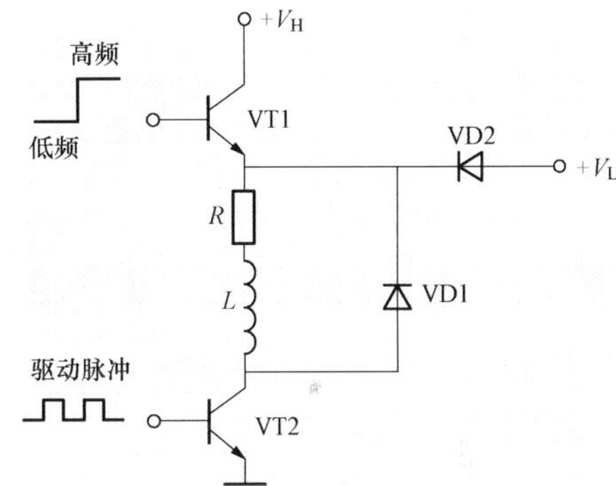

图 3-17 双电压驱动原理图

应用双电压法，低频段仍然具有单电压驱动的特点，高频段则具有良好的高频性能，但在限流电阻 R 上仍然会产生损耗和发热。

（2）高低压法。高低压法的电路原理如图 3-18 所示，看起来与双电压法相似，但控制原理有很大区别。其基本思路是，不论电动机工作的频率高低，在绕组通电开始时都用高电压供电，使绕组中电流迅速上升，然后用低压来维持绕组中的电流。

高压开关管 VT1 的输入脉冲 u_H 与低压开关管 VT2 的控制脉冲 u_L 同时起步，但 u_H 脉冲要窄得多。两个脉冲使开关管 VT1， VT2 同时导通，使高电压$+V_H$为电动机绕组供电，绕组电流快速上升，电流波形的前沿很陡（见图 3-18）。窄脉冲 u_H 结束时，高压开关管 VT1 截止，低电压$+V_L$通过二极管 VD2 为绕组继续供电，只需数伏就可以为绕组提供较大电流。

通过计算平均电流来选择低电压$+V_L$值，以防止低频时绕组通电周期长，而产生能量过剩；高频时则要保证在最高工作频率工作时，u_H 的脉宽不要大于 u_L 的脉宽。步进电动机以脉冲方式供电，电源电压是其最高电压，而不是平均电压，所以，只要不偏离额定值太远，步进电动机都可以工作。一般选择范围高压约 80～150V，低压约 5～20V。

高压驱动法目前应用比较普遍，缺点是低频时电流有较大的上冲，噪声较大，存在低频共振现象；在高压与低压交接处会引起输出转矩下降；设备成本也较高。

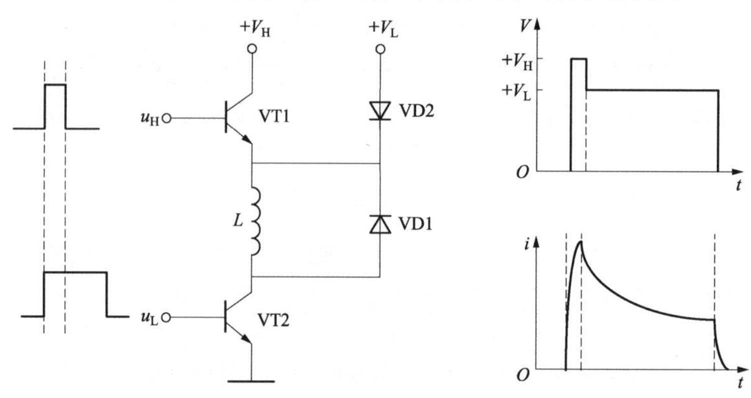

图 3-18 高低压驱动原理图

3. 斩波驱动

斩波恒流驱动的原理如图 3-19（a）所示。VT1是一个高频开关管，用于斩波；控制开关管VT2的发射极接小电阻 R 到地，R 也是电动机绕组电流的取样电阻；比较器的一端接给定电压 u_c，另一端接取样电阻 R 上的压降，当这个取样电压为 0 时，比较器输出高电平。

当控制脉冲 u_i 为高电平时，VT1和VT2两个开关管均导通，电源向绕组供电。由于绕组电感的作用，电阻 R 上的电压 u_R 逐渐升高，当 u_R 超过电压 u_c 的值时，比较器输出低电平，VT1截止，当 R 上的电压降落到 u_R 小于电压 u_c 时，比较器输出高电平，VT1又导通，电源又开始向绕组供电。这样反复循环，直到 u_i 为低电平，如图 3-19（b）所示。

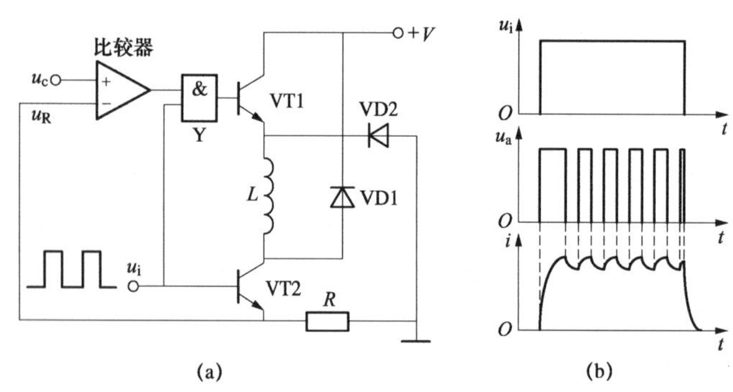

图 3-19 斩波恒流驱动原理图

（a）电路原理图；（b）波形图

电源脉冲式供电提高了电源效率，并且有效地抑制共振；无须外接影响时间常数的限流电阻，提高了高频性能。但绕组的电流波形为锯齿形，会产生较大的电磁噪声。

4. 细分驱动

细分驱动是将一个步进角细分若干小步的驱动方法，可以大大提高对执行机构的控制精度，也可以减小或消除振荡、噪声和转矩波动。目前，采用细分驱动技术已经可以将原步距角细分成数百小步。

如果在斩波恒流驱动电路中，用一个 N 个台阶的阶梯电压作为比较器的给定电压，则绕组中将得到阶梯形电流。通电相的电流并不马上升到最大，而断电相的电流并不立即降为 0，此时它们产生的磁场合力，使转子在原来的步距角范围内到达一个新的平衡位置。电流每升或降一个阶级，转子转动一小步，按这样的规律转子转过 N 小步，才相当于它转过一个步距角。

3.3.5 步进电动机特性

1. 步进电动机的振荡、失步及解决方法

从能量供给的角度来看，能量供给过度会使步进电动机的运动产生振荡，供给不足则会产生失步。

（1）振荡。步进电动机工作在低频区、共振区或突然停止时，会产生振荡现象。

当步进电动机工作在低频区时，由于励磁脉冲间隔的时间较长，步进电动机表现为单步运行，转子围绕平衡点形成振荡。在机械摩擦和电磁阻尼的作用下，振荡逐渐衰减，最终稳定在平衡点。

当步进电动机工作在共振区时，脉冲频率与步进电动机的振荡频率或它的分频、倍频接近，从而使振荡加剧，严重时造成失步。

当步进电动机工作在高频区时不会产生振荡，这是由于换相周期短，转子来不及反冲。同时，绕组中的电流尚未上升到稳定值，转子没有获得足够的能量。

减小步进角可以削弱振荡，减小振荡幅值。

（2）失步。步进电动机的失步就是转速不受步进脉冲的控制，有两种情况。

1）转子的转速慢于旋转磁场的速度，或者说慢于换相速度。步进电动机有一个启动频率，超过该频率启动时，肯定会产生失步。这是因为，如果脉冲的频率较高，步进电动机在启动时来不及获得足够的能量，转子就无法跟上旋转磁场的速度，引起失步。但启动频率并不是一个固定值，提高电动机的转矩、减小负载转动惯量、减小步距角都可以提高步进电动机的启动频率。

2）转子的平均速度大于旋转磁场的速度。主要发生在制动和突然换向时，转子获得过多的能量，产生严重的过冲，引起失步。

2. 步进电动机的特性

转子处于平衡点的位置称为零点，转子偏离零位线的夹角称为失调角 θ_e，转子偏离零位后产生的电磁转矩与失调角 θ_e 之间的关系就称为步进电动机的矩角特性。

（1）单相通电。当失调角 $\theta_e=0$ 时，电磁力在转子的切线方向上没有分力，转子不转动。

如果转子偏离零位，则电磁力在转子的切线方向上的分力形成转矩。随着失调角的增加（顺时针为正），产生的转矩增大。当 $\theta_e=\dfrac{\theta_Z}{4}$ 时，转矩最大，但转矩的方向是逆时针的负转矩。

步进电动机的转矩失调角的这种变化规律曲线近似正弦曲线，如图 3-20 所示。其中，最大转矩 T_{max} 表示了步进电动机承受负载的能力，是步进电动机最主要的性能指标之一。

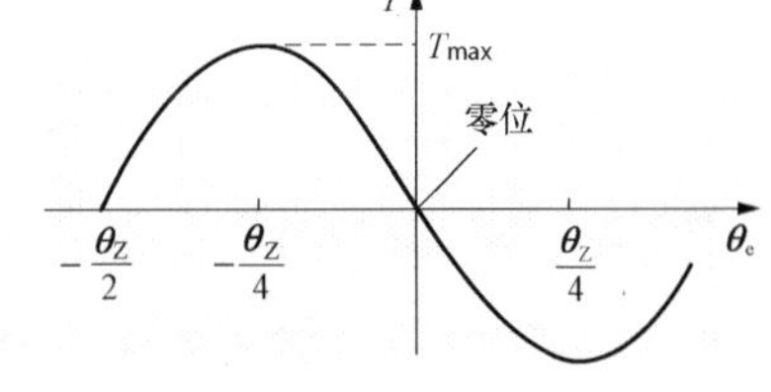

图 3-20 步进电动机的矩角特性

（2）多相通电。根据叠加原理，多相通电时的矩角特性可近似地由每相单独通电时的矩角特性叠加求出。三相步进电动机双三拍方式的矩角特性如图 3-21 所示，A、B 两相单独通电时两条曲线相位差 $\dfrac{\theta_Z}{3}$，最大转矩分别为 T_A、T_B；A、B 两相的矩角特性曲线叠加，就可以得到 AB 同时通电时的矩角特性曲线，其最大转矩为 T_{AB}。

由图 3-21 可见，对于三相步进电动机来说，两相通电时的最大转矩与单相通电时的最大转矩相同，也就是说，增加通电相数并不能提高最大转矩。

（3）最大负载转矩与步距角。以三相步进电动机单三拍方式为例，来分析随失调角变化的转矩是怎样驱动负载的。

三相步进电动机单三拍方式时运行的矩角特性如图 3-22 所示。A 相通电时转矩随失调角的变化，如图 3-22 中曲线 A 所示。切换为 B 相绕组通电，转矩的变化规律也切换为曲线 B。可以看出，步进运行能提供的最大连续驱动负载转矩为 T_q，即 A、B 两条曲线的交点纵坐标。只有当负载转矩 $T_L < T_q$ 时，步进电动机才能带动负载进行步进运动，因此，T_q 被称为最大负载转矩或启动转矩。

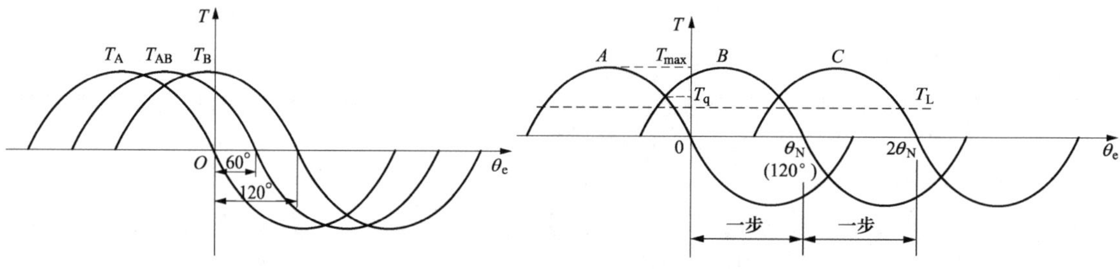

图 3-21 三相步进电动机单相、双相通电时的矩角特性

图 3-22 三相步进电动机单三拍运行时的矩角特性

步距角 θ_N 越小，A、B 两条曲线的交点越上移，T_q 越接近 T_{max}，步进电动机负载能力越大。所以，减小步距角有利于提高步进电动机的负载能力。

3. 步进电动机的矩频特性

步进电动机的输出转矩与控制脉冲频率之间的关系称为矩频特性。一般是如图 3-23 所示的一条下降曲线。输出转矩以最大负载转矩（启动转矩）T_q 为起点，随着控制脉冲频率 f 的增加而下降。

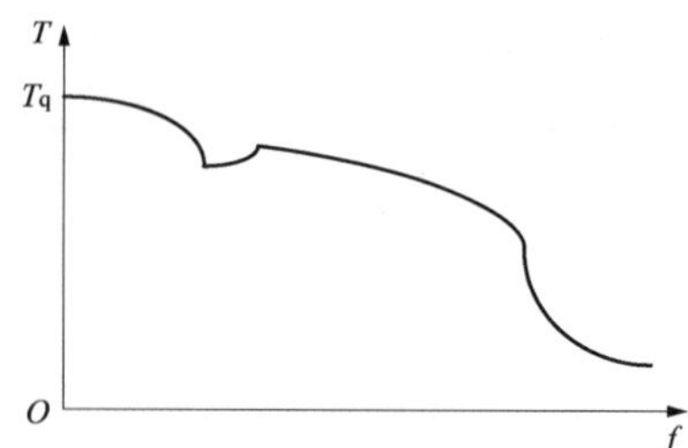

图 3-23 步进电动机的矩频特性

由于绕组电感和驱动电路电阻（包括绕组线圈电阻、限流电阻和晶体管结电阻）的存在，绕组中的电流上升和下降都需要一定时间。当脉冲频率较低时，绕组中通电的周期较长，电流的平均值较大，电动机获得的能量较高，可以维持较高的转矩；当脉冲频率较高时，电动机获得的能量较少，因此转矩下降。

随着频率上升，转子转速升高，在定子绕组中产生的附加旋转电动势使电动机受到更大的阻尼转矩。铁心的涡流损失增加，也使步进电动机输出转矩下降。

矩频特性曲线上的凹陷可看成是步进电动机的共振区，由于共振消耗一定的能量，使转矩下降。

提高矩频特性的高频性能的方法有以下几种。

（1）减小驱动电路的时间常数。增加驱动电路电阻可以减小时间常数，但会使通电回路中电流值减小。为了保证通电回路中的电流不变，应在增加电阻的同时提高电源电压。

（2）采用多相励磁的工作方式。延长每一相的通电时间，可以使电动机获得较多的能量，增加高频时输出的转矩。例如，三相步进电动机的双三拍、六拍方式。

3.3.6 步进电动机的控制

步进电动机的控制要素包括工作方式、旋转方向、位置和速度。控制输出脉冲信号的分配组合、顺序、次数和频率就可以方便地实现这些控制，大多数专用驱动芯片还将驱动和保护集于一体。

1. 工作方式控制

按照工作方式对步进电动机各相通电的过程称为脉冲分配。实现的方法有两种：软件法和硬件法。

（1）通过软件实现脉冲分配。编制程序，按照工作方式给定的通电换相顺序，通过计算机的I/O口向步进电动机各相驱动电路发出控制脉冲。

软件法在电动机运行过程中，要不停地产生控制脉冲，占用了大量的CPU时间，硬件法可以避免这种缺点。

（2）通过硬件实现脉冲分配。硬件法就是使用脉冲分配器芯片进行通电换相控制。CPU只需提供步进脉冲，进行速度控制和转向控制，脉冲分配的工作交给脉冲分配器来自动完成。

2. 转向控制

按给定的工作方式正序通电换相，步进电动机就正转；如果按相反次序通电换相，则反转。例如，四相步进电动机工作在单四拍方式，按正序A—B—C—D，电动机就正转；按反序A—D—C—B，电动机就反转。

3. 位置控制

步进电动机的一大优点，就是只需简单的开环控制就能达到足够的位置精度。

当步进电动机带动执行机构从一个位置精确地运行到另一个位置时，需要控制的是：

（1）绝对位置：步进电动机控制的执行机构当前的位置参数。绝对位置的极限由执行机构运动的范围决定，超越极限就应报警。

（2）位移量：从当前位置移动到目标位置的距离，再折算成步进电动机的步数。折算参数可由键盘或电位器输入。

位置量控制的一般方法是，步进电动机每走一步，步数减 1。如果没有失步存在，则执行机构到达目标位置时，步数正好减到 0。因此，用步数等于 0 来判断是否移动到目标位，作为步进电动机停止运行的信号。

绝对位置可作为人机对话的显示参数，或作为其他控制目的的重要参数（例如，越界报警）。当步进电动机正转时，每走一步，绝对位置加 1；而当反转时，则每次步进减 1。

4. 速度控制

控制脉冲的频率决定步进电动机的转速。脉冲的时间间隔越短，步进电动机就转得越快。

软件脉冲分配方式的调速，可以通过采用延时或定时程序调整两个控制字之间的时间间隔来实现；硬件脉冲分配方式的调速，可以通过控制步进脉冲的频率来实现。

假设让电动机以恒定的加速度加速到指定的转速，之后匀速运行。当快要到达指定的停止位置时，再以恒定的加速度减速，在停止位置处停住，如图 3-24 所示。其中加速度要根据不同的电机，设定不同的加速度值。如果它的值太大，则可以较快地到达目的位置，但有可能产生振荡。如果它的值太小，由于转矩与加减速度成正比，转矩可能过小，产生失步。因此，在设计时需要因电机而异。

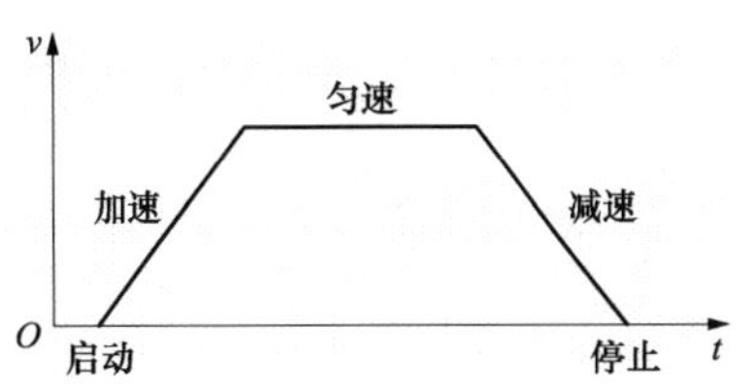

图 3-24　加减速示意图

步进电动机驱动执行机构从 A 点到 B 点移动时，要经历升速、恒速和减速过程。如果启动频率超过极限启动频率 f_q，步进电动机会产生失步，不能正常启动；如果突然停止，会由于惯性发生过冲，造成位置精度降低；升降速过于缓慢，则会影响执行机构的工作效率。对步进电动机的加减速应在保证不失步和不过冲的前提下，尽快移动到指定位置。

为了满足加减速要求，步进电动机的运行通常按照根据经验和试验得到的加减速曲线进行。如图 3-25（a）所示的匀加减速曲线和图 3-25（b）所示的 S 形（分段指数曲线）加减速曲线。

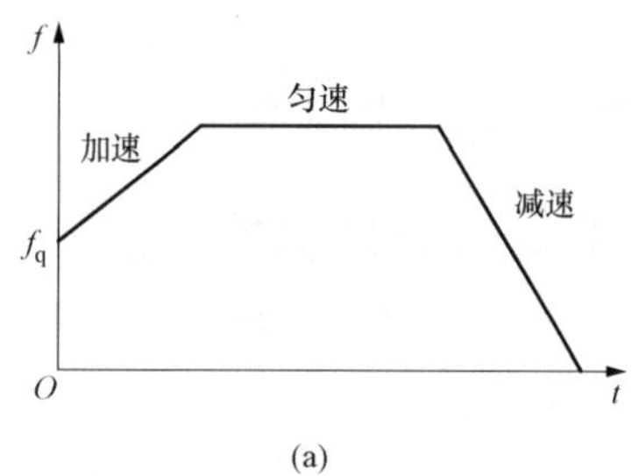

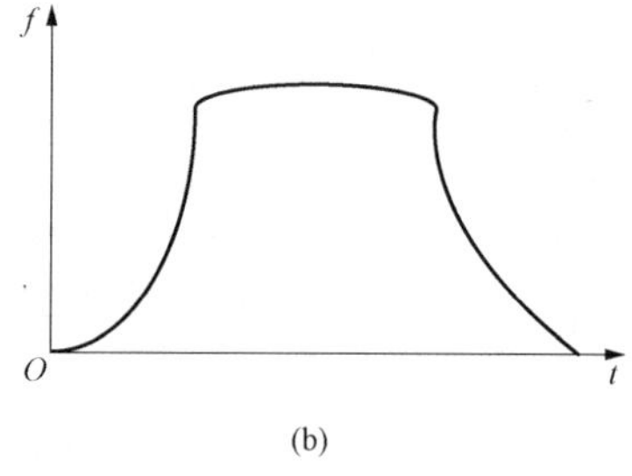

图 3-25 加减速运行曲线

（a）匀加减速曲线；（b）S 形加减速曲线

加减速实时算法的核心是使用定时中断，当定时器发生超时中断时，中断服务程序推动电机走下一步，然后计算出下一步将要维持的时间，并以之设置定时器下一次的中断时间。当下一次中断来临时，再推动一步，并设置再下一步的时间，如此循环往复。如图 3-26 所示，步进电动机先以加速度 ω_1 加速，然后以加速度 ω_2 减速到停止，之间没有匀速过程。从 t_0 到 t_1 是第一步持续的时间 T_0，从 t_1 到 t_2 是第二步持续的时间 T_1，从 t_{m-1} 到 t_m 是最后一步持续的时间 T_{m-1}；每一步的时间间隔越短，平均加减速度越接近 ω_1 和 ω_2。

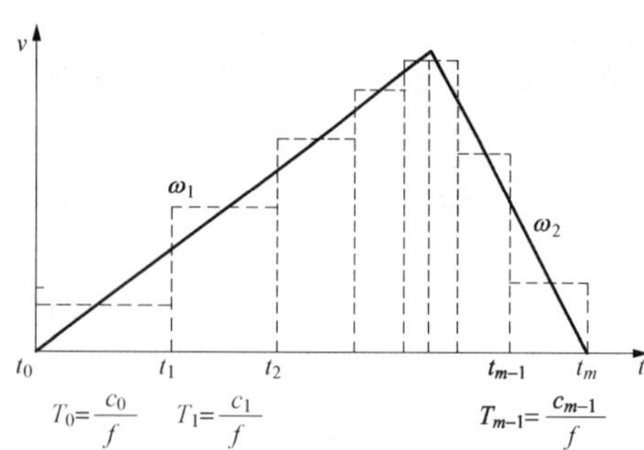

图 3-26 用定时器控制时间

如图 3-26 所示，电机某一步的持续时间（即定时器的延时时间）T_n 为

$$T_n = \frac{c_n}{f} \tag{3-12}$$

式中：c_n 为第 n 步时定时器的计数值；f 为给定时器提供的时钟源频率。

转速 v_n（单位：步/s）为

$$v_n = \frac{f}{c_n} \tag{3-13}$$

加速度 ω（单位：步/s^2）为

$$\omega = \frac{v_{n+1} - v_n}{\dfrac{T_{n+1}}{2} + \dfrac{T_n}{2}} = \frac{\dfrac{f}{c_{n+1}} - \dfrac{f}{c_n}}{\dfrac{c_{n+1}}{2f} + \dfrac{c_n}{2f}} = \frac{2f^2\left(c_n - c_{n+1}\right)}{c_{n+1}c_n\left(c_{n+1} + c_n\right)} \tag{3-14}$$

式（3-14）假设了每步的平均速度等于中心时间的速度。如果为加速状态，则$c_n > c_{n-1}$，$\omega > 0$；如果为减速状态，则$c_n < c_{n-1}$，$\omega < 0$。

电机转过的步数 n 为

$$n = \int_0^t v(t)\mathrm{d}t = \int_0^t \omega t\mathrm{d}t = \frac{\omega t^2}{2} \tag{3-15}$$

转过 n 步所花的时间t_n为

$$t_n = \sqrt{\frac{2n}{\omega}} \tag{3-16}$$

由图 3-26 可知，第 n 步的定时器计数值c_n为

$$c_n = f\left(t_{n+1} - t_n\right) \tag{3-17}$$

由式（3-16）和式（3-17）可得第 0 步的计数值c_0为

$$c_0 = f\sqrt{\frac{2}{\omega}} \tag{3-18}$$

再由式（3-16）、式（3-17）和式（3-18），可得第 n 步的定时器计数值c_n也可表示为

$$c_n = c_0\left(\sqrt{n+1} - \sqrt{n}\right) \tag{3-19}$$

由式（3-18）可知，第 0 步的计数值c_0包含了加速度ω的信息，只要把c_0设定好，后面的实时计算就不用再考虑ω了。但式（3-19）需要开平方，它不适合没有浮点运算功能的处理器，下面再加以变换。

由式（3-19）可得相邻两步的比值为

$$\frac{c_n}{c_{n-1}} = \frac{c_0\left(\sqrt{n+1} - \sqrt{n}\right)}{c_0\left(\sqrt{n} - \sqrt{n-1}\right)} = \frac{\sqrt{1+\frac{1}{n}} - 1}{1 - \sqrt{1 - \frac{1}{n}}} \tag{3-20}$$

根据泰勒变换可得

$$\sqrt{1 \pm \frac{1}{n}} = 1 \pm \frac{1}{2n} - \frac{1}{8n^2} + o\left[\frac{1}{n^3}\right] \tag{3-21}$$

再将式（3-21）代入式（3-20）可近似得到

$$\frac{c_n}{c_{n-1}} = \frac{4n-1}{4n+1} \tag{3-22}$$

根据泰勒变换可得

$$c_n = c_{n-1} - \frac{2c_{n-1}}{4n+1} \tag{3-23}$$

把式（3-23）的 n 换成 i，得

$$c_i = c_{i-1} - \frac{2c_{i-1}}{4i+1} \tag{3-24}$$

由式（3-15）开始，就假设了ω大于零，即为加速，所以式（3-24）是加速的递推公式，只要知道前一步的计数值，就可以算出后一步的计数值。加速过程如图 3-27 所示。

可以推断，减速过程是图 3-27 的逆过程，如图 3-28 所示。它的第 0 步是对应加速过程的第 i 步，最后一步对应加速过程的第 0 步。如果减速过程中要跑 m 步，则有

$$c_i = c_{i-1} - \frac{2c_{i-1}}{(4m-1)+1} \tag{3-25}$$

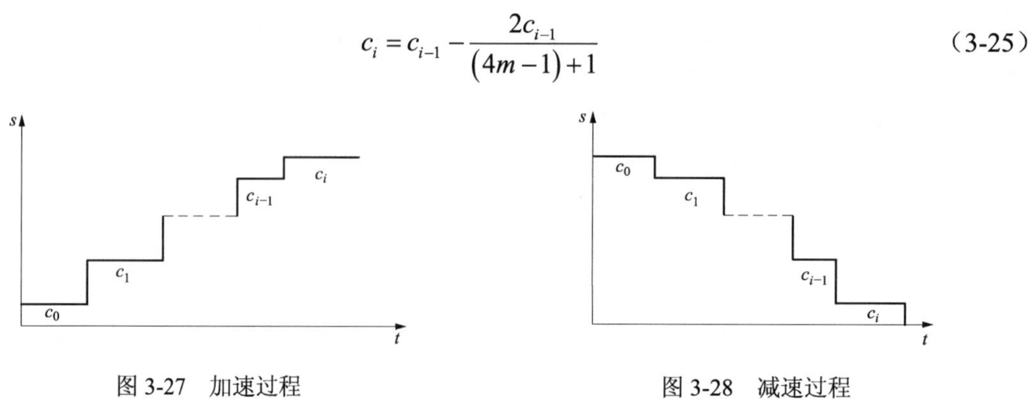

图 3-27 加速过程 图 3-28 减速过程

现在根据式（3-19）和式（3-20）分别列出相邻的两步 c 值之比的确切值与近似值，见表 3-4。这里假设 $c_0 = 1$。

表 3-4 **近似值的误差**

n	确切的 $\frac{c_n}{c_{n-1}}$	近似的 $\frac{c_n}{c_{n-1}}$	近似值误差
1	0.4142	0.6000	0.4485
2	0.7673	0.7778	0.0136
3	0.8430	0.8462	0.00370
4	0.8810	0.8824	0.00152
5	0.9041	0.9048	7.66E-4
6	0.9196	0.9200	4.41E-4
10	0.9511	0.9512	9.42E-5
100	0.9950	0.9950	9.38E-8
1000	0.9995	0.9995	9.37E-11

从表 3-4 可以看出，除 $\frac{c_1}{c_0}$ 外，其他比值的误差都很小。由于每一步的延时时间是由前一步计算出来的，如果 c_1 的误差较大，后面每一步的延时误差都增大。解决办法是把 c_1 单独挑出来，使它等于 0.4142 倍的 c_0，其他值依然按照式（3-23）递推计算

$$c_1 = 0.4142c_0 \tag{3-26}$$

最后，由式（3-26）可推导出步进电动机从速度为 0 加速到 s，以及速度从 s 减速到 0 所要走的步数为

$$n = \frac{s^2}{2\omega} \tag{3-27}$$

在本例中，加速过程的加速度和加速过程的减速度都为 1000 步/s^2，给定时器提供的时钟源频率为 50MHz，根据式（3-18）和式（3-26）可以计算出 c_0 和 c_1 的值，根据式（3-23）就可以导出 c_n 的值。由以上分析可进行编程调试。

3.3.7 举例分析

【例 3-1】 如图 3-29 所示硬件，编写程序并画出程序框图，要求步长精度为 1。其中 S

点到 D 点圆弧半径为 50，如果 X 方向电机的 A 相通电，再 B 相通电，X 的正方向走 2。如果 Y 方向电机的 A 相通电，再 B 相通电，Y 正方向走 2。CS 为 180～183H。

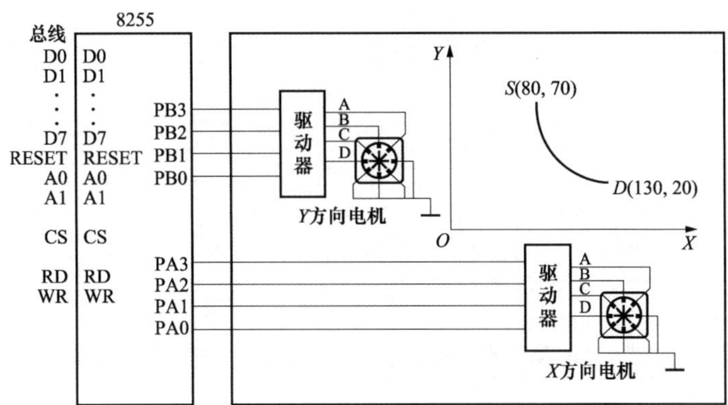

图 3-29　硬件示意图

解　程序流程图如图 3-30 所示。

程序代码如下。

```
#include "stdio.h"
unsigned char x_table[8]={00001000B,00001100B,00000100B,00000110B,
                     00000010B,00000011B,00000001B,00001001B};
unsigned char y_table[8]={00001000B,00001100B,00000100B,00000110B,
                     00000010B,00000011B,00000001B,00001001B};
int x_count, y_count;
void outpx(void);
void outpy(void);
void main(void)
   {
   int count;
   int fm=0;
   outportb(0x183,0x80);
   x_count=0;
   outportb(0x180,x_table[x_count]);
   y_count=0;
   outportb(0x181,y_table[y_count]);
   count=100;
   xm=-50;
   ym=0;
   for(i=0;i<count;i++)
      {
      if(fm>=0)
         {
         fm=fm-2*xm+1; outpx();
         xm=xm-1;
         ym=ym;
         }
      else
         {
```

```
            fm=fm-2*ym+1; outpy();
            xm=xm;
            ym=ym-1;
            }
        delay();            //速度控制
        }
    }
//X 方向步进电动机输出
void outpx(void)
    {
    x_count++;
    if(x_count>7)
        x_count=0;
    outportb(0x180,x_table[x_count]);   //第一个参数为地址,第二个参数为数据
    }
//Y 方向步进电动机输出
void outpy(void)
    {
    y_count--;
    if(y_count<0)
        y_count=7;
    outportb(0x181,y_table[y_count]);
    }
```

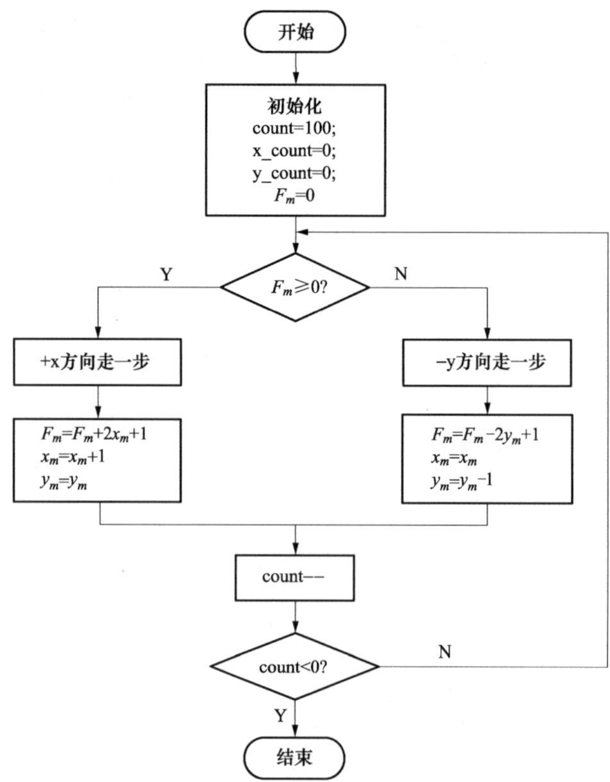

图 3-30 程序流程图

3.4 直流电动机控制

电机是用来进行机电能量转换的电气装置。直流电动机的作用是将直流电能转换为机械能。直流电动机具有调速性能好、过载倍数大、控制性能好等优点，在调速性能要求比较高的场所，例如在金属切削车床、轧钢机、电机车、造纸机和纺织机等设备上，直流电动机都得到广泛应用。

直流电动机按励磁方式可分并励电动机、串励电动机、复励电动机和他励电动机四种类型。

3.4.1 直流电动机的能量转化过程

直流电动机由电源取得电功率要通过电枢回路的电压平衡，而向负载输出机械功率则要通过轴上的转矩平衡。

1. 电压平衡

以并励电动机为例，电路图如图 3-31 所示。接通电源后，励磁绕组通入电流 I_f，并产生磁通 Φ；电枢绕组通入电流 I_a，在磁场作用下产生电磁转矩 $T = C_T \Phi I_a$。于是电枢拖动负载旋转，并在电枢绕组中产生阻碍 I_a 的电枢电动势 E_a。根据克希荷夫电压定律可写出直流电动机的电压平衡方程式，即

$$U = E_a + I_a R_a \tag{3-28}$$

式（3-28）决定着电枢绕组输入电流和功率的大小。当电动机轴上负载加重时转速 n 将降低，于是反电动势 $E_a = C_e \Phi n$ 变小，$I_a = \dfrac{U - E_a}{R_a}$ 将增大。

2. 转矩平衡

当电动机空载时，电磁转矩 T_{em} 只需克服很小的空载制动转矩 T_0，即 $T_{em} = T_0$。而当电动机带上机械负载后，还需克服负载的制动转矩 T_L，转矩平衡方程为

$$T_{em} = T_0 + T_L \tag{3-29}$$

满足式（3-29）的关系时，电动机在某一转速下稳定运行，并将一定的机械功率 $T_L \Omega$ 传递给负载。而当转矩不平衡时转速 n 将发生变化：$T_{em} > T_0 + T_L$ 时 n 上升，$T_{em} < T_0 + T_L$ 时 n 下降。例如在负载转矩 T_L 增大时，转速 n 将降低。但随着 n 的降低，反电动势 E_a 变小，电枢电流 I_a 增大，使拖动转矩 T_{em} 增大；当转矩重新达到平衡时，转速 n 不再下降。可见，直流电动机在负载改变时能自动达到新的平衡状态。

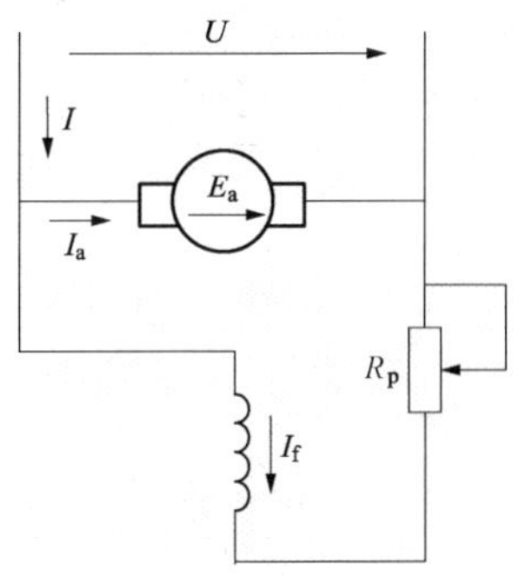

图 3-31 并励电动机电路图

3. 功率平衡

直流电动机在整个能量转化过程中保持着功率的平衡关系。将式（3-29）乘以电枢电流 I_a，并将 UI_a 用 $UI - UI_f$ 代替，则式中各项将化为对应的功率，即

$$P_1 = P_{em} + P_{Cu} + P_f \tag{3-30}$$

式中：P_1 为电源输入的电功率，$P_1 = UI$；P_{em} 为电枢绕组吸收的电功率，即电磁功率，$P_{em} = E_a I_a$；P_{Cu} 为电枢内阻消耗的电功率，称为铜损耗，$P_{Cu} = I_a^2 R_a$；P_f 为励磁支路消耗的电功率，称为励磁损耗，$P_f = UI_f = I_f^2 R_f$。

将式（3-29）乘以角速度Ω，则式中各项将化为对应的功率，即

$$P_{em}=P_0+P_2=P_2+P_m+P_{Fe} \quad （3-31）$$

式中：$P_{em}=T_{em}\Omega$为电动机产生的机械功率，它是由电功率E_aI_a转化而来的，故称为电磁功率；$P_2=T_L\Omega$为向负载输出的机械功率；P_m为克服各种摩擦阻力所消耗的功率，称为机械损耗；P_{Fe}为铁心损耗。

将式（3-31）代入式（3-32）中，则得并励直流电动机的功率平衡方程式，即

$$P_1=P_2+\Sigma p \quad （3-32）$$

在Σp中除P_{Cu}、P_f、P_m和P_{Fe}外，还有少量的附加损耗P_Δ=（0.5%～1%）P_N。

3.4.2 直流电动机的机械特性

电动机在运行时向机械负载提供一定的转矩和一定的转速，机械特性就是反映这两个物理量之间变化关系的，它是电动机最主要的运行特性。

直流电动机的机械特性是指电源电压U=常数，励磁支路电阻R_f=常数时，转速n随着电磁转矩T_{em}而变化的关系，即$n=f(T_{em})$。因为并励电动机的励磁电流$I_f=\dfrac{U}{R_f}$和他励电动机的励磁电流$I_f=\dfrac{U_f}{R_f}$都不随负载而变化，所以这两种电动机具有相同的机械特性。

1. 并励（或他励）电动机

由$U=E_a+R_aI_a$和$E_a=C_e\Phi n$可得

$$n=\frac{U-I_aR_a}{C_e\Phi} \quad （3-33）$$

当I_a增大时，I_aR_a增大，将使n下降；同时电枢反应去磁作用增强，Φ变小，使n上升。通常前一个因素影响较大，故转速n随电枢电流I_a的增大而下降。电磁转矩$T_{em}=C_T\Phi I_a$大致与I_a成正比，所以转速n与转矩之间的关系如图3-32中曲线1所示。由于R_a值很小，随着T_{em}的增大，转速n下降不大。并（他）励电动机从空载到满载，转速n只下降百分之几，这样的机械特性称为硬特性。

如忽略电枢反应的微小去磁作用，则Φ=常数，$n=f(T_{em})$为一平缓下降的直线，即

$$n=\frac{U}{C_e\Phi}-\frac{R_a}{C_eC_T\Phi^2}，\ T_{em}=n_0-kT_{em} \quad （3-34）$$

式中：n_0称为理想空载转速，$n_0=\dfrac{U}{C_e\Phi}$，即T_{em}=0时的转速，而实际空载时$T_{em}=T_0\neq 0$。

如果并励电动机的电枢反应去磁作用较强，磁通量Φ减小对转速n的影响超过内阻压降I_aR_a的影响，则将有上翘的机械特性，如图3-32中曲线2所示。这样的机械特性可能使电动机运行不稳定。例如某种外界因素使电动机转速上升一下，则由上翘的机械特性可知，电磁转矩T_{em}将增大，T_{em}增大将使转速n进一步增高，n增大又使T增大，如此循环电动机将无法稳定运行。

2. 串励电动机

串励电动机的转速n与各主要电量之间的关系也如式（3-33）所示。因为串励电动机的励磁电流等于电枢电流，所以当I_a增大时，Φ也增大，由式（3-33）可知转速n将急剧地下降。

串励电动机的机械特性如图3-33所示。在负载较轻时，T_{em}小，I_a小，Φ也较小，磁路

不饱和，随I_a的增加Φ增加较快，故转速n下降很快；当磁路饱和后，Φ的增加变缓，转速n的下降也逐渐变缓。随着转矩T_{em}的增大，转速n急剧下降的机械特性，称为软特性。

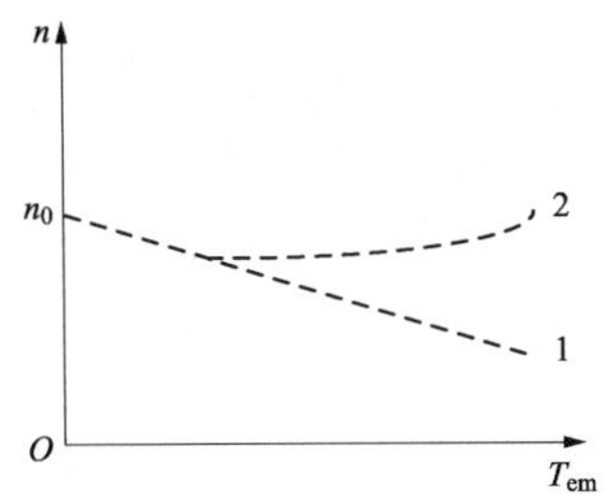

图3-32 并（他）励电动机机械特性

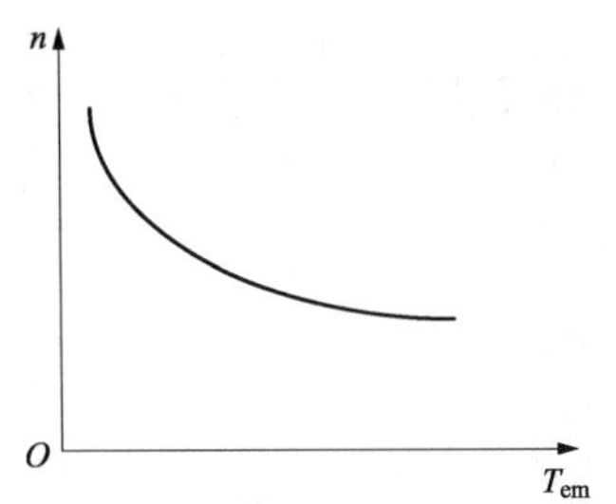

图3-33 串励电动机的机械特性

当空载时，$T_{em}=T_0$很小，I_a和Φ都小，转速n将升到很高的数值，电动机的转动部分往往因不能承受这样大的离心力而引起机械损坏。因此，串励电动机不允许在空载状态下启动和运行。

由于串励电动机的每极磁通量Φ随I_a的增大而增大，在I_a一定的条件下，它比并励电动机可产生更大的电磁转矩$T_{em}=C_T\Phi I_a$。可见，在启动电流不超过允许值的情况下，串励电动机可产生较大的启动转矩。因此，串励电动机主要用于牵引和起重设备。这类设备要求启动转矩较大；另外在负载轻时转速会自动升高，可以提高工作效率。

3. 复励电动机

通常使并励绕组与串励绕组所产生的磁动势的方式相同，这样的复励电动机的机械特性介于并励机和串励机之间。

以串励绕组为主的复励电动机，其机械特性近于串励电动机，加少量并励绕组后可克服串励不能空载的缺点。

以并励绕组为主的复励电动机，其机械特性近于并励电动机，加少量串励绕组除可适量增大电动机的启动转矩外，还可防止当电枢反应较强时出现上翘的机械特性。

3.4.3 直流电动机调速原理

近年来，直流电动机的结构和控制方式都发生了很大的变化。随着计算机进入控制领域，以及新型的电力电子功率源器件的不断出现，采用全控型的开关功率元件进行PWM控制已成为主流方式。

随着永磁材料和工艺的发展，用永磁材料代替励磁部分的永磁直流电动机体积小，结构简单，省电，已在中小功率范围内得到了广泛的应用。

直流电动机转速n的计算式为

$$n=\frac{U-IR}{K\Phi} \tag{3-35}$$

式中：U为电枢端电压；I为电枢电流；R为电枢电路总电阻；Φ为每极磁通量；K为电动机结构参数。

直流电动机的转速控制方法包括励磁磁通控制和电枢电压控制。

励磁磁通控制在低速时受磁极饱和的限制，在高速时受换向火花和换向器结构强度的限制，并且励磁线圈电感较大，动态响应较差。

大多数应用场合都采用在励磁恒定不变的情况下，通过调节电枢电压来实现调速。也可以采用基速以下调节电枢电压，基速以上削弱励磁磁通的联合控制法。

在对直流电动机电枢电压的控制和驱动中，对半导体功率器件的使用又可分为两种方式，即线性放大驱动方式和开关驱动方式。

线性放大驱动方式使半导体功率器件工作在线性区，但此时会将大部分电功率损耗为热量。由于效率和散热问题严重，只能用于微小功率直流电动机的驱动。

绝大多数直流电动机采用开关驱动方式。开关驱动方式是使半导体功率器件工作在开关状态，通过脉宽调制 PWM 来控制电动机电枢电压，实现调速。其原理图和输入输出电压波形如图 3-34 所示。

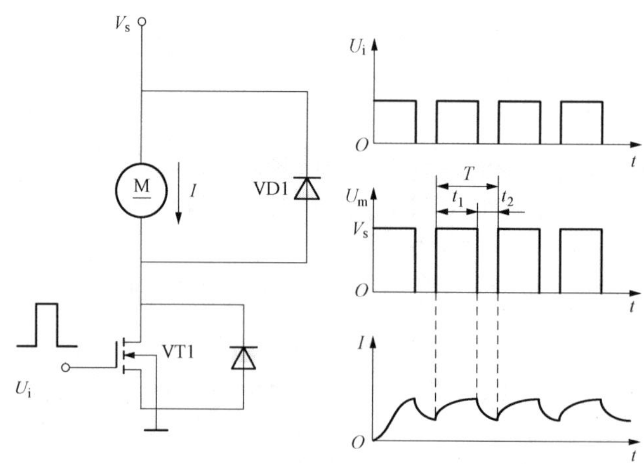

图 3-34　PWM 调速控制原理和电压电流波形图

在图 3-34 中，当开关管 VT1 的栅极输入高电平时，开关管导通，直流电动机电枢绕组两端电压为 V_s。t_1 后，栅极输入变为低电平，开关管截止，电动机电枢两端电压为 0。t_2 后，栅极输入重新变为高电平，开关管的动作重复前面的过程。直流电动机电枢绕组两端的电压波形随输入的电平高低而变化，其平均值 U_0 为

$$U_0 = \frac{t_1 V_s}{t_1 + t_2} = \frac{t_1}{T} V_s = \alpha V_s \tag{3-36}$$

式中：α 为占空比，$\alpha = \frac{t_1}{T}$。

占空比 α 表示了在一个周期 T 里，开关管导通的时间与周期的比值，其变化范围为 $0 \leqslant \alpha \leqslant 1$。在电源电压 V_s 不变的情况下，改变 α 值就可以改变端电压的平均值，从而达到调速的目的。

有如下三种方法可以改变占空比的值。

（1）定宽调频法：保持 t_1 不变，只改变 t_2，这样使周期 T（或频率）也随之改变。

（2）调宽调频法：保持 t_2 不变，只改变 t_1，这样使周期 T（或频率）也随之改变。

（3）定频调宽法：保持周期 T（或频率）不变，而同时改变 t_1 和 t_2。

前两种方法的主要缺点是调速过程中当控制脉冲的频率与系统固有频率接近时，会引起振荡，因此用的很少。目前，主要采用定频调宽法控制直流电动机转速。

通过专用 PWM 集成电路或单片机的 PWM 口可以产生 PWM 控制信号，而分立的逻辑电子元件组成 PWM 信号电路或软件模拟法已经被淘汰。

根据直流电动机的转矩（电流）与转速的关系，电动机运行状态的四个象限如图 3-35 所

示。第一象限是电动机正转运行状态，第三象限是电动机反转运行状态，第二象限和第四象限分别是电动机正转和反转时再生制动运行状态。控制方式和电路结构决定了电动机能在几个象限工作，功能较强的控制系统可以使电动机在四个象限都能运行。

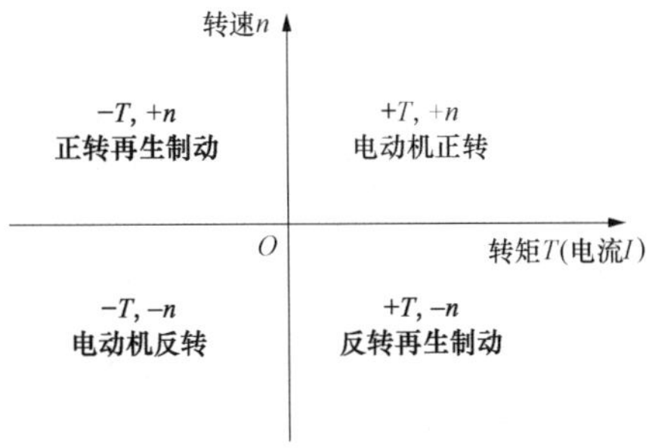

转速n

$-T, +n$ 正转再生制动

$+T, +n$ 电动机正转

O 转矩T(电流I)

$-T, -n$ 电动机反转

$+T, -n$ 反转再生制动

图 3-35 电动机四个运行象限

3.4.4 直流电动机不可逆 PWM 系统

直流电动机 PWM 控制系统有可逆和不可逆系统之分，可逆系统中电动机可以正反两个方向旋转，不可逆系统中电动机只能单向旋转。

1. 无制动的不可逆 PWM 系统

无制动不可逆 PWM 系统的特点是结构非常简单。由于在这种结构中电枢电流不能反向流动，也不能工作在制动状态，电动机只能进行单象限工作。

无制动不可逆 PWM 系统中，电枢电流的波形在每个 PWM 周期中由两端指数曲线组成：t_1 区间 VT1 导通，电枢绕组与电源接通，电流按指数规律上升，同时电枢绕组电感蓄能；t_2 区间 VT1 截止，电源断开，电枢绕组电感通过续流二极管 VD1 释放能量，绕组中继续有电流按指数规律下降（见图 3-34）。

PWM 控制方式中，直流电动机电枢电压波形为脉冲，电流波形为连续的波动。电流的波动将导致电动机输出转矩的波动。提高 PWM 频率可以大大地减小电流波动，从而减小转矩的波动。

图 3-36 所示的是一个使用单片机控制的不可逆 PWM 直流电动机闭环调速系统，它通过单片机的 PWM 口输出信号来控制直流电动机的转速。与电动机同轴安装的直流测速发电机，将转速信号通过单片机内部的 A/D 进行 A/D 转换，然后将测速信号与给定转速进行比较，以决定占空比从而控制加减速。

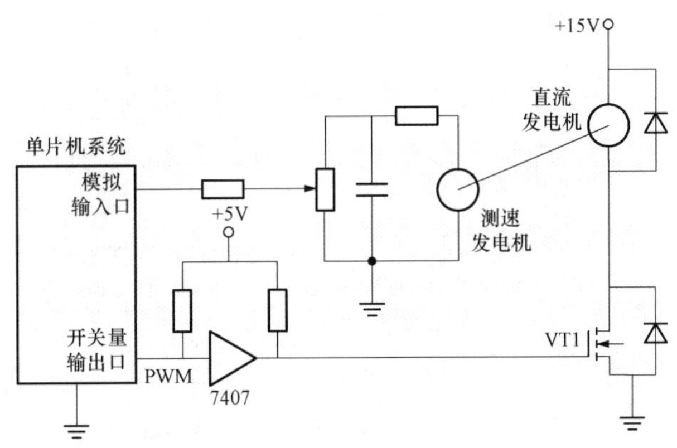

图 3-36 单片机控制的不可逆 PWM 系统

2. 有制动的不可逆 PWM 系统

为了产生制动作用，系统必须能在两个象限工作，为此增加一个开关管 VT2，给制动时的反向电流提供通路，如图 3-37 所示。

开关管 VT1、VT2 的 PWM 信号电平方向相反。在每个 PWM 周期的 t_1 区间，VT1 导通，VT2 截止，电流的路线和方向如图 3-37 中虚线 1 所示，电动机工作在电动状态；在 t_2 区间，

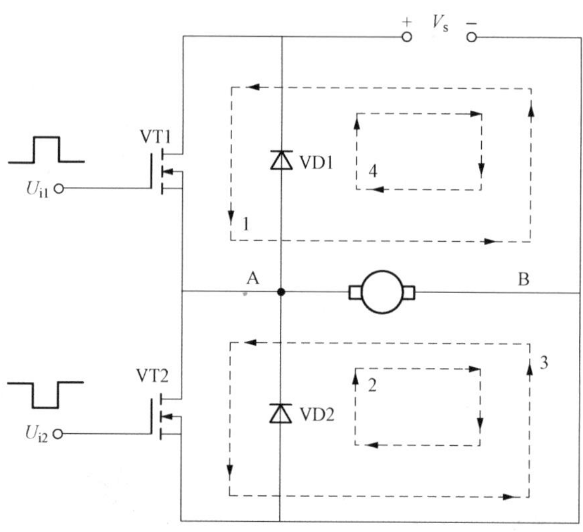

图 3-37　有制动的不可逆 PWM 驱动系统

VT1截止，电源被切断，电枢绕组的自感电动势使电流经过续流二极管 VD2 形成回路，如图 3-37 中虚线 2 所示；此时虽然开关管 VT2 的控制信号为高电平，由于续流二极管 VD2 的钳位作用，使开关管 VT2 截止，其电流波形如图 3-38（a）所示。

在制动时，由于控制信号的 PWM 占空比不断减小，使电枢电压平均值U_0小于电动机的反电动势，电枢中的电流反向流动，产生制动转矩。在每个 PWM 周期的t_1区间，电枢绕组的自感电动势与反电动势之和大于电源电压，电流流过续流二极管 VD1将能量回馈给电源，电流的路线和方向如图 3-37 中虚线 4 所示，电动机工作在再生发电制动状态；在t_2区间， VT2 在控制信号作用下导通，电流经过 VT2 形成回路，电流的路线和方向如图 3-37 中虚线 3 所示，电动机处于能耗制动状态，制动时的电流波形如图 3-38（b）所示。

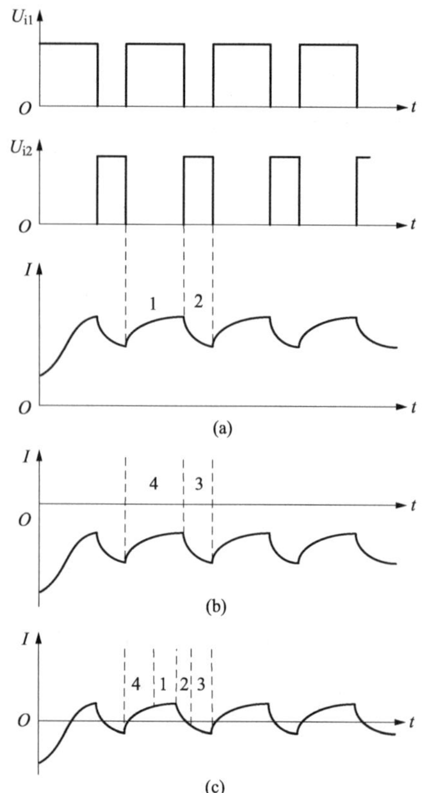

图 3-38　有制动的不可逆 PWM 系统电流波形

当电动机轻载或空载时，电枢绕组中电流很小。这时会出现电动和制动两种状态的交替：在每个 PWM 周期的t_1区间，电流先按虚线 4 反向流动，电动机工作在再生发电制动状态；电流经过零点后，电源电压开始大于反电动势，电流按虚线 1 正向流动，电动机工作在电动状态。在t_2区间，由于 VT1 截止，电流先按图 3-37 中虚线 2 流动，电动机工作在续流电动状态；当续流降到零后，续流二极管 VD2 失去钳位作用， VT2 导通，反电动势使电流方向改变，沿图 3-37 中虚线 3 流动，电动机工作在能耗制动状态。轻载或空载时的电枢电流波形如图 3-38（c）所示。

3.4.5　直流电动机可逆 PWM 系统

要求直流电动机正反转工作时，需要使用可逆 PWM 系统。可逆 PWM 系统分为双极性驱动和单极性驱动。

1. 双极性驱动可逆 PWM 系统

双极性驱动是指在一个 PWM 周期里，电动机电枢的电压极性呈正负变化。双极性驱动电路有 T 型驱动和 H 型驱动。

T 型电路由两个开关管组成，采用正负电源，相当于两个不可逆系统的组合。由于开关管要承受较高的反向电压，通常只用于低压小功率直流电动势驱动。

应用较多的 H 型电路如图 3-39 所示，4 个开关管分为 VT1、VT4 组和 VT2、VT3 组。同组的开关管同步导通或关断，不同组的开关管的导通与关断正好相反。

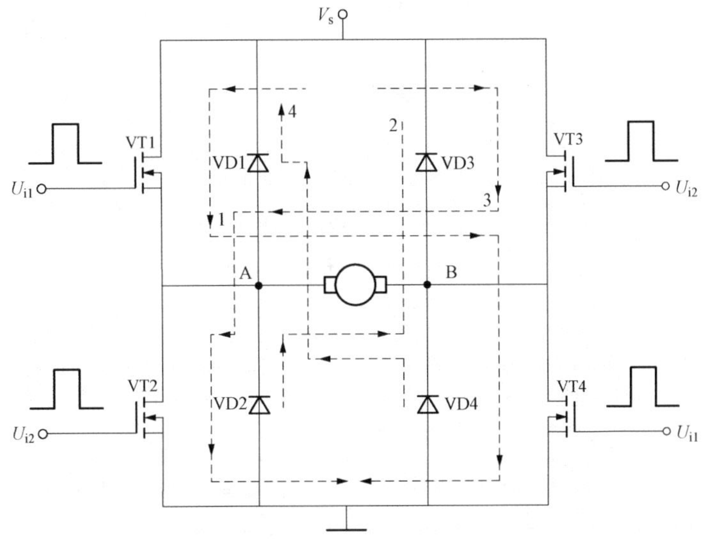

图 3-39 H 型双极可逆 PWM 驱动系统

在每个 PWM 周期里，当控制信号 U_{i1} 为高电平、U_{i2} 为低电平时，开关管 VT1、VT4 导通，VT2、VT3 截止，电枢绕组承受从 A 到 B 的正向电压；当控制信号 U_{i1} 为低电平、U_{i2} 为高电平时，开关管 VT1、VT4 截止，VT2、VT3 导通，电枢绕组承受从 B 到 A 的反向电压。在一个 PWM 周期里电枢电压经历了两次变化（双极）。

电枢绕组所受的平均电压 U_0 取决于占空比 α，由下式决定

$$U_0=\left(\frac{t_1}{T}-\frac{T-t_1}{T}\right)V_s=\left(\frac{2t_1}{T}-1\right)V_s=(2\alpha-1)V_s \tag{3-37}$$

当 $0\leqslant\alpha<\frac{1}{2}$ 时，电动机反转，若 $\alpha=0$，则 $U_0=-V_s$，转速最大。

当 $\frac{1}{2}\leqslant\alpha\leqslant1$ 时，电动机正转，若 $\alpha=1$，则 $U_0=V_s$，转速最大。

当 $\alpha=\frac{1}{2}$ 时，$U_0=0$，电动机不转，但电枢绕组中仍然有交变电流流动，使电动机产生高频振荡，这种振荡有利于克服电动机负载的静摩擦，提高动态性能。

电枢绕组中的电流波形如图 3-40 所示，分以下三种情况。

（1）电动机在较大负载情况下正转工作时的电流波形如图 3-40（a）示。在每个 PWM 周期的 t_1 区间，VT1、VT4 导通，VT2、VT3 截止，电枢绕组中电流的方向是从 A 到 B，如图

3-39 中的虚线 1 所示。t_2 区间，VT2、VT3 导通，VT1、VT4 截止，虽然电枢绕组加反向电压，但由于绕组的负载电流较大，电流的方向仍然不变，但电流幅值的下降速率要比不可逆系统大，因此电流的波动较大。

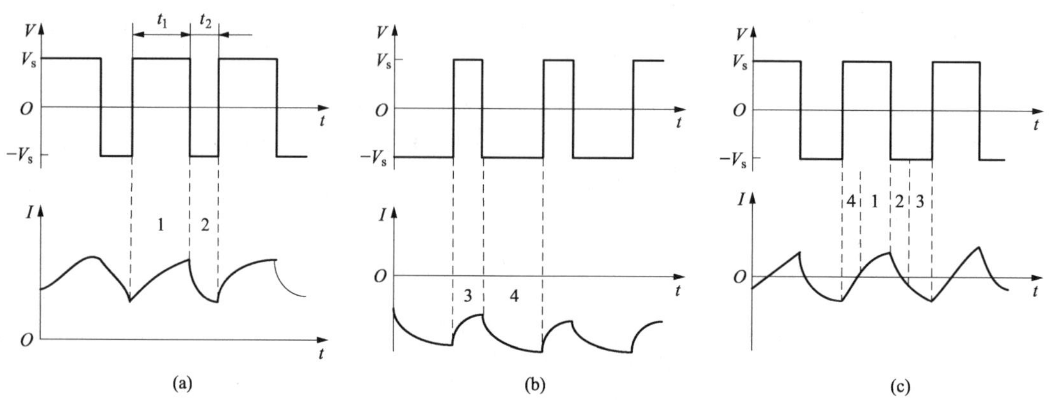

图 3-40 H 型双极可逆 PWM 电流波形

（a）正转；（b）反转；（c）反转

（2）电动机在较大负载情况下反转工作时的电流波形如图 3-40（b）所示，情况与正转时相反。

（3）当电动机在轻载工作时，工作状态呈电动和制动交替变化，电枢电流很小，波形基本上围绕横轴上下波动，方向也不断变化，如图 3-40（c）所示。

区间 4：VT2、VT3 截止，由于自感电动势的作用，电枢中的电流维持原流向即从 B 到 A，如图 3-39 中虚线 4 所示，经二极管 VD1、VD4 到电源，电动机处于再生制动状态。由于二极管 VD1、VD4 的钳位作用，此时 VT1、VT4 不能导通。

区间 1：当电流衰减到零后，二极管 VD1、VD4 失去钳位作用，在电源电压的作用下，VT1、VT4 开始导通，电流经 VT1、VT4 形成回路，如图 3-39 中虚线 1 所示，方向从 A 到 B，处于电动状态。

区间 2：VT1、VT4 关断，电枢电流在自感电动势的作用下经续流二极管 VD2、VD3 继续从 A 到 B，流向如图 3-39 中虚线 2 所示，电动机仍处于电动状态。

区间 3：当电流衰减为零后，VT2、VT3 开始导通，电流回路如图 3-39 中虚线 3 所示，电动机处于反接制动状态。

双极性驱动时，电动机可在四个象限上工作。低速时的高频振荡有利于消除负载的静摩擦，低速平稳性好，但在工作的过程中电流波动大。由于四个开关管都处于开关状态，功率损耗较大。由于必须通过增加死区来避免开关管直通的危险，因此限制了开关频率的提高。所以，双极性驱动只用于中小功率直流电动机的控制。

在双极性驱动下工作时，由于开关管自身有开关延时，并且“开”和“关”的延时时间不同，所以同一桥臂上的两个开关管容易出现直通现象，从而引起短路类的严重事故。为了防止直通，保证同一桥臂上的两个开关管在“开”与“关”的交替时，至少有一个开关管处于“关”的状态，通常在每一个 PWM 周期里，增加两个称为“死区”的低电平延时，死区的时间长短可根据开关管的种类及使用要求来确定，一般应在 5～20 μs。

单片机的专用 PWM 口大多没有死区设置功能；采用含有死区功能和驱动功能的专用集

成电路（如 LMD18200 等），可以使小型直流电动机的控制电路非常简单。

2. 单极性驱动可逆 PWM 系统

单极性驱动是指在一个 PWM 周期内，电动机电枢只承受单极性的电压。其中应用最普遍的是受限单极性驱动方式和受限倍频单极性驱动方式。

（1）受限单极性驱动可逆 PWM 系统。受限单极性可逆 PWM 驱动系统与双极性可逆系统的驱动电路相同，只是控制方式不同，如图 3-41 所示。要求电动机正转时，PWM 控制信号控制开关管 VT1，对开关管 VT4 加高电平使其常开，开关管 VT2、VT3 加低电平而截止（图 3-41 中 U_i 所示）。要求电动机反转时，PWM 控制信号控制开关管 VT3，对开关管 VT2 加高电平使其常开，开关管 VT1、VT4 加低电平而截止。

电动机正转时，在每个 PWM 周期的 t_1 区间，VT1 导通，电流沿图 3-41 所示的虚线 1 从 A 到 B 经过电枢绕组，电动机工作在电动状态；在 t_2 区间，VT1 截止，电流在自感电动势的作用下，经 VT4 和 VD2 形成续流回路如图 3-41 中虚线 2 所示，电动机继续工作在电动状态。正转时的电流波形如图 3-42（a）所示，电压、电流波形和占空比的计算都与不可逆 PWM 系统相同。

电动机制动时，PWM 控制信号的占空比减小，使电枢两端的平均电压小于反电动势。在反电动势的作用下，电流的路线应该是从 A 点出发，经 VT2、VD4 到 B 来产生制动转矩，如图 3-41 中的虚线 3 所示。但是，由于 VT2 处于截止状态，使能耗制动电流通路受到限制，即所谓“受限”。

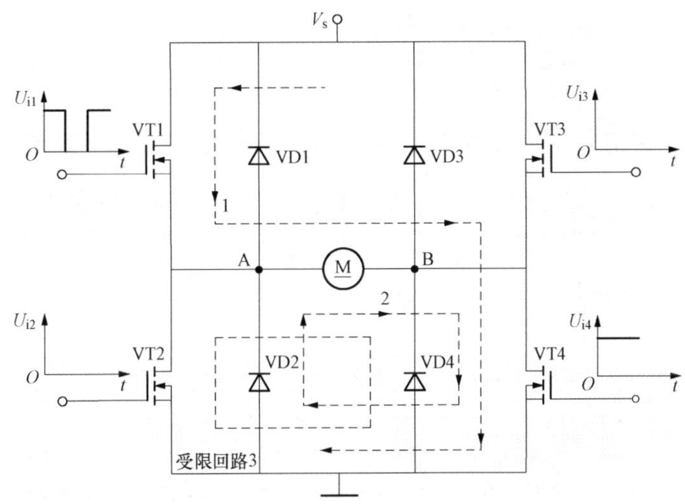

图 3-41 受限单极性可逆 PWM 驱动系统

当电动机工作在轻载时，在每个 PWM 周期的 t_2 区间，当续流电流沿图 3-41 中虚线 2 流动并衰减到零后，由于 VT2 的截止使反电动势不能建立反向电流，电枢电流出现断流现象，如图 3-42（b）所示。

受限单极性驱动方式的优点是，能够避免开关管直通，大大提高了系统的可靠性，适用于大功率、大转动惯量、可靠性要求较高的直流电动机控制；而其缺点是在轻载时会出现断流，克服方法是提高开关频率或改进电路设计。

（2）受限倍频单极性驱动可逆 PWM 系统。受限倍频单极驱动方式通过改变对开关管的控制方式，使直流电动机电枢两端获得比 PWM 控制信号频率高 1 倍的电压波，以弥补受限单极驱动所产生的电流断流问题。

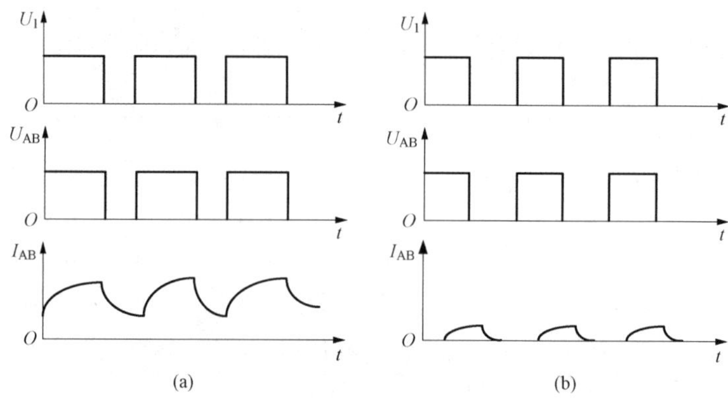

图 3-42 受限单极可逆 PWM 电流波形

（a）正转；（b）轻载

当要求电动机正转时，开关管 VT1、VT4 的 PWM 控制信号占空比和频率都相同，但相位相差 180°。对另两个开关管 VT2、VT3 施加低电平，使它们始终截止，从而在电动机电枢两端产生两倍于 PWM 控制信号频率的“倍频”电压波形，如图 3-43（a）所示。

当要求电动机反转时，占空比和频率相同而相位相差 180°的 PWM 控制信号加在开关管 VT2、VT3 上，而开关管 VT1、VT4 始终截止。在电动机电枢两端产生的倍频电压波形如图 3-43（b）所示。

受限倍频单极驱动方式的缺点是没有能耗制动能力，优点是电枢电压频率的提高，解决了断流问题，电枢电流的波动也减小了 $\frac{1}{2}$，因此多应用于大功率、可靠性较高的场合。

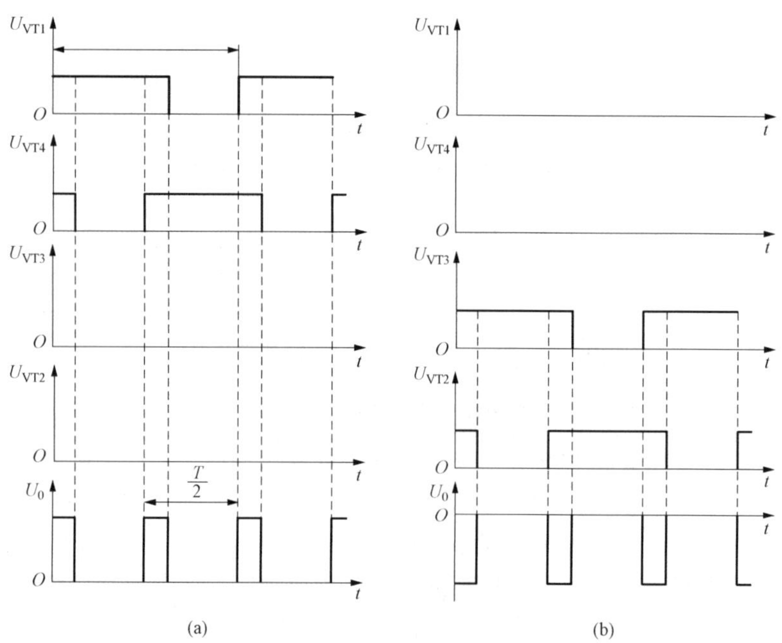

图 3-43 受限倍频单极可逆 PWM 电压波形

（a）正转；（b）反转

3.5 交流异步电动机控制

感应式交流异步电动机结构简单、体积小、质量轻、价格便宜、维护方便，是生产和生活中应用最为广泛的一种电动机。

长期以来，交流异步电动机的调速是一个难题。直到 20 世纪 70 年代，由于微机控制技术和电力电子元件的发展，才使得交流异步电动机的调速成为可能，并得到迅速普及。常用的交流异步电动机调速控制有变频变压法（Variable Voltage Variable Frequency，VVVF）和矢量控制法等。

3.5.1 交流异步电动机变频调速原理

交流异步电动机的转速可表示为

$$n=\frac{60f}{p}(1-s) \tag{3-38}$$

式中：n 为电动机转速（转/分）；p 为电动机磁极对数；f 为电源频率；s 为转差率。

在电动机的磁极对数 p、转差率 s 和电源频率 f 等各项影响交流异步电动机转速的因素中，改变电源频率来实现电动机调速的效果最理想，这就是所谓变频调速。

1. 电路工作原理

变频调速的实质就是向交流异步电动机提供一个频率可控的电源。实现这一功能的装置称为变频器，由主电路和控制电路两部分组成，其中主电路通常采用交—直—交方式，即先将交流电转变成直流电（整流、滤波），再将直流电转变成频率可调的矩形波交流电（逆变）。常用的主电路原理图如图 3-44 所示。

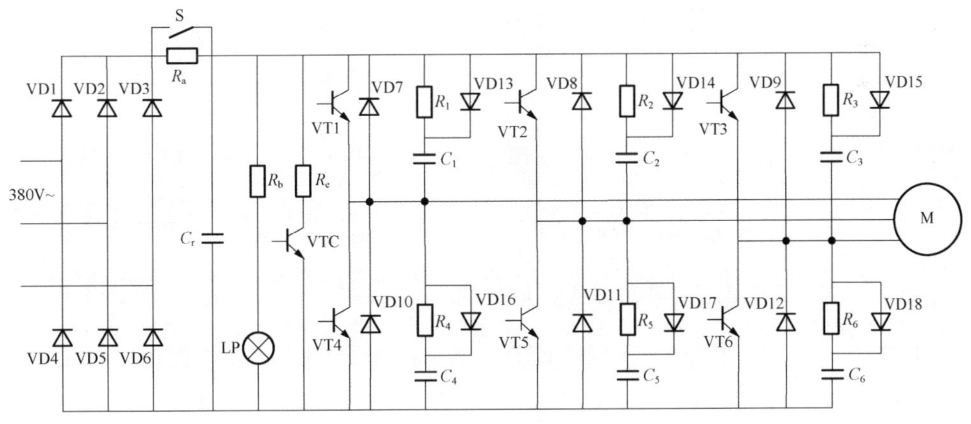

图 3-44 电压型交—直—交变频调速主电路

（1）主电路。

1）交—直电路。整流管 VD1～VD6 组成三相整流桥，对三相交流电进行全波整流。整流后的直流电压

$$U=1.35\times380\text{V}=513\text{V} \tag{3-39}$$

滤波电容 C_r 滤除整流后的电压波纹，并在负载变化时保持电压平稳。当变频器通电时，瞬时冲击电流较大，为了保护电路元件，加限流电阻 R_a 延时一段时间，然后通过控制电路使

开关S闭合，将限流电阻短路。电源指示灯LP除了指示电源通断外，还在电源断开时作为滤波电容C_r放电通路。滤波电容C_r容量通常很大，放电时间可能长达数分钟，故应避免高电压威胁人员安全。制动电阻R_c为制动过程中处于发电状态的电动机提供一个放电通路，通过控制电路使开关管VTC导通，使再生电流消耗在电阻R_e上。

2）直—交电路。逆变开关管VT1～VT6组成三相逆变桥，将直流电逆变成频率可调的矩形波交流电。逆变管可以选择绝缘栅双极晶体管IGBT或功率场效应管MOSFET。续流二极管VD7～VD12的作用是，当逆变开关管由导通状态变为截止时，为存储在电动机线圈中的电能提供释放通道；当电动机制动时，为再生电流提供回流到直流电源的通道。

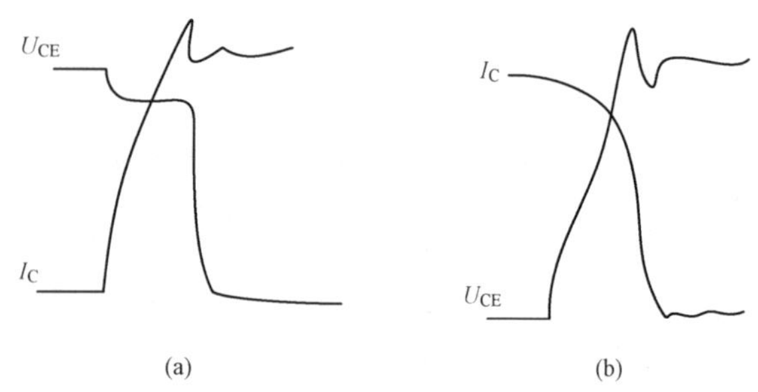

图3-45　开关管开通与关断波形

（a）开关管开通波形；（b）开关管关断波形

3）缓冲电路。保护逆变开关管的缓冲电路可以缓解开关管在开通和关断时，集电极电流I_C和集电极与发射极电压U_{CE}的冲击（见图3-45）。当逆变开关管关断时，两端的并联电容C_1～C_6抑制U_{CE}电压的过高增长率。当逆变开关管开通时，电阻R_1～R_6限制电容的放电电流。为了避免电阻对电容充电的阻碍，在电阻两端还并联了二极管VD13～VD18。这种缓冲电路的缺点是增加了损耗，因而只适用于中小功率变频器。

缓冲电路的其他形式如图3-46所示，其中，图3-46（a）的交叉式缓冲电路避开了图3-44所示的缓冲电路的缺点，适用于中大功率变频器；图3-46（b）可吸收高于直流电压的电压尖峰，适用于小功率变频器；图3-46（c）在逆变开关管前面串联一个$\frac{di}{dt}$抑制电路，使缓冲效果更好。

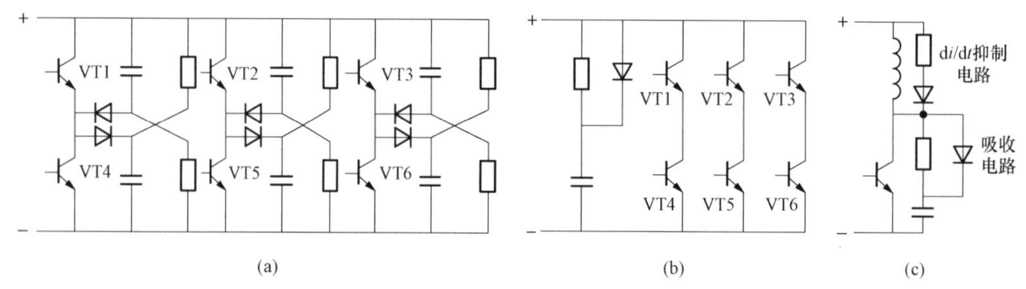

图3-46　缓冲电路

（2）三相逆变桥的工作原理。三相逆变桥的电路简图如图3-47（a）所示，控制逆变管的导通和关断可以把直流电逆变成矩形波三相交流电，图中R、Y、B为逆变桥的输出。

180°导通型三相逆变器的控制规律如图3-47（b）所示，其中深色部分表示逆变管导通。可以看出，每一时刻总有三个逆变管导通，另三个逆变管关断，并且VT1与VT4、VT2与VT5、VT3与VT6每对逆变管不能同时导通。线电压U_{RY}、U_{YB}、U_{BR}的波形如图3-47（c）所示，可以看出，它们的幅值为U，三者之间互差120°。各阶段的等值电路及相电压和线电压值见

表 3-5。

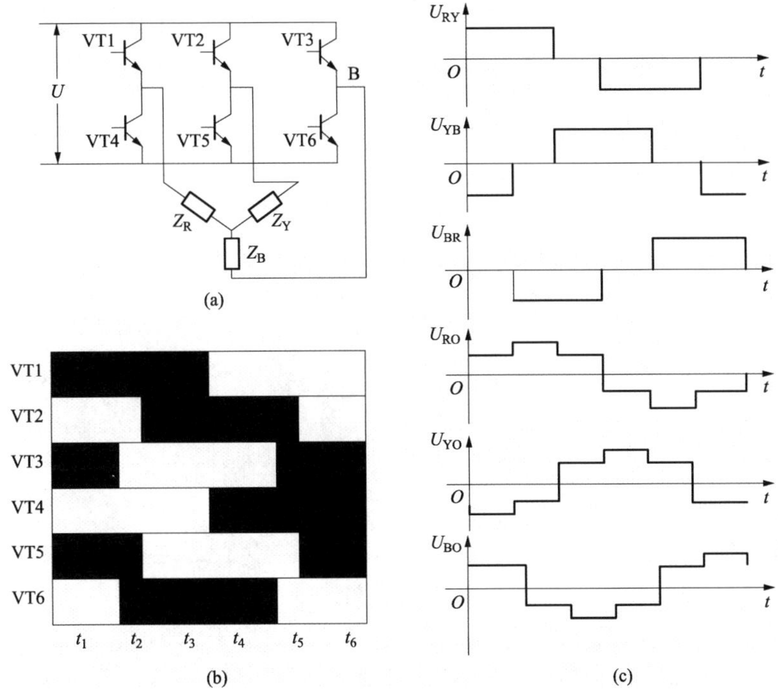

图 3-47 三相逆变桥工作原理与输出波形

（a）电路简图；（b）逆变管通断时序；（c）线电压与相电压波形

表 3-5 180°导通型三相逆变器各阶段的等值电路及相电压和线电压值

阶段		0°~60°	60°~120°	120°~180°	120°~240°	240°~300°	300°~360°
导通管号		1，3，5	1，5，6	1，2，6	2，4，6	2，3，4	3，4，5
等值电路		+ Z_R Z_B O Z_Y −	+ Z_R O Z_B Z_Y −	+ Z_R Z_Y O Z_B −	+ Z_Y O Z_R Z_B −	+ Z_Y Z_B O Z_R −	+ Z_B O Z_R Z_Y −
相电压	U_{RO}	$+\frac{1}{3}U_d$	$+\frac{2}{3}U_d$	$+\frac{1}{3}U_d$	$-\frac{1}{3}U_d$	$-\frac{2}{3}U_d$	$-\frac{1}{3}U_d$
	U_{YO}	$-\frac{2}{3}U_d$	$-\frac{1}{3}U_d$	$+\frac{1}{3}U_d$	$+\frac{2}{3}U_d$	$+\frac{1}{3}U_d$	$-\frac{1}{3}U_d$
	U_{BO}	$+\frac{1}{3}U_d$	$-\frac{1}{3}U_d$	$-\frac{2}{3}U_d$	$-\frac{1}{3}U_d$	$+\frac{1}{3}U_d$	$+\frac{2}{3}U_d$
线电压	U_{RY}	$+U_d$	$+U_d$	0	$-U_d$	$-U_d$	0
	U_{YB}	$-U_d$	0	$+U_d$	$+U_d$	0	$-U_d$
	U_{BR}	0	$-U_d$	$-U_d$	0	$+U_d$	$+U_d$

2. 变频与变压

交流异步电动机的定子绕组的反电动势是定子绕组切割旋转磁场磁力线的结果，其有效值的计算式为

$$E = Kf\varPhi \tag{3-40}$$

式中：K 为与电动机结构有关的常数；f 为电源频率；$\varPhi$ 为磁通。

而在电源一侧，电源电压的平衡方程式为

$$U = E + IR + \mathrm{j}LX \tag{3-41}$$

加在电机绕组端的电源电压U，一部分产生感应电动势E，另一部分消耗在阻抗（线圈电阻R和漏电感X）上。

定子电流I分两部分，即 $I = I_1 + I_2$

式中：I_1是少部分，用于建立主磁场磁通$\varPhi$；I_2是大部分，用于产生电磁力带动机械负载。

交流异步电动机进行变频调速时，如频率f下降，则E降低。在电源电压U不变的情况下，定子电流I将增加。此时如果外负载不变，则I_2不变，I_1将增加，也就是使磁通量增加。$\varPhi$的增加又使E增加，达到新的平衡点。

通常在设计时已使电动机的磁通容量达到最大容量，因此磁通量再增加将产生磁饱和，引起电流波形畸变，削弱电磁力矩，影响机械特性。

解决机械特性下降问题的一种方案是维持磁通量恒定不变，即设法使$K\varPhi$=常数，这就要求当电动机调速改变电源频率f时，E也进行相应变化，以维持它们的比值不变。实际上，因为无法控制E的大小，通常是忽略在阻抗上产生的压降，用调节电源电压U来近似地代替调节E，使其跟随频率的变化，保持磁通量近似恒定，即

$$\frac{E}{f} \approx \frac{U}{f} = K\varPhi = \text{常数} \tag{3-42}$$

这就是为什么在变频的同时也要变压，即 VVVF。

3. SPWM 调制波

用脉宽调制 PWM，可以方便地实现变频和变压。调节占空比α，就可以调节输出的平均电压；调节 PWM 波的频率$\dfrac{1}{T}$，就可以改变电源频率，实现调速。

然而，矩形波含有许多高次谐波成分，将产生使交流异步电动机发热、力矩下降、振动噪声等不良后果。

使逆变电路输出的电压波形成为正弦波的一种方法是，将等宽的矩形波变成一组宽度渐变的脉冲波，其宽度变化规律应符合正弦的变化规律，如图 3-48 所示的正弦脉宽调制波，简称 SPWM 波。由于谐波成分大大减少，驱动效果可以达到基本满意的水平。

产生正弦脉宽调制波 SPWM 的通常方法是，用一组等腰三角形波与一个正弦波进行比较，如图 3-49 所示，以其交点作为开关管“开”或“关”的时刻。等腰三角形波称为载波，而正弦波则称为调制波。改变正弦波的频率，就可以改变输出电源的频率，从而改变电动机的转速；改变正弦波的幅值，也就改变了正弦波与载波的交点，使输出脉冲系列的宽度发生变化，从而改变输出电压。

三相逆变开关管生成 SPWM 波的控制方式有单极性控制和双极性控制两种。

（1）单极性控制。每半个周期内，在逆变桥的同一桥臂的上下两个逆变开关管中，只有

一个逆变开关管按图 3-48 的规律反复通断，而另一个逆变开关管始终关断；在另半个周期内，两个逆变开关管的工作状态正好相反。

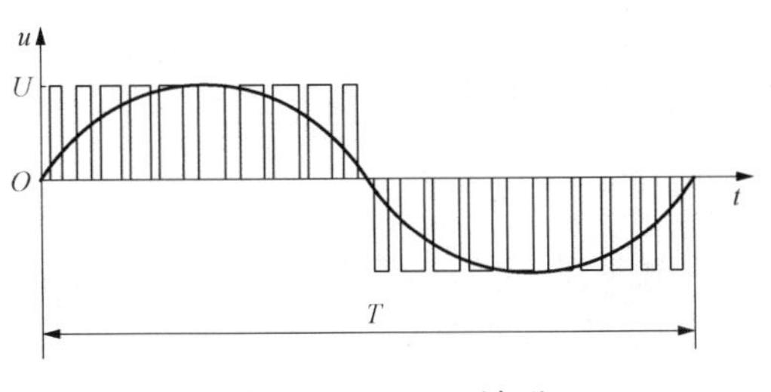

图 3-48 SPWM 波形

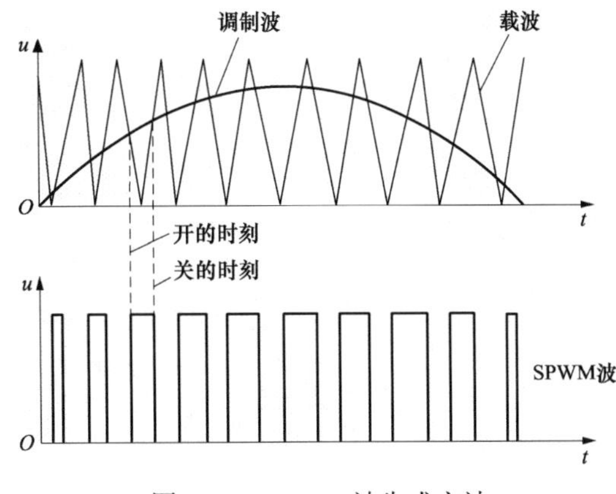

图 3-49 SPWM 波生成方法

三相逆变器中的六个逆变开关管的工作状态仍然可以用图 3-47（b）进行描述，例如，VT1 开关管在t_1、t_2、t_3时间段中按 SPWM 波的规律进行开通和关断，在t_4、t_5、t_6时间段则全关断；同一桥臂的 VT4 开关管正好相反，在t_1、t_2、t_3时间段全关断，而在t_4、t_5、t_6时间段则按 SPWM 波的规律进行开通和关断；三个桥臂工作的规律都相同，只是在相位上相差 120°。

（2）双极性控制。在全部周期内，同一桥臂的上下两个逆变管交替开通与关断，形成互补的工作方式，其各种波形如图 3-50 所示。

图 3-50（a）表示了三相调制波与等腰三角形载波的关系，三相调制波由频率和幅值都一样，但相位上相差 120°的三条正弦波u_R、u_Y、u_B组成。每一条正弦波与等腰三角形载波的交点决定了同一桥臂（同相）逆变开关管的开通与关断的时间。

图 3-50（b）～（d）表示了各相电压U_R、U_Y、U_B输出的波形，它们的最大幅值是$\pm\frac{U}{2}$，其中上臂开关管产生正脉冲。下臂开关管产生负脉冲。同样，三相相电压波形的相位也互差 120°。

图 3-50（e）是线电压$U_{RY}=U_R-U_Y$的输出波形，同理也可以得到$U_{YB}=U_Y-U_B$和$U_{BR}=U_B-U_R$的输出波形。

4. 载波频率的选择

SPWM 波仅仅是近似正弦波，仍然含有高次谐波的成分。一般说来，载波频率应大于调制波频率 10～20 倍，载波频率越高，谐波波幅越小，电流波形越平滑。高的载波频率还可以使变频器和电机的噪声进入超声范围，达到静音效果。

载波频率的提高，受逆变开关管的最高开关频率限制。采用 IGBT（工作频率可达几十 kHz 以上）为逆变开关管，可以得到较平滑的电流波形。

载波与调制波的频率调整有以下三种形式。

（1）同步控制方式。使调制波频率与载波频率的比值等于常数，即在逆变器输出电压的每个周期内，所使用的三角波数目不变，因此产生的 SPWM 波的脉冲数是一定的。

这种控制方式的优点是，在调制波频率变化的范围内，逆变器输出波形的正负半波完全对称，使输出三相波形之间具有 120°相差的对称关系。但在低频时有严重的不足：每个周期 SPWM 脉冲个数过少，使谐波分量增大。

（2）异步控制方式。使载波频率固定不变，只调整调制波频率进行调速。虽然不存在同步控制方式所产生的低频谐波分量大的缺点，但是可能会造成逆变器输出的正半波与负半波、三相波之间不严格对称的现象，引起电动机运行不平稳。

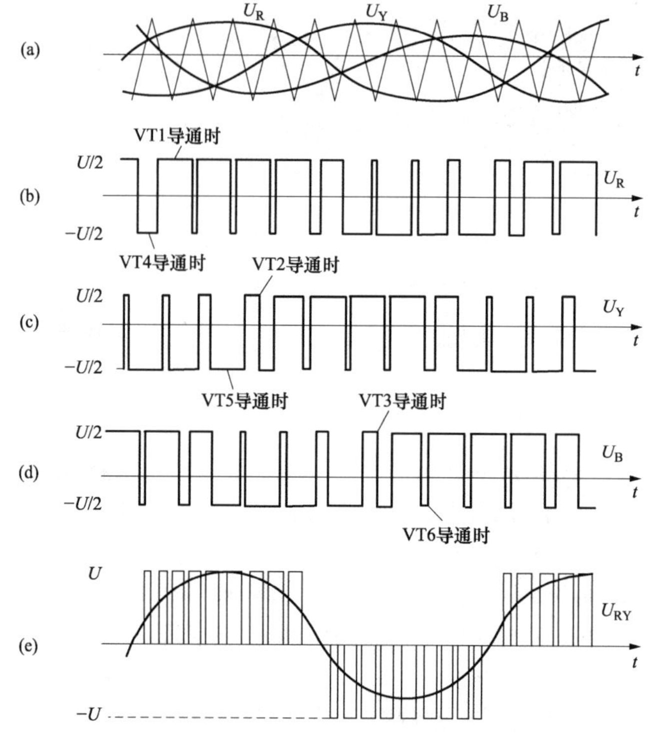

图 3-50　三相逆变器输出双极性 SPWM 波形图

（a）三相调制波与三角载波；（b）R 相相电压波形；（c）Y 相相电压波形；

（d）B 相相电压波形；（e）U_{RY} 线电压波形

（3）分段同步控制方式。实际应用较多的分段同步控制方式综合了同步控制和异步控制的优点：在低频段使用异步控制方式，而在其他频率段使用同步控制方式。

3.5.2　变频调速的机械特性及其补偿

1. 变频调速电动机的机械特性

变频调速电动机的机械特性如图 3-51 所示。当电动机向低于额定转速方向调速时［见图 3-51（a）］，曲线近似平行地下降，这说明，减速后的电动机仍然保持原来较硬的机械特性，但是随着电动机转速的下降，临界转矩减小，负载能力下降。

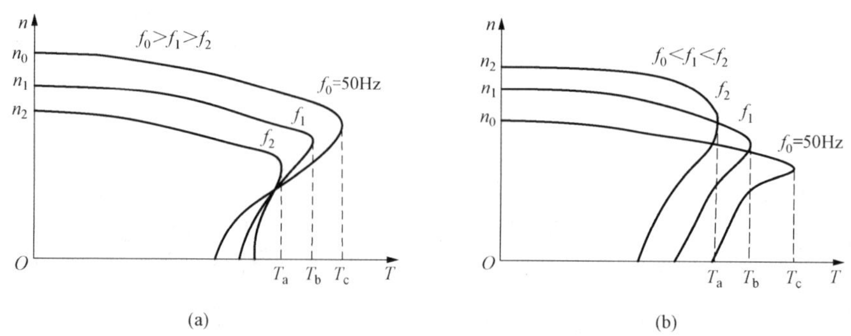

图 3-51　变频调速电动机的机械特性

（a）向低于额定转速方向调速；（b）向高于额定转速方向调速

这是因为当频率 f 降得较低时，定子阻抗压降在电压 U 中所占的比例增大，已经不能满足 $U \approx E$，从而使得实际上 $\frac{E}{f}$ 的比值减小，导致电动机的临界转矩下降。

当电动机向高于额定转速方向调速时［见图 3-51（b）］，曲线不仅临界转矩下降，而且曲线工作段的斜率开始增大，使机械特性变软。

这是因为当频率 f 升高时，电源电压受电动机绕组的绝缘强度限制，不能相应地升高，从而导致磁通量 Φ 下降。

2. V/F 转矩补偿法

通常采用 V/F 转矩补偿法，也称为转矩提升（Torque Boost）法来解决在低于额定转速时的调速使电动机负载能力减弱的问题。其原理是，当频率 f 降低时，适当提高电源电压 U 以保持磁通量恒定，从而使电动机转矩回升。

提高电压 U 将使调压比 $K_U > K_f$，也就是说，电压 U 并不再随频率 f 等比例地变化，而是按图 3-52 所示的曲线变化（在实际的通用变频器中常有若干简化曲线可供选择）。采用 V/F 转矩补偿法后的电动机机械特性如图 3-53 所示。

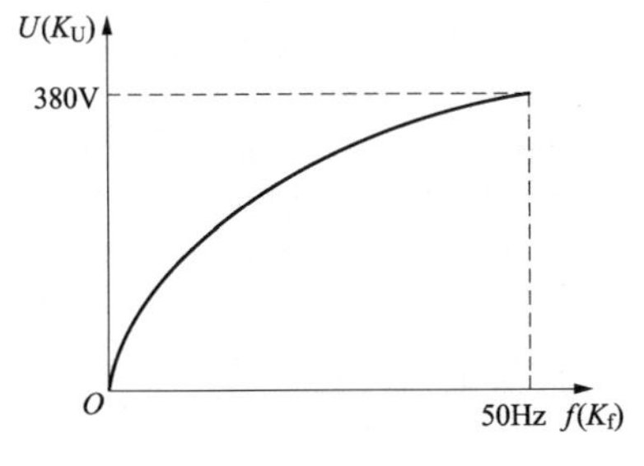

图 3-52 V/F 转矩补偿曲线

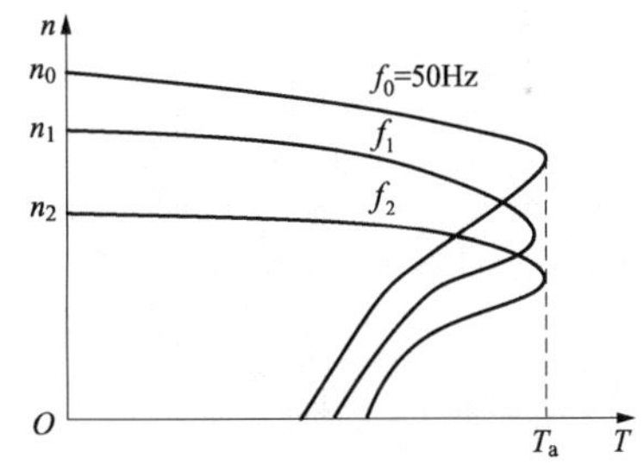

图 3-53 补偿后的电动机机械特性

3.5.3 SPWM 波发生器及其应用

在 SPWM 波的频率、幅值和载波频率三项参数中任一项发生变化，都将改变载波与调制波的交点，因此，每一次调整都需要重新计算坐标。采用专用芯片生成三相或单相 SPWM 波的控制信号，可以方便地实现这些功能。

1. 工作原理

以 SA4828 为例，专用于三相 SPWM 信号发生和控制的集成芯片的主要特点为全数字控制，输出调制波频率范围 0～4kHz，16 位调速分辨率，载波频率最高可达 24kHz，内部 ROM 固化三种可选波形，可选最小脉宽和延迟时间（死区），可单独调整各相输出，以适应不平衡负载，有看门狗定时器。

在 SA4828 内部，来自 MCU 的数据通过总线控制和译码进入初始化寄存器或控制寄存器，控制相控逻辑电路。外部时钟输入经分频器分成设定的频率，并生成三角形载波，与所选定的片内 ROM 中的调制波形进行比较，自动生成 SPWM 输出脉冲。通过脉冲删除电路，删去只会增加开关管损耗的过窄脉冲。通过脉冲延时电路生成死区，保证任何桥臂上的两个开关管不会在状态转换期间短路。看门狗定时器用来防止程序跑飞，一旦程序运行超时立即快速封锁输出。

片内 ROM 存储有纯正弦、增强型和高效型三种可供选择的波形（见图 3-54），每一种波形各 1536 个采样值。增强型波形又称为三次谐波，它可以使输出功率提高 20%，三相谐波互相抵消，防止电动机发热。高效型波形又称为带死区的三次谐波，它是进一步优化的三次谐波，可以减小逆变开关管的损耗，提高功率利用率。

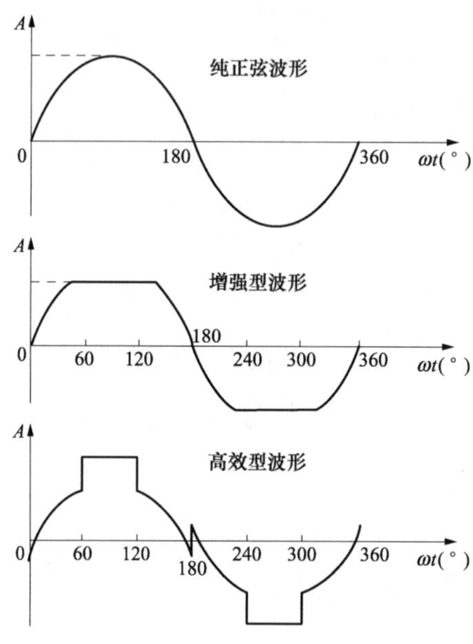

图 3-54 片内 ROM 存储的三种波形

2. 典型应用

SA4828 与 8031 单片机连接构成三相交流异步电动机调速系统的电路图，如图 3-55 所示。

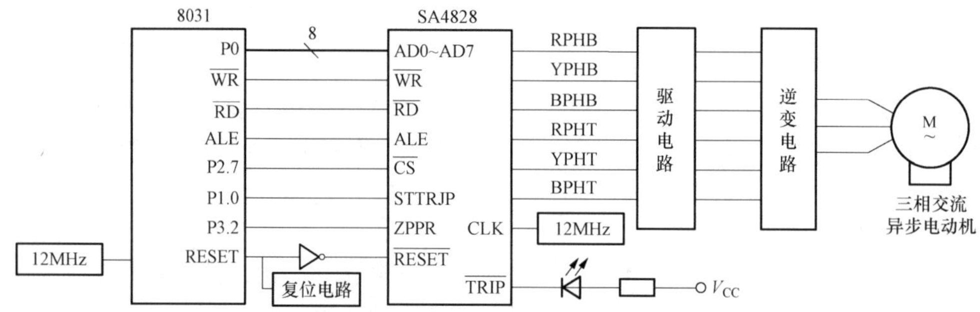

图 3-55 SA4828 与 8031 构成三相交流异步电动机调速系统

SA4828 的 STTRIP 管脚接 8031 的 P1.0，使单片机能够在异常情况下封锁 SA4828 的输出。ZPPR 管脚接 8031 的 P3.2（INT0），测量调制波的频率，用于显示。TRIP 管脚接一个发光二极管。当 SA4828 的输出被封锁时，发光二极管亮，用来指示封锁状态。六个输出管脚 RPHT，YPHT，RPHB，BPHB，BPHT，YPHB 分别通过各自的驱动电路，来驱动逆变桥的六个开关管。

3.5.4 矢量控制与直接转矩控制

1. 旋转磁场分析

对空间均匀分布的任意多相绕组通以时间上均匀分布的多相平衡电流，就可以产生旋转磁场。

（1）三相旋转磁场。对空间上相差 120°的三相绕组 A，B，C 通入相位上各相差 120°的三相交流电 i_A，i_B，i_C 后，产生一个合成磁感应强度不变的旋转磁场。电流交变一个周期，合成磁场的轴线也在空间旋转一周。

三相交流电动机的旋转磁场就是这样产生的。

（2）两相旋转磁场。对空间上相差 90°的两项固定绕组 α，β 通入相位上相差 90°的两相平衡的交流电流 i_α，i_β（见图 3-56），其合成磁场如图 3-57 所示。可以看出，两相合成磁场也具有和三相旋转磁场完全相同的特点。

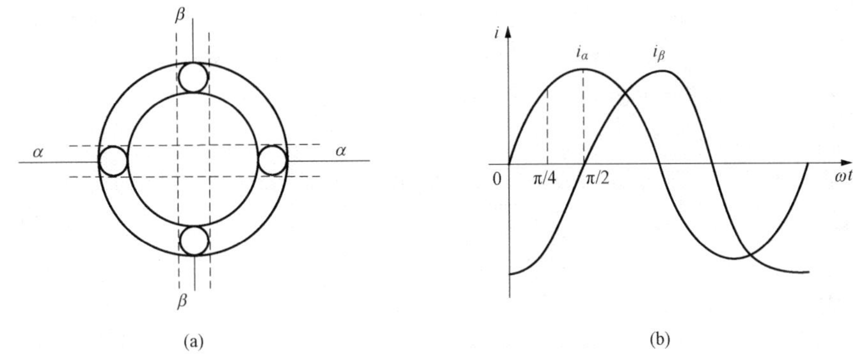

图 3-56 两相绕组和两相交流电流

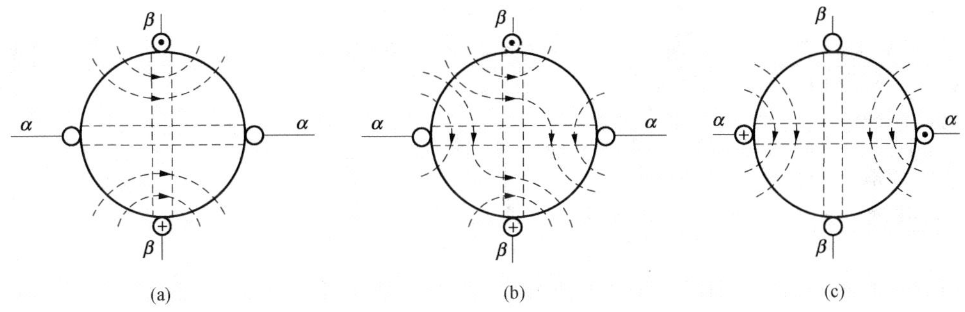

图 3-57 两相合成磁场

（3）旋转体的旋转磁场。在旋转体上，放置一个通入直流电流的绕组 M，将产生一个恒定磁场。当旋转体旋转时，恒定磁场也随之旋转，在空间上形成了一个旋转磁场。

如果在旋转体上放置两个互相垂直的直流绕组 M、T，则当给这两个绕组分别通入直流电流时，它们的合成磁场仍然是恒定磁场，如图 3-58 所示。同样，当旋转体旋转时，该合成磁场也随之旋转，称为机械旋转直流合成磁场。而且，调节直流电流 i_M 或 i_T，都可以调整直流合成磁场的强度。

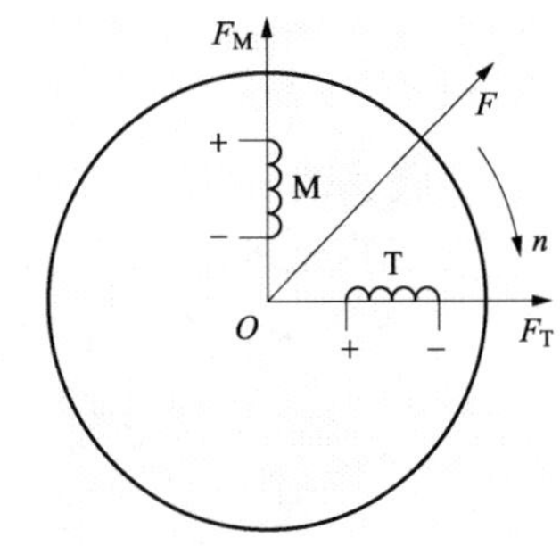

图 3-58 旋转体上两个直流绕组产生的磁场

如果用上述三种方法产生的旋转磁场的磁极对数、磁感应强度和转速都完全相同，则认为这时的三相磁场、两相磁场和旋转直流磁场是等效的，可以互相进行等效转换。

通常，把三相系统向两相系统的转换称为 3/2 变换，两相系统向三相系统的转换称为 2/3 变换，把两相交流系统向旋转直流系统的转换称为交/直变换。

2. 矢量控制的基本思想

为了使交流异步电动机调速后的机械特性及动态性能都能够像直流电动机那样优良，交流电动机应当也能像直流电动机那样，对负载电流和励磁电流分别进行独立的控制，并使它们的磁场在空间位置上也互差 90°、独立地进行调节。矢量控制（Vector Control，VC）将异步电动机在三相静止的 ABC 坐标系上的数学模型，转换为两相同步旋转坐标系按转子磁场定向的数学模型。坐标系的变换（相当于矩阵变换）实现了电机定子电流两个分量之间的解耦，从而可以求出：定子电流的励磁分量 i_{m1} 唯一决定转子 ψ_2，定子电流的转矩分量 i_{m2} 唯一决定电机的转矩 T_e，使 i_{m1} 和 i_{m2} 与直流电动机中的励磁电流和电枢电流相对应，从而大大简化了多变量强耦合的交流变频调速系统的控制问题。

如果将控制交流调速的给定信号变换成类似于直流电动机磁场系统的控制信号，也就是说，由两个相互垂直的直流绕组同处于一个旋转体上，两个绕组中分别独立地通入由给定信号分解而得的励磁电流信号 i_M 和转矩电流信号 i_T，则通过等效变换，可以得到与这两个基本控制信号 i_M、i_T 等效的三相交流控制信号 i_A、i_B、i_C 来控制逆变电路。同样，对于电动机在运行过程中系统的三相交流数据，也可以等效变换成两个互相垂直的直流信号，反馈到控制端，用来修正基本控制信号 i_M、i_T。

在进行控制时，可以和直流电动机一样，使其中一个磁场电流（如 i_M）不变，而控制另一个磁场电流（如 i_T）信号，从而获得和直流电动机类似的控制结果。

矢量控制的基本原理框图如图 3-59 所示，给定信号分解成两个相互垂直且独立的直流信号 i_M，i_T，然后通过直/交变换将 i_M，i_T 变换成两相交流信号 i_α，i_β，又经 2/3 变换，得到三相交流的控制信号 i_A、i_B、i_C 来控制逆变电路。

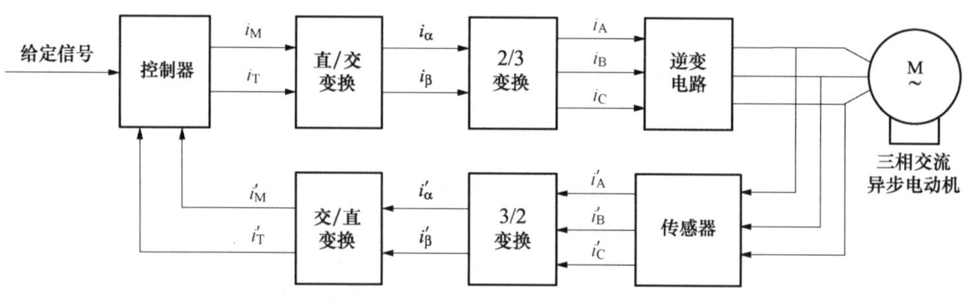

图 3-59 矢量控制基本原理框图

电流反馈信号经 3/2 变换和交/直变换，传送到控制端，分别修正直流控制信号的磁场分量 i_M 和转矩分量 i_T，从而模拟出类似于直流电动机的工作状况。

3. 直流转矩控制（DTC）

采用直流转矩控制的交流调速系统可以获得比矢量控制快得多的转矩响应。直流转矩控制把转矩直接作为控制量，以转矩为中心来进行磁链、转矩的综合控制。通过简单的检测电机定子电压和电流，采用定子链控制磁场定向，用离散的电压状态和六边形磁链轨迹或近似圆形磁链轨迹的概念，不需要旋转坐标变换，直接在定子坐标系下分析异步电动机的数学模型，计算与控制异步电动机的定子磁链和转矩。采用离散的两点式调节器（Bang-Bang 控制），比较转矩检测值与转矩给定值，使转矩波动限制在一定的容差范围内。容差的大小由频率调节器来控制，并产生 PWM 脉宽调制信号，直接对逆变器的开关状态进行控制，可以获得高动态性能的转矩输出，但其开关频率是随机变化的。

直流转矩控制的控制结构简单、控制信号处理的物理概念明确。由于没有电流控制环路，Bang-Bang 控制产生的输出电压，不存在电流调节的时间滞后，也没有任何电流限制，电压可以出现过冲现象，故电机可以获得较大的加速电流，从而产生较快的电流响应及转矩响应。

4. 直接转矩控制与矢量控制的比较

DTC 变频器可以获得较好的转矩响应，但稳态指标较差，适用于交流伺服传动、机车牵引等对转矩响应要求高的场合。而一些对转矩要求不苛刻，特别是带有齿轮连接的传动，过快的转矩不仅不利，反而有害。

VC 变频器在可以确定的开关频率条件下，采用消除谐波的 PWM 控制方法，输出的电压、电流的谐波较小。在相同电力电子元器件条件下，变频器的容量利用率和效率较高。对于那些不要求较高动态性能指标，如风机、水泵节能传动和一般工业机械传动等应用场合，更为有利。

DTC 与 VC 采用同样的交流电动机数学模型，DTC 的低频特性可以借助于 VC 得到改善。DTC 和 VC 控制系统都需要速度信息，无速度传感器控制的产品化是交流电动机调速控制的重要课题。

习　题　3

3-1　使用 C 语言编写下列各插补计算程序：①第三象限直线插补程序；②第二象限逆圆弧插补程序。

3-2　若加工第一象限直线 MN，起点 M（90，90），终点 N（4,1）。要求：①写出第一象限直线插补程序；②作出步进轨迹图，并标明进给方向和步数。

3-3　三相步进电动机的工作方式有哪几种，分别画出每种工作方式的各相通电顺序，和电压波形图。

3-4　采用 8088 总线方式和 8255A 设计 x 轴步进电动机和 y 轴步进电动机的控制接口，要求：①画出接口电路原理图；②分别列出 x 轴和 y 轴步进电动机在三相三拍、三相双三拍和三相六拍工作方式下的输出字表。

3-5　直流电动机 PWM 控制的原理是什么？控制方法是什么？

3-6　交流电动机的变频调速原理是什么？

4 常规及复杂控制技术

计算机控制系统的设计，是指在给定系统性能指标的条件下，设计出控制器的控制规律和相应的数字控制算法。本章主要介绍计算机控制系统的常规及复杂控制技术。常规控制技术介绍数字控制器的连续化设计技术和离散化方法技术；复杂控制技术介绍纯滞后控制、串级控制、前馈—反馈控制、解耦控制、模糊控制等技术。对大多数系统，采用常规控制技术均可达到满意的控制效果，但对于复杂且有特殊控制要求的系统，采用常规控制技术难以达到目的，在这种情况下，则需要采用复杂控制技术，甚至采用现代控制和智能控制技术。

4.1 数字控制器的连续化设计技术

数字控制器的连续化设计是忽略控制回路中所有的零阶保持器和采样器，在 s 域中按连续系统进行初步设计，求出连续控制器，然后通过某种近似，将连续控制器离散化为数字控制器，并由计算机来实现。由于广大工程技术人员对 s 平面比对 z 平面更为熟悉，因此数字控制器的连续化设计技术被广泛采用。

4.1.1 *Z* 变换的定义、性质及差分方程

在对计算机控制系统进行分析设计时要用到拉普拉斯变换（简称拉氏变换）、Z 变换和差分方程。下面对它们进行简要回顾。

1. 拉氏变换

函数 $f(t)$ 的拉氏变换的表示符号为 $\mathscr{L}[f(t)]$ 或 $F(s)$，其表达式为

$$\mathscr{L}[f(t)]=F(s)=\int_0^{+\infty} f(t)\mathrm{e}^{-st}\mathrm{d}t \tag{4-1}$$

式中：“$\mathscr{L}$”为运算符，表示对方括弧内的函数 $f(t)$ 进行拉氏变换。

本书下面章节用到拉氏变换的下述几个重要性质。

（1）微分法则。设 $F(s)=\mathscr{L}[f(t)]$，则有

$$\mathscr{L}\left[\frac{\mathrm{d}f(t)}{\mathrm{d}t}\right]=sF(s)-f(0) \tag{4-2}$$

$$\mathscr{L}\left[\frac{\mathrm{d}^2 f(t)}{\mathrm{d}t^2}\right]=s^2F(s)-sf(0)-f'(0) \tag{4-3}$$

式中：$f(0)$ 和 $f'(0)$ 分别为 $f(t)$ 在 t=0 时的值和导数在 t=0 时的值。

（2）积分法则。设 $F(s)=\mathscr{L}[f(t)]$，则

$$\mathscr{L}\left[\int f(t)\mathrm{d}t\right]=\frac{1}{s}F(s)+\frac{1}{s}f^{(-1)}(0) \tag{4-4}$$

$$\mathscr{L}\left[\iint f(t)\mathrm{d}t^2\right]=\frac{1}{s^2}F(s)+\frac{1}{s^2}f^{(-1)}(0)+\frac{1}{s}f^{(-2)}(0) \tag{4-5}$$

式中：$f^{(-1)}(0)$ 和 $f^{(-2)}(0)$ 分别是 $f(t)$ 各重积分在 t=0 时的值。

（3）初值定理。若函数 $f(t)$ 的拉氏变换为 $F(s)$，且 $F(s)$ 在 s 平面的右半面及除原点之外的虚轴上解析，则有初值

$$\lim_{t\to 0^+} f(t) = \lim_{s\to +\infty} sF(s) \tag{4-6}$$

（4）终值定理。若函数 $f(t)$ 的拉氏变换为 $F(s)$，且 $F(s)$ 在 s 平面的右半面及除原点之外的虚轴上解析，则有终值

$$\lim_{t\to\infty} f(t) = \lim_{s\to 0} sF(s) \tag{4-7}$$

（5）延迟定理。设 $F(s)=\mathscr{L}[f(t)]$，则有

$$\mathscr{L}[f(t-T_0)] = \mathrm{e}^{-T_0 s}F(s) \tag{4-8}$$

拉氏变换的其他性质可查阅其他书籍。

2. 拉氏反变换

如果已知函数 $f(t)$ 的拉氏变换为 $F(s)$，则

$$f(t)=\mathscr{L}^{-1}[F(s)]=\frac{1}{2\pi \mathrm{j}}\int_{c-\mathrm{j}\infty}^{c+\mathrm{j}\infty}F(s)e^{st}\mathrm{d}s \tag{4-9}$$

表 4-1 列出了一些常用函数 $f(t)$ 与其拉氏变换 $F(s)$ 的对应关系。在工程上，若已知 $f(t)$，查表可得 $F(s)$。若已知 $F(s)$，可先把 $F(s)$ 展开为部分分式，再查表可得 $f(t)$。

表 4-1　拉氏变换和 Z 变换表

$F(s)$	$f(t)$	$F(z)$	$F(z,m)$
e^{-kTs}	$\delta(t-kT)$	z^{-k}	z^{m-1-k}
1	$\delta(t)$	1 或 z^0	0
$\frac{1}{s}$	$1(t)$	$\frac{z}{z-1}$	$\frac{1}{z-1}$
$\frac{1}{s^2}$	t	$\frac{Tz}{(z-1)^2}$	$\frac{mT}{z-1}+\frac{T}{(z-1)^2}$
$\frac{1}{s^3}$	$\frac{t^2}{2}$	$\frac{T^2z(z+1)}{2(z-1)^3}$	$\frac{T^2}{2}\left[\frac{m^2}{z-1}+\frac{2m+1}{(z-1)^2}+\frac{2}{(z-1)^3}\right]$
$\frac{1}{s-\frac{1}{T}\ln a}$	$a^{t/T}=a^k$	$\frac{z}{z-a}$	$\frac{z^m}{z-a}$
$\frac{1}{s+a}$	e^{-at}	$\frac{z}{z-e^{-aT}}$	$\frac{e^{-amT}}{z-e^{-aT}}$
$\frac{a}{s(s+a)}$	$1-\mathrm{e}^{-at}$	$\frac{z(1-\mathrm{e}^{-aT})}{(z-1)(z-\mathrm{e}^{-aT})}$	$\frac{1}{z-1}-\frac{\mathrm{e}^{-amT}}{z-\mathrm{e}^{-aT}}$
$\frac{\omega_0}{s^2+\omega_0^2}$	$\sin\omega_0 t$	$\frac{z\sin\omega_0 T}{z^2-2z\cos\omega_0 T+1}$	$\frac{z\sin m\omega_0+\sin(1-m)\omega_0 T}{z^2-2z\cos\omega_0 T+1}$
$\frac{s}{s^2+\omega_0^2}$	$\cos\omega_0 t$	$\frac{z(z-\cos\omega_0 T)}{z^2-2z\cos\omega_0 T+1}$	$\frac{z\cos m\omega_0+\cos(1-m)\omega_0 T}{z^2-2z\cos\omega_0 T+1}$
$\frac{a}{s^2(s+a)}$	$t-\frac{1-e^{-at}}{a}$	$\frac{Tz}{(z-1)^2}+\frac{(1-\mathrm{e}^{-aT})z}{a(z-1)(z-\mathrm{e}^{-aT})}$	$\frac{T}{(z-1)^2}+\frac{mT-1/a}{z-1}+\frac{\mathrm{e}^{-amT}}{a(z-\mathrm{e}^{-aT})}$
$\frac{1}{(s+a)^2}$	te^{-at}	$\frac{Tz\mathrm{e}^{-aT}}{(z-\mathrm{e}^{-aT})^2}$	$\frac{T\mathrm{e}^{-amT}\left[\mathrm{e}^{-aT}+m(z-\mathrm{e}^{-aT})\right]}{(z-\mathrm{e}^{-aT})^2}$

续表

$F(s)$	$f(t)$	$F(z)$	$F(z,m)$
$\dfrac{ab}{s(s+a)(s+b)}$	$1+\dfrac{b\mathrm{e}^{-at}}{a-b}-\dfrac{a}{a-b}\mathrm{e}^{-bt}$	$\dfrac{z}{z-1}+\dfrac{bz}{(a-b)(z-\mathrm{e}^{-bT})}-\dfrac{az}{(a-b)(z-\mathrm{e}^{-bT})}$	$\dfrac{1}{z-1}+\dfrac{b\mathrm{e}^{-amT}}{(a-b)(z-\mathrm{e}^{-bT})}-\dfrac{a\mathrm{e}^{-bmT}}{(a-b)(z-\mathrm{e}^{-bT})}$
$\dfrac{b-a}{(s+a)(s+b)}$	$\mathrm{e}^{-at}-\mathrm{e}^{-bt}$	$\dfrac{z}{z-\mathrm{e}^{-aT}}-\dfrac{z}{z-\mathrm{e}^{-bT}}$	$\dfrac{\mathrm{e}^{-amT}}{z-\mathrm{e}^{-aT}}-\dfrac{\mathrm{e}^{-bmT}}{z-\mathrm{e}^{-bT}}$

3. *Z* 变换的定义

设有图 4-1（b）所示的时间函数为 $x(t)$，那么对 $x(t)$ 定时（时间间隔为采样周期 T）采样便得到 $x(t)$ 的离散时间函数 $x^*(t)$，如图 4-1（c）所示。

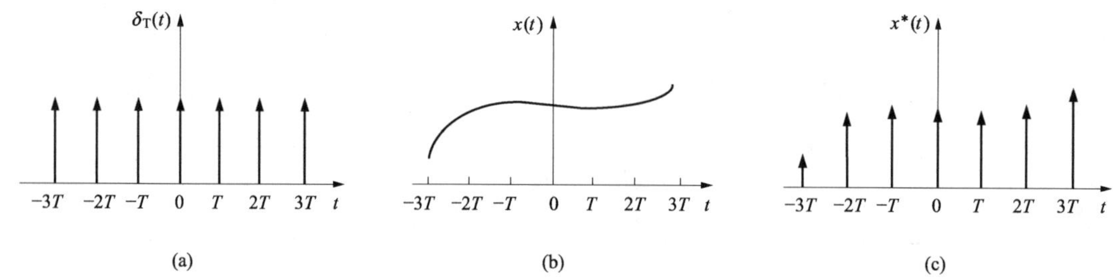

图 4-1 $\delta_{\mathrm{T}}(t)$ 与 t，$x(t)$ 与 t 和 $x^*(t)$ 与 t 之间的关系图

在数学上，$x^*(t)$ 等于 $x(t)$ 与图 4-1（a）所示单位脉冲序列 $\delta_{\mathrm{T}}(t)$ 的乘积。$x^*(t)$ 的表达式为

$$x^*(t)=x(t)\sum_{k=0}^{\infty}\delta(t-kT) \tag{4-10}$$

或

$$x^*(t)=\sum_{k=0}^{\infty}x(kT)\delta(t-kT) \tag{4-11}$$

对上式两边进行拉氏变换得到 $X^*(s)$ 为

$$X^*(s)=\mathscr{L}[x^*(t)]=\mathscr{L}[x(t)]=\sum_{k=0}^{\infty}x(kT)\mathrm{e}^{-kTs} \tag{4-12}$$

在上式中令 $\mathrm{e}^{Ts}=z$，得到 $x(t)$ 在 *Z* 变换 $X(z)$ 为

$$X(z)=\mathscr{Z}[x^*(t)]=\mathscr{Z}[x(t)]=X^*(s)=X^*\left(\frac{1}{T}\ln z\right)=\sum_{k=0}^{\infty}x(kT)z^{-k} \tag{4-13}$$

常用函数 $f(t)$ 的 *Z* 变换 $F(z)$ 见表 4-1。如果已知 $f(t)$，可由此表查得 $F(z)$，反之亦然。不过应注意，由 $F(z)$ 求 $f(t)$ 时，$f(t)$ 不是唯一的。

4. *Z* 变换的性质

下面只列出本书频繁用到的 *Z* 变换的几个重要性质，此处不做证明。

（1）线性定理。若已知 $f_1(t)$ 和 $f_2(t)$ 的 *Z* 变换分别为 $F_1(z)$ 和 $F_2(z)$，a_1 和 a_2 为常数，则有

$$\mathscr{Z}[a_1f_1(t)\pm a_2f_2(t)]=a_1F_1(z)\pm a_2F_2(z) \tag{4-14}$$

也可简写为

$$\mathscr{Z}[a_1f_1(k)\pm a_2f_2(k)]=a_1F_1(z)\pm a_2F_2(z) \tag{4-15}$$

（2）实数位移定理。若 $f(t)$ 的 Z 变换为 $F(z)$，则有

$$\mathscr{Z}[f(t-nT)]=z^{-n}F(z) \tag{4-16}$$

和

$$\mathscr{Z}[f(t+nT)]=z^n\left[F(z)-\sum_{i=0}^{n-1}f(iT)z^{-i}\right] \tag{4-17}$$

也可简写为

$$\mathscr{Z}[f(k-n)]=z^{-n}F(z) \tag{4-18}$$

$$\mathscr{Z}[f(k+n)]=z^n\left[F(z)-\sum_{i=0}^{n-1}f(i)z^{-i}\right] \tag{4-19}$$

（3）复数位移定理。若 $f(t)$ 的 Z 变换为 $F(z)$，a 为常数，则有

$$\mathscr{Z}[\mathrm{e}^{\pm at}f(t)]=F(z\mathrm{e}^{\pm aT}) \tag{4-20}$$

（4）终值定理。若 $f(t)$ 的 Z 变换为 $F(z)$，且 $F(z)$ 在 Z 平面的单位圆上没有二重以上的极点，在单位圆外解析，则有

$$\lim_{t\to\infty}f^*(t)=\lim_{z\to1}(z-1)F(z) \tag{4-21}$$

或

$$\lim_{k\to\infty}f(k)=\lim_{z\to1}(z-1)F(z) \tag{4-22}$$

（5）初值定理。若 $\mathscr{Z}[f(t)]=F(z)$ 或写成 $\mathscr{Z}[f(k)]=F(z)$，则有

$$\lim_{t\to0}f(t)=\lim_{z\to\infty}F(z)\text{ 或 }\lim_{k\to0}f(k)=\lim_{z\to\infty}F(z) \tag{4-23}$$

（6）迭值定理（求和定理）。若 $f(k)=\sum_{i=0}^{k}\mathrm{e}(i), i=0,1,\cdots$ ，$E(z)=\mathscr{Z}[e(i)]$，则有

$$F(z)=\mathscr{Z}[f(k)]=\frac{E(z)}{1-z^{-1}} \tag{4-24}$$

若 $f(t)$ 的 Z 变换为 $F(z)$，由 $F(z)$ 求 $f^*(t)$ 的过程称为 Z 反变换，记作

$$\mathscr{Z}^{-1}[F(z)]=f^*(t) \tag{4-25}$$

如果 $F(z)$ 不是简单分式，可先把 $F(z)$ 展开为部分分式的形式，然后查表得 $f^*(t)$。

【例 4-1】 已知 $F(z)$，求其 Z 反变换 $f^*(t)$。

$$F(z)=\frac{10z}{(z-1)(z-2)}$$

解 首先把 $F(z)/z$ 展开成部分分式

$$\frac{F(z)}{z}=\frac{10}{(z-1)(z-2)}=\frac{10}{z-2}-\frac{10}{z-1}$$

因此

$$F(z)=\frac{10z}{z-2}-\frac{10z}{z-1}$$

再查表 4-1 得 $\mathscr{Z}^{-1}\left[\dfrac{z}{z-1}\right]=1$，$\mathscr{Z}^{-1}\left[\dfrac{z}{z-2}\right]=2^k$

所以 $$f(kT)=(-1+2^k)\times 10$$

$$\begin{aligned} f^*(t)&=f(0)\delta(t)+f(T)\delta(t-T)+f(2T)\delta(t-2T)+\cdots \\ &=0+10\delta(t-T)+30\delta(t-2T)+70\delta(t-3T)+\cdots \end{aligned} \tag{4-26}$$

也可以用长除法求 $f^*(t)$。对 $F(z)$ 进行长除法得

$$\begin{aligned} F(z)&=\frac{10z}{(z-1)(z-2)}=\frac{10z^{-1}}{(1-z^{-1})(1-2z^{-1})}=\frac{10z^{-1}}{1-3z^{-1}+2z^{-2}} \\ &=10z^{-1}+30z^{-2}+70z^{-3}+150z^{-4}+310z^{-5}+\cdots \end{aligned} \tag{4-27}$$

由式（4-13）和式（4-22）知

$$f^*(0)=0, f^*(T)=10, f^*(2T)=30, f^*(3T)=70\cdots$$

同样可得到式（4-26）的结果。

5. *差分和差分方程*

连续系统用微分方程描述，用拉氏变换法解微分方程。采样系统用差分方程描述，用 Z 变换法解差分方程。

（1）差分的定义。有连续函数 $f(t)$，采样后为 $f(kT)$，通常把 $f(kT)$ 简单记为 $f(k)$。

一阶前向差分定义为

$$\Delta f(k)=f(k+1)-f(k) \tag{4-28}$$

二阶前向差分定义为

$$\begin{aligned} \Delta^2 f(k)&=\Delta[\Delta f(k)]=\Delta[f(k+1)-f(k)]=\Delta[f(k+1)]-\Delta f(k) \\ &=f(k+2)-f(k+1)-[f(k+1)-f(k)]=f(k+2)-2f(k+1)+f(k) \end{aligned} \tag{4-29}$$

一阶后向差分定义为

$$\nabla f(k)=f(k)-f(k-1) \tag{4-30}$$

二阶后向差分定义为

$$\begin{aligned} \nabla^2 f(k)&=\nabla f(k)-\nabla f(k-1)=f(k)-f(k-1)-[f(k-1)-f(k-2)] \\ &=f(k)-2f(k-1)+f(k-2) \end{aligned} \tag{4-31}$$

（2）差分方程。如果方程的变量除了含有 $f(k)$ 本身外，还有 $f(k)$ 的差分 $\Delta f(k)\cdots$，$\Delta^n f(k)$ 或 $\nabla f(k)$，…，$\nabla^n f(k)$，则此方程为差分方程。

在计算机控制系统里一般均采用后向差分，因为这样会使系统有更好的稳定性。这样，对于单输入单输出线性时不变系统，其输入与输出的关系可用下述差分方程描述

$$y(k)+a_1y(k-1)+\cdots+a_ny(k-n)=b_0x(k)+b_1x(k-1)+\cdots+b_mx(k-m) \tag{4-32}$$

式（4-32）是一个 n 阶差分方程。

式（4-32）两边求 Z 变换并应用 Z 变换的位移定理得

$$Y(z)+a_1z^{-1}Y(z)+\cdots+a_nz^{-n}Y(z)=b_0X(z)+b_1z^{-1}X(z)+\cdots+b_mz^{-m}X(z)$$

所以由式（4-32）描述的系统的 Z 传递函数为

$$G(z)=\frac{Y(z)}{X(z)}=\frac{b_0+b_1z^{-1}+\cdots+b_mz^{-m}}{1+a_1z^{-1}+\cdots+a_nz^{-n}} \tag{4-33}$$

由式（4-32）和式（4-33）可知差分方程与 Z 传递函数之间的对应关系。

4.1.2 模拟校正装置的离散化方法

将连续控制器 $D(s)$ 离散化为数字控制器 $D(z)$ 的方法有很多，如双线性变换法、后向差分法、前向差分法、冲激响应不变法、零极点匹配法、零阶保持法等。本节简要介绍几种常用的方法。

1. Z 变换法

设滤波器或系统的传递函数为 $D(s)$，那么 Z 变换法就是对 $D(s)$ 求 Z 变换以得到 $D(s)$ 的离散表达形式 $D(z)$，即离散化。

设

$$D(s)=\frac{Y(s)}{X(s)}=\sum_{i=1}^{n}\frac{A_i}{s+p_i} \tag{4-34}$$

则

$$D(z)=\frac{Y(z)}{X(z)}=\sum_{i=1}^{n}A_i\sum_{k=0}^{\infty}\mathrm{e}^{-p_ikT}z^{-k}=\sum_{i=1}^{n}\frac{A_i}{1-\mathrm{e}^{-p_iT}z^{-1}} \tag{4-35}$$

【例 4-2】 设 $D(s)=\dfrac{s}{(s+1)^2}$，试用 Z 变换法求 $D(z)$。（设 T=1s）

解 $D(z)=\mathscr{Z}[D(s)]=\mathscr{Z}\left[\dfrac{s}{(s+1)^2}\right]=\mathscr{Z}\left[\dfrac{1}{s+1}-\dfrac{1}{(s+1)^2}\right]$

$$=\frac{z}{z-\mathrm{e}^{-T}}-\frac{Tz\mathrm{e}^{-T}}{(z-\mathrm{e}^{-T})^2}=\frac{z^2-(1+T)z\mathrm{e}^{-T}}{(z-\mathrm{e}^{-T})^2}=\frac{1-0.736z^{-1}}{(1-0.368z^{-1})^2}$$

Z 变换法也称为冲激响应不变法、脉冲响应不变法或脉冲恒定变换法，它有以下特性。

（1）$D(z)$ 的单位脉冲响应序列与 $D(s)$ 的脉冲响应的采样值相同，也就是它们的脉冲响应值相同。

（2）如果 $D(s)$ 是稳定的，则 $D(z)$ 也是稳定的。

（3）当 $D(s)$ 频带较宽时，$D(z)$ 有混迭现象，产生频率失真。因此 Z 变换法只适于较低的频率范围内，例如低通滤波器。

（4） $D(z)$ 的增益随采样周期 T 的变化而变化，当 T 很小时应予调整。

2. 带零阶保持器的 Z 变换法

这种方法是在原传递函数 $D(s)$ 的基础上，再串联一个虚拟的零阶保持器，最后进行 Z 变换，从而得到 $D(s)$ 的离散化形式 $D(z)$，即

$$D(z)=\mathscr{Z}\left[\frac{(1-\mathrm{e}^{-Ts})}{s}D(s)\right] \tag{4-36}$$

应该说明，这里所说的虚拟滤波器不是硬件滤波器，它只是一个数学模型。

【例 4-3】 设 $D(s)=\dfrac{a}{s+a}$，用加零阶保持器的 Z 变换法求 $D(z)$。

解

$$D(z)=\mathscr{Z}\left[\frac{(1-\mathrm{e}^{-Ts})}{s}D(s)\right]=\mathscr{Z}\left[\frac{a(1-\mathrm{e}^{-Ts})}{s(s+a)}\right]=(1-z^{-1})\mathscr{Z}\left[\frac{a}{s(s+a)}\right]$$

$$=(1-z^{-1})\mathscr{Z}\left[\frac{1}{s}-\frac{1}{s+a}\right]=(1-z^{-1})\left(\frac{1}{1-z^{-1}}-\frac{1}{1-z^{-1}\mathrm{e}^{-aT}}\right)=\frac{z^{-1}(1-\mathrm{e}^{-aT})}{1-z^{-1}\mathrm{e}^{-aT}}$$

加零阶保持器的 Z 变换法也称为阶跃响应不变法、加保持器的脉冲定常变换法。这种方法有以下特点。

（1）如果 $D(s)$ 是稳定的，则 $D(z)$ 也是稳定的。

（2）$D(z)$ 能保持 $D(s)$ 的阶跃响应不变和稳态增益不变，但不能保持脉冲响应不变。

（3）由于零阶保持器的存在，混迭减小，仍不能保持 $D(s)$ 的频率特性，只适用于低通滤波器。

3. *差分反演法*

差分反演法也称为一阶差分近似法或一阶差分变换法。这是一种最简单的变换方法，它实质上就是数值积分中的矩形法。差分有前向差分和后向差分之分，这里只讨论一阶后向差分变换法，因为后向差分法比前向差分有更好的稳定性。

设传递函数为

$$D(s)=\frac{Y(s)}{X(s)}=\frac{1}{s} \tag{4-37}$$

那么，利用差分反演法对 $D(s)$ 离散化，只要将 $D(s)$ 中的 s 用 $(1-z^{-1})/T$ 代替即可，即

$$D(z)=\frac{Y(z)}{X(x)}=D(s)\bigg|_{s=\frac{(1-z^{-1})}{T}} \tag{4-38}$$

【例 4-4】 设 $D(s)=\dfrac{a}{s+a}$，求 $D(z)$。

解

$$D(z)=D(s)\bigg|_{s=\frac{(1-z^{-1})}{T}}=\frac{a}{s+a}\bigg|_{s=\frac{(1-z^{-1})}{T}}=\frac{aT}{(1+aT-z^{-1})}$$

差分反演法有以下特点。

（1）若 $D(s)$ 稳定，则 $D(z)$ 也一定是稳定的。

（2）无混迭现象。

（3）不能保持 $D(s)$ 的脉冲响应和频率响应。

（4）由于差分反演法精度低，因此很少使用，只是在个别情况下用于微分环节或积分环节的离散化。

4. *根匹配法*

Z 变换法只能保证 s 平面与 z 平面的极点有一一对应的映射关系。对于要求变换后零、极点的位置均不发生移动的场合，应该使用根匹配法。

根匹配法能产生零、极点与连续系统相匹配的脉冲传递函数。也就是说，根匹配法是直接将 s 平面上的零、极点对应地映射到 z 平面上的零、极点。其映射关系仍为 $z=\mathrm{e}^{sT}$。

根匹配法也称为匹配 Z 变换法或零极点匹配法。其数学表达式为

$$D(z)=D(s)\Big|_{s+s_i=1-e^{-s_iT}z^{-1}} \tag{4-39}$$

式中：s_i 是 $D(s)$ 的零点或极点。s_i 可以是实数或复数。若 s_i 为实数，例如 $s_i=a$，则

$$s+a\rightarrow 1-z^{-1}e^{-aT} \tag{4-40}$$

若 s_i 为复数，比如 $s_i=a\pm jb$，则

$$s+a\pm jb\rightarrow 1-2z^{-1}e^{-aT}\cos bT+z^{-2}e^{-2aT} \tag{4-41}$$

【例 4-5】 若 $D(z)=\dfrac{s}{s+a}$，求 $D(z)$。

解

$$D(z)=D(s)\Bigg|_{\substack{s\rightarrow 1-z^{-1}\\ \overline{s+a\rightarrow 1-z^{-1}e^{-aT}}}}=\frac{(1-z^{-1})}{1-z^{-1}e^{-aT}}$$

根匹配法具有以下特点。

（1）若 $D(s)$ 稳定，则 $D(z)$ 也一定是稳定的。

（2）能保持 z 平面上的零、极点与 s 平面上的零、极点一一对应。

（3）不能保证 $D(z)$ 的增益与 $D(s)$ 增益相同。

为了保持增益不变，有许多方法，下面讲的修改的根匹配法是方法之一。

5. 修改的根匹配法

修改的根匹配法的数学表达式是

$$D(z)=kD'(z)=kD(s)\big|_{s+s_i=1-z^{-1}e^{-s_iT}} \tag{4-42}$$

它是先用根匹配法对 $D(s)$ 离散化，然后在保证 $D(z)$ 与 $D(s)$ 对阶跃函数作用的稳态响应相同的条件下求出 k，则 $D(z)$ 便可求出。

【例 4-6】 设 $D(s)=\dfrac{8\left(\dfrac{s}{4}+1\right)}{\dfrac{s}{10}+1}$，$T$=0.15s，用修改的根匹配法离散化。

解

$$D(s)=\frac{8\left(\dfrac{s}{4}+1\right)}{\dfrac{s}{10}+1}=\frac{20(s+4)}{s+10}$$

$$D'(z)=\frac{20(s+4)}{s+10}\Bigg|_{\substack{s+4=1-z^{-1}e^{-4T}\\ s+10=1-z^{-1}e^{-10T}}}=\frac{20(1-z^{-1}e^{-4T})}{1-z^{-1}e^{-10T}}\Bigg|_{T=0.15}=\frac{20(1-0.549z^{-1})}{1-0.223z^{-1}}$$

所以

$$D(z)=KD'(z)=K\frac{20(1-0.549z^{-1})}{1-0.223z^{-1}}$$

根据拉氏变换的终值定理知，$D(s)$ 对单位阶跃信号的响应的稳定值为

$$\lim_{s\to 0}sD(s)\frac{1}{s}=\lim_{s\to 0}\frac{8\left(\dfrac{s}{4}+1\right)}{\dfrac{s}{10}+1}=8$$

那么，$D(z)$对单位阶跃信号的稳定响应为 8，而$\mathscr{Z}\left[\frac{1}{s}\right]=\frac{z}{z-1}$，那么用 Z 变换的终值定理有

$$\lim_{z\to1}(z-1)D(z)\frac{z}{z-1}=\lim_{z\to1}D(z)=\lim_{z\to1}K\frac{20(1-0.549z^{-1})}{1-0.223z^{-1}}=8$$

所以

$$K=0.689$$

得到

$$D(z)=\frac{0.689\times20(1-0.549z^{-1})}{1-0.223z^{-1}}$$

修改的根匹配法与根匹配法相比，除了具有能保证离散化前后校正装置的阶跃响应的稳态值不变之外，其幅频特性也比根匹配法的平稳，因此控制性能也比根匹配法大为改善。修改的根匹配法是一种较常用的方法。

6. 双线性变换法

由 Z 变换的定义可知$z=\mathrm{e}^{sT}$，利用级数展开可得

$$z=\mathrm{e}^{sT}=\frac{1+\dfrac{sT}{2}+\cdots}{1-\dfrac{sT}{2}+\cdots}\approx\frac{1+\dfrac{sT}{2}}{1-\dfrac{sT}{2}} \tag{4-43}$$

式（4-43）称为双线性变换或塔斯廷（Tustin）近似。

为了由$D(s)$求解$D(z)$，由式（4-41）可得

$$s=\frac{2}{T}\frac{1-z^{-1}}{1+z^{-1}} \tag{4-44}$$

且有

$$D(z)=D(s)\Big|_{s=\frac{2}{T}\frac{1-z^{-1}}{1+z^{-1}}} \tag{4-45}$$

式（4-43）就是利用双线性变换法由$D(s)$求取$D(z)$的计算公式。

双线性变换也可从数值积分的梯形法对应得到。设积分控制规律为

$$u(t)=\int_0^t e(t)\mathrm{d}t \tag{4-46}$$

两边求拉氏变换后可推导得出控制器为

$$D(s)=\frac{U(s)}{E(s)}=\frac{1}{s} \tag{4-47}$$

当用梯形法求积分运算可得算式如下

$$u(k)=u(k-1)+\frac{T}{2}\left[e(k)+e(k-1)\right] \tag{4-48}$$

式（4-48）两边求 Z 变换后可推导得出数字控制器为

$$u(z)=u(z)z^{-1}+\frac{T}{2}\left[e(z)+e(z)z^{-1}\right]$$

$$D(z)=\frac{U(z)}{E(z)}=\frac{1}{\frac{2}{T}\frac{1-z^{-1}}{1+z^{-1}}}=D(s)\Big|_{s=\frac{2}{T}\frac{1-z^{-1}}{1+z^{-1}}} \tag{4-49}$$

4.1.3　各种离散化方法的比较

Ben-Zwi 和 Preiszler 对图 4-2 所示的位置伺服系统做了研究。闭环系统的要求是：

（1）当 f=3Hz 时，最大相位滞后量不应大于 13°。

（2）相对于直流增益的最大增益值为 1dB。

（3）输入扰动 $M=0.028\text{N}\cdot\text{m}$ 所引起的最大误差 e=0.01rad。

经过细心设计，得到校正网络为

$$D(s)=\frac{3.8\left(1+\frac{s}{29.4}\right)}{\left(1+\frac{s}{294}\right)^2}$$

对 $D(s)$ 分别用差分反演、Z 变换、带零阶保持器的 Z 变换、根匹配和双线性变换法作了离散化，并在不同的采样频率下进行实验。根据实验结果列出在各种情况下的幅频特性和相频特性数据，并根据所得数据把各种离散化方法作了比较。

还有不少人对各种离散化方法做了研究，曾对超前环节 $D(s)=\frac{0.2s+1}{0.02s+1}$ 作了研究，分别用带零阶保持器的 Z 变换法、根匹配法、修改的根匹配法、差分反演法和双线性变换法对此超前环节作了离散化，并进行了混合仿真试验。仿真试验按图 4-3 进行。

图 4-3 中由运算放大器 A1 及相应电阻组成放大器并综合给定信号 x 和反馈信号 y，其增益为 2.2。由运放 A2 和 A3 及相应电阻和电容所形成的电路用于模拟被控对象。其中 A2 及相应元件组成一阶惯性环节 $G_1(s)$，A3 及其相应元件组成积分环节 $G_2(s)$，因此有

$$G_1(s)=-\frac{R_4//1/C_1s}{R_3}=\frac{R_4/R_3}{R_4C_1s+1}=\frac{R_4/R_3}{T_1s+1}$$

$$G_2(s)=-\frac{1/C_2s}{R_5}=-\frac{1}{R_5C_2s}=-\frac{1}{T_2s}$$

对象的传递函数为

$$G_0(s)=G_1(s)G_2(s)=\frac{R_4/R_3}{(T_1s+1)T_2s}=\frac{2750}{(0.3s+1)s}$$

D/A 转换器实际上是一个零阶保持器，其传递函数为 $H_0(s)=\frac{1-\text{e}^{-Ts}}{s}$。

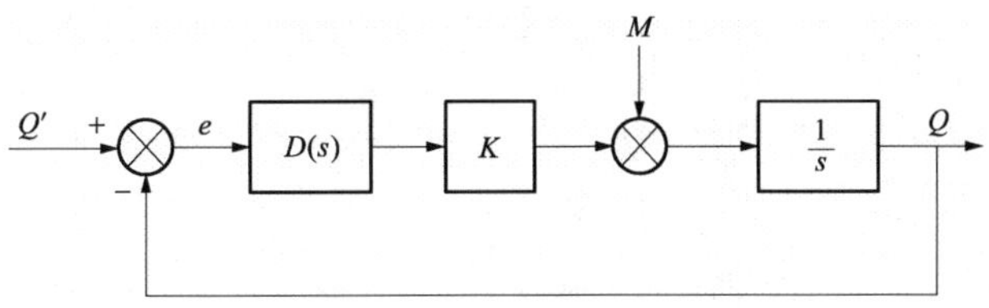

图 4-2　位置伺服系统

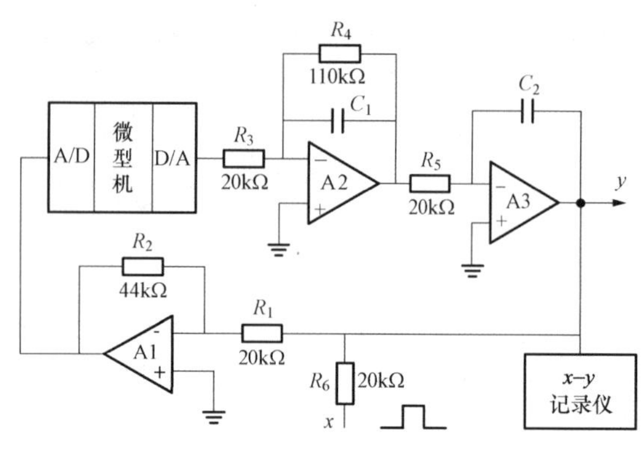

图 4-3　数字伺服系统混合仿真试验

适当选择 D/A 输出极性，在静态时可保持 x 与 y 的方向相反，即形成负反馈。于是可由图 4-3 画出系统框图如图 4-4 所示。图中用于实现 $D(z)$ 的微型机也可用单片机等承担。

试验者按图 4-3，采样周期 T 从 10ms 开始，每次增加 10ms，直至 110ms，得到很多数据，并进行了分析。

因为将模拟校正装置离散化的目的就是用计算机实现模拟校正装置的功能，因此，哪种离散化方法所得到的 $D(z)$ 的性能越接近于 $D(s)$ 的性能，就认为哪种方法更好。

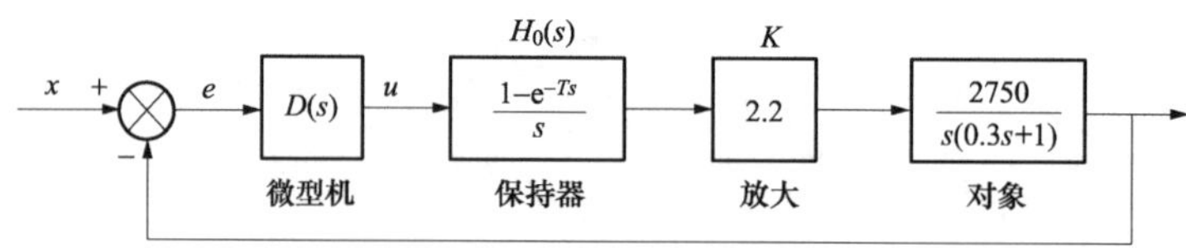

图 4-4　系统混合仿真框图

综合分析以往试验结果，可得到以下结论。

（1）除 Z 变换法之外，其余各种方法在采样周期很小时，它们所得到的 $D(z)$ 幅频特性和相频特性很接近，几乎与 $D(s)$ 的幅频特性和相频特性重合。

（2）随着采样周期的增大，各种离散化方法所得到的 $D(z)$ 的频率特性与 $D(s)$ 的频率特性的差别都很大，而且系统性能变差（系统超调量增大，相角储备减小，增益裕度减小），最严重的是 Z 变换法和带零阶保持器的 Z 变换法，而双线性变换法即使在较大的采样周期时也有较好的性能。

总的结论是，最好的离散化方法是双线性变化法，其次是修改的根匹配法。最差的是 Z 变化法，次差的是带零阶保持器的 Z 变化法。如果增益是唯一准则，则根匹配法和修改的根匹配法比双线性变换法好。

4.1.4　数字控制器的连续化设计

一个数字控制系统一般由连续部分和离散部分两部分组成，如图 4-5 所示。图中的 A/D 转换器和 D/A 转换器是连续部分与离散部分的桥梁。这是一个模拟量和数字量的混合系统。

经过 A1 和 A2 的信息均为模拟量，其上部为连续部分，其下部的 D/A、A/D 转换器也可以看作是连续部分。经过 B1 和 B2 的信息是数字量，其下部的计算机是离散部分，其上部的 D/A、A/D 转换器和被控对象传感器等可以看作离散部分。因此相对应地有模拟—离散设计方法和直接数字设计方法两种设计方法。

模拟—离散设计方法认为采样频率足够高（相对于系统的截止频率而言），以至于采样保持器所引起的附加相移可以忽略，因此可以把系统中的离散部分用连续环节来代替。整个系统完全用连续系统的设计方法来设计，待确定了校正装置以后，再用合适的离散化方法将连续的校正装置“离散”处理为数字校正装置，以便于计算机来实现。虽然这种方法是近似的，但由于工程技术人员对连续系统的设计方法已很熟悉，经验丰富，因此这种设计方法被广泛应用。

直接数字设计方法则是先把由保持器和被控制对象组成的连续部分离散化，使整个系统变为离散系统，然后根据采样理论分析，确定数字控制器并用计算机实现，如图 4-6 所示。

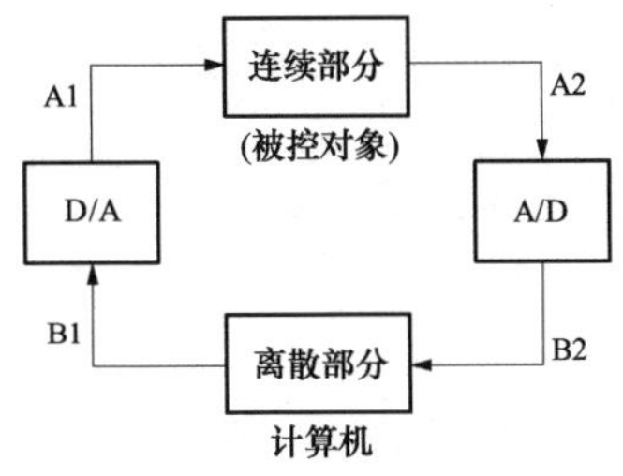

图 4-5　模拟量—数字量混合系统

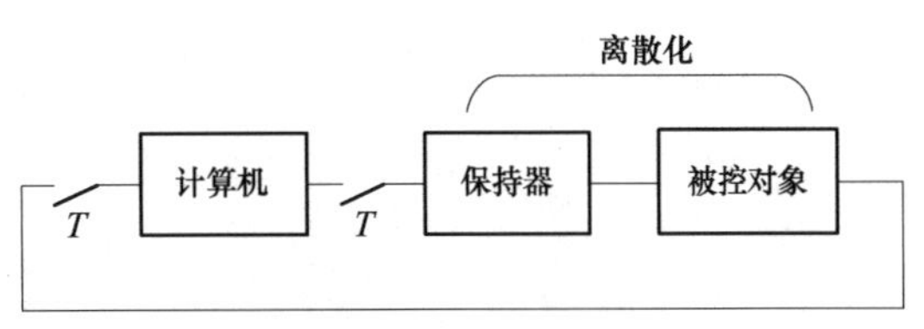

图 4-6　直接数字设计方法

模拟—离散设计方法容易掌握，要求采样周期足够小，一般只能实现较简单的算法。当需要选取较大的采样周期（例如控制回路数较多）或对控制质量要求较高时，就要应用直接数字设计法。

本章讨论模拟—离散设计方法。设计可按以下步骤进行。

（1）用连续系统理论分析系统，确定控制器（或称校正装置）$D(s)$，如图 4-7 所示。图中 $D(s)$ 是控制器的传递函数。

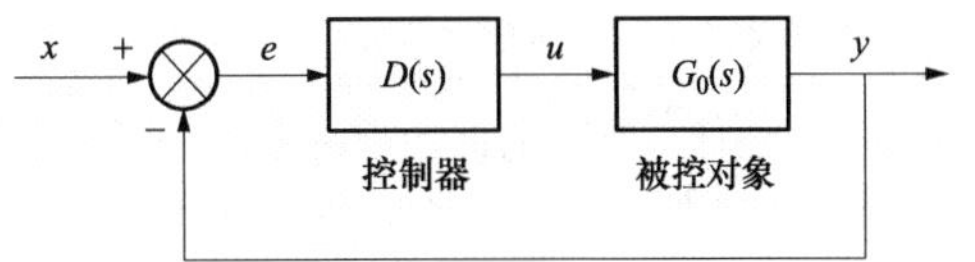

图 4-7　连续控制系统

（2）用合适的离散化方法把 $D(s)$ 离散化，求出控制器的 Z 传递函数 $D(z)$，如图 4-8 所示。

（3）将广义对象离散化，把图 4-8 变为图 4-9，并检查图 4-9 所示系统是否满足要求。图中 $G(z)=\mathscr{Z}[G(s)]$，而广义对象 $G(s)=H(s)G_0(s)$。如果不满足要求，再重复上述步骤。此项设计中，采样周期 T 的合理选择是非常重要的。

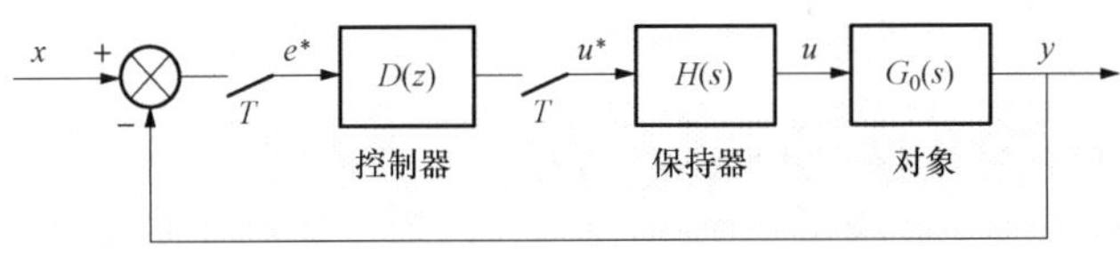

图 4-8　离散控制系统

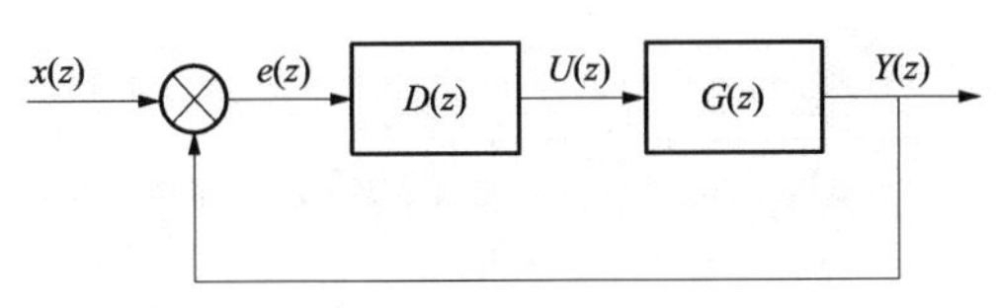

图 4-9　离散控制系统的 Z 变换表示

香农采样定理给出了从采样信号恢复连续信号的最低采样频率。在计算机控制系统中，完成信号恢复功能一般由零阶保持器 $H(s)$ 来实现。零阶保持器的传递函数为

$$H(s)=\frac{1-\mathrm{e}^{-sT}}{s} \tag{4-50}$$

其频率特性为

$$H(\mathrm{j}\omega)=\frac{1-\mathrm{e}^{-\mathrm{j}\omega}}{\mathrm{j}\omega}=T\frac{\sin\frac{\omega T}{2}}{\frac{\omega T}{2}}\angle-\frac{\omega T}{2} \tag{4-51}$$

从式（4-51）可以看出，零阶保持器将对控制信号产生附加相移（滞后）。对于小的采样周期，可把零阶保持器 $H(s)$ 近似为

$$H(s)=\frac{1-\mathrm{e}^{-sT}}{s}\approx\frac{1-1+sT-\frac{(sT)^2}{2}+\cdots}{s}=T\left(1-s\frac{T}{2}+\cdots\right)\approx T\mathrm{e}^{-s\frac{T}{2}} \tag{4-52}$$

式（4-52）表明，零阶保持器 $H(s)$ 可用半个采样周期的时间滞后环节来近似。假定相位裕量可减少 5°～15°，则采样周期应选为

$$T\approx(0.15\sim0.5)\frac{1}{\omega_\mathrm{c}} \tag{4-53}$$

其中 ω_c 是连续控制系统的剪切频率。按式（4-53）的经验法选择的采样周期相当短。因此，采用连续化设计方法，用数字控制器去近似连续控制器，要有相当短的采样周期。

（4）将 $D(z)$ 变为差分方程形式，并编制计算机程序。

设数字控制器 $D(z)$ 的一般形式为

$$D(z)=\frac{U(z)}{E(z)}=\frac{b_0+b_1z^{-1}+\cdots+b_mz^{-m}}{1+a_1z^{-1}+\cdots+a_nz^{-n}} \tag{4-54}$$

式中：$n\geqslant m$，各系数 a_j、b_j 为实数，且有 n 个极点和 m 个零点。

式（4-54）可写为

$$U(z)=(-a_1z^{-1}-a_2z^{-2}-\cdots-a_nz^{-n})U(z)+(b_0+b_1z^{-1}+b_2z^{-2}+\cdots+b_mz^{-m})E(z)$$

用时域表示为

$$u(k)=-a_1u(k-1)-a_2u(k-2)-\cdots-a_nu(k-n)+b_0e(k)+b_1e(k-1)+\cdots+b_me(k-m) \tag{4-55}$$

利用式（4-55）即可实现计算机编程，因此式（4-55）称为数字控制器 $D(z)$ 的控制算法。

（5）校验。控制器 $D(z)$ 设计完并求出控制算法后，需按图 4-5 所示的计算机控制系统检验其闭环特性是否符合设计要求，这一步可由计算机控制系统的数字仿真计算来验证，如果满足设计要求则设计结束，否则应修改设计。

（6）现场实验调试。

4.1.5 数字控制器的连续化设计方法应用举例

1. 伺服系统中控制器设计举例

图 4-10 是连续伺服系统原理图。要求经过校正后开环截止频率 $f_\mathrm{c}\geqslant15\mathrm{Hz}$，相角储备 $\gamma\geqslant45°$。

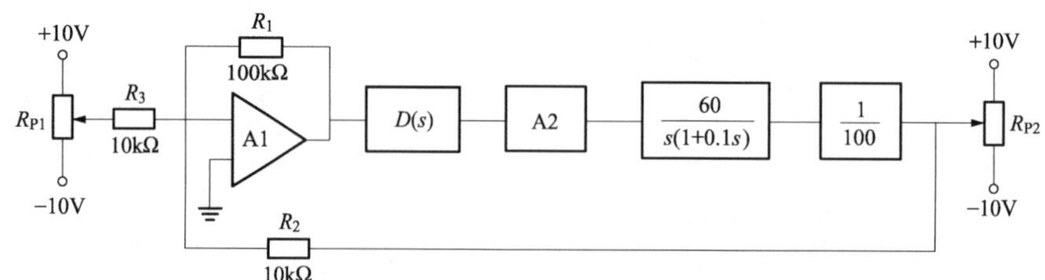

图 4-10 连续伺服系统原理图

先对图 4-10 进行简化。图中 A2 是直流脉冲调宽放大器，其增益是 25。电位器 R_{P2} 用于位置反馈，其比值为 $\frac{u_\mathrm{F}}{y}=0.5\mathrm{V/rad}$。放大器 A1 用于综合信号和放大，其增益为 10，电位器 R_{P1}

用于调整给定信号。R_{P2} 与+10V 和–10V 适当连接总可以实现负反馈。由上可见，放大器 A1、A2，减速器和电动机及反馈机构的总增益为 $\frac{10\times25\times60\times0.5}{100}=75$。因此，可将图 4-10 简化为图 4-11。

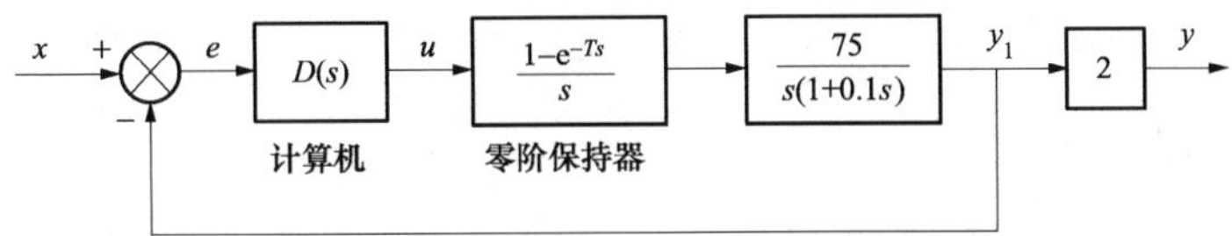

图 4-11 考虑离散因素的伺服系统框图

校正装置 $D(s)$ 最后要由计算机实现。计算机的左边为 A/D 转换器，右边为 D/A 转换器。D/A 转换器起零阶保持器的作用。因为计算机实现后实质存在一个零阶保持器，所以在图 4-11 中增加一个零阶保持器。现在用有理分式近似表示零阶保持器。应用麦克劳林级数，有

$$\mathrm{e}^{-Ts}=\frac{\mathrm{e}^{-Ts/2}}{\mathrm{e}^{Ts/2}}=\frac{1-\frac{Ts}{2}+\frac{T^2s^2}{8}-\frac{T^3s^3}{36}\cdots}{1+\frac{Ts}{2}+\frac{T^2s^2}{8}+\frac{T^3s^3}{36}\cdots}\approx\frac{1-\frac{Ts}{2}}{1+\frac{Ts}{2}} \tag{4-56}$$

所以，由自动控制原理知

$$H_0(s)=\frac{1-\mathrm{e}^{-Ts}}{s}=\frac{T}{1+\frac{Ts}{2}} \tag{4-57}$$

$$H_0^*(s)=\frac{1}{T}\sum_{n=-\infty}^{+\infty}H_0(s+\mathrm{j}n\omega_s) \tag{4-58}$$

式中：$H_0^*(s)$ 是对应于 $H_0(s)$ 的离散拉氏变换；ω_s 是采样角频率。

因为系统的截止频率远小于采样频率，可以考虑主频段，因此

$$H_0^*(s)=\frac{H_0(s)}{T} \tag{4-59}$$

由式（4-55）和式（4-57）得

$$H_0^*(s)=\frac{1}{(1+Ts/2)} \tag{4-60}$$

使用各种微型计算机，在 10ms 时间内足以完成各种运算和操作，所以取采样周期 T=10ms，于是可以把图 4-11 变换为图 4-12。

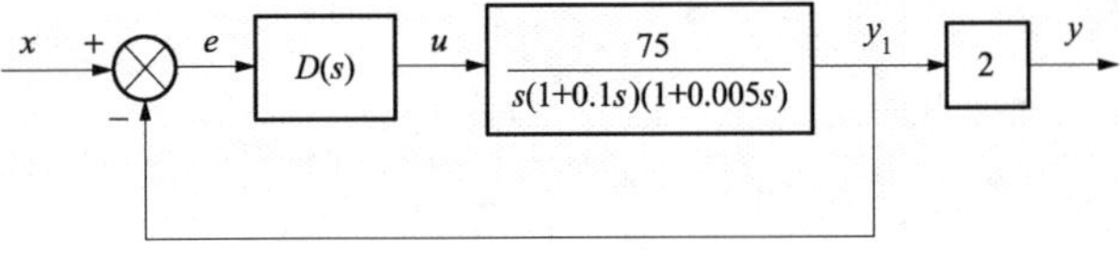

图 4-12 图 4-11 的简化图

先不考虑 $D(s)$，图 4-9 中 $G(s)$ 的开环幅值的对数式为

$$20\lg G(\mathrm{j}\omega)=20\lg 75-20\lg\omega-10\lg(1+0.1^2\omega^2)-10\lg(1+0.005^2\omega^2) \tag{4-61}$$

相移为

$$\psi=180°-90°-\tan^{-1}0.1\omega-\tan^{-1}0.005\omega \tag{4-62}$$

由式（4-61）算得，$\omega_c=26.5\mathrm{rad/s}$ 时，$20\lg G(\mathrm{j}\omega)=-0.08\mathrm{dB}\approx0$，截止频率为

$$f_c=\frac{26.5}{2\pi}=4.22(\mathrm{Hz})$$

由式（4-62）算得此时的相移为$\psi_{\rm d}=166.9°$，相角储备$\gamma=180°-\psi_{\rm d}=13.1°$。若不加校正装置，截止频率低于要求值，相角储备小于要求值，需进行校正。

设校正装置为

$$D(s)=\frac{1+0.2s}{1+0.001s} \tag{4-63}$$

仿照上面方法可以算得，当$\omega_{\rm c}$=125.7rad/s 时，$20\lg\left|G({\rm j}\omega)D({\rm j}\omega)\right|=7.2\times10^{-4}{\rm dB}\approx0$，截止频率为$f_{\rm c}=\dfrac{125.7}{2\pi}=20.01({\rm Hz})$，此时的相位移为$\psi_{\rm d}=127°$，相角储备为$Y=180°-\psi_{\rm d}=53°>45°$。截止频率和相角储备均满足要求，式（4-63）即为所需要的校正装置（控制器）。

采用双线性变换把$D(s)$离散化。其框图如图 4-13 所示。

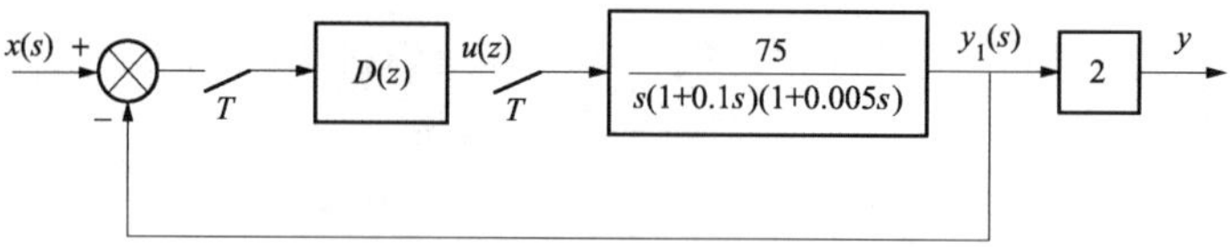

图 4-13 数字伺服控制系统框图

$$D(z)=\frac{U(z)}{E(z)}=D(s)\bigg|_{s=\frac{2}{T}\frac{1-z^{-1}}{1+z^{-1}}}=\frac{1+0.2s}{1+0.01s}\bigg|_{s=\frac{2}{T}\frac{1-z^{-1}}{1+z^{-1}}}=\frac{34.17-32.5z^{-1}}{1+0.667z^{-1}}$$

所以
$$U(z)=-0.667z^{-1}U(z)+34.17E(z)-32.5z^{-1}E(z)$$

差分方程为

$$u_k=-0.667u_{k-1}+34.17e_k-32.5e_{k-1} \tag{4-64}$$

2. 伺服控制器速度控制系统举例

针对上述系统，设计要求由连续伺服系统组成的速度控制系统中，速度变送器输出信号为 4～20mA，对应电动机转速为 0～2000r/s。控制系统的结构框图如图 4-14 所示。

由于速度变送器输出信号为 4～20mA，故 A/D 转换器输入范围为 0～5V；设计硬件采用 8088 控制系统，A/D 与 D/A 具体硬件接口设计可参照本书第 2 章。

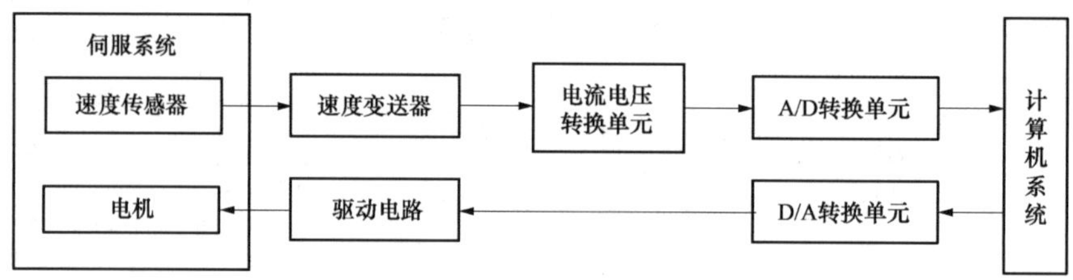

图 4-14 速度控制系统的结构框图

系统硬件设计完成以后需对各功能模块编程来实现对系统的控制。本设计分主模块和功能子模块进行软件编程。

（1）主模块程序流程如图 4-15 所示。

（2）A/D 采集子模块。设计采用转换器精度为 12 位的 A/D，在设计软件前，首先要分析实时采样电压信号与当前转速之前的对应关系。假定转速 $v(k)$与采样电压信号 D 存在以下线性关系

$$v(k)=KD+b$$

对应速度范围为 0～2000r/s，变送器输出电流 4～20mA，A/D 转换器转换精度为 12 位，故可知

$$\frac{4095}{5}\leqslant D\leqslant 4095$$

由此

$$\begin{cases}0=\dfrac{1}{5}\times 4095k+b\\ 2000=4095k+b\end{cases}\Rightarrow\begin{cases}k=0.6105\\ b=-500\end{cases}$$

故此可知采样电压值与转速之间的关系为

$$v(k)=0.6105D-500$$

由此 A/D 采集流程如图 4-16 所示。

（3）控制计算子模块。控制器设计如上述例子所示。在式（4-64）中 $e(k)$ 为实时速度采集值与目标速度值之间的差值，$u(k)$ 为控制器针对实时差值的输出控制量。故控制器整体控制流程如图 4-17 所示。

（4）D/A 输出子模块。控制器输出控制信号为数字信号，通过 D/A 转换成模拟信号给驱动模块实现转速的控制。流程如图 4-17 所示。

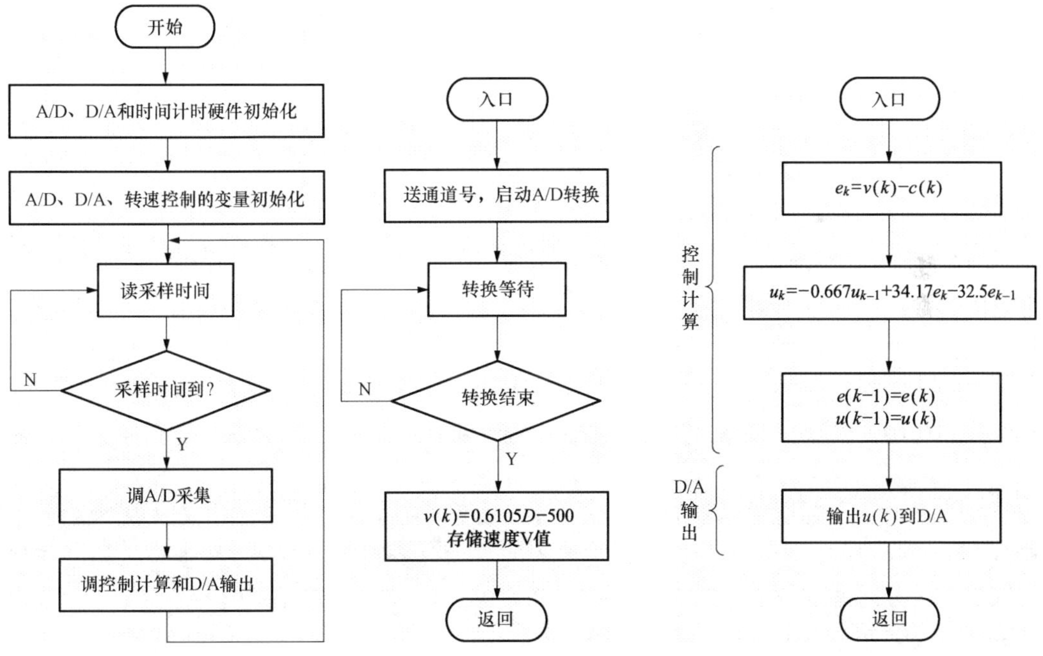

图 4-15　主模块程序流程图　图 4-16　A/D 采集流程图　图 4-17　控制计算和 D/A 输出子母模块流程图

4.2　常规数字 PID 算法

数字 PID 控制在生产过程中是所采用的最普遍的控制方法，实际运行的经验和理论的分析都表明，运用这种控制规律对冶金、机械、化工等工业过程进行控制时，都能得到满意的效果。本节介绍 PID 的基本原理及控制算法、数字 PID 控制算法的改进和几种常用的数

字 PID 控制系统模型，并给出应用实例。

4.2.1 PID 控制原理

在模拟控制系统中，控制器最常用的控制规律是 PID 控制。不过，用计算机实现 PID 控制，不是简单地把模拟PID控制规律数字化，而是进一步与计算机的逻辑判断功能结合，使 PID 控制更加灵活，更能满足生产过程提出的要求。

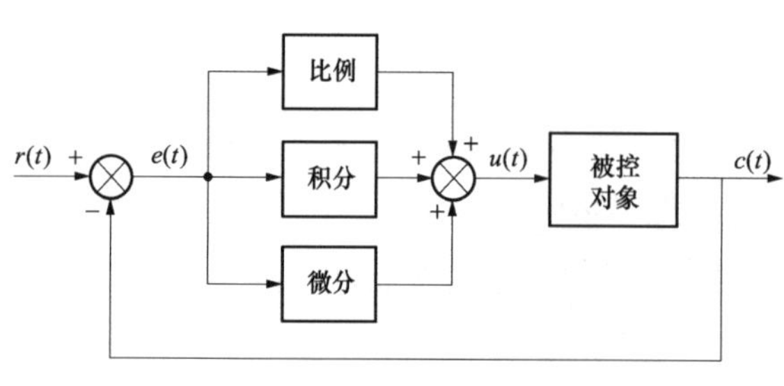

图 4-18 模拟 PID 控制系统原理框图

1. 模拟 PID 调节器

在工业控制系统中，常常采用如图 4-18 所示的 PID 控制。系统由模拟 PID 控制器和被控对象组成。

PID 控制器是一种线性控制器，它根据给定值 $r(t)$ 与实际输出值 $c(t)$ 构成控制偏差

$$e(t) = r(t) - c(t) \tag{4-65}$$

将偏差的比例（P）、积分（I）、微分（D）通过线性组合构成控制量，对被控对象进行控制，故称 PID 控制器。其控制规律为

$$u(t) = K_{\mathrm{P}}\left[e(t) + \frac{1}{T_{\mathrm{I}}}\int_0^t e(t)\mathrm{d}t + \frac{T_{\mathrm{D}}\mathrm{d}e(t)}{\mathrm{d}t}\right] \tag{4-66}$$

对应的模拟 PID 调节器的传递函数为

$$G(s) = \frac{U(s)}{E(s)} = K_{\mathrm{P}}\left(1 + \frac{1}{T_{\mathrm{I}}s} + T_{\mathrm{D}}s\right) \tag{4-67}$$

上两式中：K_{P} 为比例增益，K_{P} 与比例带 δ 成倒数关系，即 $K_{\mathrm{P}} = \frac{1}{\delta}$；$T_{\mathrm{I}}$ 为积分时间常数；T_{D} 为微分时间常数；$u(t)$ 为控制量；$e(t)$ 为偏差。

简单来说，PID 控制器各校正环节的作用如下。

（1）比例环节。比例控制能迅速反应控制系统的偏差信号 $e(t)$，偏差一旦产生，控制器立即产生控制作用，以减少偏差。但比例控制不能消除稳态误差，K_{P} 加大，会引起系统的不稳定。

（2）积分环节。主要用于消除静差，只要系统存在误差，积分控制作用就不断地积累，输出控制量以消除误差，因而，只要有足够的时间，积分控制将能完全消除误差。积分作用的强弱取决于积分时间常数 T_{I}，T_{I} 越大，积分作用越弱，反之则越强。积分作用太强会使系统超调量加大，甚至使系统出现振荡。

（3）微分环节。微分控制能反映偏差信号的变化趋势（变化速率），减少超调量，克服振荡，使系统的稳定性提高，同时加快系统的动态响应速度，减小调整时间，从而改善系统的动态性能。

2. 数字 PID 控制算法

在计算机控制系统中，使用的是数字 PID 控制器，PID 控制规律的实现必须用数值逼近的方法。当采样周期相当短时，用求和代替积分、用后向差分代替微分，使模拟 PID 离散化变为差分方程。

（1）数字 PID 位置型控制算法。由于计算机控制是一种采样控制，它只能根据采样时刻的偏差值计算控制量，因此式（4-66）中的积分和微分项不能直接使用，需要进行离散化处理。按模拟 PID 控制算法的算式，现以一系列的采样时刻点 kT 代表连续时间 t，以和式代替积分，以增量代替微分，则可作如下近似变换

$$\begin{cases} t \approx kT(k=0,1,2,\cdots) \\ \int_0^t e(t)\mathrm{d}t \approx T\sum_{j=0}^{k} e(jT) = T\sum_{j=0}^{k} e(j) \\ \dfrac{\mathrm{d}e(t)}{\mathrm{d}t} \approx \dfrac{e(kT)-e[(k-1)T]}{T} = \dfrac{e(k)-e(k-1)}{T} \end{cases} \tag{4-68}$$

式中：T 为采样周期。

显然，上述离散化过程中，采样周期 T 必须足够短，才能保证有足够的精度。为书写方便，将 $e(kT)$ 简化表示成 $e(k)$ 等，即省去 T。将式（4-68）代入式（4-66），可得离散的 PID 表达式为

$$u(k) = K_{\mathrm{P}}\left\{e(k) + \frac{T}{T_{\mathrm{I}}}\sum_{j=0}^{k} e(j) + \frac{T_{\mathrm{D}}}{T}[e(k)-e(k-1)]\right\} \tag{4-69}$$

或

$$u(k) = K_{\mathrm{P}}e(k) + K_{\mathrm{I}}\sum_{j=0}^{k} e(j) + K_{\mathrm{D}}[e(k)-e(k-1)] \tag{4-70}$$

式中：k 为采样序号，$k=0,1,2,\cdots$；$u(k)$ 为第 k 次采样时刻的计算机输出值；$e(k)$ 为第 k 次采样时刻输入的偏差值；$e(k-1)$ 为第$(k-1)$次采样时刻输入的偏差值；K_{I} 为积分系数，$K_{\mathrm{I}} = \dfrac{K_{\mathrm{P}}T}{T_{\mathrm{I}}}$；$K_{\mathrm{D}}$ 为微分系数，$K_{\mathrm{D}} = \dfrac{K_{\mathrm{P}}T_{\mathrm{D}}}{T}$。

由 Z 变换的性质

$$\mathscr{Z}[e(k-1)] = z^{-1}E(z)$$

$$\mathscr{Z}\left[\sum_{j=0}^{k} e(j)\right] = \frac{E(z)}{(1-z^{-1})}$$

式（4-70）的 Z 变换式为

$$U(z) = K_{\mathrm{P}}E(z) + K_{\mathrm{I}}\frac{E(z)}{1-z^{-1}} + K_{\mathrm{D}}[E(z)-z^{-1}E(z)] \tag{4-71}$$

由式（4-71）便可得到数字 PID 控制器的 z 传递函数为

$$D(z) = \frac{U(z)}{E(z)} = K_{\mathrm{P}} + \frac{K_{\mathrm{I}}}{1-z^{-1}} + K_{\mathrm{D}}(1-z^{-1}) \tag{4-72}$$

或者

$$D(z) = \frac{1}{1-z^{-1}}\left[K_{\mathrm{P}}(1-z^{-1}) + K_{\mathrm{I}} + K_{\mathrm{D}}(1-z^{-1})^2\right] \tag{4-73}$$

数字 PID 控制器如图 4-19 所示。

由于计算机输出的 $u(k)$ 直接去控制执行机构（如阀门），$u(k)$ 的值和执行机构的位置（如阀门开度）是一一对应的，所以通常称式（4-69）或式（4-70）为位置式 PID 控制算法。图

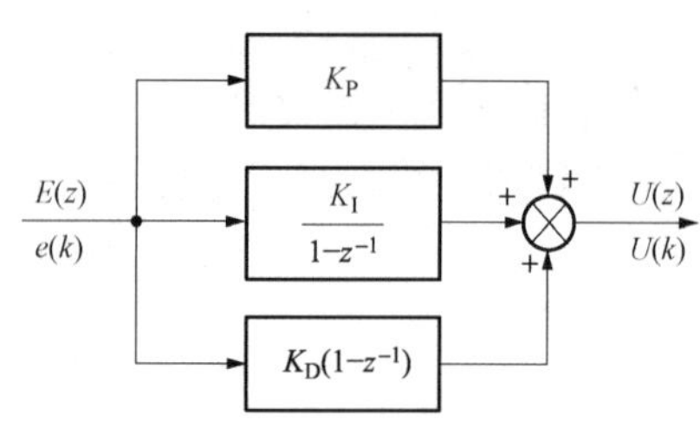

图 4-19 数字 PID 控制器的结构图

4-20 给出了位置型控制系统示意图。

图 4-21 给出了位置型 PID 控制算法的程序框图。这种算法的缺点是，由于全量输出，所以每次输出均与过去的状态有关，计算时要对 $e(k)$ 进行累加，计算机运算工作量大。而且，计算机输出的 $u(k)$ 对应的是执行机构的实际位置，如计算机出现故障，$u(k)$ 的大幅度变化，会引起执行机构位置的大幅度变化，这种情况往往是生产实践中不允许的，在某些场合，还可能造成重大的生产事故，因而产生了增量型 PID 控制的控制算法。所谓增量型 PID 是指数字控制器的输出只是控制量的增量 $\Delta u(k)$ 。

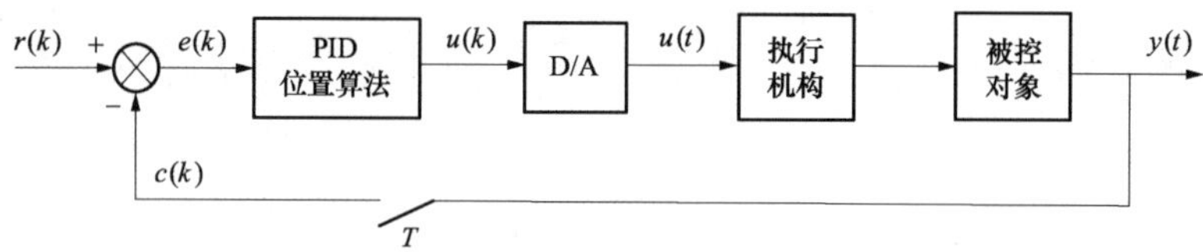

图 4-20 位置式 PID 控制系统示意图

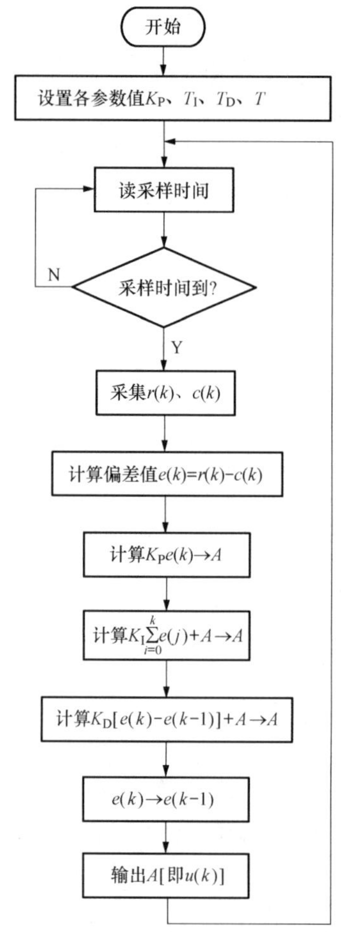

图 4-21 位置型 PID 控制算法程序框图

（2）数字 PID 增量型控制算法。当执行机构需要的是控制量的增量（例如驱动步进电动机）时，可由式（4-70）导出提供增量的 PID 控制算式。根据递推原理可得

$$u(k-1)=K_{\mathrm{P}}e(k-1)+K_{\mathrm{I}}\sum_{j=0}^{k-1}e(j)+K_{\mathrm{D}}[e(k-1)-e(k-2)] \tag{4-74}$$

用式（4-70）减式（4-74），可得

$$\begin{aligned}\Delta u(k)&=K_{\mathrm{P}}[e(k)-e(k-1)]+K_{\mathrm{I}}e(k)+K_{\mathrm{D}}[e(k)-2e(k-1)+e(k-2)]\\&=K_{\mathrm{P}}\Delta e(k)+K_{\mathrm{I}}e(k)+K_{\mathrm{D}}[\Delta e(k)-\Delta e(k-1)]\end{aligned} \tag{4-75}$$

式中，$\Delta e(k)=e(k)-e(k-1)$，$\Delta e(k-1)=e(k-1)-e(k-2)$。

式（4-75）称为增量型 PID 控制算法。图 4-22 给出了增量型 PID 控制系统示意图。

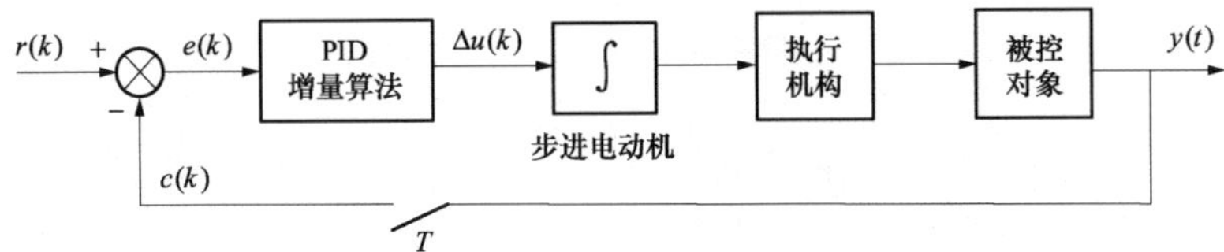

图 4-22 增量型 PID 控制系统框图

可以将式（4-75）进一步改写为

$$\Delta u(k)=q_0e(k)-q_1e(k-1)+q_2e(k-2) \tag{4-76}$$

其中

$$q_0=K_{\mathrm{P}}\left(1+\frac{T}{T_{\mathrm{I}}}+\frac{T_{\mathrm{D}}}{T}\right)$$

$$q_1=-K_{\mathrm{P}}\left(1+\frac{2T_{\mathrm{D}}}{T}\right)$$

$$q_2=K_{\mathrm{P}}\frac{T_{\mathrm{D}}}{T}$$

它们都是与采样周期、比例系数、积分时间常数、微分时间常数有关的系数。

由于一般计算机控制系统采用恒定的采样周期 T，一旦确定了 K_{P}、K_{I}、K_{D}，只要使用前后三次测量值的偏差，即可由式（4-75）或式（4-76）求出控制增量。

采用增量式算法时，计算机输出的控制增量 $\Delta u(k)$ 对应的是本次执行机构位置（例如阀门开度）的增量。对应阀门实际位置的控制量，即控制量增量的积累 $u(k)=\sum_{j=0}^{k}\Delta u(j)$ 需要采用一定的方法来解决，例如用有积累作用的元件（如步进电动机）来实现；而目前较多的是利用算式 $u(k)=u(k-1)+\Delta u(k)$ 通过执行软件来完成。

由图 4-20、图 4-22 可以看出，就整个系统而言，位置型与增量型控制算法并无本质区别，或者仍然全部由计算机承担其计算，或者一部分由其他部件去完成。

增量型控制虽然只是算法上做了一点改进，却带来不少优点。

1）由于计算机输出增量，因此误动作时影响小，必要时可用逻辑判断的方法去掉。

2）手动/自动切换时冲击小，便于实现无扰动切换。此外，当计算机发生故障时，由于输出通道或执行装置具有信号的锁存作用，故能仍然保持原值。

3）算式中不需要累加。控制增量 $\Delta u(k)$ 的确定，仅与最近 k 次的采样值有关，所以较容易通过加权处理而获得比较好的控制效果。

但增量型控制也有不足之处：积分截断效应大，有静态误差；溢出影响大。因此，在选择时不可一概而论，一般认为在以晶闸管作为执行器或在控制精度要求高的系统中，可采用位置控制算法，而在以步进电动机或电动阀门作为执行器的系统中，则可采用增量控制算法。

图 4-23 给出了增量型 PID 控制算法的程序框图。

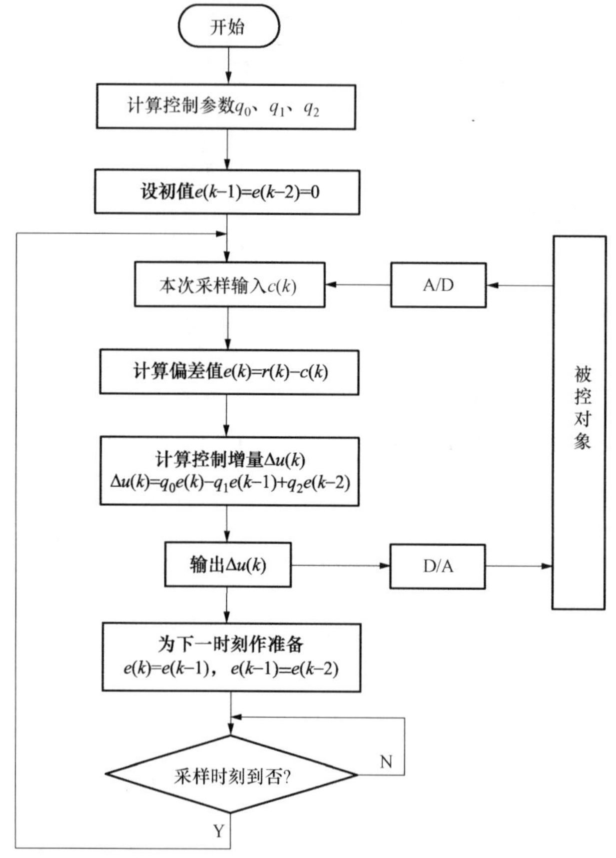

图 4-23　增量型 PID 控制算法的程序框图

4.2.2　数字 PID 控制算法的改进

在计算机控制系统中，控制规律是用计算机程序来实现的，因此它的灵活性很大。一些原来在模拟 PID 控制器中无法实现的问题，在引入计算机以后，就可以得到解决，于是产生了一系列的改进算法，以满足不同控制系统的需要。如果单纯地用数字 PID 控制器去模仿模拟调节器，不会获得更好的效果。因此必须发挥计算机运算速度快、逻辑判断能力强、编程灵活等优势，才能在控制性能上超过模拟调节器。

1. 积分项的改进

在 PID 控制中，积分的作用是消除静差，为了提高控制性能，对积分项可采取以下四条改进措施。

（1）积分分离。在普通的 PID 数字控制器中引入积分环节的目的，主要是为了消除静差、

提高精度。但在过程的启动、结束或大幅度增减设定值时，短时间内系统输出有很大的偏差，会造成 PID 运算的积分积累，致使算得的控制量超过执行机构可能最大动作范围对应的极限控制量，最终引起系统较大的超调，甚至引起系统的振荡，这是某些生产过程中绝对不允许的。特别对于温度、成分等变化缓慢的过程，这一现象更为严重。为此，可采用积分分离措施，既保持了积分作用，又减小了超调量，即偏差 $e(k)$ 较大时，取消积分作用；当偏差 $e(k)$ 较小时，才将积分作用投入。亦即当 $|e(k)| > \beta$ 时，采用 PD 控制；当 $|e(k)| \leqslant \beta$ 时，采用 PID 控制。

积分分离阈值 β 应根据具体对象及控制要求确定。若 β 值过大，则达不到积分分离的目的；若 β 值过小，则一旦被控量 $y(t)$ 无法跳出各积分分离区，只进行 PD 控制，将会出现残差，如图 4-24 所示的曲线 b。为了实现积分分离，编写程序时必须从数字 PID 差分方程式中分离出积分项，进行特殊处理。

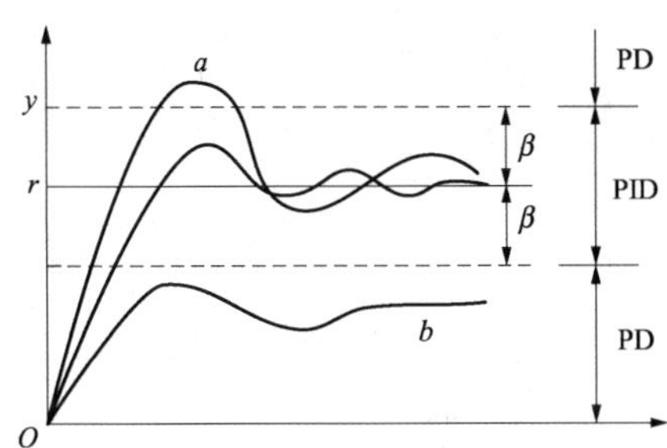

图 4-24　积分分离曲线

（2）抗积分饱和。因长时间出现偏差或偏差较大，计算出的控制量有可能溢出，或小于零。所谓溢出就是计算机运算得出的控制量 $u(k)$ 超出 D/A 转换量所能表示的数值范围。例如，8 位 A/D 的数据范围为 00H～FFH（H 表示十六进制）。一般执行机构有两个极限位置，如调解阀全开或全关。设 $u(k)$ 为 FFH 时，调节阀全开；反之，$u(k)$ 为 00H 时，调节阀全关。为了提高运算精度，通常采用双字节或浮点数计算 PID 差分方程式。如果执行机构已到极限位置，仍然不能消除偏差时，由于积分作用，尽管计算 PID 差分方程式所得的运算结果继续增大或减小，但执行机构已无相应动作，这就称为积分饱和。当出现积分饱和时，势必使超调量增加，控制品质变坏。作为防止积分饱和的办法之一，可对计算出的控制量 $u(k)$ 限幅，同时，把积分作用切除掉。若以 8 位 D/A 为例，则当 $u(k)$<00H 时，取 $u(k)$=0；当 $u(k)$>FFH 时，取 $u(k)$=FFH。

（3）梯形积分。在 PID 控制器中，积分项的作用是消除残差。为了减少残差，应提高积分项的运算精度。为此，可将矩形积分改为梯形积分，其计算公式为

$$\int_0^t e\mathrm{d}t \approx \sum_{i=0}^{k} \frac{e(i)+e(i-1)}{2}T$$

（4）消除积分不灵敏区。由式（4-75）知，数字 PID 的增量型控制算式中的积分项输出为

$$\Delta u_{\mathrm{I}}(k) = K_{\mathrm{I}}e(k) = K_{\mathrm{P}}\frac{T}{T_{\mathrm{I}}}e(k) \tag{4-77}$$

由于计算机字长的限制，当运算结果小于字长所能表示的数的精度，计算机就作为“零”将此数丢掉。从式（4-77）可知，当计算机的运行字长较短，采样周期 T 也短，而积分时间 T_{I} 又较长时，$\Delta u_{\mathrm{I}}(k)$ 容易出现小于字长的精度而丢数，此积分作用消失，这就称为积分不灵敏区。

例如，某温度控制系统，温度量程为 0～1275℃，A/D 转换为 8 位，并采用 8 位字长定点运算。设 $K_{\mathrm{P}}=1, T=1\mathrm{s}, T_{\mathrm{I}}=10\mathrm{s}, e(k)=50℃$，根据式（4-77）得

$$\Delta u_{\mathrm{I}}(k) = K_{\mathrm{P}}\frac{T}{T_{\mathrm{I}}}e(k) = \frac{1}{10}\left(\frac{255}{1275}\times 50\right) = 1$$

这就说明，如果偏差 $e(k)$<50℃，则 $\Delta u_{\mathrm{I}}(k)<1$，计算机就作为“零”将此数丢掉，控制

器就没有积分作用。只有当偏差达到 50℃时，才会有积分作用。这样，势必造成控制系统的残差。

为了消除积分不灵敏区，通常采用以下措施。

1）增加 A/D 转换位数，加长运算字长，这样可以提高运算精度。

2）当积分项 $\Delta u_{\mathrm{I}}(k)$ 连续 n 次出现小于输出精度 ε 的情况时，不要把它们作为“零”舍掉，而是把它们一次次累加起来，即

$$s_{\mathrm{I}}=\sum_{i=1}^{n}\Delta u_{\mathrm{I}}(i)$$

直到累加值 s_{I} 大于 ε 时，才输出 s_{I}，同时把累加单元清零，其程序流程如图 4-25 所示。

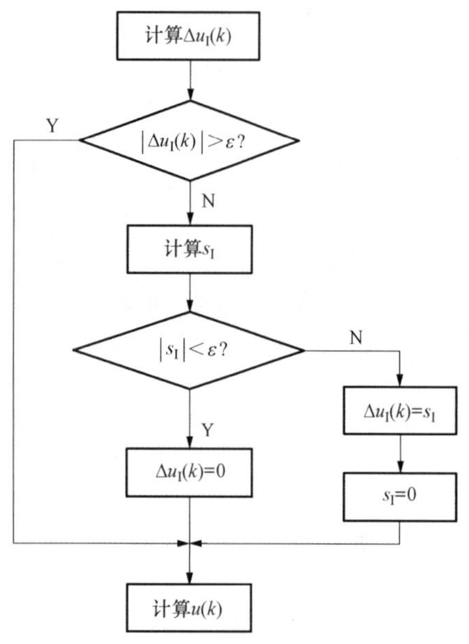

图 4-25 消除积分不灵敏区程序流程

2. 微分项的改进

（1）不完全微分 PID 控制算法。标准的 PID 控制算式，对具有高频扰动的产生过程，微分作用响应过于灵敏，容易引起控制过程振荡，降低调解品质。尤其是计算机对每个控制回路输出时间是短暂的，而驱动执行器动作又需要一定时间，如果输出较大，在短暂时间内执行器达不到应有的相应开度，会使输出失真。为了克服这一缺点，同时又要使微分作用有效，可以在 PID 控制输出串联一阶惯性环节，这就组成了不完全微分 PID 控制器，如图 4-26 所示。

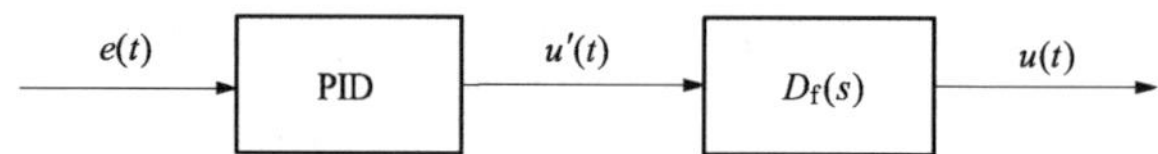

图 4-26 不完全微分 PID 控制器

一阶惯性环节 $D_{\mathrm{f}}(s)$ 的传递函数为

$$D_{\mathrm{f}}(s)=\frac{1}{T_{\mathrm{f}}s+1} \tag{4-78}$$

因为

$$u'(t)=K_{\mathrm{P}}\left[e(t)+\frac{1}{T_{\mathrm{I}}}\int_{0}^{t}e(t)\mathrm{d}t+T_{\mathrm{D}}\frac{\mathrm{d}e(t)}{\mathrm{d}t}\right]$$

$$T_{\mathrm{f}}\frac{\mathrm{d}u(t)}{\mathrm{d}t}+u(t)=u'(t)$$

所以

$$T_{\mathrm{f}}\frac{\mathrm{d}u(t)}{\mathrm{d}t}+u(t)=K_{\mathrm{P}}\left[e(t)+\frac{1}{T_{\mathrm{I}}}\int_{0}^{t}e(t)dt+T_{\mathrm{D}}\frac{\mathrm{d}e(t)}{\mathrm{d}t}\right] \tag{4-79}$$

对式（4-79）进行离散化，可得不完全微分 PID 位置型控制算式

$$u(k)=\alpha u(k-1)+(1-\alpha)u'(k) \tag{4-80}$$

其中

$$u'(k)=K_P\left[e(k)+\frac{T}{T_I}\sum_{i=0}^{k}e(i)+T_D\frac{e(k)-e(k-1)}{T}\right],\alpha=\frac{T_f}{1+T_f}$$

与标准 PID 控制算式一样，不完全微分 PID 控制器也有增量型控制算式，即

$$\Delta u(k)=\alpha\Delta u(k-1)+(1-\alpha)\Delta u'(k)$$

$$\Delta u'(k)=K_P[e(k)-e(k-1)]+K_I e(k)+K_D[e(k)-2e(k-1)+e(k-2)]$$

式中：K_P为比例系数；$K_I=K_P\frac{T}{T_I}$称为积分系数；$K_D=K_P\frac{T_D}{T}$称为微分系数。

图 4-27（a）、（b）分别表示标准 PID 控制算式即式（4-70）和不完全微分 PID 控制算式即式（4-80）在单位阶跃输入时输出的控制作用。由图 4-27（a）可见，标准 PID 控制算式中的微分作用只在第一个采样周期内起作用，而且作用很强。而不完全微分 PID 控制算式的输出在较长时间内仍有微分作用，因此可获得较好的控制效果。

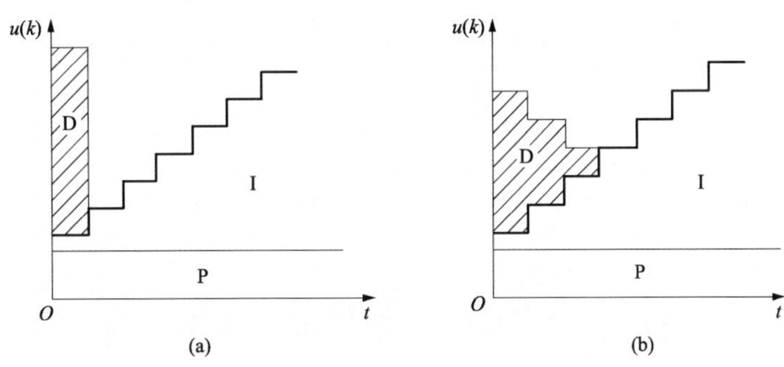

图 4-27　PID 控制的阶跃响应

（a）标准 PID 控制；（b）不完全微分 PID 控制

（2）微分先行 PID 控制算式。为了避免给定值的升降给控制系统带来冲击，如超调量过大，调节阀动作剧烈，可采用如图 4-28 所示的微分先行 PID 控制方案。它和标准 PID 控制的不同之处在于，只对被控量 $y(t)$ 微分，不对偏差 $e(t)$ 微分，也就是说对给定值 $r(t)$ 无微分作用。被控量微分 PID 控制算法称为微分先行 PID 控制算法，该算法对给定值频繁升降的系统无疑是有效的。图中，γ 为微分增益系数。

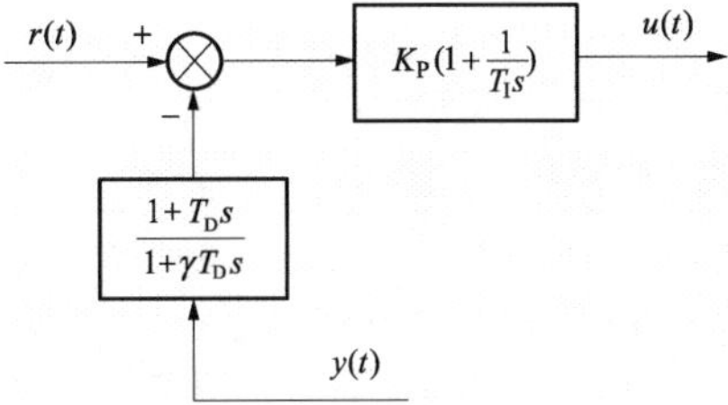

图 4-28　微分先行 PID 控制框图

3. 时间最优 PID 控制

最大值原理是庞特里亚金（Pontryagin）于 1956 年提出的一种最优控制理论，最大值原理也称为快速时间最优控制原理，它是研究满足约束条件下获得允许控制的方法。用最大值原理可以设计出控制变量只在$|u(t)|\leqslant 1$范围内取值的时间最优控制系统。而在工程上，设$|u(t)|\leqslant 1$都只取±1 两个值，而且依照一定法则加以切换，使系统从一个初始状态转到另一个状态所经历的过渡时间最短，这种类型的最优切换系统，称为 Bang-Bang 控制（开关控制）系统。

在工业控制应用中，最有发展前途的是 Bang-Bang 控制与反馈控制相结合的系统，这种

控制方式在给定值升降时特别有效，具体形式为

$$|e(k)|=|r(k)-y(k)|\begin{cases}>\alpha, & \text{Bang-Bang控制}\\ \leqslant\alpha, & \text{PID控制}\end{cases} \tag{4-81}$$

时间最优位置随动系统，从理论上讲应采用 Bang-Bang 控制。但 Bang-Bang 控制很难保证足够高的定位精度，因此对于高精度的快速伺服系统，宜采用 Bang-Bang 控制和线性控制相结合的方式，在定位线性控制段采用数字 PID 控制就是可选的方案之一。

4. 带死区的 PID 控制算法

在计算机控制系统中，某些系统为了避免控制动作过于频繁，以消除由于频繁动作所引起的振荡，有时采用所谓带死区的 PID 控制系统，如图 4-29 所示，相应的算式为

$$P(k)=\begin{cases}e(k), & |r(k)-y(k)|=|e(k)|>\varepsilon\\ 0, & |r(k)-y(k)|=|e(k)|\leqslant\varepsilon\end{cases} \tag{4-82}$$

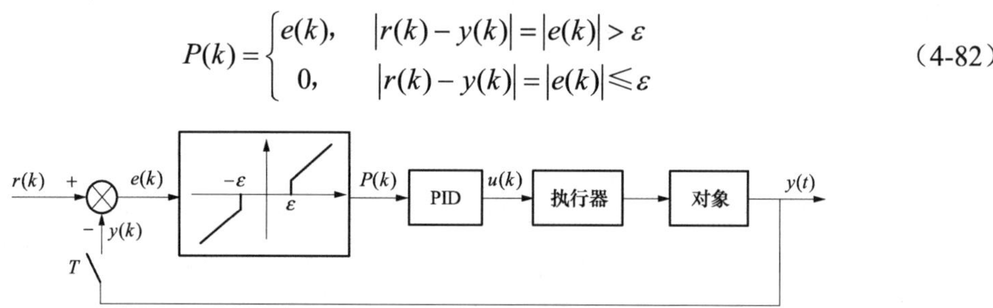

图 4-29 带死区的 PID 控制系统框图

在图 4-29 中，死区 ε 是一个可调参数，其具体数值可根据实际控制对象由实验确定。ε 值太小，使调节过于频繁，达不到稳定被调节对象的目的；如果 ε 值取得太大，则系统将产生很大的滞后；当 $\varepsilon=0$，即为常规 PID 控制。

带死区的 PID 控制算法程序框图如图 4-30 所示。

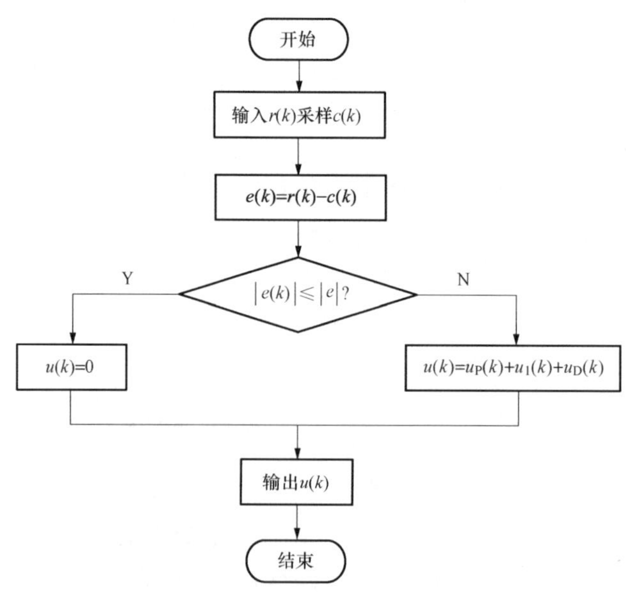

图 4-30 带死区的 PID 控制算法程序框图

该系统实际上是一个非线性控制系统。即当偏差绝对值 $|e(k)|\leqslant|\varepsilon|$ 时，$P(k)$ 为 0；当

$|e(k)| > \varepsilon$ 时，$P(k) = e(k)$，输出值 $u(k)$ 以 PID 运算结果输出。

4.2.3 数字 PID 控制器的参数整定

1. 采样周期的选择

（1）首先要考虑的因素。香农采样定理给出了采样周期的上限。根据采样定理，采样周期应满足

$$T \leqslant \frac{\pi}{\omega_{max}} \tag{4-83}$$

其中 ω_{max} 为被采样信号的上限角频率。采样周期的下限为计算机执行控制程序和输入输出所耗费的时间，系统的采样周期只能在 T_{min} 与 T_{max} 之间选择。采样周期 T 既不能太大也不能太小，T 太小时，一方面增加了微型计算机的负担，不利于发挥计算机的功能；另一方面，两次采样间的偏差变化太小，数字控制器的输出值变化不大。因此，采样周期 T 应在 T_{min} 与 T_{max} 之间，即

$$T_{min} \leqslant T \leqslant T_{max}$$

若选择采样周期在 T 与 T_{max} 之间，则系统可以稳定工作，但控制质量较差，因为这时不满足采样定理，丢失了部分信息。若采样周期选择在 T 与 T_{min} 之间，满足采样定理，可得到较好的控制质量。

（2）其次要考虑以下各方面的因素。

1）给定值的变化频率。加到被控对象上的给定值变化频率越高，采样频率就应越高。这样给定值的改变可以迅速得到反映。

2）被控对象的特性。若被控对象是慢速的热工或化工现象时，采样周期一般取得较大；若被控对象是较快速的系统时，采样周期应取得较小。

3）执行机构的类型。执行机构动作惯性大，采样周期也应大一些，否则执行机构来不及反映数字控制器输出值的变化。

4）控制算法的类型。当采用 PID 算式时，积分作用和微分作用与采样周期 T 的选择有关。选择采样周期 T 太小，将使微分积分作用不明显。因为当 T 小到一定程度后，由于受计算精度的限制，偏差 $e(k)$ 始终为零。另外，各种控制算法也需要计算时间。

5）控制的回路数。控制的回路数 n 与采样周期 T 有下列关系

$$T \geqslant \sum_{j=1}^{n} T_j \tag{4-84}$$

式中：T_j 为第 j 回路控制程序执行时间和输入输出时间。

2. 按简易工程法整定 PID 参数

在连续控制系统中，模拟调节器的参数整定方法较多，但简单易行的方法还是简易工程法。这种方法最大的优点在于，整定参数时不必依赖被控对象的数学模型。一般情况下，难以准确得到数学模型。简易工程整定法是由经典的频率法简化而来的，虽然稍微粗糙一点，但是简单易行，适于现场应用。

（1）扩充临界比例度法。扩充临界比例度法是对模拟调节器中使用的临界比例度法的扩充。下面叙述用来整定数字控制器参数的步骤。

1）选择一个足够短的采样周期，具体地说就是选择采样周期为被控对象纯滞后时间的 1/10 以下。

2）用选定的采样周期使系统工作。这时，数字控制器去掉积分作用和微分作用，只保留比例作用。然后逐渐减小比例度$\delta\left(\delta=\dfrac{1}{K_P}\right)$，直到系统发生持续等幅振荡，记下使系统发生振荡的临界比例度δ_K及系统的临界振荡周期T_K。

3）选择控制度。所谓控制度就是以模拟调节器为基准，将DDC的控制效果与模拟调节器的控制效果相比较。控制效果的评价函数通常用误差平方积分$\int_0^\infty e^2(t)\mathrm{d}t$表示。控制度计算式为

$$控制度=\frac{\left[\int_0^\infty e^2(t)\mathrm{d}t\right]_{\mathrm{DDC}}}{\left[\int_0^\infty e^2(t)\mathrm{d}t\right]_{模拟}} \tag{4-85}$$

实际应用中并不需要计算出两个误差的平方积分，控制度仅表示控制效果的物理概念。例如，当控制度为1.05时，就是指DDC与模拟控制效果相当；控制度为2.0时，是指DDC比模拟控制效果差。

4）根据选定的控制度，查表4-2求得T、K_P、T_I、T_D的值。

表4-2　按扩充临界比例度法整定参数

控制度	控制规律	T	K_P	T_I	T_D
1.05	PI	$0.03T_K$	$0.53/\delta_K$	$0.88T_K$	
1.05	PID	$0.014T_K$	$0.63/\delta_K$	$0.49T_K$	$0.14T_K$
1.2	PI	$0.05T_K$	$0.49/\delta_K$	$0.91T_K$	
	PID	$0.043T_K$	$0.47/\delta_K$	$0.47T_K$	$0.16T_K$
1.5	PI	$0.14T_K$	$0.42/\delta_K$	$0.99T_K$	
	PID	$0.09T_K$	$0.34/\delta_K$	$0.43T_K$	$0.20T_K$
2.0	PI	$0.22T_K$	$0.36/\delta_K$	$1.05T_K$	
	PID	$0.16T_K$	$0.27/\delta_K$	$0.40T_K$	$0.22T_K$

（2）扩充响应曲线法。在模拟控制系统中，可用响应曲线法代替临界比例度法，在DDC中也可用扩充响应曲线法代替扩充临界比例度法。用扩充响应曲线法整定T、K_P、T_I、T_D的步骤如下。

1）数字控制器不接入控制系统，让系统处于手动操作状态下，将被调量调节到给定值附近，并使之稳定下来。然后突然改变给定值，给对象一个阶跃输入信号。

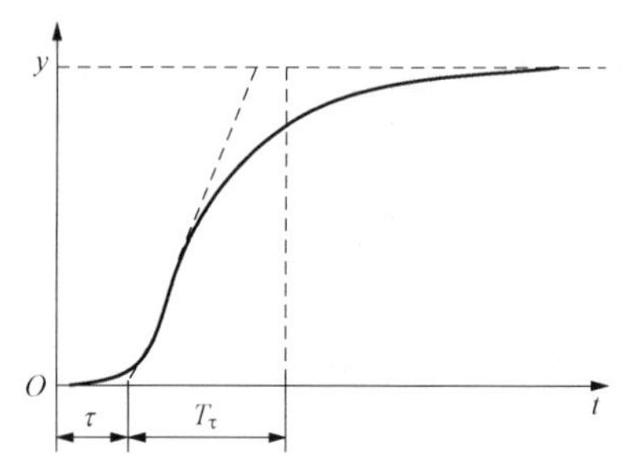

图4-31　被调量在阶跃输入下的曲线变化过程

2）用记录仪表记录被调量在阶跃输入下的整个变化过程曲线，如图4-31所示。

3）在曲线最大斜率处作切线，求得滞后时间τ，被控对象时间常数T_τ以及它们的比值$\dfrac{T_\tau}{\tau}$，查表4-3，即可得数字控制器的K_P、T_I、T_D及采样周期T。

表 4-3 按扩充响应曲线法整定参数

控制度	控制规律	T	K_P	T_I	T_D
1.05	PI	0.1τ	$0.84T_\tau/\tau$	0.34τ	
	PID	0.05τ	$1.15T_\tau/\tau$	2.0τ	0.45τ
1.2	PI	0.2τ	$0.78T_\tau/\tau$	3.6τ	
	PID	0.16τ	$1.0T_\tau/\tau$	1.9τ	0.55τ
1.5	PI	0.5τ	$0.68T_\tau/\tau$	3.9τ	
	PID	0.34τ	$0.85T_\tau/\tau$	1.62τ	0.65τ
2.0	PI	0.8τ	$0.57T_\tau/\tau$	4.2τ	
	PID	0.6τ	$0.6T_\tau/\tau$	1.5τ	0.82τ

（3）归一参数整定法。除了上面讲的一般的扩充临界比例度法外，Roberts P. D 在 1974 年提出一种简化扩充临界比例度整定法。由于该方法只需整定一个参数即可，故称其为归一参数整定法。

已知增量型 PID 控制的公式为

$$\Delta u(k)=K_P\left\{e(k)-e(k-1)+\frac{T}{T_I}e(k)+\frac{T_D}{T}[e(k)-2e(k-1)+e(k-2)]\right\} \tag{4-86}$$

如令 $T=0.1T_K$；$T_I=0.5T_K$；$T_D=0.125T_K$ 。式中 T_K 为纯比例作用下的临界振荡周期。则

$$\Delta u(k)=K_P[2.45e(k)-3.5e(k-1)+1.25e(k-2)]$$

这样，整个问题便简化为只要整定一个参数 K_P。改变 K_P，观察控制效果，直到满意为止。该法为实现简易的自整定控制带来方便。

3. 优选法

由于实际生产过程错综复杂，参数千变万化，因此，如何确定被调对象的动态特性并非容易之事。有时即使能找出来，不仅计算麻烦，工作量大，而且其结果与实际相差较远。因此，目前应用最多的还是经验法。即根据具体的调节规律，不同调节对象的特征，经过闭环实验，反复试凑，找出最佳调节参数。这里向大家介绍的也是经验法的一种，即用优选法对自动调节参数进行整定的方法。

其具体做法是根据经验，先把其他参数固定，然后用 0.618 法对其中某一参数进行优选，待选出最佳参数后，再换另一个参数进行优选，直到把所有的参数优选完毕为止。最后根据 T、K_P、T_I、T_D 诸参数优选的结果取一组最佳值即可。

4. 凑试法确定 PID 参数

增大比例系数 K_P 一般将加快系统的响应，在有静差的情况下有利于减小静差。但过大的比例系数会使系统有较大的超调，并产生振荡，使稳定性变坏。

增大积分时间 T_I 有利于减小超调、减小振荡，使系统更加稳定，但系统静差的消除将随之减慢。

增大微分时间 T_D 也有利于加快系统响应，使超调量减小、稳定性增加，但系统对扰动的抑制能力减弱，对扰动有较敏感的响应。

在凑试时，可参考以上参数对控制过程的影响趋势，对参数实行下述先比例、后积分、再微分的整定步骤。

（1）首先只整定比例部分。即将比例系数由小变大，并观察响应的系统响应，直到得到反应快、超调小的响应曲线。如果系统没有静差或静差已小到允许范围内，并且响应曲线已属满意，那么只需用比例调节器即可，最优比例系数可由此确定。

（2）如果在比例调节的基础上系统的静差不能满足设计要求，则需加入积分环节。整定首先置积分时间 T_I 为一较大值，并将经第一步整定得到的比例系数略为缩小（如缩小为原值的 0.8 倍），然后减小积分时间，使在保持系统良好动态性能的情况下，静差得到消除。在此过程中，可根据相应曲线的好坏反复改变比例系数与积分时间，以期得到满意的控制过程与整定参数。

（3）若使用比例积分调节器消除了静差，但动态过程经反复调整仍不能满意，则可加入微分环节，构成比例积分微分调节器。在整定时，可先置微分时间 T_D 为零。在第二步整定的基础上，增大 T_D，同时相应地改变比例系数和积分时间，逐步凑试，以获得满意的调节效果和控制参数。

4.3 常用的数字 PID 控制系统

前面讨论了数字 PID 控制算法及其改进，PID 控制器的工程实现，其目的是为过程计算机控制系统提供一个实用的数字 PID 控制器或 PID 控制块。数字 PID 控制器综合了 PID 控制和逻辑判断的功能。因此，它的功能比模拟调节器强。人们对 PID 控制系统的连续化设计已积累了丰富的经验，在此基础上进行数字 PID 控制系统的设计也就比较容易了。数字 PID 控制系统的设计以 PID 控制块为核心。本节简要介绍几种常用的 PID 控制系统，以便加深对数字 PID 控制器或 PID 控制块的理解。常用的 PID 控制系统可分为简单控制系统和复杂控制系统两类，下面将分别叙述。

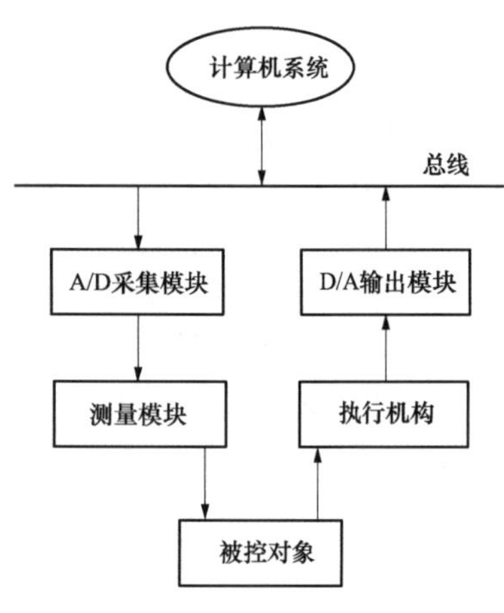

图 4-32 简单控制系统的组成

4.3.1 简单控制系统

简单控制系统是指只有一个被控量、一个 PID 控制器和一个执行机构组成的控制回路，用来调节一个过程参数，如温度、压力、流量、料位和成分等。简单控制系统是过程控制中最简单、最基本、应用最广泛的一种控制系统，其基本硬件实现系统框图如图 4-32 所示。即使是复杂控制系统也是在简单控制系统的基础上发展起来的。

对于 PID 的软件实现，同样包括了初始化、管理程序和维护更新程序，即具体功能由子模块实现。管理程序调度的方法一种是时间触发，另一种是事件触发。PID 控制程序的参数与采样周期具有相关性，所以 PID 程序采用定时中断触发。

在各个模块中具有输入参数、输出参数和学习参数、意识参数两种外部接口参数，内部则由过程、知识库、作用、反馈组成。管理程序调度 PID 控制任务，简单的控制系统程序拓扑结构如图 4-33 所示。图中，SV 为串级给定值，BIV 为回算输入量，PV 为被控量，BOV

为回算输出量，COV 为输出控制量。

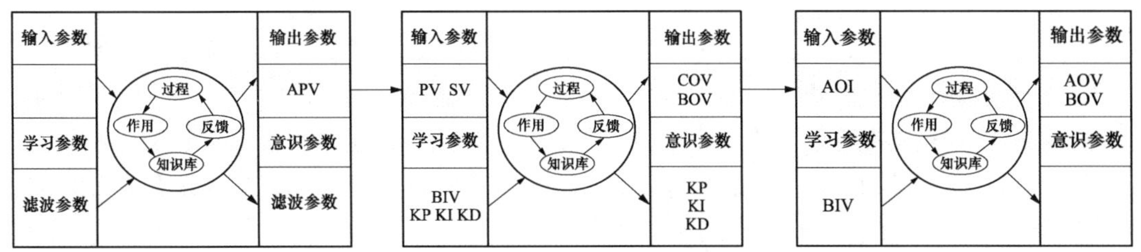

图 4-33　简单控制系统程序拓扑结构图

简单控制系统只有一个闭环回路，因而也称单回路控制系统，如图 4-34 所示。

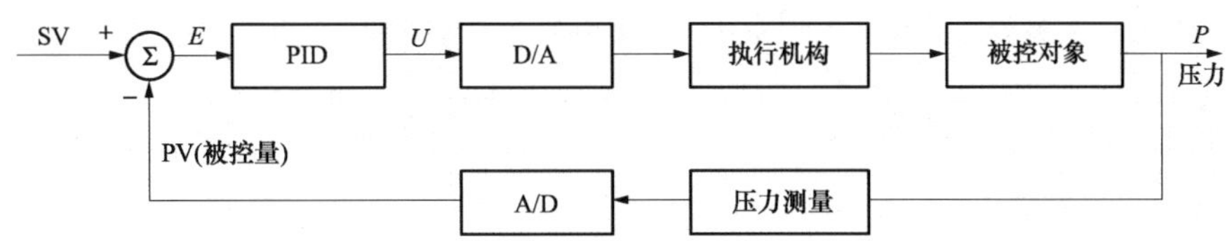

图 4-34　单回路控制系统原理图

图 4-34 是单回路控制系统原理图，增加了 A/D 和 D/A，其中 A/D 和 D/A 分别代表计算机中被控量的模数转换和控制量的数模转换。图 4-35 是其相应的计算机控制系统程序拓扑简图，模拟量输入块输出被控压力 P，相当于压力变送器的测量值；PID 控制块是单回路控制系统的核心，它的输入和输出分别是被控量压力 P 和控制量 U；模拟量输出块输出控制量 U，作用于执行机构(如电动调节阀和气动调节阀)，实施控制功能。

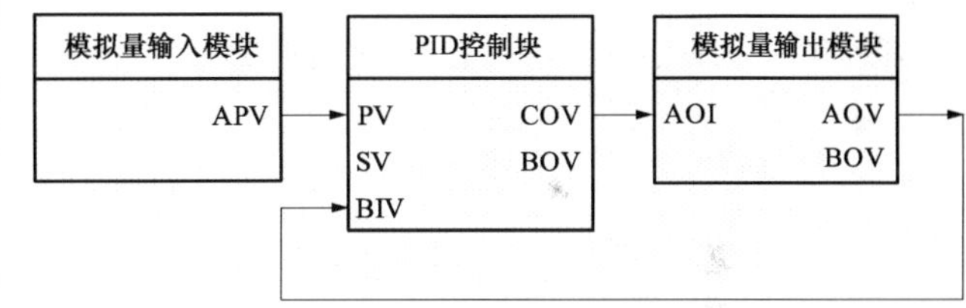

图 4-35　单回路 PID 控制系统程序拓扑简图

从上述的设计过程可知，过程计算机控制以 PID 控制块为核心来设计控制系统，另外还有 AI 功能块和 AO 功能块。用户设计的最终目的就是正确选择所需的功能块并填写功能块参数表，为计算机控制软件提供运行参数，以便设计要求。

简单控制系统是一种单输入单输出的单回路控制系统。尽管它的适用范围最为广泛，但是对于被控对象特性比较复杂，被控量不止一个，生产工艺对控制品质的要求又比较高；或者被控对象特性并不复杂，但控制要求却比较特殊，对于这些情况单回路控制系统就无能为力了。为此，需要在单回路控制系统的基础上，采取一些措施组成复杂控制系统。在复杂控制系统中可能有几个过程测量值、几个 PID 控制器以及不止一个执行机构；或者尽管主控制回路中被控量、PID 控制器和执行机构只有一个，但还有其他的过程测量值、运算器或补偿器构成辅助控制回路，这样主、辅控制回路协同完成复杂控制功能。

复杂控制系统中有几个闭环回路，因而也称为多回路控制系统。

4.3.2　串级控制系统

串级控制是在单回路 PID 控制的基础上发展起来的一种控制技术。当 PID 控制应用于单回路控制一个被控量时，其控制结构简单，控制参数易于整定。但是，当系统中同时有几个因素影响同一个被控量时，如果只控制其中一个因素，将难以满足系统的控制性能。串级控制针对上述情况，在原控制回路中，增加一个或几个控制回路，用以控制可能引起被控量变化的其他因素，从而有效地抑制了被控对象的时滞特性，提高了系统动态响应的快速性。

1. 串级控制的结构和原理

图 4-36 是一个炉温控制系统，其控制目的是使炉温保持恒定。假如煤气管道中的压力是恒定的，管道阀门开度对应一定的煤气流量，这时为了保持炉温恒定，只需测量实际炉温，并与炉温设定值进行比较，利用二者的偏差以 PID 控制规律控制煤气管道阀门的开度。但是，实际上，煤气总管道同时向许多炉子供应煤气，管道中的压力可能波动。对于同样的阀位，由于煤气压力的变化，煤气流量要发生变化，最终将引起炉温的变化。系统只有检测到炉温偏离设定值时，才能进行控制，但这时已产生了控制滞后。为了及时检测系统中可能引起被控量变化的某些因素并加以控制，本例中，在炉温控制主回路中，增加煤气流量控制副回路，构成串级控制结构，如图 4-37 所示，图中主控制器 $D_1(s)$ 和副控制器 $D_2(s)$ 分别表示温度调节器 TC 和流量调节器 FC 的传递函数。

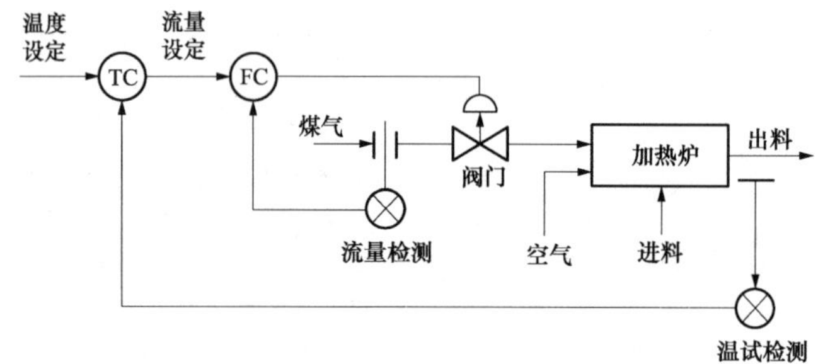

图 4-36　炉温控制系统

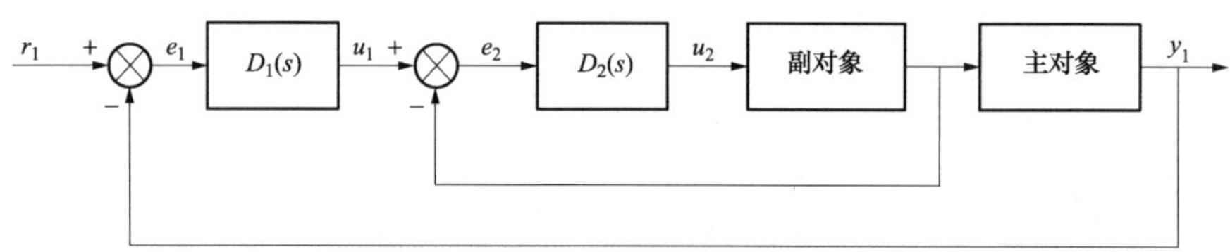

图 4-37　炉温和煤气流量的串级控制结构图

2. 数字串级控制算法

根据图 4-37，$D_1(s)$ 和 $D_2(s)$ 若由计算机来实现时，则计算机串级控制系统如图 4-38 所示，图中的 $D_1(z)$ 和 $D_2(z)$ 是由计算机实现的数字控制器，$H(s)$ 是零阶保持器，T 为采样周期，$D_1(z)$ 和 $D_2(z)$ 通常是 PID 控制规律。

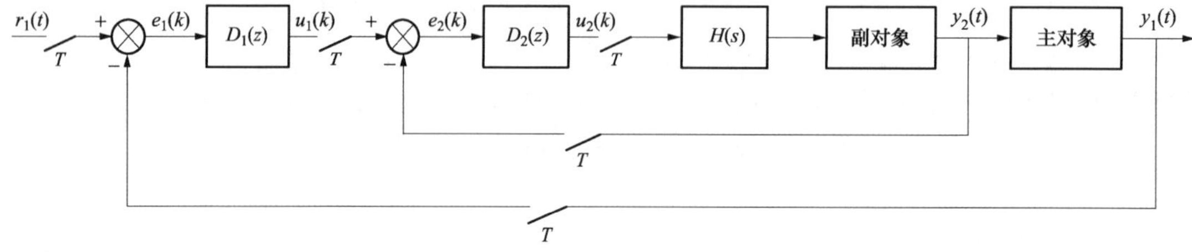

图 4-38　计算机串级控制系统

不管串级控制有多少级，计算的顺序总是从最外面的回路向内进行。对图 4-38 所示的双回路串级控制系统，其计算顺序如下。

（1）计算主回路的偏差 $e_1(k)$，即

$$e_1(k) = r_1(k) - y_1(k) \tag{4-87}$$

（2）计算主回路控制器 $D_1(z)$ 的输出 $u_1(k)$，即

$$u_1(k) = u_1(k-1) + \Delta u_1(k) \tag{4-88}$$

$$\Delta u_1(k) = K_{P_1}[e_1(k) - e_1(k-1)] + K_{I_1}e_1(k) + K_{D_1}[e_1(k) - 2e_1(k-1) + e_1(k-2)] \tag{4-89}$$

式中：K_{P_1} 为比例增益；$K_{I_1} = \dfrac{K_{P_1}T}{T_{I_1}}$ 为积分系数；$K_{D_1} = \dfrac{K_{P_1}T_{D_1}}{T}$ 为微分系数式。

（3）计算副回路的偏差 $e_2(k)$，即

$$e_2(k)=u_1(k) - y_2(k) \tag{4-90}$$

（4）计算副回路控制器 $D_2(z)$ 的输出 $u_2(k)$

$$\Delta u_2(k) = K_{P_2}[e_2(k) - e_2(k-1)] + K_{I_2}e_2(k) + K_{D_2}[e_2(k) - 2e_2(k-1) + e_2(k-2)] \tag{4-91}$$

式中：K_{P_2} 为比例增益；$K_{I_2} = \dfrac{K_{P_2}T}{T_{I_2}}$ 为积分系数；$K_{D_2} = \dfrac{K_{P_2}T_{D_2}}{T}$ 为微分系数式。

且

$$u_2(k) = u_2(k\text{-}1)+\Delta u_2(k) \tag{4-92}$$

3. 副回路微分先行串级控制算法

为了防止主控制器输出（也就是副控制器的给定值）过大而引起副回路的不稳定，同时，也为了克服副对象惯性较大而引起调节品质的恶化，在副回路的反馈通道中加入微分控制，称为副回路微分先行，系统的结构如图 4-39 所示。

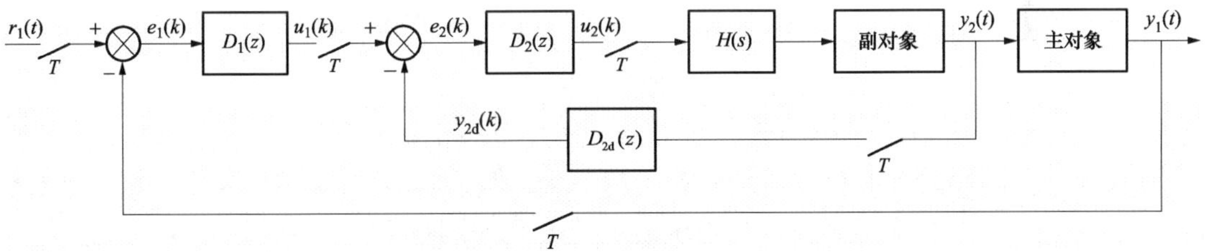

图 4-39 副回路微分先行的串级控制系统

微分先行部分的传递函数为

$$D_{2d}(s) = \frac{Y_{2d}(s)}{Y_2(s)} = \frac{T_2 s + 1}{\alpha T_2 s + 1} \tag{4-93}$$

式中：α 为微分放大系数。

式（4-93）相应的微分方程为

$$\alpha T_2 \frac{\mathrm{d}y_{2d}(t)}{\mathrm{d}t} + y_{2d}(t) = T_2 \frac{\mathrm{d}y_2(t)}{\mathrm{d}t} + y_2(t) \tag{4-94}$$

写成差分方程为

$$\alpha T_2[y_{2d}(k) - y_{2d}(k-1)] + y_{2d}(k) = T_2[y_2(k) - y_2(k-1)] + y_2(k) \tag{4-95}$$

整理得

$$
\begin{aligned}
y_{2\mathrm{d}}(k) &= \frac{\alpha T_2}{\alpha T_2 + T} y_{2\mathrm{d}}(k-1) + \frac{T_2 + T}{\alpha T_2 + T} y_2(k) - \frac{T_2}{\alpha T_2 + T} y_2(k-1) \\
&= \phi_1 y_{2\mathrm{d}}(k-1) + \phi_2 y_2(k) - \phi_3 y_2(k-1)
\end{aligned} \tag{4-96}
$$

其中

$$\phi_1 = \frac{\alpha T_2}{\alpha T_2 + T}$$

$$\phi_2 = \frac{T_2 + T}{\alpha T_2 + T}$$

$$\phi_3 = \frac{T_2}{\alpha T_2 + T}$$

系数ϕ_1、ϕ_2、ϕ_3可先离线计算，并存入内存指定单元，以备控制计算时调用。下面给出副回路微分先行的串级控制算法。

（1）计算主回路的偏差，即

$$e_1(k) = r_1(k) - y_1(k) \tag{4-97}$$

（2）计算主控制器的输出$u_1(k)$，即

$$u_1(k) = u_1(k-1) + \Delta u_1(k) \tag{4-98}$$

$$\Delta u_1(k) = K_{\mathrm{P}_1}[e_1(k) - e_1(k-1)] + K_{\mathrm{I}_1} e_1(k) + K_{\mathrm{D}_1}[e_1(k) - 2e_1(k-1) + e_1(k-2)] \tag{4-99}$$

（3）计算微分先行部分的输出$y_{2\mathrm{d}}(k)$，即

$$y_{2\mathrm{d}}(k) = \phi_1 y_{2\mathrm{d}}(k-1) + \phi_2 y_2(k) + \phi_3 y_2(k-1) \tag{4-100}$$

（4）计算副回路的偏差$e_2(k)$，即

$$e_2(k) = u_1(k) - y_{2\mathrm{d}}(k) \tag{4-101}$$

（5）计算副控制器的输出$u_2(k)$，即

$$u_2(k) = u_2(k-1) + \Delta u_2(k) \tag{4-102}$$

$$\Delta u_2(k) = K_{\mathrm{P}_2}[e_2(k) - e_2(k-1)] + K_{\mathrm{I}_2} e_2(k) \tag{4-103}$$

图 4-40 是与图 4-37 串联控制系统相对应的计算机控制系统程序拓扑简图。其中模拟量输入块 1 输出主被控制量温度 *T*，相当于温度变送器的测量值；PID 控制块 1 是主控制器 PID1，它的过程变量 PV 是主被控量温度 *T*，故称其为温度控制器；PID 控制块 2 是副控制器 PID2，它的过程变量 PV 是副被控量流量 *F*，故称其为流量控制器；模拟量输出块代表控制量，作用于执行器（如电动调节阀或气动调节阀），实施控制功能。

串级控制系统中，副回路给系统带来了一系列的优点：串级控制较单回路控制系统有更强的抑制扰动的能力，通常副回路抑制扰动的能力比单回路控制高出十几倍乃至上百倍，因此设计此类系统时应把主要的扰动包含在副回路中；对象的纯滞后比较大时，若用单回路控制，则过渡时间过长，超调量大，参数恢复较慢，控制质量较差，采用串级控制可以克服对象纯滞后的影响，改善系统的控制性能；对于具有非线性的对象，采用单回路控制，在负荷变化时，不相应地改变控制器参数，系统的性能很难满足要求，若采用串级控制，把非线性对象包含在副回路中，由于副回路是随动系统，能够适应操作条件和负荷的变化，自动改变副调节器的给定值，因而控制系统仍有良好的控制性能。

在串级控制系统中，主、副控制器的选型非常重要。对于主控制器，为了减少稳态误差，提高控制精度，应具有积分控制，为了使系统反应灵敏，动作迅速，应加入微分控制，因此主控制器应具有 PI 控制规律；对于副控制器，通常可以选用比例控制，当副控制器的比例系数不能太大时，则应加入积分控制，即采用 PI 控制规律，副回路较少采用 PID 控制规律。

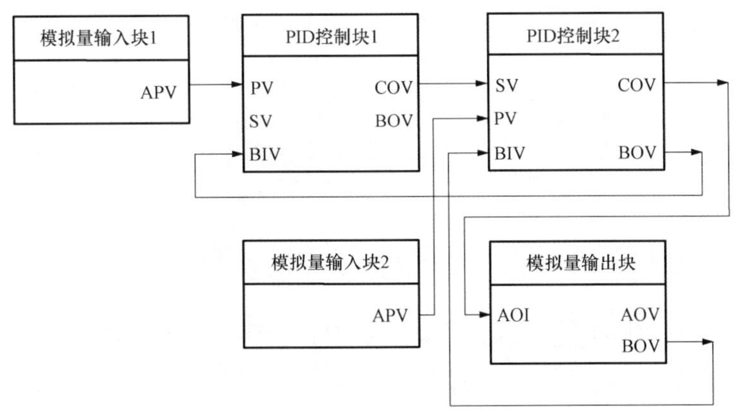

图 4-40　串级控制系统程序拓扑简图

4.3.3　前馈—反馈控制技术

按偏差的反馈控制能够产生作用的前提是，被控量必须偏离设定值。就是说，在干扰作用下，生产过程的被控量，必然是先偏离设定值，然后通过对偏差进行控制，以抵消干扰的影响。如果干扰不断增加，则系统总是跟在干扰作用之后波动，特别是系统滞后严重时波动就更为严重。前馈控制则是按扰动量进行控制的，当系统出现扰动时，前馈控制就按扰动量直接产生校正作用，以抵消扰动的影响。这是一种开环控制形式，在控制算法和参数选择合适的情况下，可以达到很高的精度。

1. 前馈控制的结构和原理

前馈控制的典型结构如图 4-41 所示。

图 4-41 中，$G_n(s)$ 是被控对象扰动通道的传递函数；$D_n(s)$ 是前馈控制器的传递函数；$G(s)$ 是被控对象控制通道的传递函数；n、u、y 分别为扰动量、控制量、被控量。

图 4-41　前馈控制结构

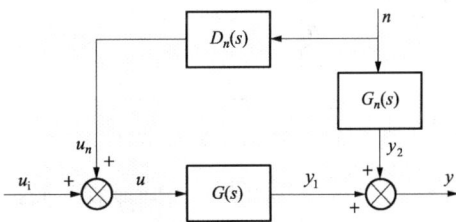

为了便于分析扰动量的影响，假定 $u_1 = 0$，有

$$Y(s) = Y_1(s) + Y_2(s) = [D_n(s)G(s) + G_n(s)]N(s) \tag{4-104}$$

若要使前馈作用完全补偿扰动作用，则应使扰动引起的被控量变化为零，即 $Y(s) = 0$，因此完全补偿的条件为

$$D_n(s)G(s) + G_n(s) = 0 \tag{4-105}$$

由此可得前馈控制器的传递函数为

$$D_n(s) = -\frac{G_n(s)}{G(s)} \tag{4-106}$$

在实际生产过程控制中，因为前馈控制是一个开环系统，所以，很少只采用前馈控制的方案，常常采用前馈—反馈控制相结合的方案。

2. 前馈—反馈控制结构

采用前馈与反馈控制相结合的控制结构，既能发挥前馈控制对扰动的补偿作用，又能保留反馈控制对偏差的控制作用。图 4-42 给出了前馈—反馈控制结构图。

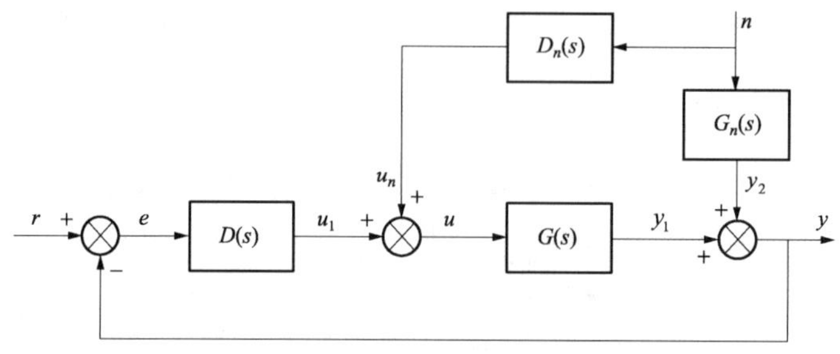

图 4-42 前馈—反馈控制结构图

由图 4-42 可知，前馈—反馈控制结构是在反馈控制的基础上，增加了一个扰动的前馈控制，由于完全补偿的条件未变，因此仍有

$$D_n(s) = -\frac{G_n(s)}{G(s)} \tag{4-107}$$

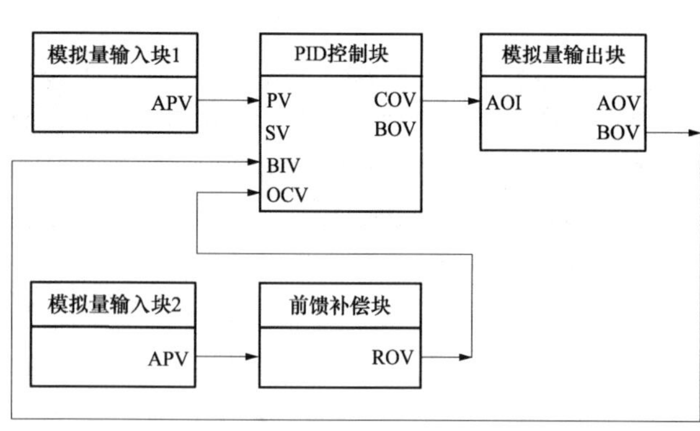

图 4-43 前馈—反馈 PID 控制系统程序拓扑简图

图 4-43 是图 4-42 相对应的计算机控制系统程序拓扑简图，其中模拟量输入块 1 代表被控量，相当于变送器的测量值。PID 控制块称其为控制器。模拟量输入块 2 代表扰动量，前馈补偿器的功能用前馈补偿块来实现，其输出 ROV 作为 PID 控制块的输出补偿量 OCV。模拟量输出块代表控制量，作用于执行器，实施控制功能。

实际应用中，还常采用前馈—串级控制结构，如图 4-44 所示。图 4-44 中 $D_1(s)$、$D_2(s)$ 分别为主、副控制器的传递函数；$G_1(s)$、$G_2(s)$ 分别为主、副对象。

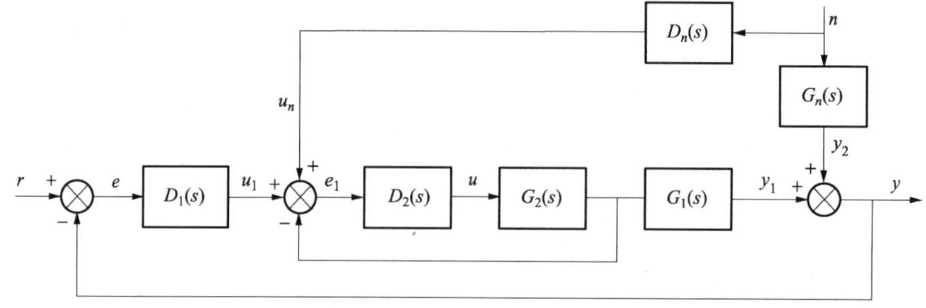

图 4-44 前馈—串级控制结构图

前馈—串级控制能及时克服进入前馈回路和串级副回路的干扰对被控量的影响，因前馈控制的输出不是直接作用于执行机构，而是补充到串级控制副回路的给定值中，这样就降低

了对执行机构动态响应性能的要求，这也是前馈—反馈控制结构广泛被采用的原因。

3. 数字计算机前馈—反馈控制算法

以前馈—反馈控制系统为例，介绍数字计算机前馈控制系统的算法步骤和算法流程图。图4-45是数字计算机前馈—反馈控制系统的框图。图中，T为采样周期，$D_n(z)$为前馈控制器，$D(z)$为反馈控制器，$H(s)$为零阶保持器。

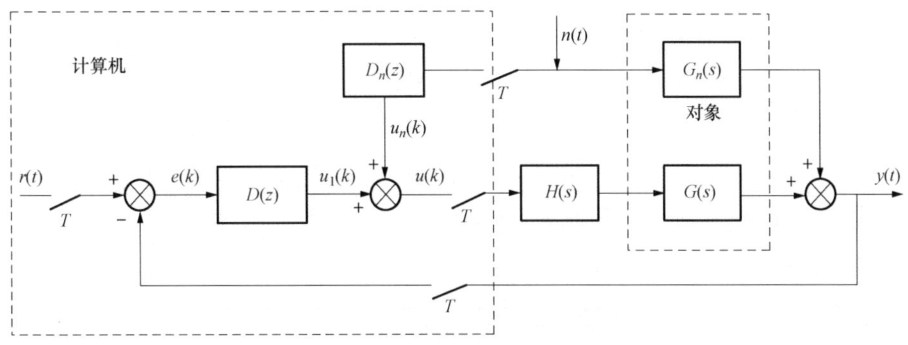

图4-45 数字计算机前馈—反馈控制系统框图

$D_n(z)$、$D(z)$是由数字计算机实现的。

若$G_n(s)=\dfrac{K_1}{1+T_1s}e^{-\tau_1 s}$， $G(s)=\dfrac{K_2}{1+T_2s}e^{-\tau_2 s}$

令$\tau=\tau_1-\tau_2$，则

$$D_n(s)=\frac{u_n(s)}{n(s)}=K_f\frac{s+\dfrac{1}{T_2}}{s+\dfrac{1}{T_1}}e^{-\tau s} \tag{4-108}$$

式中

$$K_f=-\frac{K_1T_2}{K_2T_1}$$

由式（4-108）可得前馈调节器的微分方程

$$\frac{\mathrm{d}u_n(t)}{\mathrm{d}t}+\frac{u_n(t)}{T_1}=K_f\left[\frac{\mathrm{d}n(t-\tau)}{\mathrm{d}t}+\frac{n(t-\tau)}{T_2}\right] \tag{4-109}$$

假如选择采样频率f_s足够高，也即采样周期$T=\dfrac{1}{f_s}$足够短，可对微分离散化，得到差分方程。

设纯滞后时间τ是采样周期T的整数倍，即$\tau=mT$，离散化时，令

$$u_n(t)\approx u_n(k)$$
$$n(t-\tau)\approx n(k-m)$$
$$\mathrm{d}t\approx T$$
$$\frac{\mathrm{d}u_n(t)}{\mathrm{d}t}\approx\frac{u_n(k)-u_n(k-1)}{T}$$
$$\frac{\mathrm{d}n(t-\tau)}{\mathrm{d}t}\approx\frac{n(k-m)-n(k-m-1)}{T}$$

由式（4-108）和式（4-109）可得到差分方程

$$u_n(k)=A_1u_n(k-1)+B_mn(k-m)+B_{m+1}n(k-m-1) \tag{4-110}$$

其中

$$A_1=\frac{T_1}{T+T_1}$$

$$B_m=K_f\frac{T_1(T+T_2)}{T_2(T+T_1)}$$

$$B_{m+1}=-K_f\frac{T_1}{T+T_1}$$

根据差分方程式（4-110），便可编制出相应的软件，由计算机实现前馈调节器了。

下面推导计算机前馈—反馈控制的算法步骤。

（1）计算反馈控制的偏差 $e(k)$，即

$$e(k)=r(k)-y(k) \tag{4-111}$$

（2）计算反馈控制器 PID 的输出 $u_1(k)$，即

$$\Delta u_1(k)=K_P\Delta e(k)+K_I e(k)+K_D[\Delta e(k)-\Delta e(k-1)] \tag{4-112}$$

$$u_1(k)=u_1(k-1)+\Delta u_1(k) \tag{4-113}$$

（3）计算前馈调节器 $D_n(s)$ 的输出 $u_n(k)$，即

$$\Delta u_n(k)=A_1\Delta u_n(k-1)+B_m\Delta n(k-m)+B_{m+1}\Delta n(k-m-1) \tag{4-114}$$

$$u_n(k)=u_n(k-1)+\Delta u_n(k) \tag{4-115}$$

（4）计算前馈—反馈调节器的输出，即

$$u(k)=u_n(k)+u_1(k) \tag{4-116}$$

4.3.4 比值控制系统

连续生产过程中有时需要保持两种物料的流量成一定的比例关系，如果比例失调，轻则影响产品的质量，重则造成生产事故。例如锅炉或加热炉的燃烧过程中，需要自动保持燃料量和空气量按一定的比例进入炉膛。又如合成氨生产中，需要自动保持氢气和氮气按一定的比例进入反应器。为此目的构成的控制系统称为比例控制系统。一般情况下，总是以生产过程中的主物料流量 F_a 为主动信号，从物料流量 F_b 为从动信号。常用的比值控制系统有单闭环比值控制系统、双闭环比值控制系统和变比值控制系统等。

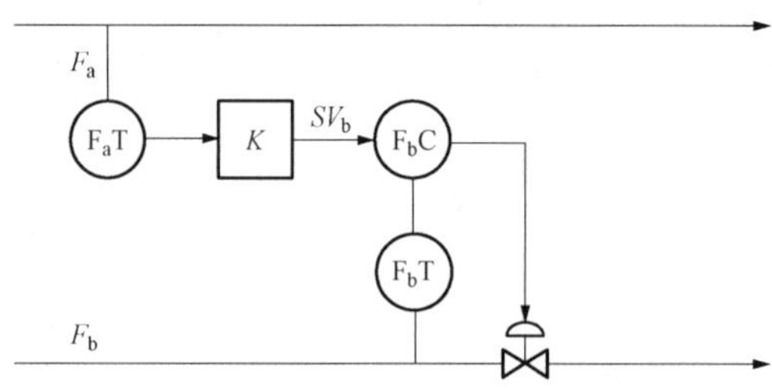

图 4-46 单闭环比值控制系统原理框图

F_aT—主流量变送器；K—比值器（乘法器）；

F_bT—从流量变送器；F_bC—从流量控制器

单闭环比值控制系统如图 4-46 所示，其中从物料流量 PID 控制器 F_bC 的给定值 SV_b 等于主物料流量 F_a 乘以比值系数 K，即从物料流量 F_b 与主物料流量 F_a 的比值系数为 K，其公式为

$$SV_b=KF_a,\quad K=\frac{F_b}{F_a} \tag{4-117}$$

图 4-47 是与图 4-46 相对应的计算机控制系统程序拓扑图，其中 PID 控制块模拟量输入

PV 为主物料流量 F_a，乘法块模拟输入为从物料流量 F_b，乘法器的输出作为从物料流量 PID 控制器的给定值 SV，此值等于主物料流量 F_a 乘以比值系数 K。由 PID 控制块给定值处理可知，此时 PID 控制器的给定值处于串级状态。

将图 4-46 与图 4-34 单回路 PID 控制系统相比较，前者只比后者多了主物料流量输入块及乘法块（比值器），究其本质仍然属于单回路控制。

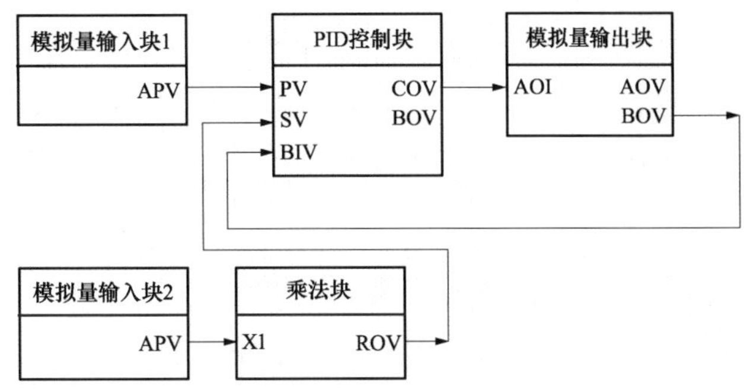

图 4-47 比值控制系统程序拓扑简图

单闭环比值控制仅对物料流量 F_b 进行控制，对于比值控制精度要求较高的生产过程，还需要对主物料流量 F_a 进行控制。这样就构成双闭环比值控制系统，如图 4-48 所示，仅增加了主物料流量 F_a 控制回路，其余同单闭环比值控制系统。

上述单、双闭环比值控制系统的比值系数 K 是常数，即主、从物料流量之间的值是确定的。但也有一些生产过程要求主、从物料流量之比不是常数，而要根据另一个参数的变化来不断修改比值系数 K。这样就构成变比值控制系统，如图 4-49 所示，其中参数 A 对应的 PID 控制器 AC 的输出作为比值器 R 的输入。例如在燃烧控制系统中，空气量和燃烧量的比值应控制在某个范围内，才能保证合理燃烧，衡量标准是烟气中的含氧量在某个范围内。也就是说，可以用烟气中含氧量的变化量的变化来随时修正空气量和燃烧量的比值。

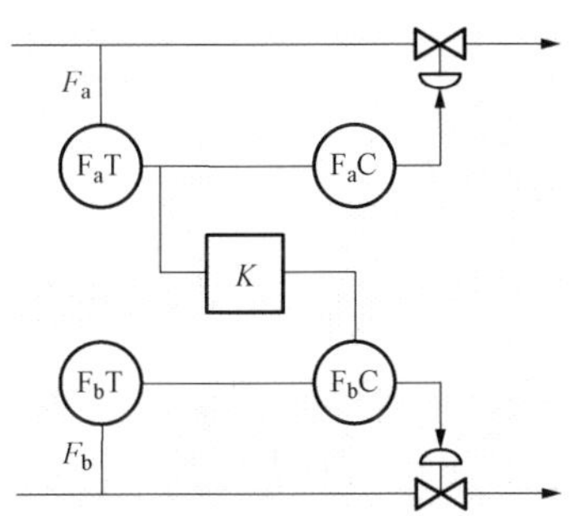

图 4-48 双闭环比值控制系统

F_aT—主流量变送器；F_bT—从流量变送器；F_aC—主流量控制器；F_bC—从流量控制器；K—比值器（乘法器）

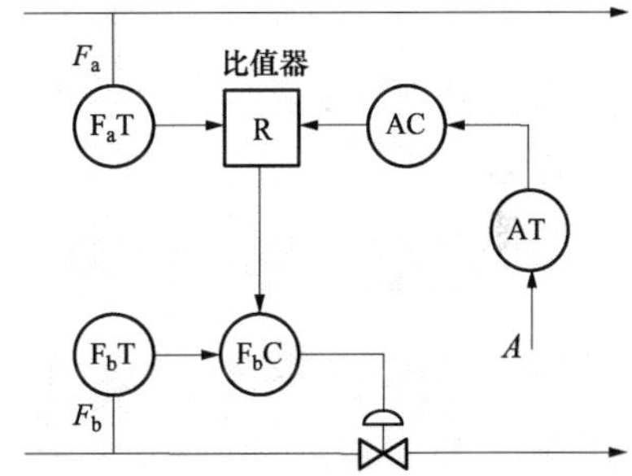

图 4-49 变比值控制系统

F_aT—主流量变送器；F_bT—从流量变送器；AT—主流量控制器；F_bC—从流量控制器；R—比值器（乘法器）；AC—成分控制器

4.3.5 选择性控制系统

过程控制系统可分为两类，一类是正常情况下工作的控制系统，另一种是非正常或事故情况下工作的控制系统。对于某些特殊的被控对象，必须根据被控参数的变化自动从这两个控制系统中选其一工作，这样就构成了选择性控制系统。顾名思义，选择性控制器中必然会有信号选择器。常用的信号选择器是低选器或高选器，它们有两个或多个输入信号（控制量或被控参数），低选器把低信号作为输出，高选器把高信号作为输出，即

$$U=\min(U_1,U_2,\cdots,U_n)\ （低选器） \tag{4-118}$$

或

$$U = \max(U_1, U_2, \cdots, U_n)\ （高选器） \tag{4-119}$$

式中：U_1～U_n为输入信号；U为输出信号。

简单的选择性控制系统只有两个被控参数，如图 4-50（a）所示。P_aC及P_bC中选择一个控制量U_a或U_b，其中一个为主控参数。图 4-50（a）中的两个 PID 控制器均为反作用，调节阀为正作用（气开或电开），事故参数P_b的安全限值为SP_b，该系统的工作过程如下：

正常情况时，$P_b < SP_b$，且$U_b > U_a$，故低选器输出$U = U_a$，P_aC控制器参与正常调节；

事故情况时，$P_b > SP_b$，且$U_b < U_a$，故低选器输出$U = U_b$，P_bC控制器参与事故调节，从而使调节阀开度减小，P_b也相应减小。当P_b减小到$P_b < SP_b$，且$U_b > U_a$时，使低选器输出$U = U_a$，P_aC控制器又恢复正常调节。

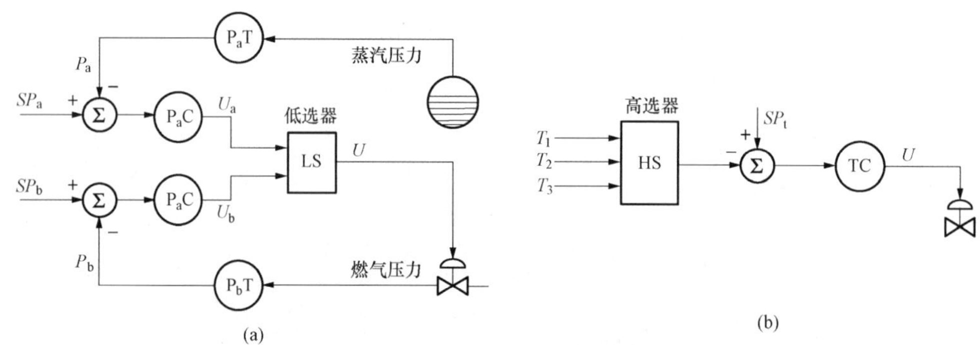

图 4-50 选择性 PID 控制系统

（a）选择控制量；（b）选择控制量

图 4-50（a）可用作锅炉燃烧控制，其中P_a为蒸汽压力，P_b为燃气压力。正常情况下，用蒸汽压力控制器P_aC来调整气阀开度，当P_a下降时，则开大燃气阀。如果燃气阀开度过大，阀后燃气压力P_b增大到极限状态，再增大P_b就会产生脱火现象。此时，由于燃气压力控制器P_bC是反作用，比例作用较强，使其输出U_b减小到$U_b < U_a$，再通过低选器 LS 取代蒸汽压力控制器的工作，关于燃气阀开度，使阀后燃气压力减小并脱离极限状态，防止脱火事故的发生。当回到正常工况后，蒸汽压力控制器P_aC又恢复正常调整以维持正常的蒸汽压力。

图 4-50（a）可看作两个单回路通过低选器 LS 自动切换来操作一个执行机构。为了实现无扰动切换，必须采取有关措施。如在事故状态时，蒸汽压力控制器P_aC处于输出跟踪方式，其输出U_a跟踪燃气压力控制器P_bC的输出U_b，同时蒸汽压力给定值SP_a跟踪蒸汽压力P_a，PID 差分算式暂停运算并使其历史数据为 0，这样可以保证无扰动切换到正常状态工作。

图 4-50（a）所示选择性控制系统是在两个控制器之间选其一工作，即低选器 LS 置于控制器后面，称为控制量的选择性调节；另一种是选择器置于控制器的前面，即从几个被控参数中选其一作为被控量，称为被控量的选择性调节。如图 4-50（b）所示，高选器 HS 从三个被控温度T_1、T_2、T_3中选最大者作为被控量，即高选器 HS 在控制器前面，究其本质是单回路控制系统。

选择性控制系统既要控制主控参数，维持正常工况；又要控制事故参数，保证安全生产，使控制系统在两个状态之间自动切换。因此，人们又将该系统称为超驰（Override）控制系统或取代控制系统。

4.3.6　分程控制系统

在过程控制中一个PID控制器的输出带动一个执行器是最常见的方案。有时为了改善调节品质、扩大调节阀的可调范围或满足生产工艺的特殊要求，将一个PID控制器的输出同时送往两个或两个以上的调节阀，而各个调节阀的工作范围不同，仅在一段控制信号范围内起作用，则称这样的系统为分程控制系统。“分程”之名来自把控制器的输出信号分割成不同的量程范围，去分别带动不同的调节阀。

图4-51（a）中流量控制器FC输出同时送往A、B调节阀，A阀开度0%～100%对应控制器输出0%～50%，B阀开度0%～100%对应控制器输出50%～100%。

图4-51（b）是与图4-51（a）相对应的计算机控制功能组态图，一个PID控制块输出对应两个模拟量输出块。其中模拟量输出块1控制A阀，实现A阀开度特性；另一个模拟量输出块2控制B阀，实现B阀开度特性。两个模拟量输出块的非线性输出特性分别对应图4-51（c）。

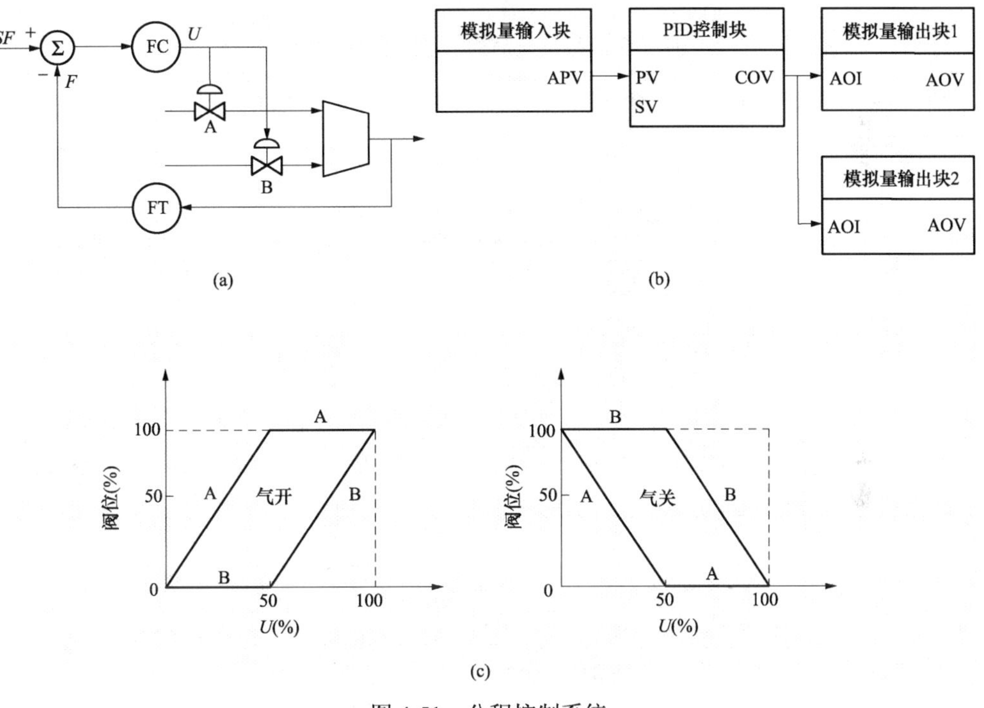

图4-51　分程控制系统

（a）控制原理图；（b）功能块组态图；（c）分程特性

4.3.7　纯滞后控制技术

在工业过程（如热工、化工）控制中，由于物料或能量的传输延迟，许多被控制对象具有纯滞后性质。对象的这种纯滞后性质常引起系统产生超调或者振荡。早在20世纪50年代，国外就对工业生产过程中纯滞后对象进行了深入的研究。

施密斯提出了一种纯滞后补偿模型，但由于模拟仪表不能实现这种补偿，致使这种方法在工程中无法实现。现在人们利用微型计算机可以方便地实现纯滞后补偿。

1. 施密斯预估控制原理

在图4-52所示的单回路控制系统中，$D(s)$表示调节器的传递函数，用于校正$G_{\rm p}(s)$部分；$G_{\rm p}(s){\rm e}^{-\tau s}$表示被控对象的传递函数，$G_{\rm p}(s)$为被控制对象中不包含纯滞后部分的传递函数，

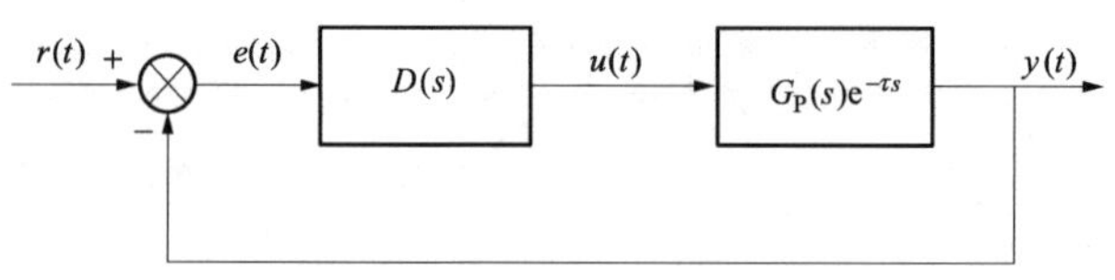

图 4-52 带纯滞后环节的控制系统

$e^{-\tau s}$ 为被控制对象纯滞后部分的传递函数。

施密斯预估控制的原理是：与 $D(s)$ 并接一补偿环节，用来补偿被控制对象中的纯滞后部分。这个补偿环节称为预估器，其传递函数为 $G_P(s)(1-e^{-\tau s})$，τ 为纯滞后时间，补偿后的系统框图示于图 4-53 中。

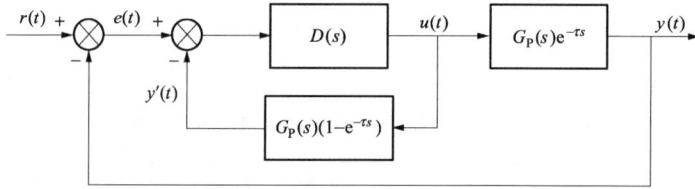

图 4-53 带施密斯预估器的控制系统

由施密斯预估器和调节器 $D(s)$ 组成的补偿回路称为纯滞后补偿器，其传递函数为 $D'(s)$，即

$$D'(s)=\frac{D(s)}{1+D(s)G_P(s)(1-e^{-\tau s})} \tag{4-120}$$

经补偿后的系统闭环传递函数为

$$\Phi(s)=\frac{D'(s)G_P(s)e^{-\tau s}}{1+D'(s)G_P(s)e^{-\tau s}}=\frac{D(s)G_P(s)}{1+D(s)G_P(s)}e^{-\tau s} \tag{4-121}$$

式（4-121）说明，经补偿后，消除了纯滞后部分对控制系统的影响，因为式中的 $e^{-\tau s}$ 在闭环控制回路之外，不影响系统的稳定性。拉氏变换的位移定理说明，$e^{-\tau s}$ 仅将控制作用在时间坐标上推移了一个时间 τ，控制系统的过渡过程及其他性能指标都与对象特性为 $G_P(s)$ 时完全相同。

2. 具有纯滞后补偿的数字控制器

由图 4-54 可见，纯滞后补偿的数字控制器由两部分组成：一部分是数字 PID 控制器［由 $D(s)$ 离散化得到］，一部分是施密斯预估器。

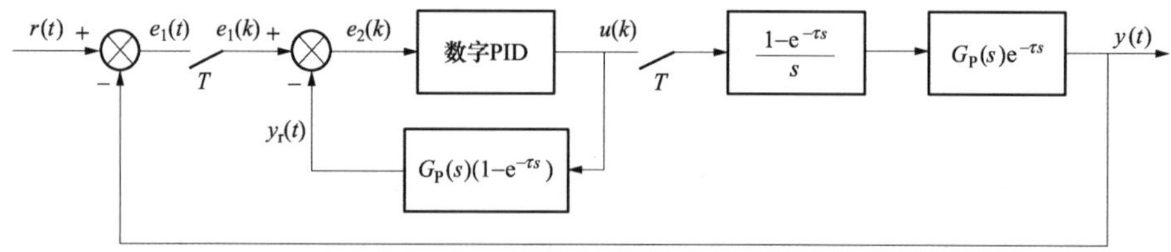

图 4-54 具有纯滞后补偿的数字控制器

（1）施密斯预估器。滞后环节使信号延迟，为此，在内存中专门设定 N 个单元作为存放信号 $m(k)$ 的历史数据，存储单元的个数 N 由下式决定，即

$$N=\frac{\tau}{T}$$

式中：τ 为纯滞后时间；T 为采样周期。

每采样一次，把 $m(k)$ 记入 0 单元，同时把 0 单元原来存放数据移到 1 单元，1 单元原来存放数据移到 2 单元，依次类推。从单元 N 输出的信号，就是滞后 N 个采样周期的 $m(k-N)$ 信号。

施密斯预估器的输出可按图 4-55 的顺序计算。

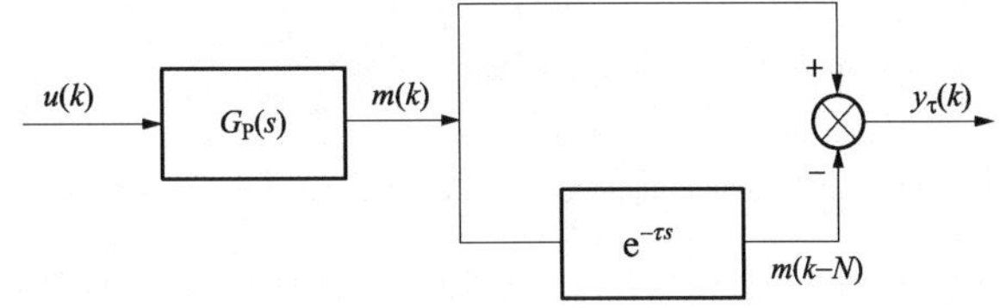

图 4-55　施密斯预估框图

图 4-55 中，$u(k)$ 是 PID 数字控制器的输出，$y_\tau(k)$ 是施密斯预估器的输出。从图中可知，必须先计算传递函数 $G_P(s)$ 的输出 $m(k)$ 后，才能计算预估器的输出

$$y_\tau(k)=m(k)-m(k-N)$$

许多工业对象可近似用一阶惯性环节和纯滞后环节的串联来表示，即

$$G_c(s)=G_P(s)e^{-\tau s}=\frac{K_f}{1+T_f s}e^{\tau s}$$

式中：K_f 为被控对象的放大系数；T_f 为被控对象的时间常数；τ 为纯滞后时间。

预估器的传递函数为

$$G_\tau(s)=G_P(s)(1-e^{-\tau s})=\frac{K_f}{1+T_f s}(1-e^{\tau s}) \tag{4-122}$$

（2）纯滞后补偿控制算法步骤。

1）计算反馈回路的偏差 $e_1(k)$，即

$$e_1(k)=r(k)-y(k)$$

2）计算纯滞后补偿器的输出 $y_\tau(k)$，即

$$\frac{Y_\tau(s)}{U(s)}=G_P(s)(1-e^{-\tau s})=\frac{K_f(1-e^{-NTs})}{1+T_f s}$$

化成微分方程式，则可写成

$$T_f\frac{dy_\tau(t)}{dt}+y_\tau(t)=K_f[u(t)-u(t-NT)]$$

相应的差分方程为

$$y_\tau(k)=ay_\tau(k-1)+b[u(k-1)-u(k-N-1)] \tag{4-123}$$

其中
$$a=e^{-\frac{T}{T_f}}，\quad b=K_f\left(1-e^{-\frac{T}{T_f}}\right)$$

式（4-123）称为施密斯预估控制算式。

3）计算偏差 $e_2(k)$，即

$$e_2(k)=e_1(k)-y_\tau(k)$$

4）计算控制器的输出 $u(k)$。当控制器采用 PID 控制算法时，则

$$\begin{aligned}u(k)&=u(k-1)+\Delta u(k)\\&=u(k-1)+K_P[e_2(k)-e_2(k-1)]+K_I e_2(k)+K_D[e_2(k)-2e_2(k-1)+e_2(k-2)]\end{aligned}$$

式中：K_P 为比例系数；$K_I=\dfrac{K_P T}{T_I}$ 为积分系数；$K_D=\dfrac{K_P T_D}{T}$ 为微分系数。

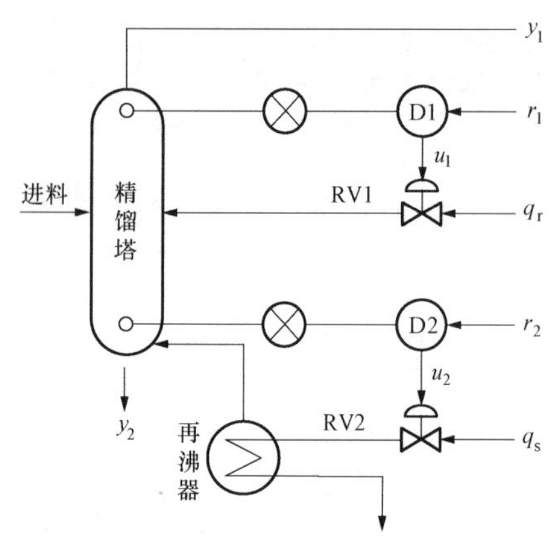

图 4-56　精馏塔组分控制示意图

4.3.8　解耦控制技术

早期的过程系统，主要是单回路单变量的调节，随着石油、化工、冶金等生产过程对控制的要求越来越高，往往在系统中用若干个控制回路来控制多个变量。由于各控制回路之间可能存在相互关联、相互耦合，因而构成了多输入多输出的多变量控制系统。

例如，化工生产中的精馏塔，它的两端组分的控制采用如图 4-56 所示的控制方案。D1 为塔顶组分控制器，它的输出 u_1 用来控制调节阀 RV1；调节进入塔顶的回流量 q_r，以便控制塔顶的组分 y_1；D2 为塔釜组分控制器，它的输出 u_2 用来控制调节阀 RV2；调节进入再沸器的加热蒸汽量 q_s，以便控制塔底的组分 y_2。显然，u_2 的改变不仅影响 y_2，还会引起 y_1 的变化；同样，u_1 的改变不仅对 y_1 有影响，还会引起 y_2 的变化。因此，这两个控制回路之间存在着相互关联、相互耦合。

两个控制回路之间的耦合，往往会造成两个回路久久不能平衡，以致无法正常工作，这种耦合关系如图 4-57 所示。

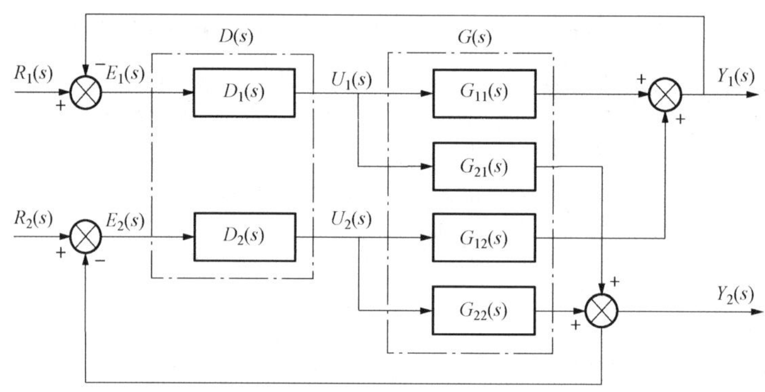

图 4-57　精馏塔组分的耦合关系

图 4-57 中，$R_1(s)$、$R_2(s)$ 分别为两个组分系统的给定值；$Y_1(s)$、$Y_2(s)$ 分别为两个组分系统的被控量；$D_1(s)$、$D_2(s)$ 分别为两个组分调节器的传递函数。

被控对象的传递函数矩阵为

$$G(s)=\begin{bmatrix} G_{11}(s) & G_{12}(s) \\ G_{21}(s) & G_{22}(s) \end{bmatrix} \tag{4-124}$$

则被控对象输入输出间的传递关系为

$$\begin{bmatrix} Y_1(s) \\ Y_2(s) \end{bmatrix}=G(s)\begin{bmatrix} U_1(s) \\ U_2(s) \end{bmatrix} \tag{4-125}$$

而

$$\begin{bmatrix} U_1(s) \\ U_2(s) \end{bmatrix}=\begin{bmatrix} D_1(s) & 0 \\ 0 & D_2(s) \end{bmatrix}\begin{bmatrix} E_1(s) \\ E_2(s) \end{bmatrix}=D(s)\begin{bmatrix} E_1(s) \\ E_2(s) \end{bmatrix} \tag{4-126}$$

式中：$D(s)=\begin{bmatrix} D_1(s) & 0 \\ 0 & D_2(s) \end{bmatrix}$为控制矩阵。

根据以上分析，可画出多变量控制系统框图，如图 4-58 所示。

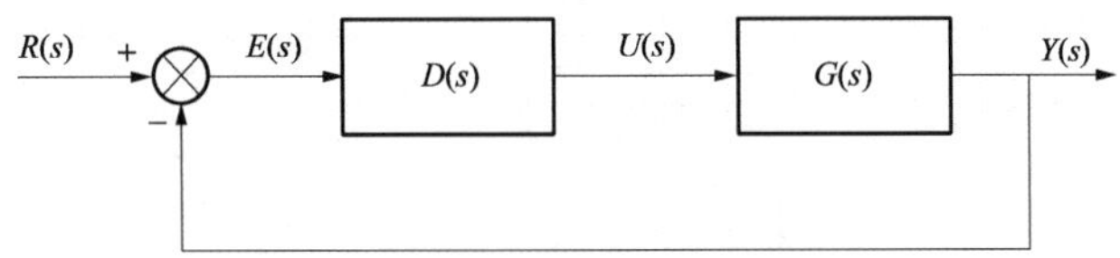

图 4-58　多变量控制系统框图

由图 4-58 可知，多变量控制系统的开环传递函数矩阵为

$$G_k(s)=G(s)D(s) \tag{4-127}$$

闭环传递函数矩阵为

$$\Phi(s)=\left[I+G_k(s)\right]^{-1}G_k(s) \tag{4-128}$$

式中：I 为单位矩阵。

1. 解耦控制原理

解耦控制的主要目标是通过设计解耦补偿装置，使各控制器只对各自相应的被控量施加控制作用，从而消除回路间的相互影响。

对于一个多变量控制系统，如果系统的闭环传递函数矩阵 $\Phi(s)$ 为一个对角线矩阵，即

$$\Phi(s)=\begin{bmatrix} \Phi_{11}(s) & 0 & \cdots & 0 \\ 0 & \Phi_{22}(s) & \cdots & 0 \\ \vdots & \vdots & \ddots & \vdots \\ 0 & 0 & \cdots & \Phi_{nn}(s) \end{bmatrix} \tag{4-129}$$

那么，这个多变量控制系统各控制回路之间是相互独立的。因此，多变量控制系统解耦的条件是系统的闭环传递函数矩阵 $\Phi(s)$ 为对角线矩阵，如式（4-129）所示。

为了达到解耦目的，必须在多变量控制系统中引入解耦补偿装置 $F(s)$，如图 4-59 所示。

由式（4-128）可知，为了使系统的闭环传递函数矩阵 $\Phi(s)$ 为对角线矩阵，必须使系统的开环传递函数矩阵 $G_k(s)$ 为对角线矩阵。因为 $G_k(s)$ 为对角线矩阵时，$\left[I+G_k(s)\right]^{-1}$ 也必为对角线矩阵，那么 $\Phi(s)$ 必为对角线矩阵。

引入解耦补偿装置后，系统的开环传递函数矩阵变为

$$G_k(s)F(s)=G(s)F(s)D(s) \tag{4-130}$$

式中：$F(s)=\begin{bmatrix} F_{11}(s) & F_{12}(s) \\ F_{21}(s) & F_{22}(s) \end{bmatrix}$为解耦补偿矩阵。

由于各控制回路的控制器一般是相互独立的，控制矩阵 $D(s)$ 本身已为对角线矩阵，因此，在设计时，只要使 $G(s)$ 与 $F(s)$ 的乘积为对角线矩阵，就可使 $G_k(s)F(s)$ 为对角线矩阵，即

$$\begin{bmatrix} G_{11}(s) & G_{12}(s) \\ G_{21}(s) & G_{22}(s) \end{bmatrix}\begin{bmatrix} F_{11}(s) & F_{12}(s) \\ F_{21}(s) & F_{22}(s) \end{bmatrix}=\begin{bmatrix} G_{11}(s) & 0 \\ 0 & G_{22}(s) \end{bmatrix}$$

因而，解耦补偿矩阵 $F(s)$ 为

$$\begin{bmatrix} F_{11}(s) & F_{12}(s) \\ F_{21}(s) & F_{22}(s) \end{bmatrix} = \begin{bmatrix} G_{11}(s) & G_{12}(s) \\ G_{21}(s) & G_{22}(s) \end{bmatrix}^{-1} \begin{bmatrix} G_{11}(s) & 0 \\ 0 & G_{22}(s) \end{bmatrix} \tag{4-131}$$

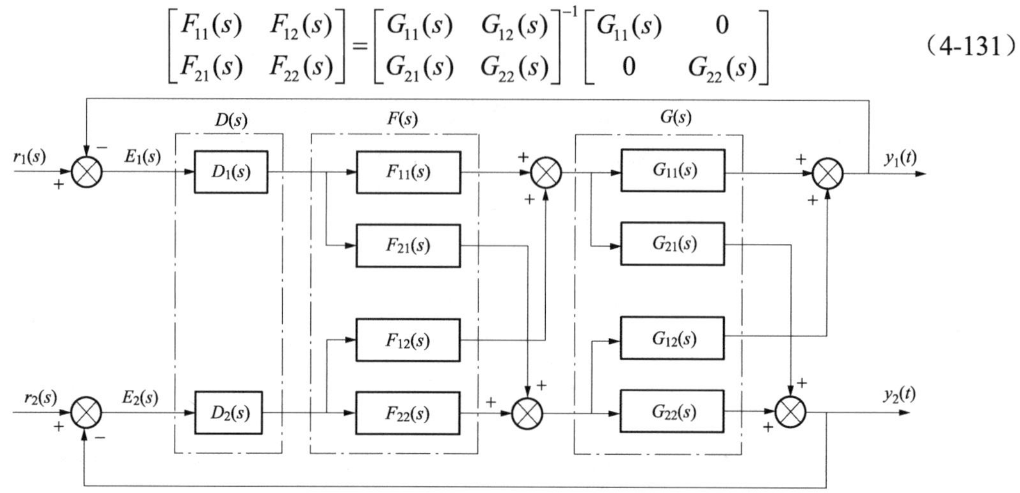

图 4-59 多变量解耦控制系统框图

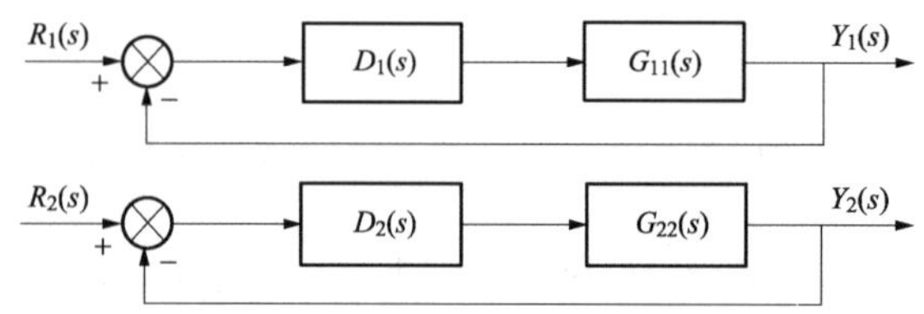

图 4-60 多变量解耦后的等效框图

根据上述分析，采用对角线矩阵综合方法，解耦之后的两个控制回路相互独立，如图 4-60 所示。

2. 数字解耦控制算法

当采用计算机控制时，图 4-59 所对应的离散化形式如图 4-61 所示。

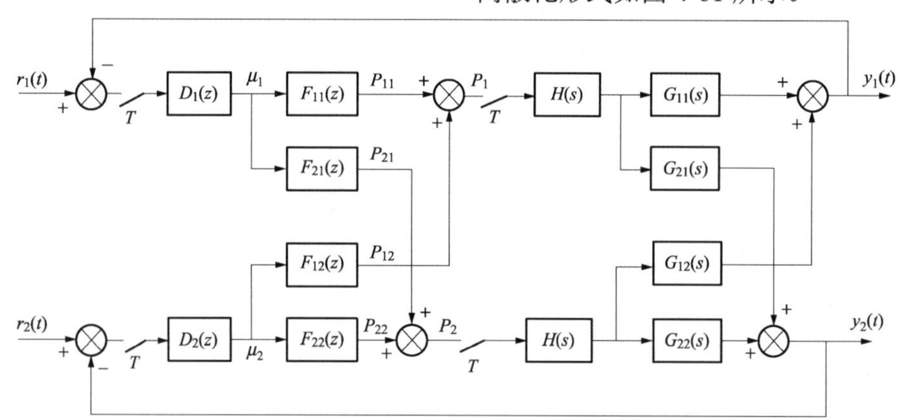

图 4-61 计算机解耦控制系统框图

图 4-61 中，$D_1(z)$、$D_2(z)$ 分别为回路 1 和回路 2 的控制器脉冲传递函数，$F_{11}(z)$、$F_{12}(z)$、$F_{21}(z)$、$F_{22}(z)$ 为解耦补偿装置的脉冲传递函数，$H(s)$ 为零阶保持器的传递函数，并有广义对象的脉冲传递函数为

$$G_{11}(s) = Z\left[H(s)G_{11}(s)\right]$$

$$G_{12}(s) = Z\left[H(s)G_{12}(s)\right]$$

$$G_{21}(s) = Z\left[H(s)G_{21}(s)\right]$$

$$G_{22}(s) = Z\left[H(s)G_{22}(s)\right]$$

由图 4-61 可得

$$\begin{bmatrix} Y_1(z) \\ Y_2(z) \end{bmatrix} = \begin{bmatrix} G_{11}(z) & G_{12}(z) \\ G_{21}(z) & G_{22}(z) \end{bmatrix} \begin{bmatrix} P_1(z) \\ P_2(z) \end{bmatrix} \tag{4-132}$$

$$\begin{bmatrix} P_1(z) \\ P_2(z) \end{bmatrix} = \begin{bmatrix} F_{11}(z) & F_{12}(z) \\ F_{21}(z) & F_{22}(z) \end{bmatrix} \begin{bmatrix} U_1(z) \\ U_2(z) \end{bmatrix} \tag{4-133}$$

由式（4-132）和式（4-133）可得

$$\begin{bmatrix} Y_1(z) \\ Y_2(z) \end{bmatrix} = \begin{bmatrix} G_{11}(z) & G_{12}(z) \\ G_{21}(z) & G_{22}(z) \end{bmatrix} \begin{bmatrix} F_{11}(z) & F_{12}(z) \\ F_{21}(z) & F_{22}(z) \end{bmatrix} \begin{bmatrix} U_1(z) \\ U_2(z) \end{bmatrix} \tag{4-134}$$

根据解耦控制的条件，知

$$\begin{bmatrix} G_{11}(z) & G_{12}(z) \\ G_{21}(z) & G_{22}(z) \end{bmatrix} \begin{bmatrix} F_{11}(z) & F_{12}(z) \\ F_{21}(z) & F_{22}(z) \end{bmatrix} = \begin{bmatrix} G_{11}(z) & 0 \\ 0 & G_{22}(z) \end{bmatrix} \tag{4-135}$$

由此，可求得解耦补偿矩阵为

$$\begin{bmatrix} F_{11}(z) & F_{12}(z) \\ F_{21}(z) & F_{22}(z) \end{bmatrix} = \begin{bmatrix} G_{11}(z) & G_{12}(z) \\ G_{21}(z) & G_{22}(z) \end{bmatrix}^{-1} \begin{bmatrix} G_{11}(z) & 0 \\ 0 & G_{22}(z) \end{bmatrix} \tag{4-136}$$

将式（4-136）求得的解耦补偿矩阵 $F(z)$ 化为差分方程形式，即可用计算机编程来实现。

以上解耦控制方法，虽然是以两变量控制系统为例来讨论的，但对三变量以上相关联的系统，解耦控制方法同样适用。

4.3.9 数字 PID 控制技术的应用实例

本例介绍以单片机为主控制器的数字 PID 控制系统。该系统采用软件技术实现 PID 控制参数的智能化自动整定，并利用整定后的控制参数控制直线电动机的运行过程，使电动机系统能获得较高的响应速度、稳定的控制精度和良好的控制效果。

1. 控制系统的组成

如图 4-62 所示，直线电动机的数字 PID 调节控制装置由单片机、存储器、D/A 转换控制电路、功率放大器、位移检测装置、通信接口电路等部分组成。

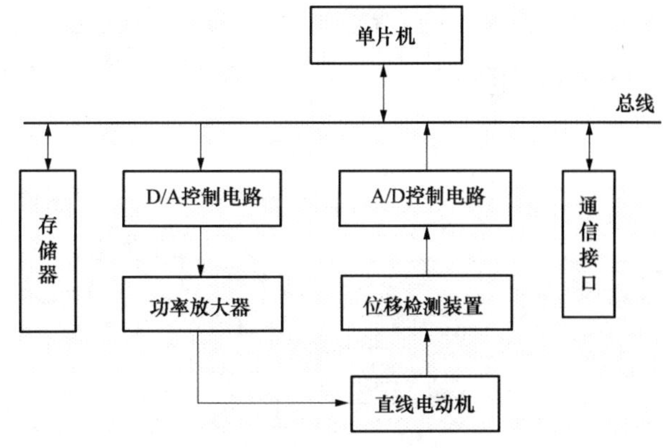

图 4-62 控制系统的组成

直线电动机运行过程的数字 PID 调节控制由单片机系统完成。位移检测装置用于实时检测直线电动机的输出位移量，并将检测结果反馈给单片机系统。通信接口电路配置有 RS-232 串行接口和一个专用的并行通信接口，用于实现控制装置与其他微机系统之间的实时通信监控，传输所需信息。

直线电动机是一种利用电能直接产生直线运动的电气装置，其传递函数为

$$G(s) = \frac{K_B}{ms^2 + bs + K} = \frac{K_1\omega_n^2}{s^2 + 2\zeta\omega_n s + \omega_n^2} \tag{4-137}$$

$$\zeta=\frac{b}{2\sqrt{mK}}，\ \omega_{\mathrm{n}}=\sqrt{\frac{K}{m}}，\ K_{1}=\frac{K_{\mathrm{B}}}{K}$$

式中：m 为直线电动机动子质量；b 为电动机动子与运行导轨之间的摩擦系数；K 为电动机弹性系数；K_{B} 为直线电动机的力常数；ζ 为电动机系统的阻尼比；ω_{n} 为电动机系统无阻尼时的自然振荡频率。

2. 直线电动机的数字 PID 控制和参数选择

在数字 PID 调节控制系统中，加入积分校正后，会产生过大的超调量，在直线电动机的运行过程中，这是不允许的。为了减少在电动机运行过程中积分校正对控制系统动态性能的影响，需要在直线电动机的启停阶段或大幅值进给时，采用积分分离 PID 控制算法，只加比例、微分运算，取消积分校正。而当直线电动机的实际位移与给定目标位移的误差小于一定值时，则恢复积分校正作用，以消除电动机系统的稳态误差。利用单片机的逻辑运算功能，可以很方便地确定积分分离 PID 控制的进程，实现直线电动机的积分分离 PID 控制，弥补模拟 PID 调节控制的不足，改善系统的控制性能，减少超调量，缩短调整时间。

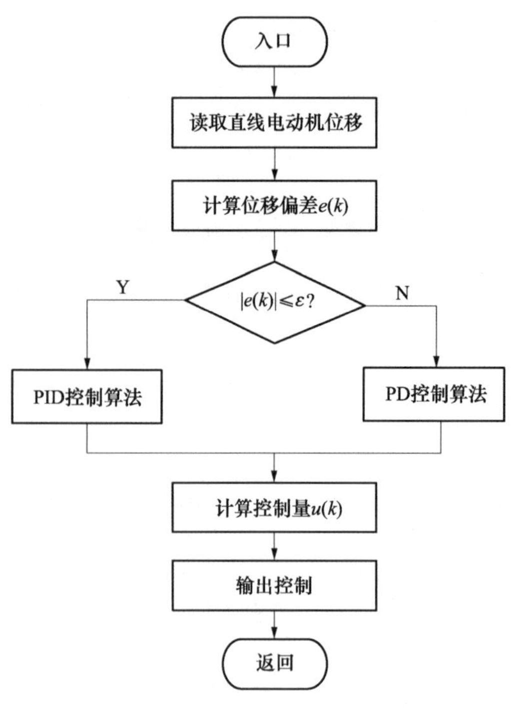

图 4-63 积分分离 PID 控制算法程序框图

设 ε 为 PID 控制算法的积分分离阈值，在控制过程中，当 $|e(k)|>\varepsilon$ 时，采用 PD 控制，以减少超调量；当 $|e(k)|\leqslant\varepsilon$ 时，则采用 PID 控制，以保证直线电动机位移控制精度。积分分离 PID 控制算法程序框图如图 4-63 所示。

在 PID 控制参数中，比例系数 K_{P} 增大，会使电机系统的动作灵敏，运行速度加快。在系统稳定的情况下，增大 K_{P} 值，有利于减小稳态误差，提高直线电动机的控制精度。但随着 K_{P} 的增大，系统响应过程中的振荡次数会增多，调节时间加长。当 K_{P} 值太大时，电动机系统将趋于不稳定；若 K_{P} 值太小，会降低电动机系统响应速度，电动机动作缓慢。积分时间常数 T_{I} 太小时，系统将不稳定，振荡次数较多；但 T_{I} 太大时，积分作用对电动机系统性能的影响减小，不利于消除系统的稳态误差，难以获得较高的控制精度。微分控制作用可以改善电动机系统的动态特性，提高控制精度，但微分时间常数 T_{D} 偏大或偏小时，都会使超调量增大，调节时间加长。

在直线电动机的控制系统中，将依靠单片机系统的高速处理和逻辑运算功能，利用人工智能方法将人工整定 PID 参数的调整经验作为知识和推理规则存入单片机系统中，并根据直线电动机控制系统的实际响应情况，自动实现对 PID 参数的最佳调整。

PID 控制参数的自动整定分两步进行。第一步是初始确定 PID 控制参数；第二步是在初定的 PID 控制参数基础上，根据直线电动机控制系统的响应过程和控制目标期望值，自动修正初定的 PID 参数，直至电动机系统的控制指标符合所需要求为止。

在数字控制系统中，采样周期 T 是一个比较重要的因素，采样周期的选取，应与 PID 参数的整定综合考虑。选取采样周期时，一般应考虑下列几个因素。

（1）采样周期应远小于对象的扰动信号的周期。

（2）采样周期应比对象的时间常数小得多，否则采样信号无法反映瞬变过程。

（3）对象要求的调节品质。在计算机运算度允许的情况下，采样周期短，调节品质好。

（4）性能价格比。从控制性能来考虑，希望采样周期短，但计算机运算速度，以及 A/D 和 D/A 的转换速度就相应地提高，导致计算机的费用增加。

（5）计算机所承担的工作量。如果控制的回路数多、计算量大，则采样周期要加长；反之，可以缩短。

由上述分析可知，采样周期受各种因素的影响，有些是相互矛盾的，必须视具体情况和主要的要求作出折中的选择。在直线电动机的单片机控制系统中，PID 过程是在定时中断状态下完成的。因此，采样周期 T 大小必须保证中断服务程序的正常运行。在不影响中断程序运行的情况下，可取采样周期 $T=0.1\tau$（τ 为纯滞后时间）。当中断程序的运行时间 T 大于 0.1τ 时，则取 $T=T_Z$。因此，采样周期可按下式确定，即

$$T=\begin{cases}0.1\tau & T_Z\leqslant 0.1\tau\\ T_Z & T_Z>0.1\tau\end{cases} \tag{4-138}$$

初始确定数字 PID 控制参数时，在用上述方法确定的采样周期 T 的条件下，从直线电动机的数字 PID 调节控制回路中，去掉数字控制器的微分控制作用和积分控制作用，只采用比例调节环节来确定系统的振荡周期 T_s 和临界比例系数 K_s。由单片机系统自动控制比例系数 K_P，并逐渐增大 K_P，直到电动机系统发生持续的等幅振荡，然后由单片机系统自动记录电动机系统发生等幅振荡时的临界比例度 δ_s 和相应的临界振荡周期 T_s。δ的计算式为

$$\delta_s=\frac{1}{K_s} \tag{4-139}$$

式中：K_s 为等幅振荡时的临界比例系数。

根据所测得的临界比例度 δ_s 和临界振荡周期 T_s，便可初始确定数字 PID 的控制参数为

$$K_P=0.6\delta_s,\ T_I=0.5T_s,\ T_D=0.125T_s$$

采样周期 T 取定为

$$T=\begin{cases}0.05T_s & T_Z\leqslant 0.05T_s\\ 1.05T_Z & T_Z>0.1T_s\end{cases}$$

利用初始确定的数字 PID 控制参数，便可以对直线电动机系统进行实时控制，采用人工智能方法实现 PID 控制参数的自动整定，以达到良好的电动机控制效果。

3. 直线电动机数字 PID 控制系统软件

直线电动机数字 PID 控制系统软件由主控程序、PID 控制参数自动整定、阶跃响应控制、数据处理、仿真控制、数字控制、显示模块以及通信监控模块等部分组成，其结构框图如图 4-64 所示。

显示模块用于跟踪控制系统的运行状态，仿真控制可根据阶跃响应实验得到的对象参数和初始控制参数，进行离线仿真，并根据仿真结果自动调整各控制参数。

利用该数字 PID 控制系统控制直线电动机的运行过程，电动机响应截止频率达 250Hz，超调量小于 5%。在频率为 60Hz、单幅值为 0.2mm 的正弦信号跟踪实验中，电动机的实际输

出位移与目标控制位移之间的误差小于 7μm。由此可知，该单片机控制的数字 PID 控制系统能使直线电动机获得较高的响应频率和良好的控制效果。

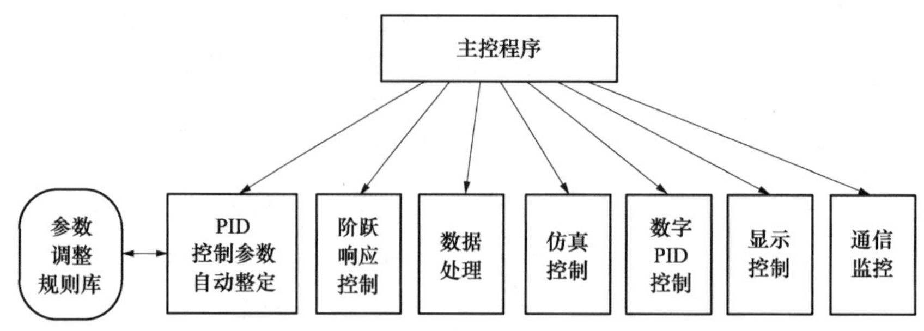

图 4-64 控制系统软件结构框图

4.4 模糊 PID 控制

在工业控制过程中经常会碰到大滞后、时变、非线性的复杂系统。其中，有的参数未知或缓慢变化；有的存在滞后和随机干扰；有的无法获得精确的数学模型。模糊控制器是一种近年来发展起来的新型控制器，其优点是不要求掌握受控对象的精确数学模型，而根据人工控制规则组织控制决策表，然后由该决策表决定控制量的大小。将模糊控制和 PID 控制器两者结合起来，扬长避短，既具有模糊控制灵活而适应性强的优点，又具有 PID 控制精度高的特点。这种 Fuzzy-PID 复合型控制器，对复杂控制系统和高精度伺服系统具有良好的控制效果，也是近年来十分热门的研究课题。

本节主要介绍模糊 PID 控制的基本原理、构成方式及应用。

4.4.1 模糊控制

1. 模糊控制的基本原理

模糊控制是以模糊集合论、模糊语言变量及模糊逻辑推理为基础的计算机智能控制，其基本概念是由美国加利福尼亚大学著名教授查德（L. A. Zadeh）首先提出的，经过 20 多年的发展，在模糊控制理论和应用研究方面均取得重大成功。

模糊控制的基本原理框图如图 4-65 所示。它的核心部分为模糊控制器，模糊控制器的控制规律由计算机的程序实现。实现一步模糊控制算法的过程描述如下：微机经中断采样获取被控制量的精确值，然后将此量与给定值比较得到误差信号 E，一般选误差信号 E 作为模糊控制器的一个输入量。把误差信号 E 的精确量进行模糊化，变成模糊量。误差 E 的模糊量可用相应的模糊语言表示，得到误差 E 的模糊语言集合的一个子集 $\underset{\sim}{e}$（$\underset{\sim}{e}$ 是一个模糊矢量），再由 $\underset{\sim}{e}$ 和模糊控制规则 $\underset{\sim}{R}$（模糊算子）根据推理的合成规则进行模糊决策，得到模糊控制量 $\underset{\sim}{u}$，即

$$\underset{\sim}{u} = \underset{\sim}{e}\underset{\sim}{R} \tag{4-140}$$

2. 模糊控制器

由图 4-65 可知，模糊控制系统与通常的计算机数字控制系统的主要差别是，采用了模糊控制器。模糊控制器是模糊控制系统的核心，一个模糊控制系统的性能优劣，主要取决于模糊控制器的结构、所采用的模糊规则、合成推理算法，以及模糊决策的方法等因素。

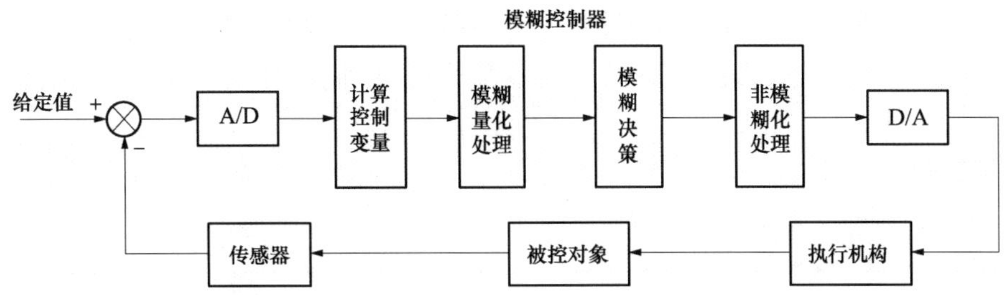

图 4-65 模糊控制原理框图

模糊控制器（Fuzzy Controller，FC）也称为模糊逻辑控制器（Fuzzy Logic Controller，FLC），由于其所采用的模糊控制规则是由模糊理论中模糊条件语句来描述的，因此模糊控制器是一种语言型控制器，故也称为模糊语言控制器（Fuzzy Language Controller，FLC）。

模糊控制器的组成框图如图 4-66 所示。

（1）模糊化接口（Fuzzy interface）：模糊控制器的输入必须通过模糊化才能用于控制输出的求解，因此它实际上是模糊控制器的输入接口。它的主要作用是将真实的确定量输入转换为一个模糊矢量。对于一个模糊输入变量 e，其模糊子集通常可以作如下方式划分。

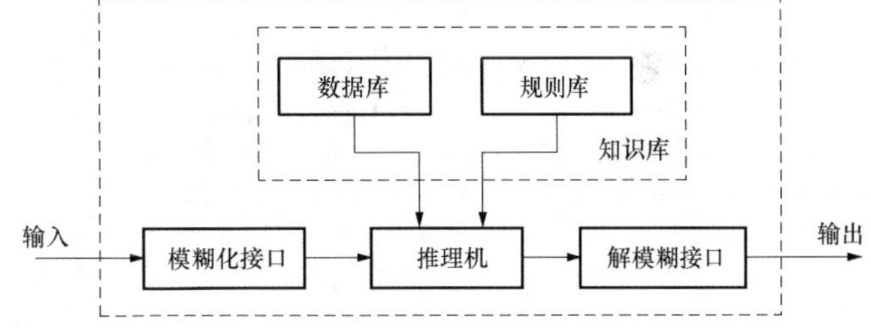

图 4-66 模糊控制器的组成框图

$\underset{\sim}{e}$=负大，负小，零，正小，正大=NB，NS，ZO，PS，PB

$\underset{\sim}{e}$=负大，负中，负小，零，正小，正中，正大=NB，NM，NS，ZO，PS，PM，PB

$\underset{\sim}{e}$=负大，负中，负小，零负，零正，正小，正中，正大=NB，NM，NS，NZ，PZ，PS，PM，PB

用三角形隶属度函数表示如图 4-67 所示。

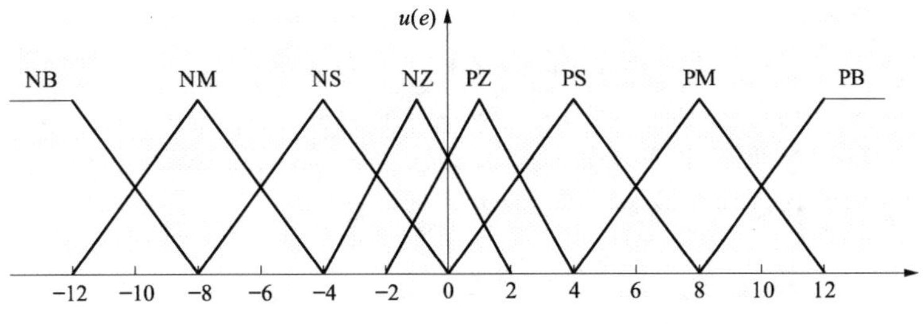

图 4-67 模糊子集和模糊化等级

（2）知识库（Knowledge Base，KB）：由数据库和规则库两部分构成。

1）数据库（Data Base，DB）。数据库所存放的是所有输入、输出变量的全部模糊子集的隶属度矢量值（即经过论域等级离散化以后对应值的集合），若论域为连续域则为隶属度函数。在规则推理的模糊关系方程求解过程中，向推理机提供数据。

2）规则库（Rulc Base，RB）。模糊控制器的规则是基于专家知识或手动操作熟练人员长期积累的经验，它是按人的直觉推理的一种语言表示形式。模糊规则通常由一系列的关系词连接而成，如 if-then、else、also、end、or 等，关系词必须经过“翻译”才能将模糊规则数值化。最常用的关系词为 if-then、also，对于多变量模糊控制系统，还有 and 等。例如，某模糊控制系统输入变量为 e（误差）和 ec（误差变化），它们对应的语言变量为 E 和 EC，可给出一组模糊规则：

R_1：IF E is NB and EC is NB then U is PB

R_2：IF E is NB and EC is NS then U is PM

通常把 if…部分称为“前提部”，而 then…部分称为“结论部”，其基本结构可归纳为 IFA and B then C，其中 A 为论域 U 上的一个模糊子集，B 是论域 V 上的一个模糊子集。根据人工控制经验，可离线组织其控制决策表 R，R 是笛卡儿乘积集 $U\times V$ 上的一个模糊子集，则某一时刻其控制量由下式给出，即

$$C=(A\times B)\circ R \tag{4-141}$$

式中：×表示模糊直积运算；∘表示模糊合成运算。

规则库是用来存放全部模糊控制规则的，在推理时为“推理机”提供控制规则。由上述可知，规则条数和模糊变量的模糊子集划分有关，划分越细，规则条数越多，但并不代表规则库的准确度越高，规则库的“准确性”还与专家知识的准确度有关。

（3）推理与解模糊接口（Inference and Defuzzy-interface）。推理是模糊控制器中，根据输入模糊量，由模糊控制规则完成模糊推理来求解模糊关系方程，并获得模糊控制量的功能部分。在模糊控制中，考虑到推理时间，通常采用运算较简单的推理方法。最基本的有 Zadeh 近似推理，它包含有正向推理和逆向推理两类。正向推理常被用于模糊控制中，而逆向推理一般用于知识工程学领域的专家系统中。推理结果的获得，表示模糊控制的规则推理功能已经完成。但是，至此所获得的结果仍是个模糊矢量，不能直接用来作为控制量，还必须作一次转换，求得清晰的控制量输出，即为解模糊。通常把输出端具有转换功能作用的部分称为解模糊接口。

综上所述，模糊控制器实际上就是依靠微机（或单片机）来构成的。它的绝大部分功能都是由计算机程序来完成的。随着专用模糊芯片的研究和开发，也可以由硬件逐步取代各组成单元的软件功能。

3. 模糊控制器结构

在确定性控制系统中，根据输入变量和输出变量的个数，可分为单变量控制系统和多变量控制系统。在模糊控制系统中也可类似地划分为单变量模糊控制和多变量模糊控制。

（1）单变量模糊控制器。在单变量模糊控制器（Single Variable Fuzzy Controller，SVFC）中，将其输入变量的个数定义为模糊控制器的维数，如图 4-68 所示。

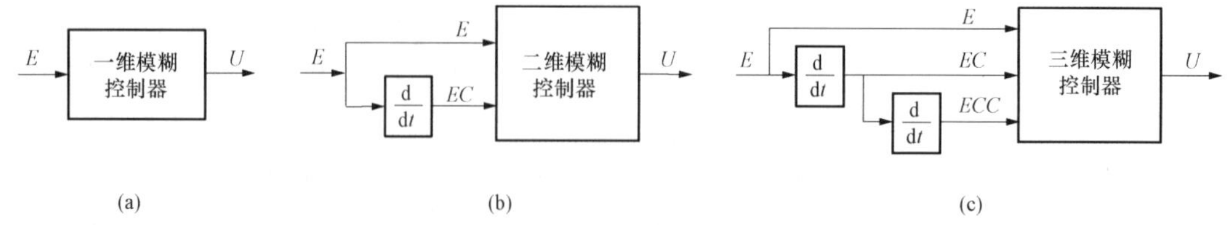

图 4-68 单变量模糊控制器

（a）一维模糊控制器；（b）二维模糊控制器；（c）三维模糊控制器

1）一维模糊控制器如图 4-68（a）所示，一维模糊控制器的输入变量往往选择为受控量和输入给定的偏差量 E。由于仅仅采用偏差值很难反映受控过程的动态特性品质，因此，所

获得的系统动态性能是不能令人满意的。这种一维模糊控制器往往被用于一阶被控对象。

2）二维模糊控制器如图 4-68（b）所示，二维模糊控制器的两个输入变量基本上都选用受控变量和输入给定的偏差 *E* 和偏差变化 *EC*，由于它们能够较严格地反映受控过程中输出变量的动态特性，因此，在控制效果上要比一维模糊控制器好得多，也是目前采用较广泛的一类模糊控制器。

3）三维模糊控制器如图 4-68（c）所示，三维模糊控制器的三个输入变量分别为系统偏差量 *E*、偏差变化量 *EC* 和偏差变化的变化率 *ECC*。由于这类模糊控制器结构较复杂，推理运算时间长，因此除非对动态特性的要求特别高的场合，一般较少选用三维模糊控制器。

上述三类模糊控制器的输出变量，均选择了受控变量的变化值。从理论上讲，模糊控制系统所选用的模糊控制器维数越高，系统的控制精度也就越高。但是维数选择太高，模糊控制规律就过于复杂，基于模糊合成推理的控制算法的计算机实现，也就更困难，这也许是人们在设计模糊控制系统时，多数采用二维控制器的原因。在需要时，为了获得较好的上升段特性和改善控制器的动态品质，也可以对模糊控制器的输出量作分段选择，即在偏差 *E*“大”时，以控制量的绝对量为输出，而当偏差 *E*“小”或“中等”时，则仍以控制量的增量为输出。

（2）多变量模糊控制器。一个多变量模糊控制（Multiple Variable Fuzzy Controller）系统所采用的模糊控制器，往往具有多变量结构如图 4-69 所示，称为多变量模糊控制器。

要直接设计一个多变量模糊控制器是相当困难的，可利用模糊控制器本身的解耦特点，通过模糊关系方程分解，在控制器结构上实现解耦，即将一个多输入—多输出（MI-MO）的模糊控制器，分解成若干个多输入—单输出（MISO）的模糊控制器，这样可采用单变量模糊控制器方法设计。

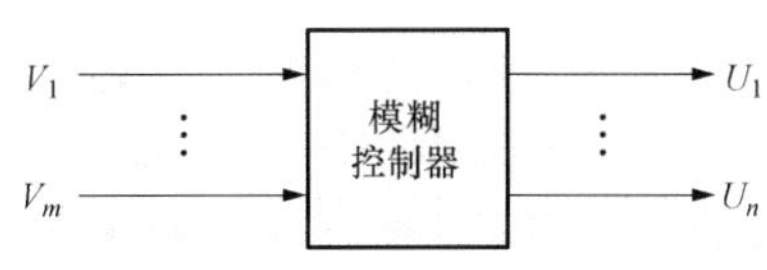

图 4-69　多变量模糊控制器

（3）模糊控制器设计举例。模糊控制器最简单的实现方法是将一系列模糊控制规则离线转化为一个查询表（又称为控制表），存储在计算机中供在线控制时使用。这种模糊控制器结构简单，使用方便，是最基本的一种形式。本节以单变量二维模糊控制器为例，介绍这种形式模糊控制器的设计步骤，其他设计思想是设计其他模糊控制器的基础。

1）确定模糊控制器的结构。如前所述，单变量二维模糊控制器是最常见的结构形式。

对误差 *E*、误差变化 *EC* 及控制量 *U* 的模糊集及其论域定义如下。

EC 和 *U* 的模糊集均为 {NB，NM，NS，ZO，PS，PM，PB}；

E 的模糊集为 {NB，NM，NS，NO，PO，PS，PM，PB}；

E 和 *EC* 的论域均为 {–6，–5，–4，–3，–2，–1，0，1，2，3，4，5，6}；

U 的论域为 {–7，–6，–5，–4，–3，–2，–1，0，1，2，3，4，5，6，7}。

上述的误差模糊集选取八个元素，区分 NO 和 PO，主要是着眼于提高稳态精度。

2）建立模糊控制规则。根据人的直觉思维推理，由系统输出的误差及误差的变化趋势来消除系统误差的模糊控制规则。可用下述 21 条模糊条件语句来描述。

R_1： if E=NB or NM and EC=NB or NM then U=PB

R_2： if E=NB or NM or EC=PS or ZO then U=PB

R_3： if E=NB or NM and EC=PS then U=PM

R_4： if E=NB or NM and EC=PM or PB then U=ZO

R_5： if E=NS and EC=NB or NM then U=PM
R_6： if E=NS and EC=NS or ZO then U=PM
R_7： if E=NS and EC=PS then U=ZO
R_8： if E=NS and EC=PM or PB then U=NS
R_9： if E=NO or PO and EC=NB or NM then U=PM
R_{10}： if E=NO or PO and EC=NS then U=PS
R_{11}： if E=NO or PO and EC=ZO then U=ZO
R_{12}： if E=NO or PO and EC=PS then U=NS
R_{13}： if E=NO or PO and EC=PM or PB then U=NM
R_{14}： if E=PS and EC=NB or NM then U=PS
R_{15}： if E=PS and EC=NS then U=ZO
R_{16}： if E=PS and EC=ZO or PS then U=NM
R_{17}： if E=PS and EC=PM or PB then U=NM
R_{18}： if E=PM or PB and EC=NB or NM then U=ZO
R_{19}： if E=PM or PB and EC=NS then U=NM
R_{20}： if E=PM or PB and EC=ZO or PS then U=NB
R_{21}： if E=PM or PB and EC=PM or PB then U=NB

上述条件语句构成了描述众多被控过程的模糊模型，例如，卫星的姿态与作用的关系，飞机或舰船航向与舵偏角的关系，工业锅炉中的压力与加热的关系等。因此在条件语句中，误差 E、误差变化 EC 及控制量 U 对于不同的被控对象有着不同的意义。

3）确定模糊变量的赋值表。模糊变量误差 E、误差变化 EC 控制量 U 的模糊集和论域确定后，需对模糊语言变量确定隶属函数，即所谓对模糊变量赋值，就是确定论域内元素对模糊语言变量的隶属度，如 $PB_{\mathrm{E}}=\frac{0.1}{3}+\frac{0.4}{4}+\frac{0.8}{5}+\frac{1.0}{6}$。模糊变量 E、EC 及 U 的赋值分别见表 4-4～表 4-6。它们是根据不同对象的实际情况具体确定的。

表 4-4　　模糊变量 *E* 的赋值表

E \ μ \ e	−6	−5	−4	−3	−2	−1	−0	+0	+1	+2	+3	+4	+5	+6
PB	0	0	0	0	0	0	0	0	0	0	0.1	0.4	0.8	1.0
PM	0	0	0	0	0	0	0	0	0	0.2	0.7	1.0	0.7	0.2
PS	0	0	0	0	0	0	0	0.8	0.8	1.0	0.5	0.1	0	0
PO	0	0	0	0	0	0	0	0.6	0.6	0.1	0	0	0	0
NO	0	0	0	0	0.1	0.6	1.0	0	0	0	0	0	0	0
NS	0	0	0.1	0.5	1.0	0.8	0.3	0	0	0	0	0	0	0
NM	0.2	0.7	1.0	0.7	0.2	0	0	0	0	0	0	0	0	0
NB	1.0	0.8	0.4	0.3	0	0	0	0	0	0	0	0	0	0

表 4-5　　模糊变量 *EC* 的赋值表

EC \ μ \ ec	−6	−5	−4	−3	−2	−1	0	+1	+2	+3	+4	+5	+6
PB	0	0	0	0	0	0	0	0	0	0.1	0.4	0.8	1.0

续表

ec / μ / EC	−6	−5	−4	−3	−2	−1	0	+1	+2	+3	+4	+5	+6
PM	0	0	0	0	0	0	0	0	0.2	0.7	1.0	0.7	0.2
PS	0	0	0	0	0	0	0	0.9	1.0	0.7	0.2	0	0
O	0	0	0	0	0	0.5	1.0	0.5	0	0	0	0	0
NS	0	0	0.2	0.7	1.0	0.9	0	0	0	0	0	0	0
NM	0.2	0.7	1.0	0.7	0.2	0	0	0	0	0	0	0	0
NB	1.0	0.8	0.4	0.1	0	0	0	0	0	0	0	0	0

表 4-6　　模糊变量 *U* 的赋值

u / μ / U	−7	−6	−5	−4	−3	−2	−1	0	+1	+2	+3	+4	+5	+6	+7
PB	0	0	0	0	0	0	0	0	0	0	0	0.1	0.4	0.8	1.0
PM	0	0	0	0	0	0	0	0	0	0.2	0.7	1.0	0.7	0.2	0
PS	0	0	0	0	0	0	0	0.4	1.0	0.8	0.4	0.1	0	0	0
O	0	0	0	0	0	0	0.5	1.0	0.5	0	0	0	0	0	0
NS	0	0	0	0.1	0.4	0.8	1.0	0.4	0	0	0	0	0	0	0
NM	0	0.2	0.7	1.0	0.7	0.2	0	0	0	0	0	0	0	0	0
NB	0.1	0.8	0.4	0.1	0	0	0	0	0	0	0	0	0	0	0

4）建立模糊控制表。上述描写模糊控制的 21 条模糊条件语句之间是“或”的关系，由第 1 条语句所确定的控制规则可以计算出 u_1。

由第 1 条语句所确定的模糊关系可用下式写出，即

$$R=[(\mathrm{NB_E}+\mathrm{NM_E})\times \mathrm{PB_U}][(\mathrm{NB_{EC}}+\mathrm{NM_{EC}})\times \mathrm{PB_U}] \tag{4-142}$$

如果令此刻采样所得到的实际误差量为 e 且误差的变化为 ec，可以算出控制量为

$$u_1=e\circ[(\mathrm{NB_E}+\mathrm{NM_E})\times \mathrm{PB_U}]ec\circ[(\mathrm{NB_{EC}}+\mathrm{NM_{EC}})\times \mathrm{PB_U}] \tag{4-143}$$

对于 e 及 ec 的隶属函数值对应于所量化的等级上取 1，其余均取为零值，这样可使式（4-143）简化为

$$u_1=\min\{\max[\mu_{\mathrm{NBE}}(i);\mu_{\mathrm{NME}}(i)];\max[\mu_{\mathrm{NBEC}}(j);\mu_{\mathrm{NMEC}}(j)];\mu_{\mathrm{PBU}}(x)\} \tag{4-144}$$

式中：$\mu_{\mathrm{NBE}}(i)$、$\mu_{\mathrm{NME}}(i)$ 分别为模糊集合 $\mathrm{NB_E}$ 和 $\mathrm{NM_E}$ 第 i 个元素（即令测量得到的误差为第 i 等级）的隶属度；$\mu_{\mathrm{NBEC}}(j)$、$\mu_{\mathrm{NMEC}}(j)$ 分别为模糊集合 $\mathrm{NB_{EC}}$ 和 $\mathrm{NM_{EC}}$ 第 j 个元素（令测量得到的误差变化为第 j 等级）的隶属度。

同理，可以由其余各条语句分别求出控制量 u_1，u_2，…，u_{21}，则控制量为模糊集合 U，可表示为

$$U=u_1+u_2+\cdots+u_{21} \tag{4-145}$$

由式（4-145）计算出的模糊控制量可以选用一种判决方法，如采用最大隶属度方法，将控制量由模糊量变为精确量。

利用计算机可根据不同的 i 和 j 预先计算好控制量 u，制成表 4-7，作为“文件”存储在计算机中。当进行实时控制时，便于根据输出的信息，从“文件”中查询所需采取的控制策略。该控制表又被称为查询表。

表 4-7　　模糊控制表

EC / μ / E	−6	−5	−4	−3	−2	−1	0	+1	+2	+3	+4	+5	+6
−6	7	6	7	6	7	7	7	4	4	2	0	0	0
−5	6	6	6	6	6	6	6	4	4	2	0	0	0
−4	7	6	7	6	7	7	7	4	4	2	0	0	0
−3	7	6	6	6	6	6	6	3	2	0	−1	−1	−1
−2	4	4	4	5	4	4	4	1	0	0	−1	−1	−1
−1	4	4	4	5	4	4	1	0	0	0	−3	−2	−1
−0	4	4	4	5	1	1	0	−1	−1	−1	−4	−4	−4
+0	4	4	4	5	1	1	0	−1	−1	−1	−4	−4	−4
+1	2	2	2	2	0	0	−1	−4	−4	−3	−4	−4	−4
+2	1	2	1	2	0	−3	−4	−4	−4	−3	−4	−4	−4
+3	0	0	0	0	−3	−3	−6	−6	−6	−6	−6	−6	−6
+4	0	0	0	−2	−4	−4	−7	−7	−7	−6	−7	−6	−7
+5	0	0	0	−2	−4	−4	−6	−6	−6	−6	−6	−6	−6
+6	0	0	0	−2	−4	−4	−7	−7	−7	−6	−7	−6	−7

4. 自调整因子模糊控制器

（1）对于一个模糊控制系统，模糊控制器的性能决定着该系统性能的好坏；而模糊控制器的自身性能又取决于模糊语言规则和合成推理。通常情况下，一个模糊控制器设计完成后，其语言规则和合成推理往往是确定的，即不可调整的。但对于某些场合，要求模糊控制器具有较强的通用性和适应性，即对不同的被控对象，均具有较好的控制效果，这就要求模糊控制器具有自调整功能。

模糊控制器的可调整因子对于一个二维模糊控制器，当输入变量 E 与 EC 和输出控制量 U 的论域等级划分相同，如 $\underset{\sim}{E}=\underset{\sim}{EC}=\underset{\sim}{U}=-m,-m+1,\cdots,-2,-1,0,+1,+2,\cdots,m-1,m$ 时，则其控制查询表往往可以用下列关系式来近似地归纳

$$\underset{\sim}{U}=-\frac{\underset{\sim}{E}+\underset{\sim}{EC}}{2} \tag{4-146}$$

式中：$\underset{\sim}{U}$、$\underset{\sim}{EC}$、$\underset{\sim}{E}$ 均为相应模糊变量的等级值。

由式（4-146）可知：①常规的二维模糊控制器中，输出变量取决于输入量 E（误差）和 EC（误差变化），并且它们的加权系数各为 0.5；②式（4-146）所描述的二维模糊控制器的一种控制规则关系，是固定的、不可调整的。一旦设计完成，其控制规则也就被确定了。

如果在式（4-146）的基础上引入一个可调整因子 α（也称加权系数），即

$$\underset{\sim}{U}=-[\alpha\underset{\sim}{E}+(1-\alpha)\underset{\sim}{EC}],\quad \alpha\in(0,1)$$

通过调整 α 值，可以改变误差 E 和误差变化 EC 对控制输出量 U 的加权程度，从而调整了控制规则。这样，也就是对于整个 E 论域的所有等级（即所有$-m$～$+m$ 的每一个等级）均按照取定的加权系数 α 来调整。实际上，对于一个常规的二维控制系统而言，在控制过程的初始阶段，系统的误差往往较大，控制系统的主要目的是消除误差，这时希望误差值在控制规则中的加权系数应大一些；反之，当控制过程趋向稳定阶段，系统误差已经很小，控制系统的重要任务是减小超调量，使系统尽快稳定，这就要求在控制规则中，把误差变化值的加权系数增大。这样，式（4-146）中的单个可调整因子还是无法满足这一要求。为此，可以采用两个可调整因子 α_1、α_2 的方法，如

$$\underset{\sim}{U}=-[\alpha_1\underset{\sim}{E}+(1-\alpha_1)\underset{\sim}{EC}]，当|E|\leqslant\frac{M}{2}时$$

$$\underset{\sim}{U}=-[\alpha_2\underset{\sim}{E}+(1-\alpha_2)\underset{\sim}{EC}]，当|E|>\frac{M}{2}时$$

$$\alpha_1、\alpha_2\in(0,1)\qquad\alpha_1<\alpha_2$$

以采用两个可调整因子α_1、α_2的方法，当一类复杂过程的控制系统，在控制过程的各个阶段，对误差E误差变化EC有不同要求时，也可采用多个调整因子的方法，即

$$\underset{\sim}{U}=-[\alpha_i\underset{\sim}{E}+(1-\alpha_i)\underset{\sim}{EC}]，\quad|\underset{\sim}{E}|\leqslant M_i \tag{4-147}$$

式中：$M_i(i=1,2,\cdots)\leqslant m$。

这时，具有多个可调整因子的模糊控制器系统如图 4-70 所示。

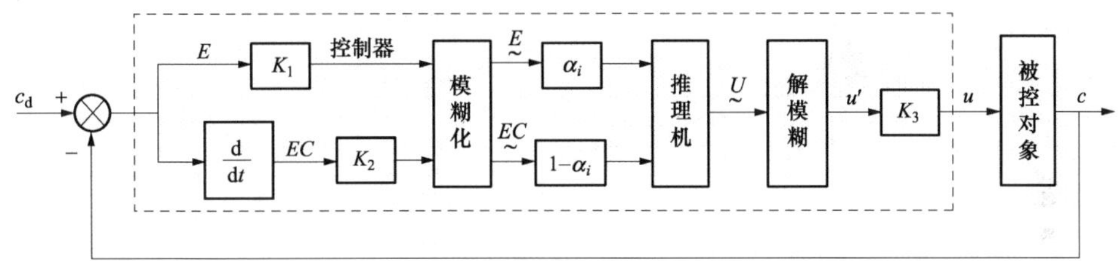

图 4-70　具有多个可调整因子的模糊控制器系统

（2）自调整因子寻优对于具有多个可调整因子的二维模糊控制器，随着可调因子的增多，凭着人工经验来调整α_i及量化因子K_1、K_2、K_3显然是比较困难的，这样不但带有盲目性，而且很难得到一组最佳参数值，也就无法获得令人满意的过渡过程动态特性，因此，采用误差绝对值时间积分（ITAE）性能指标最小为目标函数

$$Q(\text{ITAE})=\int_0^\infty t|e(t)|\mathrm{d}t=\min \tag{4-148}$$

一个控制系统的动态和静态特性（如响应快、超调量小、过渡过程时间短、稳态误差小等指标）可以用式（4-148）表示的 ITAE 积分性能指标来表示，因此它被广泛应用于参数自寻优过程中目标函数。式（4-148）可写成离散形式

$$\Delta Q=t|e|\Delta T=\min \tag{4-149}$$

式中：e为误差采样值；ΔT为采样间隔；t为控制时间。

对于图 4-70 所示的模糊系统，若可调因子有两个α_1和α_2，则寻优矢量为$X=\alpha_1$、α_2、K_1、K_2、K_3，寻优过程中必须满足的约束条件为$\alpha_1<\alpha_2$，$0<\alpha_1<1$，$0<\alpha_2<1$，$K_i>0$（$i=1$，2，3）。通常在设计中，若K_i（$i=1$，2，3）取为不变时，则寻优矢量取为α_1、α_2相对来说，更为简便一些。

（3）自调整因子模糊控制器具有多个可调整因子的模糊控制器，可以通过自寻优方法，求取最佳参数来获得令人满意的控制效果，但是寻优过程本身较复杂，计算量大，不便于在线调整。为了使带有调整因子的模糊控制器具有自调整性，可以作如下考虑。

设误差 E、误差变化 EC 和控制量 U 的论域等级取为 $E=EC=U=-m,-m+1,\cdots,-2,-2,-1,0,+1,+2,\cdots,m-1,m$。

则全论域范围内带有自调整因子的模糊控制规则取为

$$U=-\left[\alpha E+(1-\alpha)EC\right],\quad \alpha=\frac{(\alpha_{H}-\alpha_{L})|E|}{m+\alpha_{L}} \tag{4-150}$$

式中：$0\leqslant\alpha_{L}\leqslant\alpha_{H}\leqslant 1,\alpha\in(\alpha_{L},\alpha_{H})$。这类控制规则的特点是调整因子$\alpha$的值与系统误差绝对值$|E|$成线性插入关系，并且在$\alpha_{L}\sim\alpha_{H}$范围内有$m$个取值的可能。当$\alpha_{L}=\alpha_{H}=\alpha$时，即这时的控制规则只具有一个对调整因子。由式（5-150）可知，这类规则还可以在整个误差论域内按误差大小自动调整误差项加权系数α。这种自调整模糊控制器符合系统控制过程，在不同误差值阶段要求有不同数值的特点，并且兼有自寻优性质，也便于微机实现。一种自调整因子模糊控制器结构如图4-71所示。

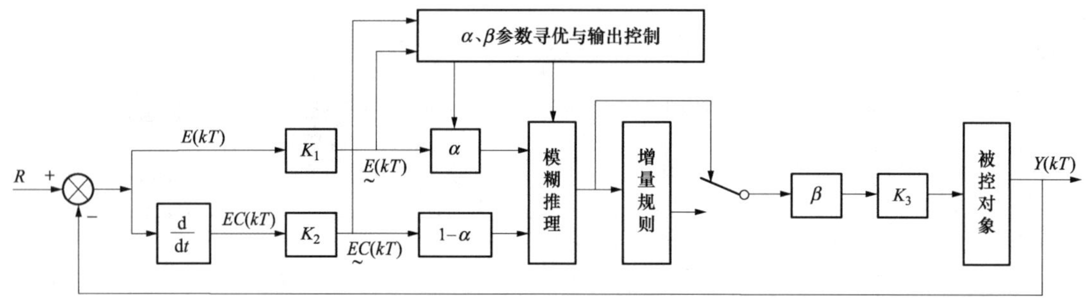

图4-71 自调整因子模糊控制器结构

设被控对象的输入、输出关系为$Y(kT)=f_{1}[u(kT)]$，模糊控制器输入偏差信号与偏差变化率信号的模糊子集分别为

$$\alpha\underset{\sim}{E}(kT)=\text{int}[\alpha K_{1}e(kT)]+\varepsilon \tag{4-151}$$

$$(1-\alpha)\underset{\sim}{EC}(kT)=\text{int}[(1-\alpha)K_{2}ec(kT)+e] \tag{4-152}$$

式中：K_{1}为模糊控制器输入偏差；K_{2}为偏差变化率信号的模糊化因子；ε为取整参变量，可以取$\varepsilon=0.5$或$\varepsilon=0$，根据被控对象情况而定。

$$ec(kT)=e(kT)-e(kT-T)$$

模糊控制器输出控制量为

$$u(kT)=K_{3}U(kT) \tag{4-153}$$

当$U'(kT)=U^{0}(kT)$时，有

$$\underset{\sim}{U}(kT)=b\underset{\sim}{U}^{0}(kT)=b[\alpha\underset{\sim}{E}(kT)+(1-\alpha)\underset{\sim}{EC}(kT)] \tag{4-154}$$

系统输出为

$$Y(kT)=f_{1}\{K_{3}b[\alpha\underset{\sim}{E}(kT)+(1-\alpha)\underset{\sim}{EC}(kT)]\} \tag{4-155}$$

偏差量为 $$E(kT)=R-Y(kT)$$

以上式中：K_{3}为输出控制量模糊决策因子；α可调整的加权因子，$\alpha\in$（0，1）。

自调整模糊控制器的特点如下。

1）在模糊控制器设计中，当量化因子K_1、K_2、K_3取为常数时，可调整因子α、β可以通过对寻优矢量$X=\alpha$，β给出目标函数（如ITAE指标）自寻优，不断推出新的α、β值，从而完成模糊控制规则的自调整，使模糊控制系统有最佳的动态性能。

2）模糊控制器的合成推理输出$\underset{\sim}{U}'(kT)$可以根据$\underset{\sim}{E}(kT)$的语言变量值的不同范围，由不同

的模糊规则来给出。

3）当$\underset{\sim}{E}(kT)$语言值为 PB 或 NB 时，可以按常规的二维模糊控制器的模糊规则推理，直接作为输出模糊量$\underset{\sim}{U}'(kT)=\underset{\sim}{U}^0(kT)$。

4）当$\underset{\sim}{E}(kT)$语言值为其他时，可以按如下增量形式给出语言规则。

$$\text{if}\underset{\sim}{U}^0(kT)>\underset{\sim}{U}^0(kT-T)\text{then}\underset{\sim}{U}'(kT)=\underset{\sim}{U}'(kT-T)+\delta$$

$$\text{if}\underset{\sim}{U}^0(kT)<\underset{\sim}{U}^0(kT-T)\text{then}\underset{\sim}{U}'(kT)=\underset{\sim}{U}'(kT-T)-\delta$$

$$\text{if}\underset{\sim}{U}^0(kT)=\underset{\sim}{U}^0(kT-T)\text{then}\underset{\sim}{U}'(kT)=\underset{\sim}{U}'(kT-T)$$

式中，增量系数δ可以取作正整数 1，2，…，取值大小决定于调节过程中$\underset{\sim}{E}(kT)$为“不很大”时刻的$\underset{\sim}{U}(kT)$输出量的允许波动量和$\underset{\sim}{U}$论域等级划分的粗细程度，通常不宜取大，一般取为 1。

5）上述在$\underset{\sim}{E}(kT)$为“不很大”时刻的增量形式输出的策略，可以使常规模糊控制器的多值继电器特性得到抑制，有利于消除极限环振荡和系统余差。

4.4.2 模糊 PID 控制

在一般的模糊控制系统中，考虑到模糊控制器实现的简易性和快速性，通常采用二维模糊控制器结构形式。而这类控制器都是以系统误差 E 和误差变化 EC 为输入语句变量，因此它具有类似于常规 PD 控制器的作用，采用该类模糊控制器的系统有可能获得良好的动态特性，而静态性能不能令人满意。由线性控制理论可知，积分控制作用能消除稳态误差，但动态响应慢，比例控制作用动态响应快，而比例积分控制作用既能获得较高的稳态精度，又能具有较高的动态响应。因此，把 PI 控制策略引入 Fuzzy 控制器，构成 Fuzzy-PI（或 PID）复合控制，是改善模糊控制器稳态性能的一种途径。目前这种复合控制器有多种构成形式，其工作原理也有所差异。

1. 引入积分因子的模糊 PID 控制器

（1）具有积分项的模糊控制器。图 4-72 所示模糊控制结构是 M.Brade 和 D.A.Rutherford 于 1978 年提出的。由图 4-72 可知，其积分环节加在误差输入量的模糊化之前和模糊控制器输出量的解模糊之后。这种结构在一定程度上可减少系统余差，但无法保证消除系统极限环振荡现象，尤其是当K_2、K_3取得相当大时，系统可能出现不稳定。因此这种结构设计目前应用较少，但在改进模糊控制器精度方面提供了良好的设想。

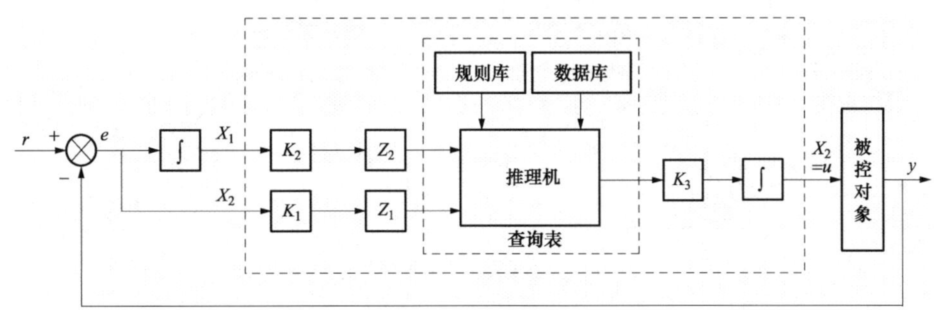

图 4-72 具有积分项的模糊控制器结构框图

（2）混合型模糊控制器。图 4-73 所示模糊控制器结构是由 W.L.Bialkowshi 于 1983 年提出的，它是由一个常规积分控制器和一个二维模糊控制器相并联而成的。常规 PI 控制器输出为$u_{\mathrm{i}}(u_{\mathrm{i}}=K_{\mathrm{I}}\Sigma e_{i})$和二维模糊控制器输出控制量$u_{\mathrm{f}}$相叠加，作为混合型模糊PID控制器的总输出，即$u=u_{\mathrm{i}}+u_{\mathrm{f}}$，可使系统成为无差模糊控制系统。

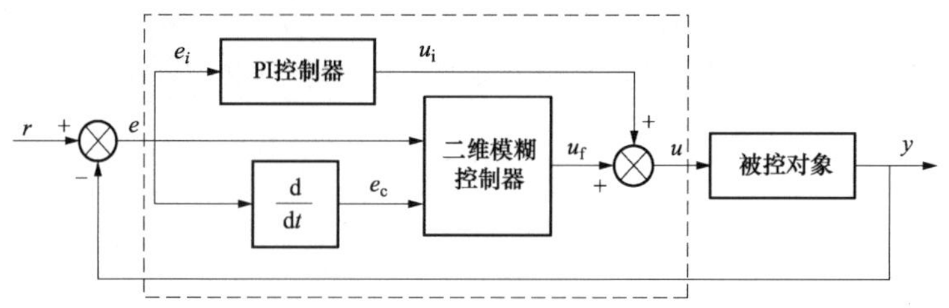

图4-73　混合型模糊PID控制器

（3）误差e模糊积分的PID模糊控制器。1988年由M.Basseville提出的又一种PID模糊控制器，如图4-74所示。它是一种对误差e的模糊值进行积分的PID模糊控制器。这种对误差e的模糊值进行积分的PID模糊控制器可用来消除大的系统余差。但要消除零点附近的极限环振荡必须使$\Delta u_{\min}$缩小。要达到这一要求，必须增加控制规则数，也就增加了模糊控制器的设计复杂性。

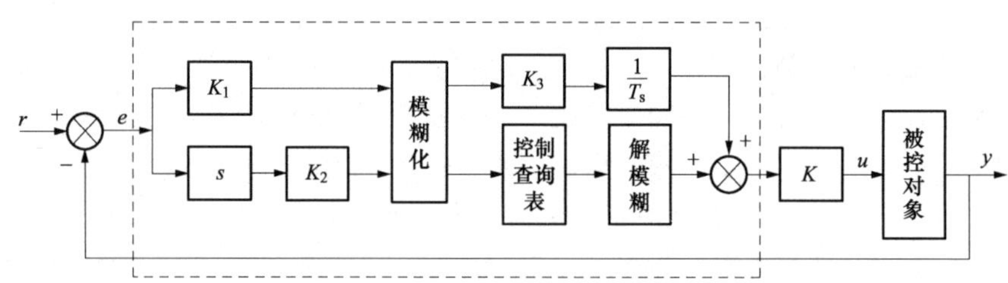

图4-74　误差e模糊积分的PID模糊控制器

2. Fuzzy-PID混合控制

（1）Fuzzy-PID开关切换控制。图4-75所示为这种控制方案的原理图，其基本控制思想是在大偏差范围内采用Fuzzy控制，在小偏差范围内转换成PID控制，两者的转换由微机程序根据事先给定的偏差范围自动实现。

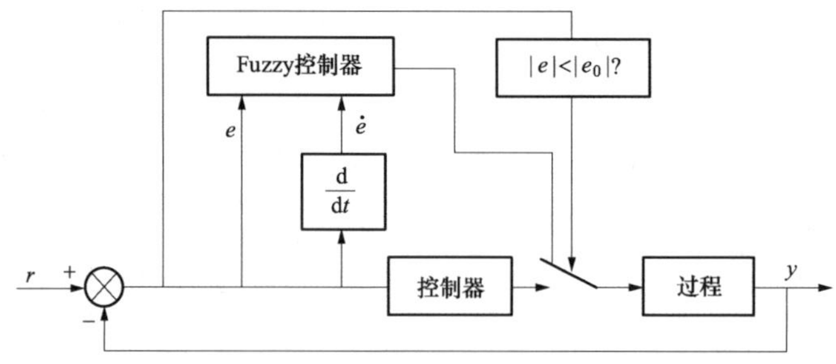

图4-75　Fuzzy-PID双向切换控制原理框图

上述算法的仿真结果见表4-8所示，被控对象的传递函数为

$$G(s)=\frac{0.5\mathrm{e}^{-0.5s}}{(s+1)(0.5s+1)} \tag{4-156}$$

表4-8中过渡过程时间t_{s}仍相对于2%稳态误差。由于两种控制算法均包含有积分作用，

故它们的稳态精度相同。仿真结果表明，Fuzzy-PID 控制比 PID 控制有更快的动态响应、更小的超调，显然它比 Fuzzy 控制具有更高的稳态精度。在比较中，PID 控制的三个参数是经过寻优得到的。

表 4-8　　仿　真　结　果

Fuzzy-PID 复合控制		PID 控制	
$\sigma_P(\%)$	$t_s(s)$	$\sigma_P(\%)$	$t_s(s)$
0.86	3.1	4.2	7.3

（2）Smith-Fuzzy 控制器。许多工业过程都包含纯时间滞后，克服纯滞后是改善滞后过程控制质量的一个关键问题。大滞后过程问题一直是工业控制中公认的难题之一。自从 20 世纪 50 年代 Smith 提出预估控制以来，近 30 年内虽然已出现许多算法，但 Smith 预估控制至今仍被认为是解决大滞后过程的最有效途径。

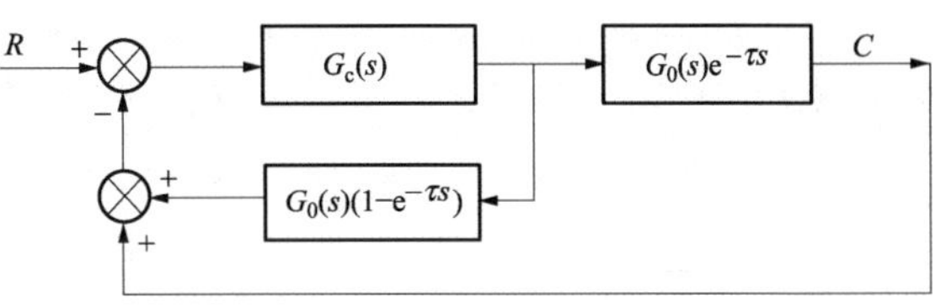

图 4-76　基本的 Smith 预估控制系统原理图

基本的 Smith 预估控制系统原理如图 4-76 所示，其中 $G_0(s)e^{-\tau s}$ 表示具有纯滞后过程的传递函数，$G_c(s)$ 表示控制器的传递函数，$G_0(s)(1-e^{-\tau s})$ 表示补偿函数。

传统的 Smith 预估控制中的控制器 $G_c(s)$ 是一个 PID 控制器，由于 PID 控制是基于被控对象精确模型而设计的，因此，对于缺乏精确模型的或参数时变的具有滞后的过程控制，难以达到满意的效果。将模糊控制器引入到 Smith 预估控制系统中，即将图 4-76 中控制器 $G_c(s)$ 用模糊控制器加以取代，这就构成了所谓的 Smith-Fuzzy 控制系统，如图 4-77 所示。

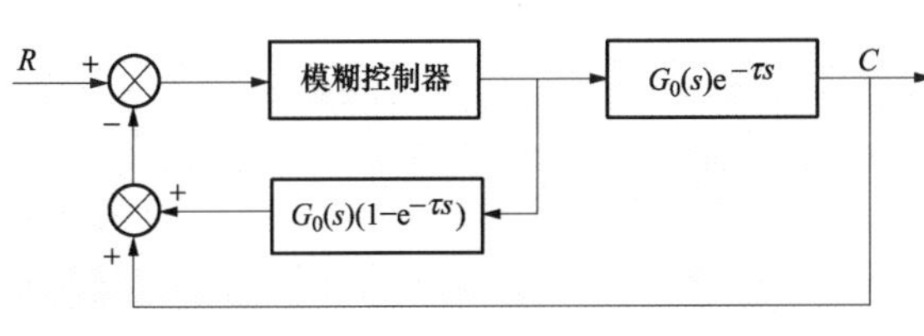

图 4-77　Smith-Fuzzy 控制系统

经过适当的变换，可以证明图 4-77 和图 4-78 所示系统是等效的。从图 4-78 可以看出，Smith-Fuzzy 控制器同时完成两个功能，即它在对时变系统控制的同时，也对纯滞后进行补偿。

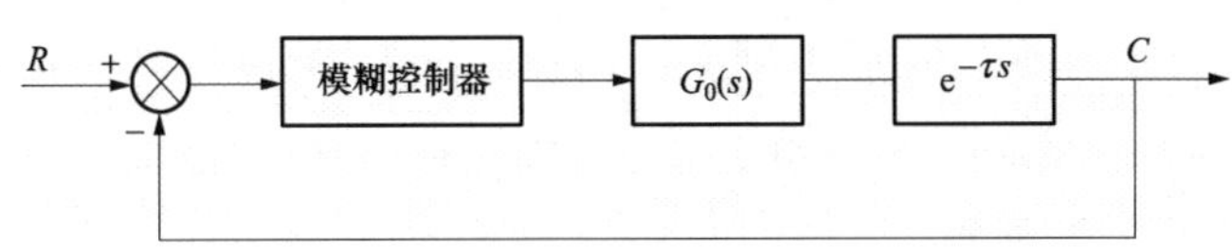

图 4-78　图 4-77 所示系统的等效系统

为了比较 Smith-Fuzzy 控制器（SFC）和 Smith 控制器（SC）对同一被控对象的控制性能，选用具有纯滞后的二阶对象的传递函数为

$$G_0(s)e^{-\tau s}=\frac{e^{-\tau s}}{(1+T_1s)(1+T_2s)} \tag{4-157}$$

对两种控制系统进行了仿真研究，其结果见表 4-9。采用 SFC 和 SC 两种控制方式的控制参数均按表 4-9 中第一组对象整定，以便获得最佳响应特性。表中其他四组对象参数用以模拟对象参数的变化。

表 4-9 SFC 与 SC 仿真结果比较

对象 $G_0(s)$			预估器 $G'_0(s)e^{-\tau's}$			SFC		SC	
$T_1\,(s)$	$T_2\,(s)$	$\tau\,(s)$	$T'_1\,(s)$	$T'_2\,(s)$	$\tau'\,(s)$	$t_s(s)$	$\sigma_P(\%)$	$t_s(s)$	$\sigma_P(\%)$
1	4	0.5	1	4	0.5	3.3	0.1	2.7	1.45
1	3	0.5	1	4	0.5	3.9	5.26	10.5	21.1
2	5	0.5	1	4	0.5	15.9	5.1	13.3	25.4
1	4	0.5	1	4	1	17.7	16	26.2	47.6
0.5	3	0.5	1	4	1	8.8	8.5	不稳定	

传统的 Smith 控制系统的设计方法过分地依赖于被控对象的精确模型，因此，当被控对象参数变化时，其控制性能会显著变坏，而模糊控制的最大优点是对参数变化和噪声不敏感。仿真结果表明，Smith-Fuzzy 控制兼顾了 Smith 控制和 Fuzzy 控制的优点，既对纯滞后特性有较好的补偿作用，又对被控对象参数变化有较强的适应能力。

（3）设定值迁移模糊 PID 控制器。

1）结构介绍。图 4-79 所示为模糊 PID 控制的结构图，通过模糊控制器浮动迁移受控对象的设定值 $g(z^{-1})u(k)$，并把迁移后的设定 ω' 取代 ω 引入到 PID 控制器的比例块的运算中，通过模糊控制器为中介，使许多不能用数学方程表达的人工经验能方便地融入到 PID 控制器中，使其演变成既具有模糊控制器的灵活、适应性强的优点，又具有 PID 控制精度高的特点。

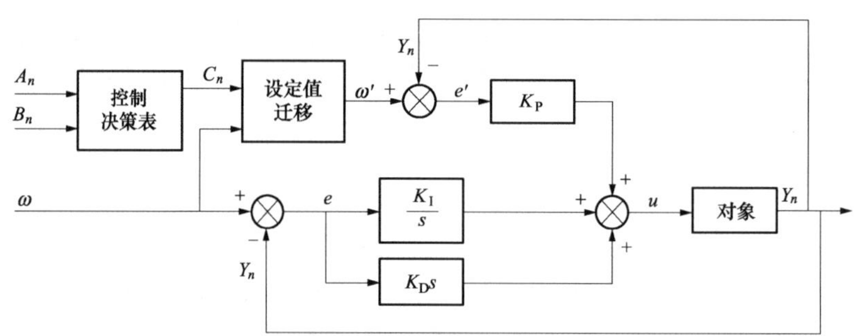

图 4-79 模糊 PID 控制结构图

图 4-79 中 A_n 和 B_n 是模糊控制规则的输入，C_n 是其输出，即 IF A_n AND B_n THEN C_n；其中，A_n 是论域 U 上的一个模糊子集，B_n 是论域 V 上的一个模糊子集。

由图 4-79 可推导出其控制算式

$$u = K_P\left(e' + \frac{1}{T_I}\int_0^t e\mathrm{d}t + T_D\frac{\mathrm{d}e}{\mathrm{d}t}\right) + u_0 \tag{4-158}$$

其中

$$e = y - \omega$$

$$e' = y - \omega'$$

式中：ω' 为将浮动迁移后的受控对象的设定值，有

$$\omega' = \omega(1 + U_n) \tag{4-159}$$

式中：U_n 为模糊控制器的输出控制量。

2）应用实例及仿真结果。沸腾炉的计算机自控系统是一种非线性自控系统。由于沸腾炉有高温结焦的危险，而在大负荷的情况下，为满足供汽，沸腾炉在高温区域内工作，因此这时燃烧必须相当平稳，要抑制炉温上冲。因而，尝试采用模糊 PID 控制策略，在外界干扰引起炉温上冲时，对炉温给定进行迁移。采用的控制规律为，如果炉温上升速度快且炉温高，则炉温给定相应地向下浮动。

用 EC 代表炉温变化速度，TL 代表炉温，R 代表控制决策矩阵，$\Delta\omega$ 代表炉温浮动增量，则

$$\Delta\omega = (EC \times TL)R \tag{4-160}$$

为了不提高实时运行速度和减小内存量，将式（4-160）离线算好，列成表 4-10 所示的查询表存储在 ROM 中，运行时，根据 EC 和 TL 的大小和方向可在表中直接查得 $\Delta\omega$ 的量。

表 4-10 中的 EC 是模糊量，在查表前必须先通过下式将炉温变化速度模糊化，即

$$EC' = < \frac{TL_1 - TL_2}{5} > \text{取整} \tag{4-161}$$

式中：TL_1 为当前炉温；TL_2 为 20s 前炉温。

为把 EC 限幅于[−4，+4]之间，定义

$$EC = \begin{cases} 4 & \text{当} \quad EC' \geqslant 4 \\ EC' & \text{当} -4 < EC' < 4 \\ -4 & \text{当} \quad EC' \leqslant -4 \end{cases} \tag{4-162}$$

对于查询表内的炉温给定迁移的模糊量，在实际运算中定义如下。

M：不迁移，$\omega = \omega'$；

PS：迁移 20℃，$\omega' = \omega - 20℃$；

PM：迁移 30℃，$\omega' = \omega - 30℃$；

PB：迁移 40℃，$\omega' = \omega - 40℃$；

PBB：迁移 60℃，$\omega' = \omega - 60℃$；

PBBB：迁移 80℃，$\omega' = \omega - 80℃$。

表 4-10　控制决策查询表

EC \ $\Delta\omega$ \ TL	940℃以下	950～940℃	960～950℃	970～960℃	980～970℃	990～980℃	1000～990℃	1010～1000℃	1010℃以上
–4	M	M	M	M	M	M	M	M	M
–3	M	M	M	M	M	M	M	M	M
–2	M	M	M	M	M	M	M	M	PS
–1	M	M	M	M	M	M	M	PS	PM
0	M	M	M	M	M	M	PS	PM	PB
1	M	M	M	M	PS	PM	PB	PBB	PBBB
2	M	M	PS	PS	PM	PB	PBB	PBBB	PBBB
3	M	PS	PS	PM	PB	PBB	PBBB	PBBB	PBBB
4	PS	PS	PS	PB	PBB	PBBB	PBBB	PBBB	PBBB

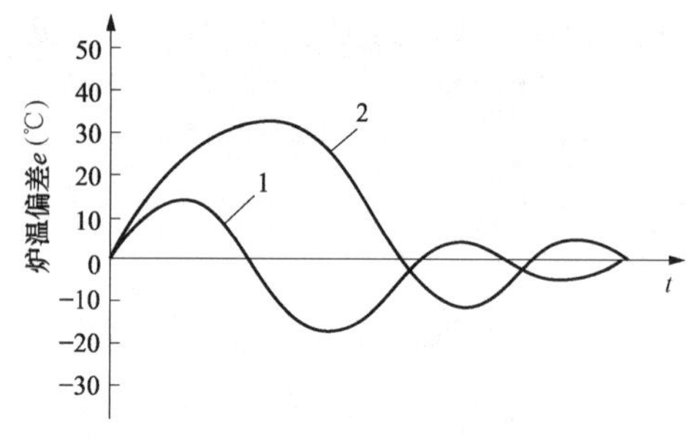

图 4-80 两种控制在高温区域内受干扰时的控制曲线比较

1—模糊 PID 控制；2—PID 控制

通过现场实践，发现采用模糊 PID 控制策略后，炉温在受到干扰时上冲现象大大减少，炉膛由于高温而结焦的危险性基本消除，这样自动控制的效果大大加强。

模糊 PID 控制和 PID 控制在高温区域内受干扰时的控制曲线比较如图 4-80 所示。

4.4.3 模糊自适应 PID 控制

在工业生产过程中，许多被控对象随着负载变化或干扰因素影响，其对象特性参数或结构发生改变。自适应控制运用现代控制理论在线辨识对象特征参数，实时改变其控制策略，使控制系统品质指标保持在最佳范围内，但其控制效果的好坏取决于辨识模型的精确度，这对于复杂系统是非常困难的。因此，在工业生产过程中，大量采用的仍然是 PID 算法，PID 参数的整定方法很多，但大多数都以对象特性为基础。

随着计算机技术的发展，人们利用人工智能的方法将操作人员的调整经验作为知识存入计算机中，根据现场实际情况，计算机能自动调整 PID 参数，这样就出现了智能 PID 控制器。这种控制器把经典的 PID 控制与先进的专家系统相结合，实现系统的最佳控制，它无须精确确定对象模型，只需将操作人员（专家）长期实践积累的经验知识用控制规则模型化，然后运用推理便可对 PID 参数实现最佳调整。

由于操作者经验不易精确描述，控制过程中各种信号量以及评价指标不易定量表示，模糊理论是解决这一问题的有效途径，所以人们运用模糊数学的基本理论和方法，把规则的条件、操作用模糊集表示，并把这些模糊控制规则以及有关信息（如评价指标、初始 PID 参数等）作为知识存入计算机知识库中，然后计算机根据控制系统的实际响应情况（即专家系统的输入条件），运用模糊推理，即可自动实现对 PID 参数的最佳调整，这就是模糊自适应 PID 控制。模糊自适应控制器目前有多种结构形式，但其工作原理基本一致。

1. 在线实时模糊自整定 PID 控制器

控制方案原理图如图 4-81 所示。图中的辨识机构是为解决 PID 控制参数的初值设定的。在控制的初期阶段，采用 Bang-Bang 控制作为引导控制，辨识机构根据在该阶段得到的信息对对象进行辨识。在该阶段结束时，利用辨识出的模型参数整定出 PID 控制参数的初值，并切换控制开关，投入模糊 PID 自整定控制。

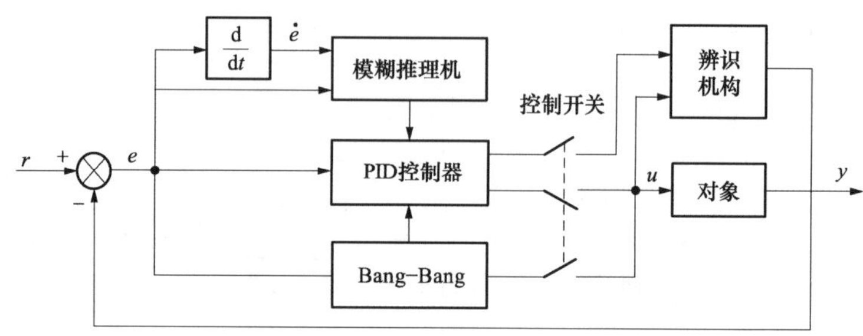

图 4-81 在线实时模糊自整定 PID 控制原理

模糊自整定 PID 是在 PID 算法的基础上，通过计算当前系统误差 e 和误差变化率 ec 利用模糊规则进行模糊推理，查询模糊矩阵表进行参数调整。参数的调整包括极性和大小两个方面，两种控制作用的切换由以下产生式规则决定，即

$$\text{if } |e| \geqslant \alpha\gamma \text{ then Bang-Bang control else Fuzzy PID control}$$

其中，γ 为系统设定值，$\alpha\,(0<\alpha<1)$的选取应保证 Bang-Bang 控制能为辨识机构提供足够的信息，同时还应保证模糊自整定 PID 有较为广泛的控制空间。

模糊控制设计的核心是总结工程设计人员的技术知识和实际操作经验，建立合适的模糊规则表，得到针对 K_P、K_I、K_D 三个参数分别整定的模糊控制表。

（1）K_P 的模糊规则表见表 4-11。

表 4-11　K_P 的模糊规则表

E \ ΔK_P \ EC	NB	NM	NS	ZO	PS	PM	PB
NB	PB	PB	PM	PM	PS	ZO	ZO
NM	PB	PB	PM	PS	PS	ZO	NS
NS	PM	PM	PM	PS	ZO	NS	NS
ZO	PM	PM	PS	ZO	NS	NM	NM
PS	PS	PS	ZO	NS	NS	NM	NM
PM	PS	ZO	NS	NM	NM	NM	NB
PB	ZO	ZO	NM	NM	NM	NB	NB

（2）K_I 的模糊规则表见表 4-12。

表 4-12　K_I 的模糊规则表

E \ ΔK_I \ EC	NB	NM	NS	ZO	PS	PM	PB
NB	NB	NB	NM	NM	NS	ZO	ZO
NM	NB	NB	NM	NS	NS	ZO	ZO
NS	NB	NM	NS	NS	ZO	PS	PS
ZO	NM	NM	NS	ZO	PS	PM	PM
PS	NM	NS	ZO	PS	PS	PM	PB
PM	ZO	ZO	PS	PS	PM	PB	PB
PB	ZO	ZO	PS	PM	PM	PB	PB

（3）K_D 的模糊规则表见表 4-13。

表 4-13　K_D 模糊规则表

E \ ΔK_D \ EC	NB	NM	NS	ZO	PS	PM	PB
NB	PS	NS	NB	NB	NB	NM	PS

续表

ΔK_D (E \ EC)	NB	NM	NS	ZO	PS	PM	PB
NM	PS	NS	NB	NM	NM	NS	ZO
NS	ZO	NS	NM	NM	NS	NS	ZO
ZO	ZO	NS	NS	NS	NS	NS	ZO
PS	ZO	ZO	ZO	ZO	ZO	ZO	ZO
PM	PB	PS	PS	PS	PS	PS	PB
PB	PB	PM	PM	PM	PS	PS	PB

K_P、K_I、K_D的模糊规则表建立好后，可根据如下方法进行K_P、K_I、K_D的自适应校正。将系统误差E和误差变化率EC变化范围定义为模糊集上的论域。

E和EC论域为{−5，−4，−3，−2，−1，0，1，2，3，4，5}，E和EC模糊子集为{NB，NM，NS，ZO，PS，PM，PB}，设E，EC和K_P、K_I、K_D均服从正态分布，因此可得出各模糊子集的隶属度，根据各模糊子集的隶属度赋值表和各参数模糊控制模型，应用模糊合成推理设计PID参数的模糊矩阵表，查出修正参数代入下式计算，即

$$\begin{cases} K_P = K_P' + \{E_i,\ EC_i\}_P \\ K_I = K_I' + \{E_i,\ EC_i\}_I \\ K_D = K_D' + \{E_i,\ EC_i\}_D \end{cases} \tag{4-163}$$

式中：K_P、K_I、K_D分别为PID三个控制参数的取值。

在线运行过程中，微机测控系统通过对模糊逻辑规则的结果处理、查表和运算，完成对PID参数的在线自校正。

其工作流程图如图4-82所示。

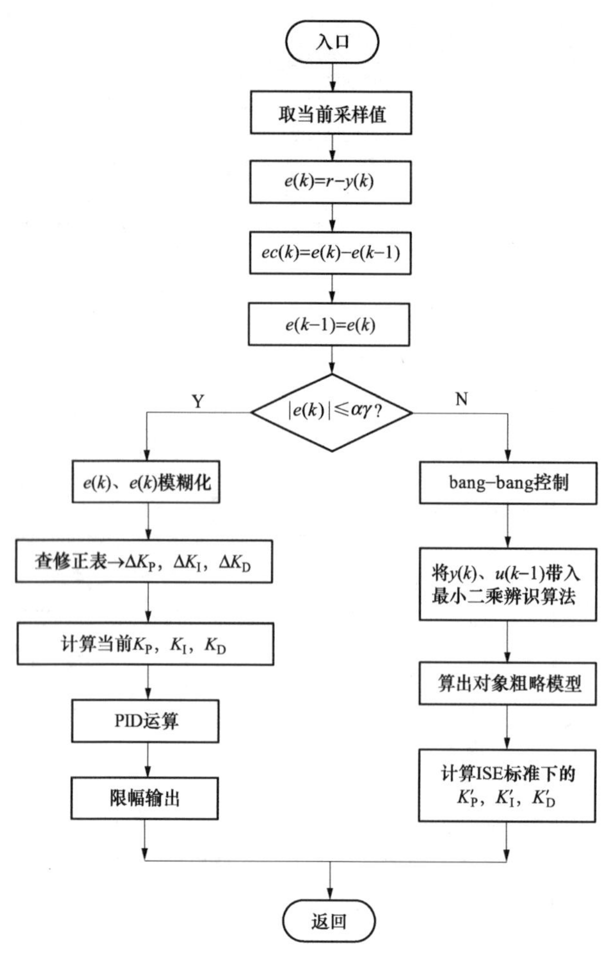

图4-82　在线自校正工作流程图

2. 基于Fuzzy推理的自调整PID控制器

PID控制器结构简单、鲁棒性较强，但在静态和动态性能之间，跟踪设定值与抑制扰动能力之间存在着矛盾，通常采用折中处理的方法，使系统不能获得最佳的控制效果。PID控制存在的上述问题并不是PID本身引起的，而是（线性）PID控制中P、I、D的线性组合、系统特性变化与控制量之间线性映射关系造成的。

其具体结构如图4-83所示，它也是由一个标准PID控制器和一个Fuzzy自

调整机构组成。利用自调整因子 Fuzzy 控制器设计思想，根据输入信号（即偏差 e）的大小、方向以及变化趋势（ec）等特征，通过 Fuzzy 推理做出相应决策，在线整定 PID 参数 K_P、K_I、K_D 以期获得满意的控制效果。

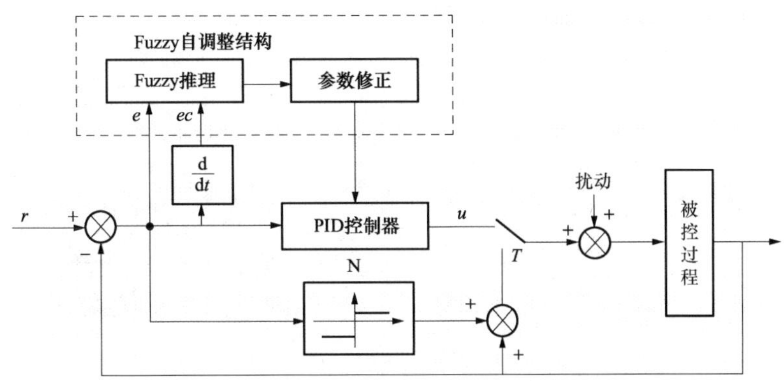

图 4-83 Fuzzy 自调整 PID 控制器原理图

4.5 自适应 PID 控制

4.5.1 自适应控制的含义

自适应控制系统是一个具有一定适应能力的系统，它能够认识环境条件的变化，并自动校正控制动作，使系统达到最优或次优的控制效果。自适应控制系统的原理框图如图 4-84 所示。

这一系统在运行过程中，根据参考输入 $r(t)$、控制输入 $u(t)$、对象输出 $c(t)$ 和已知外部干扰 $n(t)$ 来测量对象性能指标，并与给定的性能指标进行比较，作出决策，然后通过适应机构来改变系统参数，或者产生一个辅助的控制输入量，累加到系统上，以保证系统跟踪上给定的最优性能指标，使系统处于最优或次优的工作状态。

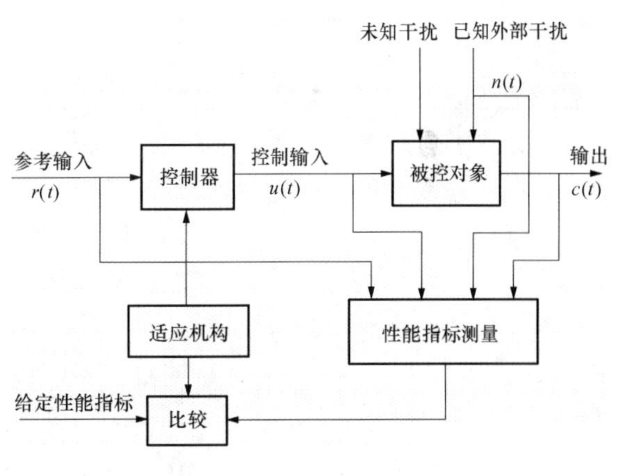

图 4-84 自适应系统原理框图

自适应系统与其他系统的显著区别在于它包含有性能指标闭环。从本质上讲自适应控制应具有“辨识—决策—修改”的功能，即：

辨识——不断地测取系统（被控对象）的信号和参数，并加以处理，以获得系统状态。

决策——根据所辨识的系统状态和事先给定的准则作出决断。决策包括系统的自适应算法。辨识是获得对系统的认识，而决策则是由此得出具体的控制规律。

修改——对决策所计算出来的控制参量必须不断地适当修正，并由相应的执行装置或微机系统中某一运算软件来实现。也就是说，控制规律必须与参数调整率相配合（自适应），以使系统不断地趋向最优或要求的状态。

4.5.2 自适应控制的类型

自适应控制大致可分为增益自适应控制、模型参与自适应控制（Model Reference Adaptive Control，MRAC）、自校正控制（Selftuning Control，STC）、直接优化目标函数自适应控制。但比较成熟的自适应控制系统有下述两大类。

1. 模型参考自适应控制系统（MRACS）

模型参考自适应控制系统由参考模型、被控对象、反馈控制器和调整控制器参数的自适应机构等部分组成，如图 4-85 所示。

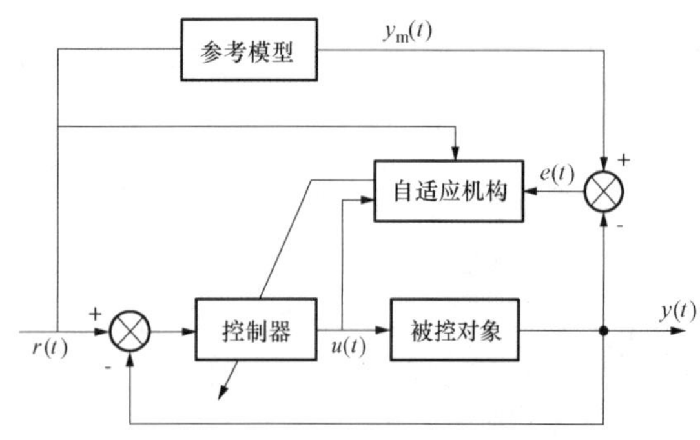

图 4-85 模型参考自适应控制系统

从图 4-85 以看出，这类控制系统包含两个环路：内环和外环。内环是由被控对象和控制器组成的普通反馈回路，而控制器的参数则由外环调整。

参考模型的输出 $y_m(t)$ 直接表示了对象输出应当怎样理想地响应参考输入信号 $r(t)$ 。当参考输入 $r(t)$ 同时加到系统和模型的入口时，由于对象的初始参数不确定（事先未知），控制器的参数不可能整定得很好，因此系统的输出 $y(t)$ 与模型的输出 $y_m(t)$ 是不会完全一致的，结果产生偏差信号 $e(t)$，当 $e(t)$ 进入自适应调整回路后，由 $e(t)$ 驱动自适应机构，产生适当的调节作用，直接改变控制器的参数，从而使系统的输出 $y(t)$ 逐步地与模型输出 $y_m(t)$ 接近，直到 $y(t)=y_m(t)$，即偏差 $e(t)=0$ 后，自适应调整过程就自动停止。由此可见，尽管系统的初始参数未知，但通过对参考模型和对象输出的测量和比较，以及相应的控制器参数的自适应调整，系统初始参数不确定对系统运行性能的影响将逐步减小，经过一段时间运行，系统对输入的动态响应最终将自动调整到与所希望模型的动态响应一致。这就是模型参考自适应的基本原理。

设计这类自适应控制系统的核心问题是如何综合自适应律，即自适应机构所应遵循的算法。目前自适应律的设计有两种不同的设计方法。一种设计方法为局部参数最优化方法，即利用最优化技术搜索到一组控制器的参数，使得预定的性能指标达到最小，这种方法的缺点是不能保证参数调整过程中，系统总是稳定的。另一种设计方法是基于稳定性理论的方法，其基本思想是保证控制器参数自适应调节过程是稳定的，然后再尽量使这个过程收敛快一些。由于自适应控制系统是本质非线性的，因此目前使用较多的设计工具是李雅普诺夫（Lyapunov）稳定性理论和波波夫（Popov）的超稳定性理论。由于保证系统稳定是系统设计的基本要求，因此基于稳定性理论的设计方法近年来引起了广泛的关注。

2. 自校正控制系统

自校正控制（Selftuning Control，STC）系统的结构图如图 4-86 所示。自校正控制系统也可以看作由两个控制回路组成：内环由被控对象和常规的控制器组成；外环由参数估计器和控制器设计两部分组成。参数估计和控制器设计必须在线地实现，因此参数估计必须采用递推算法，控制器设计必须采用计算尽量简单的设计方法，常用的有最小方差控制和极点配置法的设计，具有这种结构的控制系统称为自校正控制系统，这个名称强调了这种控制系统能自动校正自己的参数，以得到希望的闭环系统性能。

按照自校正控制系统的结构形式，它通常分为以下两种形式。

（1）如图 4-86 所示，首先明显地估计出控制对象的参数，然后进行控制器设计，这样的结构形式称为显示结构。

（2）将控制对象的参数估计和控制器设计这两个步骤结合在一起，而直接估计出控制器参数，从而大大简化了自校正控制的算法，这样的结构形式称为隐式结构。

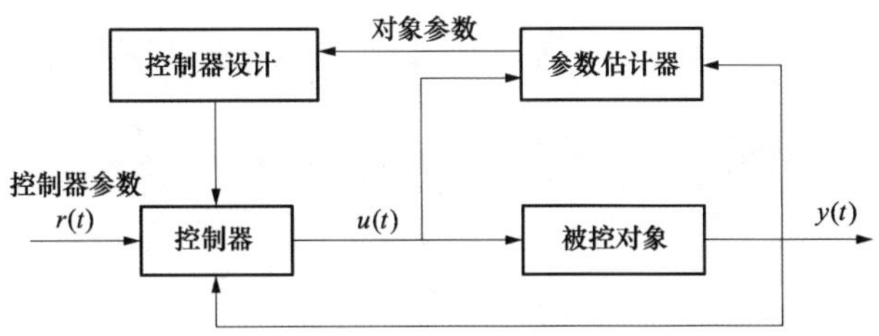

图 4-86 自校正控制系统的显示结构图

自校正控制的基本思想是将参数估计递推算法与各种不同类型的控制算法结合起来，形成一个能自动校正控制系统参数的实时计算机控制系统。根据所采用的不同类型的控制算法，可以组成不同类型的自校正控制系统。其算法比较简单，实现也比较容易，实际中它应用得比较多。

4.5.3 自适应控制的理论

自适应控制系统是一种本质非线性的系统，所以分析这种系统相当困难。自适应系统的理论进展比较缓慢，许多研究工作在理论上仍未达到合理和完整的程度。由于自适应系统的特性复杂，因此必须从几种不同的角度来考查它们。非线性系统理论、稳定性理论、系统辨识、递推参数估计、最优控制理论和随机控制理论等都有助于理解自适应控制系统的特性。但是，对自适应控制系统本身来说，最主要的理论研究课题还是集中在以下三个方面。

1. 稳定性

稳定性是对控制系统的基本要求。自适应控制系统的稳定性是指系统的状态、输入、输出和参数等变量，在干扰的影响下，应当总是有界的。目前，稳定性理论已成为研究模型参考自适应控制系统的主要理论基础。大多数模型参考自适应控制系统，在分析其稳定性时，都可以归结为研究一个误差模型，这个误差模型由一个线性系统和一个非线性反馈环节组成。关于系统稳定性的一个主要结果是，如果误差模型的线性部分的传递函数 G 是严格证实的（Strict Positive Real，SPR）而非线性部分是无源的，则闭环系统是稳定的。如果线性系统的传递函数 G 不是严格证实的，就用一个线性滤波器 G_c 对误差进行滤波，使组合传递函数 GG_c 是严格证实的。模型参考自适应控制系统的许多自适应律都是由此导出，而且它还可以保证在任意大的自适应增益下系统稳定，即自适应的速度可以任意快。

然而，为了使上述结果成立，需要附加很严格的假设条件，而这些条件在实践中往往难于满足，以致按稳定性理论设计的某些自适应控制系统在一定条件下仍会丧失稳定性。因此，建立新的理论体系，逐步放宽对被控对象及其环境的限制条件，是当前迫切需要解决的理论问题。

2. 收敛性

一个自适应控制算法具有收敛性，是指在给定的初始条件下，算法能渐近地达到其预期目标，并在收敛过程中，保持系统的所有变量有界。

在许多自适应控制系统中，特别是在自校正控制中，人们要采用各种形式的递推算法。当一个自适应控制算法被证明是收敛时，它可以提高这个算法在实际中应用的可信度。另外，收敛性的理论还有助于区分各种算法的优劣，指明改进算法的正确途径。因此，收敛性的研究对自适应控制系统具有重要的理论意义和实际意义。

由于自适应算法的非线性特性对建立收敛性理论带来很大的困难，目前只在有限的几类简单的自适应控制算法中取得了一定的结果。而且现有收敛结果的局限性太大，假设条件限制太严，不便于实际应用，即使是保证参数估计收敛的最基本的要求，即希望系统的输入信号能持续激励或足够丰富，对于实际系统也不一定总能满足。收敛性的理论研究还有待进一步深入。

3. 鲁棒性

自适应控制系统的鲁棒性主要是指，在存在扰动和未建模动态特性的条件下，系统能保持其稳定性和一定动态性能的能力。鲁棒自适应控制的研究始于 20 世纪 80 年代初期。现在已经查明，扰动能使系统参数产生严重的漂移，导致系统的不稳定，特别是在存在未建模的高频动态特性的条件下，如果指令信号过大或含有高频成分，或存在高频噪声，或者自适应增益过大，都可能使自适应控制系统丧失稳定性。目前已有许多重要的理论结果，提出了若干不同方案来克服上述原因导致的不稳定性，但将这些结果用于实际控制工程还有一段距离。因此，如何设计一个鲁棒性强的自适应控制系统，至今仍是一个重要的理论研究课题。

4.5.4 自适应 PID 控制

在控制理论和技术飞跃发展的今天，PID 控制由于其简单、稳定性能好、可靠性高等优点，仍有其强大的生命力。PID 控制器广泛应用于冶金、机械、化工等工业过程控制之中。在 PID 控制中，一个关键的问题便是参数的整定。传统的方法是在获取对象数学模型的基础上，根据某一整定原则来确定 PID 参数，然而在实际的工业过程控制中，许多被控过程机理较复杂，具有高度非线性、时变不确定性和纯滞后等特点。在噪声、负载扰动等因素的影响下，过程参数，甚至模型结构，均会发生变化。这就要求在 PID 控制中，不仅 PID 参数的整定不依赖于对象数学模型，并且 PID 参数能在线调整，以满足实时控制的要求。自适应 PID 控制将是解决这一问题的有效途径。

自适应控制思想与常规控制器相结合，形成了所谓自适应 PID 控制或自校正 PID 控制技术，人们统称为自适应 PID 控制。

自适应 PID 控制吸收了自适应控制与常规 PID 控制器两者的优点。首先，它是自适应控制器，就是说它有自动辨识被控过程参数、自动整定控制器参数、能够适应被控过程参数的变化等一系列优点；其次，它又具有常规 PID 控制器结构简单、鲁棒性好、可靠性高、为现场工作人员和设计工程师们所熟悉的优点。自适应 PID 控制具有的这两大优势，使得它成为过程控制的一种较理想的自动化装置，成为人们竞相研究的对象和自适应控制发展的一个方向。

自适应 PID 控制器可分为两大类。一类基于被控过程参数辨识，统称为参数自适应 PID 控制器，其参数的设计依赖于被控过程模型参数的估计。另一类基于被控过程的某些特征参数，诸如临界振荡增益 K_c、临界振荡频率 ω_c 等。这种类型的自适应 PID 控制器没有一个统一的名称，本书姑且称之为非参数自适应 PID 控制器。非参数自适应 PID 控制器控制参数的设计直接依赖于过程的特征参数和一些工程上常用的经验整定规则。

如果按照控制器参数设计的原理来分，自适应 PID 控制器又可分为五大类：极点配置自适应 PID 控制器、相消原理自适应 PID 控制器、基于经验规则的自适应 PID 控制器、基于二次型性能指标的自适应 PID 控制器和智能或专家自适应 PID 控制器。

4.5.5 参数自适应 PID 控制

1. 极点配置自适应 PID 控制器

极点配置自适应控制算法由 Wellstead 等人在 1979 年首先提出，继而由 Artrom 和 Wittcnmark、Vogel 和 Edgar、Elliott 等人改进和深化，成为自适应控制中的一个重要组成部分。Wittenmark 和 Artrom 等人在此基础上提出了极点配置自适应 PID 控制算法。Supardi、

Tjokro 等人，针对具有未知或时变的纯滞后时间和可以测量的干扰噪声的被控系统，提出了极点配置自适应 PID 控制算法，对此又有更进一步的发展。

极点配置自适应 PID 控制器设计的步骤如下。

（1）确定期望系统闭环极点位置。

（2）在线估计、辨识系统参数。

（3）计算控制器参数。

（4）计算控制律。

由于极点配置自适应 PID 控制器具有计算量较小、鲁棒性较强，且适合于非最小相位系统等优点，因此它是一种较为实用的控制方法，在低阶过程控制中尤为实用。不过，极点配置自适应 PID 控制器的动态性能的优劣依赖于极点位置配置得正确与否，而极点位置的配置又带有试凑性质，因而也具有它的不足之处。

2. 相消原理自适应 PID 控制器

利用控制器传递函数中的零、极点抵消被控制系统传递函数的某些零、极点，从而使整个闭环系统工作在期望的状态上，这就是利用相消原理设计控制器的基本思想，为了获得 PID 控制器的结构，利用这种原理设计控制器时，要求被控系统必须是二阶加纯滞后系统。Wittenmark 和 Artrom 首先给出了基于相消原理的参数自适应 PID 控制算法，以后有了进一步的发展，提出了能适应非最小相位系统的相消原理自适应 PID 控制器设计方法，给出了给定相位裕度和任意稳定增益裕度的自校正 PID 控制算法，并将算法在实践中进行了验证。

用相消原理设计自适应 PID 控制器，具有原理简单、计算工作量小、容易在工程上实现等优点。匈牙利科学院和布达佩斯大学利用这种原理做成了 INTELLCON 多回路自适应控制器。不过，该方法对于被控过程模型有较强的限制，因而不能应用于需要复杂控制和高性能要求的控制对象。

3. 基于二次型性能指标的自适应 PID 控制器

要想获得参数优化的自适应控制器，最通用的方法是极小化某一个二次型指标函数。这种方法比较正规、系统，理论性较强，对不同的性能指标函数有不同的参数最优解，因此一直受到人们的重视。Song 等人在 1983 年提出了一种鲁棒性自适应反馈控制器的设计方法，这种控制器在结构上和数学上均等价于常规的 PID 控制器。其算法的最大特点在于用鲁棒性概念设计控制器，并能保证在有界噪声和不可量测扰动存在的情况下控制误差是稳定和收敛的。F.Radke 和 R.lsermann 在 1984 年提出了名为参数逐步优化的自适应 PID 控制算法，讨论了时域和频域中该种控制器的设计问题。他们提出的算法的特点是，能使控制器参数在线逐步优化，从而使整个系统的动态性能渐近最优化。A.Holme 在 1984 年从另一种角度用二次型性能指标函数方法设计了一种参数自适应 PID 控制器，这种方法的实时性较强，其不足之处是不能应用于非最小相位的过程控制中。

4.5.6　基于过程特征参数的自适应 PID 控制

虽然参数自适应 PID 控制是人们近年来研究的主要对象，但是人们并没有忽视对非参数自适应 PID 控制的研究。究其主要原因，就是非参数自适应控制器的设计不需要在线辨识被控系统的模型参数，从而避免了许多麻烦问题。众所周知，自适应控制中的在线辨识占去了大部分的计算机工作时间，而且存在闭环可辨识性问题。因此，对中、高阶的被控过程而言，不宜用参数自适应 PID 控制方法进行控制。但非参数自适应 PID 控制就不同了，它只辨识被控系统的某些特征值，因而它的一个最大优点是不受被控系统模型阶数的制约，计算机的在线计算工作量也很小，从而它的实时性较强。有许多种用被控系统的特征值来整定 PID 控制器参数的方法，但其基本方法不外乎从被控系统的阶跃响应中提取特征值和从被控系统临界振荡状态中提取特征值再整定控制器参数两种方法。大家比较熟悉的 Ziegler-Nichols 方法就是基于临界振荡状态中提取特征值 K_c 和 T_c 的。Artrom 于 1984 年在原来的 Ziegler-Nichols 方法上引入了一个继电器非线性元件，从而使被控系统很容易发生等幅的自激振荡，这样可以用计算机很方便地在线检测出系统发生自激振荡的周期和振幅。这种方法很容易在计算机上实现；实时性较强，且不受采样时间的限制，此法对可以允许自激振荡的系统来讲是很实用的。然而，对一般的被控系统来说，总是不允许有自激振荡的现象。因此，有人在避免使系统自激振荡的情况下，采用其他方法来获得特征参数 K_c 和 T_c。

非参数自适应控制算法简单，方法直观，容易实现在线控制，但整定出的 PID 参数不是最优参数，并且往往需要对整定后的参数再进行校正。因此，它远不是一种使人满意的控制方法。人工智能的飞速发展，给非参数自适应控制带来了新的活力。用人工智能中的模式识别、推理等方法来整定、校正、优化 PID 控制器参数，同时完成在线控制任务，是当前十分热门的研究方向。

4.5.7 基于非参数模型的自适应 PID 控制

下面，列举四种基于非参数模型的 PID 自适应控制系统。

1. PID 继电自整定与神经网络相结合的自适应 PID 控制系统

如图 4-87 所示，PID 继电自整定与神经网络相结合，共同完成 PID 自适应控制任务，以神经网络构造 PID 控制器，解决了参数在线调整的问题，使控制器适用范围更广。以继电自整定 PID 参数确定网络权的初值，使过程响应超调量降低，回复时间缩短，控制质量提高。实施控制时，先将开关 S 置于 T 处，进行 PID 参数整定，将所得的参数适当地修正后作为网络权的初值，然后将开关 S 置于 V 处，进入系统自适应控制。

（1）PID 继电自整定。基于继电反馈的 PID 参数自动整定，是目前应用最多的一种 PID 自动整定方法，该方法用继电特性的非线性环节代替 Ziegler-Nichols 法中的纯比例器，使系统出现极限环，从而获得所需的临界值。

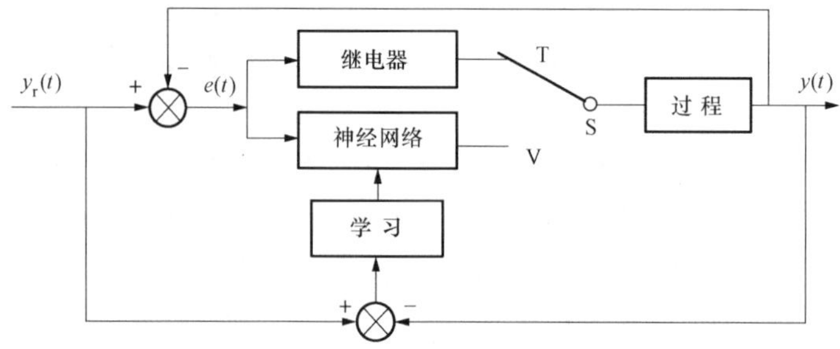

图 4-87 PID 继电自整定与神经网络相结合的 PID 自适应控制系统

设继电器特性幅值为 d，继电器滞环宽度为 h、且被控过程的广义对象传递函数为 $G(s)$，用 N 代表非线性元件的描述函数，则对理想的继电器型有

$$N = \frac{4d}{\pi a}\angle 0 \tag{4-164}$$

对于具有滞环的继电器型非线性有

$$N=\frac{4d}{\pi a}\angle-\arcsin\left(\frac{h}{a}\right) \tag{4-165}$$

式中：a 为继电器非线性环节输入的一次谐波振幅。

只要满足方程

$$G(\mathrm{j}\omega)=-\frac{1}{N} \tag{4-166}$$

则系统输出将出现极限环。得到的临界增益为

$$K_{\mathrm{u}}=\frac{4d}{\pi a} \tag{4-167}$$

临界振荡周期 T_{u} 通过直接测量相邻两个输出过零的时间值确定。

对继电器型自动整定过程中控制器参数的计算有许多种方法，如选用临界比例度法，即

$$K_{\mathrm{P}}=0.6K_{\mathrm{u}},\ T_{\mathrm{I}}=0.5T_{\mathrm{u}},\ T_{\mathrm{D}}=0.125T_{\mathrm{u}}$$

式中：K_{P} 为比例增益；T_{I} 为积分时间常数；T_{D} 为微分时间常数。

（2）神经网络 PID 控制器。通常，PID 控制器算式为

$$u(t)=K_{\mathrm{P}}\left[e(t)+\frac{1}{T_{\mathrm{I}}}\int_0^t e(t)\mathrm{d}t+T_{\mathrm{D}}\frac{\mathrm{d}e(t)}{\mathrm{d}t}\right] \tag{4-168}$$

相应的离散算式为

$$u(k)=K_{\mathrm{P}}e(k)+K_{\mathrm{I}}\sum_{j=0}^{k}e(j)+K_{\mathrm{D}}[e(k)-e(k-1)] \tag{4-169}$$

根据式（4-169），用一个单神经元构造控制器，如图 4-88 所示。

网络的输入为

$$\begin{cases}X_1(k)=e(k)\\ X_2(k)=\sum_{j=0}^{k}e(j)\\ X_3(k)=\Delta e(k)=e(t)-e(k-1)\end{cases} \tag{4-170}$$

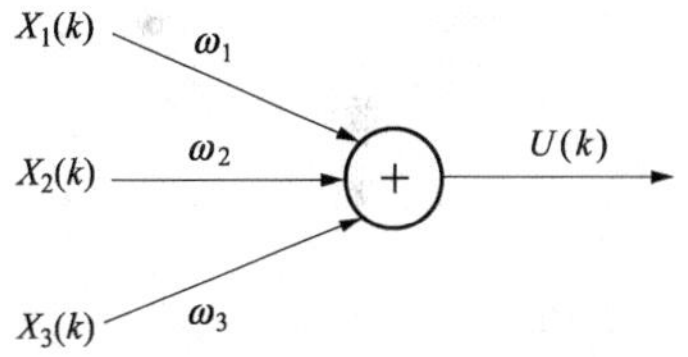

图 4-88 神经网络 PID 控制器

网络的输出为

$$u(k)=\omega_1X_1(k)+\omega_2X_2(k)+\omega_3X_3(k) \tag{4-171}$$

式中：ω_i 为加权系数，可在线修正，i=1,2,3。

可见，此神经网络控制器具有 PID 控制器结构。通过对加权系数的调整来实现自适应、自组织功能，而加权系统的调整采用有监督的学习算法，它与神经元的输入、输出和输出偏差三者的相关函数有关，即

$$\omega_i(k+1)=(1-c)\omega_i(k)+\eta_i r_i(k) \tag{4-172}$$

$$r_i(k)=e(k)u(k)X_i(k)$$

式中：$r_i(k)$ 为递进信号，$r_i(k)$ 随过程进行逐渐衰减；$e(k)$ 为输出误差信号；η_i 为学习速率（i=I、P、D），其中 η_{I}，η_{P} 和 η_{D} 分别为积分、比例和微分的学习速率；c 为充分小的常数，可取 c 为 0。

2. 模糊自适应 PID 控制系统

模糊自适应 PID（FAPID）控制系统结构如图 4-89 所示。图中，FAC 为模糊自适应控制器，与常规 PID 一起组成 FAPID 控制器。FAPID 控制器的设计分为相对独立的两步进行，简

单方便。FAC 的输出即为 PID 控制器输入。PID 参数若采用工程整定法整定，可不需要过程模型。整定 PID 参数时，去掉 FAC 的作用。当在每个采样时刻获得了系统响应后，就可以根据此时刻系统响应偏离给定的情况及变化趋势，依据已有的系统控制知识，运用模糊控制方法，适当加大控制力度或减小控制力度（或提前增加阻尼），以控制响应朝偏离给定的方向变化，使输出尽快趋于给定，可基于这种思路来设计 FAC。模型规则表物理意义明确，实时计算工作量小，便于工程应用。

仿真试验结果如图 4-90 所示，图中曲线 1、2 分别对应于 PID 和 FAPID 控制时系统的输出。与 PID 控制比较，FAPID 控制大大提高了系统的鲁棒性，大大减小了超调量，提高了抗干扰能力，缩短了调整时间。采用 FAPID 控制时，PID 控制器中的微分部分没必要加入，因模糊自适应控制器已隐含有微分作用。

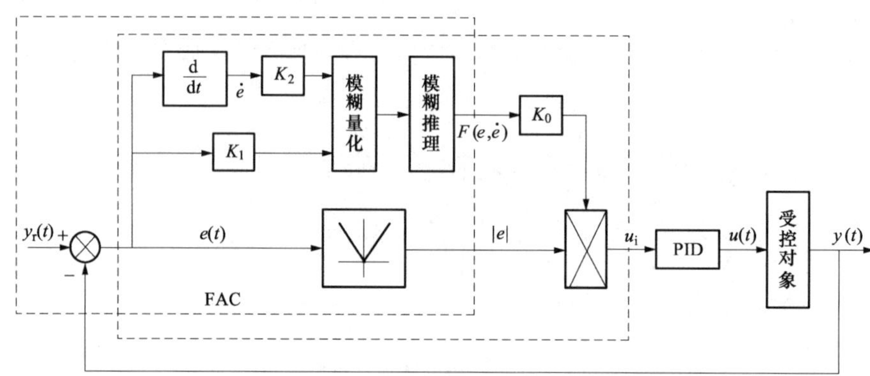

图 4-89 FAPID 控制系统结构图

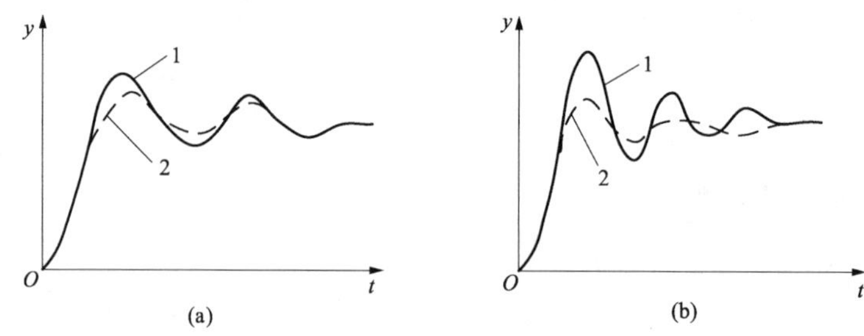

图 4-90 仿真试验结果

（a）对象参数不变时的仿真结果；（b）对象直流放大倍数增大一倍后的仿真结果

1—PID 时；2—FAPID 时

3. 单神经元自适应 PID 控制器

用单神经元实现自适应 PID 控制的结构框图如图 4-91 所示，图中转换器的输入为设定值 $y_r(k)$ 及输出 $y(k)$，转换器的输出为神经元学习控制所需要的状态量 X_1、X_2、X_3。神经元 PID 控制器的输出为

$$u(k)=u(k-1)+K\sum_{i=1}^{3}\omega_i(k)X_i(k) \tag{4-173}$$

式中：K 为神经元比例系数。

在单神经元控制器中引入输出误差平方的二次型性能指标，通过修改神经元控制器的加权系数 W_i，使性能指标趋于最小，从而实现自适应 PID 的最优控制。

设二次型性能指标函数为

$$J=-\frac{1}{2}[y_r(k+1)-y(k+1)]^2 \tag{4-174}$$

使加权系数 $\omega_i(k)$ 的修正沿着 J 的减小方向，即对 $\omega_i(k)$ 的负梯度方向搜索调整，可以有更加明确的物理意义。

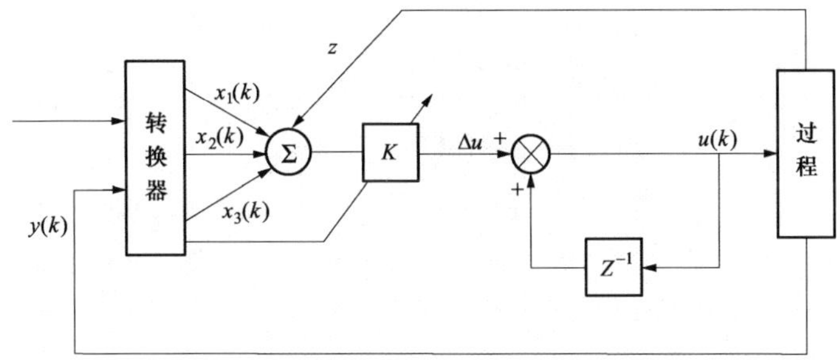

图 4-91　单神经元自适应 PID 控制器结构图

$\omega_i(k)$ 的调整量为

$$\begin{aligned}\Delta\omega_i(k)&=\omega_i(k+1)-\omega_i(k)=-\eta\frac{\partial J}{\partial\omega_i(k)}\\&=\eta_i z(k+1)\frac{\partial y(k+1)}{\partial u(k)}\frac{\partial u(k)}{\partial\omega_i(k)}=\eta_i z(k+1)X_i(k)\frac{\partial y(k+1)}{\partial u(k)}\end{aligned} \tag{4-175}$$

式中：η_i（i=I，P，D）为学习速率。

由于在 PID 控制算法中，$\frac{\partial y(k+1)}{\partial u(k)}$ 通常未知，可以近似用符号函数 $\mathrm{sgn}\left[\frac{\partial y(k+1)}{\partial u(k)}\right]$ 取代，其所产生的误差可通过调整学习速率 η_I 来修正。

对上述算法进行规范整理后，可得学习算法如下

$$\begin{cases}u(k)=u(k-1)+K\sum_{i=1}^{3}\overline{\omega_i}(k)X_i(k)\\ \overline{\omega_i}(k)=\dfrac{\omega_i(k)}{\sum_{i=1}^{3}|\omega_i(k)|}\\ \omega_1(k+1)=\omega_1(k)+\eta_\mathrm{I}Kz(k+1)X_1(k)\mathrm{sgn}\left[\dfrac{\partial y(k+1)}{\partial u(k)}\right]\\ \omega_2(k+1)=\omega_2(k)+\eta_\mathrm{P}Kz(k+1)X_2(k)\mathrm{sgn}\left[\dfrac{\partial y(k+1)}{\partial u(k)}\right]\\ \omega_3(k+1)=\omega_3(k)+\eta_\mathrm{D}Kz(k+1)X_3(k)\mathrm{sgn}\left[\dfrac{\partial y(k+1)}{\partial u(k)}\right]\\ \mathrm{sgn}(x)=\begin{cases}+1, & x\geqslant 0\\ -1, & x<0\end{cases}\end{cases} \tag{4-176}$$

利用具有自学习和自适应能力的单神经元来构成单神经元自适应 PID 控制器，不但结构

简单，学习算法物理意义明确，计算量小，且能适应环境变化，具有较强的鲁棒性。

【例 4-7】 采用单神经元自适应 PID 控制器的直流双闭环调速系统。

采用单神经元自适应 PID 控制器的直流双闭环调速系统结构框图如图 4-92 所示。电流环采用 PI 调节器，并校正成典型 I 型系统。转速环则采用单神经元自适应 PID 控制器。

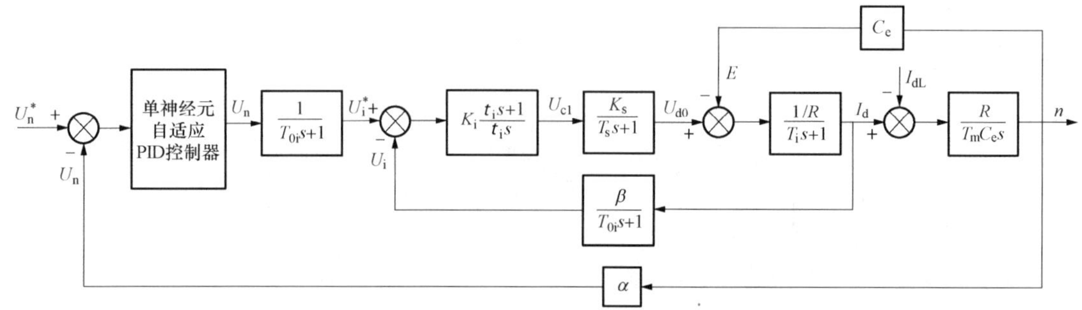

图 4-92　采用单神经元自适应 PID 控制器的直流双闭环调速系统结构框图

T_{0i}—电流环滤波时间常数；T_s—整流装置滞后时间常数；T_i—电机电磁时间常数；T_m—电机机电时间常数；K_s—晶闸管置放大倍数；R—电枢回路总电阻；β—电流反馈系数；α—转速反馈系数；C_e—反电动势系数

单神经元自适应 PID 控制器设计涉及控制器比例、学习速率、加权系数初值、采样周期等参数的取值，它们对学习和控制效果有一定影响。

用于仿真的实际参数如下。

直流电动机：220V，136A，146r/min，C_e=0.132 V • min/r，允许过载倍数 $\lambda=1.5$，T_{0i}=2ms，T_s=1.7ms，T_m=180ms，K_s=40，R=0.5Ω，β=0.05V/A，α=0.007 V • min/r，K_i=1.103，T_i=30ms。

期望给定：$U_n^*=U_{n\max}^*$=10V。

仿真试验曲线如图 4-93 所示。其中，曲线①是在传统的 PI 调节器下的转速曲线，曲线②是在单神经元自适应 PID 控制器下的转速曲线。

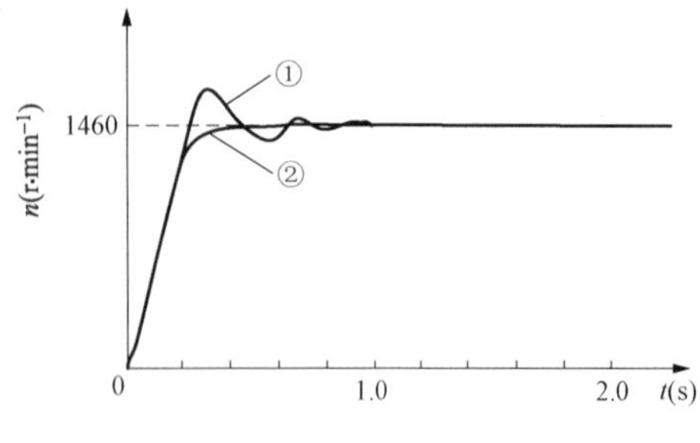

图 4-93　仿真试验曲线

仿真结果表明，基于单神经元自适应 PID 控制器具有很强的鲁棒性和自适应性。仿真结果还表明，基于单神经元自适应 PID 控制器直流调速系统，在允许负载、电枢电阻和转动惯量变化的范围内，都能保持响应快速性以及无静差、无超调的优良性能。

4. 专家自适应 PID 控制器

具有专家系统的自适应 PID 控制器，其系统如图 4-94 所示。它由参考模型、可调系统和专家系统组成。从原理上看，它是一个模型参考自适应控制系统。其中，参考模型由模型控制器和参考模型被控对象组成。可调系统由数字式 PID 控制器和实际被控对象组成。控制器的 PID 参数能任意加以调整，当被控对象因工况或环境等原因而特性有所改变时，在原有控制器参数作用下，可调系统输出 $y(t)$ 的响应波形将偏离理想的动态特性。这时，利用专家系统以一定的规律调整控制器的 PID 参数，使 $y(t)$ 的动态特性恢复到理想的状态。

专家系统由知识库和推理机制两部分组成，它首先检测参考模型和可调系统输出波形特征参数差值 e，如图 4-94 所示。

$$e = \theta - \theta_{m} \tag{4-177}$$

式中：e 称为广义偏差，它表示可调系统输出 $y(t)$ 和参考模型输出 $y_{m}(t)$ 之间动态特性的差异程度，PID 自整定的目标就是调整控制器的 PID 参数矢量 θ_{c}，使 θ 值逐步趋近于 θ_{m}（即 e 趋近于零）。

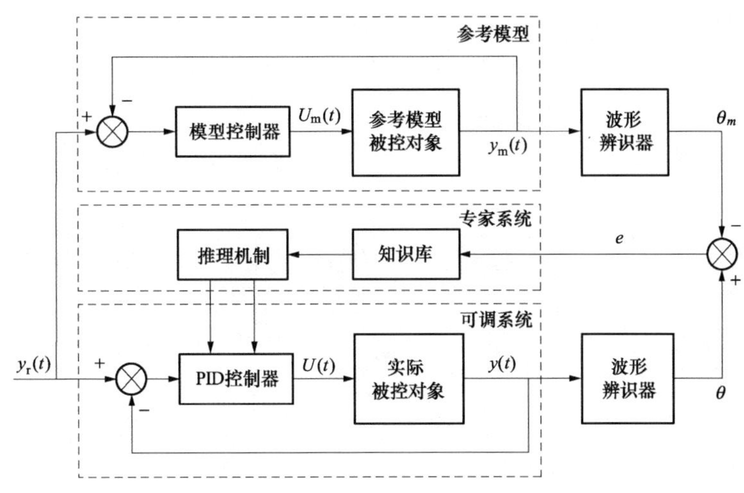

图 4-94 专家自适应 PID 控制器原理图

式（4-177）中特征参数矢量 θ、θ_{m} 和控制器 PID 参数矢量 θ_{c} 由式（4-178）决定，即

$$\begin{cases}\theta = (t_{r}, M_{p}, t_{s})^{T} \\ \theta_{m} = (t_{rm}, M_{pm}, t_{sm})^{T} \\ \theta_{c} = (K_{p}, T_{I}, T_{D})^{T}\end{cases} \tag{4-178}$$

式中：$t_{r}(t_{rm})$ 为上升时间；$M_{p}(M_{pm})$ 为输出量的最大值；$t_{s}(t_{sm})$ 为调节时间。

这些值的大小由图 4-95 和图 4-96 输出响应波形决定。

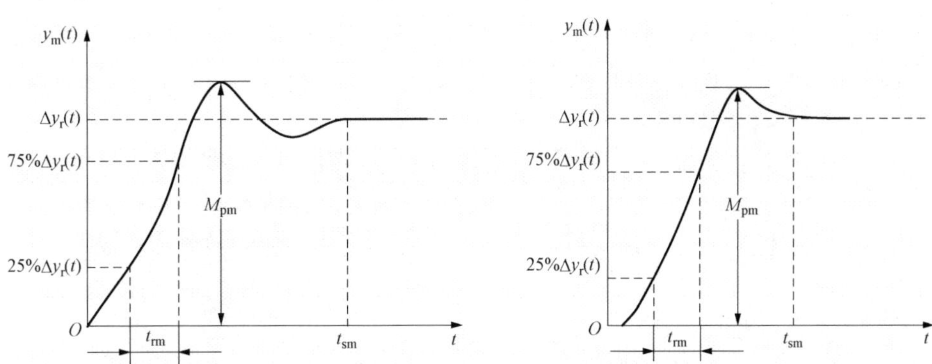

图 4-95 参考模型输出 $y_{m}(t)$ 的响应波形

由图 4-95 和图 4-96 可知，当被调量给定值 $y_{r}(t)$ 变化 $\Delta y_{r}(t)$ 时，t_{r} 和 t_{rm} 可分别由输出响应波形 $y(t)$ 和 $y_{m}(t)$ 值达到 $75\%\Delta y_{r}(t)$ 和 $25\%\Delta y_{r}(t)$ 时的时间差值决定，它的大小标志着调节系统的响应速度。t_{s} 和 t_{sm} 分别由 $y(t)$ 和 $y_{m}(t)$ 值达到 $y_{r}(t) \pm 5\%\Delta y_{r}$ 的调节时间决定，而 M_{p} 和 M_{pm} 则分别由 $y(t)$ 和 $y_{m}(t)$ 的第一波幅值决定。由于考虑到 $y(t)$ 和 $y_{m}(t)$ 的动态特性可能出现

周期性和非周期性过程，所以图 4-95 和图 4-96 分别把周期性和非周期性过程求特征值的方法都表示出来。专家系统所建立的自适应规律是根据大量仿真研究得到的。其关系式为

$$\begin{cases} K_{\mathrm{p}}(k)=K_{\mathrm{p}}(k-1)+\alpha_{11}[M_{\mathrm{p}}(k-1)-M_{\mathrm{pm}}] \\ \qquad +\alpha_{12}[t_{\mathrm{r}}(k-1)-t_{\mathrm{rm}}]+\alpha_{13}[t_{\mathrm{s}}(k-1)-t_{\mathrm{sm}}] \\ T_{\mathrm{I}}(k)=T_{\mathrm{I}}(k-1)+\alpha_{21}[M_{\mathrm{P}}(k-1)-M_{\mathrm{pm}}] \\ \qquad +\alpha_{22}[T_{\mathrm{I}}(k-1)-T_{\mathrm{Im}}]+\alpha_{23}[t_{\mathrm{s}}(k-1)-t_{\mathrm{sm}}] \end{cases} \tag{4-179}$$

式中：k 为自整定时刻；$k-1$ 为整定前的时刻。

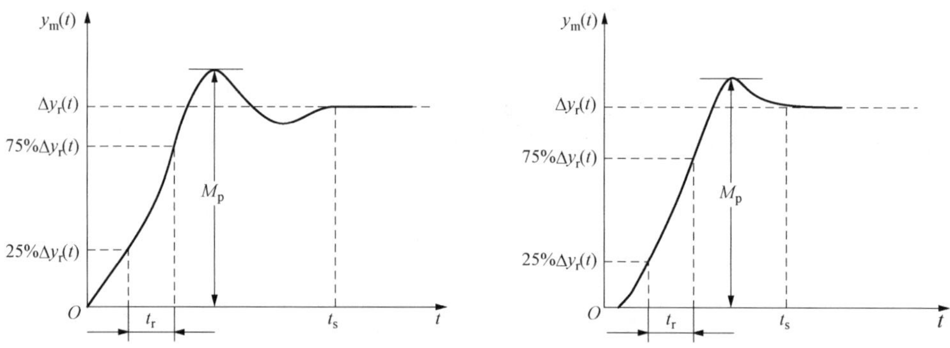

图 4-96 可调系统输出 $y(t)$ 的波形

α 值由仿真试验加以确定，并在实际中加以修正，然后列成表存放在知识库中。

该系统由于采用闭环输出波形的模式识别方法来辨别被控对象的动态特性，不必加持续的激励信号，因而对系统造成的干扰小。另外，采用参考模型自适应原理，使得自整定过程是根据可调系统和参考模型输出波形特征值的差值来调整 PID 参数的，整个过程物理概念清楚，并避免了被控对象动态特性计算错误而带来的偏差。

4.5.8 基于参数模型的自校正 PID 控制

自校正控制是目前应用最广的一类自适应控制方法。根据所采用的不同类型的控制算法，可以组成不同类型的自校正控制器，主要有最小方差自校正控制、极点配置自校正控制和以线性二次型最优（LQG）为基础的自校正控制等几种。本节将重点介绍极点配置自校正控制。

1. 最小方差自校正 PID 控制

最小方差控制的基本思想是由于一般工业对象存在纯滞后 d，当前的控制作用要滞后 d 个采样周期才能影响输出。因此，要使输出方差最小，就必须提前 d 步对输出量进行预测，然后，根据所得的预测值来设计所需的控制。这样，通过连续不断的预测和控制，就能保证稳态输出方差为最小。

设被控对象的数学模型为

$$A(z^{-1})y(k)=z^{-d}B(z^{-1})u(k)+C(z^{-1})e(k) \tag{4-180}$$

其中

$$\begin{cases} A(z^{-1})=1+a_1z^{-1}+\cdots+a_nz^{-n} \\ B(z^{-1})=b_0+b_1z^{-1}+\cdots+b_nz^{-n} \quad (b_0\neq 0) \\ C(z^{-1})=1+c_1z^{-1}+\cdots+c_nz^{-n} \end{cases} \tag{4-181}$$

上两式中：d 为滞后时间；$e(k)$ 为零均值白噪声序列；z^{-1} 为后移算子，即

$$z^{-1}y(k)=y(k-1), \quad z^{-i}y(k)=y(k-i)$$

将系统模型式（4-180）改写为

$$A(z^{-1})y(k+d)=B(z^{-1})u(k)+C(z^{-1})e(k+d) \tag{4-182}$$

记基于到 k 时刻为止的输入 $u(k)$ 和 $y(k)$ 的测量而得到的 $(k+d)$ 时刻的输出 $y(k+d)$ 的预测估计为 $\hat{y}\left(k+\frac{d}{k}\right)$，并引入 Diophanine 方程，则得

$$C(z^{-1})=A(z^{-1})F(z^{-1})+z^{-d}G(z^{-1}) \tag{4-183}$$

式中：F、G 分别为 z^{-1} 的（d–1）阶和（n–1）阶多项式，且有

$$F(z^{-1})=1+f_1z^{-1}+\cdots+f_{d-1}z^{-d+1}$$

$$G(z^{-1})=g_0+g_1z^{-1}+\cdots+g_{n-1}z^{-n+1}$$

F、G 的系数可以通过比较 z^{-1} 的同次幂系数得到。

为了简单起见，在下面的推导中，略去 z^{-1} 的多项式中算子 z^{-1}。

将式（4-182）乘以 F，得

$$FAy(k+d)=FBu(k)+FCe(k+d) \tag{4-184}$$

由式（4-183），有

$$(C-z^{-d}G)y(k+d)=FBu(k)+FCe(k+d) \tag{4-185}$$

故有

$$y(k+d)=\left[\frac{G}{C}y(k)+\frac{FB}{C}u(k)\right]+Fe(k+d) \tag{4-186}$$

式（4-186）左边是 $(k+d)$ 时刻的输出，如果把右边第一项看成是最优预报，则右边第二项可看成是预报误差。因为右边第一项与右边第二项不相关，故最优预报应为

$$\hat{y}\left(k+\frac{d}{k}\right)=\frac{G}{C}y(k)+\frac{FB}{C}u(k) \tag{4-187}$$

令 $(k+d)$ 时刻的最优预报 $\hat{y}\left(k+\frac{d}{k}\right)$ 与 $(k+d)$ 时刻的理想输出 $y_r(k+d)$ 相等，即可求得最小方差控制律

$$u(k)=\frac{Cy_r(k+d)-Gy(k)}{FB} \tag{4-188}$$

对于调节器问题，可以设 $y_r(k+d)=0$，则式（4-188）可简化成

$$u(k)=-\frac{Gy(k)}{FB} \tag{4-189}$$

对象的稳态输出是

$$y(k)=F(z^{-1})e(k) \tag{4-190}$$

当被控对象模型的参数未知或时变时，需要直接辨识控制器参数（隐式算法），为此将式（4-187）写成预报模型的形式，即

$$\begin{aligned}y(k+d)=&\alpha_1y(k)+\alpha_2y(k-1)+\cdots\alpha_ry(k-r+1)+\beta_0u(k)\\&+\beta_1u(k-1)+\cdots+\beta_qu(k-q)+e(k+d)\end{aligned} \tag{4-191}$$

为了保证闭环可辨识性，将控制项 $u(k)$ 的系数 β_0 事先取定，于是最小二乘递推算法如下

$$\begin{cases}\hat{\theta}(k)=\hat{\theta}(k-1)+K(k)\left[y(k)-\beta_0u(k-d)+\varphi^{\mathrm{T}}(k-d)\hat{\theta}(k-1)\right]\\ K(k)=\dfrac{P(k-1)\varphi(k-d)}{1+\varphi^{\mathrm{T}}(k-d)P(k-1)\varphi(k-d)}\\ P(k)=\dfrac{1}{\rho}\left[P(k-1)-\dfrac{P(k-1)\varphi(k-d)\varphi^{\mathrm{T}}(k-d)P(k-1)}{1+\varphi^{T}(k-d)P(k-1)\varphi(k-d)}\right]\end{cases} \tag{4-192}$$

式中：$\hat{\theta}=[\alpha_1,\alpha_2,\cdots,\alpha_t,\beta_1,\beta_2,\cdots\beta_{\mathrm{p}}]^{\mathrm{T}}$；$\varphi^{\mathrm{T}}(k-d)=[y(k-d),\cdots,y(k-d-r+1),\ u(k-d-1),\cdots,u(k-d-q)]^{\mathrm{T}}$；$\rho$ 为遗忘因子，$0<\rho\leqslant 1$。

最小方差控制为

$$u(k)=-\frac{1}{\beta_0}\varphi^{\mathrm{T}}(k)\hat{\theta}(k) \tag{4-193}$$

综上所述，最小方差自校正控制器的计算步骤可归纳如下。

（1）选择预报模型的阶 r、q 和系统的滞后时间 d，以及遗忘因子 ρ 和参数 β_0、给定参数估计的初始值 $\hat{\theta}(0)$ 和 $P(0)$。

（2）置 k=1。

（3）采样得 $y(k)$。

（4）递推估计参数 $\hat{\theta}(k)$

（5）计算自校正调节量 $u(k)$。

（6）置 $k\Leftarrow k+1$，转步骤（3）。

从上面的讨论可以看出，设计最小方差自校正调节器的实质有两步：第一步是参数估计，通过实测数据辨识预报模型的参数；第二步是最小方差控制，按方差最小的性能指标计算控制信号 $u(k)$。

2. 极点配置自校正 PID 控制

极点配置的主要思想是寻求一个反馈控制律，使闭环传递函数的极点位于希望的位置。

设受控过程的数学模型可用受控自回归滑动平均（Controlled Auto-Regressive Moving Average-CARMA）模型描述

$$A(z^{-1})y(k)=z^{-d}B(z^{-1})u(k)+C(z^{-1})e(k) \tag{4-194}$$

其中

$$\begin{cases}A(z^{-1})=1+a_1z^{-1}+\cdots+a_{n_{\mathrm{a}}}z^{-n_{\mathrm{a}}}\\ B(z^{-1})=b_0+b_1z^{-1}+\cdots+b_{n_{\mathrm{b}}}z^{-n_{\mathrm{b}}}\quad(b_0\neq 0)\\ C(z^{-1})=1+c_1z^{-1}+\cdots+c_{n_{\mathrm{c}}}z^{-n_{\mathrm{c}}}\end{cases} \tag{4-195}$$

一般 d 为已知，但系数 $a_i(i=1,2,\cdots,n_{\mathrm{a}})$ 和 $b_j(j=1,2,\cdots,n_{\mathrm{b}})$ 为未知参数，需要在线辨识。

典型的闭环计算机控制系统结构，如图 4-97 所示。

系统闭环方程为

$$y(k)=\frac{z^{-d}B(z^{-1})H(z^{-1})y_{\mathrm{I}}(k)+F(z^{-1})C(z^{-1})e(k)}{F(z^{-1})A(z^{-1})+z^{-d}B(z^{-1})G(z^{-1})} \tag{4-196}$$

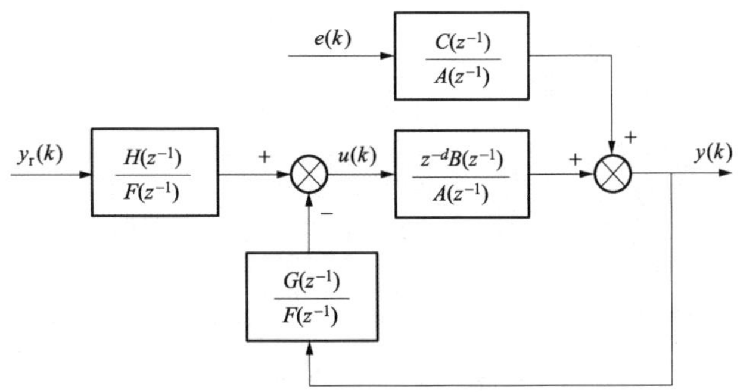

图 4-97 典型的闭环计算机控制系统结构

由式（4-196）可见，按增广型自校正闭环极点配置要求，闭环特征多项式应满足

$$F(z^{-1})A(z^{-1})+z^{-d}B(z^{-1})G(z^{-1})=C(z^{-1})T(z^{-1}) \tag{4-197}$$

其中，$T(z^{-1})$为期望特征多项式，由设计者根据实际工况和性能指标要求确定。

图 4-197 系统可直接写出自校正控制器输出$u(k)$的表达式为

$$u(k)=\frac{H(z^{-1})}{F(z^{-1})}y_{\mathrm{r}}(k)-\frac{G(z^{-1})}{F(z^{-1})}y(k) \tag{4-198}$$

3. 自校正 PID 控制器的极点配置设计

自校正 PID 控制器的参数校正原则是，通过参数的选取，使系统成为具有期望的闭环特征方程。按被控对象的性质，分为最小相位系统自校正和非最小相位系统自校正两种。

（1）最小相位系统自校正 PID 控制器的极点配置设计。

设对象为线性时变参数模型

$$A(z^{-1})y(k)=z^{-d}B(z^{-1})u(k) \tag{4-199}$$

其中

$$\begin{cases} A(z^{-1})=1+\sum\limits_{i=1}^{n_{\mathrm{a}}}a_i z^{-i} \\ B(z^{-1})=b_0+\sum\limits_{i=1}^{n_{\mathrm{a}}}b_i z^{-i} \qquad (b_0\neq 0) \end{cases} \tag{4-200}$$

PID 控制器的数字结构形式为增量式，即

$$G_{\mathrm{T}}(z^{-1})=\frac{g_0G'(z^{-1})}{1-z^{-1}} \tag{4-201}$$

其中

$$G'(z^{-1})=1+\frac{g_1}{g_0}z^{-1}+\frac{g_2}{g_0}z^{-2} \tag{4-202}$$

为保证闭环稳定，加入一个滤波环节$F'(z^{-1})$为

$$F'(z^{-1})=1+f_1z^{-1} \tag{4-203}$$

系统闭环结构如图 4-98 所示。

由于对象是开环稳定的最小相位系统，故可对图中的前向通道传递函数作零、极点对消处理，即令

$$F'(z^{-1})=B'(z^{-1})$$

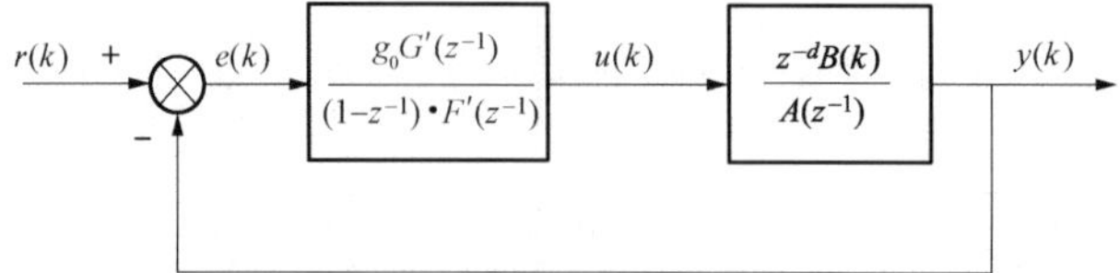

图 4-98 自校正 PID 控制器系统闭环结构图

其中

$$B'(z^{-1})=1+\frac{1}{b_0}\sum_{i=1}^{n_b}b_iz^{-1} \tag{4-204}$$

对于许多工业过程，模型阶次可取为

$$n_a=2\ ,\ n_b=1$$

这样，可以方便地用 PID 控制参数 g_0、 g_1、 g_2 来配置极点，即令

$$G'(z^{-1})=A(z^{-1}) \tag{4-205}$$

从而有

$$\frac{g_1}{g_0}=a_1,\quad \frac{g_2}{g_0}=a_2,\quad \frac{b_1}{b_0}=f_1 \tag{4-206}$$

于是，闭环传递函数就可以简化为

$$G(z^{-1})=\frac{b_0g_0z^{-d}/(1-z^{-1})}{1+b_0g_0z^{-d}/(1-z^{-1})}=\frac{b_0g_0z^{-d}}{1-z^{-1}+b_0g_0z^{-d}} \tag{4-207}$$

而 PID 控制器则变为

$$G_{\mathrm{T}}'(z^{-1})=\frac{g_0(1+a_1z^{-1}+a_2z^{-2})}{(1-z^{-1})(1+b_1/b_0\,z^{-1})} \tag{4-208}$$

为方便起见，令 b_0 为常数（$0<b_0<1$）不参加辨识，则模型的待估参数就是 $\hat{a}_1$、 $\hat{a}_2$、 $\hat{b}_1$，采用递推最小二乘法（带遗忘因子），就得到自校正 PID 控制器的控制规律

$$u(k)=u(k-1)+g_0[e(k)+\hat{a}_1e(k-1)+\hat{a}_2e(k-2)]+\frac{\hat{b}_1}{b_0}[u(k-2)-u(k-1)] \tag{4-209}$$

由式（4-209）可知，只要 b_0、 g_0 选择适当，就可实现期望的闭环极点。当然，b_0 和 g_0 要满足稳定条件。如上所述，这种控制器的设计原理是，用模型参数的估计值直接参与 PID 参数的校正，而用 b_0 和 g_0 的在线选择来决定系统的期望极点。因此，这种控制器的控制结构简单。实践证明，它的控制性能和跟踪性能均比较理想。

（2）非最小相位系统自校正 PID 控制器的极点配置设计。由于非最小相位系统存在不稳定零点，故不能采用前述的 $F'(z^{-1})=B'(z^{-1})$ 的零、极点对消法去设计，而是要根据期望的特征多项式 $A_{\mathrm{m}}(z^{-1})$ 来动态地校正 $F(z^{-1})$，使得在任意规范的有界输入 $r(k)$ 下，过程输出 $y(k)$ 可以渐近地满足

$$A_{\mathrm{m}}(z^{-1})y(k)=Kz^{-d}B(z^{-1})r(k) \tag{4-210}$$

式中：K 为增益系数。

PID 控制律仍为增量形式，即

$$G_{\mathrm{T}}(z^{-1})=\frac{u(k)}{e(k)}=\frac{g_0G'(z^{-1})}{(1-z^{-1})F'(z^{-1})}=\frac{G(z^{-1})}{F(z^{-1})} \tag{4-211}$$

式中 $$G'(z^{-1})=1+\frac{g_1}{g_0}z^{-1}+\frac{g_2}{g_0}z^{-2}, e(k)=kr(k)-y(k)$$

由式（4-211）有

$$F(z^{-1})u(k)=G(z^{-1})[Kr(k)-y(k)]$$

两边同乘以 $B(z^{-1})z^{-d}$，有

$$F(z^{-1})B(z^{-1})z^{-d}u(k)=G(z^{-1})B(z^{-1})z^{-d}[Kr(k)-y(k)] \tag{4-212}$$

将式（4-209）代入式（4-212），经整理得

$$\left[F(z^{-1})\frac{A(z^{-1})}{G(z^{-1})}+B(z^{-1})z^{-d}\right]y(k)=B(z^{-1})z^{-d}Kr(k) \tag{4-213}$$

将式（4-212）与式（4-213）进行比较，可得

$$A_{\mathrm{m}}(z^{-1})=F(z^{-1})\frac{A(z^{-1})}{G(z^{-1})}+B(z^{-1})z^{-d} \tag{4-214}$$

令 $G'(z^{-1})=A(z^{-1})$，即 $\frac{g_1}{g_0}=a_1, \frac{g_2}{g_0}=a_2$。这里，对象模型阶次选择同前。于是有

$$A_{\mathrm{m}}(z^{-1})=\frac{F(z^{-1})}{g_0}+B(z^{-1})z^{-d} \tag{4-215}$$

这样，在选定 $A_{\mathrm{m}}(z^{-1})$ 之后，利用过程参数的估计值 $\hat{b}_1$，就可以唯一地决定式（4-215）中的滤波器 $F(z^{-1})$，再与 $\hat{a}_1$、$\hat{a}_2$ 一起，就可实现对 PID 控制规律的自校正。

可见，非最小相位系统自校正 PID 控制器的极点配置，除了用估计参数 $\hat{a}_1$、$\hat{a}_2$、直接校正 PID 参数外，还要按照期望的闭环极点来校正滤波器 $F'(z^{-1})$ 的参数 f_1。显然，算法要复杂一些。另外，关于 $A_{\mathrm{m}}(z^{-1})$ 的选择，可以参考连续的极点配置方法来决定。

从自校正 PID 控制器的原理来看，它是采用微机控制技术来实现的。因此，自校正 PID 控制器的设计，归结为控制算法的设计，这包括辨识算法和参数修改算法两大内容。基于自适应极点配置原理的自校正 PID 控制器算法虽复杂一些，但它可以方便地扩展到多变量系统，而多变量自校正控制器将是今后的发展方向之一。

4.6 自校正 PID 控制技术的应用实例

4.6.1 极点配置自校正 PID 控制器在电阻加热炉温控系统中的应用

被控对象电阻加热炉为 8kW，由 220V 单相交流电源供电，选用 KS200A/800V 双向晶闸管过零触发控制。由阶跃响应的飞升曲线测得对象特性为具有纯滞后的一阶惯性环节，即

$$G_{\mathrm{P}}(s)=\frac{K_{\mathrm{P}}\mathrm{e}^{-\tau s}}{T_{\mathrm{P}}s+1}=\frac{2.8\mathrm{e}^{-40s}}{178s+1} \tag{4-216}$$

其中，K_{P}=2.8；T_{P}=178s；τ=40s。

式（4-216）带零阶保持器的广义对象脉冲传递函数为

$$G_{\mathrm{P}}(z^{-1})=z\left(\frac{1-\mathrm{e}^{-\tau s}}{s}\cdot\frac{K_{\mathrm{P}}\mathrm{e}^{-\tau s}}{T_{\mathrm{P}}s+1}\right)=\frac{K_{\mathrm{P}}\left(1-\mathrm{e}^{-\frac{T}{T_{\mathrm{P}}}}\right)z^{-(N+1)}}{1-\mathrm{e}^{-\frac{T}{T_{\mathrm{P}}}}z^{-1}}=\frac{b_0z^{-d}}{1+a_1z^{-1}} \tag{4-217}$$

式中

$$b_0 = K_\mathrm{P}\left(1-\mathrm{e}^{-\frac{T}{T_\mathrm{P}}}\right), a_1 = -\mathrm{e}^{-\frac{T}{T_\mathrm{P}}}, N = \frac{\tau}{T}, d = N+1$$

对大纯滞后对象，通常选择了 $T=\tau$ 。则 $N=1$， $d=2$ 。将实测被控对象参数代入式（4-217），得

$$G_\mathrm{P}(z^{-1}) = \frac{0.5636z^{-2}}{1-0.7987z^{-1}} \tag{4-218}$$

$$b_0 = 0.5636，\quad a_1 = -0.7987$$

被控对象的 CARMA 模型为

$$(1-0.7987z^{-1})y(k) = 0.5636z^{-2}u(k) + C(z^{-1})e(k) \tag{4-219}$$

从极点配置的观点出发，通常以典型的二阶系统闭环传递函数的标准形式

$$G_\mathrm{n}(s) = \frac{\omega_\mathrm{n}^2}{(s^2 + 2\xi\omega_\mathrm{n}s + \omega_\mathrm{n}^2)} \tag{4-220}$$

作为目标，式（4-220）的特征方程对应的离散特征多项式为

$$T(z^{-1}) = 1 - 2\mathrm{e}^{-\xi\omega_\mathrm{n}T}\cos\omega_\mathrm{n}T\sqrt{1-\xi^2}\,z^{-1} + e^{-2\xi\omega_\mathrm{n}T}z^{-2} \tag{4-221}$$

式中：ω_n 为无阻尼自然振荡角频率；ξ 为阻尼比。

对式(4-221)，当二阶系统最佳阻尼比 $\xi = 0.707$ 时，在单位阶跃作用下的超调量 $\sigma = 4.3\%$，相角稳定裕量 $\gamma(\omega_\mathrm{c}) = 65.5°$，它为二阶最佳动态响应模型。

采样周期 T 和 ω_n 、ξ 的关系，可表示为

$$T = \frac{2\pi\omega_\mathrm{n}}{N_\mathrm{T}}\sqrt{1-\xi^2} \qquad (N_\mathrm{T} = 10\sim 20) \tag{4-222}$$

取 $N_\mathrm{T} = 10$ 。当 $\xi = 0.707$， $T = 40\mathrm{s}$ 时，得

$$\omega_\mathrm{n} = 0.022\mathrm{s}^{-1}$$

式（4-221）的期望特征多项式为

$$T(z^{-1}) = 1 - 0.7812z^{-1} + 0.2882z^{-2} \tag{4-223}$$

式（4-195）中 $C(z^{-1})$ 多项式的选择原则，应避免在系统输出端产生突变而造成振荡，故选择

$$C(z^{-1}) = 1 + C_1z^{-1} + C_2z^{-2} = 1 + 0.5z^{-1} + 0.1z^{-2} \tag{4-224}$$

在数字系统中，通常采用带数字滤波器的 PID 控制器算法，即

$$u(z^{-1}) = \frac{g_0 + g_1z^{-1} + g_2z^{-2}}{(1-z^{-1})(1+f_1z^{-1})}e(z^{-1}) \tag{4-225}$$

其中

$$\begin{cases} g_0 = K_\mathrm{P}\left(1 + \dfrac{T}{T_\mathrm{I}} + \dfrac{T_D}{T}\right) \\ g_1 = -K_\mathrm{P}\left(1 + 2\dfrac{T_\mathrm{D}}{T}\right) \\ g_2 = K_\mathrm{P}\dfrac{T_\mathrm{D}}{T} \end{cases} \tag{4-226}$$

式（4-226）对 K_P 、T_I 和 T_D 有唯一解，即

$$\begin{cases} K_P = -(g_1 + 2g_2) \\ T_I = \dfrac{g_1 + 2g_2}{g_0 + g_1 + g_2} T \\ T_D = -\dfrac{g_2}{g_1 - 2g_2} T \end{cases} \tag{4-227}$$

为了将极点配置自校正控制器转换成增量型 PID 控制器，根据式（4-224），可选用如下形式

$$F(z^{-1}) = (1 - z^{-1})(1 + f_1 z^{-1}) \tag{4-228}$$

$$G(z^{-1}) = g_0 + g_1 z^{-1} + g_2 z^{-2} \tag{4-229}$$

根据式（4-197），有下列等式成立

$$\begin{aligned} &(1 - 0.7987z^{-1})(1 - z^{-1})(1 + f_1 z^{-1}) + 0.5636z^{-2}(g_0 + g_1 z^{-1} + g_2 z^{-2}) \\ &= (1 - 0.7812z^{-1} + 0.2882z^{-2})(1 + 0.5z^{-1} + 0.1z^{-2}) \end{aligned} \tag{4-230}$$

令式（4-230）两边系数相等，解代数方程得

$$f_1 = 1.721，\ g_0 = 4.079，\ g_1 = -2.322，\ g_2 = 0.051 \tag{4-231}$$

将式（4-231）代入式（4-227），得极点配置自校正 PID 控制器参数

$$K_P = 2.22，\ T_I = 49\text{s}，\ T_D = 0.92\text{s} \tag{4-232}$$

所以有

$$u(z^{-1}) = \frac{4.079 - 2.322z^{-1} + 0.051z^{-2}}{(1 - z^{-1})(1 + 1.721z^{-1})} e(z^{-1}) \tag{4-233}$$

综上所述，极点配置自校正 PID 控制器的结构如图 4-99 所示。

图 4-100 为电阻炉温度设定值阶跃输入和扰动输入时的系统响应曲线。可以看出，对式（4-216）的被控对象，采用式（4-232）的 PID 参数，当温度设定值阶跃输入时，系统响应曲线接近“二阶最佳”，有超调量 $\sigma = 5\%$（理论值 $\sigma = 4.3\%$），调节时间 $t_s = 260\text{s}$。

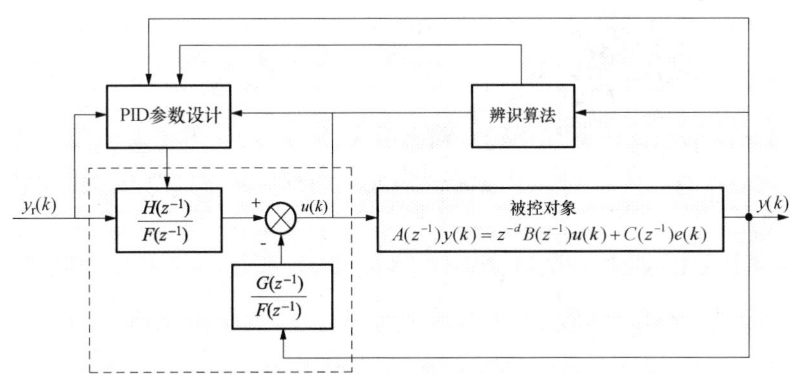

图 4-99　极点配置自校正 PID 控制器结构图

理论值 $t_s = \dfrac{3.5}{\xi\omega_n} = \dfrac{3.5}{(0.707 \times 0.022)} = 225\text{s}$，证实了极点配置方法设计 PID 控制器的正确性。

4.6.2　时变大滞后极点配置最优预报自校正 PID 控制器

在过程控制中，常常遇到大滞后，且其滞后时间又是时变的被控过程。对于处理时滞过

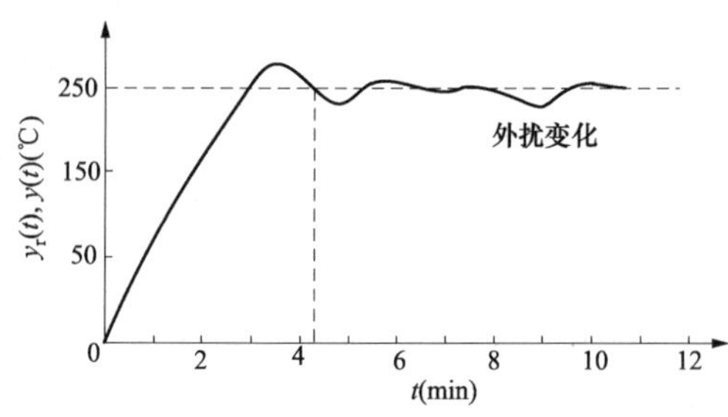

图 4-100 电阻炉温控系统响应曲线

程，Smith 首先提出了一种预估控制器，改善了控制品质，但其缺点是要求具有过程的精确数学模型，因而限制了它的应用。Keyser 等提出了自校正预估控制器，特别给出了自校正预估 PID 控制器的应用，但其缺点是控制器参数凭人的经验来选择。罗宗虔等提出了自校正预估 PID 控制器，但其算法的应用有一定的约束条件，且未考虑滞后时变情况。下面，介绍王爽心、刘希远等提出的一种新的极点配置最优预报自校正控制器。

1. 极点配置最优预报自校正 PID 控制算法

考虑受控过程由 CARMA 模型描述

$$A(z^{-1})y(k)=z^{-d}B(z^{-1})u(k)+C(z^{-1})e(k) \tag{4-234}$$

式中：$y(k)$ 为系统的输出；$u(k)$ 为系统的输入；$e(k)$ 为均值为零的白噪声序列；d 为纯滞后时间。

$A(z^{-1})$、$B(z^{-1})$、$C(z^{-1})$ 是滞后算子 z^{-1} 的多项式，有

$$A(z^{-1})=1+a_1z^{-1}+a_2z^{-2}+\ldots+a_nz^{-n}$$

$$B(z^{-1})=b_0+b_1z^{-1}+b_2z^{-2}+\ldots+b_nz^{-n} \quad (b_0\neq 0)$$

$$C(z^{-1})=1+c_1z^{-1}+c_2z^{-2}+\ldots+c_nz^{-n}$$

由 Diophantine 方程可把 $\dfrac{C(z^{-1})}{A(z^{-1})}$ 分解成

$$\frac{C(z^{-1})}{A(z^{-1})}=F(z^{-1})+z^{-d}\frac{G(z^{-1})}{A(z^{-1})} \tag{4-235}$$

其中

$$F(z^{-1})=1+f_1z^{-1}+\cdots+f_{d-1}z^{-d+1}$$

$$G(z^{-1})=g_0+g_1z^{-1}+\cdots+g_{n-1}z^{-n+1}$$

由式（4-234）和式（4-235）解得

$$y(k+d)=\frac{G(z^{-1})}{C(z^{-1})}y(k)+\frac{B(z^{-1})F(z^{-1})}{C(z^{-1})}u(k)+F(z^{-1})e(k+d) \tag{4-236}$$

以 $\hat{y}[(k+d)\,|\,k]$ 表示根据 k 时刻的输入输出值对 $(k+d)$ 时刻输出量 $y(k+d)$ 的预估值。现在的问题是在 $\hat{y}[(k+d)\,|\,k]$ 中找到一个最优 d 步预报 $\hat{y}^*[(k+d)\,|\,k]$，使得预报误差的方差最小，即满足下列关系式

$$E\left\{y(k+d)-y^*[(k+d)\,|\,k]\right\}^2\leqslant E\left\{y(k+d)-y[(k+d)\,|\,k]\right\}^2 \tag{4-237}$$

式中：$E(\cdot)$ 表示均值。将式（4-236）代入式（4-237），得到最优预报器

$$\hat{y}^*[(k+d)\,|\,k]=\frac{G(z^{-1})}{C(z^{-1})}y(k)+\frac{B(z^{-1})F(z^{-1})}{C(z^{-1})}u(k) \tag{4-238}$$

控制器按不完全微分型 PID 控制器设计，即

$$\left\{y_r-y^*[(k+d)\,|\,k]\right\}|\,R(z^{-1})=s(z^{-1})u(k) \tag{4-239}$$

其中

$$R(z^{-1})=r_0+r_1z^{-1}+r_2z^{-2}$$

$$s(z^{-1})=(1-z^{-1})(1+s_1z^{-1})$$

式中：y_r 为期望的设定值。

由式（4-234）、式（4-235）、式（4-238）和式（4-239）可得极点配置最优预报自校正PID控制系统的输出为

$$y(k)=\frac{z^{-d}B(z^{-1})R(z^{-1})}{S(z^{-1})A(z^{-1})+B(z^{-1})R(z^{-1})}y_{\mathrm{r}}(k)+\frac{R(z^{-1})F(z^{-1})B(z^{-1})+S(z^{-1})C(z^{-1})}{S(z^{-1})A(z^{-1})+B(z^{-1})R(z^{-1})}e(k) \tag{4-240}$$

由式（4-240）知闭环系统特征方程为

$$S(z^{-1})A(z^{-1})+B(z^{-1})R(z^{-1})=T(z^{-1}) \tag{4-241}$$

式中：$T(z^{-1})$ 为配置的期望特征多项式，且有

$$T(z^{-1})=1+t_1z^{-1}+t_2z^{-2}+\cdots+t_mz^{-m}\quad (m\leqslant n+2)$$

如果不用最优预报的极点配置的控制器，则系统输出

$$y(k)=\frac{z^{-d}B(z^{-1})R(z^{-1})y_{\mathrm{r}}(k)+S(z^{-1})C(z^{-1})v(k)}{S(z^{-1})A(z^{-1})+z^{-d}B(z^{-1})R(z^{-1})} \tag{4-242}$$

由式（4-240）和式（4-242）可看出，极点配置最优预报自校正 PID 控制系统的闭环特征方程中没有滞后项，即最优预报与 Smith 预估器的作用相同，都能克服滞后。如果去掉最优预估器，则是常规的 PID 控制器，也就不能克服滞后。

2. *滞后系统的参数辨识*

（1）离散滞后时间的估计算法定义目标函数

$$J(k)=\sum_{i=1}^{k}0.5\xi^2(i) \tag{4-243}$$

式中：$\xi(i)$ 为广义输出偏差，$\xi(i)=y(i)-\hat{y}(i)$。

由梯度优化方法可得使式（4-243）极小的滞后参数估计值

$$\hat{d}(k)=\hat{d}(k-1)-\lambda(k)\sum_{i=1}^{k}\xi(i)[\hat{y}(i)-\hat{y}(i-1)] \tag{4-244}$$

其中，可调增益步长 $\lambda(k)$ 的取值范围和算法的收敛特性可由式（4-245）给出，即当

$$\lambda(k)=\frac{1-\alpha}{\left\{\sum_{i=1}^{k}[\hat{y}(i)-\hat{y}(i-1)]\right\}^2}\qquad (0<\alpha<1) \tag{4-245}$$

时，参数估计 $\hat{d}(k)$ 是大范围一致渐近收敛的。

（2）时变滞后过程的最小二乘参数估计修正算法。当系统式（4-234）中滞后时间已知且时不变时，模型参数 $A(z^{-1})$、$B(z^{-1})$、$C(z^{-1})$ 由下列辨识算法进行估计，并构成自校正控制算法

$$\hat{\theta}(k)=\hat{\theta}(k-1)+K(k)[y(k)-\phi^{\mathrm{T}}(k)\hat{\theta}(k-1)] \tag{4-246}$$

其中

$$K(k)=l(k+1)P(k)\phi(k+1) \tag{4-247}$$

$$\begin{cases}\hat{\theta}(k)=[\hat{a}_1,\hat{a}_2,\cdots,\hat{a}_n,\hat{b}_1,\hat{b}_2,\cdots,\hat{b}_n,\hat{c}_1,\hat{c}_2,\cdots,\hat{c}_n]\\ \phi^{\mathrm{T}}(k)=[y(k-1),\cdots,y(k-n),u(k-\hat{d}-1),\cdots,\\ u(k-n-\hat{d}),\cdots,\hat{w}(k-1),\cdots,\hat{w}(k-n)\\ l(k)=[\rho+\phi(k+1)^{\mathrm{T}}P(k)\phi(k+1)]^{-1}\\ P(k)=[I-K(k-1)\phi^{\mathrm{T}}(k)]P(k-1)/\rho\\ \hat{w}(k)=y(k)-\phi^{\mathrm{T}}(k)\hat{\theta}(k)\end{cases} \tag{4-248}$$

式中：ρ 为遗忘因子，取 $0.95\leqslant\rho\leqslant0.99$。

然而，对于同一过程，如果滞后选取不同，则模型参数θ也不会相同。因此，当过程滞后发生变化时，式（4-246）中的$\hat{\theta}(k-1)$就不能取时滞变化前的参数估计值，而应由新模型结构（滞后变化后）下前一步递推所得的估计值$\hat{\theta}^*(k-1)=[\hat{a}_i^*,\hat{b}_i^*,\hat{c}_i^*]$所代替。注意到时滞的变化对系统噪声模型没有影响，即$\hat{c}(k-1)=\hat{c}^*(k-1)$，因此只需讨论$\hat{a}_i$，$\hat{b}_i$分别与$\hat{a}_i^*$、$\hat{b}_i^*$的转换关系。

3. 时变大滞后极点配置最优预报自校正 PID 控制算法

综上所述，将滞后系统参数辨识与极点配置最优预报自校正控制算法结合起来，就构成控制时变大滞后极点配置的最优预报自校正 PID 控制新算法。其步骤归纳如下。

（1）采样$u(k)$和$y(k)$。

（2）进行$\hat{A}$、$\hat{B}$、$\hat{C}$、$\hat{d}$参数的辨识。

（3）由式（4-235）求出$F(z^{-1})$和$G(z^{-1})$的系数。

（4）由式（4-238）计算$\hat{y}^*[(k+d)|k]$。

（5）由式（4-241）计算控制器$S(z^{-1})$和$R(z^{-1})$的参数。

（6）由式（4-239）计算新的控制量$u(k)$。

（7）返回第（1）步。

图 4-101 表示了对某电厂汽温系统实施控制的数字仿真曲线。参考输入为一组方波曲线。当$t=10$时d由 16 变化为 21，a_i、b_i（i=1，…，4）分别变化 10%和 7%。仿真结果表明，输出曲线具有良好的动态响应。

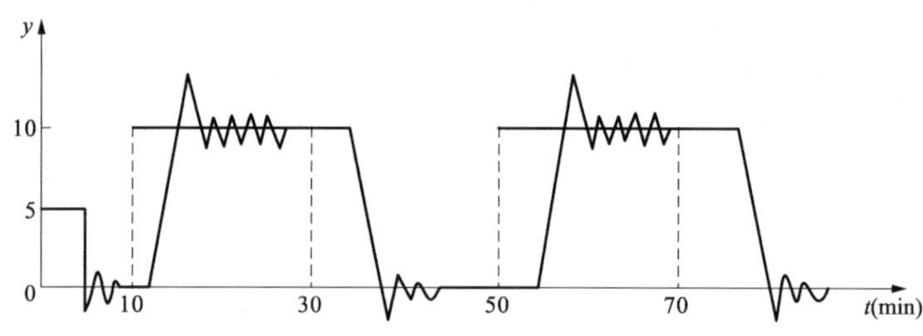

图 4-101 数字仿真曲线

4.6.3 自校正 PID 控制技术在电力系统中的应用

PID 控制器是同步发电机励磁控制器的基本控制方式。常规 PID 控制器以电压偏差信号作为输入量，以励磁控制电压作为输出量。但由于电力系统的时变性，运行条件、网络参数经常变化，恒定增益系数的 PID 控制器有时并不能满足系统的实际要求。这里，介绍一种新型的同步发电机自校正 PID 励磁控制器。采用极点配置的设计方法，通过在线辨识同步发电机的参数，实时改变 PID 控制器的增益系数K_P、K_I和K_D，从而实现同步发电机励磁的自适应最优控制。该控制器能够自动跟踪同步发电机运行条件及网络结构的变化，具有比常规励磁控制器更为优越的性能。

1. 自校正 PID 励磁控制器的构成

自校正控制主要由参数辨识、增益系数计算与控制规律计算三部分构成，其原理图如图 4-102 所示。其实现过程为：①从机端采集到信号U_t、ω分别与参考值U_{ref}、ω_{ref}比较，得到机端电压和转子角速度的偏差ΔU_t与$\Delta\omega$。ΔU_t与$\Delta\omega$经加权后，作为控制器的输入信号y；②用递推最小二乘算法进行参数辨识，得到参数估计值$\hat{\theta}$；③用这组估计值计算 PID 控制器

的增益系数 K_P、K_I、K_D；④根据 K_P、K_I、K_D 求得励磁控制电压进而得到励磁电压 E_{fd}。

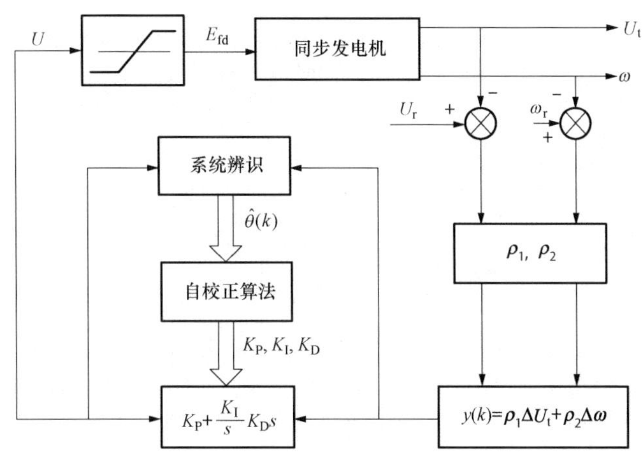

图 4-102　自校正 PID 励磁控制器原理框图

2. 基于输入—输出模型的极点配置设计方法

实时控制中，发电机可以用二阶模型来表示，其输入、输出关系写成差分方程的形式为

$$A(z^{-1})y(k)=B(z^{-1})u(k)+C(z^{-1})e(k) \tag{4-249}$$

式中：$u(k)$ 为输入采样；$y(k)$ 为输出采样；$e(k)$ 为白噪声信号。

$$\begin{cases}A(z^{-1})=1+a_1z^{-1}+a_2z^{-2}\\B(z^{-1})=b_1z^{-1}+b_2z^{-2}\\C(z^{-1})=1+c_1z^{-1}+c_2z^{-2}\end{cases} \tag{4-250}$$

对于式（4-249），设希望的闭环传递函数为

$$W_m(z^{-1})=\frac{B_m(z^{-1})}{A_m(z^{-1})} \tag{4-251}$$

式（4-251）中，A_m、B_m 互质，为此，采用图 4-103 所示的控制方案。

其反馈控制策略为

$$F(z^{-1})u(k)=H(z^{-1})y_r(k)-G(z^{-1})y(k) \tag{4-252}$$

式（4-252）中，F、G、H 是待设计的多项式。式（4-249）和式（4-252）合并，消去 u，得

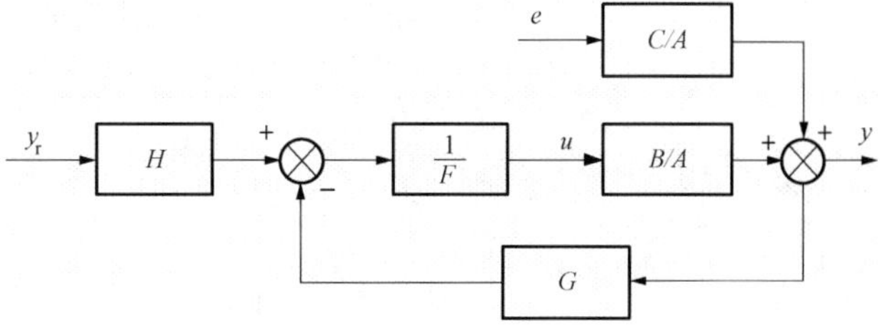

图 4-103　零极点配置控制方案

$$y(k)=\frac{B(z^{-1})H(z^{-1})y_r(k)+C(z^{-1})F(z^{-1})e(k)}{A(z^{-1})F(z^{-1})+B(z^{-1})G(z^{-1})} \tag{4-253}$$

所谓零、极点配置的设计方法，其任务就是设计 F、G 和 H，使式（4-253）的传递函数等于希望的闭环传递函数，即

$$\frac{B(z^{-1})H(z^{-1})}{A(z^{-1})F(z^{-1})+B(z^{-1})G(z^{-1})}=\frac{B_m(z^{-1})}{A_m(z^{-1})} \tag{4-254}$$

用$T(z^{-1})$规定观测器的动态特性，应有

$$AF - BG = TA_{\mathrm{m}} \tag{4-255}$$

由式（4-253）～式（4-255）得到闭环系统方程为

$$y(k) = \frac{BH}{TA_{\mathrm{m}}} y_{\mathrm{r}}(k) + \frac{CF}{TA_{\mathrm{m}}} e(k) \tag{4-256}$$

设

$$F(z^{-1}) = (1 - f_1 z^{-1})(1 - z^{-1}) \tag{4-257}$$

$$G(z^{-1}) = g_0 + g_1 z^{-1} + g_2 z^{-2} \tag{4-258}$$

$$H = G(1) = g_0 + g_1 + g_2 \tag{4-259}$$

$$TA_{\mathrm{m}}(z^{-1}) = \left(1 + a_{\mathrm{m1}} z^{-1} + a_{\mathrm{m2}} z^{-2}\right)\left[1 + \frac{b_2}{b_1} z^{-1}\right] \tag{4-260}$$

a_{m1}、a_{m2}由连续时间系统的特征多项式$s^2 + 2\xi\omega_{\mathrm{n}} s + \omega_{\mathrm{n}}^2$的$\xi$和$\omega_{\mathrm{n}}$直接决定

$$a_{\mathrm{m1}} = -2\exp(-\xi\omega_{\mathrm{n}} T_{\mathrm{s}})\cos\left[\omega_{\mathrm{n}} T_{\mathrm{s}} \sqrt{1-\xi^2}\right] \tag{4-261}$$

$$a_{\mathrm{m2}} = \exp(-2\xi\omega_{\mathrm{n}} T_{\mathrm{s}}) \tag{4-262}$$

式中：ξ为衰减率；ω_{n}为自然振荡频率；T_{s}为采样周期。

由式（4-255）、式（4-257）和式（4-260）得到

$$\begin{aligned} &A(z^{-1})(1 + f_1 z^{-1})(1 - z^{-1}) + B(z^{-1})(g_0 + g_1 z^{-1} + g_2 z^{-2}) \\ &= (1 + a_{\mathrm{m1}} z^{-1} + a_{\mathrm{m2}} z^{-2})\left[1 + \frac{b_2}{b_1} z^{-1}\right] \end{aligned} \tag{4-263}$$

由式 4-263 式推出

$$\begin{cases} f_1 + b_1 g_0 = \dfrac{b_2}{b_1} - a_1 + a_{\mathrm{m1}} \\ f_1(a_1 - 1) + b_2 g_0 + b_1 g_1 = -a_2 + a_1 + a_{\mathrm{m1}} \dfrac{b_2}{b_1} + a_{\mathrm{m2}} \\ f_1(-a_1 + a_2) + b_2 g_1 + b_1 g_2 = a_2 + a_{\mathrm{m2}} \dfrac{b_2}{b_1} \\ -a_2 f_1 + b_2 g_2 = 0 \end{cases} \tag{4-264}$$

联立求解可得f_1、g_0、g_1、g_2。并由式（4-252）得

$$u(k) = \frac{H(z^{-1})}{F(z^{-1})} y_{\mathrm{r}}(k) - \frac{G(z^{-1})}{F(z^{-1})} y(k) \tag{4-265}$$

将式（4-257）～式（4-259）代入上式中，得

$$u(k) = \frac{g_0 + g_1 + g_2}{(1 + f_1 z^{-1})(1 - z^{-1})} y_{\mathrm{r}}(k) - \frac{g_0 + g_1 z^{-1} + g_2 z^{-2}}{(1 + f_1 z^{-1})(1 - z^{-1})} y(k) \tag{4-266}$$

而此时的 PID 控制策略$u(k)$可以表示为

$$u(k) = \left[K_{\mathrm{P}} + K_{\mathrm{D}} \frac{1 - z^{-1}}{T_{\mathrm{s}}(1 + f_1 z^{-1})}\right] y(k) - K_{\mathrm{I}} \frac{y_{\mathrm{r}}(k) - y(k)}{T_{\mathrm{s}}(1 - z^{-1})(1 + f_1 z^{-1})} \tag{4-267}$$

这里，$y_{\mathrm{r}}(k)$是参考值，因为取的是机端电压及转子角速度的偏差值，所以其参考值应为

0，即 $y_{\mathrm{r}}(k)=0$。比较式（4-266）与式（4-257），得

$$\begin{cases}K_{\mathrm{P}}=\dfrac{g_1+2g_2}{1+f_1}\\ K_{\mathrm{I}}=-\dfrac{1}{T_{\mathrm{s}}}(g_0+g_1+g_2)\\ K_{\mathrm{D}}=\dfrac{[f_1g_1-(1-f_1)g_2]T_{\mathrm{s}}}{1+f_1}\end{cases} \tag{4-268}$$

3. 参数辨识

将式（4-249）重新表示为矢量形式

$$y(k)=\phi^{\mathrm{T}}(k)\theta(k-1) \tag{4-269}$$

其中

$$\begin{cases}\phi^{\mathrm{T}}(k)=[-y(k),-y(k-1),u(k),u(k-1)]\\ \theta(k)=[a_1,a_2,b_1,b_2]^{\mathrm{T}}\end{cases} \tag{4-270}$$

用递推最小二乘算法进行参数估计，相应的递推公式为

$$\begin{cases}\widehat{\theta}(k)=\widehat{\theta}(k-1)+K(k-1)[y(k)-\phi^{\mathrm{T}}(k)\widehat{\theta}(k-1)]\\ K(k-1)=\dfrac{\delta p(k-2)\phi(k-1)}{1+\phi^{\mathrm{T}}(k-1)p(k-2)\phi(k-1)}\\ p(k-1)=[1-K(k-1)\phi^{\mathrm{T}}(k-1)]p(k-2)\end{cases}$$

$$\delta=\begin{cases}0,\ \text{如果连续}N\text{次预报误差，}\ \left|y(k)-\phi^{\mathrm{T}}(k-1)\hat{\theta}(k-1)\right|\leqslant\varepsilon\\ 1,\ \text{预报误差}>\varepsilon\end{cases} \tag{4-271}$$

$p(-1)=a_0I$，a_0 为一个很大的标量，I 为单位矩阵。$p(i)=aI$，a 也是一个很大的标量，i 为重置时刻。

式（4-271）表示当连续 N 次预报误差都位于一个域值 ε 内时，δ 取零，即发电机模型的估计参数不再改变，估计算法自动冻结。这时的控制器就如一个固定参数的 PID 控制器。一旦预报误差大于 ε，$p(i)$ 被重置为 aI，估计算法在上一次的估计值下重新启动，又回到自校正控制方式。这可以理解为在控制器中增加了一个死区，当采样值与给定参考值的误差比较小，在死区范围内时，作为常规 PID 控制器；而在这个误差比较大，超出了死区范围时，PID 控制器的参数便进行自校正。这样可以避免对采样值的微小波动反应过于灵敏，而造成静态时控制器参数的不断变化。

4. 仿真计算结果

下面给出同步发电机在不同运行条件及网络结构时的仿真计算结果。仿真计算模型为单机无穷大系统，发电机经升压变压器及双回线向无穷大母线送电。仿真计算模拟的运行条件：在 $t=0.2$s 时，一回线发生三相短路，短路点在变压器出口；在 $t=0.4$s 时，故障切除，改为单回线运行；在 $t=1.2$s 时，自动重合闸成功。

网络结构不变，设 $X_{\mathrm{L1}}=X_{\mathrm{L2}}=0.4$ 不变，改变发电机的初始运行角，仿真计算结果如图 4-104 所示。初始运行角不变，改变线路长度，即 δ_0 保持为 49°不变，改变 X_{L1} 和 X_{L2}，仿真计算结果如图 4-105 所示。

由图 4-104 和图 4-105 容易看出，自校正励磁控制器无论对于运行条件还是网络参数的变化，均具有很好的适应性，且性能明显优于恒增益 PID 控制器。

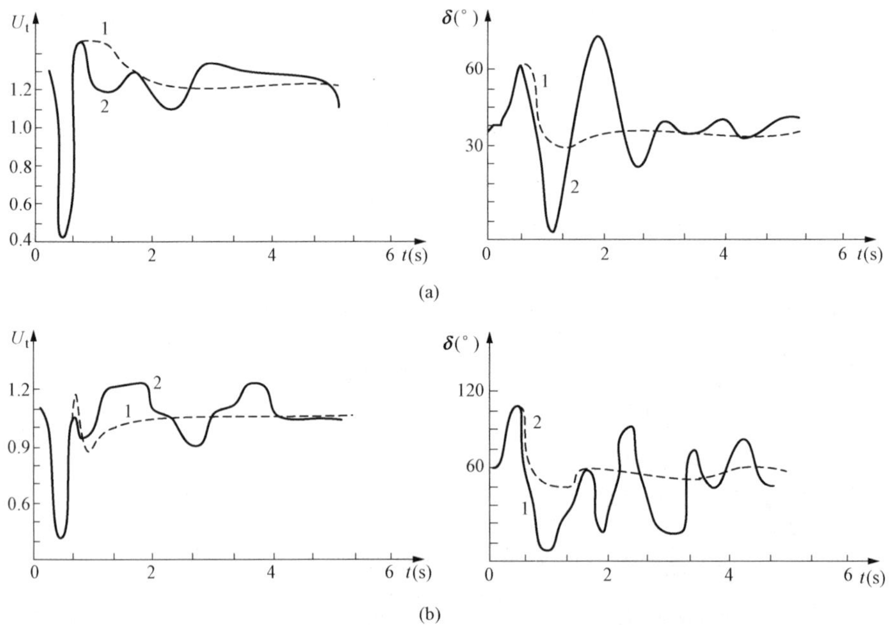

图 4-104　发电机在不同工作点时的电压和功角动态过程

（a）$\delta = 30°$；（b）$\delta = 60°$

1—自校正 PID 励磁控制器；2—恒增益 PID 控制器

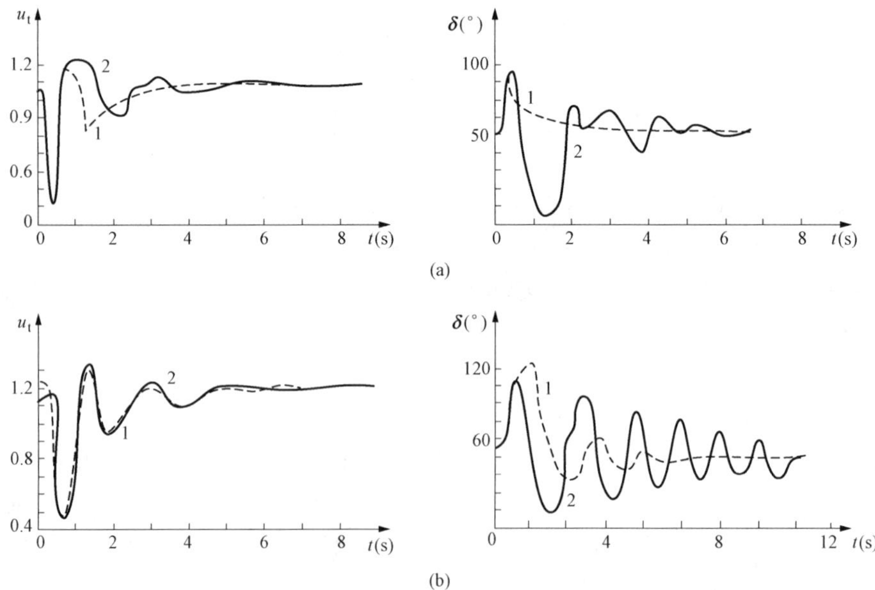

图 4-105　发电机在不同线路阻抗时的电压和功角动态过程

（a）$X_{L1} = X_{L2} = 0.4$；（b）$X_{L1} = X_{L2} = 2.8$

1—自校正 PID 励磁控制器；2—恒增益 PID 控制器

习 题 4

4-1 以 4.1 节的例题为例，如何根据 $D(z)$ 设计数字控制器，试用 C 语言写出程序?

4-2 数字控制器的连续化设计的步骤是什么？

4-3 试根据图 4-23 所示的流程图，编写 C 语言。

4-4 什么是数字 PID 位置型控制算法和增量型控制算法？试比较它们的优缺点？

4-5 在 PID 调节中，比例系数、积分系数、微分系数的作用各是什么？如何整定？

4-6 什么是积分饱和？它是如何引起的？如何消除？

4-7 数字 PID 控制算法有哪些改进？其适用场合是哪些？

4-8 试叙述试凑法、扩充临界比例度法、扩充响应曲线法整定 PID 参数的步骤。

4-9 前馈控制完全补偿的条件是什么？前馈和反馈结合有什么好处？

4-10 模糊控制系统由哪几部分组成？常用的清晰化方法有哪几种？

5 计算机现代控制技术

现代控制理论为计算机控制提供了理论依据，它不仅能方便地设计简单控制系统，而且能设计复杂控制系统。比如，多输入多输出系统，非线性、时变和随机系统等。现代控制技术包括系统状态的最优估计、最优控制、过程辨识和自适应控制等。计算机技术又推动了现代控制技术的发展，通常需要采用计算机才能使现代控制技术应用于生产过程。

计算机现代控制技术内容极为丰富，其中的每一分支足以写成一本专著。本章参考有关文献，首先介绍两种常用的基于状态空间模型的极点配置设计法和最优化设计法，然后再叙述其他现代控制技术。限于篇幅，本章只侧重于介绍计算机实现的算法和结论，详细的理论推导和分析证明请读者参考有关文献。

5.1 基于状态空间模型的极点配置设计法

闭环系统的极点分布与系统的控制性能之间存在密切的关系。在已知被控制对象的状态空间模型的前提下，可按极点配置来设计控制器，使得闭环系统既有克服扰动 v 的能力，又有跟踪给定值 r（也称参考输入）的能力，如图 5-1 所示。为了便于设计，通常把连续对象离散化，变成离散对象。

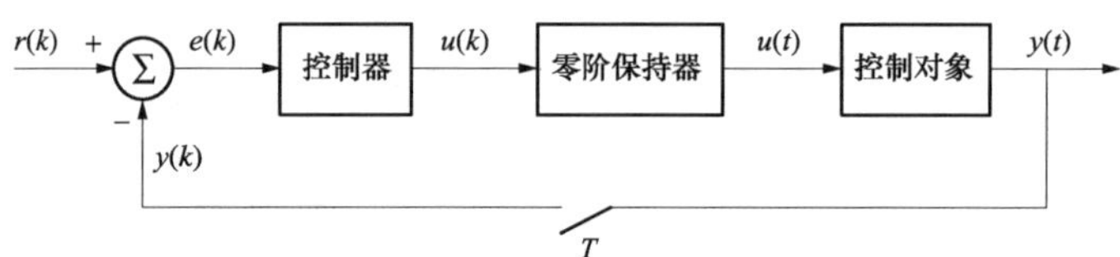

图 5-1 计算机控制系统框图

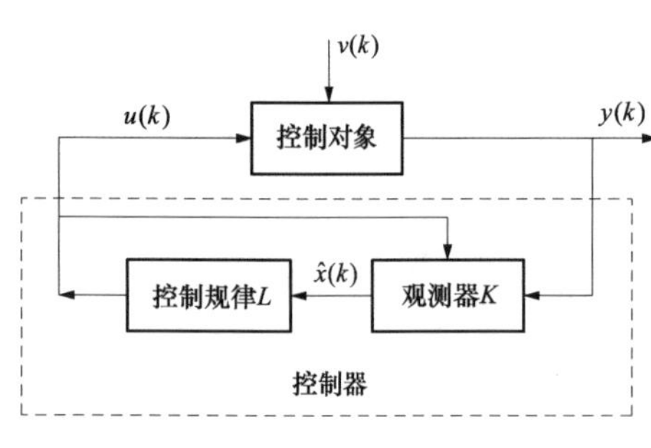

图 5-2 控制器结构图

基于状态空间模型按极点配置设计的控制器由两部分组成：一部分是状态观测器，根据所测量到的输出量 $y(k)$ 重构出状态 $\hat{x}(k)$；另一部分是控制规律，它直接反馈重构的状态 $\hat{x}(k)$，构成状态反馈控制。其结构如图 5-2 所示。

根据分离性原理，控制器的设计可以分成两个独立的部分：一是按极点配置设计控制规律，同时假设全部状态可用于反馈；二是按极点配置设计状态观测器。最后再把两者结合起来，构成状态反馈控制器。

5.1.1 按极点配置设计控制规律

设连续控制对象的状态方程为

$$\begin{cases} \dot{x} = Ax + Bu \\ y = Cx \end{cases} \tag{5-1}$$

式中：$x=[x_1\ \ x_2\ \ \cdots\ \ x_n]^{\mathrm{T}}$（T 为矩阵转置运算符）为状态矢量（变量），$n$ 维；$u=[u_1\ \ u_2\ \ \cdots\ \ u_r]^{\mathrm{T}}$ 为控制矢量（变量），r 维；$A(a_{ij})_{n\times n}$ 为系统矩阵；$B(b_{ij})_{n\times r}$ 为控制矩阵。$y=[y_1\ \ y_2\ \ \cdots\ \ y_m]^{\mathrm{T}}$ 为输出矢量，m 维；$C(c_{ij})_{m\times m}$ 为输出矩阵。

相应的离散状态方程为

$$\begin{cases}x(k+1)=Fx(k)+Gu(k)\\ y(k)=Cx(k)\end{cases} \tag{5-2}$$

其中

$$\begin{cases}F=\mathrm{e}^{AT}\\ G=\left[\int_0^T \mathrm{e}^{At}\mathrm{d}t\right]B\end{cases} \tag{5-3}$$

其中 T 为采样周期。下面给出矩阵指数 F 及其积分 G 的计算机算法。

1. 连续控制对象离散化

根据矩阵指数的定义，有

$$F=\mathrm{e}^{AT}=I+AT+\frac{A^2T^2}{2!}+\cdots=\sum_{k=0}^{\infty}\frac{A^kT^k}{k!} \tag{5-4}$$

同时可求得

$$G=\left[\int_0^T \mathrm{e}^{At}\mathrm{d}t\right]B=\left[\sum_{k=0}^{\infty}\frac{A^kT^{k+1}}{(k+1)!}\right]B=\left[\sum_{k=1}^{\infty}\frac{A^{k-1}T^k}{k!}\right]B=G_1B \tag{5-5}$$

其中

$$G_1=\int_0^T \mathrm{e}^{At}\mathrm{d}t=\sum_{k=1}^{\infty}\frac{A^{k-1}T^k}{k!} \tag{5-6}$$

由式（5-6）及式（5-4）可得

$$F=\sum_{k=0}^{\infty}\frac{A^kT^k}{k!}=I+\left[\sum_{k=1}^{\infty}\frac{A^{k-1}T^k}{k!}\right]A=I+G_1A \tag{5-7}$$

可见，只要按式（5-6）计算一个无穷级数 G_1，即可求得 F 和 G。为了便于计算机计算，可将式（5-6）写成递推求和的形式，即

$$G_1(k)=\frac{AT}{k}G_1(k-1),\ \ k=2,3,\cdots \tag{5-8a}$$

$$G_1=\sum_{k=1}^{\infty}G_1(k) \tag{5-8b}$$

其中，初始值为

$$G_1(1)=IT,\ \ k=1 \tag{5-8c}$$

$$G_1=0 \tag{5-8d}$$

递推求和的次数取决于所希望的计算精度 E，如果矩阵 $G_1(k)$ 和 G_1 中对应元素之比值都小于 E，则递推完毕。另外为了防止死循环，规定了最大递推求和的次数 N。

当矩阵范数 $\|AT\|$ 很大时，直接利用上述公式计算 F 和 G 有时会带来计算上的问题：一是级数的某项有可能溢出，破坏了正常运算；二是级数的收敛速度变慢，从而增加了计算工作量。为此，采用折半—加倍公式，即首先用 $T/2^d$ 进行离散化计算

$$F\left(\frac{T}{2^d}\right)=e^{\frac{AT}{2^d}} \tag{5-9}$$

$$G\left(\frac{T}{2^d}\right)=\left[\int_0^{\frac{T}{2^d}} e^{At}dt\right]B \tag{5-10}$$

其中，d 被称为折半因子；然后再连续 d 次应用加倍公式，从而求得采样周期 T 下的结果 $F(T)$ 和 $G(T)$。加倍公式的通用形式为

$$F\left(\frac{T}{2^{i-1}}\right)=F\left(\frac{T}{2^i}\right)F\left(\frac{T}{2^i}\right) \tag{5-11}$$

$$G\left(\frac{T}{2^{i-1}}\right)=G\left(\frac{T}{2^i}\right)+F\left(\frac{T}{2^i}\right)G\left(\frac{T}{2^i}\right) \tag{5-12}$$

其中，$i=d,d-1,\cdots,1$。

实际计算中，应合理地选择折半因子 d。当 d 选得很大时，虽然级数的收敛速度加快，但需要多次运用加倍公式即式（5-11）和式（5-12），因而增加了计算工作量。另外，d 选得过大，也会使矩阵 A 中原来较小的数在运算过程中出现下溢，从而影响了计算结果。为了避免在计算过程中出现上溢或下溢，并兼顾计算精度和计算工作量，建议采用下面的经验公式

$$\left\|\frac{AT}{2^d}\right\|\leqslant 5 \tag{5-13}$$

或写成

$$d=\text{INT}\left[\log_2\frac{\|AT\|}{5}\right]+1 \tag{5-14}$$

其中 INT 表示取整数。$\|\ \|$ 表示矩阵范数。如果 $d<0$，则取 $d=0$。

计算 F 和 G 的程序框图如图 5-3 所示，主要流程如下。

（1）输入矩阵 A 和 B、采样周期 T、计算精度 E 及递推求和次数 N。

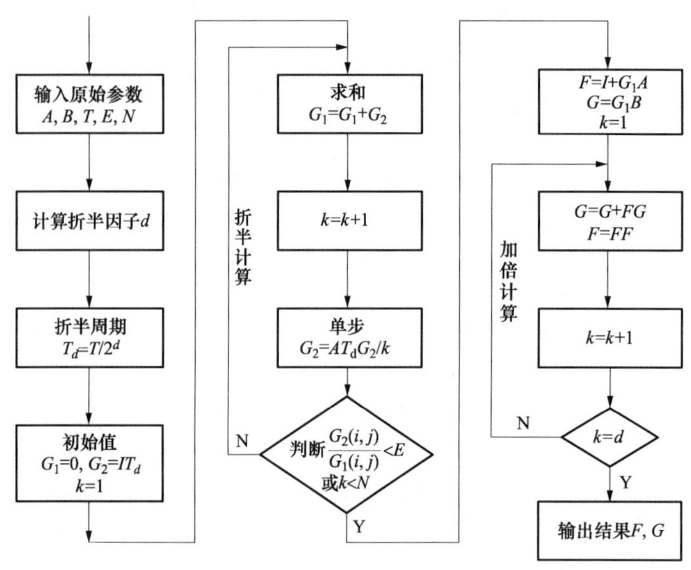

图 5-3 计算 F 和 G 的程序框图

（2）计算矩阵范数$\|AT\|$，并确定折半因子 d。

（3）采用折半公式计算 $F(T/2^d)$ 和 $G(T/2^d)$ 。

（4）连续 d 次运用加倍公式计算 $F(T)$ 和 $G(T)$ 。

（5）输出计算结果 F 和 G。

2. 设计控制规律

设控制规律为线性状态反馈，即

$$u(k) = -Lx(k) \tag{5-15}$$

其中 L 为反馈控制规律，并暂时假设所反馈的是实际对象的全部状态 $x(k)$ ，而不是重构状态。

将式（5-15）代入式（5-2），得到闭环系统的状态方程为

$$x(k+1) = (F - GL)x(k) \tag{5-16}$$

显然，闭环系统的特征方程为

$$|zI - F + GL| = 0 \tag{5-17}$$

问题是如何设计反馈控制规律 L，以使闭环系统具有所需要的极点配置。按极点配置设计控制规律时，首先根据对系统性能的要求，给出所需要的闭环系统的控制极点 z_i（i=1,2,…,n），再求得要求的闭环系统特征方程为

$$\beta_c(z) = (z - z_1)(z - z_2)\cdots(z - z_n) = z^n + \beta_1 z^{n-1} + \cdots + \beta_n = 0 \tag{5-18}$$

由式（5-17）和式（5-18）可知，反馈控制规律 L 应满足如下的方程

$$|zI - F + GL| = \beta_c(z) \tag{5-19}$$

对于单输入单输出系统，反馈控制规律 L 中有 n 个未知数。若将式（5-19）左边的行列式展开，并比较两边 z 的同次幂的系数，则一共可得到 n 个代数方程。因此，一般情况下可获得 L 的唯一解。而对于多输入多输出系统，设计计算比较复杂，因此下面只讨论单输入单输出系统。

对于任意的极点配置，L 具有唯一解的充分必要条件是控制对象完全能控，即能控性矩阵满秩

$$\text{rank}[G \ \ FG \ \ \cdots \ \ F^{n-1}G] = n \tag{5-20}$$

通过比较式（5-19）两边 z 的同次幂的系数，可解得 L 的各个元素。这个方法原理上比较简单，只适用于低阶系统，但对于高阶系统的计算是十分困难的，尤其是它不适用于计算机求解。

下面推导计算机求解 L 的算法。

对控制对象的离散状态方程即式（5-2）进行非奇异变换

$$\overline{x}(k) = Hx(k) \tag{5-21}$$

并转换成能控标准型，即

$$\overline{x}(k+1) = \overline{F}\,\overline{x}(k) + \overline{G}u(k) \tag{5-22}$$

其中

$$\overline{F}=HFH^{-1}=\begin{bmatrix}0 & & & \\ \vdots & I_{n-1} & & \\ 0 & & \ddots & \\ -a_n & \cdots & & -a_1\end{bmatrix} \tag{5-23a}$$

$$\overline{G}=HG=\begin{bmatrix}0\\ \vdots\\ 0\\ 1\end{bmatrix}\text{（单输入）} \tag{5-23b}$$

对于新的状态 $\overline{x}(k)$，式（5-15）所示的控制规律变为

$$u(k)=-\overline{L}\overline{x}(k) \tag{5-24}$$

由式（5-21）和式（5-15）可知，式（5-24）中 $\overline{L}$ 为

$$\overline{L}=LH^{-1} \tag{5-25}$$

将式（5-24）代入式（5-22）得

$$\overline{x}(k+1)=(\overline{F}-\overline{G}\overline{L})\overline{x}(k) \tag{5-26}$$

其中

$$\begin{aligned}\overline{F}-\overline{G}\overline{L}&=\begin{bmatrix}0 & & & \\ \vdots & I_{n-1} & & \\ 0 & & \ddots & \\ -a_n & \cdots & & -a_1\end{bmatrix}-\begin{bmatrix}0\\ \vdots\\ 0\\ 1\end{bmatrix}\begin{bmatrix}\overline{L}_1 & \cdots & \overline{L}_n\end{bmatrix}\\ &=\begin{bmatrix}0 & & & \\ \vdots & I_{n-1} & & \\ 0 & & \ddots & \\ -(a_n+\overline{L}_1) & \cdots & & -(a_1+\overline{L}_n)\end{bmatrix}\end{aligned} \tag{5-27}$$

根据式（5-27)，可写出闭环系统的特征方程

$$\left|zI-\overline{F}+\overline{G}\overline{L}\right|=0 \tag{5-28a}$$

即

$$z^n+(a_1+\overline{L}_n)z^{n-1}+\cdots+(a_n+\overline{L}_1)=0 \tag{5-28b}$$

将式（5-28b）与式（5-18）比较可得

$$\begin{cases}\overline{L}_1=\beta_n-a_n\\ \quad\vdots\\ \overline{L}_n=\beta_1-a_1\end{cases} \tag{5-29}$$

写成向量形式为

$$\overline{L}=\begin{bmatrix}\beta_n & \beta_{n-1} & \cdots & \beta_1\end{bmatrix}-\begin{bmatrix}a_n & a_{n-1} & \cdots & a_1\end{bmatrix} \tag{5-30}$$

将式（5-30）代入式（5-25）可求得所需要的反馈系数阵

$$L=\overline{L}H \tag{5-31}$$

由此可见，关键在于非奇异变换矩阵 H 的计算。令

$$H=\begin{bmatrix}H_1\\H_2\\\vdots\\H_n\end{bmatrix} \tag{5-32}$$

其中，$H_i(i=1,2,\cdots,n)$ 是矩阵 H 的第 i 个行向量。由式（5-23a）可知

$$HF=\overline{F}H \tag{5-33}$$

或写成

$$\begin{bmatrix}H_1F\\H_2F\\\vdots\\H_nF\end{bmatrix}=\begin{bmatrix}0 & & & \\ \vdots & I_{n-1} & & \\ 0 & & \ddots & \\ -a_n & \cdots & & -a_1\end{bmatrix}\begin{bmatrix}H_1\\H_2\\\vdots\\H_n\end{bmatrix} \tag{5-34}$$

将式（5-34）展开得

$$\begin{cases}H_1F=H_2\\ H_2F=H_3=H_1F^2\\ \vdots\\ H_{n-1}F=H_n=H_1F^{n-1}\end{cases} \tag{5-35}$$

将式（5-35）代入式（5-32）得

$$H=\begin{bmatrix}H_1\\H_1F\\\vdots\\H_1F^{n-1}\end{bmatrix} \tag{5-36}$$

将式（5-36）代入式（5-23b）得

$$\overline{G}=HG=\begin{bmatrix}H_1G\\H_1FG\\\vdots\\H_1F^{n-1}G\end{bmatrix}=\begin{bmatrix}0\\0\\\vdots\\1\end{bmatrix} \tag{5-37}$$

两边转置得

$$H_1[G\ \ FG\ \ \cdots\ \ F^{n-1}G]=[0\ \ 0\ \ \cdots\ \ 0\ \ 1] \tag{5-38}$$

由于假设系统是能控的，因此式（5-38）中的能控性矩阵是非奇异的，从而求得

$$H_1=QR^{-1} \tag{5-39}$$

其中

$$Q=[0\ \ 0\ \ \cdots\ \ 0\ \ 1] \tag{5-40}$$

将式（5-39）代入式（5-36）得

$$H=\begin{bmatrix} QR^{-1} \\ QR^{-1}F \\ \vdots \\ QR^{-1}F^{n-1} \end{bmatrix} \tag{5-41}$$

再将式(5-41)和式（5-30）代入式（5-31），并参考式（5-23a）可得

$$\begin{aligned} L=\bar{L}H &= [\beta_n \ \ \beta_{n-1} \ \ \cdots \ \ \beta_1]H-[a_n \ \ a_{n-1} \ \ \cdots \ \ a_1]H \\ &= [\beta_n \ \ \beta_{n-1} \ \ \cdots \ \ \beta_1]\begin{bmatrix} QR^{-1} \\ QR^{-1}F \\ \vdots \\ QR^{-1}F^{n-1} \end{bmatrix}+[0 \ \ 0 \ \ \cdots \ \ 0 \ \ 1]\bar{F}H \\ &= \beta_n QR^{-1}+\beta_{n-1}QR^{-1}F+\cdots+\beta_n QR^{-1}F^{n-1}+[0 \ \ 0 \ \ \cdots \ \ 0 \ \ 1]HFH^{-1}H \\ &= QR^{-1}[\beta_n I+\beta_{n-1}F+\cdots+\beta_1 F^{n-1}]+[0 \ \ 0 \ \ \cdots \ \ 0 \ \ 1]\begin{bmatrix} QR^{-1} \\ QR^{-1}F \\ \vdots \\ QR^{-1}F^{n-1} \end{bmatrix}F \\ &= QR^{-1}[\beta_n I+\beta_{n-1}F+\cdots+\beta_1 F^{n-1}+F^n] \\ &= QR^{-1}\beta_{\mathrm{c}}(F) \end{aligned} \tag{5-42}$$

其中

$$\beta_{\mathrm{c}}(F)=\beta_n I+\beta_{n-1}F+\cdots+\beta_1 F^{n-1}+F^n \tag{5-43}$$

将式（5-43）与式（5-18）比较可知，两式具有相同的结构形式，只需用矩阵 F 替换式（5-18）中的因子 z，就可得到 $\beta_{\mathrm{c}}(F)$。因此，最后可得求解 L 的算式为

$$L=QR^{-1}\beta_{\mathrm{c}}(F)=[0 \ \ 0 \ \ \cdots \ \ 0 \ \ 1][G \ \ FG \ \ \cdots \ \ F^{n-1}G]^{-1}\beta_{\mathrm{c}}(F) \tag{5-44}$$

式（5-44）便是按极点配置设计控制规律的实用算法，并可用计算机求解。式（5-44）中 R 为对象的能控性矩阵，由此可见，只有对象完全能控时，才能由式（5-44）求解 L。

为了求解 L，必须首先计算矩阵指数 F 及其积分 G。

根据以上讨论，可以归纳出计算控制规律 L 的程序流程如下。

（1）输入原始参数：状态向量维数 n、矩阵 A 和 B、给定特征多项式系数 β_i、采样周期 T。

（2）计算矩阵范数 $\|AT\|$，确定折半因子 d。

（3）采用折半公式计算 $F(T/2^d)$ 和 $G(T/2^d)$。

（4）连续 d 次运用加倍公式计算 $F(T)$ 和 $G(T)$。

（5）按式（5-44）计算控制规律 L。

（6）输出计算结果 F、G、L。

下面通过一个例子来说明上述计算控制规律 L 的算法步骤。

设被控对象的连续状态方程为

$$\begin{cases} \dot{x}=Ax+Bu \\ y=Cx \end{cases} \tag{5-45}$$

其中

$$A=\begin{bmatrix}0 & 1\\ 0 & 0\end{bmatrix},\ B=\begin{bmatrix}0\\ 1\end{bmatrix},\ C=\begin{bmatrix}1 & 0\end{bmatrix} \tag{5-46}$$

按照要求使闭环系统的动态响应性能相当于阻尼系数 ξ=0.5 和无阻尼自然振荡频率 $\omega_n=3.6$ 的二阶连续系统，设采样周期 T=0.1s，用极点配置的方法设计状态反馈控制规律 L。

首先将式（5-45）离散化，得到离散状态方程为

$$x(k+1)=Fx(k)+Gu(k) \tag{5-47}$$

其中

$$F=\mathrm{e}^{AT}=\begin{bmatrix}1 & 0.1\\ 0 & 1\end{bmatrix}\quad G=\left[\int_0^T \mathrm{e}^{At}\mathrm{d}t\right]B=\begin{bmatrix}0.005\\ 0.1\end{bmatrix} \tag{5-48}$$

根据对闭环响应性能的要求，求得 s 平面上的两个极点为

$$s_{1,2}=-\xi\omega_n\pm \mathrm{j}\sqrt{1-\xi^2}\,\omega_n=-1.8\pm \mathrm{j}3.12 \tag{5-49}$$

利用 $z=\mathrm{e}^{sT}$ 的关系，可进一步求得 z 平面上的两个极点为

$$z_{1,2}=0.835\mathrm{e}^{\pm \mathrm{j}17.9} \tag{5-50}$$

于是求得要求的闭环系统特征方程为

$$\beta_c(z)=(z-z_1)(z-z_2)=z^2-1.6z+0.7 \tag{5-51}$$

若设状态反馈控制规律为

$$L=\begin{bmatrix}L_1 & L_2\end{bmatrix}$$

则闭环系统特征方程为

$$\begin{aligned}\beta_c(z)&=\left|zI-F+GL\right|=\left|z\begin{bmatrix}1 & 0\\ 0 & 1\end{bmatrix}-\begin{bmatrix}1 & 0.1\\ 0 & 1\end{bmatrix}+\begin{bmatrix}0.005\\ 0.1\end{bmatrix}\begin{bmatrix}L_1 & L_2\end{bmatrix}\right|\\ &=z^2+(0.1L_2+0.005L_1-2)z+0.005L_1-0.1L_2+1\end{aligned} \tag{5-52}$$

通过比较式（5-51）与式（5-52）的系数，可得

$$\begin{cases}0.1L_2+0.005L_1-2=-1.6\\ 0.005L_1-0.1L_2+1=0.7\end{cases} \tag{5-53}$$

解此联立方程得

$$L_1=10,\ L_2=3.5 \tag{5-54}$$

由此可见，利用比较系数的方法求解 L 是相当麻烦的，尤其是高阶系统更是如此。

若利用式（5-44），并用计算机求解，可直接求得

$$\begin{aligned}L&=\begin{bmatrix}0 & 1\end{bmatrix}\begin{bmatrix}G & FG\end{bmatrix}^{-1}\beta_c(F)\\ &=\begin{bmatrix}0 & 1\end{bmatrix}\begin{bmatrix}G & FG\end{bmatrix}^{-1}(F^2-1.6F+0.7I)\\ &=\begin{bmatrix}10 & 3.5\end{bmatrix}\end{aligned} \tag{5-55}$$

5.1.2 按极点配置设计观测器

前面讨论按极点配置设计控制规律时，假设全部状态均可直接用于反馈。这在实际上往往是难于做到的，因为有些状态无法测量。因此，必须设计状态观测器，根据所能量测到的输出量重构出全部状态。因而实际反馈的只是重构的状态 $\hat{x}(k)$，而不是真实的状态，即

$u(k)=-L\hat{x}(k)$，如图 5-2 所示。

常用的状态观测器有三种：预报观测器、现时观测器和降阶观测器。

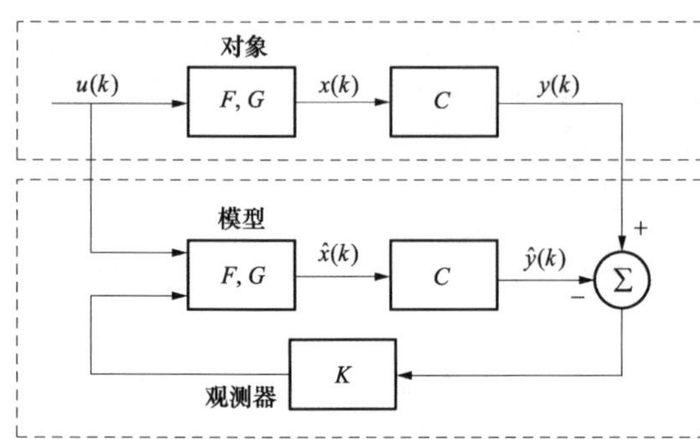

图 5-4　预报观测器

1. 预报观测器

一种常用的观测器方程为

$$\hat{x}(k+1)=F\hat{x}(k)+Gu(k)+K[y(k)-C\hat{x}(k)] \tag{5-56}$$

式中：$\hat{x}$ 是 x 的状态重构；K 为观测器增益矩阵。

由于$(k+1)T$ 时刻的状态重构 $\hat{x}(k+1)$ 只用到了 kT 时刻的量测量 $y(k)$，因此称式（5-56）为预报观测器。其结构如图 5-4 所示。

由式（5-2）和式（5-56）可得状态重构误差为

$$\begin{aligned}\tilde{x}(k+1)&=x(k+1)-\hat{x}(k+1)\\&=[Fx(k)+Gu(k)]-\{F\hat{x}(k)+Gu(k)+K[y(k)-C\hat{x}(k)]\}\\&=[Fx(k)+Gu(k)]-\{F\hat{x}(k)+Gu(k)+K[Cx(k)-C\hat{x}(k)]\}\\&=[F-KC][x(k)-\hat{x}(k)]\\&=[F-KC]\tilde{x}(k)\end{aligned} \tag{5-57}$$

显然，状态重构误差的动态性能取决于矩阵$[F-KC]$，只要适当地选择增益矩阵 K 便可获得要求的状态重构性能。因此，设计观测器的关键在于如何合理地选取观测器增益矩阵 K。

根据式（5-57）可得状态重构误差的特征方程（也称观测器的特征方程）为

$$|zI-F+KC|=0 \tag{5-58}$$

状态重构的性能［即 $\hat{x}(k)$］跟踪 $x(k)$ 的性能，取决于特征方程即式（5-58）根的分布。

如果给出观测器的极点 $z_i(i=1,2,\cdots,n)$，则求得观测器的特征方程为

$$\begin{aligned}\beta_b(z)&=(z-z_1)(z-z_2)\cdots(z-z_n)\\&=z^n+\beta_1 z^{n-1}+\cdots+\beta_n=0\end{aligned} \tag{5-59}$$

由式（5-58）和式（5-59）可知，为了获得所需要的状态重构性能，应有

$$|zI-F+KC|=\beta_b(z) \tag{5-60}$$

对于单输入单输出系统，通过比较式（5-60）两边 z 的同次幂的系数，可求得 K 中 n 个未知数。

对于任意的极点配置，K 具有唯一解的充分必要条件是系统完全能观，即能观性矩阵满秩

$$\operatorname{rank}\begin{bmatrix}C\\CF\\\vdots\\CF^{n-1}\end{bmatrix}=n \tag{5-61}$$

下面推导计算机求解 K 的算法。

由于矩阵转置后其行列式不变，因此式（5-60）可重写为

$$|zI-F^{\mathrm{T}}+C^{\mathrm{T}}K^{\mathrm{T}}|=\beta_b(z) \tag{5-62}$$

将式（5-62）和式（5-19）比较后，可建立如下的对应关系：

$$\begin{array}{lllll} 式（5\text{-}19） & F & G & L & \beta_c(z) \\ 式（5\text{-}62） & F^T & C^T & K^T & \beta_b(z) \end{array}$$

再根据式（5-44）可求得

$$K^T=[0\ \ 0\ \ \cdots\ \ 0\ \ 1][C^T\ \ F^TC^T\ \ \cdots\ \ (F^T)^{n-1}C^T]^{-1}\beta_b(F^T) \tag{5-63}$$

两边转置得

$$K=\beta_b(F)\begin{bmatrix} C \\ CF \\ \vdots \\ CF^{n-1} \end{bmatrix}^{-1}\begin{bmatrix} 0 \\ 0 \\ \vdots \\ 1 \end{bmatrix}=\beta_b(F)V^{-1}\begin{bmatrix} 0 \\ 0 \\ \vdots \\ 1 \end{bmatrix} \tag{5-64}$$

式（5-64）便是按极点配置设计预报观测器的实用算法，并可用计算机求解。式（5-64）中 V 为系统的能观性矩阵，由此可见，只有系统完全能观时，才能由式（5-64）求解 K。

2. 现时观测器

采用前面介绍的预报观测器时，现时的状态重构 $\hat{x}(k)$ 只用到了前一时刻的输出量 $y(k-1)$，使得现时的控制信号 $u(k)$ 中也只包含有前一时刻的输出量。当采样周期较长时，这种控制方式将影响系统的性能。为此，可采用如下的观测器方程

$$\begin{cases} \bar{x}(k+1)=F\hat{x}(k)+Gu(k) \\ \hat{x}(k+1)=\bar{x}(k+1)+K[y(k+1)-C\bar{x}(k+1)] \end{cases} \tag{5-65}$$

由于 $(k+1)T$ 时刻的状态重构 $\hat{x}(k+1)$ 用到了现时刻的量测量 $y(k+1)$，因此称式（5-65）为现时观测器。

由式（5-2）和式（5-65）可得状态重构误差为

$$\begin{aligned} \tilde{x}(k+1)&=x(k+1)-\hat{x}(k+1) \\ &=[Fx(k)+Gu(k)]-\{\bar{x}(k+1)+K[Cx(k+1)-C\bar{x}(k+1)\} \\ &=[F-KCF][x(k)-\hat{x}(k)] \\ &=[F-KCF]\tilde{x}(k) \end{aligned} \tag{5-66}$$

从而求得现时观测器的特征方程为

$$|zI-F+KCF|=\beta_b(z)=0 \tag{5-67}$$

将式（5-67）与式（5-60）比较，两者的形式相同，只是式（5-67）中的 CF 代替了式（5-60）中 C 的位置。因此，根据式（5-64）可以求得现时观测器的增益矩阵 K 为

$$K=\beta_b(F)\begin{bmatrix} CF \\ CF^2 \\ \vdots \\ CF^n \end{bmatrix}^{-1}\begin{bmatrix} 0 \\ 0 \\ \vdots \\ 1 \end{bmatrix}=\beta_b(F)F^{-1}V^{-1}\begin{bmatrix} 0 \\ 0 \\ \vdots \\ 1 \end{bmatrix} \tag{5-68}$$

式（5-68）便是按极点配置设计现时观测器的实用算法，并可用计算机来求解。式（5-68）中 V 为系统的能观性矩阵，由此可见，只有系统完全能观时，才能由式（5-68）求解 K。

3. 降阶观测器

前面讨论的预报观测器和现时观测器都是根据输出量重构出全部状态，即观测器的阶数等于状态的个数，因此也称为全阶观测器。在大部分系统中，所能量测到的输出量也就是系

统的一部分状态。因而只需根据这部分状态，再重构出其余不能量测的状态，这样便可得到较低阶的状态观测器，称为降阶观测器。

将原状态向量分成两部分，即

$$x(k)=\begin{bmatrix} x_{\rm a}(k) \\ x_{\rm b}(k) \end{bmatrix} \tag{5-69}$$

其中，$x_{\rm a}(k)$ 是能够量测到的部分状态，$x_{\rm b}(k)$ 是需要重构的部分状态。据此，原控制对象的状态方程式（5-2）可以分块为

$$\begin{bmatrix} x_{\rm a}(k+1) \\ x_{\rm b}(k+1) \end{bmatrix}=\begin{bmatrix} F_{\rm aa} & F_{\rm ab} \\ F_{\rm ba} & F_{\rm bb} \end{bmatrix}\begin{bmatrix} x_{\rm a}(k) \\ x_{\rm b}(k) \end{bmatrix}+\begin{bmatrix} G_{\rm a} \\ G_{\rm b} \end{bmatrix}u(k) \tag{5-70}$$

将式（5-70）展开并写成

$$\begin{cases} x_{\rm b}(k+1)=F_{\rm bb}x_{\rm b}(k)+[F_{\rm ba}x_{\rm a}(k)+G_{\rm b}u(k)] \\ x_{\rm a}(k+1)-F_{\rm aa}x_{\rm a}(k)-G_{\rm a}u(k)=F_{\rm ab}x_{\rm b}(k) \end{cases} \tag{5-71}$$

将式（5-71）与式（5-2）比较后，可建立如下的对应关系

式（5-2）	$x(k)$	F	$Gu(k)$	$y(k)$	C
式（5-71）	$x_{\rm b}(k)$	$F_{\rm bb}$	$F_{\rm ba}x_{\rm a}(k)+G_{\rm b}u(k)$	$x_{\rm a}(k+1)-F_{\rm aa}x(k)-G_{\rm a}u(k)$	$F_{\rm ab}$

参考预报观测器方程式即式（5-56），可以写出相应于式（5-71）的观测器方程为

$$\begin{aligned} \hat{x}_{\rm b}(k+1)&=F_{\rm bb}\hat{x}_{\rm b}(k)+[F_{\rm ba}x_{\rm a}(k)+G_{\rm b}u(k)] \\ &\quad +K[x_{\rm a}(k+1)-F_{\rm aa}x_{\rm a}(k)-G_{\rm a}u(k)-F_{\rm ab}\hat{x}_{\rm b}(k)] \end{aligned} \tag{5-72}$$

式（5-72）便是根据已量测到的状态 $x_{\rm a}(k)$ 重构出其余状态 $x_{\rm b}(k)$ 的观测器方程。

由于 $x_{\rm b}(k)$ 的维数低于 $x(k)$ 的维数，因此称为降阶观测器。

由式（5-71）和式（5-72）可得状态重构误差为

$$\begin{aligned} \tilde{x}_{\rm b}(k+1)&=x_{\rm b}(k+1)-\hat{x}_{\rm b}(k+1) \\ &=[F_{\rm bb}-KF_{\rm ab}][x_{\rm b}(k)-\hat{x}_{\rm b}(k)] \\ &=[F_{\rm bb}-KF_{\rm ab}]\tilde{x}_{\rm b}(k) \end{aligned} \tag{5-73}$$

从而求得降阶观测器的特征方程为

$$|zI-F_{\rm bb}+KF_{\rm ab}|=\beta_{\rm b}(z)=0 \tag{5-74}$$

将式（5-74）与式（5-60）比较，两者的形式相同。因此，根据式（5-64）可以求得降阶观测器的增益矩阵 K 为

$$K=\beta_{\rm b}(F_{\rm bb})\begin{bmatrix} F_{\rm ab} \\ F_{\rm ab}F_{\rm bb} \\ \vdots \\ F_{\rm ab}F_{\rm bb}^{n_1-1} \end{bmatrix}^{-1}\begin{bmatrix} 0 \\ 0 \\ \vdots \\ 1 \end{bmatrix} \tag{5-75}$$

其中，n_1 是 $x_{\rm b}(k)$ 的维数。由于本节只讨论单输出情况，因而 $n_1=n-1$。

上述三种观测器中，最常用的是现时观测器，现以它为例给出计算现时观测器的增益矩阵 K 的程序流程如下。

（1）输入原始参数：状态向量维数 n、矩阵 A 和 C、给定特征多项式系数 β_i、采样周期 T。

（2）计算矩阵范数 $\|AT\|$，并确定折半因子 d。

（3）采用折半公式计算 $F(T/2^d)$。

（4）连续 d 次运用加倍公式计算 $F(T)$。

（5）按式（5-68）计算现时观测器增益矩阵 K。

（6）输出计算结果 F 和 K。

下面通过一个例子来说明上述计算现时观测器增益矩阵 K 的算法步骤。

设被控制对象的状态方程仍同式（5-45），显示观测其特征方程的两个根配置在原点，即

$$\beta_{\mathrm{b}}(z) = z^2 \tag{5-76}$$

要求设计现时观测器，即按式（5-68）计算 K。

首先求矩阵 F［见式（5-48）］，再求

$$V^{-1} = \begin{bmatrix} C \\ CF \end{bmatrix}^{-1} = \begin{bmatrix} 1 & 0 \\ 1 & 0.1 \end{bmatrix}^{-1} = \begin{bmatrix} 1 & 0 \\ -10 & 10 \end{bmatrix} \tag{5-77}$$

再求

$$F^2F^{-1}V^{-1} = FV^{-1} = \begin{bmatrix} 1 & 0.1 \\ 0 & 1 \end{bmatrix}\begin{bmatrix} 1 & 0 \\ -10 & 10 \end{bmatrix} = \begin{bmatrix} 0 & 1 \\ -10 & 10 \end{bmatrix} \tag{5-78}$$

最后求得

$$K = F^2F^{-1}\begin{bmatrix} C \\ CF \end{bmatrix}^{-1}\begin{bmatrix} 0 \\ 1 \end{bmatrix} = \begin{bmatrix} 0 & 1 \\ -10 & 10 \end{bmatrix}\begin{bmatrix} 0 \\ 1 \end{bmatrix} = \begin{bmatrix} 1 \\ 10 \end{bmatrix} \tag{5-79}$$

5.1.3 带观测器的极点配置设计控制器

前面分别讨论了按极点配置设计的状态观测器和控制规律，这两部分组成了状态反馈的比例控制器。另外，为了克服扰动和消除静差，还要引入积分控制器。实用控制器如图 5-6 所示。下面分两步讨论控制器的设计，首先假设 $r(k)=0$，按极点配置的方法设计出状态观测器和控制规律，以保证系统具有满意的稳定性和克服扰动的能力，使系统从非零的初始状态回到零状态时具有较好的调节性能；然后再引入给定值（或参考输入），即 $r(k)\neq 0$，以使系统具有满意的跟踪性能及稳态精度。

设被控制对象的离散状态方程为

$$\begin{cases} x(k+1) = Fx(k) + Gu(k) \\ y(k) = Cx(k) \end{cases} \tag{5-80}$$

设控制器由预报观测器和状态反馈控制规律组合而成，即

$$\begin{cases} \hat{x}(k+1) = F\hat{x}(k) + Gu(k) + K[y(k) - C\hat{x}(k)] \\ u(k) = -L\hat{x}(k) \end{cases} \tag{5-81}$$

由式（5-80）和式（5-81）构成的闭环系统（见图 5-2）的状态方程可写成

$$\begin{cases} x(k+1) = Fx(k) - GL\hat{x}(k) \\ \hat{x}(k+1) = KCx(k) + (F - GL - KC)\hat{x}(k) \end{cases} \tag{5-82}$$

再将式（5-82）改写成

$$\begin{bmatrix} x(k+1) \\ \hat{x}(k+1) \end{bmatrix} = \begin{bmatrix} F & -GL \\ KC & F - GL - KC \end{bmatrix}\begin{bmatrix} x(k) \\ \hat{x}(k) \end{bmatrix} \tag{5-83}$$

由式（5-83）可以求得闭环系统的特征方程为

$$
\begin{aligned}
\beta(z) &= \left| zI - \begin{bmatrix} F & -GL \\ KC & F-GL-KC \end{bmatrix} \right| \\
&= \begin{vmatrix} zI-F & GL \\ -KC & zI-F+GL+KC \end{vmatrix} \text{（第2列加到第1列得）} \\
&= \begin{vmatrix} zI-F+GL & GL \\ zI-F+GL & zI-F+GL+KC \end{vmatrix} \text{（第2行减去第1行得）} \\
&= \begin{vmatrix} zI-F+GL & GL \\ 0 & zI-F+KC \end{vmatrix} \\
&= |zI-F+GL||zI-F+KC| \text{［根据式（5-19）和式（5-60）得］} \\
&= \beta_c(z)\beta_b(z) = 0
\end{aligned} \tag{5-84}
$$

由此可见，闭环系统的 $2n$ 个极点由两部分组成：一部分是按极点配置设计控制规律所给定的 n 个控制极点，另一部分是按极点配置设计观测器所给定的 n 个观测器极点。这就是分离性原理，它也同样适用于含有其他类型的观测器的情况。

在设计控制器时，控制极点是按照对闭环系统性能的要求来设置的，因而控制极点成为整个闭环系统的主导极点。观测器极点的设置应使状态重构具有较快的跟随速度。如果量测输出中无大的误差或噪声，则可以考虑将观测器极点都设置在原点。如果量测输出中含有较大的误差或噪声，则可以考虑按观测器极点所对应的衰减速度比控制极点所对应的衰减速度快约 4 或 5 倍的要求来设置。

观测器类型的选择应考虑以下两点。

（1）如果控制器的计算延时与采样周期处于同一量级，则可考虑选用预报观测器，否则可选用现时观测器。

（2）如果量测输出比较准确，而且它也是系统的一个状态，则可考虑选用降阶观测器，否则可选用全阶观测器。

下面通过一个例子来说明控制器的设计步骤。

设连续控制对象的状态方程为

$$
\begin{cases} \dot{x} = Ax + Bu \\ y = Cx \end{cases} \tag{5-85}
$$

其中

$$
A = \begin{bmatrix} 0 & 1 \\ 0 & -0.1 \end{bmatrix},\ B = \begin{bmatrix} 0 \\ 0.1 \end{bmatrix},\ C = \begin{bmatrix} 1 & 0 \end{bmatrix} \tag{5-86}
$$

要求闭环系统的性能相当于阻尼系数 $\xi = 0.5$、无阻尼自然振荡频率 $\omega_n = 1$ 的二阶连续系统，采样周期 T=1s，并按极点配置设计 $r(k) = 0$ 的调节系统的控制器。

首先将连续控制对象离散化为

$$
\begin{cases} x(k+1) = Fx(k) + Gu(k) \\ y(k) = Cx(k) \end{cases} \tag{5-87}
$$

其中

$$\begin{cases} F = \mathrm{e}^{AT} = \begin{bmatrix} 1 & 0.9516 \\ 0 & 0.9048 \end{bmatrix} \\ G = \left[\int_0^T \mathrm{e}^{At}\mathrm{d}t\right]B = \begin{bmatrix} 0.04837 \\ 0.09516 \end{bmatrix} \end{cases} \tag{5-88}$$

根据$\xi = 0.5$和$\omega_\mathrm{n} = 1$的要求，可以求得s平面上的两个控制极点为

$$s_{1,2} = -\xi\omega_\mathrm{n} \pm \mathrm{j}\sqrt{1-\xi^2}\,\omega_\mathrm{n} = -0.5 \pm \mathrm{j}\frac{\sqrt{3}}{2} \tag{5-89}$$

相应于z平面上的两个控制极点为

$$z_{1,2} = \mathrm{e}^{-0.5\pm\mathrm{j}\frac{\sqrt{3}}{2}} \tag{5-90}$$

从而求得相应的特征多项式为

$$\beta_\mathrm{c}(z) = (z-z_1)(z-z_2) = z^2 + 0.786z + 0.368 \tag{5-91}$$

利用式（5-44）所示的算法，求得控制规律为

$$L = \begin{bmatrix} 6.116 & 8.648 \end{bmatrix} \tag{5-92}$$

设控制器的计算延时远小于采样周期，因此选用现时观测器。假设存在测量噪声，因而选用全阶现时观测器。由于存在测量噪声，可以考虑按观测器极点所对应的衰减速度比控制极点所对应的衰减速度快约 5 倍的要求，选观测器的两个极点为

$$\beta_{1,2} \approx (\mathrm{e}^{-0.5})^5 = \mathrm{e}^{-2.5} = 0.08$$

从而求得观测器特征多项式为

$$\beta_\mathrm{b}(z) = (z-0.08)(z-0.08) = z^2 - 0.16z + 0.0064 \tag{5-93}$$

利用式（5-68）所示的算法，求得全阶现时观测器的增益矩阵为

$$K = \begin{bmatrix} 0.993 \\ 0.790 \end{bmatrix} \tag{5-94}$$

以上讨论了假设$r(k)=0$的调节系统（见图 5-2），采用了状态反馈的比例控制器。为了克服扰动和消除静差，必须引入积分控制器。

为了便于讨论，仍假设$r(k)=0$，系统的平衡状态取为零状态。也就是说，由于扰动，控制器能使系统从非零的初始状态回到零状态，并具有满意的响应性能。

设离散控制对象的状态方程为

$$\begin{cases} x(k+1) = Fx(k) + Gu(k) + v(k) \\ y(k) = Cx(k) \end{cases} \tag{5-95}$$

其中，$v(k)$为阶跃扰动。显然$k>1$时，则$\Delta v(k) = 0$。对式（5-95）两边取差分得

$$\begin{cases} \Delta x(k+1) = F\Delta x(k) + G\Delta u(k) \\ \Delta y(k+1) = C\Delta x(k+1) \end{cases} \qquad k>1 \tag{5-96}$$

将式（5-96）改写成

$$\begin{cases} y(k+1) = y(k) + CF\Delta x(k) + CG\Delta u(k) \\ \Delta x(k+1) = F\Delta x(k) + G\Delta u(k) \end{cases} \tag{5-97}$$

或写成

$$\begin{bmatrix} y(k+1) \\ \Delta x(k+1) \end{bmatrix} = \begin{bmatrix} I & CF \\ 0 & F \end{bmatrix} \begin{bmatrix} y(k) \\ \Delta x(k) \end{bmatrix} + \begin{bmatrix} CG \\ G \end{bmatrix} \Delta u(k) \tag{5-98}$$

再进一步写成

$$m(k+1) = \overline{F} m(k) + \overline{G} \Delta u(k) \tag{5-99}$$

其中

$$m(k) = \begin{bmatrix} y(k) \\ \Delta x(k) \end{bmatrix}, \quad \overline{F} = \begin{bmatrix} I & CF \\ 0 & F \end{bmatrix}, \quad \overline{G} = \begin{bmatrix} CG \\ G \end{bmatrix} \tag{5-100}$$

仍然利用按极点配置设计控制规律的算法，针对式（5-99）设计如下状态反馈控制规律

$$\Delta u(k) = -Lm(k) = -L_1 y(k) - L_2 \Delta x(k) \tag{5-101}$$

其中

$$L = \begin{bmatrix} L_1 & L_2 \end{bmatrix} \tag{5-102}$$

再对式（5-101）两边作求和运算得

$$u(k) = -L_1 \sum_{j=1}^{k} y(j) - L_2 x(k) \tag{5-103}$$

显然，式（5-103）中 $u(k)$ 由两部分组成：前项代表积分控制，由于假设 $r(k)=0$，平衡状态又取为零状态，所以式（5-103）是输出量的积分控制；后项代表状态的比例控制，并要求全部状态直接反馈，这是不现实的。实际上是通过观测器来获得重构状态 $\hat{x}(k)$，然后再线性反馈。

图 5-5 是 $r(k)=0$ 的 PI 控制器结构图。

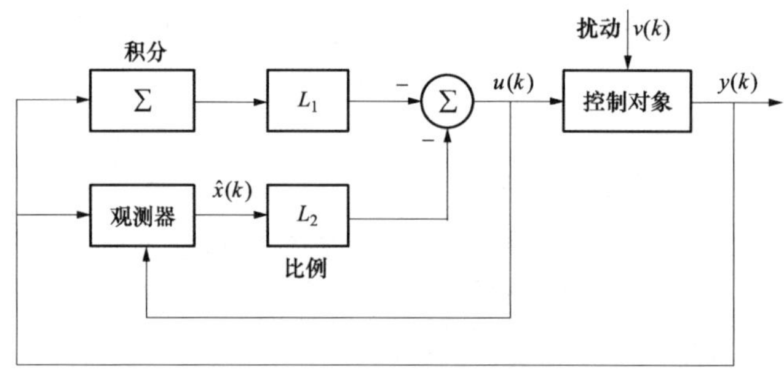

图 5-5　按极点配置设计的 PI 控制器，$r(k)=0$

在过程控制中，使用的是跟踪系统的 PI 控制器，采用状态的比例控制和偏差 $e(k)$ 的积分控制，如图 5-6 所示。该控制器使系统不仅具有跟踪给定值（或参考输入）$r(k)$ 的性能，而且能克服扰动和消除静差。根据图 5-6，可得 PI 控制器的输出方程为

$$\begin{cases} u(k) = L_1 \sum_{i=1}^{k} e(i) - L_2 \hat{x}(k) \\ e(k) = r(k) - y(k) \end{cases} \tag{5-104}$$

其中 L_1 和 L_2 仍然按照前面讨论的按极点配置的方法进行设计。关于给定值（或参考输入）$r(k)$ 的引入方式及其控制器的设计，有关文献中有详细论述。

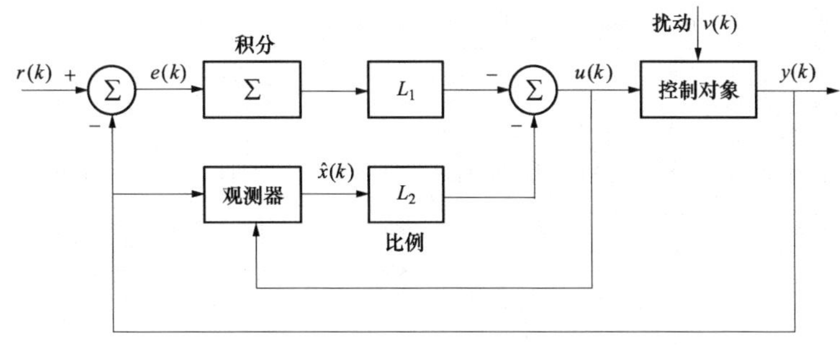

图 5-6 按极点配置设计的 PI 控制器，$r(k)\neq 0$

5.2 基于状态空间模型的最优化设计法

前面 5.1 节的讨论中并没有考虑随机的过程干扰和量测噪声，而是按确定性系统来设计的，并以极点分布给出系统的控制性能。本节将针对随机系统按最优化方法来设计控制器，并要考虑随机的过程干扰 v 和量测噪声 w。按最优化方法设计的控制器也是由两部分组成：一部分是状态最优估计器，估计的准则是根据量测量 $y(k)$，$y(k-1)$，…，最优地估计出 $\hat{x}(k)$，以使状态估计误差的协方差阵最小；另一部分是最优控制规律，它直接反馈估计的全部状态，以使二次型性能指标最小。其结构如图 5-7 所示。

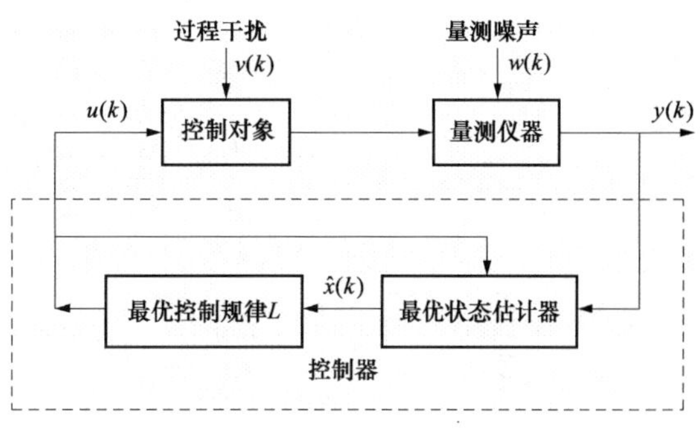

图 5-7 最优控制器结构图

根据分离性原理，控制器的设计可以分成两个部分：一是设计最优控制规律它只取决于二次型性能指标函数中加权矩阵的选择，而与随机的过程干扰 v 和量测噪声 w 无关，此时可以将系统看成确定性系统，同时假设全部状态可用于反馈。二是设计最优状态估计器，此时应考虑随机的过程干扰 v 和量测噪声 w，而且计算状态最优估计与二次型性能指标函数中加权矩阵的选择无关。最后再把两者结合起来，构成状态反馈的最优控制器。

5.2.1 设计最优控制规律

设连续控制对象的状态方程为

$$\begin{cases}\dot{x}=Ax+Bu\\ y=Cx\end{cases} \tag{5-105}$$

按二次型性能指标

$$J=x^{\mathrm{T}}(t_{\mathrm{n}})R_0x(t_{\mathrm{n}})+\int_0^{t_{\mathrm{n}}}[x^{\mathrm{T}}(t)\overline{R}_1x(t)+u^{\mathrm{T}}(t)\overline{R}_2u(t)]\mathrm{d}t \tag{5-106}$$

最小来设计离散的控制规律 L，使

$$u(k)=-Lx(k) \tag{5-107}$$

式（5-106）中，加权矩阵 R_0 和 $\overline{R}_1$ 为非负定对称阵，$\overline{R}_2$ 为正定对称阵。设连续的控制对象和离散的控制器之间采用零阶保持器相连接，即

$$u(t)=u(k),\ kT\leqslant t\leqslant(k+1)T \tag{5-108}$$

其中 T 是采样周期。并假设 $t_n=NT$，N 为正整数。当 t_n 为有限时，称为有限时间最优调节器问题。实际应用最多的是要求 $t_n\to\infty$，设计无限时间最优调节器，计算 $L(k)$ 的稳态解。下面给出计算公式，有关文献中有详细推导。

首先将连续状态方程即式（5-105）离散化为

$$\begin{cases}x(k+1)=Fx(k)+Gu(k)\\y(k)=Cx(k)\end{cases} \tag{5-109}$$

其中

$$\begin{cases}F=\mathrm{e}^{AT}\\G=\left[\int_0^T\mathrm{e}^{At}\mathrm{d}t\right]B\end{cases} \tag{5-110}$$

二次型性能指标式（5-106）的离散化公式为

$$J=x^{\mathrm{T}}(N)R_0x(N)+\sum_{k=0}^{N-1}J(k) \tag{5-111}$$

其中

$$J(k)=x^{\mathrm{T}}(k)R_1x(k)+2x^{\mathrm{T}}(k)R_{12}u(k)+u^{\mathrm{T}}(k)R_2u(k) \tag{5-112}$$

$$R_1=\int_0^T\mathrm{e}^{A^{\mathrm{T}}t}\overline{R}_1\mathrm{e}^{At}\mathrm{d}t \tag{5-113}$$

$$R_{12}=\left[\int_0^T\mathrm{e}^{A^{\mathrm{T}}t}\overline{R}_1\left(\int_0^t\mathrm{e}^{A\tau}\mathrm{d}\tau\right)\mathrm{d}t\right]B \tag{5-114}$$

$$R_2=B^T\left[\int_0^T\left(\int_0^t\mathrm{e}^{A^{\mathrm{T}}\tau}\mathrm{d}\tau\right)\overline{R}_1\left(\int_0^t\mathrm{e}^{A\tau}\mathrm{d}\tau\right)\mathrm{d}t\right]B+\overline{R}_2T \tag{5-115}$$

由式（5-112）可以看出，离散的二次型性能指标中增加了状态变量与控制变量的交叉相乘项（第二项）。

现在的设计问题变为，针对式（5-109）所示的离散控制对象，要求计算式（5-107）所示的离散控制规律 L，以使得式（5-111）所示的离散性能指标函数最小。利用离散动态规划可推导出计算最优控制规律 L 的递推公式。

$$u(t)=-L(k)x(k) \tag{5-116}$$

$$L(k)=[R_2+G^{\mathrm{T}}S(k+1)G]^{-1}[G^{\mathrm{T}}S(k+1)F+R_{12}^{\mathrm{T}}] \tag{5-117}$$

$$S(k)=[F-GL(k)]^{\mathrm{T}}S(k+1)[F-GL(k)]+L^{\mathrm{T}}(k)R_2L(k)+R_1-L^{\mathrm{T}}(k)R_{12}^{\mathrm{T}}-R_{12}L(k) \tag{5-118}$$

$$S(N)=R_0 \tag{5-119}$$

$$J=x^{\mathrm{T}}(0)S(0)x(0) \tag{5-120}$$

其中，$k=N-1,N-2,\cdots$

当终端时刻 t_n 为有限时，利用式（5-117）～式（5-119）可以求得 $L(k)$ 的时变解。实际应用最多的是要求 $t_n\to\infty$ 的情况，因而需要计算 $L(k)$ 的定常解。这时可利用该递推公式进行计算，直到 $S(k)$ 和 $L(k)$ 收敛到稳态值为止。

为了便于计算机求解 $L(k)$，下面给出 F、G、R_1、R_{12} 和 R_2 的离散化算法。其中 F 和 G 的算法见式（5-7）和式（5-5），即

$$F = I + G_1 A \tag{5-121}$$

$$G = G_1 B \tag{5-122}$$

其中

$$G_1 = \int_0^T \mathrm{e}^{At}\mathrm{d}t = \sum_{k=1}^{\infty}\frac{A^{k-1}T^k}{k!} \tag{5-123}$$

为了便于推导 R_1、R_{12} 和 R_2 的离散化算法，设两个中间级数 Z 和 W，即

$$Z = \int_0^T G_1(t)\mathrm{d}t = \sum_{k=2}^{\infty}\frac{A^{k-2}T^k}{k!} \tag{5-124}$$

$$W = \int_0^T G_1^{\mathrm{T}}(t)\overline{R}_1 G_1(t)\mathrm{d}t \tag{5-125}$$

比较式（5-123）和式（5-124）可得

$$G_1 = IT + ZA \tag{5-126}$$

根据式（5-113）～式（5-115）和式（5-121）～式（5-126），可以求得

$$\begin{aligned} R_1 &= \int_0^T \mathrm{e}^{A^{\mathrm{T}}t}\overline{R}_1\mathrm{e}^{At}\mathrm{d}t = \int_0^T F^{\mathrm{T}}(t)\overline{R}_1 F(t)\mathrm{d}t \\ &= \int_0^T (I + G_1(t)A)^{\mathrm{T}}\,\overline{R}_1(I + G_1(t)A)\mathrm{d}t \\ &= \overline{R}_1(IT + ZA) + A^{\mathrm{T}}(Z^{\mathrm{T}}\overline{R}_1 + WA) \\ &= \overline{R}_1 G_1 + A^{\mathrm{T}}D^{\mathrm{T}} \end{aligned} \tag{5-127}$$

其中

$$D = \overline{R}_1 Z + A^{\mathrm{T}}W \tag{5-128}$$

以及

$$\begin{aligned} R_{12} &= \left[\int_0^T \mathrm{e}^{A^{\mathrm{T}}t}\overline{R}_1\left(\int_0^t \mathrm{e}^{A\tau}\mathrm{d}\tau\right)\mathrm{d}t\right]B = \left[\int_0^T F^{\mathrm{T}}(t)\overline{R}_1 G_1(t)\,\mathrm{d}t\right]B \\ &= (\overline{R}_1 Z + A^{\mathrm{T}}W)B = DB \end{aligned} \tag{5-129}$$

$$\begin{aligned} R_2 &= B^{\mathrm{T}}\left[\int_0^T\left(\int_0^t \mathrm{e}^{A^{\mathrm{T}}\tau}\mathrm{d}\tau\right)\overline{R}_1\left(\int_0^t \mathrm{e}^{A\tau}\mathrm{d}\tau\right)\mathrm{d}t\right]B + \overline{R}_2 T \\ &= B^{\mathrm{T}}\left[\int_0^T G_1^{\mathrm{T}}(t)\overline{R}_1 G_1(t)\mathrm{d}t\right]B + \overline{R}_2 T \\ &= B^{\mathrm{T}}WB + \overline{R}_2 T \end{aligned} \tag{5-130}$$

由此可见，离散化算法的关键在于如何计算 Z 和 W。根据式（5-124）可以求得计算 Z 的递推求和公式为

$$Z = \sum_{k=2}^{\infty} Z(k) \tag{5-131}$$

其中，初始值为

$$Z(k) = \frac{AT}{k}Z(k-1)\text{，}\quad k = 3,4,\cdots \tag{5-132}$$

$$Z(2) = \frac{T^2}{2}I\text{，}\quad k = 2 \tag{5-133}$$

根据式（5-125）可以求得计算 W 的递推求和公式为

$$W = \sum_{k=2}^{\infty} W(k) \tag{5-134}$$

其中初始值为

$$W(k) = \frac{T}{k+1}[A^T W(k-1) + W(k-1)A + \overline{R}_1 Z(k) + Z^T(k)\overline{R}_1], k = 3,4,\cdots \tag{5-135}$$

$$W(2) = \frac{\overline{R}_1 T^3}{3}, \quad k = 2 \tag{5-136}$$

最后将上述离散化算法归纳如下。

（1）计算 Z，即式（5-131）～式（5-133）。

（2）计算 W，即式（5-134）、式（5-135）。

（3）计算 $G_1 = IT + ZA$，即式（5-126）。

（4）计算 $D = \overline{R}_1 Z + A^{\mathrm{T}} W$，即式（5-128）。

（5）计算 $F = I + G_1 A$，即式（5-121）。

（6）计算 $G = G_1 B$，即式（5-122）。

（7）计算 $R_1 = \overline{R}_1 G_1 + A^{\mathrm{T}} D^{\mathrm{T}}$，即式（5-127）。

（8）计算 $R_{12} = DB$，即式（5-129）。

（9）计算 $R_2 = B^{\mathrm{T}} WB + \overline{R}_2 T$，即式（5-131）。

当矩阵范数 $\|AT\|$ 较大时，为了避免计算上的困难，加快级数收敛，保证精确度，分两步计算 F、G、R_1、R_{12} 和 R_2。首先采用折半公式，采样周期为 $T/2^d$；然后再连续 d 次运用加倍公式，从而求得采样周期 T 下的计算结果。它们的加倍公式分别为

$$F\left(\frac{T}{2^{i-1}}\right) = F\left(\frac{T}{2^i}\right)F\left(\frac{T}{2^i}\right) \tag{5-137}$$

$$G\left(\frac{T}{2^{i-1}}\right) = G\left(\frac{T}{2^i}\right) + F\left(\frac{T}{2^i}\right)G\left(\frac{T}{2^i}\right) \tag{5-138}$$

$$R_1\left(\frac{T}{2^{i-1}}\right) = R_1\left(\frac{T}{2^i}\right) + F^{\mathrm{T}}\left(\frac{T}{2^i}\right)R_1\left(\frac{T}{2^i}\right)F\left(\frac{T}{2^i}\right) \tag{5-139}$$

$$R_{12}\left(\frac{T}{2^{i-1}}\right) = R_{12}\left(\frac{T}{2^i}\right) + F^{\mathrm{T}}\left(\frac{T}{2^i}\right)R_{12}\left(\frac{T}{2^i}\right) + F^{\mathrm{T}}\left(\frac{T}{2^i}\right)R_1\left(\frac{T}{2^i}\right)G\left(\frac{T}{2^i}\right) \tag{5-140}$$

$$R_2\left(\frac{T}{2^{i-1}}\right) = 2R_2\left(\frac{T}{2^i}\right) + R_{12}^{\mathrm{T}}\left(\frac{T}{2^i}\right)G\left(\frac{T}{2^i}\right) + G^{\mathrm{T}}\left(\frac{T}{2^i}\right)R_{12}\left(\frac{T}{2^i}\right) + G^{\mathrm{T}}\left(\frac{T}{2^i}\right)R_1\left(\frac{T}{2^i}\right)G\left(\frac{T}{2^i}\right) \tag{5-141}$$

其中，$i = d, d-1, \cdots, 1$；d 为折半因子，d 的选择见式（5-118）。

根据以上讨论，总结出计算最优控制规律 L 的程序流程如下。

（1）输入原始参数：状态向量维数 n、控制向量维数 m、状态矩阵 A、控制矩阵 B、加权矩阵 R_0，$\overline{R}_1$ 和 $\overline{R}_2$、采样周期 T。

（2）计算矩阵范数 $\|AT\|$，并确定折半因子 d。

（3）采用折半公式计算 $F(T/2^d)$、$G(T/2^d)$、$R_1(T/2^d)$、$R_{12}(T/2^d)$ 和 $R_2(T/2^d)$。

（4）连续 d 次运用加倍公式计算 $F(T)$，$G(T)$，$R_1(T)$、$R_{12}(T)$ 和 $R_2(T)$。

（5）利用式（5-117）～式（5-119）计算 $L(k)$ 和 $S(k)$，直到收敛到稳态为止。

（6）输出计算结果。

实际上，当只需计算 $L(k)$ 的稳态解时，可以不必输入加权阵 R_0，在用递推公式计算时，R_0 可取任何非负定对称阵。

下面通过一个例子来说明上述计算最优控制规律 L 的算法步骤。

设被控制对象的连续状态方程为

$$\dot{x} = Ax + Bu \tag{5-142}$$

其中

$$A = \begin{bmatrix} 0 & 1 \\ 0 & -1 \end{bmatrix}, B = \begin{bmatrix} 0 \\ 1 \end{bmatrix} \tag{5-143}$$

连续的二次型性能指标函数中的加权阵为

$$\overline{R}_1 = \begin{bmatrix} 1 & 0 \\ 0 & 0 \end{bmatrix}, \overline{R}_2 = 0.01, R_0 = \begin{bmatrix} 1 & 0 \\ 0 & 0 \end{bmatrix} \tag{5-144}$$

采样周期 T=0.5s。利用上面给出的算法及相应的计算程序，求得等效的离散化对象参数及最优控制规律的定常解分别为

$$F = \begin{bmatrix} 1 & 0.39347 \\ 0 & 0.60653 \end{bmatrix}, G = \begin{bmatrix} 0.10653 \\ 0.39347 \end{bmatrix} \tag{5-145}$$

$$R_1 = \begin{bmatrix} 0.5 & 0.10653 \\ 0.10653 & 0.02912 \end{bmatrix}, R_{12} = \begin{bmatrix} 0.018469 \\ 0.005674 \end{bmatrix}, R_2 = 0.0061963 \tag{5-146}$$

$$L = \begin{bmatrix} 4.2379 & 2.2216 \end{bmatrix}, S = \begin{bmatrix} 0.51032 & 0.11479 \\ 0.11479 & 0.04029 \end{bmatrix} \tag{5-147}$$

5.2.2 设计最优状态估计器

前面讨论按二次型性能指标最小设计最优控制规律时，假设全部状态均可直接用于反馈。这在实际上往往是难于做到的，因为有些状态无法量测，即使量测到的信号中还可能含有量测噪声。因此，必须根据量测到的输出量，估计出全部状态。本节将讨论最优状态估计器，也称为 Kalman 滤波器，设计过程中应考虑随机的过程干扰 v 和量测噪声 w。

设连续控制对象的状态方程为

$$\begin{cases} \dot{x} = Ax + Bu + v \\ y = Cx + w \end{cases} \tag{5-148}$$

其中，v 为过程干扰，w 为量测噪声。设 v 和 w 为高斯白噪声，即

$$\begin{cases} E[v(t)] = 0 \\ E[v(t)v^{\mathrm{T}}(\tau)] = V_{\mathrm{c}}\delta(t-\tau) \end{cases} \tag{5-149}$$

$$\begin{cases} E[w(t)] = 0 \\ E[w(t)w^{\mathrm{T}}(\tau)] = W\delta(t-\tau) \end{cases} \tag{5-150}$$

其中，$E[v(t)]$ 为均值；$E[v(t)v^{\mathrm{T}}(\tau)]$ 为协方差；V_{c} 是非负定对称阵；W 是正定对称阵；并假设 $v(t)$和 $w(t)$互不相关。

为了设计离散的 Kalman 滤波器，便于计算机进行计算，首先应将式（5-148）所示的连续控制对象模型离散化为

$$\begin{cases} x(k+1) = Fx(k) + Gu(k) + v(k) \\ y(k) = Cx(k) + w(k) \end{cases} \tag{5-151}$$

其中

$$\begin{cases} F = \mathrm{e}^{AT} \\ G = \left[\int_0^T \mathrm{e}^{At}\mathrm{d}t\right]B \end{cases} \tag{5-152}$$

$V(k)$和 $w(k)$均为离散的高斯白噪声序列，且有

$$\begin{cases} E[v(k)] = 0 \\ E[v(k)v^{\mathrm{T}}(j)] = V\delta_{kj} \end{cases} \tag{5-153}$$

$$\begin{cases} E[w(k)] = 0 \\ E[w(k)w^{\mathrm{T}}(j)] = W\delta_{kj} \end{cases} \tag{5-154}$$

$$\delta_{kj} = \begin{cases} 1 \ , \ k = j \\ 0 \ , \ k \neq j \end{cases} \tag{5-155}$$

其中离散的过程干扰协方差阵 V 的算法公式为

$$\begin{cases} V(0) = V_{\mathrm{c}}T \\ V = \sum_{k=0}^{\infty} V(k) \\ V(k) = \dfrac{T}{k+1}[AV(k-1) + V(k-1)A^{\mathrm{T}}] \end{cases} \qquad (5\text{-}156) \sim (5\text{-}158)$$

计算 F、G 和 V 的步骤与前面相似。首先采用折半公式，采样周期为 $T/2^d$；然后再连续 d 次运用加倍公式，从而求得采样周期 T 下的计算结果。其中 F 和 G 的公式前面已经讨论过，V 的加倍公式为

$$V\left(\frac{T}{2^{i-1}}\right) = V\left(\frac{T}{2^i}\right) + F\left(\frac{T}{2^i}\right)V\left(\frac{T}{2^i}\right)F^{\mathrm{T}}\left(\frac{T}{2^i}\right) \tag{5-159}$$

现在的设计问题变为，针对式（5-151）所示的离散控制对象，设计离散系统的 Kalman 滤波器，根据测量量 $y(k), y(k-1), \cdots,$ 最优地估计出 $\hat{x}(k)$，以使状态估计误差的协方差阵最小。这样的估计称为最小方差估计，其递推公式为

$$\begin{cases} \hat{x}(k|k-1) = F\hat{x}(k-1) + Gu(k-1) \\ \hat{x}(k) = \hat{x}(k|k-1) + K(k)[y(k) - C\hat{x}(k|k-1)] \end{cases} \qquad (5\text{-}160)、(5\text{-}161)$$

$$\begin{cases} P(k|k-1) = FP(k-1)F^{\mathrm{T}} + V \\ K(k) = P(k|k-1)C^{\mathrm{T}}[CP(k|k-1)C^{\mathrm{T}} + W]^{-1} \\ P(k) = [I - K(k)C]P(k|k-1)[I - K(k)C]^{\mathrm{T}} + K(k)WK^{\mathrm{T}}(k) \end{cases} \qquad (5\text{-}162) \sim (5\text{-}164)$$

$\hat{x}(0)$ 和 $P(0)$ 给定，k=1，2，…

从上面的递推公式可以看出，如果 Kalman 滤波器增益矩阵 $K(k)$ 已知，则根据式（5-160）和式（5-161）便可依次计算出最优状态估计 $\hat{x}(k)$。因此，必须首先计算出 $K(k)$，迭代计算 $K(k)$ 的程序流程如下。

（1）输入原始参数：F、C、V_c、W、$P(0)$，迭代计算总次数 N，并置 k=1。

（2）按式（5-162）计算 $P(k|k-1)$。

（3）按式（5-163）计算 $K(k)$。

（4）按式（5-164）计算 $P(k)$。

（5）如果 $k=N$，则转（7）；否则转（6）。

（6）$k \leftarrow k+1$，转（2）。

（7）输出 $K(k)$ 和 $P(k)$，$k=1$，2，…，N。

在上述迭代过程中，当 k 逐渐增加时，$K(k)$ 和 $P(k)$ 将趋于稳态值。而且只要初始 $P(0)$ 是非负定对称阵，则 $K(k)$ 和 $P(k)$ 的稳态值将与 $P(0)$ 无关。因此，如果只需计算 $K(k)$ 的稳态值，则可取 $P(0)=0$ 或 $P(0)=1$。

5.2.3　设计最优控制器

前面分别讨论了最优控制规律和最优状态估计器的设计，这两部分组成了随机系统的最优控制器。设连续控制对象的离散状态方程如式（5-151）所示，即

$$\begin{cases} x(k+1)=Fx(k)+Gu(k)+v(k) \\ y(k)=Cx(k)+w(k) \end{cases} \tag{5-165}$$

由状态最优估计器和最优控制规律组成的控制器方程为

$$\begin{cases} \hat{x}(k \mid k-1)=F\hat{x}(k-1)+Gu(k-1) \\ \hat{x}(k)=\hat{x}(k \mid k-1)+K[y(k)+C\hat{x}(k \mid k-1)] \\ u(k)=-L\hat{x}(k) \end{cases} \tag{5-166}$$

显然，设计最优控制器的关键是计算 Kalman 滤波器增益矩阵 K，以及求最优控制规律 L。也就是说，需要计算机求解两个 Riccati 方程。其一是按式（5-162）～式（5-164）迭代计算 $K(k)$，直到趋于稳态值 K 为止；其二是按式（5-117）～式（5-119）迭代计算 $L(k)$，直到趋于稳态值 L 为止。

闭环系统的调节性能取决于最优控制器，而最优控制器的设计又依赖于控制对象的模型（矩阵 A、B、C）、干扰模型（协方差阵 V、W）和二次型性能指标函数中加权矩阵（R_0、$\overline{R}_1$、$\overline{R}_2$）的选取。控制对象模型的获得可通过机理方法、实验方法和过程辨识的方法。Kalman 滤波器增益矩阵 K 的计算取决于过程干扰协方差阵 V 和量测噪声协方差阵 W，而最优控制规律 L 的计算又取决于加权矩阵。在设计计算过程中，一般凭经验或试凑给出 V、W 和加权矩阵，通过计算不断调整，逐步达到满意的调节性能。

类似于图 5-6 按极点配置设计的 PI 控制器，图 5-8 给出了按最优化方法设计的 PI 控制器。两者的区别在于，极点配置法适用于确定性系统，主要是单变量系统，对于多变量系统，其方法较为复杂；最优设计法适用于随机系统，不仅可用于单变量和多变量系统，还可用于时变系统，但其计算比较复杂。

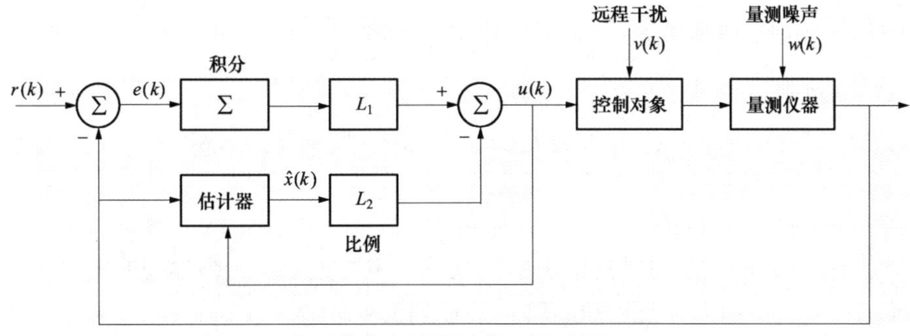

图 5-8　按最优化方法设计的 PI 控制器，$r(k) \neq 0$

5.3 预测控制技术

基于状态空间模型的现代控制技术具有严密的理论设计方法和最优的性能指标，但是其理论基础是被控制对象的精确的数学模型，如果模型不够精确，则将影响控制性能。而对于工业生产过程恰恰难以得到精确的数学模型，为此，人们研究了对模型要求不高而又能获得满意的控制性能的现代控制技术，其中之一就是预测控制技术，并已运用于工业生产过程，取得一定的成果。

预测控制是一类控制算法的统称，其中有动态矩阵控制（Dynamic Matrix Control，DMC）、模型算法控制（Model Algorithmic Control，MAC）、模型预测启发控制（Model Predictive Heuristic Control，MPHC）、广义预测控制（Generalized Predictive Control，GPC），以及预测控制（Predictive Control，PC），等等。虽然这些算法的表示形式和控制方法各不相同，但是基本思想均为采用工业生产过程中较易测取对象的阶跃响应或脉冲响应等非参数模型，从中取一系列采样时刻的数值作为描述对象动态特性的信息，并据此预测未来的控制量及响应，从而构成预测模型。

预测控制系统如图 5-9 所示，主要由内部模型、预测模型、参考轨迹和预测控制算法构成。

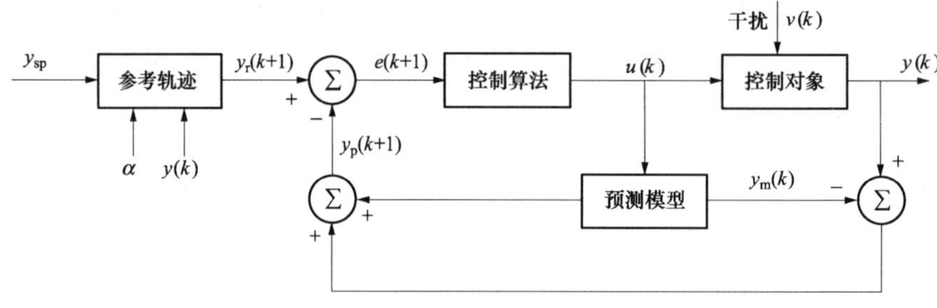

图 5-9 预测控制系统框图

5.3.1 内部模型

对象的阶跃响应如图 5-10（a）所示，采样周期为 T，对每个采样时刻 jT 有对应的响应值 $\hat{a}_j$，从 t=0 开始变化直到 t=NT 时刻对象趋向稳态值 $\hat{a}_s$，其中 N 为截断步长。这有限个响应信息 $\hat{a}_j$ (j=1，2，…，N)的集合就是对象的内部模型。

对象的阶跃响应如图 5-10（b）所示，采样周期为 T，对每个采样时刻 jT 有对应的响应值 $\hat{h}_j$，从 t=0 开始变化直到 t=NT 时刻对象趋向稳态值 $\hat{h}_s = 0$，其中 N 为截断步长。这有限个响应信息 $\hat{h}_j$ (j=1，2，…，N)的集合就是对象的内部模型。

5.3.2 预测模型

根据内部模型的信息，预测未来的控制量及响应，从而构成预测模型。下面分别叙述基于阶跃响应和脉冲响应的开环预测模型。

1. 基于阶跃响应的开环预测模型

针对图 5-10（a）所示的对象阶跃响应，设预测步长为 P，预测模型的输出为 y_m，则可根据内部模型计算获得从 k 时刻起到 P 时刻的预测输出 $y_m(k+i)$

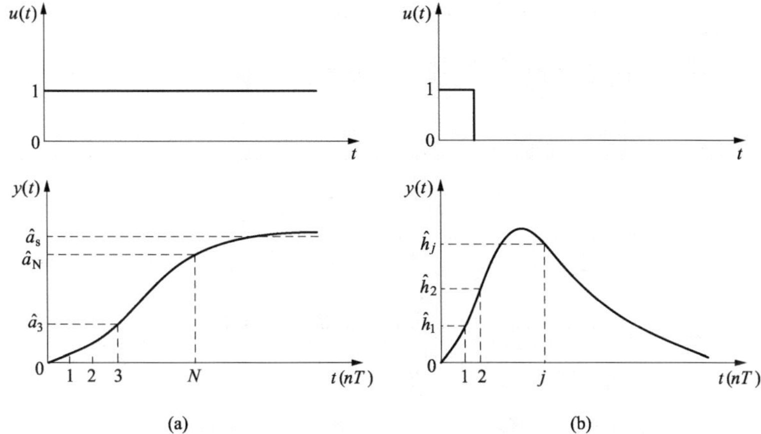

图 5-10　对象的阶跃响应或脉冲响应

（a）阶跃响应；（b）脉冲响应

$$y_{\mathrm{m}}(k+1)=\hat{a}_{\mathrm{s}}u(k-N+i-1)+\sum_{j=1}^{N}\hat{a}_{\mathrm{j}}u(k+i-j)=\hat{a}_{\mathrm{s}}u(k-N+i-1)$$
$$+\sum_{j=1}^{N}\hat{a}_{\mathrm{j}}\Delta u(k+i-j)\big|_{i<j}+\sum_{j=1}^{N}\hat{a}_{\mathrm{j}}\Delta u(k+i-j)\big|_{i\geqslant j},i=1,2,\cdots,P \tag{5-167}$$

其中，对象输入增量 $\Delta u(k+i-j)=u(k+i-j)-u(k+i-j-1)$。

显然，式（5-167）中第一、二项相加是 k 时刻以前输入变化序列对输出变量 y_{m} 作用的预测；第三项是 k 时刻以后输入变化序列对输出变量的作用，也就是对输出变量受到未来输入序列影响的预测。

为了叙述方便，将式（5-167）写成向量形式为

$$\boldsymbol{y}_{\mathrm{m}}(k+1)=\hat{a}_{\mathrm{s}}\boldsymbol{u}(k)+\boldsymbol{A}_1\Delta\boldsymbol{u}_1(k)+\boldsymbol{A}_2\Delta\boldsymbol{u}_2(k+1) \tag{5-168}$$

其中

$$\boldsymbol{y}_{\mathrm{m}}(k+1)=[y_{\mathrm{m}}(k+1)\ \ y_{\mathrm{m}}(k+2)\ \ \cdots\ \ y_{\mathrm{m}}(k+P)]^{\mathrm{T}}$$
$$\boldsymbol{u}(k)=[u(k-N)\ \ u(k-N+1)\ \ \cdots\ \ u(k-N+P-1)]^{\mathrm{T}}$$
$$\Delta\boldsymbol{u}_1(k)=[\Delta u(k-N+1)\ \ \Delta u(k-N+2)\ \ \cdots\ \ \Delta u(k-1)]^{\mathrm{T}}$$
$$\Delta\boldsymbol{u}_2(k)=[\Delta u(k)\ \ \Delta u(k+1)\ \ \cdots\ \ \Delta u(k+P-1)]^{\mathrm{T}}$$

$$\boldsymbol{A}_1=\begin{bmatrix}\hat{a}_N & \hat{a}_{N-1} & & \cdots & & \hat{a}_2\\ & \hat{a}_N & & \cdots & & \hat{a}_3\\ & 0 & \ddots & \vdots & & \vdots\\ & & & \hat{a}_N & \cdots & \hat{a}_{P+1}\end{bmatrix}_{P\times(N-1)}\qquad \boldsymbol{A}_2=\begin{bmatrix}\hat{a}_1 & & & \\ \hat{a}_2 & \hat{a}_1 & 0 & \\ \vdots & \vdots & \ddots & \\ \hat{a}_P & \hat{a}_{P-1} & \cdots & \hat{a}_1\end{bmatrix}_{P\times P}$$

2. 基于脉冲响应的开环预测模型

针对图 5-10（b）所示的对象脉冲响应，设预测步长为 P，预测模型的输出为 y_{m}，则可根据内部模型计算获得从 k 时刻起到 P 时刻的预测输出 $y_{\mathrm{m}}(k+i)$

$$y_{\mathrm{m}}(k+i)=\sum_{j=1}^{N}\hat{h}_j u(k+i-j),\quad i=1,2,\cdots,P \tag{5-169a}$$

或

$$y_m(k+i-1)=\sum_{j=1}^{N}\hat{h}_j u(k+i-j-1)\text{，}\quad i=1,2,\cdots,P-1 \tag{5-169b}$$

如果将式（5-169a）减式（5-169b），则得到控制增量式

$$y_{\mathrm{m}}(k+i)=y_{\mathrm{m}}(k+i-1)+\sum_{j=1}^{N}\hat{h}_j\Delta u(k+i-j) \tag{5-170}$$

其中，对象输入增量 $\Delta u(k+i-j)=u(k+i-j)-u(k+i-j-1)$ 。

为了叙述方便，将式（5-169a）写成向量形式为

$$\boldsymbol{y}_{\mathrm{m}}(k+1)=\boldsymbol{H}_1\boldsymbol{u}_1(k)+\boldsymbol{H}_2\boldsymbol{u}_2(k+1) \tag{5-171}$$

其中

$$\boldsymbol{y}_{\mathrm{m}}(k+1)=[y_{\mathrm{m}}(k+1)\ \ y_{\mathrm{m}}(k+2)\ \ \cdots\ \ y_{\mathrm{m}}(k+P)]^{\mathrm{T}}$$

$$\boldsymbol{u}_1(k)=[u(k-N+1)\ \ u(k-N+2)\ \ \cdots\ \ u(k-1)]^{\mathrm{T}}$$

$$\boldsymbol{u}_2(k+1)=[u(k)\ \ u(k+1)\ \ \cdots\ \ u(k+P-1)]^{\mathrm{T}}$$

$$\boldsymbol{H}_1=\begin{bmatrix}\hat{h}_N & \hat{h}_{N-1} & & \cdots & \hat{h}_2\\ & \hat{h}_N & & \cdots & \hat{h}_3\\ & 0 & \ddots & \vdots & \vdots\\ & & & \hat{h}_N\ \ \cdots & \hat{h}_{P+1}\end{bmatrix}_{P\times(N-1)}\qquad \boldsymbol{H}_2=\begin{bmatrix}\hat{h}_1 & & & \\ \hat{h}_2 & \hat{h}_1 & 0 & \\ \vdots & \vdots & \ddots & \\ \hat{h}_P & \hat{h}_{P-1} & \cdots & \hat{h}_1\end{bmatrix}_{P\times P}$$

上述式（5-168）和式（5-171）是分别根据对象阶跃响应和脉冲响应得到的 k 时刻的预测模型，它们完全依赖于对象的内部模型，而与对象的 k 时刻的实际输出无关，故称它们为开环预测模型。

3. 闭环预测模型

由于被控制对象的非线性、时变及随机干扰，使得预测模型的预测输出值 $y_{\mathrm{m}}(k)$ 与对象的实际输出值 $y(k)$ 之间存在偏差。因此，需要对上述开环预测模型进行修正。修正方法之一是将第 k 步的实际输出值 $y(k)$ 与预测输出值 $y_{\mathrm{m}}(k)$ 之间的偏差加到模型的预测输出值 $\boldsymbol{y}_{\mathrm{m}}(k+1)$ 上，得到闭环预测模型 $\boldsymbol{y}_{\mathrm{p}}(k+1)$ 为

$$\boldsymbol{y}_{\mathrm{p}}(k+1)=\boldsymbol{y}_{\mathrm{m}}(k+1)+\boldsymbol{h}_0[y(k)-y_{\mathrm{m}}(k)] \tag{5-172}$$

其中

$$\boldsymbol{y}_{\mathrm{p}}(k+1)=[y_{\mathrm{p}}(k+1)\ \ y_{\mathrm{p}}(k+2)\ \ \cdots\ \ y_{\mathrm{p}}(k+P)]^{\mathrm{T}}$$

$$\boldsymbol{h}_0=[1\ \ 1\ \ \cdots\ \ 1]^{\mathrm{T}}$$

现以对象的脉冲响应预测模型为例，写出其闭环预测模型为

$$\begin{aligned}y_{\mathrm{P}}(k+i)&=y_{\mathrm{m}}(k+i)+[y(k)-y_{\mathrm{m}}(k)]\\&=y(k)+[y_{\mathrm{m}}(k+i)-y_{\mathrm{m}}(k)]\\&=y(k)+\sum_{j=1}^{N}\hat{h}\ [\Delta u(k+i-j)+\Delta u(k+i-j-1)+\cdots\\&\quad+\Delta u(k+2-j)+\Delta u(k+1-j)],\ \ i=1,2,\cdots,P\end{aligned} \tag{5-173}$$

考虑到脉冲响应和阶跃响应之间的关系为

$$\hat{a}_i = \sum_{j=1}^{i} \hat{h}_j \tag{5-174}$$

通过对式（5-173）的简单数学运算，可以求得对象的脉冲响应的闭环预测模型为

$$y_{\mathrm{P}}(k+1) = h_0 y(k) + p + A\Delta u(k+1) \tag{5-175}$$

其中

$$y_{\mathrm{P}}(k+1) = [y_{\mathrm{P}}(k+1)\ \ y_{\mathrm{P}}(k+2)\ \ \cdots\ \ y_{\mathrm{P}}(k+P)]^{\mathrm{T}}$$

$$h_0 = [1\ \ 1\ \ \cdots\ \ 1]^{\mathrm{T}}$$

$$p = [P_1\ \ P_2\ \ \cdots\ \ P_P]^{\mathrm{T}}$$

$$\Delta u(k+1) = [\Delta u(k)\ \ \Delta u(k+1)\ \ \cdots\ \ \Delta u(k+P-1)]^{\mathrm{T}}$$

$$A = \begin{bmatrix} \hat{a}_1 & & \\ \hat{a}_2 & \hat{a}_1 & 0 \\ \vdots & \vdots & \ddots \\ \hat{a}_P & \hat{a}_{P-1} & \cdots & \hat{a}_1 \end{bmatrix}_{P\times P}$$

式（5-175）就是动态矩阵控制（DMC）算法所用的闭环预测模型，其中矩阵 A 称为动态矩阵。

从上述闭环预测模型可以看出，由于在每个预测时刻都引入对象的实际输出值 $y(k)$ 与预测输出值 $y_{\mathrm{m}}(k)$ 之间的偏差，使闭环预测模型不断得到及时修正。显然，这种反馈修正可以有效地克服模型的不精确性和对象存在的不确定性。

5.3.3　预测控制算法

预测控制的目的是被控制对象的输出变量 $y(t)$ 沿着一条预定的曲线逐渐到达设定值 y_{sp}，这条预定的曲线称为参考轨迹 y_{r}。考虑到对象的动态特性，减小过量的控制作用，使对象的输出能平滑地到达设定值，通常选用一阶指数形式的参考轨迹

$$\begin{cases} y_{\mathrm{r}}(k+1) = \alpha^i y(k) + (1-\alpha^i) y_{\mathrm{sp}}, & i = 1,2,\cdots,P \\ y_{\mathrm{r}}(k) = y(k) \end{cases} \tag{5-176}$$

式中：$\alpha = \exp(-T/\tau)$，T 为采样周期，τ 为参考轨迹的时间常数。通常 $0 \leqslant \alpha < 1$，参考轨迹的形状与 α 的关系如图 5-11 所示。显然，α 越大，系统的鲁棒性也越强，但系统的快速性却变差。

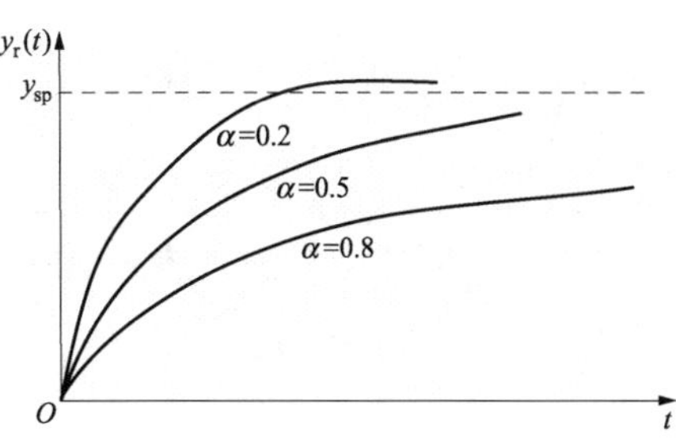

图 5-11　参考轨迹的形状与 α 的关系

为了达到预测控制的目的，必须采用合适的预测控制算法。用预测控制算法求解出一组 M 个控制量 $u(k) = [u(k)\ \ u(k+1)\ \ \cdots\ \ u(k+M-1)]^{\mathrm{T}}$，使选定的目标函数最优，此处 M 称为控制步长。目标函数可以取不同形式，如

$$J = \sum_{i=1}^{P} [y_p(k+i) - y_r(k+1)]^2 \omega_i \tag{5-177}$$

式（5-177）中，ω_{i} 为非负的加权系数，用以调整未来各采样时刻误差在品质指标 J 中所占的份额。

由于参考轨迹已定，可以选取常用的优化方法，如最小二乘法、梯度法等。通过优化求

解得到现时刻的一组最优控制输入$[u(k)\ \ u(k+1)\ \ \cdots\ \ u(k+M-1)]$，只将其中第一个控制输入$u(k)$作用于被控制对象。等到下一个采样时刻$(k+1)$，再根据采集到的对象输出$y(k+1)$，重新进行优化求解，又得到一组最优控制输入，也只将其中第一个控制输入$u(k+1)$作用于被控制对象。以此类推，滚动优化前进，始终把优化建立在实际的基础上，有效地克服对象中一些不确定的因素，使系统具有较好的鲁棒性。尽管这种滚动优化在有限的时域内进行，优化目标有一定的局限性，得到的是全局次优解，但是它能及时考虑到模型失配等不确定的因素，这一点对复杂的工业生产过程的应用尤为重要。

下面以 DMC 算法为例，进一步分析该预测控制算法。

动态矩阵控制算法的离散卷积模型为

$$y_{\mathrm{p}}(k+1)=h_0 y(k)+p+A\Delta u(k+1)$$

其中，预测步长为 P，控制步长为 M，取 $M<P$，则式中 $A\Delta u(k+1)$ 项分别表示为

$$\Delta u=[\Delta u(k)\ \ \Delta u(k+1)\ \ \cdots\ \ \Delta u(k+M-1)]^{\mathrm{T}} \tag{5-178}$$

$$A=\begin{bmatrix} \hat{a}_1 & & & \\ \hat{a}_2 & \hat{a}_1 & 0 & \\ \vdots & \vdots & \ddots & \\ \hat{a}_M & \hat{a}_{M-1} & \cdots & \hat{a}_1 \\ \vdots & \vdots & & \ddots \\ \hat{a}_P & \hat{a}_{P-1} & \cdots & \hat{a}_{P-M+1} \end{bmatrix}_{P\times M}$$

若采用式（5-176）所示的参考轨迹，则系统的误差方程为

$$e=y_{\mathrm{r}}-y_{\mathrm{p}}=\begin{bmatrix} 1-\alpha \\ 1-\alpha^2 \\ \vdots \\ 1-\alpha^P \end{bmatrix}[y_{\mathrm{sp}}-y(k)]-A\Delta u-p \tag{5-179}$$

令

$$e'=\begin{bmatrix} (1-\alpha)e_k-p_1 \\ (1-\alpha^2)e_k-p_2 \\ \vdots \\ (1-\alpha^P)e_k-p_P \end{bmatrix}$$

其中，$e_{\mathrm{k}}=y_{\mathrm{sp}}-y(k)$，表示 k 时刻设定值与实际输出值之差。

则式（5-179）可以改写为

$$e=-A\Delta u+e' \tag{5-180}$$

其中，e 表示参考轨迹与闭环预测值之差，e' 表示参考轨迹与零输入下闭环预测值之差。

若取目标函数为

$$J=e^{\mathrm{T}}e \tag{5-181}$$

将式（5-180）代入式（5-181），可以得到无约束条件下目标函数最小时的最优控制量 Δu 为

$$\Delta u=(A^{\mathrm{T}}A)^{-1}A^{\mathrm{T}}e' \tag{5-182}$$

如果取预测步长 P 等于控制步长 M，则可以求得控制向量的精确解为

$$\Delta u = A^{-1}e' \tag{5-183}$$

必须指出，虽然计算出最优控制量 Δu 序列，但是通常只把第一项 $\Delta u(k)$ 作用于被控制对象，等到下一个采样时刻再重新计算 Δu 序列，仍然输出该序列中的第一项，周而复始。这也是预测控制算法的特点之一。

习　题　5

5-1　状态空间模型和传递函数模型的区别和联系是什么？

5-2　状态反馈控制器的设计步骤是什么？

5-3　常用的状态观测器有哪几种？它的表达式是什么？

5-4　根据极点配置设置 PI 控制器的步骤是什么？

5-5　简述离散化的步骤。

5-6　简述预测控制方法的原理。

6 计算机控制系统可靠性及抗干扰技术

6.1 计算机控制系统可靠性

系统的可靠性是指系统在规定条件下和规定时间内完成规定功能的能力。此处的规定条件通常包括环境条件、使用条件、维修条件和操作技术条件。其中，环境条件指的是实验室、机房或野外等，使用条件指的是温度、湿度、空气清洁度、电源稳定度和干扰等。可见可靠性是一个定性概念，很难用一个特征量来表示，它带有随机性。

计算机控制系统对可靠性提出了很高的要求，可靠性设计涉及到生产过程的多个方面，不仅与设计、制造、安装和维护有关，还与生产管理、质量监控体系、使用人员的专业技术水平等因素有关。

从技术角度讲，提高计算机控制系统可靠性的常用技术包括以下几方面：传输通道的抑制技术、空间分离技术、时间分割技术、频率管理技术、隔离技术等。

6.1.1 影响可靠性的因素

影响计算机控制系统可靠性的因素包括内部因素和外部因素，可靠性设计的根本任务是设计人员针对这两方面因素的特点，采取有效的软硬件措施。

1. 内部因素

导致系统运行不稳定的内部因素主要有以下三点。

（1）元器件本身的性能和可靠性。元器件是组成系统的基本单元，其特性好坏与稳定性直接影响整个系统的性能与可靠性。因此，在可靠性设计中，首要的工作是精选元器件，使其在长期稳定性、精度等级方面满足要求。

（2）系统结构设计。包括硬件电路结构设计和运行软件设计。元器件选定之后，根据系统运行原理与生产工艺要求将其连成整体，并编制相应软件。电路设计中要求元器件和线路布局合理，以消除元器件之间的电磁耦合相互干扰。优化的电路设计也可以消除或削弱外部干扰对整个系统的影响，如去耦电路、平衡电路等。也可以采用冗余结构，当某些元器件发生故障时，也不影响整个系统的运行。软件是计算机控制系统区别于其他通用电子设备的独特之处，通过合理编制软件可以进一步提高系统运行的可靠性。

（3）安装与调试。元器件与整个系统的安装与调试，是保障系统运行和可靠性的重要措施。尽管元器件选择严格，系统整体设计合理，但如果安装工艺粗糙，调试不严格，仍然达不到预期的效果。

2. 外部因素

外部因素是指计算机所处工作环境中的外部设备或空间条件导致系统运行不可靠的因素，主要包括：

（1）外部电气条件：如电源电压的稳定性、强电场与磁场等。

（2）外部空间条件：如温度、湿度、空气清洁度等。

（3）外部机械条件：如振动、冲击等。

为了保证计算机控制系统的工作可靠，必须创造一个良好的外部环境。如采取屏蔽措施、远离产生强干扰电磁场的设备，加强通风以降低环境温度，安装紧固以防止振动等。

元器件的选择是根本，合理的安装调试是基础，系统设计是手段，外部环境是保证，这是可靠性设计所遵循的基本原则，并贯穿系统设计、安装、调试、运行的全过程。为了实现这些准则，必须采取相应的硬件或软件方面的措施，这是可靠性设计的根本任务。

6.1.2 可靠性设计技术

计算机控制系统的可靠性设计包括硬件可靠性设计和软件可靠性设计两方面。

1. 硬件可靠性设计

（1）元器件级。元器件是计算机控制系统的基本部件，元器件的性能与可靠性是整体性能与可靠性的基础。元器件的选择要遵循以下原则。

1）严格管理元器件的购置和储运。元器件的质量主要由制造商的技术、工艺及质量管理体系保证，应选择有质量保证的元器件。采购元器件之前，应首先对制造商的质量信誉有所了解。这可通过制造商提供的有关数据资料获得，也可以通过调查用户来了解，必要时可亲自做试验加以检验。制造商一旦选定，就不应轻易更换，尽量避免在一台设备中使用不同厂家的同一型号的元器件。

2）老化、筛选和测试。元器件在装机前应经过老化筛选，淘汰那些质量不佳的元件。老化处理的时间长短与元件量、型号、可靠性要求有关，一般为 24h 或 48h。老化时所使用的电压或电流等应等于或略高于额定值，常为额定值的 110%～120%。老化测试后应注意淘汰那些功耗偏大、性能指标明显变化或不稳定的元器件。老化前后性能指标保持稳定的元器件才是优选的元器件。

3）降额使用。所谓降额使用就是在低于额定电压和电流条件下使用元器件，这将能提高元器件的可靠性。降额使用多用于无源元件（电阻，电容等）、大功率器件、电源模块或大电流高压开关器件等。降额使用不适用于 TTL 器件，因为 TTL 电路对工作电压范围要求较严，不能降额使用。MOS 型电路因其工作电流十分微小，失效主要不是功耗发热引起的，故降额使用对于 MOS 集成电路影响不大。

4）选用集成度高的元器件。近年来，电子元器件的集成化程度越来越高。选用集成度高的芯片可减少元器件的量，使得印制电路板布局简单，减少焊接和接线，因而大大减少故障率和受干扰的概率。

（2）部件系统级。部件系统级的可靠性技术是指功能部件或整个系统在设计、制造、检验等环节所采取的可靠性措施。元器件的可靠性主要取决于元器件制造商，而部件系统级的可靠性则取决于设计者的精心设计。可靠性研究资料表明，计算机控制系统的可靠性有 40% 来自电路及系统设计。

1）采用高质量的主机。计算机尽可能采用工业控制机或工作站，不采用普通的商用计算机。因为工业控制计算机在整机的机械、防振动、耐冲击、防尘、抗高温、抗电磁干扰等方面往往针对生产现场的特点，采取了特殊的处理措施，以保证系统在恶劣的工业环境下仍能正常工作。所采用的各种硬件和软件，尽可能不要自行开发。一般来说，PLC 的 I/O 模块的可靠性比 PC 总线 I/O 板卡的可靠性高，如果成本和空间允许，应尽可能采用 PLC 的 I/O 模块。

2）采用模块化、标准化。目前各大公司推出的 IPC 工业控制机及过程通道板卡都实现了模块化和标准化，设计者只需保证自行开发的板卡或设备实现模块化和标准化。

板卡布线要合理：一般要做到电源线尽可能粗；多条平行信号线不能过长；两面的信号线尽可能垂直走线；模拟器件、数字器件分开走线；过孔不能过多；小信号线有地线屏蔽等。

选择优质电源：模拟量输入所用的电源最好是线性电源，其他部分尽可能采用纹波较小的电源。电源的选择必须留有充分的余量，电源最好是密封结构和大散热器结构，如国产的朝阳电源系列。

散热措施：如果板卡使用了功耗性器件，控制柜顶部一般应安装风扇。如果板卡器件全为 CMOS 器件，也可以不装风扇。

机械结构：控制柜和板卡插箱一般要使用全钢结构或铝合金结构。若器件过重，则控制柜和器件底板必须设计加强筋，表面必须喷漆或喷塑，以防止锈蚀。

3）采用冗余技术。对于关键的检测点、控制点，可以进行双重或多重冗余设计。冗余设计也称容错技术，是通过增加完成同一功能的并联或备用单元数目来提高可靠性的一种设计方法。如一点模拟量信号可以输入到两个控制站的模拟量输入板卡，当其中一个站故障，在另一个站同样可以检测该信号的变化。此外还可以给计算机控制系统配备手操器，当计算机系统故障，利用手操器可以进行显示和手动控制。对于重要的控制回路，选用常规控制仪表作为备用，一旦计算机故障，就把备用装置切换到控制回路中，维持生产过程的正常运行。冗余技术包括硬件冗余、软件冗余、信息冗余、时间冗余等。

硬件冗余：是用增加硬件设备的方法，当系统发生故障时，将备份硬件顶替上去，使系统仍能正常工作。硬件冗余结构主要用在高可靠性场合，如采用双机系统。

信息冗余：对计算机控制系统而言，保护信号信息和重要数据是提高可靠性的重要方面。为了防止系统因故障等原因而丢失信息，常将重要数据或文件多重化，复制一份或多份“拷贝”，并存于不同的空间。一旦某一区间或某一备份被破坏，则自动从其他部分重新复制，使信息得以恢复。

时间冗余：为了提高计算机控制系统的可靠性，可以采用重复执行某一操作或某一程序，并将执行结果与前一次的结果进行比较对照来确认系统工作是否正常。

4）电磁兼容性设计。电磁兼容性是指计算机系统在电磁环境中的适应性，即能保持完成规定功能的能力。电磁兼容性设计的目的是使系统既不受外部电磁干扰，也不对其他电子设备产生影响。

5）故障自检测与自诊断技术。对于复杂系统，为了保证能及时检验出有故障装置或单元模块，以便及时把有用单元替换上去，就需要对系统进行在线测试与诊断。这样做的目的有两个：一是为了判定动作或功能的正常性；二是为了及时指出故障部位，缩短维修时间。对于一些重要设备可采用故障预测、故障报警的措施。出现故障时将执行机构的输出置于安全位置，或将自动运行状态转为手动状态。

6）其他措施。采用可靠的控制方案，使系统具有各种安全保护措施，如异常报警、事故预测、安全连锁、不间断电源等功能。

采用集散控制系统。对于规模较大的系统，应采用集散控制系统。它是一种分散控制、集中操作的计算机控制系统，具有危险分散的特点，整个控制系统的安全可靠性高。采用各种抗干扰措施，包括滤波、屏蔽、隔离和避免模拟信号的长线传输等。

2. 软件可靠性设计

软件可靠性设计的任务就是针对软件设计各阶段产生影响可靠性的主要因素，采取有针对性的技术和管理措施，力求减少或修改控制系统软件中的错误及缺陷，将软件失效的可能性减小到最低限度。

（1）系统设计阶段。系统设计阶段主要利用完善的设计开发工具，采用先进的设计方法，完成对系统功能的具体实现。在软件设计时，尽量采用先进的设计技术和方法，提高模块质量，增强内聚，减少耦合，必要时可以和硬件部分配合，防止软件失效。在软件设计阶段时应注意以下几方面。

1）采用面向对象程序设计语言、组态软件等软件开发工具，优化设计方法。

面向对象的方法强调类、封装和继承，能提高软件的可重用性，将错误和缺陷局部化。由于大量使用具有高可靠性的库，对提高系统的可靠性都大有好处。

组态软件是近年来在工业自动化领域兴起的一种新型的软件开发技术，开发人员通常不需要编制具体的指令和代码，只要利用组态软件包中的工具，通过硬件组态（硬件配置）、数据组态、图形图像组态等工作即可完成所需应用软件的开发工作，它具有二次开发简便、开发周期短、通用性强等优点。组态软件提供了灵活的组态工具和模块，这样不仅加快了开发速度，而且使开发人员集中更多的精力投入到系统控制策略和算法的研究中，以便实现最佳的控制方案。同时软件的可靠性也可得到更好的保证。

2）加强软件容错和抗干扰设计，增强软件强健性。

在电磁场的环境中，极易引入干扰信号。软件抗干扰设计是在有干扰存在的情况下，利用编程技术来抵消其影响，保持系统连续正确的执行其功能。主要包括：①数字滤波技术。数字滤波技术是通过编写一定的计算程序，对信号进行平滑加工，减少干扰在有用信号中的比重。常用的数字滤波法有平均值滤波法、一阶递推滤波法、比较取舍法、中值滤波法等。②数据保护处理。对于连续运行的监控系统，应考虑数据库破坏对其可靠性的影响，针对系统突然停机、冷热启动或时间改动对数据库造成的破坏、遗失等情况，应采取实时数据备份、安全性检查等保护措施。一旦系统重新运行，系统首先自动读取保护信息，修补数据库，以便系统可靠运行。对于数据库的故障恢复，主要采用的技术手段有备份、转储、映像、装入/卸出等。③软件闭锁技术。通过软件设定逻辑闭锁、限值闭锁、操作级别、口令、操作确认等，过滤操作员的错误操作输入和误动。④信息冗余。在高可靠性要求的功能模块，在信号传递过程中，传送方将信号复制多份，接收方从多个不同的存储单元读取并进行判断；对关键状态信号的录取，应采用多次录取的方案，并进行计数。当某一信号出现的次数超过规定的数目时，认为此信号有效；在设计时还应考虑对现场设备失电、传感器意外损坏引起的误动及系统多重故障等情况的应对措施。

即使采用以上严格的软件工程设计方法，软件的可靠率也很难达到百分之百。因此对可靠性要求很高的系统，为了降低对软件可靠性设计的要求，应考虑软件的容错设计。软件的容错设计是指当故障发生时，能够保证系统实现预定功能或放弃一部分功能而继续工作，或转入预先规定的安全状态，保证系统稳定的技术措施。提高可靠性的容错设计技术一般可以分为两类：一类是避免故障，在开发过程中，尽可能不让差错和缺陷潜入软件，这包括防错设计、标错设计、纠错设计、算法模型化和故障恢复设计技术等；另一类就是采用冗余的思想，包括N版本技术、恢复块技术、检错技术、隔离保护技术等。同时，在软件开发时，应注意控制软件的复杂度，避免只顾加强功能开发而忽视因功能的增加而使系统负担加重，从而对整体可靠性造成影响。

（2）测试阶段。软件测试的目的是尽量找出软件中残留的缺陷并修正它，软件测试分为四个步骤按顺序进行，即单元测试、组装测试、功能测试、系统测试。通过软件测试可以得到软件中的初始错误数，经测试后排除软件中的剩余错误数并预测下一次故障的发生时间等信息，从而不断排除故障以提高软件可靠性。测试的方式有很多，例如走查（即由非设计的程序员读代码并进行评论）；通过机器测试设计审查或模拟测试等。由于软件的复杂性，要对一个大的软件系统进行完备测试是不可能的，因此，应用测试中应根据系统的重要性确定一个最小测试数，在可能的情况下，进行尽可能的完备测试。

（3）运行维护阶段。在用户的使用过程中，软件的某些缺陷会逐渐暴露，同时用户对软件功能的需求也常常会有所改变。因此，在对软件维护时，应避免修改过程中增加新的缺陷。为此应做到以下两点。

1）对已发布使用的软件进行更改，应以整个软件的形式发布，而禁止对其进行现场修补，必要时可以先在一台机组上试用，而后再在其他机组上使用。

2）对于安全关键性软件的更改，应组织严格的回归测试。

（4）全面加强软件设计过程管理。系统是一个复杂的系统，其软件的开发涉及系统结构、设备性质、运行方式等许多因素。为了提高系统软件的可靠性，必须采用严格的管理措施加以保证。系统软件的开发，应当采取系统化、规范化、一体化的可靠性管理措施，制定相应的规范指标，按计划、分阶段、分步骤实施。首先，优化人员的组成，建立完善的设计开发体系和质量保证体系，明确设计人员与检验人员的职责；其次，对软件开发的不同阶段，制定详细的可靠性工作具体内容，确定执行的可靠性标准及要达到的可靠性指标；最后，对每一阶段的设计成果进行可靠性测试、审查、记录并形成相关技术文档。对每个阶段完成后，要封存部分设计成果，其修改要经过一定的审批程序，并且要对项目计划做相应的修改。

6.2 电磁兼容性基础理论

电磁干扰是电磁兼容需要解决的一个重要问题，电子系统或者设备若想要做到电磁兼容，设计人员必须要最大限度地消除或减少电磁干扰。可见，掌握电磁干扰的相关知识是十分必要的，因为只有真正地理解电磁干扰的相关知识，才能更加有效地抑制电磁干扰，从而达到电子系统或设备的“电磁兼容”。

本章首先介绍电磁干扰的三要素，然后对三要素分别进行详细的讨论，最后对电磁兼容的控制技术进行概况性介绍。

6.2.1 电子干扰三要素

前面介绍过，电磁干扰是指电磁骚扰引起的设备、传输通道或系统性能的下降。一般来说，产生电磁干扰需要同时具备三个条件。

（1）电磁干扰源：产生电磁干扰的任何元器件、设备、系统或自然现象。

（2）耦合途径（或称耦合通道）：能够将电磁干扰能量传输到受干扰设备的通路或媒介。

（3）敏感设备：当受到电磁干扰源所发射的电磁能量的作用时，会伤害到人或其他生物，以及会发生电磁危害从而导致性能降级或失效的元器件、设备、分系统或系统。

以上三个条件称为电磁干扰三要素，若要产生电磁干扰，这三个要素必须同时具备；反之若消除三个要素中的任何一个，电磁干扰的问题就不复存在了。电磁干扰的组成结构如图

6-1 所示。

由于干扰源发出的干扰电磁能量，经过耦合途径将干扰能量传输到敏感设备，使敏感设备的工作受到影响，这一作用过程也称为电磁干扰效应。可见，为了消除电磁干扰效应，必须从上面三个基本要素出发，综合运用技术和组织两个方面的措施。

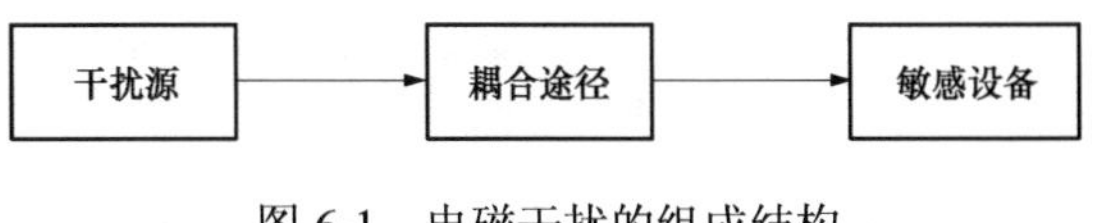

图 6-1 电磁干扰的组成结构

1. 电磁干扰的性质

如果想要了解电磁兼容并且进一步能够消除电磁干扰，那么就需要了解电磁干扰的一些性质和特点，下面就电磁干扰的性质进行讨论。

（1）宽带。电磁干扰可以分为“窄带”和“宽带”，这里的窄带和宽带是相对于测量相应信号或者噪声的仪器带宽而言的。通常，窄带噪声可在测量仪器的某个调谐位置包含全部干扰，而宽带噪声测量的则是单位带宽的噪声。

（2）幅度。电磁干扰的幅度一般可以分为两大类：一类是具有确定幅度分布；另一类是具有随机幅度分布。其中，具有确定幅度分布的干扰信号可以表示成傅里叶级数的形式，即采用正弦函数和余弦函数的级数形式来表示；具有随机幅度分布的干扰信号可以表示成概率的形式，例如热噪声的随机幅度分布满足高斯分布。

（3）干扰波形。电磁干扰的波形是干扰占用带宽的重要因素，干扰波形的上升斜率越大，所占的宽带就越宽。通常，脉冲下的面积决定了频谱中的低频分量，而其高频成分则与脉冲沿的斜率有一定的关系。

（4）周期性。按照干扰波形的出现情况，它可以分为周期性、非周期性和随机性三种类型。这里，周期性是指干扰波形在确定的时间间隔内重复出现；非周期性是指干扰波形的出现是确定的、可预见的，但不重复出现；随机性是指干扰波形以不可预测的方式出现，即它的表现特性是没有规律的。

（5）近场和远场。对于频率较低的干扰源，由于其电磁场的波长较长，若对于其附近设备如下条件

$$r < \frac{\lambda}{2\pi} \tag{6-1}$$

则称为近场干扰，其干扰的分量以电场分量或磁场分量为主。

对于频率较高的干扰源，由于其电磁场的波长较短，若对于其附近设备满足如下的条件

$$r > \frac{\lambda}{2\pi} \tag{6-2}$$

则称为远场干扰，其干扰的分量以电磁波为主。

2. 电磁干扰源

根据不同的分类原则，干扰源可以分成不同种类。

（1）根据干扰的耦合途径来划分，可将干扰源分为传导干扰源和辐射干扰源。

1）传导干扰是指通过导体来进行传输的干扰，一般也称为传导发射，用来产生这种干扰的源称为传导干扰源。

2）辐射干扰是指通过介质（包括自由空间）以电磁场的形式传输的干扰，一般也称为辐射发射，用来产生这种干扰的源称为辐射干扰源。

（2）根据电磁干扰的来源来进行划分，可将干扰源分为自然干扰源和人为干扰源两大类。

1）自然干扰源是指自然界的电磁现象所引发的电磁干扰，这类干扰通常包括大气噪声、宇宙噪声、雷电噪声和银河系噪声等。其中，宇宙噪声是指天体辐射波产生的一种干扰噪声，它在整个空间的分布是不均匀的，最强的来自于银河系的中部，它的强度与季节、频率等因素密切相关。实验表明，在 20～300MHz 的频率范围内，它的强度与频率的三次方成反比，因此当工作频率低于 300MHz 时就需要考虑它的影响。另外，宇宙噪声是服从高斯分布的，即在一般的工作频率范围内，它具有平坦的功率谱密度。

2）人为干扰源是一种较为广泛的干扰源，它是指人造的电子系统或设备等产生的电磁干扰。人为干扰源的种类有很多，例如外台信号、开发接触噪声、工业的点火辐射、无线通信设备、雷达、高压传输线和家用电器等。由此可见，人为干扰源的范围极为广泛，因而产生的影响也很大，因此抑制人为干扰源是消除电磁干扰的重要措施和主要手段。下面介绍几种重要的人为干扰（噪声）源。

①交通干扰（噪声）：主要指机动车辆、飞机、火车和轮船等交通工具在运行时发出的干扰（噪声）。其中，危害面最大的是地面道路交通噪声，最主要的污染是汽车。这些噪声的噪声源是流动的，干扰范围大。在这类噪声中，飞机噪声最强，影响也比较严重。

②工业干扰（噪声）：主要指工业生产劳动中产生的噪声，主要来自于机器和高速设备。

③建筑施工干扰（噪声）：主要指建筑施工现场产生的干扰。

④生活干扰（噪声）：主要指人们在商业交易、体育比赛、游行集会、娱乐场所等各种社会活动中产生的喧闹声。

（3）根据电磁干扰的属性进行划分，可将干扰源分为功能性干扰源和非功能性干扰源两类。

1）功能性干扰源是指电子系统或设备等在实现其自身特定功能时所造成的干扰，例如无线通信设备和雷达等。

2）非功能性干扰源是指电子系统或设备等在实现其自身特定功能时伴随产生的干扰，例如数字电子设备和开关电源等。

对于电磁干扰，还经常采用电磁环境来表示所有电磁能干扰的汇总。在进行电磁兼容设计之前，必须要认真分析好电子系统或设备等工作环境中所预期的电磁环境，确定出电磁环境电平，然后根据电磁环境电平提出和确定出电子系统或设备等电磁兼容设计的指标要求。只有首先明确和依据预期的电磁环境，确定和遵循正确的设计、研制、试验、生产、使用和维护的要求和步骤，并在产品整个寿命内采取充分的维护措施，才能最好地达到设计目的。

通常，电磁环境的危害主要表现在以下几个方面：

①使接收机等敏感设备的性能降级；

②使电气设备、电子电路、各类元器件发生误动作；

③烧坏或击穿元器件；

④使电爆装置发生意外触发爆炸；

⑤点燃易燃材料等。

这些危害主要通过电子系统或设备等的电磁兼容设计以及频谱管理等措施来控制和解决。电磁环境分析则主要是分析干扰源及其特性、环境电平及其危害等级，区分导致性能降级的环境电平和造成永久性损坏的电平，尤其是估计最恶劣的环境电平。

3. 耦合途径

耦合途径也称为耦合通道，它是指将电磁干扰能量传输到受干扰设备的通路或媒介。可见，干扰源所产生的电磁干扰能量必须通过耦合途径才能到达敏感设备，图 6-2 给出了典型的电磁干扰耦合途径。如图 6-2 所示，可知实现电磁兼容（消除电磁干扰）的重要任务之一就是采用各种有效手段来阻塞各种耦合通道，这包括时域和频域的分隔。

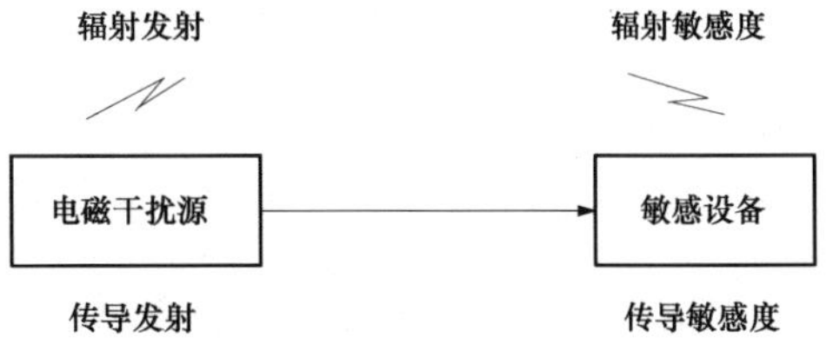

图 6-2 电磁干扰耦合途径

通常，电磁能量是通过导体来传输或者以辐射的形式通过空间来传输的，对于电磁干扰来说，前者是指电磁干扰的传导耦合，或者是指电磁干扰的辐射耦合。传导耦合在低频中十分常见，而辐射耦合则在高频中更为常见。采用电压或电流来表示，单位是 V、dBV 、dBμV 或 A、dBA 、dBμA；对于辐射发射和辐射敏感度来说，其强弱采用电场强度来表示，单位是 V/m 、dBV/m 、dBT 。

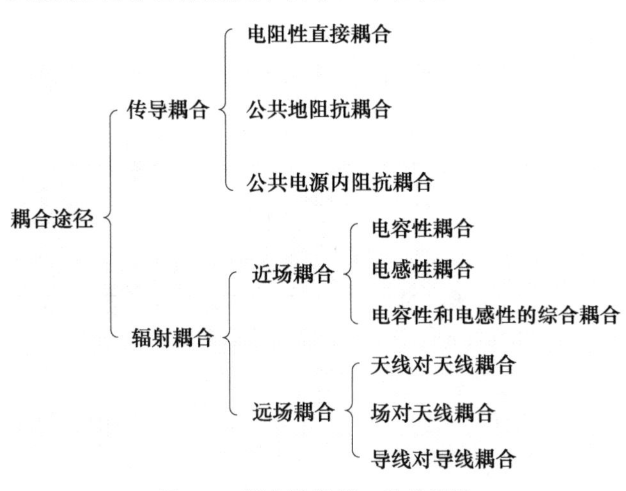

图 6-3 耦合途径第一种分类法

一般来说，耦合途径按照不同的分类原则，可以有两种不同的分类：第一种分类方法如图 6-3 所示；第二种分类方法如图 6-4 所示。

这里只对耦合途径的两种分类进行简单介绍，有关各种耦合的相关内容将在后续小节中详细讨论。

4. 敏感设备

对于电磁干扰来说，敏感设备就是电磁干扰能量作用的载体，即受到电磁干扰能量作用时会导致性能降级或失效的器件、设备、分系统或系统。通常，许多器件、设备、分系统或系统既可以是电磁干扰源，同时也可以是敏感设备。可见，为了消除电磁干扰，可以采用的一种方法就是使得敏感设备对电磁干扰能量作用变得不敏感，例如可以对一些敏感设备添加一些屏蔽或者接地等措施。一旦敏感设备对外界的电磁干扰能量变得不敏感，电磁干扰就会消除或者减弱，可见对敏感设备进行一些防护措施能够起到与消除干扰源同样的效果。

一般来说，敏感设备是相对而言的。一种设备可能对一种电磁干扰源十分敏感，那么它对于这种干扰源来说就是敏感设备；同时这种设备可能对另外一种电磁干扰源是不敏感的，即不会引起任何性能的降级或者失效，那么它对这种干扰源就是非敏感设备。

6.2.2 传导耦合

对于电磁干扰来说，电磁干扰源和敏感设备之间可以通过完整的电路或者导体等来进行连接，这时的耦合途径被称为传导耦合。根据图 6-4 所示的耦合途径分类方法，传导耦合可以分为直接传导耦合、公共阻抗耦合和转移阻抗耦合。本节将对直接传导耦合和公共阻抗耦合进行讨论。

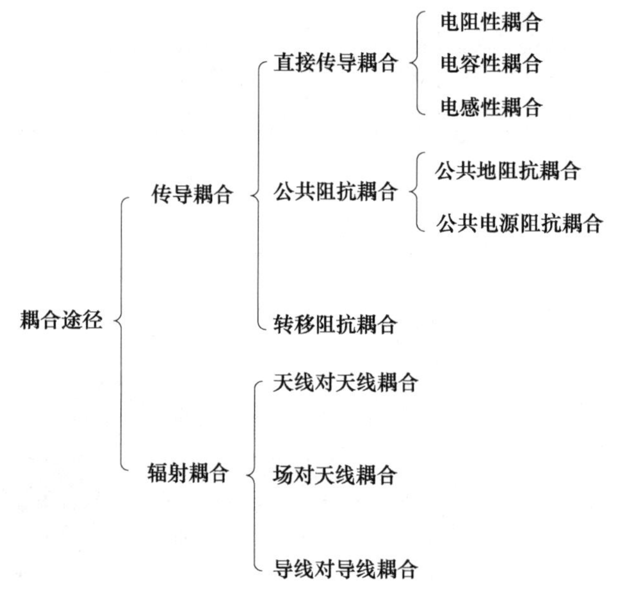

图 6-4 耦合途径第二种分类法

1. 直接传导耦合

电磁干扰源和敏感设备之间直接通过一个导体进行连接，这样电磁干扰能量就会通过连接导体直接作用于敏感设备造成电磁干扰，这种耦合途径称为直接传导耦合。根据连接导体导电性质的不同，可以将直接传导耦合进一步细分为电阻性耦合、电容性耦合和电感性耦合。直接传导耦合的示意图如图 6-5 所示。

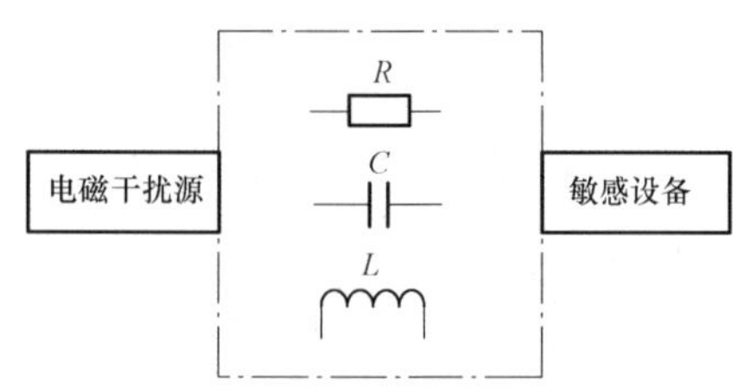

图 6-5 直接传导耦合的示意图

（1）电阻性耦合。在直接传导耦合中，电阻性耦合是一种最为简单的耦合方式。电磁干扰源和敏感设备之间通过导线（等效为电阻）进行连接，这时导线不仅可以传输正常的电压和电流信号，同时也可以传输相应的干扰信号，这种耦合方式就称为电阻性耦合。

例如，如果设电磁干扰源的干扰电压为 U，内电阻为 R_0，传输导线的电阻为 R，敏感设备的电阻为 R_L，它们之间串联连接，则这时敏感设备上的负载电压 U_L 为 $U_L = \dfrac{R_L}{R_0 + R + R_L}U$。

可以看出，电磁干扰源的干扰电压越大、内阻越小，或者敏感设备的电阻越大，则通过导线耦合到敏感设备的干扰电压越大，造成的干扰也就越严重。

（2）电容性耦合。在电子系统或者设备中，如果两个导体相互平行并且相距较近，这时它们之间将会存在较大的电容，并且相互之间存在电位差时，这两个导体所产生的电场将会相互耦合、相互作用，从而改变各自的电场分布，这种耦合方式称为电容性耦合。可以看出，电容性耦合实际上是一种电场耦合，即存在于不同电位导体之间的电场效应。

电路中相距较近的两个导体之间电容量主要取决于两个导体的尺寸大小、相互位置和周围介质的性质，这种电容一般称为寄生电容或者杂散电容。由于电容对于交变电流是导通的，

这时它的阻抗 Z_C 为

$$Z_C = \frac{1}{j\omega C} = \frac{1}{j2\pi fC} \tag{6-3}$$

式中：ω 为工作角频率；f 为工作频率；C 为两导体之间的耦合电容。

可见，一个导体上的电压会通过这个耦合电容传导到另一个导体上，即对另一个导体造成干扰，这就是电容耦合的基本原理。

例如，如果假设一个导体（电磁干扰源）上的干扰电压为 U，内部阻抗为 Z_0，另外一个导体（敏感设备）的阻抗为 Z_L，两个导体之间的耦合电容阻抗为 Z_C，则另一个导体（敏感设备）上的干扰电压 U_C 为

$$U_C = \frac{Z_L}{Z_0 + Z_C + Z_L}U = \frac{Z_L}{Z_0 + \dfrac{1}{j2\pi fC} + Z_L}U = \frac{j2\pi fCZ_L}{1 + j2\pi fC(Z_0 + Z_L)}U \tag{6-4}$$

可以看出，敏感设备上的干扰电压与工作频率 f、耦合电容 C、负载阻抗 Z_L 和电磁干扰源的电压密切相关，它们之间是正比关系。

（3）电感性耦合。在电子系统或者设备中，如果一个导体中的电流发生变化，那么这个交变电流将会在这个导体的周围产生变化的磁场，这个变化的磁场又会在周围的导体中产生感应电压，那么这时两个导体之间的磁场就会相互耦合、相互作用，这种耦合方式称为电感性耦合。可以看出，电感性耦合实际上是一种磁场耦合，即由电磁干扰源产生磁场，然后使得临近的导体或者回路产生感应电压。

例如，如果假设一个导体（电磁干扰源）中的正弦交变电流为 I，它与周围的另一个导体（敏感设备）之间的互感为 M，则另一个导体（敏感设备）上的感应电压 U_M 为

$$U_M = M\frac{dI}{dt} = j\omega MI = j2\pi fMI \tag{6-5}$$

可以看出，敏感设备上的感应电压与工作频率 f、互感 M、正弦交变电流 I 以及电磁干扰源的阻抗密切相关，它们之间是正比关系。

2. 公共阻抗耦合

在电子系统或者设备中，当其中的两个电路共用一个阻抗时，电压就可以从一个电路通过公共阻抗传递到另一个电路中，这种耦合方式称为公共阻抗耦合。公共阻抗耦合可以进一步划分为公共电源内阻耦合和公共地阻抗耦合两种。

（1）公共电源内阻耦合。在电子系统或者设备中，经常采用一个电源来对多个电源进行供电，这时各个电路可以通过电源内阻来进行耦合传输，这种方式称为公共电源内阻耦合。对于电磁干扰来说，一个电路中的干扰电压或者电流可以通过这个公共电源内阻耦合途径传递到其他电路中，从而对其他电路造成干扰。

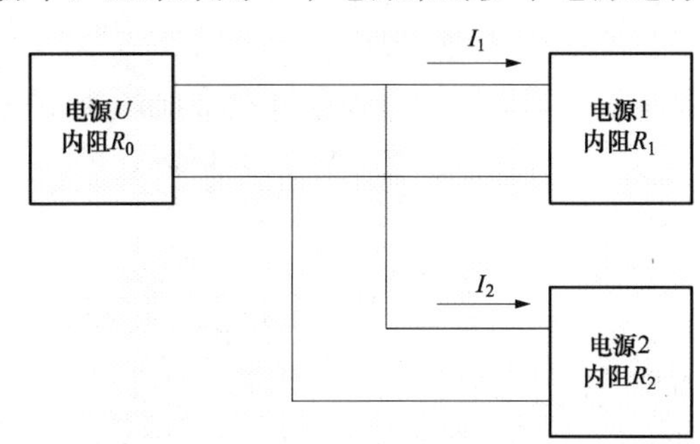

图 6-6 公共电源内阻耦合示例

下面给出一个独立电源对两个电路进行供电的情况，如图 6-6 所示。

由于外界电磁干扰的影响，假设在电路 1 中的电流 I_1 上叠加了一个干扰电流 ΔI，那么这个干

扰电流将会在电源的内阻 R_0 上产生一个干扰电压增量 ΔIR_0。由于这个干扰电压增量的存在，电源两端的电压将会变化，这个电压变化将会直接传递到电路 2 中，从而引起对电路 2 的干扰。

对于理想电源来说，由于其内阻抗为 0，因此电路中的干扰不会通过公共电源内阻耦合途径而发生传递现象。但是在实际的应用中，理想电源是不存在的，其电源内阻抗不可能为 0，因此必然会存在公共电源内阻耦合。可见，如果在存在公共电源的电路系统中，任何一个电路中产生了干扰，这个干扰一定会通过公共内阻耦合传输到其他电路中。

（2）公共地阻抗耦合。对于电子系统或者设备来说，任何地线阻抗都不可能为 0，因此当有电流流过地线时地线上必然会产生压降。另外，地线还可以与其他线路形成环路，因此当交变磁场作用于环路时，这时就会在地线上产生感应电动势，从而各个公共地线的电路单元就会产生相互干扰的现象。可见，这种干扰现象是通过公共阻抗来进行传输的，因此这种耦合途径就称为公共地阻抗耦合。

对于公共地阻抗耦合来说，用来减少电磁干扰的主要措施为减少地线阻抗，正确选择接地方式和阻隔地环路等。具体措施如下。

1）采用宽厚比大的导线用作低阻抗地线，这样它的电阻和电感均很小，可以大大抑制电磁干扰的传输。另外，也可以采用整块覆铜来作为地线。

2）对地线中的低频干扰可以采用变压器耦合阻隔地环路干扰，它具有很好的抑制能力；当传输信号中含有直流分量时，可以采用纵向扼流圈来阻隔地环路干扰。

3）电路单元间采用同轴电缆来传输信号，可以有效地抑制地环路干扰。

4）采用差分放大器可以减少由电位差引起的干扰。

6.2.3 辐射耦合

对于电磁干扰来说，电磁干扰源和敏感设备之间除了可以通过导体来进行传输外，电磁干扰源还可以以辐射的形式通过空间来传播电磁干扰能量，这样的耦合路径称为辐射耦合。根据图 6-4 所示的耦合途径分类方法，辐射耦合可以分为天线对天线耦合、场对天线耦合、导线对导线耦合三种。其中，天线对天线耦合是指一根天线作为接收器来接收另一根天线辐射的电磁波，其实质是电磁波在导体中的感应现象；场对天线耦合是指空间电磁场经过天线的接收而耦合的现象，这是一种危害很大的耦合途径；导线对导线耦合一般是指两根平行导线之间的高频信号感应。

本节将对与辐射耦合密切相关的辐射场区划分、辐射干扰源的基本形式和本征阻抗等基本的辐射理论进行介绍。

1．辐射场区的划分

一般来说，根据观察点到辐射源的距离，可以将辐射区域划分为近场区和远场区。

（1）近场区。如果观察点到辐射源的距离满足如下条件

$$r < \frac{\lambda}{2\pi} \tag{6-6}$$

这时将距离 r 满足上述的区域称为近场区。对于近场区来说，其性质与辐射源的性质密切相关，并且在近场区其电磁场中的电场和磁场独立发生作用，它们之间具有 90°的相位差。可见，对于近场区来说，其辐射干扰的分量以电场分量或磁场分量为主。

在实际的设计过程中，电子系统或者内部各个单元电路的相互电磁干扰可以作为近场耦

合来进行处理，常把干扰源通过电场耦合看成是电容耦合；而把干扰源通过磁场耦合看成是电感性耦合。

（2）远场区。如果观察点到辐射源的距离满足如下条件

$$r > \frac{\lambda}{2\pi} \tag{6-7}$$

这时将距离 r 满足上述的区域称为远场区。对于远场区来说，电磁场一般只具有与传播方向相垂直的两个场分量，电场分量与磁场分量相互垂直或同相，而幅度上则是通过媒质的本征阻抗相联系，同时其电场能量和磁场能量各占总电磁能量的一半。可见，描述辐射源在远场区的电磁场只需要考虑一种场矢量即可，通常选择电场矢量。对于辐射来说，通常讨论辐射源在远场区的电磁场分布情况。

2. 电流元和磁流元辐射

前面提到，辐射干扰源是以辐射的形式通过空间来传播电磁干扰能量，其理想形式或者基本形式包括两种：一种是电流元辐射，即电偶极子辐射；另一种是磁流元辐射，即磁偶极子辐射。

（1）电流元辐射。电流元是指无穷小的电偶极子，设电偶极子的长度为 $\mathrm{d}l$，半径趋于 0，电流为 I，置于坐标原点并沿 z 轴放置。对于 $kr >> 1$ 的远场，其电磁场辐射可表示为

$$E_0 = \mathrm{j}\frac{I\mathrm{d}l}{2\lambda r}\eta \sin\theta \mathrm{e}^{-\mathrm{j}kr} \tag{6-8}$$

$$H_\varphi = \mathrm{j}\frac{I\mathrm{d}l}{2\lambda r}\sin\theta \mathrm{e}^{-\mathrm{j}kr} \tag{6-9}$$

式中：$I\mathrm{d}l$ 为电流元；η 为媒质的本征阻抗；k 为波数，$k=\omega\sqrt{\varepsilon\mu}$；$r$ 为场点与电流元的距离；λ 为工作波长。

1）电流元的平均辐射功率为

$$P = 40\pi^2 I^2\left(\frac{\mathrm{d}l}{\lambda}\right)^2 \tag{6-10}$$

2）方向性系数为

$$D(\theta) = 1.5\sin^2\theta \tag{6-11}$$

3）辐射电阻为

$$R_\mathrm{r} = 80\pi^2\left(\frac{\mathrm{d}l}{\lambda}\right)^2 \tag{6-12}$$

（2）磁流元辐射。设存在一个小电流环，环的圆心位于坐标原点，环的轴线沿 z 轴方向，环上的电流为 I，环的半径 r_0 远远小于工作波长 λ，这种小环通常称为磁偶极子或磁流元。根据电与磁之间的对偶互换原则和电流元在远场产生的辐射场，可得磁流元在远场的辐射场为

$$H_0 = \mathrm{j}\frac{I_\mathrm{m}\mathrm{d}l}{2\lambda r\eta}\sin\theta \mathrm{e}^{-\mathrm{j}kr} \tag{6-13}$$

$$E_\varphi = -\mathrm{j}\frac{I_\mathrm{m}\mathrm{d}l}{2\lambda r}\sin\theta \mathrm{e}^{-\mathrm{j}kr} \tag{6-14}$$

式中：$I_\mathrm{m}\mathrm{d}l = \mathrm{j}\omega\mu\pi r_0^2 I$；$\eta$ 为媒质的本征阻抗；k 为波数，$k=\omega\sqrt{\varepsilon\mu}$；$r$ 为场点与电流元的距离；λ 为工作波长。

1）磁流元的平均辐射功率为

$$P=\frac{(\pi r_0^2 I)^2\eta k^4}{12\pi} \tag{6-15}$$

2）辐射电阻为

$$R_r=320\pi^6\left(\frac{r_0}{\lambda}\right)^4 \tag{6-16}$$

3. 本征阻抗

对于均匀平面来说，其电场与磁场的幅度相差一个因子$\sqrt{\mu/\varepsilon}$，这个因子称为媒质的本征阻抗，采用η表示，有时也采用Z来表示，即

$$\eta=\frac{E}{H}=\sqrt{\mu/\varepsilon} \tag{6-17}$$

如果电磁波中的电场分量较大，则本征阻抗就越高，这时称为高阻抗波或电场波；如果电磁波中的磁场分量较大，则本征阻抗就越低，这时称为低阻抗波或磁场波。在电磁兼容设计的过程中，波阻抗是一个重要的概念，因此十分有必要确切掌握其含义。

作为特例，在自由空间中，$\mu=\mu_0$，$\varepsilon=\varepsilon_0$，则自由空间的本征阻抗为

$$\eta_0=\sqrt{\mu_0/\varepsilon_0}=120\pi\Omega\approx 377\Omega$$

6.2.4 电磁兼容控制技术

通过前面介绍的电磁干扰三要素可知，抑制电磁干扰就要从分析电磁干扰源、耦合途径和敏感设备出发，运用有效的技术手段来抑制干扰源、消除或减弱干扰源的耦合、减低敏感设备对干扰的响应或增加电磁敏感性电平；为了对人为干扰进行抑制，并且验证所采取技术措施的有效性，还必须采取组织措施，制定和遵循一套完整的标准和规范，进行合理的频谱分配，控制与管理频谱的使用，依据频率、工作时间、天线方向性等规定工作方式，分析电磁环境并选择布置地域，进行电磁兼容性管理等。总之，综合起来可以将上面的技术措施统称为电磁兼容控制技术，其核心就是有效地抑制或者消除电磁干扰。

随着电子系统的集成化和综合化，以及电磁问题的日益复杂和严重，电磁兼容控制技术也在不断地向前发展，以满足电磁兼容学科不断发展的要求。

电磁兼容学科是在早期单纯的抗干扰方法基础上发展形成的，其目的是为了使设备和系统达到在共存的环境中互不发生干涉，最大限度地发挥彼此的工作效率。但是早期的抗干扰方法和现代的电磁兼容技术在控制电磁干扰策略思想上有着本质的差别。

单纯的抗干扰方法在抑制干扰的思想方法上比较简单，或者说认识比较肤浅，主要的思想集中在怎样设法抑制干扰的传播上，因此工程技术人员处于极为被动的地位，哪里有干扰就在哪里根据具体情况给予解决，当然经验丰富的工程师也会采取预防措施，但这仅仅是根据经验的局部应用，解决问题的方法也是单纯的对抗式措施。

电磁兼容技术在控制干扰的策略上采取了主动预防、整体规划和“对抗”与“疏导”相结合的方针。人类在应对大自然的各种灾难性危害中，总结出的预防和救治、对抗和疏导等一系列策略，在控制电磁危害中同样也是极其有效的思维方法。

电磁兼容控制是一项系统工程，应该在设备和系统设计、研制、生产、使用与维护的每

个阶段都给予充分的考虑和实施才可能有效。科学而先进的电磁兼容工程管理是有效控制技术的重要组成部分。除了采用众所周知的抑制干扰传播的技术，如屏蔽、接地、搭接、合理布线等常规方法以外，电磁兼容控制还可以采用疏导和回避的技术处理，如空间方位分离、频率划分与回避、时间分隔、滤波、吸收和旁路等。

通常，电磁兼容控制策略与控制技术方案可分为如下几类。

（1）传输通道抑制：具体方法有屏蔽、滤波、接地、搭接、布线。

（2）空间分离：地点位置控制、自然地形隔离、方位角控制、电场矢量方向控制。

（3）时间分隔：时间共用准则、雷达脉冲同步、主动时间分隔、被动时间分隔。

（4）频率管理：频率管制、滤波、频率调制、数字传输、光电传输。

（5）电器隔离：变压器隔离、光电隔离、继电器隔离、DC/DC 变换。

下面对传输通道抑制、空间分离、时间分隔、频率管理和电器隔离等电磁兼容控制技术分别进行介绍。

1. 传输通道抑制

一般来说，屏蔽、滤波、接地、搭接、布线等方法是传输通道抑制的主要方法。

（1）屏蔽技术。屏蔽一般分为两种类型：一类是静电屏蔽，主要用于防止静电场和恒定磁场的影响，静电屏蔽应具有两个基本要点，即完善的屏蔽体和良好的接地；另一类是电磁屏蔽，主要用于防止交变电场、交变磁场以及电磁场的影响。

电磁屏蔽就是以金属隔离的原理来控制电磁干扰由一个区域向另一区域感应和辐射传播的方法。电磁屏蔽不仅要求有良好的接地，而且要求屏蔽体具有良好的导电连续性，它对屏蔽体的导电性要求比静电屏蔽高得多。因此为了满足电磁兼容性要求，通常用高导电性的材料作为屏蔽材料，如铜板、铜箔、铝箔、钢板或导电涂层、金属镀层等。

在实际的屏蔽中，电磁屏蔽效能更大程度上取决于机箱的导电连续性。机箱上的接缝、开口等都会造成电磁波的泄漏。穿过机箱的电缆也是造成屏蔽效能下降的主要原因之一。

解决机箱缝隙电磁泄漏的方法是在缝隙处使用电磁密封衬垫。电磁密封衬垫是一种导电的弹性材料，它能够保证缝隙处的导电连续性。常见的电磁密封衬垫有导电橡胶、双重导电橡胶、螺旋管衬垫、金属编织网套、定向金属导电橡胶等。

机箱上开口的电磁泄漏与开口的形状、辐射源的特性和辐射源开口处的距离有关。通过设计开口尺寸和辐射源到开口的距离能够改善屏蔽效能。

通风口可使用穿孔金属板，只要孔的直径足够小，就能够达到所要求的屏蔽效能。当对通风量的要求高时，必须使用截止波导通风板（蜂窝板），这样才能兼顾屏蔽和通风量的要求。当对屏蔽要求不高，并且环境条件较好时，可以使用铝箔制成的蜂窝板，这种产品的价格低，但强度差、易损坏。当对屏蔽的要求高或环境恶劣时，则要使用铜制或钢制蜂窝板，这种产品各方面性能优越，但价格高昂。

诸如计算机显示屏之类，既要满足视觉需要，又要满足防电磁泄漏要求。通常要在显示屏前加装高性能屏蔽视窗。屏蔽机箱上绝不允许有导线直接穿过。当导线必须穿过机箱时，一定要使用适当的滤波器，或对导线进行适当的屏蔽。

（2）滤波技术。滤波技术的基本用途是选择信号和抑制干扰，为实现这两大功能而设计的网络都称为滤波器。通常按功能可把滤波器分为信号选择滤波器和电磁干扰（EMI）滤波器两大类。信号选择滤波器用来消除不需要的信号分量，同时它也是对被选择信号的幅度相位影响最小的滤波器。电磁干扰滤波器是能够有效抑制电磁干扰的滤波器。电磁干扰滤波器常常分为信号线EMI滤波器、电源EMI滤波器、印制电路板EMI滤波器、隔离EMI滤波器等几类。

电路板上的导线是最有效的接收和辐射天线，由于导线的存在，往往会使电路板上产生过强的电磁辐射。同时，这些导线又能接收外部的电磁干扰，使电路对干扰很敏感。在导线上使用信号滤波器是解决高频电磁干扰辐射和接收很有效的方法。脉冲信号的高频成分很丰富，这些高频成分可以借助导线向外辐射，使电路板的辐射超标，使用信号滤波器可大大减少脉冲信号中的高频成分，由于高频信号辐射效率较高，这个高频成分的减少，大大改善了电路板的辐射。

电源线是电磁干扰传入设备和传出设备的主要途径。电网上的干扰通过电源线，可以传入设备，干扰设备的正常工作。同样，设备的干扰也可以通过电源线传到电网上，对电网上其他设备造成干扰。为了防止发生这两种情况，必须在设备的电源入口处安装一个低通滤波器，此滤波器只容许设备的工作频率（50Hz、60Hz和400Hz）通过，而对较高频率的干扰有很大的耗损，由于这个滤波器专门用于设备的电源线上，因此称为电源线滤波器。

电源线上的干扰电路以两种形式出现：一种是在相线、零线的回路中，其干扰被称为差模干扰；另一种是在相线、零线与地线的大地的回路中，称为共模干扰。一般频率在200Hz以下时，差模干扰成分占主要部分；频率在1MHz以上时，共模干扰成分占主要成分。电源滤波器对差模干扰和共模干扰都具有抑制作用，但由于电路结构不同，对差模干扰和共模干扰的抑制效果不一样。所以滤波器的技术指标中有差模插入损耗和共模插入损耗之分。

（3）接地技术。在电磁兼容技术中，接地是电子设备的一个必须重点考虑的问题，一般来说，设计人员采用接地的目的主要体现在以下三个方面。

1）接地使整个电路系统中的所有单元电路都有一个公共的参考零电位，保证电路系统能稳定地工作。

2）防止外界电磁场的干扰。机壳接地可以使得由于静电感应而积累在机壳上的大量电荷通过大地释放，否则这些电荷形成的高电压可能引起设备内部的火花放电而造成干扰。另外，对于电路的屏蔽体，若选择合适的接地，也可获得良好的屏蔽效果。

3）保证安全工作。当发生直接雷电的电磁感应时，可避免电子设备的毁坏；当工频交流源的输入电压因绝缘不良或其他原因直接与机壳相通时，可避免操作人员的触电事故发生。此外，很多医疗设备都与病人的人体直接相连，当机壳带有110V或者220V电压时，将发生致命危险。

因此，接地是抑制噪声防止干扰的主要方法。接地可以理解为一个等电位点或者等电位面，是电路或系统的基准电位，但不一定为大地电位。为了防止雷击可能造成的损坏并保证工作人员的人身安全，电子设备的机壳和机房的金属构件等必须与大地相连接，而且接地电阻一般很小，不能超过规定值。

电路的接地方式基本上可以分为四类，它们分别是单点接地、多点接地、混合接地、浮地。有关接地的相应内容将在下面章节讨论。

（4）搭接技术。搭接是指两个金属物体通过机械或化学方法实现结构连接，以建立一条稳定的低阻抗电气通路的工艺过程。搭接技术应用于各种设备的金属机箱之间、设备机箱到接地平面之间、信号回路到地线和电缆屏蔽层到地线之间，也应用于接地平面与连接大地的地网和地桩之间、屏蔽体与大地之间。搭接是抑制电磁干扰的技术措施之一。搭接不良，不仅直接降低设备或系统的抗雷击放电、抗静电和抗干扰的能力，直接影响系统和人身的安全，而且还影响其他抑制电磁干扰措施的实施效果。

（5）布线技术。良好的 PCB（印制电路板）布线在电磁兼容性中也是一个非常重要的因素，由于 PCB 是系统设计的固有成分，因此在 PCB 布线中增强电磁兼容性不会给产品的最终完成带来额外的费用。PCB 布线没有严格的规定，也没有能覆盖所有 PCB 布线的专门规则。大多数 PCB 布线主要受限于板子的大小和铜板的层数。一些布线技术可以应用于一种电路却不能应用于另一种电路。

在 PCB 设计中，布线是完成产品设计的重要步骤，可以说前面的准备工作都是为了它而做的，整个 PCB 中以布线的设计过程限定最多、技巧最细、工作量最大。通常，PCB 布线有单面布线、双面布线及多层布线。布线的方式也有两种：自动布线及交互式布线，在自动布线之前，可以用交互式预先对要求比较严格的线进行布线，输入端与输出端的边线应避免相邻平行，以免产生反射干扰。必要时应加地线隔离，两相邻层的布线要相互垂直，平行容易产生寄生耦合。自动布线的布通率依赖良好的布局，布线规则可以预先设定，包括走线的弯曲次数、导通孔的数目、步进的数目等。

2. 空间分离

空间分离是对空间辐射干扰和感应耦合干扰的有效控制方法。通过加大干扰源和接收设备之间的空间距离，使干扰电磁场在到达接收设备时的强度衰减到最小，从而能够抑制干扰。由电磁场理论可知，在近区感应场中，场强分布按照 $1/r^3$ 衰减（r 是距离辐射源的距离），远区辐射场的强度分布按 $1/r$ 衰减，因此增大干扰源与接收电路的距离，实质上是利用电磁场的传播特性来达到抑制电磁干扰的目的。

空间分离的典型应用是在系统布局时把容易相互干扰的设备尽量安排得远一些；在导线布线时，限制平行线间的最小距离；在 PCB 布线规则中，规定最小的线间距。空间分离的应用还包括在有限空间对辐射方向的方位调整、干扰电场矢量和磁场矢量在空间相位的控制。例如在电子设备中为了使电源变压器铁心泄漏的低频率磁场不在印制电路板的回路中产生感应电动势，就应该通过调整空间位置使变压器泄漏磁场方向与印制电路板平面平行。

3. 时间分隔

当干扰很难进行抑制时，常常采用时间分隔的方法，让有用信号在干扰信号停止发射的时间内传输，或者当强干扰信号发射时，短时关闭易受干扰的敏感设备，以避免遭受伤害。这种方法被称为时间分隔控制或时间回避控制。采用时间分隔控制有两种形式：一种是主动时间分隔；另一种是被动时间分隔。

在有用信号出现时间与干扰信号出现时间有确定的先后关系的情况下，采用主动时间分隔方式。如干扰信号出现在 $t_1 \sim t_2$ 时间内，而有用信号在 t_1 前出现，此时应提前发送有用信号，或加快有用信号的传输速度，让有用信号在干扰出现前尽快传送完；反之让有用信号在干扰出现后传送。由此可见主动时间分隔法是按照干扰时间特性与有用信号时间特性的内在规律设计的控制干扰的方法。

被动时间分隔法利用干扰信号或有用信号出现的特征使其中某一信号迅速关闭，从而达到时间上不重合、不覆盖的控制要求。如果干扰信号是突发性的，而有用信号的出现是不确定的，这样的两个信号就确定不出它们的出现时间，只能由其中一个信号来控制另一个信号，使之分隔。例如飞机上的雷达工作时，发射出很大功率的电磁波，会强烈干扰飞机上的其他无线电设备的工作，为了不使无线电报警装置因接收到本机雷达的干扰信号而误发警报，就可以采用被动时间分隔法，由本机雷达先发出一个封锁脉冲，报警器接收到封锁脉冲后立刻将电源关闭，这样雷达工作时，报警器就不会误发警报，实现了时间分隔。当雷达关闭后，报警器又重新打开电源恢复工作。

时间分隔法经常被用于许多高精度、高可靠性的系统和设备中，比如卫星、航空母舰、太空站和武器装备中，它已经成为一种简单、经济有效的控制干扰的方法。

4. 频率管理

任何信号（包括有用信号和干扰信号）都是由一定的频率分量组成的，利用系统的频谱特性可以将需要的频率分量全部接收，并将干扰的频率分量滤除，这就是利用频率特性来控制电磁干扰的指导思想。在此原则下目前已经形成了许多具体的方法，如频谱管制、滤波、频率调制、数字传输、光电传输等方法。

（1）频谱管制。为防止电磁信号的相互干扰，人们把频谱资源进行了分配和管理，这就能够减少有意发射电磁波间的相互干扰，比如把频谱分为许多段，不同用途的电磁波只能在自己的频段内传播和工作。频谱管制法对于无意发射的电磁干扰是不适用的，因为无意发射的电磁干扰的频谱分量不能由人工来控制。

（2）滤波技术。滤波技术是一种常用的控制电磁干扰的措施，其实质是将信号频谱划分为有用频率分量和干扰频率分量两段，从而滤除干扰信号。

（3）频率调制。通常在长距离的信号传输过程中容易引入干扰，并且往往干扰的频谱较宽，频域难以确定，因此为了提高信号的传输质量，可以采用频率调制的方法把有用信号调制成较高的频率上传输，这样就可以达到控制电磁干扰的目的。

（4）数字传输。控制电磁干扰的又一方法就是在信号传输过程中采用数字传输技术，将待传送的信号经过高速采样、模/数转换，使之变为数字信号，成为一系列与原信号幅度相对应的调制脉冲。信号的数字传输实质上也是一种频率变换的方法，它在通信中应用得很多，目前已经广泛用于各种通信中。

（5）光电传输。随着光纤技术的发展，通信中广泛采用光纤传输信号。因为光信号的波长远小于一般的电磁干扰的波长，即光信号的频率远大于一般的电磁干扰的频率，这样有用的电信号经过电光变换变为光信号后传输就不会受到电磁干扰信号的影响了。

5. 电气隔离

一般来说，电气隔离是避免电路中干扰传导的可靠方法，同时它也能使有用信号通过耦合来进行正常传递。常见的电气隔离耦合原理有机械耦合、电磁耦合、光耦合和DC/DC变换等。

（1）机械耦合。机械耦合是采用电气—机械的方法，例如将继电器把线圈回路和触头控制回路隔离开来，成为两个电路参数不相关联的回路，实现了电气隔离，但是控制指令却能通过继电器动作从一个回路传递到另一个回路中去。

（2）电磁耦合。电磁耦合是采用电磁感应原理，如变压器由一次侧电流产生磁通，磁通再产生二次侧电压使一次回路与二次回路在电气上隔离，而电信号却能从一次侧传递到二次侧，这就使一次回路中的干扰不能由电路直接进入二次回路。

（3）光耦合。光耦合是采用半导体光耦合器进行电气隔离的方法。输入信号经过运算放大器变为发光二极管中的电流变化量，发光二极管将电信号转换为光信号，传递到光耦合器的接收部分（光敏晶体管的基极）使晶体管输出电压变化量再经放大成为输出信号。输入回路与输出回路在电气上完全隔离，使输入回路中的干扰信号不能从电路上进入输出回路。

（4）DC/DC 变换。DC/DC 变换器是直流电源的隔离器件，它将直流电压U_1变换成直流电压U_2，输出电压U_2可以等于输入电压U_1，也可以小于或大于U_1。为了防止多个设备共用一个电源引起共电源内阻干扰，应用 DC/DC 变换器单独对每个电路供电，可以确保电路不受电源中的信号干扰。DC/DC 变换器应用逆变原理将直流电压变换成高频交流电压，再经过整流滤波处理，得到所需的直流电压。

6.3 滤 波 技 术

通常，滤波技术是抑制电子系统或者设备中传导干扰的主要手段之一，同时也是提高电子系统或者设备抗传导干扰能力的重要措施，滤波器可以使频率范围在通带内的能量传输无衰减或者衰减很小；可以使频率范围在阻带内的能量传输衰减很大。

按照滤波器的功能来划分，它可以分为信号选择滤波器和电磁干扰（EMI）滤波器两大类。其中，信号选择滤波器用来有效去除不需要的信号分量，它对信号的幅度相位影响很小；电磁干扰滤波器是能够有效抑制电磁干扰的滤波器。

实际上，不管是信号选择滤波器，还是电磁干扰滤波器，它们的基本原理是相同的，只是由于功能和应用领域会有一些不同，从而导致它们在设计上也存在着一些差别而已。本节将对滤波器的基本原理和基本设计进行比较详细的介绍，只要掌握了这些基本知识，不管是设计信号选择滤波器还是电磁干扰滤波器，都不会有太多的问题。

滤波技术是抑制传导干扰的主要手段之一，因此在介绍具体的滤波技术之前，十分有必要掌握传导干扰的一些基本知识。通常，传导干扰分为差模干扰和共模干扰两种类型，对于不同的干扰，采用的滤波方法也会略有不同。差模干扰在系统两电源线（相线与中线）间产生干扰电压，差模电流从一根电源线流出，由另一根电源线返回。可见，差模干扰在两导线之间传输，它属于对称性干扰，是一种与地线无关的干扰。共模干扰在每一根电源线与地之间产生干扰电压，共模电流从干扰源通过分布电容入地，沿地线传播，再经过每一根电源线返回。可见，共模干扰在导线与地（机壳）之间传输，它属于非对称性干扰。

差模干扰表明干扰是源于统一电源电路的，而共模干扰表明干扰是由辐射或串扰耦合到电路中来的。在一般情况下，差模干扰和共模干扰是同时存在的。另外，由于线路阻抗的不平衡，两种干扰在传输中还会相互转化，因此传导干扰的情况还是很复杂的。对于不同的传导干扰设计者要采用不同的干扰抑制方法才有效。判断干扰方式的简便方法是采用电流探头，探头先单独环绕每根导线，得出单根导线的感应电流数值，然后再环绕两根导线（其中一根是地线）测量出其感应电流数值，如果后者的感应电流数值大于前者，说明线路中的干扰电流是共模的，反之则是差模的。

传导干扰电流在导线上有差模和共模两种传输方式，如图 6-7 所示。

如果一对导线上流过差模电流则两条线上的电流大小相等、方向相反；而如果一对导线上流过共模电流则两条线上的电流大小相等、方向也相同。干扰电流在导线上传输时可以以共模或差模的形式出现，但共模电流只有转化为差模电流后，才能对有用信号造成干扰。

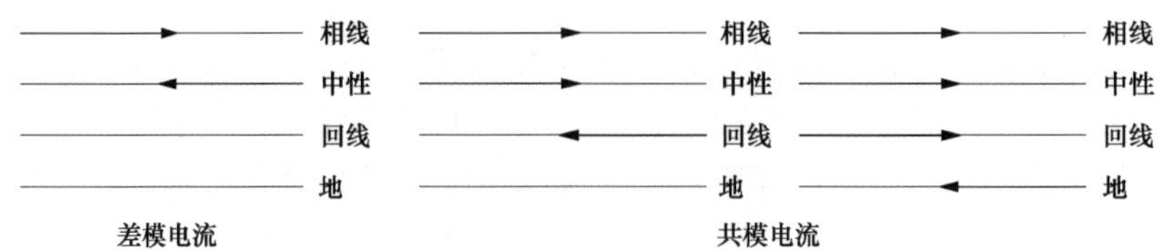

图 6-7 差模电流与共模电流

当差模电流流过电路中的导线环路时，将引起差模辐射。实际上，电路中的导线环路相当于小环天线，具有很强的辐射磁场和接收磁场的能力，因此在电路设计中必须要限制环路的大小和面积。

当用小环天线产生的辐射来模拟差模辐射时，可设环电流为 I，环面积为 S，在距离为 r 的远场处的电场强度的计算式为

$$E = 131.6 \times 10^{-16}(f^2 SI)(1/r)\sin\theta \qquad (6\text{-}18)$$

式中：E 为电场强度，V/m；f 为频率，Hz；S 为面积，m^2；I 为电流，A；r 为距离，m；θ 为测量天线与辐射平面的夹角。

通过式（6-18）可以看出，差模辐射与环路面积和环路电流成正比，与频率的平方成正比。根据这种关系，控制差模辐射可以采用下面三种措施：

（1）减小电流幅度 I。

（2）减小信号频率 f 及其谐波，并增大数字信号上升、下降沿时间。

（3）减小环路面积 S。

共模辐射可用对地电压激励的、长度小于 1/4 波长的短单极子天线来模拟。接地平面上长度为 l 的短单极子天线在远场 r 处的电场强度为

$$E = 4\pi \times 10^{-7}(f\,I\,l)(1/r)\sin\theta \qquad (6\text{-}19)$$

通过式（6-19）可以看出，共模辐射与频率 f、共模电流 I 以及天线长度 l 成正比。根据这种关系，可知抑制共模辐射需要减小 f、I、l，因此控制共模辐射可采取以下四种措施。

（1）尽量减小激励天线的源电压，即地电位。

（2）提供与电缆串联的高共模阻抗，即加共模扼流圈。

（3）采用措施将共模电流旁路到地。

（4）电缆屏蔽层与屏蔽壳体做 360° 短接。

一般为了能够有效地减小接地系统中的电位，常采用接地平面。为了将共模电流旁路到地上，可以在靠近连接器处，把印制电路板的接地平面分割出一块作为“无噪声”的输入/输出地。为了避免输入/输出地受到污染，只允许输入/输出线所携带的印制电路板的共模电流被去耦电容旁路到地，外部干扰在未到达元器件区域时就被去耦电容旁路到地，这样就保护了内部元器件的正常工作。

6.4 屏 蔽 技 术

电磁屏蔽是以金属隔离的原理来控制电磁干扰由一个区域向另一区域感应和辐射传播的方法，它的主要目的是用来切断传输的空间耦合途径，从而达到抑制电磁干扰的作用。按照不同的屏蔽对象和作用效果来划分，电磁屏蔽可以进一步划分为电场屏蔽（电屏蔽）、磁场屏

蔽（磁屏蔽）和电磁场屏蔽（电磁屏蔽）。

6.4.1 电场屏蔽

电场屏蔽是采用一定的方法来减少电子系统或设备中各个单元之间的电场感应，其中的单元可以是电路板、组件、元器件和接插件等。电场屏蔽一般简称为电屏蔽，它可以进一步分为静电屏蔽和交变电场屏蔽。

1. 静电屏蔽

根据电磁场的相关理论，对于置于静电场中的导体，它在静电平衡条件下具有的电性质如下。

（1）导体内部任意一点的电场为 0。

（2）导体内部没有静电荷存在，电磁只能分布在导体的表面上。

（3）导体表面上任意一点的电场方向与该点的导体表面垂直。

（4）整个导体是一个等电位体。

通过上面的性质，可以很容易实现电子系统或设备等的静电场屏蔽。例如，图 6-8 给出了一个接地空心金属球体在静电场中的屏蔽作用。可见，采用这个接地空心金属球体可以对需要屏蔽的电子系统或设备等进行保护。

2. 交变电场屏蔽

对于充满交变电场的空间，可在干扰源与敏感设备之间加上接地的金属板来进行屏蔽，这样可以大大减小干扰源与敏感设备之间的分布电容，从而减小干扰源对敏感设备的干扰影响，从而实现屏蔽保护。图 6-9 给出了交变电场屏蔽的示意图。

前面对静电屏蔽和交变电场屏蔽的基本原理进行了讨论，接下来给出一些电屏蔽设计过程中的基本原则。

（1）屏蔽体必须要保证良好接地。一般要求它与地的接触电阻小于 $2\text{m}\Omega$，特殊情况下要求接触电阻小于 $0.5\text{m}\Omega$。对于接地线，要求采用扁铜线并尽量缩短导线长度，导线两端最好进行焊接。

（2）屏蔽体必须正确选择接地点，一般应该靠近被屏蔽低电平元件的接地点。

（3）屏蔽体的形状要进行合理设计，要尽量缩小开孔面积并减少开孔数量。

（4）屏蔽体的材料应该选择良导体。

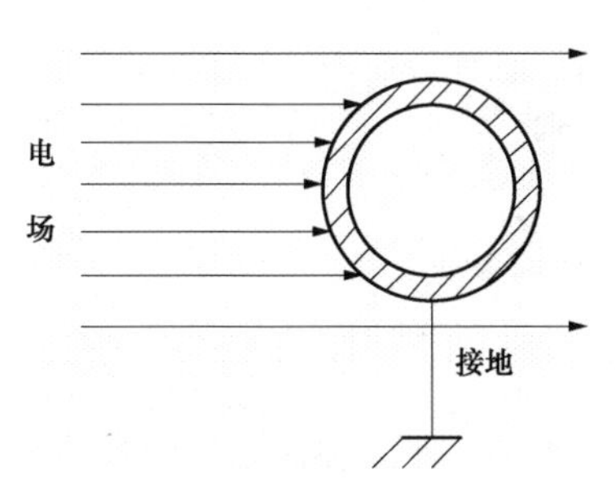

图 6-8 空心金属球体的静电屏蔽作用图

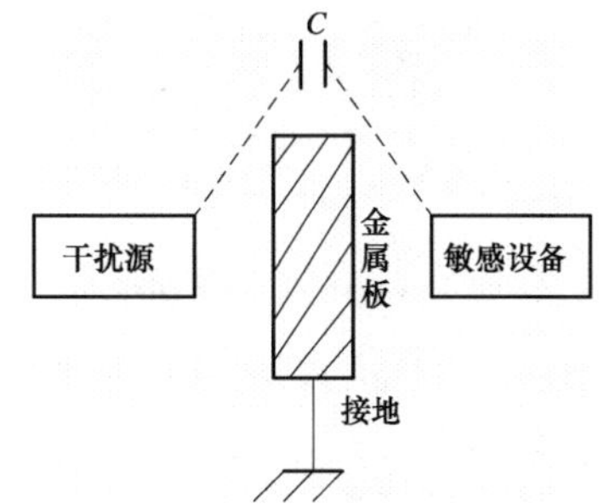

图 6-9 交变电场屏蔽的示意图

6.4.2 磁场屏蔽

磁场屏蔽一般称为磁屏蔽，它采用一定的方法来减少电子系统或设备中各个单元之间的磁感应。一般来说，低频磁场干扰的屏蔽难度较大，它主要依赖高磁导率材料所具有的低磁阻特性来起到磁分路作用，磁屏蔽体的磁阻越小，屏蔽效果越好。

磁屏蔽体磁阻的具体计算公式为

$$R_m = \frac{l}{\mu S} \tag{6-20}$$

式中：R_m 为磁阻，1/H；l 为磁屏蔽体的长度，m；S 为磁屏蔽体的横截面积，m^2；μ 为磁屏蔽体材料的磁导率，H/m。

由于低频磁屏蔽所选用的材料必须具有高磁导率，屏蔽沿磁场方向具有低磁阻，因此在实际的磁屏蔽设计中应该遵循以下原则。

（1）合理布置接缝与磁场的相对方位，接缝不能切断磁力线层，而应顺着磁力线。

（2）采用合理的结构和工艺。接缝处应该有足够的重叠，并采用合理的结构和工艺来提高磁材料的磁导率。

（3）需要正确布置通风孔，通风孔的布置应与磁力线的方向保持一致。

（4）当对磁屏蔽体的体积等有特别要求时，双层磁屏蔽的效果优于单层磁屏蔽。

（5）电源变压器磁漏引起的干扰，可以采用铜带制成短路环或在铁心外面包薄钢板加以抑制，同时变压器安装底板材料应为非磁性的。

（6） 注意调整线圈型元件与磁场方向的相对方位，信号线应该尽量使用双绞线，PCB上布线时要采用交叉布线等。

6.4.3 电磁场屏蔽

根据电磁场理论，在交变电磁场中，电场分量和磁场分量是同时存在的。在频率较低的情况下，干扰一般发生在近场，而随着干扰源的特性不同，近场中电场分量和磁场分量有着很大的差别。随着频率增高，电磁辐射能力增强，产生了辐射电磁场，并且趋向于远场干扰。对于远场来说，电场和磁场都不能忽略。

对于电磁屏蔽来说，其机理包括两个方面，一是电磁波在金属表面产生涡流，从而抵消了原来的磁场；二是电磁波在金属表面产生反射损耗，一部分透射波在金属板内传输过程中发生衰减而产生吸收损耗。

通常，高频电磁场的屏蔽是利用由导电材料制成的屏蔽体并结合接地，目的是切断干扰源和敏感设备之间的耦合通道而达到屏蔽的目的，因此电导率成为了选择屏蔽材料的主要考虑依据。

6.5 接 地 技 术

6.5.1 计算机控制系统中的地线

基于计算机的自动测试系统，地线种类繁多，一般有以下几种地线。

（1）模拟地，它是放大器、采样/保持器（S/H）以及 A/D 转换器、D/A 转换器输入信号的零电位。模拟信号有精度要求，有时信号比较小，而且与生产现场连接，因此，必须认真对待模拟地。

（2）数字地，也就是逻辑地。它是测试系统中数字电路的零电位，数字地作为计算机中各种数字电路的零电位，应该与模拟地分开，避免模拟信号受数字脉冲的干扰。

（3）交流地，交流 50Hz 电源的地线，这种地是噪声地。

（4）直流地，指直流电源的地线。

（5）安全地，目的是使设备机壳与大地等电位，以避免机壳带电而影响人身及设备安全。通常安全地又称为保护地或机壳地、屏蔽地。机壳包括机架、外壳、屏蔽罩等。

（6）系统地，就是上述几种地的最终回流点，直接与大地相连。

6.5.2　常用的接地方法

接地问题处理得正确与否，将直接影响系统的正常工作。在一个实际的计算机控制系统中，通道的信号频率绝大部分在 1MHz 以下，因此，本节只讨论低频接地而不涉及高频问题。接地的方式可以分为三种：一点接地、多点接地和混合接地。

1. 一点接地

一点接地指所有电路的地线接到公共地线的同一点，以减少地回路之间的相互干扰。信号地线的接地方式应采用一点接地，而不采用多点接地。一点接地主要有两种接法，即串联接地（或称共同接地）和并联接地（或称分别接地），如图 6-10 和图 6-11 所示。从防止噪声角度看，图 6-10 所示的串联接地方式是最不适用的。由于地电阻 R_1、R_2 和 R_3 是串联的，因此各电路间会相互干扰。虽然这种接地方式很不合理，但由于比较简单，用的地方仍然很多。

各电路的电平相差不大时还可勉强使用，但当各电路的电平相差很大时就不能使用，因为高电平将会产生很大的地电流并干扰到低电平电路中去。使用这种串联一点接地方式时还应注意把低电平的电路放在距接地点最近的地方，即图 6-10 中最接近于地电位的 A 点上。串联一点接地指所有的器件的地都连接到地总线上，然后通过总线连接到地汇接点，由于大家共用一根总线，会出现较严重的共模耦合噪声，同时由于对地分布电容的影响，会产生并联谐振现象，大大增加了地线的阻抗。

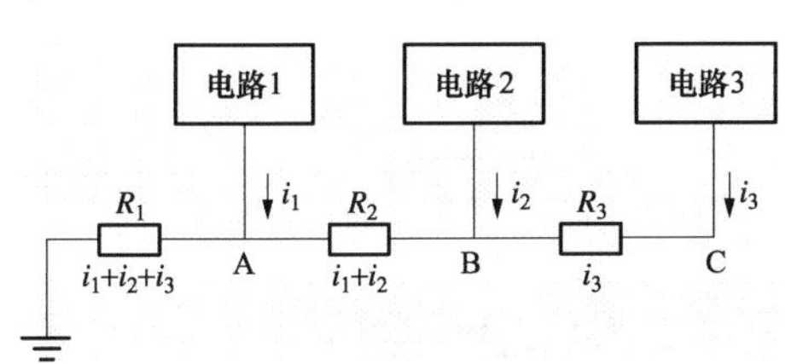

图 6-10　串联一点接地

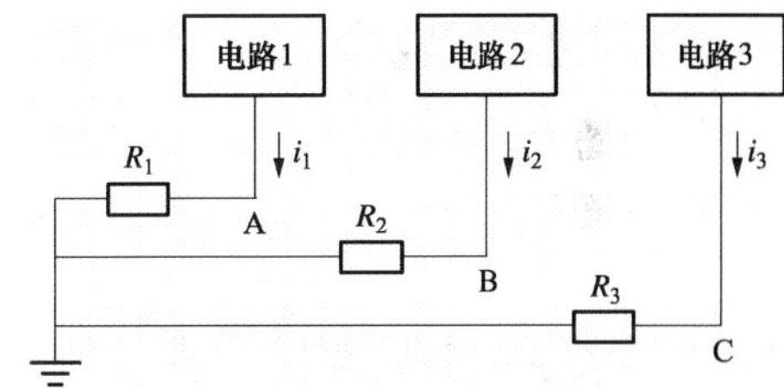

图 6-11　并联一点接地

一个实际的模拟量输入通道，总可以简化成由信号源、输入馈线和输入放大器三部分组成。图 6-12 所示的将信号源与输入放大器分别接地的方式是不正确的。这种接地方式之所以错误，是因为它不仅会受到磁场耦合的影响，而且还会因 A 和 B 两点地电位不等而引起环流噪声干扰。忽略导线电阻，误认为 A 和 B 两点都是地，电位应该相等，是造成这种接地错误的根本原因。实际上，由于各处接地体几何形状、材质、埋地深度不可能完全相同，土壤的电阻率因地层结构各异也相差甚大，使得接地电阻和接地电位可能有很大的差值。这种接地电位的不相等，几乎每个工业现场都要碰到，一定要引起注意。

为了克服双端接地的缺点，应将图 6-12 所示输入回路改为单端接地方式。当单端接地点位于信号源端时，放大器电源不接地；当单端接地点位于放大器端时，信号源不接地。当信号电路是一点接地时，电缆的屏蔽层也应一点接地。如欲将屏蔽层一点接地，则应选择较好的接地点。

当电路有一个不接地的信号源与一个接地的（即使不是接大地）放大器相连时，输入线的屏蔽层应接至放大器的公共端；当接地信号源与不接地放大器相连时，即使信号源端接的不是大地，输入线的屏蔽层也应接到信号源的公共端。这种单端接地方式如图 6-13 所示。

并联接地方式在低频时是最适用的，因为各电路的地电位只与本电路的地电流和地线阻抗有关，不会因地电流而引起各电路间的耦合。这种方式的缺点是需要连很多根地线，用起来比较麻烦。

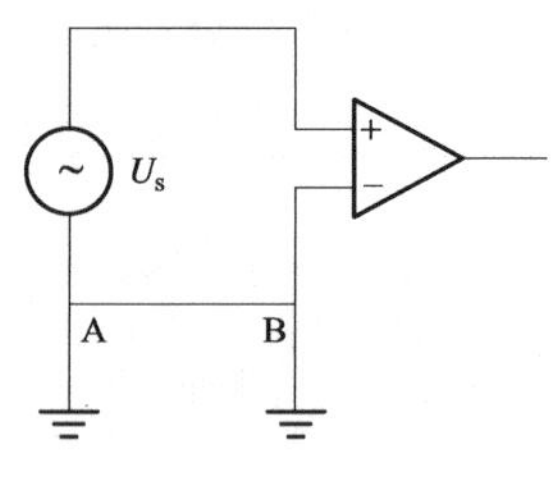

图 6-12　错误的接地方式

并联一点接地指所有的器件的地直接接到地汇接点，不共用地总线，可以减少耦合噪声，但是由于各自的地线较长，地回路阻抗不同，会加剧地噪声的影响，同样也会受到并联谐振的影响。

实际情况中可以灵活采用这两种一点接地方式，可以将电路按照信号特性分组，例如，低电平电路经一组共同地线接地，高电平电路经另一组共同地线接地。这样，既解决了公共阻抗耦合的问题，又避免了地线过多的问题。注意不要把功率相差很多、噪声电平相差很大的电路接入同一组地线接地。图 6-12、图 6-13 中 U_s 为信号源。

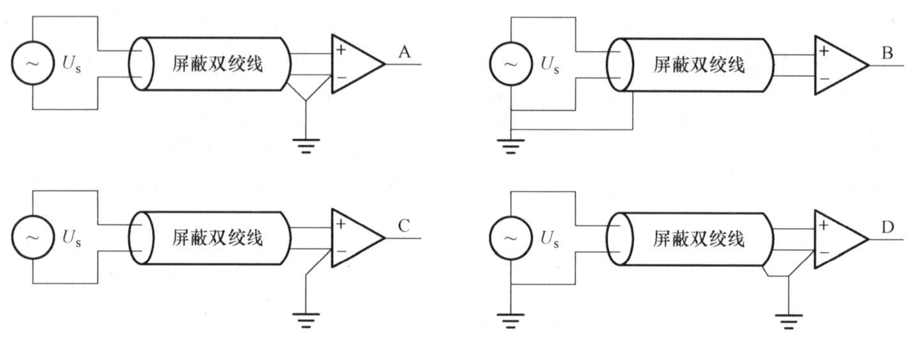

图 6-13　单端接线方式

2. 多点接地

为防止共阻抗耦合引入的干扰，都希望采用一点接地。多点接地指系统内各部分电路就近接地，比如，设备内电路都以机壳为参考点，而各个设备的机壳又都以地为参考点。这种接地结构能够提供较低的接地阻抗，这是因为多点接地时，每条地线可以很短；而且多根导线并联能够降低接地导体的总电阻。多层 PCB 设计时采用的接地方法就属于多点接地。

3. 混合接地

混合接地则是一点接地和多点接地的综合应用，一般是在一点接地的基础上再通过一些电感或电容多点接地如图 6-14 所示，它是利用电感、电容元件在不同频率下有不同阻抗的特性，使地线系统在不同的频率下具有不同的接地结构，主要适用于工作在混合频率下的电路系统。比如对于电容耦合的混合接地策略中，在低频情况时，等效为一点接地，而在高频情况下则利用电容对交流信号的低阻抗特性，整个电路表现为多点接地。

4. 数字地和模拟地的连接技术

数字地主要是指 TTL 或 CMOS 芯片、I/O 接口芯片、CPU 芯片等数字逻辑电路的地端，以及 A/D、D/A 转换器的数字地。而模拟地则是指放大器、采样保持放大器（现在多集成在 A/D 转换器中）和 A/D、D/A 中模拟信号的接地端。在基于计算机的测试系统中，数字地和模拟地必须分别接地。即使是同一芯片上有两种地也要分别接地，然后仅在一点处把两种地连接起来，否则，数字回路通过模拟电路的地线再返回到数字电源，对模拟信号产生干扰。例如测试系统中计算机数据采样系统的接地如图 6-15 所示。

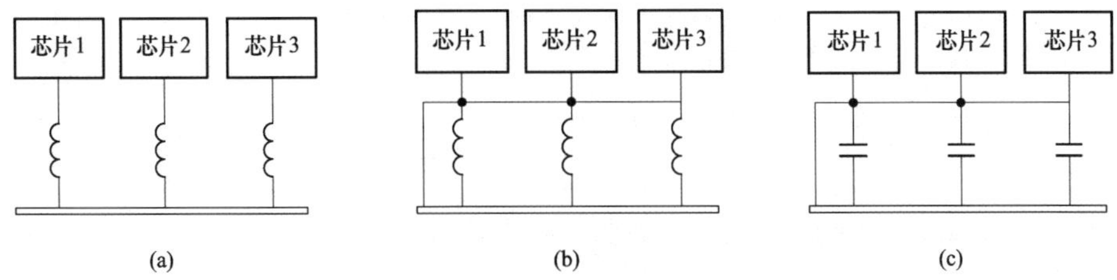

图 6-14　多点接地和混合接地

（a）普通多点接地；（b）电感耦合混合接地；（c）电容耦合混合接地

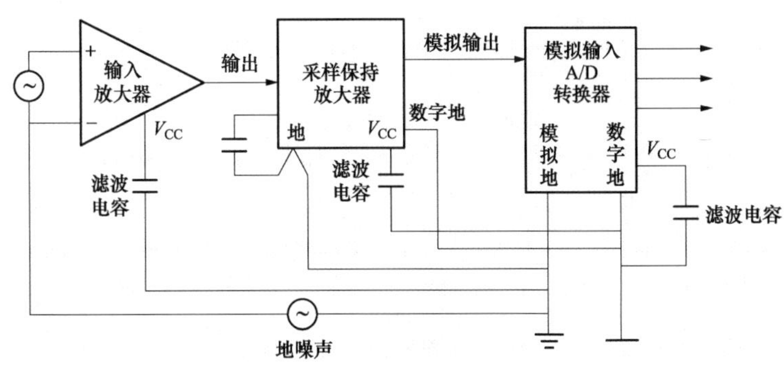

图 6-15　计算机数据采样系统的接地

接地技术中还有一个很重要的部分就是数字电路与模拟电路的共地处理，即电路板上既有高速逻辑电路，又有线性电路，数字信号线要尽可能远离敏感的模拟电路器件，同样，彼此的信号回路也要相互隔离，这就牵涉到模拟地和数字地的划分问题。一般的做法是，模拟地和数字地分离，仅在一点处把两种地连接起来，这一点通常是在 PCB 总的地线接口处，或者在 D/A 转换器的下方，必要时可以使用磁性器件连接，如片式磁珠，防止两边的噪声互相干扰，如图 6-16 所示。

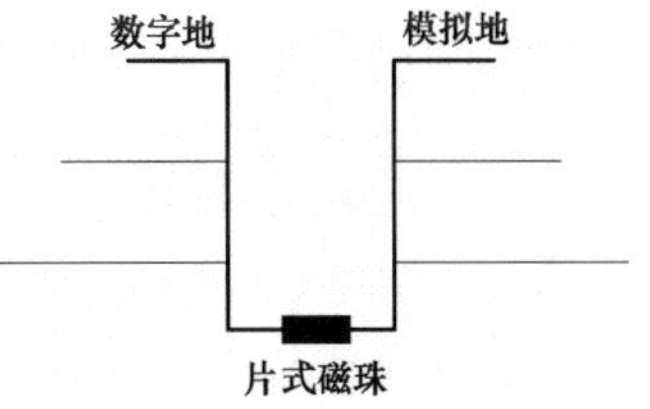

图 6-16　数字地和模拟地分开

磁珠有很高的电阻率和磁导率，等效于电阻和电感串联，但电阻值和电感值都随频率变化。比普通的电感有更好的高频滤波特性，在高频时呈电阻性，所以能在相当宽的频率范围内保持较高的阻抗，从而提高调频滤波效果。磁珠的等效电路相当于带阻限波器，只对某个频率点的噪声有显著抑制作用，使用时需要预先估计噪声点频率，以便选用适当型号。对于频率不确定或无法预知的情况，磁珠是不适合的。

另外，任何信号线都不能跨越地间隙或是分割电源之间的间隙如图 6-17 所示，在这种情况下，地电流将会形成一个大的环路。流经大环路的高频电流会产生辐射和很高的地电感，如果流经大环路的是低电平模拟电流，该电流很容易受到外部信号干扰，这些都会引起严重的电磁干扰（Electro Magnetic Interference，EMI）问题。

另外一种统一地的处理方法，也就是不进行地分割，但规定各自的范围，保证数字和模拟信号走线及回流不会经过对方的区域。这种策略一般适用于数模器件比例相当，并存在多个 D/A 转换器件的情况，有利于降低地平面的阻抗，参考地线设计如图 6-18 所示。

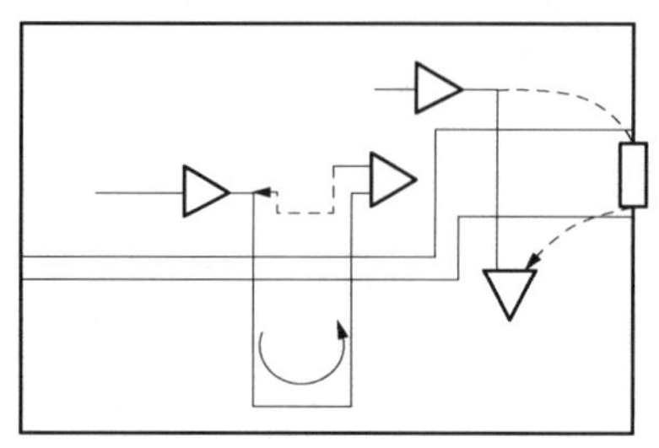

图 6-17 信号线不能跨越地间隙或分割电源之间的间隙

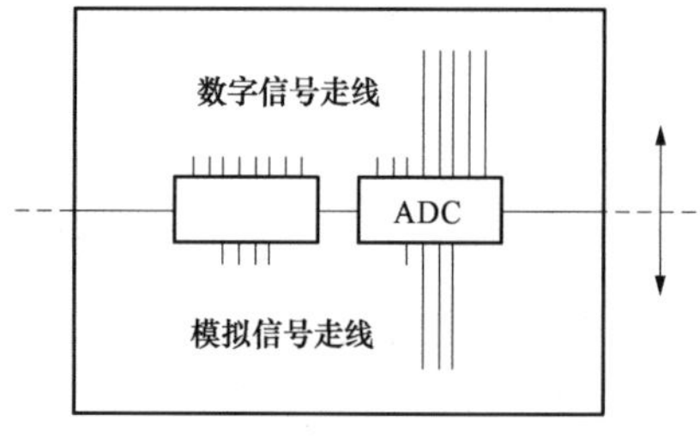

图 6-18 规定模拟和数字各自的范围

5. 自动测试系统的接地技术

在一个完整的基于计算机的自动测试系统中，一般有三种类型的地，一种是低电平电路地线，如数字地、模拟地等；一种是继电器、电动机、电磁开关等强电元器件的地（暂称其为噪声地）；再一种是机壳、仪器柜的外壳地（称其为金属件地）。如果仪器设备使用交流电源，则电源地应与金属件地相连。在系统连接时，要把这三种地线在一点接地，使用这种方法接地时，可解决计算机控制系统的大部分接地问题，如图 6-19 所示。

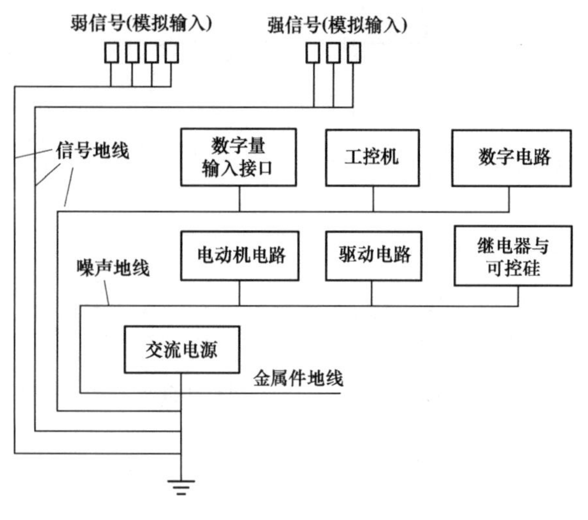

图 6-19 实用接地一般方法

在接地设计中还有个要点就是保证所有地平面等电位。因为如果系统存在两个不同的电势面，再通过较长的线相连就可能形成一个偶极天线，小型偶极天线的辐射能力大小与线的长度、流过的电流大小以及频率成正比。所以要求同类地之间需要多个过孔紧密相连，而不同地（如模拟地和数字地）之间的连接线也要尽量短一些。

由于数字电路对地信号的完整要求格外严格，因此数字地设计时要尽量减小地线的阻抗，一般可以将接地线做成闭环路以缩小电位差，提高电子设备的抗噪声能力。而对于较低频的模拟信号来说，考虑更多的是避免回路电流之间的互相干扰，所以不能接成闭环。交流地是计算机交流供电的电源地，即动力线地，它的地电位很不稳定。在交流地上任意两点之间，往往很容易就有几伏至几十伏的电位差存在。另外，交流地也很容易带来各种干扰。因此，交流地绝对不允许分别与上述几种地相连，而且交流电源变压器的绝缘性能要好，绝对避免漏电现象。

6.6 电源系统的抗干扰技术

工业现场的供电品质常常不能达到国家对电网波动等级中规定的最低标准 C 级的波动范

围≤±10%。当供电电压超过 C 级规定时，通常称为过压、欠压、失电压（最常见的原因是用电设备突然短路而它的熔丝还没有熔断的瞬间，产生瞬时断电）。

另外开关或刀闸触点接触不良或颤抖等也会产生瞬间断电。当过压或者欠压超过工控机电源工作范围时，会使电源失常或者损坏，直接威胁工控机的安全。而瞬时过压或者欠压形成涌流，即使不超过工控机电源的工作范围，也会造成很强的干扰和破坏性。克服过压、欠压的方法是选用宽电压范围的优质开关电源，或者外加交流稳压器、UPS 电源以及在工控机内设置欠压、断电保护电路等抗干扰措施。工业现场种类繁多的设备，如电焊和晶闸管、变频设备等，都是干扰源，这些干扰源既能以电磁场方式作用到工控机系统上，又能通过电源侵入计算机系统造成干扰，而通过电源造成干扰是最直接的，甚至是破坏性的，占工业控制系统被干扰的绝大部分。测控系统各个单元都需直流电源供电，交流电经过变压、整流、滤波、稳压各项系统提供直流电源，电网的干扰会经一次绕组引入系统，是一个严重的干扰源。由于电源共用，各电子设备之间通过电源也会产生相互干扰。因此，要提高工业控制系统的抗干扰性能，必须要在电源上下功夫。

6.6.1 抗干扰稳压电源的设计

1. 电网干扰的防治

对工业控制机来说，危害最严重的是电网尖峰脉冲干扰。图 6-20（a）示出了尖峰脉冲的形状。在炼钢厂、轧钢厂或者大量使用晶闸管设备、电火花设备、电力机车等的地方，这种尖峰干扰尤为严重，其幅度大的可达数百伏甚至上千伏，而脉宽一般为微秒数量级。尖峰脉冲幅度很大时，会破坏工业控制机开关电源输入滤波器、整流器，再加之其频谱很宽，也会窜入计算机造成干扰。对尖峰脉冲干扰的防治方法，主要有滤波法、隔离法、吸收法和回避法。

（1）滤波法。主要是采用电源滤波器滤除尖峰干扰。图 6-20（b）示出了典型的电源滤波器原理图。L_1，L_2 是绕在同一铁心上的共模轭流圈，对共模形式的干扰呈现很大的阻抗，而对工频和常模形式的干扰为零。因此对图 6-20（a）所示的形成常模形式的尖峰干扰无效。但电容 C_1、C_2、C_3 却对其有一定的衰减。

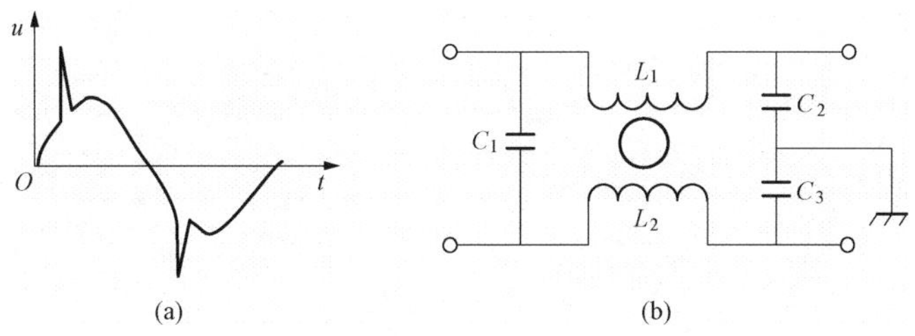

图 6-20 电网干扰的防治

（a）电网正弦波上的尖峰干扰；（b）典型的电源滤波器原理图

（2）隔离法。采用 1:1 隔离变压器供电是常见的抗干扰措施，对电网尖峰脉冲干扰有很好的效果。图 6-21 是典型的隔离变压器原理图。它抗干扰的原理是一次侧对高频干扰呈现很高的阻抗，而位于一次侧、二次侧绕组之间的金属屏蔽层又阻隔了一次侧、二次侧所产生的分布电容，因此一次侧绕组只有对屏蔽层的分布电容存在，高频干扰通过这个分布电容而被旁路入地。

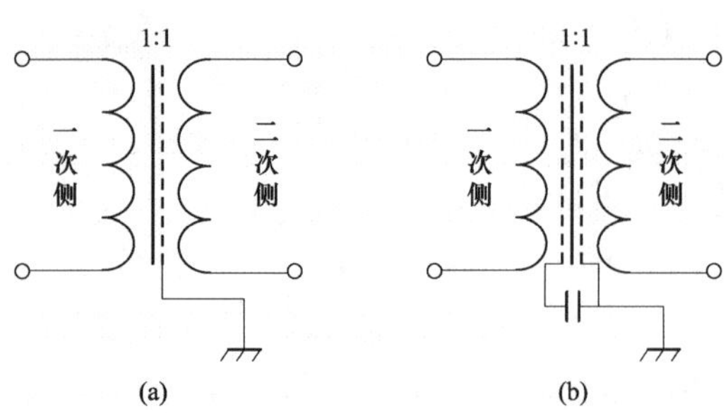

图 6-21 1:1 隔离变压器屏蔽及接地方式图

（a）单屏蔽层；（b）双屏蔽层

通常，一次侧、二次侧各加一个屏蔽层，一次侧的屏蔽层通过一个电容器与二次侧的屏蔽层接到一起，再接到二次侧的地上。也可以一次侧的屏蔽层接一次侧的地线，二次侧的屏蔽层接二次侧的地线。并且接地引线的截面积也要大一些好。1:1 隔离变压器还有效地隔离了接地环路的共模干扰，效果较好，缺点是体积较大。

（3）吸收法。瞬态电压抑制器（Transient Voltage Suppressor，TVS），是一种二极管形式的高效能保护器件。当 TVS 二极管的两极受到反向瞬态高能量冲击时，它能以 10～12s 量级的速度，将其两极间的高阻抗变为低阻抗，吸收高达数千瓦的浪涌功率，使两极间的电压钳位于一个预定值，保护了后面的电路元器件不受瞬态高压尖峰脉冲的冲击。图 6-22（a）示出了它的伏—安特性曲线。

它具有响应时间快、瞬态功率大、漏电流低、击穿电压偏差小、钳位电压较易控制、无损坏极限、体积小等优点。具体有以下三大特点。

1）将 TVS 二极管加在信号及电源线上，能防止微处理器或单片机因瞬间的脉冲，如静电放电效应、交流电源之浪涌及开关电源的噪声所导致的失灵。

2）静电放电效应能释放超过 10kV、60A 以上的脉冲，并能持续 10ms；而一般的 TTL 器件，遇到超过 30ms 的 10V 脉冲时，便会导致损坏。利用 TVS 二极管，可有效吸收会造成器件损坏的脉冲，并能消除由总线之间开关所引起的干扰（Crosstalk）。

3）将 TVS 二极管放置在信号线及接地线之间，能避免数据及控制总线受到不必要的噪声影响。

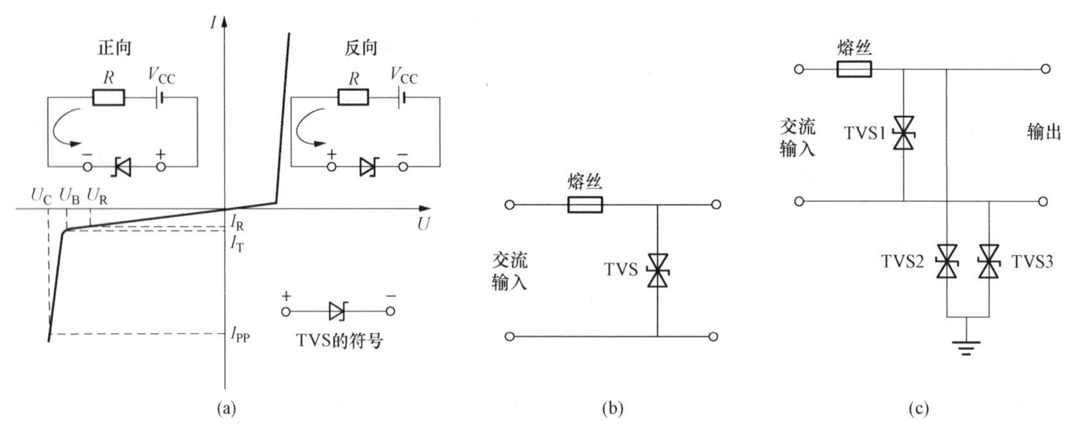

图 6-22 TVS 管电源过电压保护及尖峰抑制电路

（a）TVS 的伏安特性和符号；（b）常用电路；（c）全保护电路

TVS 的电路符号与普通稳压二极管相同。它的正向特性与普通二极管相同；反向特性为典型的 PN 结雪崩器件。

TVS 管和稳压管一样，是反向应用的。其中 U_R 称为最大转折电压，是反向击穿之前的临界状态。U_B 是击穿电压，其对应的反向电流 I_T 一般取值为 1mA。U_C 是最大钳位电压，当

TVS 管中流过峰值电流为I_{PP}的大电流时，TVS 管两端电压就不再上升了。因此 TVS 管始终把被保护的器件或设备的端口电压限制在$U_B \sim U_C$的有效区内。与稳压管不同的是，I_{PP}的数值可达数百安，钳位响应时间仅为1×10^{-12} s。TVS 最大允许脉冲功率$P_M = U_C I_{PP}$。

TVS 管的 PM 分为四个档次，即 500W、1000W、1500W 和 5000W。图 6-22（b）是 TVS 用于普通电源进线的原理图。这里采用的是双向 TVS 管。它对电网的尖峰脉冲电压和雷电叠加电压等干扰超过其额定的U_C数值量，都能有效地吸收。

过去使用的压敏电阻器，它的响应时间慢，通常为5×10^{-9} s，它的使用温度范围窄，漏电流大，吸收电流小，并且体积也较大，因此已逐步被 TVS 取代。TVS 的用途很多，还可用作计算机通信口的防雷以及各种大功率器件的保护和吸收电路。

只是当电压持续过电压时烧毁熔丝，而抑制电源线上的尖峰干扰通常不会烧毁熔丝，也不干扰计算机正常运行。

（4）回避法。回避法就是拉专线供电方法。对于大型动力设备集中且干扰很大的工业现场，应当尽量少使用现场工频电源。采用非动力供电线路供电或者直接从非动力低压变压器“根部”拉专线供电的办法，避开大负荷动力线，减少电网干扰。这个方法很有效。因为电力导线存在电阻，大量的动力设备的运行和启停，在这个电阻上产生压降而成为强烈的干扰。尤其是尖峰脉冲干扰，在动力变压器根部明显减小，而在非动力变压器的低压输出根部，几乎不存在。这在很多工业现场都很实用。

（5）其他方法。采用电源净化器、铁磁谐振交流稳压器、在线式 UPS 等抗尖峰脉冲干扰效果都很好，只是体积大，价格贵。

2. 直流稳压电源设计

微机常用的直流稳压电源如图 6-23 所示。该电源采用了双隔离、双滤波和双稳压措施，具有较强的抗干扰能力，可用于一般工业控制场合。

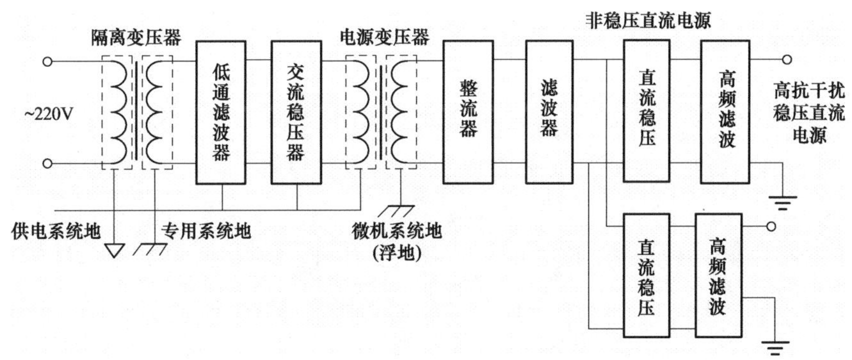

图 6-23 直流稳压电源示意图

（1）隔离变压器。隔离变压器的作用有两个，其一是防止浪涌电压和尖峰电压直接窜入而损坏系统；其二是利用其屏蔽层阻止高频干扰信号窜入。为了阻断高频干扰经耦合电容传播，隔离变压器设计为双屏蔽形式，一次侧、二次侧绕组分别用屏蔽层屏蔽起来，两个屏蔽层分别接地。这里的屏蔽为电场屏蔽，屏蔽层可用铜网、铜箔或铝网、铝箔等非导磁材料构成。

（2）低通滤波器。各种干扰信号一般都有很强的高频分量，低通滤波器是有效的抗干扰器件，它允许工频 50Hz 电源通过，而滤掉高次谐波，从而改善供电质量。低通滤波器一般由电感和电容组成，在市场上有各种低通滤波器产品供选用。一般来说，在低压大电流场合应选用小电感大电容滤波器，在高压小电流场合应选大电感小电容滤波器。

（3）交流稳压器。它的作用是保证供电的稳定性，防止电源电压波动对系统的影响。交流稳压器的类型和产品都很多，有电子式、铁磁谐振式、分接开关式、伺服调整式和电源净化器等，选用时应优选具备抗电网干扰能力，或者一次侧、二次侧具有隔离的类型。例如电源净化器（也称净化电源），采用大功率的LC滤波器，若在输入端加入3kV尖峰干扰，在输出端只有低于 3V 的输出，除了具有抑制尖峰干扰性能之外，对半周失压、过电压、欠电压等干扰有极好的动态响应。铁磁谐振方式的交流稳压器有很好的电网抗干扰能力和一次侧、二次侧隔离，可靠性很高，只是它的动态响应较差。计算机控制系统使用这两种类型的交流稳压器效果较好。交流稳压器使用中还要注意加大电源功率容量，以适应负载较大范围变化和防止通过电源造成内部干扰，采用对稳压器分相供电，将干扰大的设备与测控装置由不同的相线供电，还要注意测控与动力设备分别供电，因为被测设备所用的交流电源容量大，负载变化影响大，干扰严重，测控装置则与之相反（电源变压器分开/配电箱分开）。

电网中的高频干扰，特别是浪涌电流，经TVS吸收后，残存的干扰信号由低通抑制，电源受到屏蔽可进一步阻止一次侧的干扰窜入系统。

交流稳压器的优点是供电质量高，缺点是体积大、投资大，一般只用于对抗干扰要求高的测控系统。

（4）直流稳压系统。直流稳压系统包括整流器、滤波器、直流稳压器和高频滤波器等几部分，常用的直流稳压系统电路如图6-24所示。

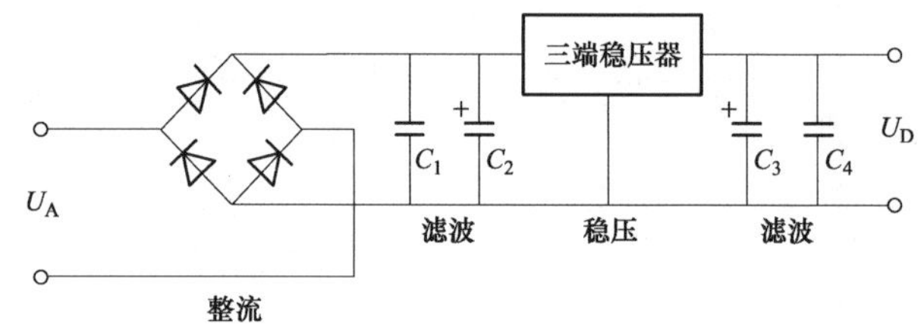

图 6-24　直流稳压系统电路图

一般直流稳压电源用的整流器多为单相桥式整流，直流侧常采用电容滤波。图6-24中C_1为平滑滤波电容，常选用几百微法至几千微法的电解电容，用以减轻整流桥输出电压的脉动。C_2为高频滤波电容，常选用0.01～0.1μF的瓷片或独石电容，用于抑制浪涌的尖峰。作为直流稳压器件，现在常用的就是三端稳压器78和79系列芯片，这类稳压器结构简单，使用方便，负载稳定度为15mV，具有过电流和输出短路保护，可用于一般微机系统。三端稳压电源的输出端常接两个电容C_3和C_4，C_3主要起负载匹配作用，常选用几十微法至几百微法的电解电容；C_4为抗高频干扰电容，常选取0.01～0.1μF的瓷片或独石电容。

完整的直流稳压电源结构如图6-25所示。

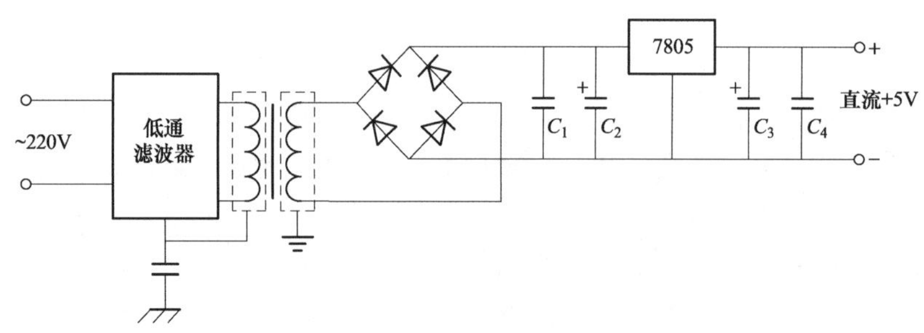

图 6-25　完整的直流稳压电源结构示意图

6.6.2 电源系统的异常保护

1. 不间断电源

UPS（Uninterruptible Power System）最适合的应用领域是电网突然断电，而计算机不能停止工作或者需要一个充足的时间保护重要数据的场合。在正常情况下，由交流电网向微机系统供电，并同时给 UPS 的电池组充电。一旦交流电网出现断电，则 UPS 自动切换到逆变器供电，逆变器将电池组的直流电压逆变成为与工频电网同频的交流电压，将此电压送给直流稳压器后继续保持对系统的供电。

如图 6-26 所示，UPS 结构分两大部分。

（1）将交流电变为直流电的整流/充电装置。

（2）把直流电再度转变为交流电的 PWM 逆变器。蓄电池在市电正常时维持在一个充电电压上，市电中断它立即向逆变器供电。

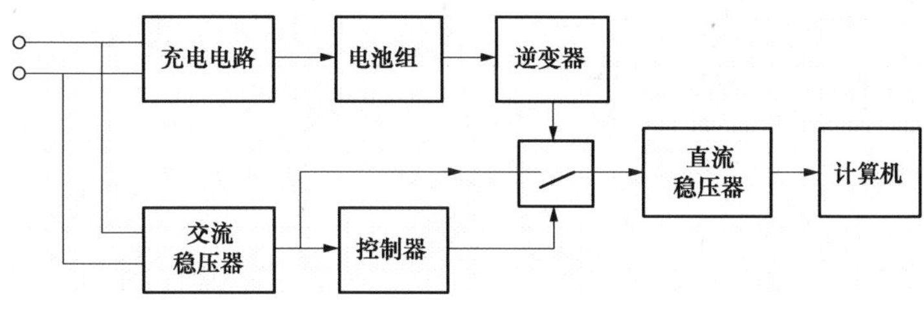

图 6-26 UPS 供电结构

UPS 逆变的输出电压非常稳定干净，完全隔离了工业现场供电电源的各种干扰污染，而且抗雷击效果也较其他的方式好。

随着技术的进步，目前的 UPS 除了不间断供电之外，还具备过压、欠压保护功能，软件监控功能等。其中在线式的 UPS 还具备与电网隔离、强抗干扰特性，是高可靠性控制系统的最佳选择。

2. 连续备用供电系统

连续备用供电系统是由柴油发电机供电，在两种供电系统转换期间，由电池完成平稳过渡，以避免电源更换对系统的冲击。

6.6.3 计算机控制系统的断电保护

对于允许暂时停运的微机系统，希望在电源断电的瞬间，系统能自动保护 RAM 中的有用信息和系统的运行状态，以便当电源恢复时，能自动从断电前的工作状态恢复。断电保护工作包括电源监控和 RAM 的断电保护两个任务。

1. 电源监控电路

电源监控电路用来监测电源电压的断电，当其低于某个限定值时，监控电路将持续产生复位信号使 CPU 和外设接口处于复位状态，避免其他不正常操作而带来的事故。当电源恢复其输出的正常值时，该电路经过一个规定的延迟时间后撤销复位信号，从而保证了工业控制机的正常工作。

在断电中断服务子程序中，应首先进行现场保护，把当时的重要状态参数、中间结果、某些专用寄存器的内容转移到专用的有后备电源的 RAM 中。其次是对有关外设作出妥善处理，如关闭各输入/输出口，使外设处于某一个非工作状态等。最后必须在专用的有后备电源的 RAM 中某一个或两个单元作上特定标记即断电标记。为保证断电子程序能顺利执行，断电检测电路必须在电源电压下降到 CPU 最低工作电压之前就提出中断申请，提前时间为几百微秒至数毫秒。当电源恢复正常时，CPU 重新加电复位，复位后应首先检查是否有断电标记，如果没有，按一般开机程序执行（系统初始化等）。如果有断电标记，不应将系统初始化，而应按断电中断服务子程序相反的方式恢复现场，以一种合理的安全方式使系统继续未完成的工作。

2. 断电保护

人们都知道微机使用的 RAM 一旦停电，其内部的信息将全部丢失，因而影响系统的正常工作。为此，在微机控制系统中，经常使用镍电池，对 RAM 数据进行断电保护。有不少 CMOS 型 RAM 芯片在设计时就已考虑并赋予它具有微功耗保护数据的功能，如 6116、6264、62256 等芯片，当它们的片选端为高电平时，即进入微功耗状态，这时只需 2V 的电源电压，5～40 μA 的电流就可保持数据不变。对于重要的数据可以采用断电不丢失的非易失性 RAM，如 E^2PROM 、Flash ROM（闪存）、FRAM（铁电存储器）等。

交流断电也是一个可能发生的故障，它也可能导致某些控制事故，即使是使用了 UPS，因为 UPS 有时候也会发生故障。所以，如果能预知交流断电的发生，并及时把所有的执行机构控制到安全的位置或者状态上，将会避免一些损失。同时，也把重要的数据或运行状态保存起来，这在某些系统里是非常必要的，因为重新运行需要这些数据。

一个实用的断电检测电路如图 6-27 所示。220V 交流电流经桥式整流后驱动光耦 T1（TLP521）中的发光二极管发光，并使 T1 的光电晶体管导通，给电容 C_1 充电。C_1 上的电压经过 R_2、R_P 分压后送到比较器 A1（LM393）正极性输入端。当交流电正常工作时，调节电位器 R_P 使 A1 的“+”输入端的电压比“−”输入端（稳压管 VDZ 的值）略高 0.2V 左右，则 A1 输出高电平，触发器不翻转，其 Q 端输出高电平。当交流断电时，C_1 不能被充电其电压将很快下降。于是，比较器 A1 输出低电平，触发 RS 触发器 A2 翻转，产生非屏蔽中断申请信号。如果在非屏蔽中断服务程序中，把有危险的控制机构调到其安全的位置，并且保存当前运行的重要数据和寄存器的状态，这就完成了断电处理。

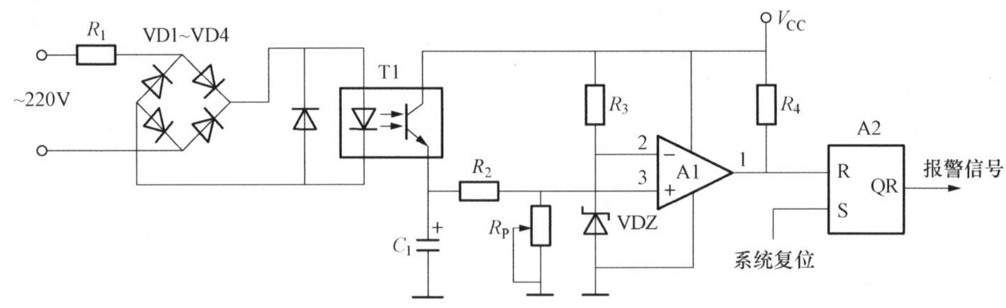

图 6-27 交流断电检测电路

通常，由于直流开关电源具有较大的输入电容，因此从检测到交流断电起，到直流失电计算机不能工作时为止，还有 10ms 以上的时间，足够完成断电处理操作。

除了以上介绍的抗干扰措施，还有信号整形、集成电路应用、机械触点、感性负载、直流电路的噪声抑制、PCB 设计、电路设计的电平匹配及驱动能力等问题，在此不再赘述。

6.7 软件抗干扰技术

软件的抗干扰设计是系统抗干扰设计的一个重要组成部分，在许多情况下系统的抗干扰不可能完全依靠硬件来解决，而软件采取抗干扰设计，往往成本低见效快，起到事半功倍的效果。如果和硬件抗干扰措施相比较的话，硬件措施是主动地在干扰通道上增加防护，或者对于“跑飞”的程序利用硬件电路强制系统复位。软件则是系统抗干扰的最后一道防线，其防护措施是被动的，由于其设计灵活，节省硬件资源，因此软件抗干扰技术越来越引起人们的重视。常用的软件抗干扰措施有以下几种。

6.7.1 冗余技术

当 CPU 受到干扰后，往往将一些操作数当作指令码来执行，引起程序混乱。以 MCS-51 系统为例，系统所有指令都不超过三个字节，而且有很多单字节指令。当程序“跑飞”到某一条单字节指令上时，便自动纳入正轨。当“跑飞”到某一双字节或三字节指令上时，有可能落到其操作数上，从而继续出错。

因此，人们应多采用单字节指令，并在关键的地方人为地插入一些单字节指令（如 NOP 指令），或将有效单字节指令重复书写，这便是指令冗余。

在双字节和三字节指令之后插入两条 NOP 指令，可保护其后的指令不被拆散，或者说，某指令前如果插入两条 NOP 指令，则这条指令就不会被前面冲下来的失控程序拆散，并将被完整执行，从而使程序走上正轨。因为“跑飞”的程序即使落到操作数上，由于两个空操作指令 NOP 的存在，不会将其后的指令当操作数执行，从而使程序纳入正轨。

需要注意的是加入的冗余指令不能太多，以免明显降低程序正常运行的速率。通常在一些对程序流向起决定作用的指令之前插入两条 NOP 指令，此类指令有 RET、RETI、LCALL、SJMP、JZ、CJNE、JNC 等。在某些对系统工作状态至关重要的指令（如 SETB EA 之类）前也可插入两条 NOP 指令，以保证指令被正确执行。上述关键指令中，RET 和 RETI 本身即为单字节指令，可以直接用其本身来代替 NOP 指令，但有可能增加潜在危险，不如 NOP 指令安全。

6.7.2 软件陷阱

指令冗余使“跑飞”的程序安定下来是有条件的，首先“跑飞”的程序必须落到程序区，其次必须执行到冗余指令。当“跑飞”的程序落到非程序区（如 E^2PROM 中未使用的空间、程序中的数据表格区）时前一个条件即不满足，当“跑飞”的程序在没有碰到冗余指令之前，已经自动形成一个死循环，这时第二个条件也不满足。对付前一种情况采取的措施就是设立软件陷阱，对于后一种情况采取的措施是建立程序运行监视系统。

所谓软件陷阱，就是一条引导指令，强行将捕获的程序引向一个指定的地址，使程序从头开始运行或者引向一段专门对程序出错处理的程序。为加强其捕捉效果，一般还在它前面加两条 NOP 指令，所以真正的软件陷阱由三条指令构成。

```
NOP
NOP
LJMP ERR
```

其中 ERR 是错误处理程序的首地址。

软件陷阱一般安排在下列四种地方。

（1）未使用的中断向量区。当干扰使未使用的中断开放，并激活这些中断时，就会进一步引起混乱。如果在这些地方布上陷阱，就能及时捕捉到错误中断。

设主程序区为 ADD1～ADD2，使用定时器 T0，设置为 10ms 的中断，当程序“跑飞”落入 ADD1～ADD2 区间外时，若在此用户程序外发生定时中断，可在中断服务程序中判定中断断点地址 ADDX。若 ADDX＜ADD1 或 ADDX＞ADD2 则说明“跑飞”发生。

（2）未使用的大片 ROM 空间。现在使用 EPROM 都很少将其全部用完。对于剩余的大片未编程的 ROM 空间，一般均维持原状 0FFH，而 0FFH 对于指令系统，是一条单字节指令（MOV R7，A），程序“跑飞”到这一区域后将顺流而下，不再跳跃（除非受到新的干扰）。

人们只要每隔一段设置一个陷阱，就一定能捕捉到“跑飞”的程序。软件陷阱编译后的地址总是固定的，这样人们就可以用软件陷阱指令来填充 ROM 中的未使用空间，或者每隔一段程序设置一个陷阱，其他单元保持不变。

（3）表格。有两类表格，一类是数据表格，供 MOVC A，@A+PC 指令或 MOVC A，@A+DPTR 指令使用，其内容完全不是指令；另一类是散转表格，供 JMP @A+DPTR 指令使用，其内容为一系列的三字节指令 LJMP 或两字节指令 AJMP。由于表格内容和检索值有一一对应关系，在表格中间安排陷阱将会破坏其连续性和对应关系，只能在表格的最后安排五字节陷阱（NOP NOP LJMP ERR）。

（4）程序区。程序区是由一段一段执行指令构成的，在这些指令段之间常有一些断裂点，正常执行的程序到此便不会继续往下执行了，这类指令有 JMP、RET 等。这时 PC 的值应发生正常跳变，如果要顺次往下执行，必然出错。当然，“跑飞”来的程序刚好落到断裂点的操作数上或落到前面指令的操作数上（又没有在这条指令之前使用冗余指令），则程序就会越过断裂点，顺序执行。在这种地方安排陷阱之后，就能有效地捕捉住它，而又不影响正常执行的程序流程。为了增强效果，可以在每个子程序后面或每隔一段程序后，插入软件陷阱。例如：

```
LJMP RETRUN
NOP
NOP
LJMP MAIN
…
RETRUN:MOV 40H,A
RET
NOP
NOP
LJMP ERR
ERR:…
```

其中 MAIN 是初始化程序开始地址，ERR 是错误处理程序开始地址。设置了指针陷阱后，一旦单片机受干扰，使程序指针混乱，执行了一段程序后，就会落入陷阱中，要么回复到初始化程序开始处，要么由错误程序处理，从而避免死机。

由于软件陷阱都安排在程序正常执行不到的地方，故不会影响程序执行效率。又例如，一条 51 单片机的汇编语句 MOV 01H，#02H，其程序编译后为 750102H，如果当前 PC 不是指向 75H，而是指向 01H 或 02H，那么 51 内的指令译码器将把它们翻译成 AJMP ×01H 或 LJMP ××××H，这种不确定性就造成程序的混乱，如果改成如下语句：

```
CLR A;0C4H (0C4H 是编译后的代码,下同)
```

```
INC A;04H
MOV R1,A;0F9H
INC A;04H
MOV @R1,A;86H
```

每一字节代码都不能再生成跳转和循环，且都是单字节指令，用累加器和寄存器把数据临时倒换一下，可以有效地避免程序“跑飞”的风险。

6.7.3 软件定时器技术

若失控的程序进入“死循环”，通常采用定时器技术使程序脱离“死循环”。定时器实际上是一个计数器，系统初始化时给定时器一个较大的初始值，程序开始运行后定时器开始倒计数。如果程序运行正常，CPU 应定期发出指令让定时器复位（俗称“喂狗”），即计数器重置回初始值，重新开始倒计数。如果程序运行失常，“跑飞”或进入局部死循环，不能按正常循环路线运行，则定时器得不到及时复位而使定时器减到 0，定时时间到，强制系统复位。定时器工作原理如图 6-28 所示。

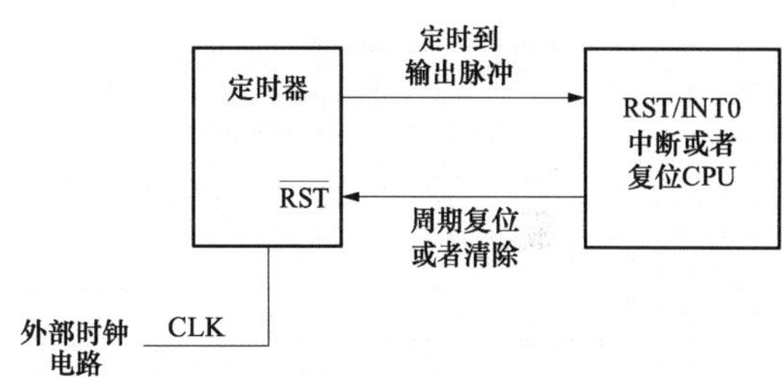

图 6-28 定时器工作原理

在设计定时器时可设计两个定时器，一个为短定时器，一个为长定时器，并各自独立，短定时器像典型定时器一样工作，它保证一般情况下定时器有快的反应速度，长定时器的定时大于 CPU 执行一个主循环程序的时间，用来防止定时器失效。采用这种环形结构的软件定时器具有良好的抗干扰性能，大大提高了系统可靠性。

两个定时器的具体做法是：在主程序、T0 中断服务程序、T1 中断服务程序中各设一运行观测变量，假设为 MWatch、T0Watch、T1Watch，主程序每循环一次，MWatch 加 1，同样 T0、T1 中断服务程序执行一次，T0Watch、T1Watch 加 1 。在 T0 中断服务程序中通过检测 T1Watch 的变化情况判定 T1 运行是否正常，在 T1 中断服务程序中通过检测 MWatch 的变化情况判定主程序是否正常运行，在主程序中通过检测 T0Watch 的变化情况判别 T0 是否正常工作。若检测到某观测变量变化不正常，比如应当加 1 而未加 1，则转到出错处理程序作排除故障处理。当然，对主程序最大循环周期、定时器 T0 和 T1 的定时周期应予以全盘合理考虑。

6.7.4 系统复位特征

仍以 51 单片机系统为例，理想的复位特征应该是：系统可以鉴别是首次加电复位（又称冷启动），还是异常复位（又称热启动）。首次加电复位则进行全部初始化，异常复位则不需要进行全部初始化，测控程序不必从头开始执行，而应从故障部位开始。

1. 非正常复位的识别

程序的执行总是从 0000H 开始，导致程序从 0000H 开始执行有四种可能。

（1）系统开机加电复位。

（2）软件故障复位。

（3）定时器超时未发出指令让其硬件复位。

（4）任务正在执行中断后来电复位。

四种情况中除第一种情况外均属非正常复位，需加以识别。

2. 硬件复位与软件复位的识别

此处硬件复位指开机复位与定时器复位，硬件复位对寄存器有影响，如复位后 PC=0000H，SP=07H，PSW=00H 等。而软件复位则对 SP、SPW 无影响。故当程序正常运行时，将 SP 设置地址大于 07H，或者将 PSW 的第 5 位用户标志位在系统正常运行时设为 1。那么系统复位时只需检测 PSW.5 标志位或 SP 值便可判断此时是否为硬件复位。图 6-29 是采用 PSW.5 作加电标志位判别硬、软件复位的识别流程图。

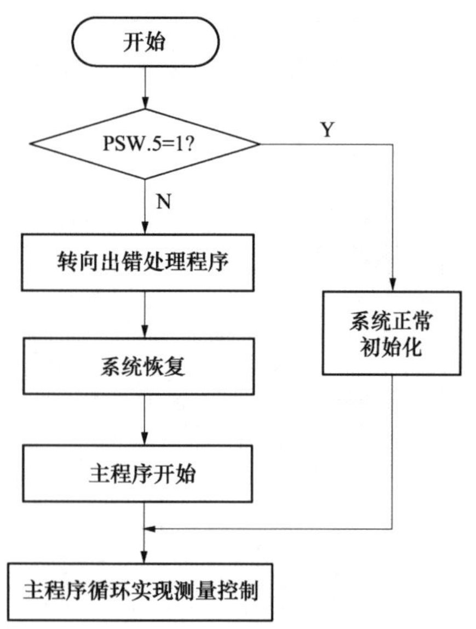

图 6-29 硬、软件复位识别流程图

此外，由于硬件复位时片内 RAM 状态是随机的，而软件复位时片内 RAM 则可保持复位前状态，因此可选取片内某一个或两个单元作为加电标志。设 40H 用来当作加电标志，上电标志字为 78H，若系统复位后 40H 单元内容不等于 78H，则认为是硬件复位，否则认为是软件复位，转向出错处理。若用两个单元作上电标志，则这种判别方法的可靠性更高。

3. 开机复位与定时器故障复位的识别

开机复位与定时器故障复位因同属硬件复位，所以要想予以正确识别，一般要借助非易失性 RAM 或者 E^2PROM 。当系统正常运行时，设置一个可断电保护的观测单元。

当系统正常运行时，在定时发出指令让定时器复位的中断服务程序中使该观测单元保持正常值（设为 0AAH），而在主程序中将该单元清零，因观测单元断电可保护，则开机时通过检测该单元是否为正常值可判断是否为定时器复位。

4. 正常开机复位与非正常开机复位的识别

识别测控系统中因意外情况如系统断电等情况引起的开机复位与正常开机复位，对于过程控制系统尤为重要。如某以时间为控制标准的测控系统，完成一次测控任务需 1h。在已执行测控 50min 的情况下，系统电压异常引起复位，此时若系统复位后又从头开始进行测控则会造成不必要的时间消耗。因此可通过一个监测单元对当前系统的运行状态、系统时间予以监控，将控制过程分解为若干步或时间段，每执行完一步或每运行一个时间段则对监测单元置为关机允许值，不同的任务或任务的不同阶段有不同的值，若系统正在进行测控任务或正在执行某时间段，则将监测单元置为非正常关机值。那么系统复位后可据此单元判断系统原来的运行状态，并跳到出错处理程序中恢复系统原运行状态。

5. 非正常复位后系统自恢复运行的程序设计

对顺序要求严格的一些过程控制系统，系统非正常复位后，一般都要求从失控的那一个模块或任务恢复运行。所以系统要做好重要数据的备份，如系统运行状态、系统的进程值、当前输入/输出的值，当前时钟值、观测单元值等，这些数据既要定时备份，同时若有修改也应立即予以备份。当在已判别出系统非正常复位的情况下，先要恢复一些必要的系统数据，如显示模块的初始化、片外扩展芯片的初始化等，其次再对测控系统的系统状态、运行参数等予以恢复，包括显示界面等的恢复，之后再把复位前的任务、参数、运行时间等恢复，最后进入系统运行状态。应当说明的是，首先真实地恢复系统的运行状态需要极为细致地对系统的重要数据予以备份，并加以数据可靠性检查，以保证恢复数据的可靠性。其次，对多任务、多进程测控系统，数据的恢复需考虑恢复的次序问题，数据恢复过程流程图如图 6-30 所示。

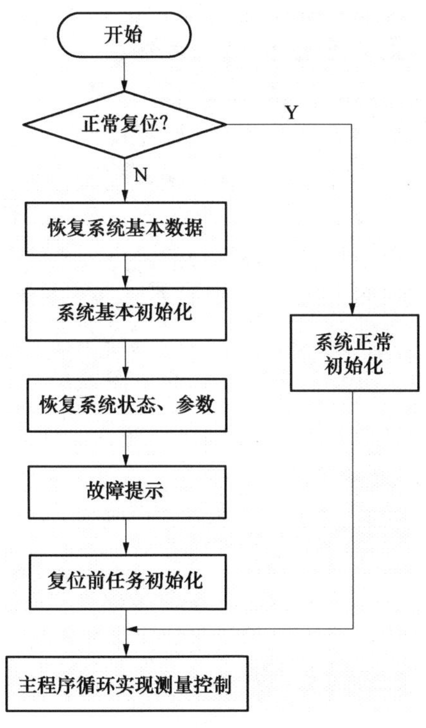

图 6-30 数据恢复过程流程图

图 6-30 中，恢复系统基本数据是指取出备份的数据覆盖当前的系统数据。系统基本初始化是指对芯片、显示、输入/输出方式等进行初始化，要注意输入/输出的初始化不应造成误动作，而复位前任务的初始化是指任务的执行状态、运行时间等。

6.8 电磁兼容性设计案例

目前，粮情测控系统在各个粮库的应用十分广泛，经调查，目前在西安地区，有些粮库应用的河南省某公司和陕西省某研究所等相关机构研发的粮情测控系统在实际应用中都存在着或多或少的不可靠问题，在系统长时间运行或者有大的干扰噪声如电压不稳或者有雷击情况发生或者信号传输的距离较远时，机器存在着死机甚至烧机的现象。这些不可靠因素对于系统产生的影响源于在设计之初没有重视整个系统的抗干扰能力，在抗干扰的设计方面，电磁兼容的设计尤为重要。

1. 电磁兼容性设计的提出

本设计系统在设计初期没有充分考虑到电磁兼容性的问题，在产品的逐渐广泛应用中，电磁兼容性的问题逐渐暴露，当粮库中分机较多、传输距离较远时，电源线、信号线以及各个分机之间的相互干扰越发明显，例如前期在西安市阎良区康桥粮库安装的 1 台分机，西安市阎良区关山粮库安装的3台主机以及西安市阎良区慕郑粮库一期安装的6台分机在应用中都比较稳定，没有显现出系统不可靠的相关迹象。但是在西安市阎良区慕郑粮库二期工程中增加了两台传输距离较远的分机，在西安市户县火车站粮库应用了10台分机，整个系统开始出现信号传输不稳定，系统不能够可靠运行、通信故障频率较高的状况。

经分析，在每台分机应用到现场之前，整个系统在实验室都会经过拷机，在拷机实验过程中，将十几台分机通过短线连接在一起全部接入测试系统进行安装前的调试运行，经过几日的高低温测试和运行，系统运行可靠，数据传输稳定，不存在问题。但是，一旦多台分机应用到现场环境中并进行长线传输时，经实验室拷机稳定的分机便达不到实验室分机的可靠性，一旦多台分机中的一台或几台出现故障，整个系统就有可能陷入死机状态，这不仅给用户带来了使用上的不便，也加大了设备维修升级的难度。也就是说分机之间或长线传输的信号及电源线之间出现了相互之间的电磁干扰，而这种电磁干扰在短距离下的作用是不明显的，由于实验室的拷机条件有限，无法达到和设备应用现场一样的电磁环境，则现场应用中的设备便达不到实验室条件下的稳定性和可靠性，这些电磁干扰是不容易被察觉到的。为此，在本设计系统中，加入了对电子设备的电磁兼容性设计。

2. 电磁兼容性设计总体方案

为了消除电磁干扰效应，需要从电磁兼容的三要素入手，搞清楚本设计系统的电磁干扰源、耦合通道和敏感设备，才能够确定EMC设计方案，有针对性地进行电磁兼容性设计。在本系统中，电磁干扰源有分机通信电路中的各种元器件、各个分机、通信线缆、粮库周边的高压电网、粮库内部湿热熏蒸环境，自然现象如雷电雨雪等，耦合途径主要是传输线路，敏感设备有分机、硬件电路中的各种元器件等。

3. 线缆的施工设计

系统在设计初期应用的时候便出现设备运行不可靠的情况，经过细致的分析发现，是共模电流产生的电磁辐射对设备的干扰，要抑制电缆中的共模干扰，设计中采取了以下几种方法。

（1）在进出分机的电缆上绕适当圈数的电感来减小共模干扰电流，圈数越多，电感量越大，抑制范围向低频扩展，但圈数越多，越容易饱和。

（2）减小由电路地线干扰电压或者其他电路的辐射耦合过来的共模干扰电压。

（3）调试安装之前，根据各个粮仓的分布情况，对整个粮库的走线进行设计，根据电磁兼容的原则，在满足使用要求的前提下，尽量避免线缆的长线传输，这样不仅使信号的传输更加稳定，而且也减少了系统的成本。

（4）在各个分机电缆的入口处，加上一个铁氧体吸收磁环，将共模电流吸收、发热而消耗掉。

（5）在现场施工走线的时候，根据仓库高度及粮面高度使传输线尽量靠近地面配置，目的是减小线缆与大地之间的回路面积，从而减小共模辐射。

在施工方面，也要注意对线缆的保护，为了保证线缆的韧性，使其不容易拉伸或扯断线缆造成线缆阻抗变大，使得线缆本身传输性能的下降，而影响系统的正常工作，将电缆和韧性大的钢丝绳绑在一起，使电缆线受到的拉伸力尽可能的小。由于钢丝绳的韧性和电缆的重力，长时间悬挂的电缆和钢丝绳受重力影响会下垂，如果不注意的话，会使线缆的传输性能大大衰减，使得电缆不具备电磁兼容的设计要求，因此，走线遇到拐弯处，将钢丝绳挂在打好的膨胀钩上，膨胀钩上挂钢丝，不挂线缆，线缆留下一定的余量，从而保证线缆的完好，使得线缆在自然条件下仍然能够保证处于一种自然悬挂或者自然拉伸状态，不会对线缆内部的铜丝产生影响，保证了信号的可靠传输。

4. 滤波设计

在本系统中，滤波电路主要应用在系统的电源和信号线之中，本系统的电源滤波器的设计从共模和差模两方面来考虑。共模滤波器最重要的部分就是共模轭流圈，设计共模轭流圈时要考虑的一个重要问题是它的漏感。对理想的电感模型而言，当线圈绕完后，所有磁通都集中在线圈的中心内。但通常情况下环形线圈不会绕满一周，或绕制不紧密，这样会引起磁通的泄漏，并形成差模电感。因此，共模电感一般也具有一定的差模干扰衰减能力。在本系统滤波器的设计中，利用漏感作为差模电感来对电路的差模电流进行抑制。本系统的滤波电路设计如图 6-31 所示。

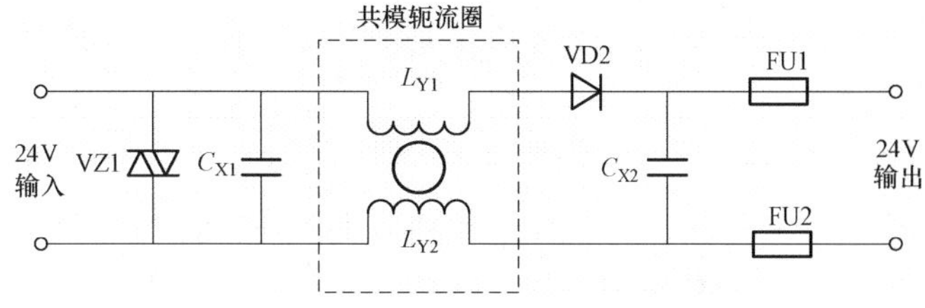

图 6-31 滤波电路设计

上图是包含共模电感的滤波电路，L_{Y1} 和 L_{Y2} 就是共模电感线圈。这两个线圈绕在同一铁心上，匝数和相位都相同（绕制反向）。这样，当电路中的正常电流流经共模电感时，电流在同相位绕制的电感线圈中产生反向的磁场而相互抵消，此时正常信号电流主要受线圈电阻（和少量因漏感造成的阻尼）的影响；当有共模电流流经线圈时，由于共模电流的同向性，会在线圈内产生同向的磁场而增大线圈的感抗，使线圈表现为高阻抗，产生较强的阻尼效果，以此衰减共模电流，达到滤波的目的。共模电感的值一般为 0.3～38mH，共模电容控制在漏电电流小于 1mA 的条件下选择较大数值。

事实上，将这个滤波电路一端接干扰源，另一端接被干扰设备，则 L_{Y1} 和 C_{X1}，L_{Y2} 和 C_{X2} 就构成两组低通滤波器，可以使线路上的共模 EMI 信号被控制在很低的电平上。该电路既可以抑制外部的 EMI 信号传入，又可以衰减线路自身工作时产生的 EMI 信号，能有效地降低 EMI 干扰强度。

在本设计系统中，在信号线上的滤波主要是通过在信号线上绕制铁氧体磁心来实现的，铁氧体磁心能抑制任何寄生振荡和传输到元器件引线电缆中的高频无用信号（由元件感应的）。铁氧体磁心通过消除或极大的衰减电磁干扰源的高频电流来抑制传导干扰。采用铁氧体，能够提供足够高的高频阻抗来减小高频电流，从理论上讲，理想的铁氧体能在高频段提供高阻抗；而在所有其他频段上提供零阻抗。但实际上，铁氧体磁心的阻抗是依赖于频率的，在频率低于 1MHz 时，其阻抗最低，对于不同的铁氧体材料，最高阻抗出现在 10～500MHz 之间。

5. 屏蔽设计

在本系统中，从线缆到分机都采取了屏蔽技术，系统用到的通信线缆采用带屏蔽层的线缆进行信号传输，这种导线外部有屏蔽层，屏蔽层将传输线路包围起来，防止它们受到外界电磁场的影响，将屏蔽层接地后，外来的干扰信号可被该层导入大地，避免干扰信号进入内层导体干扰同时降低传输信号的损耗。

对于分机来说，屏蔽显得尤为重要，分机外壳采用金属材料，导电性不好的材料屏蔽性能不好，而且在分机机壳的内部都喷涂了导电材料，使得机壳的屏蔽效能大大增加，满足屏蔽的要求，在机壳的表面，只留有进出分机的线缆的接口，由于线缆都采用屏蔽导线，有效保证了分机的屏蔽性能。但是，屏蔽外壳机箱上有活动面板构成的结合处，金属构件在这些结合处不可能完全解除，只能在某些点接触上，构成了缝隙，而缝隙是造成屏蔽外壳屏蔽效能降低的主要原因之一，为了减小缝隙的泄露，应该尽量降低缝隙的阻抗，包括减小接触电阻、增加电容等。在本系统中，对于缝隙泄露的处理方法是使用电磁密封衬垫，它是一种弹性的导电材料，它的作用是将缝隙中的非接触点填满，消除缝隙。机壳的缝隙处安装电磁密封衬垫，对于电磁波而言，如同在液体容器的盖子上使用了橡胶密封衬垫后不会发生液体泄漏一样，不会发生电磁波的泄漏，在电磁密封衬垫的使用中还要注意它的密封屏蔽性能参数，主要有导电性、回弹力、最小密封压力、压缩永久形变、衬垫的厚度以及电化学相容性等。

6. 内部走线设计

在粮库内部，根据国家粮食储备要求，要定期对粮食进行熏蒸处理，这就要求设计的电缆在粮库内部要防熏蒸、防腐蚀，在熏蒸粮库的高温高湿高腐蚀的密封环境中，如果线缆出现微小的破绽，对于粮库内部线缆信号的可靠性传输将产生很大的影响，短路、断路以及传感器本身的性能下降将使得粮库内部线缆的抗电磁干扰性能大大降低，从而影响整个系统的电磁兼容性。在粮库内部，线缆的接头处，在线缆内部进行密封，同时在外部容易腐蚀的部位采用模具压铸的方式密封线缆，使得整个仓内电缆的抗腐蚀性能得到提升。同时，为了使整个测温电缆不影响整个粮库的环境和美观，布电缆时，工作人员将电缆下到粮库中时，应该将线缆铺设在粮面以下，这种铺设方式可使各种传感器更加接近粮食，从而使测得的粮情等各种数据更加准确。

7. 接地设计

从电磁兼容的角度出发，在本系统的电源模块中，不同电源的地如果直接相连的话，会导致相互干扰，不短接的话又不合适，因此可以选择用磁珠、电容、电感或者 0Ω电阻来将不同电源的地连接到一起。磁珠的等效电路相当于带阻限波器，只对某个频点的噪声有显著的抑制作用，对于频率不确定或无法预知的情况，磁珠无法有效抑制电磁干扰；电容隔直通交，造成浮地；电感体积大，杂散参数多，不稳定；本系统采用 0Ω电阻，它相当于很窄的电流通路，能够有效地限制环路电流，使噪声得到抑制，对所有频率的噪声都有衰减作用，同时可以保证直流电位相等、单点接地（限制噪声）。

8. PCB 板设计

本次设计中，按照 PCB 板设计的一般原则，先对整个系统板的地线网格进行了分配布线，在大电流或总电源经过的地线上适当地增加布线的宽度，在地线的走势中，地线间的距离尽量变小，这样有利于减少信号环路面积，从而减少信号的辐射干扰，同时在各不同电源间、地线之间加入电感隔离来避免由于瞬时地电动势差形成的地电流信号冲击；其次是对电源的布线，布线尽量采取树桩单点回地的策略，这样可以减少各有源电子元件之间的用电影响；最后是信号线的走向，在双层 PCB 板中，一般过孔孔径选择合适的话其阻抗可以忽略不计，故在双层板的两面走线采取交叉分配的原则，也就是一面横向布线，另一面就竖向走线。同时，多条平行信号线不能过长，小信号线要有地线屏蔽等。当然，在布线之前，需根据各电子元器件的本身特性，在 PCB 板上分配合适的空间，使各电子元器件达到电磁兼容的目的，例如模拟器件和数字器件分开走线，避免模拟信号对数字信号的干扰等。

除了以上所提到的方面之外，元器件的适用范围也要重点考虑，例如温度范围、湿度范围等，根据不同环境的要求选择合适的元器件。

习 题 6

6-1 提高计算机系统的可靠性的常用技术有哪几种？其原理是什么？

6-2 干扰进入计算机控制系统有哪几种途径？

6-3 接地技术有哪几种？适用于什么场合？

6-4 什么是串模干扰和共模干扰？如何抑制？

6-5 软件抗干扰技术有哪几种？其方法是什么？

6-6 如何提高电源的抗干扰能力？

7 计算机控制系统的设计与实现

计算机控制系统的设计与实现既是一个理论问题，同时也是一个工程应用问题，它所涉及的领域和对象范围非常广泛，涵盖控制理论、计算机技术、自动检测技术与仪表、通信技术、电气电工、电力电子技术、工艺设备等众多领域。

7.1 计算机控制系统设计的原则与步骤

7.1.1 系统设计的原则

1. 安全可靠

安全可靠原则是计算机控制系统设计的关键问题和首要问题，因为，系统一旦出现安全故障，轻则影响生产，致使产品质量不合格，生产效率低下，给公司企业带来直接经济损失，重则会造成人身伤亡事故，在社会上产生不良影响，甚至产生社会恐慌，一旦引起连锁反应，而导致整个生产线失控，其造成的损失将远远超过计算机控制系统本身。因此，在进行计算机控制系统的设计时，一定要将安全可靠性问题摆在首要考虑的位置上，不考虑安全可靠性问题，则整个计算机控制系统的设计就没有现实意义。

在进行计算机控制系统设计时，首先，选择高性能的工业控制机，保证其在恶劣和复杂的工业环境中，仍然可以正常运行；其次，使用可靠的软件设计安全可靠的控制方案；再次，考虑各种可能出现的问题，对所设计的系统添加各种安全保护装置，例如各种报警装置、事故预测与处理装置等。

为了预防计算机故障，还应该设计后备装置。一般回路可以选用手动操作作为后备；对于重要的控制回路，常常选用常规控制仪表作为后备；对于特殊的控制对象，则应设计两台计算机，互为后备的执行任务，即采用双机系统。

双机系统的工作方式一般分为备份工作方式和双工工作方式两种。在备份工作方式中，一台作为主机投入系统运行，另一台作为备份机也处于通电工作状态，作为系统的热备份机，当主机出现故障时，专用程序切换装置便自动地把备份机切入系统运行，承担起主机的任务，而故障排除后的原主机则转为备份机，处于待命状态。在双工工作方式中，两台主机并行工作，同步执行同一个任务，并比较两机执行结果，如果比较结果相同，则表明正常工作，否则再重复执行，再校验两机结果，以排除随机故障干扰，若经过几次重复执行与校对，两机结果仍然不同，则启动故障诊断程序，将其中一台故障机切离系统，让另一台主机继续执行。对于功能较大的控制系统，则应该考虑采用分布式系统。

2. 操作维护性能好

操作维护性能好体现在两个方面，即操作方便与维护方便。操作方便体现在操作简单、直观形象、便于掌握、并不要求操作人员掌握专门的计算机技术才能操作，既要体现操作的先进性与通用性，又要兼顾操作人员的操作习惯。维护方便体现在所设计的计算机控制系统易于查找和排除故障，同时系统本身应具有自诊断功能，硬件采用标准的模板式结构，便于在系统发生故障时更换故障模板，同时在各功能模板上安装工作状态指示灯和监测点，便于维修人员检查和维护。软硬件设计都要考虑到操作人员可能出现的各种误操作，尽量让这种误操作在可以控制的范围内，不致产生更严重的后果。

3. 实时性强

实时性是计算机控制系统设计的一个非常重要的指标，主要表现在时间驱动和事件驱动上，即要求系统能够及时响应并处理各类突发事件，并且不丢失信息，不延误操作。计算机处理的事件一般分为两类，一类是定时事件，如数据的定时采集、运算控制等；一类是随机事件，如事故、报警等。对于定时事件，系统设置时钟，保证定时处理；对于随机事件，系统设置中断，并根据故障的轻重缓急，预先分配中断级别，一旦事故发生，保证优先处理紧急故障。但是计算机控制系统的实时性并不是指系统的速度越快越好，而是根据实际要求，能对生产过程进行实时的监测和控制。

4. 通用灵活性好

计算机控制系统的通用性是指所设计出的计算机控制系统能够根据各种不同设备和不同控制对象的控制要求，灵活扩充、便于修改。

计算机控制系统的通用灵活性主要体现在两个方面：一是硬件设计方面，首先应采用标准总线结构，配置各种通用的功能模板或功能模块，并留有一定的冗余，当需要扩充时，只需增加相应功能的通道或模板就能实现；二是软件方面，应采用标准模块结构，用户使用时尽量不进行二次开发，只需要按要求选择各种功能模块，灵活地控制系统组态。

一个计算机控制系统的控制对象千变万化，一般包含多台设备和多个过程参数的控制，各台设备和各个过程参数的控制要求是不同的，而且设备、过程参数还有增减，工业控制机的研制开发需要一定的投资和周期，一般来说，不可能为一台装置或者一个生产过程研制一台专用计算机，系统设计时应该考虑能适应不同设备和各种不同的过程参数，采用模块化结构，按照控制要求灵活构建系统，以便能使系统不作大改动就能很快适应新情况，这就要求系统的通用性要好，能灵活地进行更改和扩充。

5. 经济效益高

采用计算机控制应能够带来高的经济效益，设计人员设计系统硬件部分的时候要充分考虑性价比，在满足性能指标的前提下尽可能降低成本。这就要求在设计系统方案时，应该全面论证，详细考察，考虑用软件实现部分硬件功能，以降低硬件成本。同时，要使投入产出比尽可能的低，应该从提高产品质量与产量、降低能耗、消除污染、改善劳动条件等方面进行综合评估。

如果计算机控制系统与被控对象的距离在十几米甚至几十米之内，且被控对象的经济价值不是特别巨大或是发生短暂的故障时对用户的影响较小，可以考虑采用上位计算机加 I/O 板卡方式。如果计算机控制系统所覆盖的地域比较大，系统结构可以考虑网络（串行总线）方式。如果被控对象的经济价值特别巨大或是发生短暂故障时对用户的影响很大，则要考虑采用集散控制系统或是上位工控机加 PLC 方式。

6. 开发周期短

如果计算机控制系统的开发时间太长，会使用户无法尽快地收获投资，影响经济效益的提高，而且当今计算机技术发展迅猛，只要几年的时间，技术就会更新换代，如果设计开发的时间过长，就等于缩短了系统的使用寿命。因此，在设计时应尽可能地使用成熟的技术，对关键的元部件获取软件，不是万不得已就不要自行开发。目前，采用上位机加 I/O 板卡加组态软件，或是上位机加 PLC 加组态软件开发一个控制点数目 1001 点左右的计算机控制系统所需要的时间（包括工艺调研）往往不会超过一个月，而在如此短的时间内要想自行开发出一个可以稳定、可靠运行的软件或者硬件产品是很困难的，因此，购买现成的硬件和软件进行组装与调试应该成为首选。

7.1.2 系统设计步骤

计算机控制系统的设计虽然随着被控对象、控制方式、系统规模的变化而有所差异，但系统设计的基本内容和主要步骤大致相同，系统工程项目的研制可分为四个阶段：工程项目与控制任务的确定阶段；工程项目的设计阶段；离线仿真和调试阶段；在线调试和运行阶段。

第一阶段：工程项目与控制任务的确定阶段。

该流程图既适合甲方，也适合乙方。所谓甲方，就是任务的委托方，甲方有时是直接用户，有时是本单位的上级主管部门，有时也可能是总结单位。乙方是系统工程项目的承接方。国际上习惯称甲方为“买方”，称乙方为“卖方”。在一个计算机控制系统工程的研制和实施中，总是存在着甲乙双方的关系。因此，能够对整个工程任务的研制过程中甲乙双方的关系及工作的内容有所了解是有益的。

甲方提供任务委托书：在委托乙方承接系统工程项目之前，甲方一定要提供正式的书面任务委托书。该委托书一定要有明确的系统技术性能指标要求，还要包括经费、计划进度、合作方式等内容。

乙方研究任务委托书：乙方在接到任务委托书后要认真阅读，并逐条进行研究。对含糊不清、认识上有分歧和需要补充或删节的地方要逐条标出，并拟定出要进一步弄清的问题及修改意见。

双方对委托书进行确认性修改：在乙方对委托书进行了认真研究之后，双方应就委托书的确认或修改事宜进行协商和讨论。为避免因行业和专业不同所带来的局限性，在讨论时应有各方面有经验的人员参加。经过确认或修改过的委托书中不应有含义不清的词汇和条款，而且双方的任务和技术界面必须划分清楚。

乙方初步进行系统总体方案设计：由于任务和经费没有落实，因此这时总体方案的设计只能是“粗线条”的。在条件允许的情况下，应多做几个方案以便比较。这些方案应在“粗线条”的前提下，尽量详细，其把握的尺度是能清楚地反映出三大关键问题，即技术难点、经费概算和工期。

乙方进行方案可行性论证：方案可行性论证的目的是要估计承接该项任务的把握性，并为签订合同后的设计工作打下基础。论证的主要内容是技术可行性、经费可行性和进度可行性。特别要指出，对控制项目尤其是对可测性和可控性应给予充分重视。

如果论证的结果可行，接着就应做好签订合同前的准备工作；如果不可行，则应与甲方进一步协商任务委托书的有关内容或对条款进行修改。若不能修改，则合同就不能签订。

双方签订合同书：合同书是双方达成一致意见的结果，也是以后双方合作的唯一依据和凭证。合同书（或协议书）应包括如下内容：经过双方修改和认可的甲方“任务委托书”的全部内容；双方的任务划分和各自应承担的责任；合作方式；付款方式；进度和计划安排；验收方式及条件；成果归属及违约的解决办法。

签订合同流程图如图 7-1 所示。

第二阶段：工程项目与控制任务的设计阶段。

工程项目与控制任务的设计阶段主要包括组建项目研制队伍、制定系统的总体方案、方案的论证与送审、硬件与软件的分别细化设计、硬件与软件的分别调试、系统的总装。

工程项目与控制任务的设计流程图如图 7-2 所示。

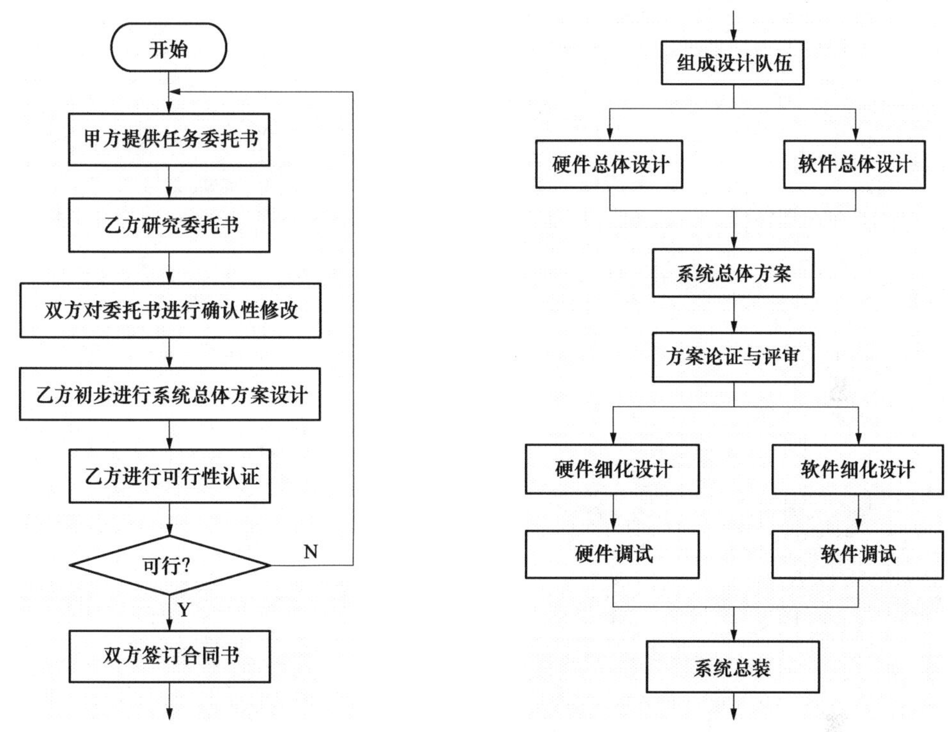

图 7-1　签订合同流程图　　图 7-2　工程项目与控制任务的设计流程图

组建项目研制队伍：在签订了合同或协议之后，系统的研制进入设计阶段。为了完成系统设计，应首先把项目组成员确定下来。这个项目组应该由懂得计算机硬件、软件和有控制经验的技术人员组成，同时，还要明确分工和互相的协调合作关系。

制定系统的总体方案：包括硬件总体方案和软件总体方案。硬件和软件的设计是互相有机联系的。因此，在设计时要经过多次的协调和反复，最后才能形成合理的统一在一起的总体设计方案。总体方案要形成硬件和软件的方块图，并建立说明文档，包括控制策略和控制算法的确定等。

方案的论证评审：是对系统设计方案的把关和最终裁定。评审后确定的方案是进行具体设计和工程实施的依据，因此应邀请有关专家、主管领导及甲方代表参加。评审后应重新修改总体方案，评审过的方案设计应该作为正式文件存档，原则上不应再作大的改动。

硬件与软件的分别细化设计：此步骤只能在总体方案评审后进行，如果进行的太早就会造成资源的浪费和返工。所谓细化设计就是将方块图中的方块划到最底层，然后进行底层块内的结构细化设计。对于硬件设计来说，就是选购模板以及设计制作专用模板；对软件设计来说，就是将一个个模块变成一条条的程序。

硬件与软件的分别调试：实际上，硬件、软件的设计中都需要边设计边调试边修改，往往要经过几个反复过程才能完成。

系统的组装：硬件细化设计和软件细化设计后，分别进行调试。之后就可进行系统的组装，组装是离线仿真和调试阶段的前提和必要条件。

第三阶段：离线仿真和调试阶段。

在实验室而不是在工业现场进行仿真和调试。离线仿真和调试后还要进行拷机运行，以便在连续不停机的运行中暴露问题和解决问题。

离线仿真和调试流程图如图 7-3 所示。

第四阶段：在线调试和运行阶段。

系统离线仿真和调试后便可进行在线调试和运行。所谓在线调试和运行就是将系统和生产过程连接在一起，进行现场调试和运行。尽管上述离线仿真和调试工作非常认真、仔细，但是现场调试和运行仍能出现问题，因此必须认真分析加以解决。系统正常运行后，可组织验收。验收是系统项目最终完成的标志，应由甲方主持，乙方参加，双方协同办理。验收完毕应形成验收文件存档。

在线调试和运行流程图如图 7-4 所示。

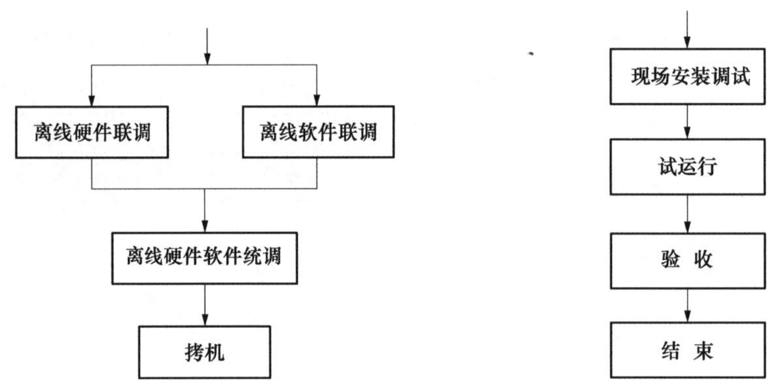

图 7-3 离线仿真和调试流程图　　图 7-4 在线调试和运行流程图

7.2 计算机控制系统的工程设计与实现

计算机控制系统的设计虽然随系统的控制对象、控制方式、规模大小等而有所差异，但系统设计的基本内容和主要步骤大体相同，主要包括：了解系统的工艺要求，明确控制任务；确定系统总体设计方案；选择系统总线和主机机型；建立数学模型，确定控制算法；系统硬件和软件的具体设计；计算机控制系统的调试。计算机控制系统的工程设计步骤如图 7-5 所示。

7.2.1 了解工艺要求，明确控制任务

设计一个性能优良的计算机控制系统，首先要注重对实际问题的调查。通过对控制对象的深入了解、分析以及工作过程、环境的熟悉，才能确定所要设计系统的工艺要求，明确控制任务，提出切实可行的系统总体设计方案。不了解系统的工艺要求、不明确控制任务，所设计的系统就因脱离了现实的要求而没有了任何现实意义。因此，设计计算机控制系统之前，必须明确工艺要求与控制任务，这样才能围绕目标要求，得心应手地设计计算机控

制系统。

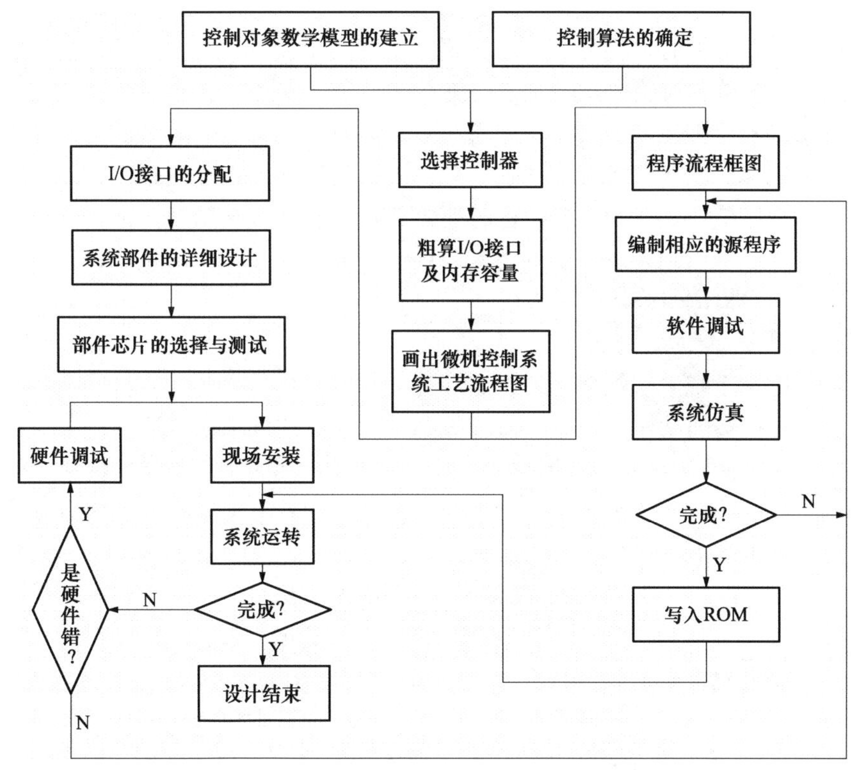

图 7-5　计算机控制系统的工程设计步骤

7.2.2　确定系统总体设计方案

1. 控制系统方案的确定

根据系统要求，确定采用开环控制、闭环控制，还是混合控制。如果是闭环控制还需进一步确定是单回路还是多回路；根据整个控制系统的目标和要求，确定计算机在其中所起的作用，并进而确定系统是采用数据采集系统（DAS）、直接数字控制系统（DDC），还是采用计算机监督控制系统（SCC）或者分布式控制系统（DCS）等。

控制方案确定之后，需要选择微处理器，确定系统的构成方式。微处理器是整个控制系统的核心，其性能的好坏直接影响系统的性能。微处理器品种繁多，可根据任务要求、投资规模以及现场条件进行选择。

确定系统的构成方式主要是选择机型。目前可供选择的工业控制机产品有可编程控制器PLC、可编程调节器、总线式工业控制机、单片机和计算机控制系统等。一般优先考虑选择总线式工业控制机来构成系统。对于设计的任务比较大，且需要对现场的控制过程进行监控时，可以工业控制机为核心构成系统。工业控制机具有系列化、模块化、标准化和开放式系统结构，有利于系统设计者在设计时根据要求像搭积木般地组建系统。这种方式可提高系统研发速度，提高系统的技术水平和性能，增加可靠性。

系统规模较大，自动化水平要求高，甚至集控制与管理为一体的系统可以选用DCS、高档PLC或其他工控网络构成；系统规模较小，自动化水平要求低的，可选用单回路控制器、低档 PLC 等构成。如果是小型控制系统或智能仪器仪表，可采用单片机系列构成。

2. 测量元件的选择

在确定控制方案的同时，必须选择好被测参数的测量元件，它是影响控制系统精度的首要因素。测量各种参数的传感器，如温度、流量、压力、液位、成分、位移、重量和速度等，种类繁多，规格各异，因此，需要正确地选择测量元件，因为它为系统的控制精度提供最根本的保障。检测元件一般应考虑两方面的问题：一是检测元件的测量范围；二是检测元件的精度指标，通常选用检测元件的精度指标时要求该指标高于系统精度指标。

目前许多生产厂家已经开发和研制出专门用于计算机控制系统的集成化传感器，因而给计算机控制系统参数检测带来极大的方便。

3. 执行机构的选择

执行机构是控制系统中必不可少的组成部分，它的作用是接收计算机发出的控制信号，并把它转化成调整机构的动作，使生产过程按照预先规定的要求正常运行。

执行机构分为气动、电动、液动三种类型。气动执行器的特点是结构简单、价格低、防火防爆；电动执行器的特点是体积小、种类多、使用方便；液动执行器的特点是推力大、精度高。常用的执行机构为气动和电动的。

在计算机控制系统中，将 0～10mA 或者 4～20mA 电信号经过电气转换器转换成标准的 0.02～0.1MPa 气压信号之后，即可与气动执行机构（气动调节阀）配套使用。电动执行结构（电动调节阀）直接接收来自工业控制机的 4～20mA 或者 0～10mA 输出信号，实现控制作用。

另外，还有各种有触点和无触点开关，也是执行机构，实现开关动作。电磁阀作为一种开关阀在工业中也得到广泛的应用。

在系统中，选择气动调节阀、电动调节阀、电磁阀、有触点和无触点开关中的哪一种，要根据系统的要求来确定。但要实现连续的精确的控制目的，必须选用气动或电动调节阀，而对要求不高的控制系统则可以选择电磁阀。

4. 其他方面的考虑

总体方案还应考虑人机联系方式、系统的机柜或机箱的结构设计、抗干扰等方面的问题。

5. 软件总体方案的设计

软件总体设计方案的主要内容是：确定软件平台、软件结构、任务分解，建立系统的数学模型、控制策略和控制算法等。根据合同书或协议书的技术要求和已作过的初步方案，进行软件的总体方案设计。软件设计也应该采用结构化、模块化、通用化的设计方法，自上而下或自下而上地画出软件结构方框图，再围绕总的结构框图逐级细化，直到能清楚地表达出控制系统所要解决的问题为止。

在确定系统总体方案时，要统一考虑系统的硬件和软件功能的划分，在控制功能既可以用硬件完成，也能用软件完成的情况下，要根据系统的实时性要求和整个系统价格综合平衡加以确定。一般情况下，硬件速度快，有利于满足实时性要求，但是价格较高；用软件实现则价格较便宜，但要占用更多的机时。所以在实时性允许的情况下，应尽量采用软件。如果系统回路较多，或者软件设计比较困难时，可以考虑用硬件来完成所需功能。

6. 选择输入/输出通道及外设

一个典型的计算机控制系统，除了工业控制机的主机以外，还必须要有各种输入/输出通道模板，其中包括数字量 I/O（即 DI/DO）模板、模拟量 I/O（即 AI/AO）模板、实时时钟模板、步进电机控制模板、晶闸管控制模板等。

数字量（开关量）输入/输出（DI/DO）模板：PC 总线的并行 I/O 接口模板多种多样，通常可分为 TTL 电平的 DI/DO 和带光电隔离的 DI/DO。通常和工业控制机共地装置的接口可以采用 TTL 电平，而其他装置与工业控制机之间则采用光电隔离。对于大容量的 DI/DO 系统，往往选用大容量的 TTL 电平 DI/DO 板，而将光电隔离及驱动功能安排在工业控制机总线之外的非总线模板上，如继电器板（包括固体继电器板）等。

模拟量输入/输出（AI/AO）模板：AI/AO 模板包括 A/D、D/A 板及信号调理电路等。AI 模板输入可能是 0～±5V、1～5V、0～10mA、4～20mA 以及热电偶、热电阻和各种变送器的信号。AO 模板输出可能是 0～±5V、1～5V、0～10mA、4～20mA 等信号。选择 AI/AO 模板时必须注意分辨率、转换速度、量程范围等技术指标。

对于模拟量输入/输出模板，一般都有单端输入与双端输入两种选择，为提高抗干扰能力，一般采用双端输入为好。

对模拟输入通道的设计应满足两个要求：能满足生产工艺需要的转换精度，这主要体现在 A/D 转换器的位数和精度上；要有较强的抗干扰能力。

系统的输入输出模板，可以按照需要进行组合，不管哪种类型的系统，其模板的选择与组合均由生产过程的输入参数和输出控制通道的种类和数量来确定。

7. 画出整个控制系统原理图

前几步完成后，结合工业流程图，通过整体方案考虑，最后要画出一张完整的控制系统原理图，用流程图来描述控制过程和控制任务，并写出设计任务说明书，以此作为设计依据。系统原理图包括各种传感器、变送器、外围设备、输入输出通道及微型计算机。它是整个计算机控制系统的总图，要求简单、明了、清晰。

7.2.3 选择系统总线和主机机型

1. 选择系统的总线

系统采用总线结构，具有很多优点。采用总线，可以简化硬件设计，用户可以根据需要直接选用符合总线标准的功能模板，而不必考虑模板插件之间的匹配问题，使系统硬件设计大大简化；系统可扩性好，仅需将按总线标准研制的新的功能模板插在总线槽中即可；系统更新性好，一旦出现新的微处理器、存储器芯片和接口电路，只要将这些新的芯片按总线标准研制成各类插件，即可取代原来的模板而升级更新系统。

内总线选择：常用的工业控制机内总线有两种，即 PC 总线和 STD（标准）总线。根据需要选择其中一种，一般常选用 PC 总线进行系统的设计，即选用 PC 总线工业控制机。

外总线选择：根据计算机控制系统的基本类型，如果采用分级控制系统 DCS 等，必然有通信的问题。外总线就是计算机与计算机之间、计算机与智能仪器或者智能外设之间进行通信的总线，它包括并行通信总线（IEEE-488）和串行通信总线（RS-232C）。另外还有可用来进行远距离通信、多站点互联的通信总线 RS-422 和 RS-485。具体选择哪一种，要根据通信的速率、距离、系统拓扑结构，通信协议等要求来综合分析，才能确定。但需要说明的是 RS-422 和 RS-485 总线在工业控制机的主机中没有现成的接口装置，必须另外选择相应的通信接口板。

2. 选择主机机型

在总线式工业控制机中，有许多机型，都因采用的 CPU 不同而不同。以 PC 总线工业控制机为例，其CPU、内存、硬盘、主频、显卡、显示器也有多种规格，可以根据设计要求合理地进行选择。

7.2.4 建立数学模型，确定控制算法

对于可以建立控制对象数学模型的工业生产过程，必须详细了解对象的工艺过程、参量允许波动的范围和控制要求，以及工艺设备的种类，使用操作条件、技术规范等有关情况，在此基础上建立对象的数学模型。建模是一个十分复杂的问题，常用的方法有工艺理论分析法和实验测试法两种，前者在分析的基础上，利用诸如热平衡方程、化学反应式以及物料和能量的转换关系式等确定各变量之间的定性和定量关系；后者通过在对象输入端加入一定的输入量，同时记录输出量的变化，根据实验数据描绘曲线，近似地求出有关参数，用以确定等效的数学模型，也是广泛应用的一种方法。

对于一个计算机控制系统来说，选用什么控制算法才能使系统达到要求的控制指标，是系统设计的关键问题之一。控制算法的选择与系统的数学模型有关，在建立了系统的数学模型之后，可以推导出相应的控制算法。

由于控制对象多种多样，相应数学模型也各不相同，因此控制算法也是多种多样的。同样的硬件，同一个被控对象，不同的控制算法其结果可能是完全不同的。最常用的控制算法有数字PID算法、最少拍控制算法、最优控制算法及自适应控制算法等。各种控制算法对应的控制对象见表7-1。

控制算法的选定应满足系统控制速度、精度和稳定性的要求。可以在控制系统中设计多种控制算法，通过数字仿真或实验进行分析对比，选择最佳的控制算法。

表7-1　　控制算法对应的控制对象

控制算法	控制对象
PI、PID	一般简单的生产过程
比值控制、前馈控制、串级控制、自适应控制	工况复杂、工艺要求高的生产过程
最小拍无差	快速随动系统
大林算法、Smith纯滞后补偿算法	具有纯滞后的控制对象
随机控制算法	随机系统
模糊控制、学习控制	具有时变、非线性特性及难以建立数学模型的控制对象

7.2.5 系统硬件和软件的具体设计

1. 硬件具体设计

在根据实时性和系统的性价比等多方面因素综合平衡进行了系统硬件和软件功能划分之后，应针对其不同的特点进行分别设计。

根据经验，用工业控制机来组建系统的方法能使系统硬件设计的工作量减到最小。工业控制机有完成工业控制所需的各种功能模板，设计人员只需根据系统要求选择合适的模板和设备，就可方便地组成系统。一般包括以下内容。

（1）根据控制任务的复杂程度、控制精度以及实时性等要求选择主机板。

（2）根据程序和数字量的大小等选择存储器板。

（3）根据模拟量输入通道（AI）、模拟量输出通道（AO）点数、分辨率和精度，以及采

集速度等选择 A/D、D/A 板。

（4）根据开关量输入通道（DI）、开关量输出通道（DO）点数和其他要求（如交流还是直流、功率大小等）选择开关量输入/输出板。

（5）根据人机联系方式选择相应的接口板。

（6）根据需要选择各种外设接口板、通信板、滤波板等。

（7）选择各种计算机外设。

如果根据系统的实际需要，选用合适的芯片来组建系统，则需要考虑涉及以下几方面的内容：①存储器扩展；②模拟量输入通道的扩展；③模拟量输出通道的扩展；④开关量 I/O 接口设计；⑤系统速度匹配问题；⑥系统负载匹配问题。

2. 软件具体设计

如果选用工业控制机来组建系统，能减小系统软件设计工作量，一般工业控制机都配有实时操作系统或实时监控程序，各种控制、运算软件，组态软件等，可使系统设计者在最短的周期内开发出目标系统软件。

一般工业控制机所需的各种功能以模块形式提供给用户，其中包含控制算法模块（多为 PID）、运算模块（四则运算、开方、最大、最小值选择、一阶惯性、超前滞后、工程量变换、上下限报警等）、计数计时模块、逻辑运算模块、输入模块、输出模块、打印模块、显示模块等。系统设计者根据控制要求，选择所需的模块就能生成系统控制软件，因而软件设计工作量大为减小。为了便于系统组态（即选模块组成系统），工业控制机提供了组态语言。

当然，并不是所有的工业控制机都能给系统设计带来上述的方便，有些工业控制机只能提供硬件设计上的方便，而应用软件需自行开发；若从选择单片机入手来设计控制系统时，系统的全部硬件、软件均需自行开发研制。

自行设计一个系统时，其系统软件需要以硬件系统为基础进行设计，应用软件则可根据具体情况选择已有的通用软件包进行组合或自行设计相关应用程序，在应用程序设计中同时也应该注意所设计程序的可靠性、实时性以及通用性等内容。

7.2.6 计算机控制系统的调试

计算机控制系统设计完成后，最主要的工作就是系统的调试，这是较为繁琐而耗时的一项工作，系统调试的目的在于使所设计的系统尽可能多地暴露问题、缺陷、故障（包括设计错误和工艺性故障），并排除故障，加以改正，因此，在调试中，要尽可能多地改变各种可能使系统出现问题的方法和手段，工业现场环境千变万化，调试是一个使系统趋于完善的漫长过程。

系统的调试与运行可分为离线仿真与调试和在线调试与运行两个阶段，离线仿真与调试一般是在实验室或非工业现场进行，而在线调试与运行是在生产过程工业现场进行的。离线仿真与调试是基础，是检查系统硬件和软件的整体性能，为在线调试与现场运行做准备。现场运行是对整个系统的实际考验与检查。计算机控制系统调试步骤如图 7-6。

1. 离线仿真与调试

硬件调试：对于自行开发的硬件电路板，首先需要用万用表或逻辑测试笔逐步按照逻辑图检查电路板各元器件的电源及各管脚的连接是否正确，检查数据总线、地址总线和控制总线是否有短路等故障。有时为了保护集成芯片，先对各管座电位（或电源）进行检查，确定其无误后再插入芯片。再根据设计说明、设计要求和预定技术指标对电路板功能进行功能性

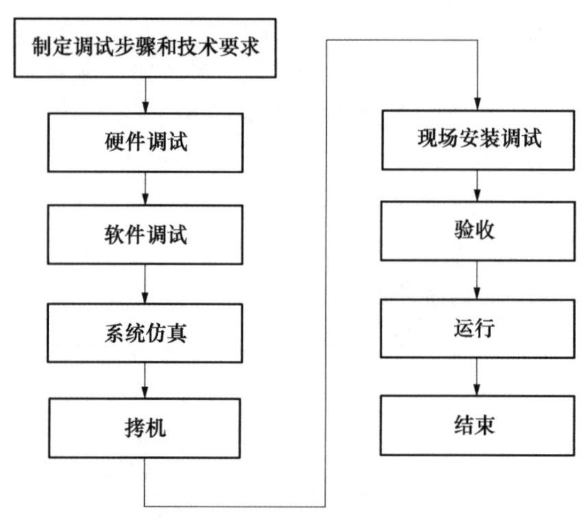

图 7-6 计算机控制系统调试步骤

检查，测试是否满足要求。

对于各种标准功能模板，按照说明书检查主要功能。比如主机板（CPU 板）上 RAM 区的读写功能、ROM 区的读出功能、复位电路、时钟电路等的正确性。在检查过程中，最好利用仿真器或者开发系统，有时需要编制一些短小有针对性的测试程序对各功能电路进行分别测试，以检测这些电路的正确性或存在的问题。

对于 A/D 和 D/A 模板首先检查信号的零点和满量程，然后再分栏检查，比如满量程的 10%、25%、50%、75%、100%，并且上行和下行反复调试，以便检查线性度是否合乎要求。如果有多路开关板（或电路），还应测试各通路是否能正确切换。

检查开关量输入输出模板，需利用开关量输入输出程序来进行。对于开关量的输入，可在各输入端加开关量信号，并读入以检查读入状态的正确性。对于开关量的输出，运行开关量输出测试程序，在输出端检查（用万用表或在输出端接测试信号器件电路）输出状态的正确性。

对于现场仪表和执行机构，如各种变送器和调节阀，必须在安装前对照说明书要求进行校验。实际硬件调试中，并非在硬件总装后才进行硬件系统调试，而是边装边调试。

软件调试：针对硬件中各功能模块编制对应的测试软件，对其进行测试，待各模块功能调试完毕后，再进行软件的联机总调试，因此，软件调试一般安排在硬件调试之后。有了正确的硬件作保证，就能很容易发现软件的错误，在软件调试过程中，也可能会发现硬件故障，在此过程中，硬件隐含的问题可以被纠正。

软件一般有主程序、功能模块和子程序。一般调试顺序按照子程序、功能模块和主程序的顺序进行。有些程序的调试比较简单，利用仿真器或开发系统提供的调试程序即可。近年来出现一种仿真软件，可以不用硬件，直接在计算机上调试汇编语言程序，基本调试好之后，再移到硬件系统中去调试。这种软硬件并行调试方法的使用，使得计算机控制系统的开发速度大大加快。

一般与过程输入输出通道无关的程序，如运算模块都可以用开发装置或仿真器的调试程序进行调试，有时为了调试某些程序，可能还要编写临时性的辅助程序。一旦所有的子程序和功能模块调试完毕，就可以用主程序将它们连接在一起，进行整体调试。整体调试的方法是自底向上逐步扩大，首先按分支将模块组合起来，以形成模块子集，调试完各模块子集，再将部分模块子集连接起来进行局部调试，最后进行全局调试。这样，经过子集、局部和全局三步调试，完成了整体调试工作。通过整体调试能够把设计中存在的问题和隐含的缺陷暴露出来，从而基本上消除了编程上的错误，为以后的系统仿真调试和在线调试及运行打下良好的基础。

但是，有时候，经过调试后的软件仍然可能不够完善，存在一定的隐含错误，同时，当用户使用所设计的计算机控制系统时，它们常常会改变原来的要求或提出新的要求。况且，系统运行的环境也会发生改变，所以，在运行阶段需要对软件进行维护，继续排错、修改和扩充。另外，软件在运行中，设计者常常会发现某些程序模块虽然能实现预期功能，但在算法上不是最优的或在运行时占用内存等方面还有改进的必要，也需要修改程序，使其更完善。

系统仿真：硬件、软件系统调试就是通常所说的“系统仿真”。

所谓系统仿真就是应用相似原理和类比关系来研究事物，也就是用模型代替实际系统来进行试验和研究。系统仿真有三种类型，即数字仿真（计算机仿真）、全物理仿真（在模拟环境条件下的全实物仿真）和半物理仿真（硬件闭路动态试验）。不经过系统仿真和各种实验，试图在现场调试中一举成功是不现实的，这样做往往会被现场调试工作的现实所否定。

拷机：在系统仿真的基础上，使系统进行长时间的运行考验称为拷机（或考机），因为，新系统中的某些问题和缺陷在短时间运行中不能充分地暴露出来，只有长时间运行时才可能出现，所以，拷机的目的是要在子系统连续不停机的运行中，发现问题和解决问题，同时也检验了整个系统的可靠性。在拷机过程中，可以根据现场可能出现的运行条件和周围环境，设计一些特殊运行条件和外部干扰以考验系统的运行情况和抗干扰能力。例如，高温和低温剧变运行试验，振动和抗电磁干扰试验，电源电压剧变和掉电试验等。

在线调试与运行：在离线仿真与调试中，尽管工作仔细，检查严格，但是新系统仍然没有经受住实践的考验，现场调试和运行中仍然可能出现问题，在离线仿真和调试后可将所设计的计算机控制系统和生产过程连接在一起，进行在线调试和运行，最后经过签字验收，才标志着工程项目的最终完成。

2. 现场调试

在现场调试和运行过程中，设计人员要与用户密切配合，在实际运行前制定一系列调试计划、实施方案、安全措施、分工合作细则等。

现场调试与运行的过程是从小到大、从易到难、从手动到自动、从简单回路到复杂回路的逐步过渡。为了完善系统各项功能，现场安装及在线调试前要进行下列检查。

（1）检测元件、变送器、显示仪表、调节阀等必须经过校验，保证精确度要求，作为检查，可进行一些现场校验。

（2）各种电气接线和导管必须经过检查，保证连接正确。例如，孔板的上下游接压导管要与差压变送器的正负压输入端极性一致；热电偶的正负端与相应的补偿导线相连接，并与温度变送器的正负输入端一致等，除了极性不得接反以外，对号位置都不应接错；引压导管和气动导管必须畅通，中间不能堵塞。

（3）对在流量中采用隔离液的系统，要在清洗好引压导管以后，灌入隔离液（封液）。

（4）检查调节阀能否正确工作，旁路阀及上下游截断阀关闭或打开要搞清楚。

（5）检查系统的干扰情况和接地情况，如不符合要求，应采取相应措施。

（6）对安全防护措施也要检查。

经过检查并已正确安装后，即可进行系统的投运和参数的整定。投入时应先切入手动，等系统运行接近于给定值再切入自动。

在线调试时，为了安全可靠起见，一般总是先开环运行，再进行闭环调试。开环运行是将开环系统接入生产过程，系统显示出在线的运行参数、计算数据（如控制输出），与实际情况进行比较，作为系统调试的参考。经过一段时间的调试与考核，确认控制系统安全可靠后，系统投入闭环运行与调试，使系统达到合同所规定的技术经济指标。

在现场调试过程中，由于运行环境和运行条件的复杂性，往往会出现在设计和离线调试过程中未能考虑到的问题，这时候需要设计组人员认真考虑和共同分析，在生产现场查找引起问题的原因并加以改进。

7.3 计算机控制系统的设计实例

沥青混凝土拌和楼水煤浆燃烧炉自动控制系统方案设计。

7.3.1 工程背景简介

沥青混凝土拌和楼水煤浆燃烧炉用于拌制沥青混合料，它包括：粗细集料的烘干、加热、筛分和计量；沥青的加热、保温和计量；依据设计配合比将集料、填充料和沥青均匀拌和成成品料。

集料的烘干、加热是通过燃烧水煤浆来完成的。

本设计是对水煤浆燃烧炉自动控制系统进行设计。

7.3.2 了解工艺要求，明确控制任务

1. 工艺路线

（1）储浆池→供浆泵→过滤搅拌罐→输浆泵→水煤浆喷枪→燃烧炉膛→碎石加热滚筒→旋风除尘器→布袋除尘器→引风机→排烟筒。

（2）空压机→储气罐→水煤浆喷枪→燃烧炉膛。

（3）供风机→水煤浆燃烧配风器→燃烧炉膛。

2. 自控目标

通过对水煤浆燃烧炉各系统的有效控制，达到水煤浆的完全燃烧、炉膛温度控制及有关参数的记录。

3. 技术要求

（1）可以手动、自动切换。

（2）不同密级人员可以对不同源程序中的某些参数进行修改。

（3）计算机界面新颖动感。

（4）可以对生产相关数据进行统计、打印、储存。

4. 工艺参数及要求

（1）储浆池电动搅拌开、关控制及状况显示，储浆池液位高低显示，上下限报警，储浆量显示。电机 5.5kW。

（2）供浆泵开、关控制及状态显示，管道流体动静显示。电机 2.2kW。

（3）过滤搅拌罐电动搅拌开、关控制及状况显示，液位高低显示，上下限报警，储浆量显示。电机 3kW。

（4）两台输浆泵并联互锁，互为备用，一台变频调速器转换控制两台输浆泵输浆量，开、关控制及状态显示，管道流体动静显示，汇总输出管道流量显示及计量。电机 3kW。

（5）水煤浆燃烧炉膛温度按设定值（1250℃）控制，测温点两处，出口后退 1m 为高温区测点，进口 1.5m 处为点火区测点。温度动态显示。炉膛火焰显示。点火区温度设上、下限报警，上限 1300℃，下限 650℃，点火升温过程下限不报警。

（6）螺杆式空压机开、关控制及状态显示，压力信号取至空压机内已有信号源，管道流体动静显示。电机 45kW。

（7）供风机开、关控制及状态显示，管道流体动静显示。电机 37kW。

（8）配风器进风阀开度控制及显示。

（9）碎石加热滚筒动静显示，信号取之其电机供电处。进入滚筒之砂石重量统计并显示（t/h），信号取之拌和楼控制室内的微机。

（10）排烟温度显示及记录，引风机阀开度显示及记录，信号取之拌和楼控制室内的微机。

（11）砂石加热温度、沥青砼产量及产出时间记录及显示，信号取之拌和楼控制室内的微机。

（12）每日生产报表：按小时对应统计相关各种消耗、参数及产量。如水煤浆耗量、电耗、炉膛温度。每日、月汇总计算出水煤浆及电的总耗量和平均单耗指标。生产数据保存半年以上。

5. 安全联锁

（1）点火时空压机最先启动，炉膛温度低于下限空压机仍不停。其他电动机停后，空压机才停。

（2）在正常燃烧状况下，水煤浆输浆压力上下波动达到 0.2MPa 即报警，提示故障点，提醒操作工处理。

（3）输浆泵不运转，供风机不启动。

（4）储浆池存浆量达到下限报警，供浆泵不能启动。

（5）过滤搅拌罐存浆量达到下限报警，若报警时间超过 2min 则自动停止输浆泵运行。

（6）自动转为手动后，安全联锁解除。

7.3.3 确定系统总体设计方案

1. 测控系统布设

测控系统布设如图 7-7 所示。

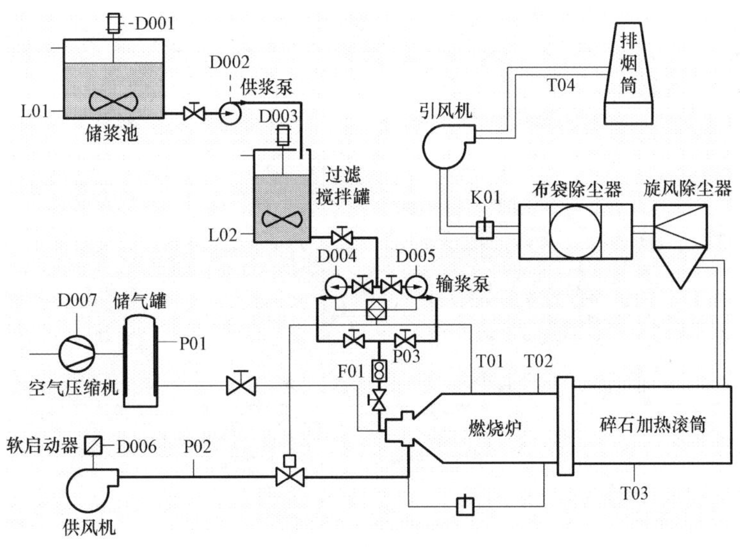

图 7-7 测控系统布设

2. 模拟量监测点

模拟量监测点见表 7-2。

表 7-2 **模拟量监测点**

序号	编号	名称	范围	功用	备注
1	L01	储浆池液位测量	0～3m	储浆池液位测量、报警 储浆量统计 供浆泵联锁控制	
2	L02	过滤搅拌罐液位测量	0～3m	罐液位测量、报警 储浆量统计 供浆泵、输浆泵联锁控制	
3	F01	输浆流量测量	D50	水煤浆流量测量 水煤浆耗量统计	
4	P01	储气罐压力测量		压缩空气压力监测	取自空压机面板
5	P02	供风管压力测量	0～3000Pa	供风管压力监测	
6	P03	水煤浆压力测量	0～1MPa	水煤浆输液管压力监测、报警 输浆泵联锁控制	
7	T01	燃烧炉前段温度测量	0～1200℃	燃烧炉前段温度监测 上下限报警	
8	T02	燃烧炉后段温度测量	0～1200℃	燃烧炉后段温度监测 炉膛温度控制	
9	T03	加热滚筒温度测量		加热滚筒温度监测	取自拌和楼控制面板
10	T04	烟气温度测量		排烟温度监测	取自拌和楼控制面板
11	K01	引风挡板开度测量		引风挡板开度监测	

3. 开关量监测点

开关量监测点见表 7-3。

表 7-3 **开关量监测点**

序号	编号	名　称	范围	功用	备注
1	D001	储浆池搅拌电机开关状态		状态显示	
2	D002	供浆泵电机开关状态		状态显示	
3	D003	过滤搅拌罐搅拌电机开关状态		状态显示	
4	D004	1 号输浆泵电机开关状态		状态显示	
5	D005	2 号输浆泵电机开关状态		状态显示	
6	D006	供风机电机开关状态		状态显示	
7	D007	压缩机开关状态		状态显示	

4. 模拟量控制点

模拟量控制点见表 7-4。

表 7-4 **模拟量控制点**

序号	编号	名称	范围	功用	备注
1	Z01	电动调节阀		供风量控制	
2	FC01	变频调速器		输液量调节，炉温控制	工艺匹配

5. 开关量控制点

开关量控制点见表 7-5。

表 7-5 开关量控制点

序号	编号	名称	范围	功用	备注
1	D001	储浆池搅拌电机开关状态控制		联锁控制	
2	D002	供浆泵电机开关状态控制		联锁控制	
3	D003	过滤搅拌罐搅拌电机开关状态控制		联锁控制	
4	D004	1 号输浆泵电机开关状态控制		联锁控制	
5	D005	2 号输浆泵电机开关状态控制		联锁控制	
6	D006	压缩机开关状态控制		联锁控制	

6. 选择输入输出通道及外设

AI：11 个，其中测温参数 4 个。

DI：7 个。

AO：2 个。

DO：6 个。

打印机：1 台。

7. 画出整个控制系统原理图

控制系统原理图如图 7-8 所示。

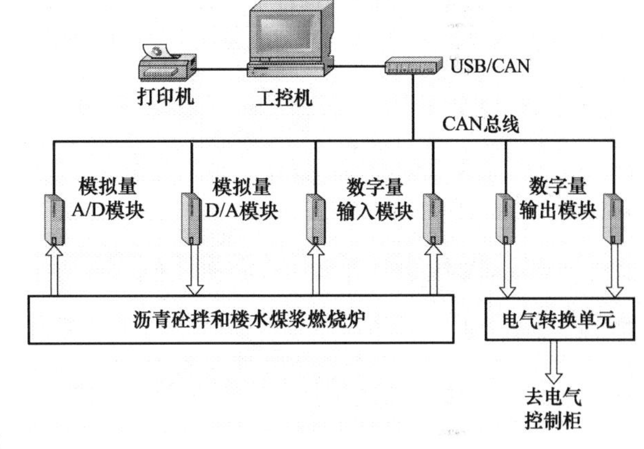

图 7-8 控制系统原理图

7.3.4 选择系统总线和主机机型

1. 内总线选择

选用 PC 总线工业控制机。

2. 外总线选择

选择通用串行总线 USB。选择主机机型：IPC-610H P4 台湾延华，槽上架式工业原装机，40GB 硬盘（标配）52X CDROM，CPU 为 Intel PIV2.0GHz CPU 主机板。

7.3.5 建立数学模型，确定控制算法

燃烧炉燃烧控制：水煤浆流量与供风量的比值控制回路，通过设定比值系数，实现最佳燃烧。

温度控制：通过变频调速器调节输浆泵转速，改变输浆量，进而达到控制燃烧炉温度的目的。

7.3.6 系统硬件和软件的具体设计

1. 工控机系统选型表（见表 7-6）

表 7-6 工控机系统选型表

序号	名称	型号	技术参数	生产厂家	数量	单价（万元）	合计（万元）	备注
1	工控机	IPC-610H	P4	台湾延华	1	0.9	0.9	
2	总线转换模块	ADAM	USB-CAN	台湾延华	1	0.35	0.35	
3	热电偶转换模块	ADAM5108	7 路热电偶	台湾延华	1	0.235	0.235	

续表

序号	名称	型号	技术参数	生产厂家	数量	单价（万元）	合计（万元）	备注
4	模拟量输入模块	ADAM5017	8 路 A/D	台湾延华	1	0.25	0.25	
5	开关量输入模块	ADAM5052	8 路数字 DI	台湾延华	2	0.08	0.16	
6	模拟量输出模块	ADAM5024	4 路 D/A	台湾延华	1	0.28	0.28	
7	开关量输出模块	ADAM5034	8 路数字 DO	台湾延华	2	0.08	0.16	
8	仪表柜				1	0.3		
小计（万元）		2.635						

2. 仪表选型表（见表 7-7）

表 7-7　　仪 表 选 型 表

序号	名称	型号	技术参数	生产厂家	数量	单价（万元）	合计（万元）	备注
1	热电偶	B	0～14001.5m	北京大禹	2	0.6	1.2	
2	超声波业位计		0-3	大连博思曼公司	2	0.2	0.4	
3	隔膜式压力变送器	T20	0～1MPa	天津昌晖仪表公司	1	0.4	0. 4	
4	压力变送器		0～5000Pa		1	0.24	0.24	
5	电磁流量计	EMF8301	D50	北京隔乐普	1	0.65	0.65	
6	电动调节阀		蝶阀	上海欧仕轮	1	1.5	1.5	
小计（万元）		4.39						

3. 电气控制系统选型表（见表 7-8）

表 7-8　　电气控制系统选型表

序号	名称	型号	技术参数	生产厂家	数量	单价（万元）	合计（万元）	备注
1	电气配电柜				1	3.0	3.0	定制
2	数字式指示仪表		温度、压力、流量、电压、电流	北京虹润	5	0.08	0.4	
3	干簧管继电器组			日本欧姆龙	1	0.2	0.2	
4	开关电源		24V DC5A	朝阳市电源公司	4	0.02	0.08	
5	软启动器		45kVA	成都佳灵电气公司	1	0.3	0.3	
6	电度表	801P-C	蝶阀	丹东华通	1	0.124	0.124	
小计（万元）		4.104						

4. 电缆及材料表（见表 7-9）

表 7-9　　电 缆 及 材 料 表

序号	名称	型号	技术参数	生产厂家	数量	单价（万元）	合计（万元）	备注
1	通信电缆	屏蔽双绞线	U5	成都	1 箱	0.05	0.05	
2	电力电缆				1km	1.0	1.0	
3	控制电缆	屏蔽电缆		成都	2km	0.5	1.0	
4	端子排及其他材料						0.3	
小计（万元）		2.35						

7.3.7 计算机控制系统的调试

计算机控制系统的调试包括系统集成、软件开发、现场安装调试和管理税费，见表 7-10。

表 7-10 计算机控制系统调试费用表

序号	项目名称	预算费用（万元）	备注
1	系统集成	1.0	
2	软件开发	2.0	
3	现场安装调试	1.0	包括差旅费
4	管理税费	1.0	
小计（万元）		5.0	

项目总预算费用：18.479 万元。

习 题 7

7-1 计算机控制系统设计的原则是什么？

7-2 计算机控制系统设计的步骤是什么？

8 集散控制系统

计算机控制系统与其所控制的生产对象密切相关，控制对象不同，控制系统也不同。根据应用特点、控制方案、控制目标和系统构成，计算机控制系统一般可分为数据采集系统（DAS）、直接数字控制系统（DDS）、监督控制系统（SCC）、集散控制系统（DCS）、现场总线控制系统（FCS）、工业过程计算机集成制造系统（流程 CIMS）。本章主要介绍集散型控制系统（DCS）和现场总线控制系统（FCS）。

8.1 什么是 DCS 和 FCS

集散型计算机控制系统又名分布式计算机控制系统，简称集散型控制系统（Distributed Control System，DCS）。集散型控制系统综合了计算机技术、控制技术、通信技术、CRT 显示技术即 4C 技术，集中了连续控制、批量控制、逻辑顺序控制、数据采集等功能。先进的分散型控制系统将是以计算机集成制造系统（CIMS）为目标，以新的控制方法、现场总线智能化仪表、专家系统、局域网络等新技术，为用户实现过程自动化与信息管理自动化相结合的管控一体化的综合集成系统。分散型控制系统采用分散控制、集中操作、综合管理和分而自治的设计原则，系统安全可靠、通用灵活，具有最优控制性能和综合管理能力，为工业过程的计算机控制开创了新方法。

自从美国的 Honeywell 公司于 1975 年成功地推出了世界上第一套分散型控制系统以来，DCS 已经走向成熟并获得了广泛应用。DCS 的发展历程也是不断地从小规模到大规模的过程，从最初的小规模控制系统发展到综合控制管理系统，从而使工业控制系统进入了信息管理与综合控制的时代。世界上许多国家，包括中国都已大批量生产各种型号的集散控制系统。虽然它们型号不同，但其结构和功能都大同小异，均是由以微处理器为核心的基本数字控制器、高速数据通道、CRT 操作站和监督计算机等组成。

FCS（Fieldbus Control System）即现场总线控制系统。FCS 是继 DCS 之后出现的新一代控制系统，它代表的是一种数字化、网络化到现场，控制管理到现场的发展方向。它是用现场总线这一开放的、具有互操作性的网络将现场各个控制器和仪表及仪表设备互联，构成现场总线控制系统，同时控制功能彻底下放到现场，降低了安装成本和维修费用。因此，FCS 实质上是一种开放的、具有互操作性的、彻底分散的分布式控制系统，有望成为 21 世纪控制系统的主流产品。FCS 将要取代 DCS，或者说 DCS 已在吸纳 FCS。总之，FCS 已经成为当今世界范围内自动控制系统的热点。

8.2 DCS 的体系结构

DCS 的体系结构通常分为三级，第一级为分散过程控制级；第二级为集中操作监控级；第三级为综合信息管理级。各级之间由通信网络连接，级内各装置之间由本级的通信网络进行通信联系。其典型的 DCS 体系结构如图 8-1 所示。

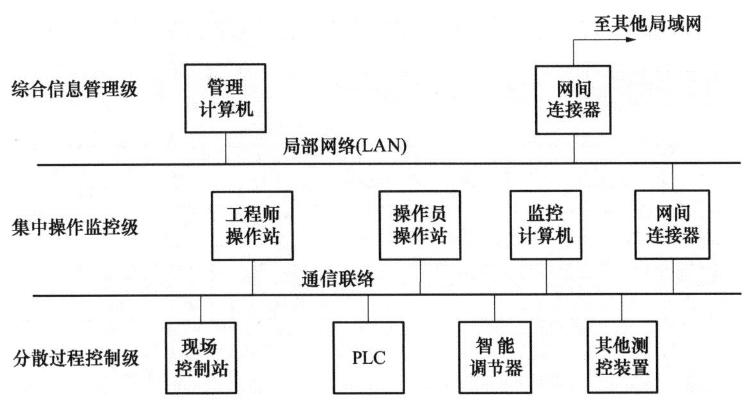

图 8-1　DCS 的体系结构

8.2.1　分散过程控制级

分散过程控制级是 DCS 的基础层，它向下直接面向工业对象，其输入信号来自于生产过程现场的传感器（如热电偶、热电阻等）、变送器（如温度、压力、液位、流量等）及电器开关（输入触点）等，其输出接驱动执行器（调节阀、电磁阀、电机等），完成生产过程的数据采集、闭环调节控制、顺序控制等功能；其向上与集中操作监控级进行数据通信，接收操作站下传加载的参数和操作指令，以及将现场工作情况信息整理后向操作站报告。

构成这一级的主要装置有现场控制站、可编程控制器、智能调节器及其他测控装置。

1. 现场控制站

现场控制站具有多种功能——集连续控制、顺序控制、批量控制及数据采集功能于一身。

现场控制站一般是标准的机柜式机构，柜内由电源、总线、I/O 模件、通信模件等部件组成。

一般在机柜的顶部装有风扇组件，其目的是带走机柜内部电子部件所散发出来的热量；机柜内部设若干模件安装单元，上层安装处理器模件和通信模件，中间安装 I/O 模件，最下边安装电源组件；机柜内还设有各种总线，如电源总线、接地总线、数据总线、地址总线、控制总线等。

现场控制站的电源不仅要为柜内提供电源，还要为现场检测器件提供外供电源，这两种电源必须互相隔离，不可共地，以免干扰信号通过电源回路耦合到 I/O 通道中去。

一个现场控制站中的系统结构如图 8-2 所示，包含一个或多个基本控制单元。基本控制单元是由一个完成控制或数据处理任务的处理器模件以及与其相连的若干个输入/输出模件构成的（有点类似于 IPC）。基本控制单元之间，通过控制网络接在一起，控制网络上的上传信息通过通信模件，送到监控网络，同理监控网络的下传信息，也通过通信模件和控制网络传到各个基本控制单元。在每一个基本控制单元中，处理器模件与 I/O 模件之间的信息交换由内部总线完成。内部总线可能是并行总线，也可能是串行总线。近年来，多采用串行总线。

现场控制站的主要功能有六种，即数据采集功能、DDC 控制功能、顺序控制功能、信号报警功能、打印报表功能、数据通信功能。

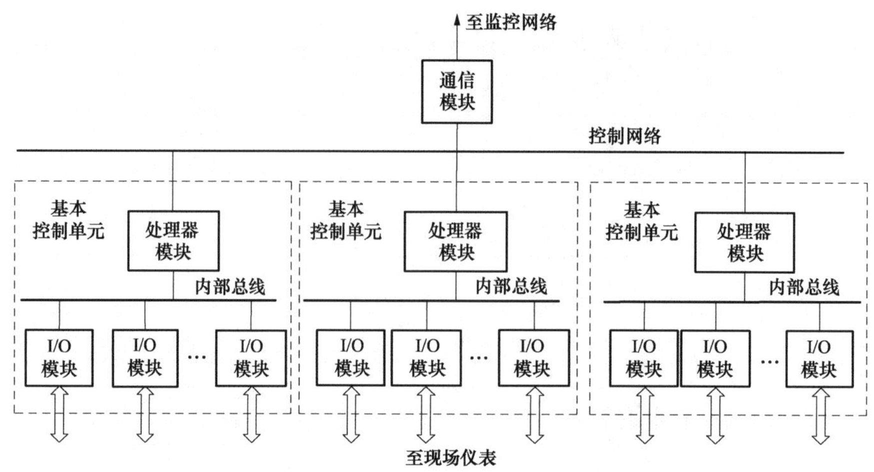

图 8-2 现场控制站的系统结构

（1）数据采集功能：对过程参数，主要是各类传感器、变送器的模拟信号进行数据采集、变换、处理、显示、存储、趋势曲线显示、事故报警等。

（2）DDC 控制功能：包括接收现场的测量信号，进而求出设定值与测量值的偏差，并对偏差进行 PID 控制运算，最后求出新的控制量，并将此控制量转换成相应的电流送至执行器驱动被控对象。

（3）顺序控制功能：通过来自过程状态输入、输出信号和反馈控制功能等状态信号，按预先设定的顺序和条件，对控制的各阶段进行顺序控制。

（4）信号报警功能：对过程参数设置上限值和下限值，若超过上限或低于下限则分别进行越限报警；对非法的开关量状态进行报警；对出现的事故进行报警。信号的报警是以声音、光或 CRT 屏幕显示颜色变化来表示。

（5）打印报表功能：定时打印报表；随机打印过程参数；事故报表的自动记录打印。

（6）数据通信功能：完成分散过程控制级与集中操作监控之间的信息交换。

2. 智能调节器

智能调节器是一种数字化的过程控制仪表，也称可编辑调节器。其外形类似于一般的盘装仪表，而其内部是由微处理器 CPU，存储器 RAM、ROM，模拟量和数字量 I/O 通道、电源等部分组成的一个微型计算机系统。

智能调节器可以接收和输出 4~20mA 模拟量信号和开关量信号，同时还具有 RS-232 或 RS-485 等串行通信接口。一般有单回路、2 回路或 4 回路的调节器，控制方式除一般的单回路 PID 之外，还可组成串级控制、前馈控制等复杂回路。因此，智能调节器不仅可以在一些重要场合下单独构成复杂控制系统，完成 1~4 个过程控制回路，而且可以作为大型集散控制系统中最基层的一种控制单元，与上位机（即操作监控级）连成主从式通信网络，接收上位机下传的控制参数，并上报各种过程参数。

3. 可编程控制器

可编程控制器即 PLC，与智能调节器最大的不同点是：它主要配置的是开关量输入/输出通道，用于执行顺序控制功能。在新型的 PLC 中，也提供了模拟量输入/输出及 PID 控制模块，而且均带有 RS-485 标准的异步通信接口。

同智能调节器一样，PLC 的高可靠性和不断增强的功能，使它既可以在小型控制系统中担当控制主角，又可以作为大型分散控制系统中最基层的一种控制单元。

8.2.2 集中操作监控级

集中操作监控级是面向现场操作员和系统工程师的，如图 8-1 所示的中间层。这一级配有技术手段先进、功能强大的计算机系统及各类外部装置，通常采用较大屏幕、较高分辨率的图形显示器和工业键盘，计算机系统配有较大存储容量的硬盘，另外还有功能强大的软件支持，确保工程师和操作员对系统进行组态、监视和操作，对生产过程实行高级控制策略、故障诊断、质量评估等。

集中操作监控级以操作监视为主要任务：把过程参数的信息集中化，对各个现场控制站的数据进行收集，并通过简单的操作，进行工程量的显示、各种工艺流程图的显示、趋势曲线的显示以及改变过程参数（如设定值、控制参数、报警状态等信息）；另一个任务是兼有部分管理功能；进行控制系统的组态与生成。

构成这一级的主要装置有：面向操作人员的操作员操作站、面向监督管理人员的工程师操作站、监控计算机及层间网络连接器。一般情况下，一个 DCS 系统只需配备一台工程师站，而操作员站的数量则需要根据实际要求配置。

1. 操作员操作站

DCS 的操作员站是处理一切与运行操作有关的人机界面功能的网络节点，其主要功能是使操作员可以通过操作员站及时了解现场运行状态、各种运行参数的当前值、是否有异常情况发生等。并可通过输出设备对工艺过程进行控制和调节，以保证生产过程的安全、可靠、高效、高质。

操作员站由 IPC（工业加工控制）或工作站、工业键盘、大屏幕图形显示器和操作控制台组成。这些设备除工业键盘外，其他均属于通用型设备。目前 DCS 一般都采用 IPC 作为操作员站的主机及用于监控的监控计算机。

操作员键盘多采用工业键盘，它是一种根据系统的功能用途及应用现场的要求进行设计的专用键盘，这种键盘侧重于功能的设置、盘面的布置安排及特殊功能键的定义。

由于 DCS 操作员的主要工作基本上都是通过 CRT 屏幕、工业键盘完成的。因此，操作控制台必须设计合理，使操作员能长时间工作不感到吃力。另外在操作控制台上一般还应留有安放打印机的位置，以便放置报警打印机或报表打印机。

作为操作员站的图形显示器均为彩色显示器，且分辨率较高、尺寸较大。

打印机是 DCS 操作员站的不可缺少的外设。一般的 DCS 配备两台打印机：一台为普通打印机，用于生产记录报表和报警列表打印；另一台为彩色打印机，用来拷贝流程画面。

操作员站的功能主要是指正常运行时的工艺监视和运行操作，主要由总貌画面、分组画面、点画面、流程图画面、趋势曲线画面、报警显示画面及操作指导画面七种显示画面构成。

2. 工程师操作站

工程师站是对 DCS 进行离线的配置、组态工作和在线的系统监督、控制、维护的网络节点。其主要功能是提供对 DCS 进行组态，配置工具软件即组态软件，并通过工程师站及时调整系统配置及一些系统参数的设定，使 DCS 随时处于最佳工作状态之下。

（1）工程师站的硬件。对系统工程师站的硬件没有什么特殊要求，由于工程师站一般放在计算机房内，工作环境较好，因此不一定非要选用工业型的机器，选用普通的微型计算机或工作站就可以了，但由于工程师站要长期连续在线运行，因此其可靠性要求较高。目前，由于计算机制造技术的巨大进步，使得 IPC 的成本大幅下降，因而工程师站的计算机也多采用 IPC。

其他外设一般采用普通的标准键盘、图形显示器，打印机也可与操作员站共享。

（2）工程师站的功能。系统工程师站的功能主要包括对系统的组态功能及对系统的监督功能。

组态功能：工程师站的最主要功能是对 DCS 进行离线的配置和组态工作。在 DCS 进行配置和组态之前，它是毫无实际应用功能的，只有在对应用过程进行了详细的分析、设计并按设计要求正确地完成了组态工作之后，DCS 才成为一个真正适合于某个生产过程使用的应用控制系统。

系统工程师在进行系统的组态工作时，可依照给定的运算功能模块进行选择、连接、组态和设定参数，用户无须编制程序。

监督功能：与操作员站不同，工程师站必须对 DCS 本身的运行状态进行监视，包括各个现场 I/O 控制站的运行状态、各操作员站的运行情况、网络通信情况等。一旦发生异常，系统工程师必须及时采取措施，进行维修或调整，以使 DCS 能保证连续正常运行，不会因对生产过程的失控造成损失。另外还具有对组态的在线修改功能，如上限、下限值的改变，控制参数的修整，对检测点甚至对某个现场 I/O 站的离线直接操作。

在集中操作监控级这一层，当被监控对象较多时还配有监控计算机；当需要与上、下层网络交换信息时还需要配备网间连接器。

8.2.3 综合信息管理级

这一级主要由高档微机或小型机担当的管理计算机构成，如图 8-1 所示的顶层部分。DCS 的综合信息管理级实际上是一个管理信息系统（Management Information System，MIS），是由计算机硬件、软件、数据库、各种规程和人共同组成的工厂自动化综合服务体系和办公自动化系统。

MIS 是一个以数据为中心的计算机信息系统。企业 MIS 可粗略地分为市场经营管理、生产管理、财务管理和人事管理四个子系统。子系统从功能上应尽可能独立，子系统之间通过信息而相互联系。

DCS 的综合信息管理级主要完成生产管理和经营管理功能。比如进行市场预测，经济信息分析；对原材料库存情况、生产进度、工艺流程及工艺参数进行生产统计和报表；进行长期性的趋势分析，做出生产和经营的决策，确保最优化的经济效益。

目前国内使用的 DCS 重点主要放在底层与中层两级上。

8.2.4 通信网络系统

DCS 各级之间的信息传输主要依靠通信网络系统来支持。通信网络分成低速、中速、高速通信网络。低速网络面向分散过程控制级；中速网络面向集中操作监控级；高速网络面向管理级。

用于 DCS 的计算机网络在很多方面的要求不同于通用的计算机网络。它是一个实时网络，也就是说网络需要根据现场通信的实时性要求，在确定的时限内完成信息的传送。

根据网络的拓扑结构，DCS 的计算机网络大致可分为星型、总线型和环型结构三种。DCS 厂家常采用的网络拓扑结构是环型网和总线型网，在这两种结构的网络中，各个节点可以说是平等的，任意两个节点间的通信可以直接通过网络进行，而不需要其他节点的介入。

在比较大的分散控制系统中，为了提高系统性能，也可以把几种网络结构合理地运用于一个系统中，以充分利用各网络结构的优点。

8.3 DCS 功能特点

由于 DCS 是多层体系结构，每层的硬件组成及完成的功能不同，因而相应的软件系统也会不同。处于高层的 DCS 综合信息管理级是一个以数据处理为中心的管理信息系统，而从自动控制的角度出发，更关心用于底层与中间层的软件系统，它主要包括控制软件包、操作显示软件包等。

8.3.1 DCS 的软件

用于分散过程控制级的控制软件包为用户提供各种过程控制功能，包括数据采集和处理、控制算法、常用运算公式和控制输出等功能模块。由于构成这一级的可能是现场控制站、PLC 或智能调节器等不同的测控装置，而且即便是同一种装置，但厂家品牌、型号也可能不同，实际上支持这些硬件装置的软件平台和编程语言都不相同。归纳起来有图形化编程（又分功能块图、梯形图、顺序功能图）、文本化语言（又分指令表和结构化文本）、面向问题的语言（又分填表式和批处理两种）和通用的高级语言（又分 VB、VC 等）等多种语言。

当把相应的软件安装在控制装置中，用户可以通过组态方式自由选用各种功能模块，以便构成控制系统。

用于集中操作监控级的操作显示软件包为用户提供了丰富的人机接口联系功能。在显示器和键盘组成的操作站上进行集中操作监视，可以选择多种图形显示画面，如总貌显示、分组显示、回路（点）显示、趋势显示、流程显示、报警显示和操作指导等画面，并可以在图形画面上进行各种操作，所以它可以完全取代常规模拟仪表盘。

需要指出的是，当前国内市场上已经成功运行着十几种通用监控组态软件。比如 KingVie 组态王，通过策略组态与画面组态，可以迅速方便地在工业控制机上实现对各种现场的监测与控制，而且能支持国内最流行的 400 多种硬件设备的驱动程序，包括各种 PLC、智能仪表、板卡、智能模块、变频器以及现场总线等，而且与大型数据库软件都有很好的接口，体现了良好的通用性和灵活性。

8.3.2 DCS 的特点

与一般计算机控制系统相比，DCS 具有以下几个特点。

（1）硬件积木化。DCS 采用积木化硬件组装式结构，如果要扩大或缩小系统的规模，只需按要求在系统配置中增加或拆除部分单元，而系统不会受到任何影响。

（2）软件模块化。DCS 为用户提供了丰富的功能软件，用户只需按要求选用即可，大大减少了用户的开发工作量。

（3）通信网络的应用。通信网络是 DCS 的神经中枢，它将物理上分散的多台计算机有机地连接起来，实现了相互协调、资源共享的集中管理。通过高速数据通信线，将现场控制站、操作员站、工程师站监控计算机、管理计算机连接起来，构成多级控制系统。

（4）可靠性高。DCS 的可靠性高，体现在系统结构、冗余技术、自诊断功能、抗干扰措施和高性能的部件上。

8.4 DCS 产 品 简 介

目前在我国的石油、化工、冶金、电力、纺织、造纸、制药等行业已装备了上千套 DCS，其中国外著名品牌占据多数。近十年来我国也正式推出了自行设计和制造的分散控制系统，并正在大力推广使用。表 8-1 列举了当前在我国应用较多的国内外部分 DCS 产品。

表 8-1 **国内外部分 DCS 产品**

产 品 名 称	生 产 厂 家
TDC-2000，TDC-3000，TDC-3000/PM	Honeywell（美国霍尼威尔公司）
CENTUM，CENTUM-XL，μXL,CS	YOKOGAWA（日本横河机电公司）
SPECTRUM,I/A Series	Foxboro（美国福克斯波罗公司）
Network-90,infi-90	Bailey Controls（美国贝利控制公司）
System RS3	Rosemount（美国罗斯蒙特公司）
MOD 300	Tayler（美国泰勒公司）
TELEPERM M,SIMATIC PCS7	Siemens（德国西门子公司）
HS-2000	中国北京和利时自动化工程有限公司
FB-2000	中国浙江威盛自动化有限公司
SUPCON JX	浙大中控自动化有限公司

8.4.1 TDC-3000

1. 系统结构

Honeywell 公司 TDC-3000 的系统结构如图 8-3 所示。TDC-3000 主干网络称为局部控制网络（Local Control Network，LCN），在 LCN 上可以挂接通用操作站、历史模件、应用模件、存档模件、各种过程管理站及各种网关接口。TDC-3000 的下层网称为通用控制网络（Universal Control Network，UCN），在 UCN 上连接各种 I/O 与控制管理站。为了与 Honeywell 公司老的产品 Data Hi-way 兼容，在 LCN 上设有专门的接口模块 Hiway，在其 Data-Hi-way 上可以接有操作员站、现场 I/O 控制站等。

2. 主要组成

（1）通用操作站（Universal Station，US）：完成人机接口功能，由监视器和带有用户定义的功能键盘组成。它可以监测控制过程和系统，通过组态实现控制方案、生成系统数据库、用户画面和报表、检测和诊断故障、维护控制室和生产过程现场的设备，评估工厂运行性能和操作员效率。

（2）历史模件（History Module，HM）：收集和存储包括常规报告、历史事件和操作记录在内的过程历史。作为系统文件管理员，提供模块、控制器和智能变送器、数据库、流程图、组态信息、用户源文件和文本文件等方面的系统存储库，完成趋势显示、下装批处理文件、重新下装控制策略、重新装入系统数据等功能。

（3）存档模件（Archive Replay Module，ARM）：完成数据存取、数据分析功能。存档模件中所处理的数据包括连续历史数据、系统报表和 ASCⅡ文件等。这些归档数据可在微型计算机上或在通用操作站上重现。

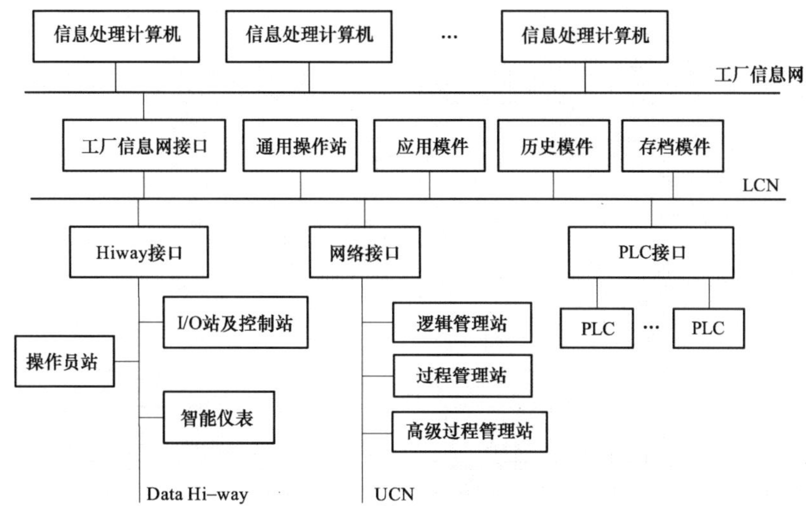

图 8-3 TDC-3000 系统结构图

（4）应用模件（Application Module，AM）：工程师可以综合过程控制器（过程管理站、高级过程管理站和逻辑管理站）的数据，通过使用应用模件，完成高级控制策略，进行复杂的运算控制。

（5）过程管理站（Process Manager，PM）：提供常规控制、顺序控制、逻辑控制、计算机控制以及结合不同控制的综合控制功能。

（6）高级过程管理站（Advanced Process Manager，APM）：除提供 PM 的功能外，还可提供电动机控制、时间顺序记录、扩充的批量和连续量过程处理能力以及增强的子系统数据一体化。

（7）逻辑管理站（Logic Manager，LM）：适用于快速逻辑、联锁、顺序控制、批量处理和电动机控制。LM 可以控制离散的设备（包括非 Honeywell 的 ASCⅡ设备在内）并将其与 TDC-3000 功能一体化。LM 可用继电器梯形图编程。

3. 功能特点

系统中设有分布式模块共享的全局数据库，并为非 Honeywell 产品提供数据存取途径。系统综合了数据采集常规过程控制、先进过程控制、过程和商业信息一体化各个层次的技术，为企业提供经营、管理和决策所必需的数据。系统提供与 DECNet-VAX 的接口、与通用微型计算机的接口、与 PLC 接口及 Honeywell 前一代产品的接口，并允许将多个 TDC-3000 系统通过网络连接在一起。

8.4.2 I/AS

1. 系统结构

Foxboro 公司的 I/AS 的系统结构如图 8-4 所示，其主干是采用 OSI 通信规程，可与 MPA 协议兼容的 I/AS 宽带局域网（LAN）相连延伸至 15km 长，通过宽带接口（BLI）可与 64 条载波带 LAN 相连。载波带 LAN 也可与 MAP 兼容，每条长 2km，可挂 100 个节点，故系统总的规模可达 64×100 个节点。节点是系统结构的基本单元，它由各类处理机、载波带接口（CLI）及网间连接器构成，可独立执行各种自动化功能。每一节点内最多可带 32 个站，相互间用节点总线（NODE BUS）连接。由节点内控制处理机、应用处理机、操作站处理机和通信处理机分别执行控制、管理、操作和通信的功能，控制处理机通过现场总线与现场的智能变送器和执行器相连。

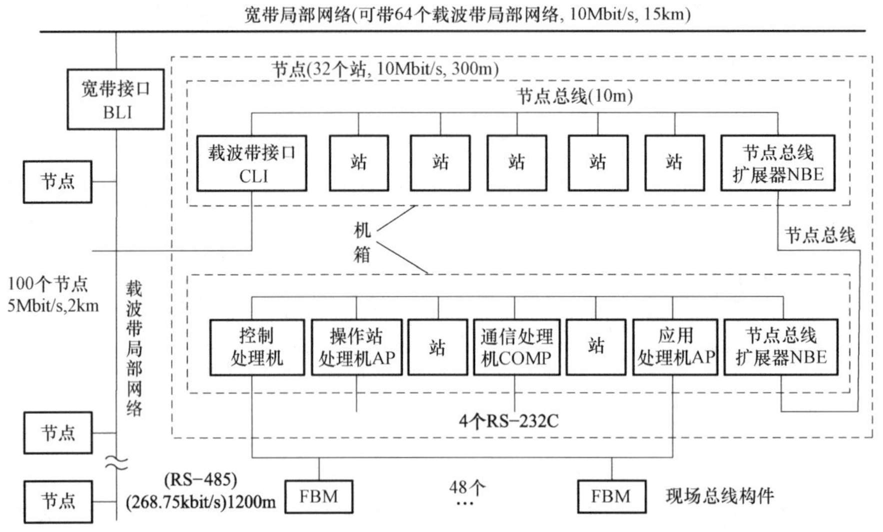

图 8-4 I/AS 的系统结构示意图

2. 主要组成

I/AS 系统的节点主要由节点总线和节点工作站两部分组成。节点总线采用 IEEE 802。

3. 通信规程

拓扑方式为总线型。它采用点对点串行通信方式使节点工作站互连。一个节点最多可连 32 个工作站，它们具有相同的优先级，通信协议采用自由竞争式。节点工作站分为处理机组件、现场总线组件、接口组件、网间连接器和节点总线扩展组件五类。处理机组件完成集中监视、操作管理和分散控制的功能；现场总线组件是控制处理机与现场传感器、执行器的接口；接口组件实现与载波带 LAN、非 I/AS 计算机的接口功能；网间连接器专门用来和非 I/AS 通信链路相连；节点总线扩展组件用来延长节点总线的跨距。

（1）处理机组件：它是 I/AS 节点的重要组成部分，主要有控制处理机（CP）、应用处理机（AP）、操作站处理机（WP）和通信处理机（COMP）四类。

控制处理机是 I/AS 节点中的控制组件，可组态成三十多种不同的功能块，具有连续控制、顺序控制和梯形逻辑控制等功能。

应用处理机是 I/AS 节点的中心组件，它实质上是以微处理器为基础的计算机站或文件服务站。它与各种大容量的存储设备相连，完成大量的计算和文件收发服务，如网络管理、数据库管理、历史数据管理、控制功能、用户应用程序的开发和执行等功能。

操作站处理机与人机接口输入/输出设备一起工作。它接收应用处理机和其他站的图文信息，并在 CRT 上显示出来，所显示的信息包括文本、图形说明、表格和控制画面。

通信处理机为其他工作站提供与打印机、终端、调制解调器通信的功能。它有四个与 RS-232C 兼容的串行口。它的主要功能是完成报警、报表等报文的打印和处理工作，另外也提供给用户终端接口功能。

（2）现场总线组件。它直接与现场传感器、执行器相连，它通过现场总线与控制处理机通信。现场总线为 EIA RS-485。现场总线组件可接收直流电流、电压、热电偶等模拟输入信号，也可接收脉冲信号或触点信号。

（3）接口组件。它主要分为载波带 LAN 接口组件和信息网络接口组件两种。接口组件用来使节点与载波带 LAN 相连和与非 I/AS 计算机相连。

（4）网间连接器。用来实现非 I/AS 节点的互联。

（5）节点总线。它与每个站中的节点总线接口电路一起工作，提供各站点间的数据传输和总线存取功能。当接点所连的工作站不在同一个机箱时，要使用节点总线扩展器，以提供电源、信号放大和分立机壳中站的接地隔离。

4. 系统特点

I/AS 系统的通信规程采用 MAP 协议，使用户能兼收并蓄各家产品的长处，构成满意的综合控制系统。另外，I/AS 系统硬件品种少但通用性强，系统组态灵活，小规模系统由一个节点带少数几个模块构成，大规模系统可由几个载波带 LAN 连成一个宽带 LAN，达到最多 64×100 个节点的规模。另外，I/AS 软件系统提供了综合控制软件包，把连续量控制、梯形逻辑控制和顺序控制功能结合在一起。I/AS 系统的应用领域包括石化、建材等。

8.5 FCS 体系结构

随着控制技术、计算机技术和通信技术的飞速发展，数字化作为一种趋势正在从工业生产过程的决策层、管理层、监控层和控制层一直渗透到现场设备。现场总线的出现，使数字通信技术迅速占领工业过程控制系统中模拟量信号的最后一块领地。一种全数字化、全分散式、可互操作的和全开放式的新型控制系统——现场总线控制系统（FCS）已经成为当今的热点。

根据国际电工委员会 IEC 标准和现场总线基金会（Fieldbus Foundation，FF）的定义：现场总线是连接智能现场设备和自动化系统的数字式、双向传输、多分支结构的通信网络。

现场总线有两种应用方式，分别用代码 H1 和 H2 表示。H1 方式主要用于代替直流 0～10mA 或 4～20mA 以实现数字传输，它的传输速度较低，每秒几千波特，但传输距离较远，可达 11000m，称为低速方式；H2 方式主要用于高性能的通信系统，它的传输速度高，达到 1Mbit/s，传输距离一般不超过 750m，称为高速方式。

FCS 的体系结构如图 8-5 所示，比较图 8-1 所示 DCS 的体系结构，FCS 的优点主要表现在以下六个方面。

1. 现场通信网络

现场总线作为一种数字式通信网络一直延伸到生产现场中的现场设备，使以往（包括 DCS）采用点到点式的模拟量信号传输或开关量信号的单向并行传输变为多点一线的双向串行数字式传输。

2. 现场设备互联

现场设备是指连接在现场总线上的各种仪表设备，按功能可分为变送器、执行器、服务器和网桥、辅助设备等，这些设备可以通过一对传输线即现场总线直接与现场互联，相互交换信息，这在 DCS 中是不可以的。现场设备如下。

（1）变送器。常用的变送器有温度、压力、流量、物位等，每类又有多个品种。这种智能型变送器既有监测、变换和补偿功能，又有PID控制和运算功能。

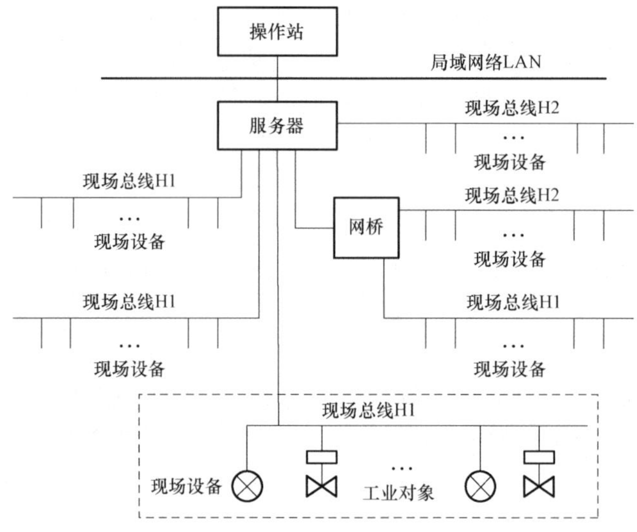

图8-5 现场总线控制系统（FCS）体系结构

（2）执行器。常用的执行器有电动和气动两大类，每类又有多个品种。执行器的基本功能是控制信号的驱动和执行，还内含调节阀的输出特性补偿、PID控制和运算，另外还有阀门特性自动校验和自动诊断功能。

（3）服务器和网桥。服务器下接H1和H2，上接局域网（LAN，Local Area Network）；网桥上接H2，下接 H1。

（4）辅助设备。辅助设备有H1/气压转换器、H1/电流转换器、电流/ H1转换器、安全栅、总线电源、便携式编程器等。

3. 互操作性

现场设备种类繁多，没有任何一家制造厂可以提供一个工厂所需的全部现场设备。所以，不同厂商产品的交互操作与互换是不可避免的。用户不希望为选用不同的产品而在硬件或软件上花力气，而希望选用各厂商性能价格比最优的产品集成在一起，实现“即接即用”，能对不同品牌的现场设备统一组态，构成所需要的控制回路。

4. 分散功能块

FCS废弃了传统的DCS输入、输出单元和控制站，把DCS控制站的功能块分散地分配给现场仪表，从而构成虚拟控制站。由于功能分散在多台现场仪表中，并可统一组态，用户可以灵活选用各种功能块构成所需控制系统，实现彻底的分散控制，如图8-6所示。

图8-6中差压变送器除了含有模拟量输入功能块（AI110）外，还含有PID控制功能块（没用此功能块），调节阀除了含有模拟量输出功能块（AO110），还含有PID控制功能块（PID110），这三个功能块即构成流量控制回路。

5. 现场总线供电

现场总线除了传输信息之外，还可以完成为现场设备供电的功能。总线供电不仅简化了系统的安装布线，而且还可以通过配套的安全栅实现本质安全系统，为现场总线控制系统在易燃易爆环境中的应用奠定了基础。

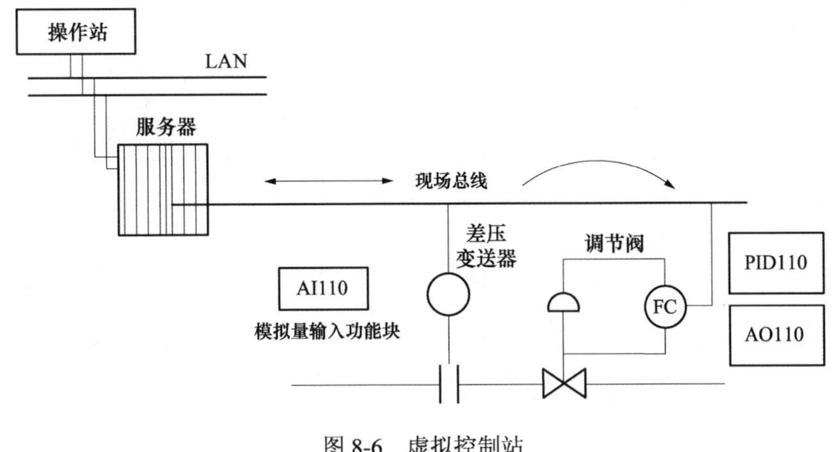

图 8-6 虚拟控制站

6. 开放式互联网络

现场总线为开放式互联网络，既可与同层网络互联，也可与不同层网络互联。现场总线协议不像 DCS 那样采用封闭专用的通信协议，而是采用公开化、标准化、规范化的通信协议，只要符合现场总线协议，就可以把不同制造商的现场设备互联成系统。开放式互联网络还体现在网络数据库的共享，通过网络对现场设备和功能块统一组态。

8.6 FCS 功能特点

现场总线技术是计算机技术、通信技术和控制技术的综合与集成。它的出现将使传统的模拟仪表、微型计算机控制以及 DCS 等自动化控制系统产生根本性的变革，包括变革传统的信号标准、通信标准和系统标准；变革传统的自动化系统体系结构、设计方法和安装调试方法。

8.6.1 FCS 的特点

1. 一对 *N* 结构

FCS 采用一对传输线、*N* 台仪表，双向传输多个信号，如图 8-5 所示，这种一对 *N* 结构使得接线简单、工程周期短、安装费用低、维护容易。如果增加现场设备或现场仪表，只需并行挂接到电缆上，无需架设新的电缆。而传统的控制是一对一模拟信号的传输结构，即一台仪表、一对传输线、单向传输一个信号，这种一对一结构造成接线庞杂、工程周期长、安装费用高、维护困难。

2. 可靠性高

FCS 是数字信号传输，因而抗干扰能力强、精度高，由于无需采用抗干扰和提高精度的措施，而减少了成本。而传统的模拟信号传输，易受干扰、精度低，为此采用各种抗干扰措施和提高精度的方法，其结果是增加了成本。

3. 可控状态

FCS 的操作员在控制室既能了解现场设备或现场仪表的工作状况，也能对其进行参数调整，还可预测或寻找故障，始终使系统处于操作员的远程监视与可控状态，提高了系统的可靠性、可控性和可维护性。而传统控制的操作员在控制室既不了解模拟仪表的工作状况，也不能对其进行参数调整，更不能预测或寻找故障，操作员对现场设备或仪表的工作处于“失控”状态。

4. 互换性

FCS用户可以自由选择不同制造商所提供的性能价格比最优的现场设备或现场仪表进行互联互换。即使某台仪表出现故障，换上其他品牌的同类仪表便可照常工作，实现“即接即用”。而模拟仪表尽管统一了信号标准，但大部分技术参数仍由制造厂商自定，致使不同厂商的仪表无法互换。

（1）互操作性。FCS用户可把不同制造商的各种品牌的仪表集成在一起，进行统一组态，构成所需的控制回路，不必为集成不同品牌的产品而在硬件或软件上花费力气或增加额外投资。

（2）综合功能。FCS现场仪表既有检测、变换和补偿功能，又有控制和运算功能，实现一表多用，不仅方便了用户，也节省了成本。

（3）分散控制。FCS的控制站功能分散在现场仪表中，通过现场仪表就可构成控制回路，实现了彻底的分散控制，提高了系统的可靠性、自治性和灵活性。

（4）统一组态。由于FCS中的现场设备或现场仪表都引入了功能块的概念，所有制造商都使用相同的功能块，并统一组态方法。这样就使组态变得非常简单，不必因为现场设备种类不同，而进行不同组态方法的培训或学习。

（5）开放式系统。见本章8.5节中的“开放式互联网络”所述。

8.6.2 FCS的组态

FCS的组态与DCS的组态方法是类似的。对用户而言，FCS中有三种软件模块：功能块、转换块和资源块。当用一些功能块组成了某一装置的控制策略时，就把这些功能块的有序集合称为一个“功能应用块”。一个功能应用块可以和另一个功能应用块互联在一起，一个功能应用块也可以包含另一个功能应用块。

8.7 FCS产品简介

现场总线是FCS的核心。目前，世界上出现了多种现场总线的企业或国家标准。这些现场总线技术各具特点，已逐渐形成自己的产品系列，并占有相当大的市场份额。由于技术和商业利益的原因，尚没有统一。以下就是目前流行的几种著名的现场总线。

8.7.1 CAN

CAN是Control Area Network（控制局域网络）的缩写。它是由德国Bosch公司推出，最早用于汽车内部监测部件与控制部件的数据通信网络。现在已经逐步应用到其他控制领域。CAN规范现已被国际标准化组织采纳，称为ISO118108标准，CAN协议也是建立在OSI模型基础上的，它采用了OSI底层的物理层、数据链路层和高层的应用层，其信号传输介质为双绞线。最高通信速率为1Mbit/s（通信距离为40m），最远通信距离可达10km（通信速率为5kbit/s），节点总数可达110个。

CAN的信号传输采用短帧结构，每一帧的有效字节数为8个，因而传输的时间短，受干扰的概率低，每帧信息均使用循环冗余校验CRC及其他检错措施，通信误码率低。CAN节点在错误严重的情况下，具有自动关闭总线的功能，这使故障节点与总线脱离，使其他节点的通信不受影响。

8.7.2 LonWorks

LonWorks是Local Operating Network（局部操作网络）的缩写。它是由美国Echelon公

司研制，于 1990 年正式公布的现场总线网络。它采用了 ISO/OSI 模型中完整的七层通信协议，采用了面向对象的设计方法，通过网络变量把网络通信设计简化为参数设置，其最高通信速率为 1.25Mbit/s（通信距离不超过 130m），最远通信距离为 2700m（通信速率为 78kbit/s），节点总数可达 32000 个。网络的传输介质可以用双绞线、同轴电缆、光纤、射频、红外线、电力线等。

Lon Works 的信号传输采用可变长帧结构，每帧的有效字节可有 0～228 个。Lon Works 所采用的 Lon Talk 通信协议被封装在称为 Neuron 的神经元芯片中。芯片中有三个 8 位 CPU：第一个用于实现 ISO/OSI 模型中的第 1 层和第 2 层的功能，称为媒体访问控制处理器；第二个用于完成第 3～6 层的功能，称为网络处理器；第三个对应于第 7 层，称为应用处理器。芯片中还具有信息缓冲区，以实现 CPU 之间的信息传递，并作为网络缓冲区和应用缓冲区。

8.7.3 PROFIBUS

PROFIBUS 是 Process Field Bus（过程现场总线）的缩写。它是德国国家标准 DIN 110245 和欧洲标准 EN50170 所规定的现场总线标准。PROFIBUS 由三个兼容部分组成，即 PROFIBUS-DP、PROFIBUS-PA 和 PROFIBUS-FMS。其中 PRMUS-DP 是一种高速低成本通信系统，它按照 OSI 参考模型定义了物理层、数据链路层和用户接口；PROFIBUS-PA 专为过程自动化设计，可使变送器与执行器连接在一根总线上，并提供本质安全和总线供电特性，PROFIBUS-PA 采用扩展的 PROFIBUS-DP 协议，另外还有现场设备描述的 PA 行规；PROFIBUS-FMS 根据 OSI 参考模型定义了物理层、链路层和应用层，其中应用层包含了现场总线报文规范（FieldBus Message Specification，FMS）和低层接口（Lower Layer Interface，LLI），最高通信速率为 12Mbit/s（通信距离不超过 100m），最大通信距离为 1200m（通信速率为 9.6Kbit/s），如果采用中继器可延长至 10km，其传输介质可以是双绞线或光缆，每个网络可挂 32 个节点，如带中继器，最多可挂 126 个节点。

PROFIBUS 采用定长或可变长帧结构，定长帧一般为 8 字节，可变长帧每帧的有效字节数为 1～244 个。近年来，多家公司联合开发 PROFIBUS 通信系统的专用集成电路芯片，目前已经能将 PROFIBUS-DP 协议全部集成在一块芯片之中。

8.7.4 WorldFIP

WorldFIP 是 World Factory Instrument Protocol（世界工厂仪表协议）的缩写。最初由 Cegelec 等几家法国公司在原有通信技术的基础上根据用户的要求所制定，随后即成为法国标准，后来又采纳了 IEC 物理层国际标准（IEC 61158-2），并命名为 WorldFIP。WorldFIP 是欧洲现场总线标准 EN50170-3。WorldFIP 组织成立于 1987 年，目前包括有 ALSTOM、Schneider、Honeywell 等世界著名大公司在内的 100 多个成员。WorldFIP 协议按照 OSI 参考模型定义了物理层、数据链路层和应用层。WorldFIP 采用有调度的总线访问控制，通信速率分别为 31.35kbit/s、1Mbit/s、2.5Mbit/s，对应的最大通信距离分别为 5000m、1000m 和 500m，其通信介质为双绞线。如果采用光纤，其最大通信距离可达 40km。每段现场总线的最大节点数为 32 个，使用分线盒可连接 256 个节点。整个网络最多可以使用 3 个中继器，连接 4 个网段。

WorldFIP 采用可变长帧结构，每帧的最大字节数为 256 个。适合于包括 TCP/IP 在内的各种类型的协议数据单元。WorldFIP 可以提供各种专用通信芯片。

8.7.5 HART

HART 是 Highway Addressable Remote Transducer（可寻址远程传感器数据通路）的缩写，

最早由 Rosemount 公司开发，得到了 80 多家仪表公司的支持，并于 1993 年成立了 HART 通信基金会。HART 协议参考了 ISO/OSI 参考模型的物理层、数据链路层和应用层。其主要特点是采用基于 Bell 202 通信标准的频移键控 FSK 技术。在现有的 4～20mA 模拟信号上叠加 FSK 数字信号，以 1200Hz 的信号表示逻辑 1，以 2200Hz 的信号表示逻辑 0，通信速率为 1200bit/s，单台设备的最大通信距离为 3000m，多台设备互联的最大通信距离为 1500m，通信介质为双绞线，最大节点数为 15 个。

HART 采用可变长帧结构，每帧最长为 25 个字节，寻址范围 0～15。当地址为 0 时，处于 4～20mA 与数字通信兼容状态。而当地址为 1～15 时，则处于全数字状态。

8.7.6　FF

FF 是 Fieldbus Foundation（现场总线基金会）的缩写。现场总线基金会是国际公认的、唯一不附属于某企业的、非商业化的国际标准化组织。其宗旨是制定单一的国际现场总线标准。FF 协议的前身是以美国 Fisher-Rosemount 公司为首、联合 Foxboro、Yokogawa、ABB、Siemens 等 80 家公司制定的 ISP 协议，和以 Honeywell 公司为首、联合欧洲等地的 150 家公司制定的 Word FIP 协议。迫于用户的压力，支持 ISP 和 Word FIP 的两大集团于 1994 年 10 月握手言和，成立了现场总线基金会 Fieldbus Foundation。FF 总线以 OSI 参考模型为基础，取其物理层、链路层和应用层为 FF 通信模型的相应层次，并在此基础上增加了用户层。FF 总线分为低速现场总线和高速现场总线两种通信速率。低速现场总线 H1 的传输速率为 31.25kbit/s，高速现场总线 HSE 的传输速率为 100Mbit/s，H1 支持总线供电和本质安全特性，最大通信距离为 1900m（如果加中继器可延长至 9500m），最多可直接连接 32 个节点（非总线供电）、13 个节点（总线供电）、6 个节点（本质安全要求）。如果加中继器最多可连接 240 [illegible]节点。通信介质为双绞线、光缆或无线电。

[illegible] 采用可变长帧结构，每帧的有效字节数为 0～251 个。目前已经有 Smar、Fuji National、[illegible]miconductor、Siemens、Yokogawa 等 12 家公司可以提供 FF 的通信芯片。

目前，全世界已有 120 多个用户和制造商成为现场总线基金会的成员。基金会董事会囊括了世界上最主要的自动化设备供应商。基金会成员所生产的自动化设备占世界市场的 90% 以上。基金会强调中立与公正，所有的成员均可以参加规范的制定和评估，所得的技术成果由基金会拥有和控制，由中立的第三方负责产品的注册和测试等。因此，基金会现场总线具有一定的权威性、广泛性和公正性。

习　题　8

8-1　集散控制系统的结构是什么？每个模块的功能是什么？

8-2　FCS 与 DCS 比较，有哪些优点？

8-3　现场总线技术的 FCS 产品有哪些？

参 考 文 献

[1] 于海生．微型计算机控制技术．北京：清华大学出版社，1999.

[2] 朱玉玺，崔如春，等．计算机控制技术．北京：电子工业出版社，2009.

[3] 黄勤，李楠．微型计算机控制技术．北京：机械工业出版社，2009.

[4] 薛弘晔，刘原，等．计算机控制技术．西安：西安电子科技大学出版社，2003.

[5] 李江全，王卫兵，等．计算机控制技术．北京：机械工业出版社，2007.

[6] 徐安，陈耀，李瑞华，郭其一．微型计算机控制技术．北京：电子工业出版社，2008.

[7] 王福瑞．单片微机测控系统设计大全．北京：北京航空航天大学出版社，1999.

[8] 赵邦信．计算机控制技术．北京：科学出版社，2008.

[9] 李正军．计算机控制系统．北京：机械工业出版社，2005.

[10] 李大中，周黎辉，焦嵩鸣．计算机控制技术与系统．北京：中国电力出版社，2009.

[11] 姜学军，刘新国，李晓静．计算机控制技术.北京：清华大学出版社，2009.

[12] 谢剑英，等．微型计算机控制技术．3 版．北京：国防工业出版社，2001.

[13] 孙德宝，等．自动控制原理．北京：化学工业出版社，2002.

[14] 江秀汉，等．计算机控制原理及其应用．西安：西安电子科技大学出版社，1995.

[15] 陈炳和．计算机控制系统基础．北京：北京航空航天大学出版社，2001.

[16] 王锦标，方崇智．过程计算机控制．北京：清华大学出版社，1992.

[17] 夏德钤，翁贻方．自动控制理论．北京：机械工业出版社，2007.

[18] 潘新民，王燕芳．微型计算机控制技术实用教程．北京：电子工业出版社，2009.

[19] 周德泽．计算机控制技术．北京：机械工业出版社，2007.

[20] 高金源．计算机控制系统—理论、设计与实现．北京：北京航空航天大学出版社，2001.

[21] 白英彩．英汉计算机技术大辞典（新世纪版）．上海：上海交通大学出版社，2001.

[22] 王慧．计算机控制系统．北京：化学工业出版社，2000.

[23] 蔡德聪．工业控制计算机实时操作系统技术．北京：清华大学出版社，1999.

[24] Haisheng Yu，Qingwei Wei，Dongqing Wang. Adaptive Speed Control for PMSM Drive Based on Neuron and Direct MRAC Method. The 6th World Congress on Intelligent Control and Automation，Dalian China，2006，8117～8121.

[25] Haisheng Yu，Hailiang Wang，Keyou Zhao. Energy-shaping control of PM synchronous motor based on Hamiltonian system theory. The 8th International Congress on Electrical Machine and Systems，Nanjing，China，2005，1549～1554.

[26] Thoscano R. 2005. A simple robust PI/PID controller design via numerical optimization approach[J]. Journal of Process Control，15（1）：81～88.

[27] Zhao Z.Y.M.Tomizuka,S.Isaka. Fuzzy gain scheduling of PID controllers [J]. IEEE Trans.on Systems Man and Cybernetics，1993，23（5）：1392～1398.

[28] Albus J S，Meystel A M. Intellgent Systems：Architectrue，Design，Control. Wiley-Interscience，2001.

[29] 陶永华．新型 PID 控制系统及其应用［M］．北京：机械工业出版社，2002.

[30] 姜雪松，王鹰．电磁兼容与 PCB 设计．北京：机械工业出版社，2008.

[31] 闻映红．电磁兼容导论．北京：机械工业出版社，2005.